誰でも読める

ふりがな付き

日本中世史年表

吉川弘文館編集部編

吉川弘文館

はしがき

個々《ここ》の歴史事象《れきしじしょう》の起《お》こった時期《じき》を確認《かくにん》し、通読《つうどく》することによって時代《じだい》の大《おお》きな流《なが》れを理解《りかい》することができる年《ねん》表《ぴょう》は、歴史《れきし》を考《かんが》える場合《ばあい》の必携《ひっけい》の道具《どうぐ》といえます。小社《しょうしゃ》は先《さき》に、『国史大辞典《こくしだいじてん》』を補完《ほかん》する年表《ねんぴょう》として『日本《にほん》史総合年表《しそうごうねんぴょう》』（二〇〇一年《ねん》）を発刊《はっかん》しましたが、幸《さいわ》い幅広《はばひろ》い読者《どくしゃ》のご支持《しじ》を得《え》ることができ、二〇〇五年《ねん》には増《ぞう》補《ほ》を加《くわ》えた第《だい》二版《はん》を刊行《かんこう》しました。

こうした読者《どくしゃ》のご支持《しじ》と同時《どうじ》に、漢字《かんじ》で表記《ひょうき》された日本史《にほんし》の用語《ようご》には読《よ》みにくいものが多《おお》い、読《よ》み方《かた》がわからなければ辞書《じしょ》をひくこともできず内容《ないよう》が理解《りかい》できない、年表《ねんぴょう》の漢字《かんじ》にふりがなを施《ほどこ》してほしい、とのご意見《いけん》が少《すく》なからず寄《よ》せられております。日本語表記《にほんごひょうき》における漢字《かんじ》の読《よ》み方《かた》が複雑《ふくざつ》なことは日常生活《にちじょうせいかつ》でもしばしば実感《じっかん》するところですが、日本史年表《にほんしねんぴょう》の場合《ばあい》、ふだん見慣《みな》れない日本史《にほんし》の用語《ようご》が加《くわ》わり、複雑《ふくざつ》さを増《ま》しています。

そうした多《おお》くの読者《どくしゃ》のご要望《ようぼう》にこたえ、昨年《さくねん》、『日本史総合年表《にほんしそうごうねんぴょう》［第《だい》二版《はん》］』の古代《こだい》の部分《ぶぶん》の内容《ないよう》をそのまま収《しゅう》録《ろく》し、記事《きじ》に網羅的《もうらてき》にふりがなを施《ほどこ》した『誰《だれ》でも読《よ》める日本古代史年表《にほんこだいしねんぴょう》』を刊行《かんこう》し、引《ひ》き続《つづ》き、今回《こんかい》、その中世《ちゅうせい》編《へん》ともいうべき『誰《だれ》でも読《よ》める日本中世史年表《にほんちゅうせいしねんぴょう》』を編集《へんしゅう》・刊行《かんこう》することとしました。

ところで、ふだん何気《なにげ》なく黙読《もくどく》している日本史《にほんし》の用語《ようご》も、いざ声《こえ》に出《だ》して正確《せいかく》に読《よ》もうとすると、いろいろ疑《ぎ》問《もん》が生《しょう》じます。たとえば年号《ねんごう》では、複数《ふくすう》の読《よ》みが伝《つた》えられているものが多《おお》くあります。そのいずれが正《ただ》しい読《よ》み方《かた》か。こうした用語《ようご》について、厳密《げんみつ》に当時《とうじ》の読《よ》みを決定《けってい》することは実《じつ》に困難《こんなん》なことです。そこで、本年表《ほんねんぴょう》では、『国史大辞典《こくしだいじてん》』との関連《かんれん》を考《かんが》え、おおむね同辞典《どうじてん》の項目《こうもく》の読《よ》みによってふりがなを施《ほどこ》すこととしました。同書《どうしょ》の項目《こうもく》にない語句《ごく》は、一般《いっぱん》の慣用《かんよう》や辞書《じしょ》などを参考《さんこう》にし、穏当《おんとう》と思《おも》われる読《よ》みを採用《さいよう》しました。したがって、本年表《ほんねんぴょう》が施《ほどこ》した読《よ》みを、唯一絶対《ゆいいつぜったい》の読《よ》みとするものではありません。

本書《ほんしょ》が、既刊《きかん》の『誰《だれ》でも読《よ》める日本古代史年表《にほんこだいしねんぴょう》』および続刊《ぞっかん》の『誰《だれ》でも読《よ》める日本近世史年表《にほんきんせいしねんぴょう》』『誰《だれ》でも読《よ》める日本近代史年表《にほんきんだいしねんぴょう》』『誰《だれ》でも読《よ》める日本現代史年表《にほんげんだいしねんぴょう》』とともに、読者《どくしゃ》の皆《みな》さまの日本史理解《にほんしりかい》の一助《いちじょ》となることを願《ねが》ってやみません。

二〇〇七年《ねん》七月《がつ》

吉川弘文館《よしかわこうぶんかん》 編集部《へんしゅうぶ》

凡《はん》例《れい》

一　本年表《ほんねんぴょう》は、原則《げんそく》として『日本史総合年表《にほんしそうごうねんぴょう》［第《だい》二版《はん》］』の内容《ないよう》をそのまま収録《しゅうろく》して縦組《たてぐ》みに再編《さいへん》し、記事《きじ》などにふりがなを施《ほどこ》したものである。収録《しゅうろく》の範囲《はんい》は一一五六年《ねん》（保元元《ほげんがん》）より一五九九年《ねん》（慶長《けいちょう》四）までとした。

二　ふりがなは、記事本文《きじほんもん》および年号《ねんごう》・重職人名《じゅうしょくじんめい》・外国帝王名《がいこくていおうめい》などの漢字《かんじ》に施《ほどこ》した。漢字《かんじ》の読《よ》みは、『国史大辞典《こくしだいじてん》』の項目《こうもく》として立《た》てられている語句《ごく》は、おおむねその読《よ》みによった。その他《た》の語句《ごく》は一般《いっぱん》の慣用《かんよう》や辞書《じしょ》などを参考《さんこう》にし、穏当《おんとう》と思《おも》われる読《よ》みによった。ただし、本年表《ほんねんぴょう》の読《よ》み以外《いがい》の読《よ》みを排除《はいじょ》するものではない。

三　日本国内《にほんこくない》の項目《こうもく》には原則《げんそく》として項目末《こうもくまつ》の（　）内《ない》に典拠《てんきょ》を示《しめ》した。典拠書名《てんきょしょめい》のうち、頻出《ひんしゅつ》するものは略称《りゃくしょう》を用《もち》いた（例《れい》、吾妻鏡《あずまかがみ》→吾《ご》）。なお巻末《かんまつ》の「典拠一覧《てんきょいちらん》」を参照《さんしょう》されたい。

四　一項目《こうもく》の記述《きじゅつ》の末尾《まつび》は「。」とし、項目内《こうもくない》の句点《くてん》は「・」とした。

五　日本《にほん》・中国《ちゅうごく》の年号欄《ねんごうらん》および要職欄《ようしょくらん》に掲《かか》げた数字《すうじ》のうち○で囲《かこ》んだものは閏月《うるうづき》を示《しめ》す。
中国《ちゅうごく》の複数《ふくすう》の王朝間《おうちょうかん》に閏月《うるうづき》の異同《いどう》がない場合《ばあい》は、中国王朝欄《ちゅうごくおうちょうらん》の最上段《さいじょうだん》に掲《かか》げた王朝欄《おうちょうらん》にのみ閏月《うるうづき》を表記《ひょうき》した。中国《ちゅうごく》の閏月《うるうづき》については陳垣《ちんえん》『中西回史日暦《ちゅうせいかいしにちれき》』（台北《たいほく》、芸文印書館《げいぶんいんしょかん》、一九七二年《ねん》）によった。

正月《しょうがつ》は原則《げんそく》として「1（月《がつ》）」と表記《ひょうき》した。

六　西暦欄《せいれきらん》の◀▶は、その年《とし》の記事《きじ》がそれぞれ後《うしろ》・前《まえ》の頁《ページ》にもあることを示《しめ》す。

七　外国《がいこく》の年号《ねんごう》・国王欄《こくおうらん》の元年《がんねん》は、「元」の表示《ひょうじ》を省略《しょうりゃく》した。称元法《しょうげんほう》については、琉球《りゅうきゅう》は『球陽《きゅうよう》』、朝鮮《ちょうせん》は『高麗史《こうらいし》』『朝鮮王朝実録《ちょうせんおうちょうじつろく》』によった。

八　年ごとに各月《かくつき》の大小《だいしょう》、朔日《さくじつ》の干支《かんし》、朔日《さくじつ》の西暦《せいれき》（一五八一年《ねん》以前《いぜん》はユリウス暦《れき》、一五八二年《ねん》以後《いご》はグレゴリオ暦《れき》）による日付《ひづ》けを記載《きさい》した（内田正男《うちだまさお》編著《へんちょ》『日本暦日原典《にほんれきじつげんてん》［第《だい》四版《はん》］』（雄山閣出版《ゆうざんかくしゅっぱん》、一九九二年《ねん》）によった）。

グレゴリオ暦《れき》（現行太陽暦《げんこうたいようれき》）のユリウス暦《れき》に対《たい》する日《ひ》にち差《さ》は以下《いか》の通《とお》りである（ユリウス暦《れき》の日付《ひづ》けに当該日《とうがいにっ》数《すう》を加《くわ》えればグレゴリオ暦《れき》による日付《ひづ》けとなる）。

ユリウス暦《れき》	一一〇〇年《ねん》二月《がつ》二三日《にち》〜一三〇〇年《ねん》二月《がつ》二一日《にち》	七日《にち》
	一三〇〇年《ねん》二月《がつ》二三日《にち》〜一四〇〇年《ねん》二月《がつ》二〇日《か》	八日《にち》
	一四〇〇年《ねん》二月《がつ》二一日《にち》〜一五〇〇年《ねん》二月《がつ》一九日《にち》	九日《にち》
	一五〇〇年《ねん》二月《がつ》二〇日《か》〜一七〇〇年《ねん》二月《がつ》一八日《にち》	一〇日《にち》

九　「年号《ねんごう》・干支《かんし》」欄《らん》には改元《かいげん》の月日《がっぴ》および閏月《うるうづき》を加《くわ》えた。改元《かいげん》の年《とし》は新年号《しんねんごう》のみを示《しめ》した。

一〇　天皇《てんのう》の即位《そくい》について、践祚《せんそ》と即位《そくい》に明白《めいはく》な区別《くべつ》がある場合《ばあい》には、践祚《せんそ》のときから在位《ざいい》とした。

一一　【死没《しぼつ》】欄《らん》を設《もう》け、その年《とし》の主要《しゅよう》な死没者《しぼつしゃ》を月日順《がっぴじゅん》にまとめ、没年齢《ぼつねんれい》（かぞえ年齢《ねんれい》）・備考《びこう》を（　）に注記《ちゅうき》した。

一二　「大日本史料《だいにっぽんしりょう》」欄《らん》を設《もう》けて東京大学史料編纂所編《とうきょうだいがくしりょうへんさんじょへん》『大日本史料《だいにっぽんしりょう》』（東京大学出版会《とうきょうだいがくしゅっぱんかい》）の編《へん》・冊次《さつじ》を示《しめ》した。ただし補遺《ほい》・別巻《べっかん》は表示《ひょうじ》を割愛《かつあい》した。

一三　内容《ないよう》の理解《りかい》を助《たす》けるために図版《ずはん》を掲載《けいさい》した。図版《ずはん》は当該記事《とうがいきじ》と同《おな》じ年《とし》ないし近傍《きんぼう》の年《とし》の欄《らん》に掲載《けいさい》し、記事《きじ》の上《うえ》の西暦欄《せいれきらん》に「図1」のように図版番号《ずはんばんごう》を示《しめ》した。

一四　巻末《かんまつ》に典拠一覧《てんきょいちらん》・索引《さくいん》を付《ふ》した。

一五　本年表編集《ほんねんぴょうへんしゅう》にあたっては、全般《ぜんぱん》にわたり瀬野精一郎氏《せのせいいちろうし》（早稲田大学名誉教授《わせだだいがくめいよきょうじゅ》）のご指導《しどう》をいただいた。

函　写真＝高徳院阿弥陀如来像（ＪＴＢフォト提供）

誰でも読める日本中世史年表

ふりがな付き

西暦	年号・干支	天皇	院政	摂関
一一五六	保元《ほげん》元 4・27 丙子《ひのえね》 ⑨	(後白河《ごしらかわ》)	(鳥羽《とば》) 7・2	(関白藤原忠通《ふじわらのただみち》)

記事

【政治・経済】

6・1 鳥羽法皇《とばほうおう》重病《じゆうびよう》により、崇徳上皇《すとくじようこう》・藤原頼長《ふじわらのよりなが》が法皇没後《ほうおうぼつご》挙兵《きよへい》するとの風聞《ふうぶん》が広《ひろ》がる。この日以後《ひいご》、院宣《いんぜん》により源義朝《みなもとのよしとも》ら源平《げんぺい》の武士《ぶし》に禁中《きんちゆう》(高松殿《たかまつどの》)・鳥羽殿《とばどの》を守《まも》らせる(兵範記)。**7・2** 鳥羽法皇没《とばほうおうぼつ》す(兵範記)。**7・10** 崇徳上皇《すとくじようこう》、源為義《みなもとのためよし》らを白河殿《しらかわどの》に召集《しようしゆう》、天皇《てんのう》、源義朝《みなもとのよしとも》・平清盛《たいらのきよもり》らを高松殿《たかまつどの》に召集《しようしゆう》、互《たが》いに軍勢《ぐんぜい》を整《ととの》える(兵範記)。**7・11** 夜明《よあ》け前《まえ》、清盛《きよもり》・源義朝《みなもとのよしとも》ら白河殿《しらかわどの》を夜襲《やしゆう》し、上皇方《じようこうがた》を破《やぶ》る(保元《ほげん》の乱《らん》)・白河殿炎上《しらかわどのえんじよう》し、崇徳上皇《すとくじようこう》・頼長逃走《よりながとうそう》(兵範記)。**7・14** 頼長《よりなが》、流矢《ながれや》の傷《きず》により死亡《しぼう》(兵範記)。**7・23** 崇徳上皇《すとくじようこう》を讃岐国《さぬきのくに》に移《うつ》し、藤原忠実《ふじわらのただざね》を知足院《ちそくいん》に幽閉《ゆうへい》(兵範記・公卿補任)。**7・28** 平忠貞《たいらのたださだ》らを斬首《ざんしゆ》(死刑《しけい》の復活《ふつかつ》)(兵範記)。**7・30** 源為義《みなもとのためよし》らを斬首《ざんしゆ》(兵範記)。**8・3** 頼長《よりなが》の子息《しそく》四人《にん》と藤原教長《ふじわらののりなが》らを配流《はいる》(兵範記)。**8・26** 源為朝《みなもとのためとも》を捕《とら》え、ついで伊豆大島《いずおおしま》に配流《はいる》(兵範記・尊卑分脈)。**閏《うるう》9・18** 新立荘園《しんりゆうのしようえん》の停止《ちようじ》などを命《めい》じる新制《しんせい》七カ条《じよう》を諸国《しよこく》に下《くだ》す(兵範記)。**10・20** 記録所《きろくしよ》を設置《せつち》(百練抄)。**10・27** 藤原忻子《ふじわらのきんし》、中宮《ちゆうぐう》となる(兵範記)。**11・18** 京中《きようちゆう》で兵仗《ひようじよう》を帯《お》びることを禁《きん》じる(百練抄)。

【社会・文化】

2・2 信西《しんぜい》、『大悲山寺縁起《だいひさんじえんぎ》』を著《あらわ》す(同書識語)。**4・29** 高野山大塔《こうやさんだいとう》を供養《くよう》(仁和寺諸師年譜)。**この年《とし》** 常明《じようみよう》、高野山金堂《こうやさんこんどう》の「両界曼荼羅図《りようかいまんだらず》」を描《えが》く(高野春秋)。

大日本史料	高麗	南宋	金
(未刊)	毅宗《きそう》 10	紹興《しようこう》 26 (高宗《こうそう》) ⑩	正隆《せいりゆう》 (2.1) (海陵《かいりよう》)

西暦		◀ 一一五七
年号・干支		二 丁丑《ひのとのうし》
天皇		
院政		
摂関		
記事	【死没】3・16 賢覚《げんかく》(77、真言宗僧侶《しんごんしゅうそうりょ》)。7・2 鳥羽《とば》法皇《ほうおう》(54)。7・14 藤原頼長《ふじわらのよりなが》(37、公卿《くぎょう》)。7・28 平忠正《たいらのただまさ》(忠貞《たださだ》)(武将《ぶしょう》)。7・30 源為義《みなもとのためよし》(61、武将《ぶしょう》)。8・18 元海《げんかい》(64、真言宗僧侶《しんごんしゅうそうりょ》)。 《月の大小/朔日の干支・ユリウス暦》一癸卯(1・24)・二癸酉(2・23)・三壬寅(3・23)・四壬申(4・22)・五辛丑(5・21)・六辛未(6・20)・七庚子(7・19)・八庚午(8・18)・九庚子(9・17)・閏九己巳(10・16)・一〇己亥(11・15)・一一戊辰(12・14)・一二戊戌(57・1・13)(太字は大の月) 【世界】宋《そう》、欽宗《きんそう》、金《きん》で没《ぼっ》す。	【政治・経済】3・29 藤原頼長《ふじわらのよりなが》らの所領《しょりょう》を没収《ぼっしゅう》し、後院領《ごいんりょう》とする(兵範記)。7・17 軍《ぐん》兵《びょう》を発《はっ》した罪《つみ》で流罪《るざい》とされた源頼行《みなもとのよりゆき》、領送使《りょうそうし》を殺害《さつがい》し自害《じがい》(兵範記)。10・8 天皇《てんのう》、新造大内裏《しんぞうだいだいり》に移《うつ》る(兵範記)。新制《しんせい》三五ヵ条《じょう》を下《くだ》す(兵範記)。10・26 内御書所《うちのごしょどころ》を置《お》く(皇代記)。 【社会・文化】8・9 この日《ひ》以降《いこう》、翌年《よくねん》八月《がつ》一一日《にち》までの間《あいだ》、藤原清輔《ふじわらのきよすけ》『袋草紙《ふくろぞうし》』上巻《じょうかん》成《な》るか(下巻《げかん》、保元《ほげん》二年《ねん》八月《がつ》一九日《にち》成《な》るか)。11・13 漏刻《ろうこく》を置《お》く(百練抄)。
大日本史料		
高麗		11
南宋		27
金		2

西暦	年号・干支	天皇	院政	摂関	記事	大日本史料	高麗	南宋	金
▶一一五七	保元 二 丁丑《ひのとのうし》	(後白河)		(関白藤原忠通)	【死没】 5・29 足利義康《あしかがよしやす》(足利氏祖《あしかがしそ》)。 9・2 藤原実能《ふじわらのさねよし》(62、公卿《くぎょう》)。 この年《とし》もしくは翌年《よくねん》 藤原基衡《ふじわらのもとひら》(陸奥《むつ》の武将《ぶしょう》)。 《月の大小／朔日の干支・ユリウス暦》 一丁卯(2・11)・二丁酉(3・13)・三丙寅(4・11)・四丙申(5・11)・五乙丑(6・9)・六乙未(7・9)・七甲子(8・7)・八甲午(9・6)・九癸亥(10・5)・一〇癸巳(11・4)・一一癸亥(12・4)・一二癸巳(58・1・3)(太字は大の月)	(未刊)	毅宗 11	紹興 27	正隆 2
一一五八	三 戊寅《つちのえとら》	8・11 二条《にじょう》	8・11 後白河《ごしらかわ》	8・11 ／ 8・11 関白藤原基実《ふじわらのもとざね》	【政治・経済】 1・22 長元《ちょうげん》七年以後《ねんいご》中絶《ちゅうぜつ》していた内宴《ないえん》を行《おこな》う(百練抄)。 2・3 准母《じゅんぼ》統子内親王《とうしないしんのう》、皇后《こうごう》となる(女院記)。 6・18 天台座主《てんだいざす》最雲法親王《さいうんほっしんのう》らに命《めい》じ、僧徒《そうと》の蜂起《ほうき》を止《と》めさせる(兵範記)。 7・17 興福寺僧徒《こうふくじそうと》、官使《かんし》の公田検注《こうでんけんちゅう》を怒《いか》り、これに協力《きょうりょく》した僧信実《そうしんじつ》の房《ぼう》を襲《おそ》い、合戦《かっせん》(兵範記)。 8・11 後《ご》白河天皇譲位《しらかわてんのうじょうい》、守仁親王《もりひとしんのう》(二条天皇《にじょうてんのう》)受禅《じゅぜん》。 藤原基実《ふじわらのもとざね》、関白《かんぱく》・氏長者《うじのちょうじゃ》となる(兵範記)。 12・20 二条天皇即位《にじょうてんのうそくい》(兵範記)。 《月の大小／朔日の干支・ユリウス暦》 一壬戌(2・1)・二壬辰(3・3)・三辛酉(4・1)・四庚寅(4・30)・五庚申(5・30)・六己丑(6・28)・七戊午(7・27)・八戊子(8・26)・九丁巳(9・24)・一〇丁亥(10・24)・一一丁巳(11・23)・一二丁亥(12・23)(太字は大の月)		12	28	3

西暦	一一五九
年号・干支	平治《へいじ》元 4・20 己卯《つちのとのう》 ⑤
天皇	
院政	
摂関	
記事	(下記)
大日本史料	
高麗	13
南宋	29 ⑥
金	4

記事

【政治・経済】

2・21 姝子内親王《しゅしないしんのう》、中宮《ちゅうぐう》となる(女院記)。**12・4** 平清盛《たいらのきよもり》、熊野詣《くまのもう》でに出発《しゅつばつ》(平治物語)。**12・9** 藤原信頼《ふじわらののぶより》・源義朝《みなもとのよしとも》、後白河上皇《ごしらかわじょうこう》の三条烏《さんじょうからす》丸御所《まるごしょ》を襲撃《しゅうげき》し放火《ほうか》、上皇《じょうこう》を一本御書所《いっぽんごしょどころ》に移《うつ》し、天皇《てんのう》とともに内裏《だいり》に幽閉《ゆうへい》(平治《へいじ》の乱《らん》)(百練抄)。**12・13** 信西《しんぜい》、逃亡途中《とうぼうとちゅう》で自殺《じさつ》(尊卑分脈)。**12・25** 天皇《てんのう》、帰京《ききょう》した平清盛《たいらのきよもり》の六波羅第《ろくはらてい》へ脱出《だつしゅつ》、上皇《じょうこう》も仁和寺《にんなじ》へ逃《のが》れる(百練抄)。**12・26** 清盛《きよもり》、藤原信頼《ふじわらののぶより》・源義朝《みなもとのよしとも》らと六条河原《ろくじょうがわら》で合戦《かっせん》し、これを破《やぶ》る。義朝《よしとも》・義平《よしひら》・朝長《ともなが》・頼朝《よりとも》ら、東国《とうごく》に逃亡《とうぼう》(百練抄・平治物語)。**12・27** 藤原信頼《ふじわらののぶより》を捕《とら》え、六条河原《ろくじょうがわら》で斬首《ざんしゅ》(帝王編年記)。

【社会・文化】

2・22 上皇《じょうこう》、白河千体阿弥陀堂《しらかわせんたいあみだどう》を平清盛《たいらのきよもり》に再建《さいこん》させ、この日落慶供養《らっけいくよう》(山槐記)。**11・26** 六条院《ろくじょういん》・因幡堂《いなばどう》・河原院《かわらのいん》など焼亡《しょうぼう》(百練抄)。

【死没】

12・13 藤原通憲《ふじわらのみちのり》(信西《しんぜい》)(54、官人《かんじん》)。**12・27** 藤原信頼《ふじわらののぶより》(27、公卿《くぎょう》)。**この年《とし》** 三浦義継《みうらよしつぐ》(93、武将《ぶしょう》)。山内首藤俊通《やまのうちすどうとしみち》(武将《ぶしょう》)。

《月の大小／朔日の干支・ユリウス暦》

一丙辰(1・21)・二丙戌(2・20)・三丙辰(3・22)・四乙酉(4・20)・五甲寅(5・19)・閏五甲申(6・18)・六癸丑(7・17)・七壬午(8・15)・八壬子(9・14)・九辛巳(10・13)・一〇辛亥(11・12)・一一辛巳(12・12)・一二辛亥(60・1・11)(太字は大の月)

西暦	一一六〇 図1
年号・干支	永暦《えいりゃく》 元 1・10 庚辰《かのえたつ》
天皇	（二条）
院政	（後白河）
摂関	（関白藤原基実）
記事	【政治・経済】 1・4 源 義朝《みなもとのよしとも》、尾張国内海荘《おわりのくにうつみのしょう》で長田忠致《おさだただむね》に殺《ころ》される（帝王編年記・愚管抄）。 1・19 源 義平《みなもとのよしひら》、捕《とら》えられ斬首《ざんしゅ》（帝王編年記）。 2・9 源 頼朝《みなもとのよりとも》を近江国《おうみのくに》で捕《とら》える（清獬眼抄）。 2・20 後白河上皇《ごしらかわじょうこう》、二条天皇《にじょうてんのう》の親政《しんせい》を図《はか》って藤原 信頼《ふじわらののぶより》に味方《みかた》した藤原 経宗《ふじわらのつねむね》・惟方《これかた》を捕《とら》えさせる（百練抄）。 3・11 経宗《つねむね》を阿波《あわ》、惟方《これかた》を下野《しもつけ》、源 頼朝《みなもとのよりとも》を伊豆《いず》へ配流《はいる》（清獬眼抄）。 4・28 対《つ》馬島司《しまとうし》、銅採進房《どうさいしんぼう》と貢銀採丁《こうぎんさいてい》が高麗国金海府《こうらいこくきんかいふ》に捕《とら》えられた件《けん》を報告《ほうこく》。この件《けん》について、諸道博士《しょどうはかせ》に前例《ぜんれい》を調《しら》べさせる（百練抄）。 6・13 延暦寺東《えんりゃくじとう》塔《とう》と西塔《さいとう》の僧徒《そうと》が闘争《とうそう》、東塔敗《とうとうやぶ》れる（華頂要略）。 6・20 正《しょう》四位下《いげ》 平 清盛《たいらのきよもり》を正三位《しょうさんみ》とする（公卿補任）。 8・5 平 清盛《たいらのきよもり》、安芸国厳島神社《あきのくにいつくしまじんじゃ》に参詣《さんけい》（山槐記）。 10・12 延暦寺僧徒《えんりゃくじそうと》、神輿《しんよ》を奉《ほう》じて入京《にゅうきょう》、強訴《ごうそ》（百練抄）。 12・17 高麗国《こうらいこく》が対馬商人《つしましょうにん》を捕《とら》えた件《けん》について審議《しんぎ》（山槐記）。 【社会・文化】 10・16 今熊野社《いまくまののしゃ》・新日吉社《いまひよししゃ》が創建《そうこん》（百練抄）。 【死没】 1・4 鎌田正清《かまたまさきよ》（38、武将《ぶしょう》）。 源 義朝《みなもとのよしとも》（38、武将《ぶしょう》）。 1・19 源 義平《みなもとのよしひら》（20、武将《ぶしょう》）。 7・9 藤原 公教《ふじわらのきんのり》（58、公卿《くぎょう》）。 11・23 美福門院《びふくもんいん》（44、鳥羽天皇皇后《とばてんのうこうごう》）。 《月の大小／朔日の干支・ユリウス暦》 一庚辰（2・9）・二庚戌（3・10）・三庚辰（4・9）・四己酉（5・8）・五戊寅（6・6）・六戊
大日本史料	（未刊）
高麗	毅宗 14
南宋	紹興 30
金	正隆 5

西暦	
年号・干支	
天皇	
院政	
摂関	
記事	申（7・6）・七丁丑（8・4）・八丙午（9・2）・九丙子（10・2）・一〇乙巳（10・31）・一一乙亥（11・30）・一二乙巳（12・30）（太字は大の月） 〔世界〕 宋《そう》、金融業者《きんゆうぎょうしゃ》の会子《かいし》を禁《きん》じ、国家《こっか》が発行《はっこう》。
大日本史料	
高麗	
南宋	
金	

図1
厳島神社

西暦	一一六一
年号・干支	応保《おうほ》元 9・4 辛巳《かのとのみ》
天皇	(二条)
院政	(後白河)
摂関	(関白藤原基実)
記事	【政治・経済】 **4・13** 後白河上皇《ごしらかわじょうこう》、法住寺殿《ほうじゅうじどの》に移《うつ》る(山槐記)。**9・15** 平滋子《たいらのしげこ》所生《しょせい》の後白河上皇皇子《ごしらかわじょうこうおうじ》の立太子《りったいし》を企《くわだ》てたとして、平時忠《たいらのときただ》・教盛《のりもり》を解官《げかん》(百練抄・山槐記)。**10・11** 紀伊守《きいのかみ》源為長《みなもとのためなが》、兵数《へいすう》百を率《ひき》い高野山《こうやさん》領《りょう》荒川荘《あらかわのしょう》に侵入《しんにゅう》し、堂舎《どうしゃ》・民家《みんか》を焼却《しょうきゃく》(高野山文書)。**11・29** 上皇《じょうこう》の近臣藤原信《きんしんふじわらのの》隆《ぶ》・成親《たか なりちか》らを解官《げかん》(山槐記)。 【社会・文化】 **7・4** 大雨《おおあめ》で鴨川《かもがわ》が氾濫《はんらん》(山槐記)。 【死没】 **8・11** 藤原公能《ふじわらのきんよし》(47、公卿《くぎょう》)。 《月の大小/朔日の干支・ユリウス暦》 一甲戌(1・28)・**二**甲辰(2・27)・三甲戌(3・29)・**四**癸卯(4・27)・五癸酉(5・27)・六壬寅(6・25)・七壬申(7・25)・八辛丑(8・23)・九庚午(9・21)・一〇庚子(10・21)・一一己巳(11・19)・一二己亥(12・19)(太字は大の月) 〘世界〙 金《きん》、大挙《たいきょ》して宋《そう》に侵攻《しんこう》・宋軍《そうぐん》、初《はじ》めて火薬《かやく》を実戦《じっせん》で使用《しよう》。
大日本史料	(未刊)
高麗	毅宗 15
南宋	紹興 31
金	大定《たいてい》(10.8) 世宗《せいそう》

西暦	一一六二
年号・干支	二 壬午《みずのえうま》 ②
天皇	
院政	
摂関	
記事	【政治・経済】 **2・19** 藤原育子《ふじわらのいくし》、中宮《ちゆうぐう》となる(山槐記除目部類)。 **閏《うるう》2・1** 延暦寺僧徒《えんりやくじそうと》、園城寺《おんじようじ》の覚忠《かくちゆう》の天台座主補任《てんだいざすぶにん》に反対《はんたい》し、蜂起《ほうき》(百練抄)。 **閏《うるう》2・3** 延暦《えんりやく》寺僧徒《じそうと》の蜂起《ほうき》により、覚忠《かくちゆう》に替《か》え重愉《ちようゆ》を天台座主《てんだいざす》とする(天台座主記)。 **3・7** 流人藤原経宗《るにんふじわらのつねむね》らを召還《しようかん》(百練抄)。 **3・10** 流人藤原教長《るにんふじわらののりなが》および解《げ》官《かん》された藤原成親《ふじわらのなりちか》を召還《しようかん》(山槐記)。 **6・23** 天皇呪詛《てんのうじゆそ》の罪《つみ》により、後白《ごしら》河上皇《かわじようこう》の近臣《きんしん》 源 資賢《みなもとのすけかた》・平 時忠《たいらのときただ》らを配流《はいる》(百練抄)。 【社会・文化】 **この年《とし》より長寛《ちようかん》二年《ねん》の間《あいだ》**『本朝無題詩《ほんちようむだいし》』成《な》るか。 **この年以降《としいこう》** 藤原伊《ふじわらのこれ》通《みち》『大槐秘抄《たいかいひしよう》』成《な》る。 【死没】 **1・30** 藤原宗輔《ふじわらのむねすけ》(86、公卿《くぎよう》)。 **5・27** 源 雅定《みなもとのまささだ》(69、公卿《くぎよう》、歌人《かじん》)。 **6・18** 藤原忠実《ふじわらのただざね》(85、公卿《くぎよう》)。 **7・28** 藤原実行《ふじわらのさねゆき》(83、公卿《くぎよう》)。 《月の大小／朔日の干支・ユリウス暦》 一戊辰(1・17)・二戊戌(2・16)・閏二戊辰(3・18)三丁酉(4・16)・四丁卯(5・16)・五丁酉(6・15)・六丙寅(7・14)・七丙申(8・13)・八乙丑(9・11)・九甲午(10・10)・一〇甲子(11・9)・一一癸巳(12・8)・一二癸亥(63・1・7)(太字は大の月)
大日本史料	
高麗	16
南宋	32 孝宗《こうそう》 ②
金	2

西暦：一一六三

年号・干支：長寛《ちょうかん》元　3・29
癸未《みずのとひつじ》

天皇：（二条）

院政：（後白河）

摂関：（関白藤原基実）

記事：

【政治・経済】

3・3 延暦寺《えんりやくじ》、園城寺僧《おんじようじそう》の延暦寺《えんりやくじ》での受戒《じゆかい》・武装禁制《ぶそうきんぜい》を請《こ》う（塵添壒嚢抄）。3・29 延暦寺《えんりやくじ》の訴《うつたえ》により、天台座主《てんだいざす》に補任《ぶにん》される園城寺僧《おんじようじそう》は延《えん》暦寺《りやくじ》で受戒《じゆかい》させる事《こと》とする（百練抄）。5・22 園城寺《おんじようじ》に宣旨《せんじ》を下《くだ》し、延《えん》暦寺《りやくじ》での受戒《じゆかい》を命《めい》じる（百練抄）。5・29 興福寺《こうふくじ》、園城寺僧《おんじようじそう》の延暦寺《えんりやくじ》での受戒《じゆかい》を停止《ちようじ》すべき事《こと》、延暦寺《えんりやくじ》を末寺《まつじ》とすべき事《こと》を奏上《そうじよう》（百練抄）。6・9 延暦寺僧徒《えんりやくじそうと》、園城寺《おんじようじ》を焼《や》く（百練抄）。7・25 興福寺僧徒《こうふくじそうと》、延暦寺《えんりやくじ》との争《あらそ》いを制止《せいし》した別当恵信《べつとうえしん》を追放《ついほう》し、住房《じゆうぼう》を焼《や》く・恵信《えしん》、僧徒《そうと》と合《かつ》戦《せん》に及《およ》ぶが敗《やぶ》れる（百練抄・興福寺別当次第）。

【社会・文化】

4・7 儒者《じゆしや》らに、伊勢神宮《いせじんぐう》と熊野権現《くまのごんげん》が同体《どうたい》か否《いな》か審議《しんぎ》させる（長寛勘文）。

12・26 延勝寺阿弥陀堂《えんしようじあみだどう》を供養《くよう》（百練抄）。

《月の大小／朔日の干支・ユリウス暦》

一壬辰（2・5）・**二**壬戌（3・7）・**三**壬辰（4・6）・**四**辛酉（5・5）・五辛卯（6・4）・**六**庚申（7・3）・七庚寅（8・2）・**八**己未（8・31）・九己丑（9・30）・一〇戊午（10・29）・一一戊子（11・28）・**一二**丁巳（12・27）（太字は大の月）

〘世界〙

パリのノートルダム寺院起工《じいんきこう》。宋《そう》、大慧宗杲《だいえそうこう》没《ぼつ》（異説《いせつ》あり）。

大日本史料：（未刊）

高麗：毅宗 17

南宋：隆興《りゆうこう》（1.1）

金：大定 3

西暦	一一六四
年号・干支	二　甲申《きのえさる》　⑩
天皇	
院政	
摂関	
記事	【政治・経済】 **6・27** 流人《るにん》藤原師長《ふじわらのもろなが》・源資賢《みなもとのすけかた》らを召還《しょうかん》（百練抄）。**10・5** 延暦寺僧徒《えんりゃくじそうと》、中堂衆《ちゅうどうしゅ》を禁獄《きんごく》したことにより、座主《ざす》快修《かいしゅう》の房《ぼう》を破壊《はかい》し追放《ついほう》する（天台座主記）。 【社会・文化】 **1・28** 紀伊国日前国懸社《きいのくにひのくまくにかかすしゃ》、焼亡《しょうぼう》。**2・19** 藤原忠通没《ふじわらのただみちぼつ》・生前《せいぜん》『法性寺関白記《ほっしょうじかんぱくき》』を記《しる》す。**9・-** 平家一門《へいけいちもん》、『法華経《ほけきょう》』などを写経《しゃきょう》し、厳島神社《いつくしまじんじゃ》に奉納《ほうのう》（平家納経）。**12・17** 上皇《じょうこう》、平清盛《たいらのきよもり》に造営《ぞうえい》させた蓮華王院《れんげおういん》を供養《くよう》、清盛《きよもり》の功《こう》により、子《こ》の重盛《しげもり》を正三位《しょうさんみ》とする（百練抄・公卿補任）。**この年** 九条兼実《くじょうかねざね》『玉葉《ぎょくよう》』を記《しる》す（～建仁三年《けんにんねん》）。 【死没】 **2・19** 藤原忠通《ふじわらのただみち》（68、公卿《くぎょう》）。**8・26** 崇徳法皇《すとくほうおう》（46）。 《月の大小／朔日の干支・ユリウス暦》 一丁亥（1・26）・二丙辰（2・24）・三丙戌（3・25）・四乙卯（4・23）・五乙酉（5・23）・六甲寅（6・21）・七甲申（7・21）・八甲寅（8・20）・九癸未（9・18）・一〇癸丑（10・18）・閏一〇壬午（11・16）・一一辛亥（12・15）・一二辛巳（65・1・14）（太字は大の月） 〖世界〗 金《きん》、女真文字《じょしんもじ》で漢籍《かんせき》を翻訳《ほんやく》。
大日本史料	
高麗	18
南宋	⑪　2
金	4

西暦	一一六五
年号・干支	永万《えいまん》元 6・5 乙酉《きのとのとり》
天皇	（二条） 6・25 六条《ろくじょう》
院政	（後白河）
摂関	（関白藤原基実） 6・25 / 6・25 摂政藤原基実《ふじわらのもとざね》
大日本史料	（未刊）
高麗	毅宗 **19**
南宋	乾道《けんどう》(1.1)
金	大定 **5**

記事

【政治・経済】

1・23 権中納言《ごんのちゅうなごん》平清盛《たいらのきよもり》に兵部卿《ひょうぶきょう》を兼任《けんにん》させる（公卿補任）。**6・25** 二条天皇《にじょうてんのう》譲位《じょうい》、順仁親王《のぶひとしんのう》（六条天皇《ろくじょうてんのう》）受禅《じゅぜん》（百練抄）。**7・27** 六条天皇《ろくじょうてんのう》即位《そくい》（山槐記）。**8・7** 二条上皇《にじょうじょうこう》の葬儀《そうぎ》で、延暦寺《えんりゃくじ》と興福寺《こうふくじ》の僧徒《そうと》が墓所《ぼしょ》の門《もん》に寺《てら》の額《がく》を掛《か》ける榜列《ぼうれつ》について争《あらそ》い、以後《いご》両寺《りょうじ》の闘争《とうそう》続《つづ》く（帝王編年記）。**8・9** 延暦寺《えんりゃくじ》僧徒《そうと》、清水寺《きよみずでら》を焼払《やきはら》い興福寺《こうふくじ》に報復《ほうふく》（百練抄）。**9・14** 流人《るにん》平時忠《たいらのときただ》を召還《しょうかん》（百練抄）。**10・27** 興福寺《こうふくじ》僧徒《そうと》、天台座主《てんだいざす》俊円《しゅんえん》の配流《はいる》を強訴《ごうそ》（百練抄）。

【社会・文化】

6・13 広隆寺《こうりゅうじ》を再建供養《さいこんくよう》（百練抄）。**この年《とし》** 中山忠親《なかやまただちか》撰《せん》『直物抄《なおしものしょう》』成《な》る。**この頃《ころ》** 藤原清輔《ふじわらのきよすけ》、『続詞花和歌集《しょくしかわかしゅう》』を撰《せん》するか。

【死没】

2・11 増俊《ぞうしゅん》（82、真言宗僧侶《しんごんしゅうそうりょ》）。**2・15** 藤原伊通《ふじわらのこれみち》（73、公卿《くぎょう》）。**7・28** 二条上皇《にじょうじょうこう》（23）。

《月の大小／朔日の干支・ユリウス暦》

一辛亥（2・13）・二庚辰（3・14）・三庚戌（4・13）・四己卯（5・12）・五己酉（6・11）・六戊寅（7・10）・七戊申（8・9）・八丁丑（9・7）・九丁未（10・7）・一〇丁丑（11・6）・一一丙午（12・5）・一二丙子（66・1・4）（太字は大の月）

【世界】

宋《そう》と金《きん》の和議《わぎ》成立《せいりつ》。

西暦	一一六六	◀ 一一六七
年号・干支	仁安《にんあん》元 8・27 丙戌《ひのえいぬ》	二 ⑦ 丁亥《ひのとのい》
天皇		
院政		
摂関	7・26 | 7・27 摂政藤原《ふじわらの》基房《もとふさ》	
記事	【政治・経済】 3・29 流人《るにん》 源《みなもとの》師仲《もろなか》・藤原《ふじわらの》惟方《これかた》を召還《しょうかん》（百練抄）。10・10 後白河上皇《ごしらかわじょうこう》の皇子《おうじ》憲仁親王《のりひとしんのう》を皇太子《こうたいし》とする（兵範記）。11・11 平《たいらの》清盛《きよもり》、内大臣《ないだいじん》となる（兵範記）。12・30 源《みなもとの》頼政《よりまさ》に内昇殿《うちのしょうでん》を許《ゆる》す（公卿補任）。 【社会・文化】 2・26 行願寺《ぎょうがんじ》を再建供養《さいこんくよう》（百練抄）。12・1 京都大火《きょうとたいか》、千余宇《ようう》焼亡《しょうぼう》（安倍泰親朝臣記）。12・22 延暦寺《えんりゃくじ》五仏院《ごぶついん》・実相院《じっそういん》・五大堂《ごだいどう》など焼亡《しょうぼう》（安倍泰親朝臣記）。この年《とし》 藤原《ふじわらの》経房《つねふさ》、『吉記《きつき》』を記《しる》す（～建久《けんきゅう》二年《ねん》）。三条《さんじょう》実房《さねふさ》、『愚昧記《ぐまいき》』を記《しる》す（～建久《けんきゅう》六年《ねん》）。橘《たちばなの》以政《もちまさ》『橘《たちばなの》逸勢伝《はやなりでん》』成《な》る。 【死没】 6・30 寛遍《かんぺん》（67、東寺長者《とうじちょうじゃ》）。7・26 藤原《ふじわらの》基実《もとざね》（24、公卿《くぎょう》）。 《月の大小／朔日の干支・ユリウス暦》 一丙午（2・3）・二乙亥（3・4）・三甲辰（4・2）・四甲戌（5・2）・五癸卯（5・31）・六壬申（6・29）・七壬寅（7・29）・八壬申（8・28）・九辛丑（9・26）・一〇辛未（10・26）・一一辛丑（11・25）・一二庚午（12・24）（太字は大の月）	【政治・経済】 1・1 延暦寺《えんりゃくじ》西塔《さいとう》の僧徒《そうと》、座主《ざす》快修《かいしゅう》の罷免《ひめん》を求《もと》め、東塔《とうとう》の僧徒《そうと》と闘争《とうそう》（華頂要略）。1・19 後白河上皇《ごしらかわじょうこう》、法住寺《ほうじゅうじ》新造御所《しんぞうごしょ》に移《うつ》る（兵範記）。2・11 平《たいらの》清盛《きよもり》、太政大臣《だじょうだいじん》となる（玉葉）。3・10 前興福寺《さきのこうふくじ》別当《べっとう》恵信《えしん》ら、興《こう》
大日本史料		
高麗	20	21
南宋	2	⑦ 3
金	6	7

西暦	▶一一六七	一一六八
年号・干支	仁安 二 ⑦ 丁亥《ひのとのい》	三 戊子《つちのえね》
天皇	(六条)	
院政	(後白河)	
摂関	(摂政藤原基房)	
記事	福《ふく》寺《じ》を襲《おそ》い、別当尋範《べっとうじんぱん》の房《ぼう》や喜多院《きたいん》などを焼《や》く(兵範記)。**5・10** 平重盛《たいらのしげもり》に命《めい》じ、諸道《しょどう》の賊徒《ぞくと》を追討《ついとう》させる(兵範記)。**5・15** 興福寺《こうふくじ》前別当恵信《さきのべっとうえしん》を伊豆《いず》に配流《はいる》(兵範記)。**5・17** 平清盛《たいらのきよもり》、太政大臣《だじょうだいじん》を辞任《じにん》(兵範記)。**8・10** 清盛《きよもり》に播磨国印南野《はりまのくにいなみの》・肥前国杵島郡《ひぜんのくにきしまぐん》・肥後国御代郡南郷土比郷《ひごのくにみしろぐんなんごうどいごう》などの地《ち》を与《あた》え、大功田《だいこうでん》とする(公卿補任)。 【社会・文化】 **9・27** 五条殿焼亡《ごじょうどのしょうぼう》(兵範記)。**この年《とし》** 重源《ちょうげん》、入宋《にっそう》(元亨釈書)。 《月の大小/朔日の干支・ユリウス暦》 一庚子(1・23)・二庚午(2・22)・三己亥(3・23)・四戊辰(4・21)・五戊戌(5・21)・六丁卯(6・19)・七丙申(7・18)・閏七丙寅(8・17)・八乙未(9・15)・九乙丑(10・15)・一〇乙未(11・14)・一一乙丑(12・14)・一二甲午(68・1・12)(太字は大の月) 〖世界〗 イタリア、ロンバルディア都市同盟結成《としどうめいけっせい》。**この頃《ころ》** 英《えい》、オクスフォード大《だい》学成立《がくせいりつ》。	【政治・経済】 **1・11** 高野山本寺僧徒《こうやさんほんじそうと》、別院《べついん》の伝法院僧徒《でんぼういんそうと》と闘争《とうそう》、堂宇《どうう》二〇〇余坊《よぼう》も破壊《はかい》(高野春秋)。**2・11** 平清盛《たいらのきよもり》、出家《しゅっけ》(兵範記)。**2・19** 六条天皇譲位《ろくじょうてんのうじょうい》、憲仁親王《のりひとしんのう》(高倉天皇《たかくらてんのう》)受禅《じゅぜん》(玉葉)。**3・20** 高倉天皇即位《たかくらてんのうそくい》(兵範記)。上皇《じょうこう》の女御《にょうご》平滋子《たいらのしげこ》、皇太后《こうたいごう》となる(兵範記)。**5・3** 高野山《こうやさん》での闘争《とうそう》(一月《がつ》)に
大日本史料	(未刊)	
高麗	毅宗 21	22
南宋	⑦ 乾道 3	4
金	大定 7	8

西暦		◀ 一一六九
年号・干支		嘉応《かおう》元 4・8 己丑《つちのとのうし》
天皇	高倉《たかくら》 2・19	
院政		
摂関	2・19 / 摂政藤原基房《ふじわらのもとふさ》 2・19	
記事	より、宗賢《そうけん》らを配流《はいる》(兵範記)。8・10 藤原忠雅《ふじわらのただまさ》、太政大臣《だじょうだいじん》となり、源《みなもとの》雅通《まさみち》、内大臣《ないだいじん》となる(兵範記)。 【社会・文化】 2・13 京都大火《きょうとたいか》、人家《じんか》三〇〇〇余宇《よう》焼亡《しょうぼう》(百練抄)。4・- 栄西《えいさい》、入宋《にっそう》(元亨釈書)。9・- 栄西《えいさい》・重源《ちょうげん》、宋《そう》より帰国《きこく》(元亨釈書)。12・21 伊勢神宮《いせじんぐう》焼亡《しょうぼう》(兵範記)。仁安年間《にんあんねんかん》『和歌現在書目録《わかげんざいしょもくろく》』成《な》る(同書序)。 《月の大小／朔日の干支・ユリウス暦》 一甲子(2・11)・二甲午(3・12)・三癸亥(4・10)・四壬辰(5・9)・五壬戌(6・8)・六辛卯(7・7)・七庚申(8・5)・八庚寅(9・4)・九己未(10・3)・一〇己丑(11・2)・一一戊午(12・1)・一二戊子(12・31)(太字は大の月) 【世界】 セルビア、ステファン＝ネマーニャ、ネマニッチ朝《ちょう》を創始《そうし》、セルビア統《とう》一《いつ》を開始《かいし》。	【政治・経済】 1・14 伊賀《いが》・伊勢《いせ》・美濃《みの》・尾張《おわり》・参河国《みかわのくに》などの国司《こくし》に伊勢神宮《いせじんぐう》の再建《さいこん》を命《めい》じる(兵範記)。3・13 後白河上皇《ごしらかわじょうこう》、高野山《こうやさん》に参詣《さんけい》(兵範記)。3・20 後白河《ごしらかわ》上皇《じょうこう》、高野山《こうやさん》から摂津国福原《せっつのくにふくはら》の平清盛第《たいらのきよもりてい》に御幸《ごこう》(兵範記)。6・17 後白《ごしら》河上皇《かわじょうこう》、出家《しゅっけ》(玉葉)。12・23 延暦寺僧徒《えんりゃくじそうと》、尾張国目代藤原政友《おわりのくにのもくだいふじわらのまさとも》が美《み》濃国平野荘《ののくにひらののしょう》の中堂御油寄人《ちゅうどうおあぶらのよりうど》に乱暴《らんぼう》した件《けん》により、政友《まさとも》と尾張《おわり》の知行《ちぎょう》
大日本史料		
高麗		23
南宋		5
金		9

西暦	▶ 一一六九	一一七〇
年号・干支	嘉応 元 4・8 己丑《つちのとうし》	二 庚寅《かのえとら》 ④
天皇	(高倉)	
院政	(後白河) 6・17 (法皇)	
摂関	(摂政藤原基房)	
記事	国主藤原成親《こくしゅふじわらのなりちか》の処罰《しょばつ》を求《もと》めて入京《にゅうきょう》し強訴《ごうそ》(兵範記)。12・24 成親《なりちか》を備中《びっちゅうの》国《くに》に配流《はいる》し、政友《まさとも》を禁獄《きんごく》する(兵範記)。12・28 成親配流《なりちかはいる》の際《さい》、平時忠《たいらのときただ》・平信範《たいらののぶのり》に奏事不実《そうじふじつ》があったとして両者《りょうしゃ》を配流《はいる》し、成親《なりちか》を召還《しょうかん》(百練抄)。 【社会・文化】 2・5 比叡山横川中堂焼亡《ひえいざんよかわちゅうどうしょうぼう》(兵範記)。3・- 後白河上皇《ごしらかわじょうこう》、『梁塵秘抄口伝集《りょうじんひしょうくでんしゅう》』を巻《まき》九まで撰《せん》する(同書本文)。清原頼業《きよはらのよりなり》、『春秋左氏伝《しゅんじゅうさしでん》』の校訂《こうてい》を終《お》える(続本朝通鑑)。4・23 陸奥国中尊寺釈尊院五輪塔《むつのくにちゅうそんじしゃくそんいんごりんとう》成《な》る(五輪塔《ごりんとう》の初見《しょけん》)。6・- 旱天《かんてん》のため、たびたび祈雨《きう》を行《おこな》う(兵範記)。10・12 比叡山横川中堂再建《ひえいざんよかわちゅうどうさいこん》(山門堂舎記)。 【死没】 12・11 覚性入道親王《かくしょうにゅうどうしんのう》(41、御室《おむろ》)。 《月の大小／朔日の干支・ユリウス暦》 一戊午(1・30)・二戊子(3・1)・三丁巳(3・30)・四丁亥(4・29)・五丙辰(5・28)・六丙戌(6・27)・七乙卯(7・26)・八甲申(8・24)・九甲寅(9・23)・一〇癸未(10・22)・一一癸丑(11・21)・一二壬午(12・20)(太字は大の月)	【政治・経済】 2・6 延暦寺僧徒《えんりゃくじそうと》の訴《うった》えにより、再《ふたた》び藤原成親《ふじわらのなりちか》を解官《げかん》し、平時忠《たいらのときただ》・平信範《たいらののぶのり》を召還《しょうかん》(百練抄)。4・21 平重盛《たいらのしげもり》を権大納言《ごんのだいなごん》、成親《なりちか》を権中納言《ごんのちゅうなごん》に還任《げんにん》する(公卿補任)。4・- 伊豆大島《いずおおしま》の源為朝《みなもとのためとも》、島民《とうみん》に乱暴《らんぼう》したこ
大日本史料	(未刊)	
高麗	毅宗 23	24
南宋	乾道 5	⑤ 6
金	大定 9	10

西暦	
年号・干支	
天皇	
院政	
摂関	
記事	とにより、工藤茂光《くどうもちみつ》に追補《ついぶ》され自害《じがい》（一説《せつ》に治承元年《ちしょうがんねん》）（保元物語）。**5・25** 藤原秀衡《ふじわらのひでひら》、鎮守府将軍《ちんじゅふしょうぐん》となる（兵範記）。**7・3** 摂政藤原基房《せっしょうふじわらのもとふさ》の車《くるま》、平資盛《たいらのすけもり》の車《くるま》と行《ゆ》き逢《あ》った際《さい》、基房《もとふさ》の舎人《とねり》が資盛《すけもり》の無礼《ぶれい》を責《せ》め、その車《くるま》を壊《こわ》す（玉葉・平家物語）。**9・20** 後白河法皇《ごしらかわほうおう》、宋人《そうじん》を見《み》るため、平清盛《たいらのきよもり》の福原山荘《ふくはらさんそう》に御幸《ごこう》（玉葉）。**10・21** 平重盛《たいらのしげもり》、同資盛《どうすけもり》への乱暴《らんぼう》の報復《ほうふく》として、武士《ぶし》に藤原基房《ふじわらのもとふさ》を襲《おそ》わせる・基房《もとふさ》、参内《さんだい》できず、朝議停滞《ちょうぎていたい》（玉葉）。**12・14** 藤原基房《ふじわらのもとふさ》、太政大臣《だじょうだいじん》となる（玉葉）。 【社会・文化】 **4・20** 後白河法皇《ごしらかわほうおう》、東大寺《とうだいじ》で受戒《じゅかい》・また正倉院《しょうそういん》を開《ひら》き宝物《ほうもつ》を見《み》る（兵範記）。 【死没】 **2・11** 藤原宗能《ふじわらのむねよし》（86、公卿《くぎょう》）。**4・-** 源為朝《みなもとのためとも》（32、武将《ぶしょう》）。 《月の大小／朔日の干支・ユリウス暦》 一壬子（1・19）・二壬午（2・18）・三壬子（3・20）・四辛巳（4・18）・閏四辛亥（5・18）・五庚辰（6・16）・六庚戌（7・16）・七己卯（8・14）・八戊申（9・12）・九戊寅（10・12）・一〇丁未（11・10）・一一丁丑（12・10）・一二丙午（71・1・8）（太字は大の月） 〖世界〗 金《きん》、全真教《ぜんしんきょう》の開祖《かいそ》王重陽《おうじゅうよう》没《ぼつ》す。高麗《こうらい》、鄭仲夫《ていちゅうふ》ら、多《おお》くの文臣《ぶんしん》を殺害《さつがい》、毅宗《きそう》を廃《はい》して明宗《めいそう》を擁立《ようりつ》、武臣政権成立《ぶしんせいけんせいりつ》。
大日本史料	
高麗	
南宋	
金	

西暦	一一七一
年号・干支	承安《じょうあん》 元 4・21 辛卯《かのとのう》
天皇	(高倉)
院政	(後白河)
摂関	(摂政藤原基房)

記事

【政治・経済】
1・3 天皇《てんのう》、元服《げんぷく》(玉葉)。**9・21** 興福寺《こうふくじ》僧徒《そうと》、興福寺《こうふくじ》政所《まんどころ》の使《つかい》らに乱暴《らんぼう》した前下野守信遠《さきのしもつけのかみのぶとお》の配流《はいる》と末寺《まつじ》の荘園《しょうえん》五〇余所《よしょ》を立《た》てることを求《もと》めて入京《にゅうきょう》・強訴《ごうそ》を企《たくら》むが、藤原基房《ふじわらのもとふさ》によって制止《せいし》される(玉葉)。**10・23** 後白河法皇《ごしらかわほうおう》、平 清盛《たいらのきよもり》の福原別業《ふくはらべつぎょう》に御幸《ごこう》(玉葉)。**10・-** 羊病《ひつじびょう》と称《しょう》す病《やまい》が流行《りゅうこう》(百練抄)。**12・14** 平 清盛《たいらのきよもり》の娘《むすめ》徳子《とくし》、後白河法皇《ごしらかわほうおう》の猶子《ゆうし》として入内《じゅだい》(玉葉)。**12・26** 平 徳子《たいらのとくし》、女御《にょうご》となる(玉葉)。

【社会・文化】
7・11 東北院《とうほくいん》焼亡《しょうぼう》(玉葉)。**この年《とし》** 覚阿《かくあ》、入宋《にっそう》(善隣国宝記)。

《月の大小/朔日の干支・ユリウス暦》
一丙子(2・7)・二丙午(3・9)・**三**乙亥(4・7)・**四**乙巳(5・7)・五乙亥(6・6)・六甲辰(7・5)・**七**癸酉(8・3)・八癸卯(9・2)・**九**壬申(10・1)・一〇壬寅(10・31)・一一辛未(11・29)・一二辛丑(12・29)(太字は大の月)

〖世界〗
エジプト、サラーフ＝アッディーン(サラディン)、ファーティマ朝《ちょう》を滅《ほろ》ぼし、アイユーブ朝《ちょう》を興《おこ》す。

大日本史料	(未刊)
高麗	明宗《めいそう》
南宋	乾道 **7**
金	大定 **11**

西暦	一一七二
年号・干支	二 壬辰《みずのえたつ》 ⑫
天皇	
院政	
摂関	関白藤原基房《ふじわらのもとふさ》 12・27 ｜ 12・27

記事

【政治・経済】

2・10 平徳子《たいらのとくし》、中宮《ちゆうぐう》となる（玉葉）。**7・9** 伊豆国司《いずこくし》、出島《でじま》に異形《いぎよう》の者《もの》が来着《らいちやく》して島民《とうみん》を殺傷《さつしよう》するなどの乱暴《らんぼう》を働《はたら》いたことを報告《ほうこく》（玉葉）。**8・13** 延暦寺僧徒《えんりやくじそうと》、祇陀林寺《ぎだりんじ》を襲《おそ》い、別当能順《べつとうのうじゆん》の房《ぼう》を破壊《はかい》（玉葉）。**9・16** 宋国《そうこく》から法皇《ほうおう》・平清盛《たいらのきよもり》に贈物《ぞうもつ》（玉葉）。**12・21** 興福寺僧徒《こうふくじそうと》、春日社神人《かすがしやのじにん》を殺害《さつがい》した平重盛家人《たいらのしげもりけにん》の処罰《しよばつ》を求《もと》め、入京《にゆうきよう》・強訴《ごうそ》を企《くわだ》て、二七日《にち》、上洛《じようらく》（玉葉・百練抄）。

【社会・文化】

3・19 藤原清輔《ふじわらのきよすけ》、尚歯会《しようしかい》を催《もよお》す（百練抄）。**6・18** 心覚《しんかく》、『別尊雑記《べつそんざつき》』を著《あらわ》す（同書裏書）。**この秋以降《あきいこう》** 藤原為経《ふじわらのためつね》『今鏡《いまかがみ》』成《な》るか。**12・17** 『広田社《ひろたしや》二十九番歌合《にじゆうくばんうたあわせ》』に藤原俊成《ふじわらのとしなり》が判詞《はんし》を書《か》き加《くわ》える（同書奥書）。

【死没】

9・25 恵信《えしん》（57、興福寺前法務《こうふくじさきのほうむ》）。

《月の大小／朔日の干支・ユリウス暦》

一庚午（1・27）・二庚子（2・26）・三己巳（3・26）・四己亥（4・25）・五己巳（5・25）・六戊戌（6・23）・七戊辰（7・23）・八丁酉（8・21）・九丁卯（9・20）・一〇丙申（10・19）・一一丙寅（11・18）・一二乙未（12・17）・閏一二乙丑（73・1・16）（太字は大の月）

大日本史料	
高麗	2
南宋	8
金	12

西暦	一一七三
年号・干支	承安 三 癸巳《みずのとみ》
天皇	(高倉)
院政	(後白河)
摂関	(関白藤原基房)
記事	【政治・経済】 **3・13** 宋国《そうこく》に返牒《へんちょう》、後白河法皇《ごしらかわほうおう》・平清盛《たいらのきよもり》、進物《しんもつ》を贈《おく》る(玉葉)。**4・29** 文覚《もんがく》、高雄神護寺《たかおじんごじ》の復興費用《ふっこうひよう》に、寺《てら》への荘園寄進《しょうえんきしん》を後白河法皇《ごしらかわほうおう》に請《こ》うが許《ゆる》されず、院中《いんちゅう》で暴言《ぼうげん》を吐《は》き捕《とら》えられる(玉葉)。**5・16** 文覚《もんがく》を伊豆《いず》に配流《はいる》(百練抄)。**6・25** 興福寺僧徒《こうふくじそうと》、多武峯《とうのみね》を攻《せ》め房舎《ぼうしゃ》を焼《や》く(玉葉)。**11・4** 延《えん》暦寺《りゃくじ》と争《あらそ》う南都《なんと》の僧徒《そうと》が蜂起《ほうき》したため、武士《ぶし》に禁中《きんちゅう》を警固《けいご》させ、平《たいらの》重盛《しげもり》に入京《にゅうきょう》を防《ふせ》がせる(玉葉)。**11・11** 南都《なんと》一五大寺《だいじ》・諸国末寺荘園《しょこくまつじしょうえん》を没収《ぼっしゅう》(玉葉)。**この年** 平《とし》清盛《たいらのきよもり》、摂津国兵庫島《せっつのくにひょうごじま》を築《きず》く(帝王編年記)。 【社会・文化】 **4・12** 後白河法皇御所法住寺北殿《ごしらかわほうおうごしょほうじゅうじきたどの》、焼亡《しょうぼう》(玉葉)。**11・18** 清水寺焼亡《きよみずでらしょうぼう》(百練抄)。**12・26** 六波羅蜜寺《ろくはらみつじ》焼亡《しょうぼう》(百練抄)。 【死没】 **1・5** 藤原光頼《ふじわらのみつより》(50、公卿《くぎょう》)。 《月の大小/朔日の干支・ユリウス暦》 一甲午(2・14)・**二**甲子(3・16)・**三**癸巳(4・14)・四癸亥(5・14)・**五**壬辰(6・12)・六壬戌(7・12)・**七**壬辰(8・11)・八辛酉(9・9)・九辛卯(10・9)・一〇庚申(11・7)・一一庚寅(12・7)・一二己未(74・1・5)(太字は大の月)
大日本史料	(未刊)
高麗	明宗 3
南宋	① 乾道 9
金	大定 13

西暦	一一七四
年号・干支	四 甲午《きのえうま》
天皇	
院政	
摂関	

記事

【政治・経済】

3・16 後白河法皇《ごしらかわほうおう》・建春門院《けんしゅんもんいん》、平清盛《たいらのきよもり》の福原別業《ふくはらべつぎょう》に御幸《ごこう》、次《つ》いで厳島《いつくしま》に参詣《さんけい》・平氏一門随行《へいしいちもんずいこう》(玉葉)。**この年《とし》** 源義経《みなもとのよしつね》、陸奥国《むつのくに》に向《むか》う(平治物語)。

【社会・文化】

7・27 相撲節会《すまいのせちえ》を復活《ふっかつ》(百練抄・玉葉)。

【死没】

この年《とし》 湛快《たんかい》(76、熊野別当《くまのべっとう》)。

《月の大小／朔日の干支・ユリウス暦》

一己丑(2・4)・**二**戊午(3・5)・三戊子(4・4)・**四**丁巳(5・3)・**五**丁亥(6・2)・**六**丙辰(7・1)・七丙戌(7・31)・八乙卯(8・29)・九乙酉(9・28)・一〇乙卯(10・28)・**一一**甲申(11・26)・一二甲寅(12・26)(太字は大の月)

図 2 (→1175年)
法然房源空，浄土宗を開く
(法然上人行状絵図．知恩院)

大日本史料	
高麗	4
南宋	淳熙《じゅんき》(1.1)
金	14

西暦	一一七五 図2
年号・干支	安元《あんげん》元 7・28 ⑨ 乙未《きのとのひつじ》
天皇	(高倉)
院政	(後白河)
摂関	(関白藤原基房)
記事	【政治・経済】 **4・17** 高野山本寺《こうやさんほんじ》と末寺《まつじ》が闘争《とうそう》したため、首謀者《しゅぼうしゃ》を処分《しょぶん》(高野春秋)。**10・30** 伊賀国名張郡司《いがのくになばりぐんじ》 源 俊方《みなもとのとしかた》、東大寺領黒田荘《とうだいじりょうくろだのしょう》から国衙《こくが》が収納《しゅうのう》していた官物《かんもつ》を東大寺《とうだいじ》が学生供料《がくしょうくりょう》に充《あ》てたことを批難《ひなん》し、興福寺《こうふくじ》と結《むす》び、黒田荘《くろだのしょう》に乱入《らんにゅう》(東大寺文書)。 【社会・文化】 **この春《はる》** 源空《げんくう》(法然房《ほうねんぼう》)、専修念仏《せんじゅねんぶつ》を唱《とな》える(法然上人行状画図)。**6・7** 長雨《ながあめ》により諸国《しょこく》の作物《さくもつ》に被害《ひがい》が出《で》る(玉葉)。**7・23** 九条兼実《くじょうかねざね》、歌合《うたあわせ》を催《もよお》す(玉葉)。**9・10** 泉 高父《いずみのたかちち》『行基年譜《ぎょうきねんぷ》』を著《あらわ》す。**9・12** 大風《おおかぜ》で京中洛外《きょうちゅうらくがい》の家屋破損《かおくはそん》(玉葉)。 【死没】 **2・27** 源 雅通《みなもとのまさみち》(58、公卿《くぎょう》)。 《月の大小/朔日の干支・ユリウス暦》 一癸未(1・24)・二癸丑(2・23)・三壬午(3・24)・四壬子(4・23)・五辛巳(5・22)・六庚戌(6・20)・七庚辰(7・20)・八己酉(8・18)・九己卯(9・17)・閏九己酉(10・17)・一〇戊寅(11・15)・一一戊申(12・15)・一二戊寅(76・1・14)(太字は大の月)
大日本史料	(未刊)
高麗	明宗 **5**
南宋	⑨ 淳熙 **2**
金	大定 **15**

西暦	一一七六
年号・干支	二 丙申《ひのえさる》
天皇	
院政	
摂関	

記事

【政治・経済】

3・19 藤原為綱《ふじわらのためつな》を殺害《さつがい》した平盛方《たいらのもりかた》を佐渡国《さどのくに》へ配流《はいる》(百練抄)。**4・27** 後《ご》白河法皇《しらかわほうおう》、延暦寺《えんりゃくじ》で受戒《じゅかい》(玉葉)。**7・-** 加賀守《かがのかみ》藤原師高《ふじわらのもろたか》の目代《もくだい》藤原師《ふじわらのもろ》経《つね》、白山宮《はくさんぐう》の僧徒《そうと》と対立《たいりつ》、合戦《かっせん》に及《およ》ぶ(平家物語)。**10・-** 伊豆《いず》の河津祐泰《かわづすけやす》、工藤祐経《くどうすけつね》に殺《ころ》される(吾)。

【社会・文化】

3・16 藤原秀衡《ふじわらのひでひら》、故基衡《こもとひら》のため紺紙金銀字一切経《こんしきんぎんじいっさいきょう》を書写《しょしゃ》。**10・19** 運慶《うんけい》、円成寺《えんじょうじ》大日如来坐像《だいにちにょらいざぞう》を作《つく》る(同像銘)。**11・16** 明円《めいえん》、大覚寺《だいかくじ》五大明王像《ごだいみょうおうぞう》を造《つく》る(同像銘)。**この年** 仏厳房聖心《ぶつごんぼうしょうしん》、『十念極楽易往集《じゅうねんごくらくいおうしゅう》』を撰集《せんしゅう》(玉葉)。

【死没】

6・13 高松院《たかまついん》(36、二条天皇中宮《にじょうてんのうちゅうぐう》)。**7・8** 建春門院《けんしゅんもんいん》(35、後白河天皇《ごしらかわてんのう》女《にょう》御《ご》)。**7・17** 六条上皇《ろくじょうじょうこう》(13)。**9・19** 九条院《くじょういん》(46、近衛天皇皇后《このえてんのうこうごう》)。

《月の大小／朔日の干支・ユリウス暦》

一丁未(2・12)・二丁丑(3・13)・三丙午(4・11)・四丙子(5・11)・五乙巳(6・9)・六甲戌(7・8)・七甲辰(8・7)・八癸酉(9・5)・九癸卯(10・5)・一〇壬申(11・3)・一一壬寅(12・3)・一二壬申(77・1・2)(太字は大の月)

〘世界〙

南宋《なんそう》、朱熹《しゅき》・呂祖謙《りょそけん》編著《へんちょ》『近思録《きんしろく》』成《な》る。レニャーノの戦《たたか》い、ロンバルディア都市同盟軍《としどうめいぐん》が皇帝《こうてい》フリードリヒ一世《せい》を破《やぶ》る。

大日本史料	
高麗	6
南宋	3
金	16

西暦	一一七七
年号・干支	治承《ちしょう》元 8・4 丁酉《ひのとのとり》
天皇	（高倉）
院政	（後白河）
摂関	（関白藤原基房）

記事

【政治・経済】
3・5 藤原師長《ふじわらのもろなが》、太政大臣《だじょうだいじん》、平 重盛《たいらのしげもり》、内大臣《ないだいじん》となる（玉葉）。**4・13** 延《えん》暦寺僧徒《りやくじそうと》、白山宮《はくさんぐう》と対立《たいりつ》する加賀守藤原師高《かがのかみふじわらのもろたか》の流罪《るざい》を強訴《ごうそ》、僧徒《そうと》を防《ふせ》ぐ兵《へい》の矢《や》が神輿《しんよ》を射《い》る（玉葉）。**4・20** 藤原師高《ふじわらのもろたか》を尾張国《おわりのくに》に配流《はいる》（玉葉）。**5・21** 延暦寺僧徒《えんりやくじそうと》による強訴《ごうそ》の起因《きいん》は天台座主《てんだいざす》明雲《みょううん》にあるとして伊豆《いずの》国《くに》に配流《はいる》（玉葉）。**5・23** 延暦寺衆徒《えんりやくじしゅと》、明雲配流《みょううんはいる》の処分《しょぶん》に怒《いか》り、明雲《みょううん》を奪還《だつかん》（玉葉）。**6・1** 源 行綱《みなもとのゆきつな》、院《いん》の近臣《きんしん》による平家打倒計画《へいけだとうけいかく》を平 清盛《たいらのきよもり》に密告《みっこく》、清盛《きよもり》、西光《さいこう》・藤原成親《ふじわらのなりちか》を捕《とら》え、西光《さいこう》を斬首《ざんしゅ》（鹿ヶ谷《ししがたに》の謀議《ぼうぎ》）（玉葉）。**6・2** 成親《なりちか》を備前国《びぜんのくに》に配流《はいる》（玉葉）。**6・3** 俊寛《しゅんかん》・平 康頼《たいらのやすより》らを捕《とら》える（玉葉）。**6・21** 八条殿《はちじょうどの》、放火《ほうか》される（百練抄）。**6・−** 俊寛《しゅんかん》・平 康頼《たいらのやすより》・藤《ふじ》原成経《わらのなりつね》を鬼界島《きかいがしま》に配流《はいる》（帝王編年記）。**7・29** 故上皇《こじょうこう》に崇徳院《すとくいん》の諡号《しごう》を奉《たてまつ》り、故藤原頼長《こふじわらのよりなが》に正一位太政大臣《しょういだじょうだいじん》を追贈《ついぞう》（玉葉）。**12・−** 京中《きょうちゅう》に強盗《ごうとう》が横行《おうこう》（玉葉）。

【社会・文化】
2・− 疱瘡流行《ほうそうりゅうこう》（百練抄）。**4・28** 京都大火《きょうとたいか》、大極殿《だいごくでん》・朝堂院《ちょうどういん》など左京《さきょう》城《じょう》の三分《ぶん》の一を焼亡《しょうぼう》、死《し》者数《しやすう》千人《にん》（安元《あんげん》の大火《たいか》・太郎焼亡《たろうじょうもう》）（玉葉）。**7・2** 藤原教長《ふじわらののりなが》口伝《くでん》『才葉抄《さいようしょう》』成《な》る（同書首書）。**12・17** 法皇《ほうおう》、蓮華王院《れんげおういん》五 重《じゅうの》塔《とう》を建立《こんりゅう》、供養《くよう》を行《おこな》う（玉葉）。**この年** 尼真理《あましんり》『長福寺縁起《ちょうふくじえんぎ》』成《な》る。

【死没】
6・1 藤原師光《ふじわらのもろみつ》（西光《さいこう》）（後白河法皇近臣《ごしらかわほうおうきんしん》）。**6・20** 藤原清輔《ふじわらのきよすけ》（74か、歌学者《かがくしゃ》）。

大日本史料	（未刊）
高麗	明宗 7
南宋	淳熙 4
金	大定 17

西暦	◀ 一一七八	
年号・干支	二 戊戌《つちのえいぬ》 ⑥	
天皇		
院政		
摂関		
記事	【政治・経済】閏《うるう》6・17 新制《しんせい》一七ヵ条《じょう》を下《くだ》す(玉葉)。7・3 流人《るにん》藤原成経《ふじわらのなりつね》・平康頼《たいらのやすより》を鬼界島《きかいがしま》より召還《しょうかん》(参考源平盛衰記)。9・20 延暦寺《えんりゃくじ》の堂衆《どうしゅ》と学徒《がくと》が闘争《とうそう》(参考源平盛衰記)。10・4 平清盛《たいらのきよもり》、院宣《いんぜん》を奉《ほう》じて延暦寺学徒《えんりゃくじがくと》を支援《しえん》、学徒《がくと》と共《とも》に堂衆《どうしゅ》を攻撃《こうげき》(参考源平盛衰記)。12・15 言仁親王《ときひとしんのう》(一一月《がつ》一二日《にち》誕生《たんじょう》)を皇太子《こうたいし》とする(玉葉)。 【社会・文化】3・15 賀茂重保《かものしげやす》、「別雷社歌合《わけいかずちしゃうたあわせ》」を催《もよお》す。3・- 藤原俊成《ふじわらのとしなり》『長秋詠藻《ちょうしゅうえいそう》』	7・9 藤原成親《ふじわらのなりちか》(40、公卿《くぎょう》)。 《月の大小／朔日の干支・ユリウス暦》 一壬寅(2・1)・二辛未(3・2)・三辛丑(4・1)・四庚午(4・30)・五庚子(5・30)・六己巳(6・28)・七戊戌(7・27)・八戊辰(8・26)・九丁酉(9・24)・一〇丁卯(10・24)・一一丙申(11・22)・一二丙寅(12・22)(太字は大の月) 【世界】 宋《そう》、朱熹《しゅき》、『四書集註《ししょしっちゅう》』を著《あらわ》す。
大日本史料		
高麗	8	
南宋	⑥ 5	
金	18	

西暦	▶一一七八	一一七九
年号・干支	治承 二 ⑥ 戊戌《つちのえいぬ》	三 己亥《つちのとのい》
天皇	(高倉)	
院政	(後白河)	
摂関	(関白藤原基房)	
記事	成《な》る。**7・15** 栄西《えいさい》、『筑前国誓願寺盂蘭盆一品経縁起《ちくぜんのくにせいがんじうらぼんいっぽんきょうえんぎ》』を書《か》く(同書識語)。**この頃《ころ》** 源 頼政《みなもとのよりまさ》、『頼政家集《よりまさかしゅう》』を自撰《じせん》するか。**この年以降《としいこう》** 平 康頼《たいらのやすより》、『宝物集《ほうぶつしゅう》』を著《あらわ》す。 《月の大小/朔日の干支・ユリウス暦》 一丙申(1・21)・二丙寅(2・20)・三乙未(3・21)・四乙丑(4・20)・五甲午(5・19)・六甲子(6・18)・閏六癸巳(7・17)・七壬戌(8・15)・八壬辰(9・14)・九辛酉(10・13)・一〇辛卯(11・12)・一一庚申(12・11)・一二庚寅(79・1・10)(太字は大の月)	【政治・経済】 **5・14** 清水寺《きよみずでら》と祇園社《ぎおんしゃ》が闘争《とうそう》、八坂塔《やさかのとう》焼亡《しょうぼう》(山槐記)。**8・30** 新制《しんせい》三二ヵ条《じょう》を下《くだ》す(玉葉)。**9・19** 新制沽価法《しんせいこかほう》に違反《いはん》する者《もの》を検非違使《けびいし》に取締《とりしま》らせる(大夫尉義経畏申記)。**10・3** 平 教盛《たいらののりもり》、延暦寺堂衆《えんりゃくじどうしゅ》を討《う》ち、近江国《おうみのくに》の寺領《じりょう》三ヵ荘《しょう》を焼《や》く(山槐記)。**11・14** 平 清盛《たいらのきよもり》、福原《ふくはら》より兵数千騎《へいすうせんき》を率《ひき》いて入京《にゅうきょう》(玉葉)。**11・15** 清盛《きよもり》の奏請《そうせい》により、藤原基房《ふじわらのもとふさ》の関白《かんぱく》を止《と》め、藤原基通《ふじわらのもとみち》を関白《かんぱく》とする(玉葉)。**11・17** 太政大臣藤原師長《だじょうだいじんふじわらのもろなが》ら法皇《ほうおう》の近臣《きんしん》三九人《にん》を解官《げかん》(玉葉)。**11・20** 平 清盛《たいらのきよもり》、後白河法皇《ごしらかわほうおう》を鳥羽殿《とばどの》に幽閉《ゆうへい》、院政《いんせい》を停止《ていし》し、福原《ふくはら》に帰《かえ》る。この後《のち》、平家《へいけ》の知行国《ちぎょうこく》が倍増《ばいぞう》し全国《ぜんこく》の過半《かはん》におよぶ(山槐記・平家物語)。 【社会・文化】 **3・24** 信濃国善光寺《しなののくにぜんこうじ》焼亡《しょうぼう》(吾妻鏡)。**12・16** 皇太子言仁親王《こうたいしときひとしんのう》、平 清盛《たいらのきよもり》の
大日本史料	(未刊)	
高麗	明宗 8	9
南宋	⑥ 淳熙 5	6
金	大定 18	19

西暦		◀ 一一八〇
年号・干支		四 庚子《かのえね》
天皇		2・21 安徳《あんとく》
院政	11・20	
摂関	11・15 ｜ 11・15 関白藤原基通《ふじわらのもとみち》	2・21 ｜ 2・21 摂政藤原基通《ふじわらのもとみち》
記事	西八条第《にしはちじょうてい》に行啓《ぎょうけい》、清盛《きよもり》、皇太子《こうたいし》に宋版《そうはん》『太平御覧《たいへいぎょらん》』を献上《けんじょう》(山槐記)。 【死没】 4・2 叡空《えいくう》(天台宗学僧《てんだいしゅうがくそう》)。6・17 平盛子《たいらのもりこ》(24、藤原基実北政所《ふじわらのもとざねきたのまんどころ》)。7・29 平重盛《たいらのしげもり》(42、武将《ぶしょう》)。**この年か** 俊寛《しゅんかん》(37、後白河法皇近習《ごしらかわほうおうきんじゅう》)。 《月の大小/朔日の干支・ユリウス暦》 一庚申(2・9)・二己丑(3・10)・三己未(4・9)・四己丑(5・9)・五戊午(6・7)・六戊子(7・7)・七丁巳(8・5)・八丙戌(9・3)・九丙辰(10・3)・一〇乙酉(11・1)・一一乙卯(12・1)・一二甲申(12・30)(太字は大の月)	【政治・経済】 **2・20** 平清盛《たいらのきよもり》、大輪田泊《おおわだのとまり》の修築《しゅうちく》を請い許可《きょか》される(玉葉)。**2・21** 高《たか》倉天皇譲位《くらてんのうじょうい》、言仁親王《ときひとしんのう》(安徳天皇《あんとくてんのう》)受禅《じゅぜん》(玉葉)。**4・9** 以仁王《もちひとおう》、源頼《みなもとのより》政《まさ》の勧《すす》めにより平清盛追討《たいらのきよもりついとう》の令旨《りょうじ》を東国諸国《とうごくしょこく》に下《くだ》す(吾)。**4・22** 安《あん》徳天皇即位《とくてんのうそくい》(玉葉)。**5・15** 以仁王配流《もちひとおうはいる》の宣旨《せんじ》を出《だ》す、以仁王《もちひとおう》、園城寺《おんじょうじ》に逃亡《とうぼう》(玉葉)。**5・26** 以仁王《もちひとおう》・源頼政《みなもとのよりまさ》ら、奈良《なら》へ逃《のが》れる途上《とじょう》、宇治川《うじがわ》で追撃《ついげき》され敗死《はいし》(玉葉)。**6・2** 天皇《てんのう》・後白河法皇《ごしらかわほうおう》・高倉上皇《たかくらじょうこう》、摂津国福原《せっつのくにふくはら》に行幸《ぎょうこう》(福原遷都《ふくはらせんと》)(玉葉)。**8・17** 源頼朝《みなもとのよりとも》、伊豆国《いずのくに》で挙兵《きょへい》(吾)。**8・23** 頼《より》朝《とも》、石橋山合戦《いしばしやまかっせん》で敗北《はいぼく》(吾)。**8・28** 頼朝《よりとも》、海路《かいろ》で安房国《あわのくに》に逃亡《とうぼう》(吾)。**9・7** 源《みなもとの》(木曾《きそ》)義仲《よしなか》、信濃国《しなののくに》で挙兵《きょへい》(吾)。**9・10** 源《みなもとの》(武田《たけだ》)信義《のぶよし》、甲斐《かいの》国《くに》で挙兵《きょへい》(吾)。**9・16** 宋船《そうせん》、摂津国大輪田泊《せっつのくにおおわだのとまり》に来着《らいちゃく》(山槐記)。**10・6** 頼《より》
大日本史料		
高麗		10
南宋		7
金		20

西暦	年号・干支	天皇	院政	摂関
▶一一八〇	治承 四 庚子《かのえね》	(安徳)	後白河《ごしらかわ》 12・18	(摂政藤原基通)

記事

朝《とも》、相模国鎌倉《さがみのくにかまくら》に入《はい》る(吾)。**10・20** 平 維盛軍《たいらのこれもりぐん》と源 頼朝軍《みなもとのよりともぐん》、富士川《ふじがわ》で対峙《たいじ》、平氏軍大敗《へいしぐんたいはい》(吾)。**11・17** 頼朝《よりとも》、和田義盛《わだよしもり》を侍 所 別当《さむらいどころのべっとう》とする(吾)。**11・20** 近江国《おうみのくに》の源氏《げんじ》が蜂起《ほうき》(玉葉)。**11・** 美濃《みの》・尾張国《おわりのくに》の源氏《げんじ》ら蜂起《ほうき》(玉葉)。**11・20** 天皇《てんのう》・後白河法皇《ごしらかわほうおう》・高倉上皇《たかくらじょうこう》、福原《ふくはら》を出発《しゅっぱつ》、二六日《にち》、京都《きょうと》に帰《かえ》る(還《かん》都《と》)(玉葉)。**12・11** 平 清房《たいらのきよふさ》、延暦寺《えんりゃくじ》・園城寺《おんじょうじ》の僧徒《そうと》を攻《せ》め、堂舎《どうしゃ》を焼《や》く(玉葉)。**12・18** 平 清盛《たいらのきよもり》、法皇《ほうおう》の幽閉《ゆうへい》を解《と》き、院政《いんせい》の再開《さいかい》を要請《ようせい》(玉葉)。**12・28** 平 重衡《たいらのしげひら》、南都《なんと》を攻《せ》め、東大寺《とうだいじ》・興福寺《こうふくじ》などを焼《や》き払《はら》う(山槐記)。

【社会・文化】
2・- 藤原定家《ふじわらのさだいえ》、『明月記《めいげつき》』を記《しる》す(~嘉禎元年《かていがんねん》一二月《がつ》)。**この年《とし》**『吾妻鏡《あずまかがみ》』記述始《きじゅつはじ》まる(~文永《ぶんえい》三年《ねん》七月《がつ》二〇日《か》)。**天養年間《てんようねんかん》より治承年間《ちしょうねんかん》**『色葉字類抄《いろはじるいしょう》』三巻本成《かんぼんな》る。

【死没】
5・26 日胤《にちいん》(天台宗僧侶《てんだいしゅうそうりょ》)。源 頼政《みなもとのよりまさ》(77、武将《ぶしょう》)。以仁王《もちひとおう》(30、後白河天皇皇子《ごしらかわてんのうおうじ》)。**8・17** 山木兼隆《やまきかねたか》(武将《ぶしょう》)。**8・24** 工藤茂光《くどうもちみつ》(武将《ぶしょう》)。**8・27** 三浦義明《みうらよしあき》(89、武将《ぶしょう》)。**9・27** 蔵俊《ぞうしゅん》(77、法相宗学僧《ほっそうしゅうがくそう》)。**10・26** 大庭景親《おおばかげちか》(武将《ぶしょう》)。**12・21** 藤原重家《ふじわらのしげいえ》(53、公卿《くぎょう》、歌人《かじん》)。

《月の大小/朔日の干支・ユリウス暦》
一甲寅(1・29)・二癸未(2・27)・三癸丑(3・28)・四癸未(4・27)・五壬子(5・26)・六壬午(6・25)・七辛亥(7・24)・八辛巳(8・23)・九庚戌(9・21)・一〇庚辰(10・21)・一一己酉(11・19)・一二己卯(12・19)(太字は大の月)

大日本史料	高麗	南宋	金
(未刊)	明宗 **10**	淳熙 **7**	大定 **20**

西暦	◀ 一一八一	
年号・干支	養和《ようわ》元 7・14 辛丑《かのとのうし》 ②	
天皇		
院政		
摂関		
記事	【政治・経済】 1・4 東大寺《とうだいじ》・興福寺《こうふくじ》の寺領《じりょう》を没収《ぼっしゅう》し、門徒《もんと》・僧綱《そうごう》以下《いか》の官職《かんしょく》を解《と》く(玉葉)。熊野《くまの》の僧徒《そうと》、伊勢《いせ》・志摩国《しまのくに》を襲《おそ》う(玉葉・吾)。 1・19 平 宗盛《たいらのむねもり》を五畿内《きない》・伊賀《いが》・伊勢《いせ》・近江《おうみ》・丹波国《たんばのくに》の惣官《そうかん》とする(玉葉)。 2・7 京中《きょうちゅう》の在家《ざいけ》数《すう》を京職《きょうしき》・検非違使《けびいし》に調《しら》べさせる(玉葉)。 2・17 熊野《くまの》の僧徒《そうと》、阿波国《あわのくに》を襲《おそ》う(玉葉)。 閏《うるう》2・4 平 清盛《たいらのきよもり》没《ぼつ》す(玉葉)。 閏《うるう》2・15 平 重衡《たいらのしげひら》、源《みなもとの》頼朝追討《よりともついとう》のため東国《とうごく》へ向《むか》う(玉葉)。 3・1 一月《がつ》に没収《ぼっしゅう》した七大寺《だいじ》の所領《しょりょう》を旧《きゅう》に復《ふく》す(興福寺略年代記)。 3・10 平 重衡《たいらのしげひら》、尾張国墨俣河《おわりのくにすのまたがわ》で源 行《みなもとのゆき》家《いえ》の軍勢《ぐんぜい》を破《やぶ》る(吾)。 8・1 平 宗盛《たいらのむねもり》、頼朝《よりとも》が密《ひそか》に院《いん》に申《もう》し入《い》れた和睦《わぼく》案《あん》を拒否《きょひ》(玉葉)。 8・14 源 義仲追討《みなもとのよしなかついとう》のため、平 経正《たいらのつねまさ》・平 通盛《たいらのみちもり》を北《ほく》陸道《りくどう》に派遣《はけん》する(百練抄・吾)。 8・15 源氏追討《げんじついとう》のため、藤原 秀衡《ふじわらのひでひら》を陸奥《むつの》守《かみ》、平 親房《たいらのちかふさ》を越前守《えちぜんのかみ》、平 助職《たいらのすけもと》を越後守《えちごのかみ》とする(玉葉)。 8・- 重源《ちょうげん》、宣旨《せんじ》により、東大寺再建《とうだいじさいこん》のため諸国《しょこく》を勧進《かんじん》することを命《めい》じられる(東大寺続要録)。 9・6 平 通盛《たいらのみちもり》、越前国《えちぜんのくに》で源 義仲《みなもとのよしなか》に敗《やぶ》れる(百練抄)。 10・3 平 維盛《たいらのこれもり》を義仲追討《よしなかついとう》の援軍《えんぐん》として派遣《はけん》する(玉葉)。 11・25 中宮《ちゅうぐう》平 徳《たいらのとく》子《し》、女院宣下《にょういんせんげ》、建礼門院《けんれいもんいん》となる(玉葉)。	〔世界〕 フランス、フィリップ二世即位《せいそくい》。
大日本史料		
高麗	11	
南宋	③ 8	
金	21	

西暦	▶一一八一	一一八二
年号・干支	養和 元 7・14 辛丑《かのとのうし》 ②	寿永《じゅえい》 元 5・27 壬寅《みずのえとら》
天皇	(安徳)	
院政	(後白河)	
摂関	(摂政藤原基通)	
記事	【社会・文化】 4・– 京中道路《きょうちゅうどうろ》に餓死者《がししゃ》が満《み》ちあふれる(吉記)。この年《とし》 諸国飢饉《しょこくききん》(百練抄)。 【死没】 1・14 高倉上皇《たかくらじょうこう》(21)。閏《うるう》2・4 平清盛《たいらのきよもり》(64、武将《ぶしょう》)。閏《うるう》2・23 藤原邦綱《ふじわらのくにつな》(60、公卿《くぎょう》)。3・10 義円《ぎえん》(27、僧侶《そうりょ》)。11・6 覚快法親王《かつかいほっしんのう》(48、天台座主《てんだいざす》)。12・5 皇嘉門院《こうかもんいん》(60、崇徳天皇皇后《すとくてんのうこうごう》)。この年《とし》 城資永《じょうすけなが》(越後《えちご》の豪族《ごうぞく》)。 《月の大小/朔日の干支・ユリウス暦》 一戊申(1・17)・二戊寅(2・16)・閏二丁未(3・17)・三丁丑(4・16)・四丙午(5・15)・五丙子(6・14)・六丙午(7・14)・七乙亥(8・12)・八乙巳(9・11)・九甲戌(10・10)・一〇甲辰(11・9)・一一癸酉(12・8)・一二癸卯(82・1・7)(太字は大の月)	【政治・経済】 2・25 平教盛《たいらののりもり》、源義仲《みなもとのよしなか》追討《ついとう》のため北陸道《ほくりくどう》に向《むか》う(吉記)。3・17 院宣《いんぜん》により、諸国《しょこく》の荘園《しょうえん》から兵粮米《ひょうろうまい》を徴収《ちょうしゅう》(吉記)。4・26 文覚《もんがく》、源頼朝《みなもとのよりとも》と会見《かいけん》(吾)。9・14 院宣《いんぜん》により、追討使《ついとうし》を停止《ちょうじ》する(吉記)。10・2 貧者《ひんじゃ》が、京中《きょうちゅう》の人屋《じんおく》を壊《こわ》して、薪《たきぎ》などにして売却《ばいきゃく》することを禁《きん》じる(百練抄)。10・3 平宗盛《たいらのむねもり》、内大臣《ないだいじん》となる(玉葉)。10・9 源義仲《みなもとのよしなか》、信濃国《しなののくに》筑摩川《ちくまがわ》で城永用《じょうながもち》を破《やぶ》る(吾)。 【社会・文化】
大日本史料	(未刊)	
高麗	明宗 11	12
南宋	③ 淳熙 8	9
金	大定 21	22

この年《とし》 飢饉《ききん》のため数万人《すうまんにん》が死亡《しぼう》(方丈記)。

【死没】

2・14 伊東祐親《いとうすけちか》(武将《ぶしょう》)。 6・24 心覚《しんかく》(66、真言宗僧侶《しんごんしゅうそうりょ》)。

《月の大小/朔日の干支・ユリウス暦》

一壬申(2・5)・二壬寅(3・7)・三辛未(4・5)・四辛丑(5・5)・五庚午(6・3)・六庚子(7・3)・七己巳(8・1)・八己亥(8・31)・九己巳(9・30)・一〇戊戌(10・29)・一一戊辰(11・28)・一二丁酉(12・27)(太字は大の月)

西暦: ◀一一八三

年号・干支: 二 癸卯《みずのとのう》 ⑩

天皇:

院政:

摂関:

記事:

【政治・経済】

2・23 小山朝政《おやまともまさ》、源 頼朝《みなもとのよりとも》攻撃《こうげき》を企《くわだ》てた志田義広《しだよしひろ》を下野国《しもつけのくに》野木宮《のぎのみや》で撃《げき》破《は》(吾)。 4・17 源 義仲《みなもとのよしなか》追討《ついとう》のため、平 維盛《たいらのこれもり》ら北陸道《ほくりくどう》へ向《むか》う(百練抄)。 5・11 義仲《よしなか》、越中国《えっちゅうのくに》倶利伽羅峠《くりからとうげ》の戦《たたかい》(礪波山《となみやま》の戦《たたかい》)で維盛《これもり》の軍勢《ぐんぜい》を破《やぶ》る(玉葉)。 6・1 義仲《よしなか》、加賀国《かがのくに》篠原《しのはら》で平家《へいけ》の軍勢《ぐんぜい》を破《やぶ》る(篠原《しのはら》の戦《たたかい》)(玉葉)。 7・22 義仲《よしなか》、延暦寺惣持院《えんりゃくじそうじいん》に到着《とうちゃく》(吉記)。 7・24 後白河法皇《ごしらかわほうおう》、密《ひそ》かに比叡山《ひえいざん》に御幸《ごこう》(吉記)。 7・25 平氏一門《へいしいちもん》、天皇《てんのう》・神器《じんぎ》を奉《ほう》じ、西国《さいごく》に向《むか》う(玉葉)。 7・28 義仲《よしなか》・源 行家《みなもとのゆきいえ》入京《にゅうきょう》、法皇《ほうおう》、義仲《よしなか》に平家追討《へいけついとう》を命《めい》じる(吉記)。 8・6 平氏一門《へいしいちもん》を解官《げかん》(百練抄)。 8・18 平氏一門《へいしいちもん》から没収《ぼっしゅう》した所領《しょりょう》の一四〇余《よ》ヵ所《しょ》を源 義仲《みなもとのよしなか》に、九〇ヵ所《しょ》を源 行家《みなもとのゆきいえ》に与《あた》える(延慶本平家物語)。 8・20 院宣《いんぜん》により、尊成親王《たかなりしんのう》(後鳥羽天皇《ごとばてんのう》)践祚《せんそ》(玉葉)。 9・20 義仲《よしなか》、法皇《ほうおう》の命《めい》により平氏追討《へいしついとう》のため出立《しゅったつ》(玉葉)。 10・14 頼朝《よりとも》

史料(大日本):

高麗: 13

南宋: ⑪ 10

金: 23

西暦 ▶一一八三

年号・干支 寿永 二　癸卯《みずのとのう》 ⑩

天皇 （安徳）　8・20　後鳥羽《ごとば》

院政 （後白河）

摂関 （摂政藤原基通）　8・20　摂政藤原基通《ふじわらのもとみち》 8・20　11・21　摂政藤原師家《ふじわらのもろいえ》 11・21

記事

の申請《しんせい》により、東海《とうかい》・東山道《とうさんどう》の荘園《しょうえん》・国衙領《こくがりょう》の知行《ちぎょう》を旧《きゅう》に復《ふく》し、それに不服《ふふく》な者《もの》を頼朝《よりとも》が追討《ついとう》することを承認《しょうにん》する宣旨《せんじ》を出《だ》す（寿永二年十月宣旨《じゅえいにねんじゅうがつのせんじ》）（百練抄・玉葉）。閏《うるう》**10・1** 義仲《よしなか》、備中国水島《びっちゅうのくにみずしま》の戦《たたかい》で平知盛《たいらのとももり》・教経《のりつね》らに敗《やぶ》れる（吾妻鏡）。閏《うるう》**10・15** 義仲《よしなか》、帰京《ききょう》（玉葉）。閏《うるう》**10・-** 平宗盛《たいらのむねもり》、安徳天皇《あんとくてんのう》を奉《ほう》じて讃岐国屋島《さぬきのくにやしま》に陣営《じんえい》を築《きず》く（源平盛衰記）。**11・19** 義仲《よしなか》、法皇御所《ほうおうごしょ》の法住寺殿《ほうじゅうじどの》を襲撃《しゅうげき》、円恵法親王《えんえほっしんのう》・明雲《みょううん》ら討死《うちじに》（玉葉）。**11・21** 義仲《よしなか》の要請《ようせい》により、藤原基通《ふじわらのもとみち》の摂政《せっしょう》を停止《ていし》し、藤原師家《ふじわらのもろいえ》を摂政内大臣《せっしょうないだいじん》とする（吉記）。**11・-** 義仲《よしなか》、平氏《へいし》に和平《わへい》を提案《ていあん》、平氏《へいし》は拒否《きょひ》（玉葉）。**この冬《ふゆ》** 頼朝《よりとも》、義仲追討《よしなかついとう》のため、源範頼《みなもとののりより》・同義経《どうよしつね》を京《きょう》に派遣《はけん》（玉葉）。

【社会・文化】

2・- 後白河法皇《ごしらかわほうおう》、藤原俊成《ふじわらのとしなり》に『千載和歌集《せんざいわかしゅう》』を撰《えら》ばせる（拾芥抄）。**5・18** 陳和卿《ちんなけい》、東大寺大仏《とうだいじだいぶつ》の仏頭鋳造《ぶっとうちゅうぞう》を終《お》える（東大寺続要録）。

【死没】

2・24 頼源《らいげん》（絵仏師《えぶっし》）。**5・21** 斎藤実盛《さいとうさねもり》（武将《ぶしょう》）。**9・-** 足利俊綱《あしかがとしつな》（武将《ぶしょう》）。**11・19** 明雲《みょううん》（69、天台座主《てんだいざす》）。**12・22** 平広常《たいらのひろつね》（武将《ぶしょう》）。**この年《とし》** 安倍泰親《あべのやすちか》（74、陰陽家《おんみょうか》）。

《月の大小／朔日の干支・ユリウス暦》

一丁卯（1・26）・二丙申（2・24）・三丙寅（3・26）・四乙未（4・24）・五甲子（5・23）・六甲午（6・22）・七癸亥（7・21）・八癸巳（8・20）・九癸亥（9・19）・一〇壬辰（10・18）・閏一〇壬戌（11・17）・一一辛卯（12・16）・一二辛酉（84・1・15）（太字は大の月）

大日本史料 （未刊）

高麗 明宗 **13**

南宋 淳熙 **10** ⑪

金 大定 **23**

西暦	◀ 一一八四
年号・干支	元暦《げんりゃく》元 4・16 (寿永三) 甲辰《きのえたつ》
天皇	
院政	
摂関	1・22 摂政藤原基通《ふじわらのもとみち》 ／ 1・22
記事	【世界】宋《そう》、道学《どうがく》を禁《きん》じる。李燾《りとう》『続資治通鑑長編《ぞくしじつがんちょうへん》』成《な》る。 【政治・経済】1・10 源義仲《みなもとのよしなか》、征夷大将軍《せいいたいしょうぐん》となる(吾)。1・20 源範頼《みなもとののりより》・同義経《どうよしつね》、勢多《せた》・宇治路《うじみち》で義仲軍《よしなかぐん》を破《やぶ》り入京《にゅうきょう》、義仲《よしなか》、近江国粟津《おうみのくにあわづ》で敗死《はいし》(吾)。1・22 源頼朝《みなもとのよりとも》に平家追討《へいけついとう》の宣旨《せんじ》を下《くだ》す(玉葉)。この頃《ころ》 平家一門《へいけいちもん》、安徳天皇《あんとくてんのう》を奉《ほう》じて摂津国福原《せっつのくにふくはら》に到《いた》り、一谷《いちのたに》に城郭《じょうかく》を構《かま》える(吾)。2・7 範頼《のりより》・義経《よしつね》、一谷《いちのたに》の戦《たたかい》で平氏軍《へいしぐん》を破《やぶ》り、平重衡《たいらのしげひら》を捕《とら》える。平氏一門《へいしいちもん》、屋島《やしま》に逃《のが》れる(吾)。2・22 官宣旨《かんせんじ》を下《くだ》し、諸国公田《しょこくこうでん》・荘園《しょうえん》から兵粮米《ひょうろうまい》を徴《ちょう》収《しゅう》することを禁《きん》じる(玉葉)。3・7 平氏《へいし》から没収《ぼっしゅう》した所領《しょりょう》五〇〇余所《よしょ》を頼朝《よりとも》に与《あた》える(延慶本平家物語・愚管抄)。4・26 頼朝《よりとも》、義仲《よしなか》の子志水義高《しみずよしたか》を殺《ころ》す(吾)。6・5 範頼《のりより》、三河守《みかわのかみ》となる(一代要記)。7・28 後鳥羽天皇《ごとばてんのう》、神器《じんぎ》がないまま即位《そくい》(玉葉)。8・6 義経《よしつね》、検非違使《けびいし》・左衛門少尉《さえもんのしょうじょう》となる(山槐記・吾)。9・2 範頼《のりより》、平家追討《へいけついとう》のため西国《さいごく》へ向《むか》う(百練抄)。10・6 頼朝《よりとも》、公文所《くもんじょ》を設《もう》け、中原《なかはら》(大江《おおえの》)広元《ひろもと》を別当《べっとう》とする(吾)。10・20 頼朝《よりとも》、問注所《もんじゅうしょ》を置《お》き、三善康信《みよしやすのぶ》を執事《しつじ》とする(吾)。 【社会・文化】2・7 顕昭《けんしょう》『柿本朝臣人麻呂勘文《かきのもとのあそんひとまろかんもん》』成《な》る(同書識語)。6・9 元暦校本《げんりゃくこうほん》『万葉集《まんようしゅう》』成《な》る(同書奥書)。7・- 京中《きょうちゅう》に強盗横行《ごうとうおうこう》(山槐記)。
大日本史料	
高麗	14
南宋	11
金	24

西暦	▶一一八四	◀一一八五
年号・干支	元暦 元 4・16 (寿永三) 甲辰《きのえたつ》	文治《ぶんじ》 元 8・14 (寿永四) 乙巳《きのとのみ》
天皇	(安徳)	3・24 (後鳥羽)
院政	(後白河)	
摂関	(摂政藤原基通)	
記事	【死没】 1・20 源義仲《みなもとのよしなか》(31、武将《ぶしょう》)。今井兼平《いまいかねひら》(武将《ぶしょう》)。1・27 樋口兼光《ひぐちかねみつ》(武将《ぶしょう》)。2・7 平敦盛《たいらのあつもり》(16、武将《ぶしょう》)。平忠度《たいらのただのり》(41、武将《ぶしょう》・歌人《かじん》)。平盛俊《たいらのもりとし》(武将《ぶしょう》)。平通盛《たいらのみちもり》(武将《ぶしょう》)。7・19 佐々木秀義《ささきひでよし》(73、武将《ぶしょう》)。 《月の大小／朔日の干支・ユリウス暦》 一辛卯(2・14)・二庚申(3・14)・三庚寅(4・13)・四己未(5・12)・五戊子(6・10)・六戊午(7・10)・七丁亥(8・8)・八丁巳(9・7)・九丁亥(10・7)・一〇丙辰(11・5)・一一丙戌(12・5)・一二丙辰(85・1・4)(太字は大の月)	【政治・経済】 1・10 源義経《みなもとのよしつね》、平家追討《へいけついとう》のため西国《さいごく》に向《むか》う(百練抄)。2・19 義経《よしつね》、讃《さぬ》岐国屋島《きのくにやしま》で平家軍《へいけぐん》を破《やぶ》る(屋島《やしま》の戦《たたかい》)(吾)。3・7 源頼朝《みなもとのよりとも》、東大寺修《とうだいじしゅう》造料《ぞうりょう》として米《こめ》一万石《ごく》・沙金《さきん》一〇〇両《りょう》・上絹《じょうぎぬ》一〇〇〇疋《びき》などを寄進《きしん》(吾)。3・24 義経《よしつね》、長門国壇《ながとのくにだん》の浦《うら》で平家軍《へいけぐん》を破《やぶ》る、平家滅亡《へいけめつぼう》、安徳天皇入水《あんとくてんのうじゅすい》(吾)。4・27 頼朝《よりとも》を従《じゅ》二位《い》とする・以後《いご》、公文所《くもんじょ》を政所《まんどころ》と称《しょう》する(吾)。神器《じんぎ》が内裏《だいり》に返還《へんかん》される(玉葉)。5・24 頼朝《よりとも》、義経《よしつね》の鎌倉入《かまくらい》りを許可《きょか》せず・義経《よしつね》、大江広元《おおえのひろもと》に嘆願状《たんがんじょう》(腰越状《こしごえじょう》)を送《おく》る(吾)。6・21 平宗盛《たいらのむねもり》・平清《たいらのきよ》宗《むね》を斬《き》る(吾)。6・23 平重衡《たいらのしげひら》を斬《き》る(吾)。10・17 頼朝《よりとも》の命《めい》により、土《と》佐房昌俊《さのぼうしょうしゅん》ら、義経《よしつね》の六条室町亭《ろくじょうむろまちてい》を強襲《きょうしゅう》するが失敗《しっぱい》し逃亡《とうぼう》、のち捕縛《ほばく》
大日本史料	(未刊)	
高麗	明宗 14	15
南宋	淳熙 11	12
金	大定 24	25

西暦	
年号・干支	
天皇	
院政	
摂関	

記事

された、二六日《にち》、斬首《ざんしゅ》(吾)。10・18 義経《よしつね》・源行家《みなもとのゆきいえ》に頼朝追討《よりともついとう》の宣旨《せんじ》を下《くだ》す(玉葉)。11・3 義経《よしつね》・行家《ゆきいえ》、頼朝《よりとも》の攻撃《こうげき》に対抗《たいこう》するため西国《さいごく》に向《むか》うが、六日《か》、摂津国大物浜《せっつのくにだいもつはま》で難船《なんせん》(玉葉)。11・25 頼朝《よりとも》に義経《よしつね》・行家追討《ゆきいえついとう》の宣旨《せんじ》を下《くだ》す(吾)。11・29 頼朝《よりとも》を日本国惣追捕使《にほんこくそうついぶし》・同惣地頭《どうそうじとう》に任《にん》じ、兵粮米《ひょうろうまい》の徴収《ちょうしゅう》、国地頭《くにじとう》の設置《せっち》を許《ゆる》す(守護《しゅご》・地頭《じとう》の設置《せっち》)(吾・玉葉)。12・17 頼朝《よりとも》の要請《ようせい》により、義経《よしつね》に味方《みかた》した公卿《くぎょう》を解官《げかん》(玉葉)。12・28 頼朝《よりとも》の要請《ようせい》により、九条兼実《くじょうかねざね》を内覧《ないらん》とする(玉葉)。12・29 頼朝《よりとも》の要請《ようせい》により、兼実以下《かねざねいか》一〇人《にん》の議奏公卿《ぎそうくぎょう》を置《お》く(玉葉)。

【社会・文化】

1・19 文覚《もんがく》、『文覚四十五箇条起請《もんがくしじゅうごかじょうきしょう》』を定《さだ》める(同書識語)。5・21 源《みなもとの》頼朝《よりとも》、御堂《みどう》の仏像《ぶつぞう》を造立《ぞうりゅう》するため、奈良《なら》から仏師成朝《ぶっしせいちょう》を招《まね》く(吾)。5・― 京都《きょうと》で疫病流行《えきびょうりゅうこう》(玉葉)。7・9 京都大地震《きょうとおおじしん》(玉葉)。8・28 東大寺大仏開眼供養《とうだいじだいぶつかいげんくよう》を行《おこな》う(山槐記)。**この年**《とし》『管絃音義《かんげんおんぎ》』成《な》る。**この年**《とし》**より翌年**《よくねん》**にかけて** 守覚法親王《しゅかくほっしんのう》『左記《さき》』成《な》るか。

【死没】

1・11 藤原隆季《ふじわらのたかすえ》(59、公卿《くぎょう》)。2・19 佐藤継信《さとうつぐのぶ》(武将《ぶしょう》)。3・24 安徳天皇《あんとくてんのう》(8)。平知盛《たいらのとももり》(34、武将《ぶしょう》)。平教盛《たいらののりもり》(58、武将《ぶしょう》)。平経盛《たいらのつねもり》(62、武将《ぶしょう》)。平時子《たいらのときこ》(60、平清盛室《たいらのきよもりしつ》)。平行盛《たいらのゆきもり》(武将《ぶしょう》)。平資盛《たいらのすけもり》(武将《ぶしょう》)。6・21 平宗盛《たいらのむねもり》(39、武将《ぶしょう》)。6・23 平重衡《たいらのしげひら》(29、武将《ぶしょう》)。10・26 土佐房昌俊《とさのぼうしょうしゅん》(僧《そう》・武将《ぶしょう》)。12・18 定遍《じょうへん》(53、東寺長者《とうじちょうじゃ》)。**この年**《とし》 河越重頼《かわごえしげより》(武将《ぶしょう》)。

大日本史料	4編1	11・―	
高麗			
南宋			
金			

	一一八五	一一八六
西暦	▶ 一一八五	一一八六 図3
年号・干支	文治 元 8・14 (寿永四) 乙巳《きのとのみ》	二 丙午《ひのえうま》 ⑦
天皇	(後鳥羽)	
院政	(後白河)	
摂関	(摂政藤原基通)	3・12 ｜ 3・12 摂政藤原《ふじわらの》(九条《くじょう》)兼実《かねざね》
記事	《月の大小／朔日の干支・ユリウス暦》 一乙酉(2・2)・二乙卯(3・4)・三甲申(4・2)・四甲寅(5・2)・五癸未(5・31)・六壬子(6・29)・七壬午(7・29)・八辛亥(8・27)・九辛巳(9・26)・一〇庚戌(10・25)・一一庚辰(11・24)・一二庚戌(12・24)(太字は大の月)	【政治・経済】 **3・1** 北条時政《ほうじょうときまさ》、後白河法皇《ごしらかわほうおう》から拝領《はいりょう》した七ヵ国《こく》の地頭職《じとうしき》を辞退《じたい》(吾)。 **3・6** 源《みなもとのよりとも》 頼朝、源《みなもとのよしつね》 義経の室静《しっしずか》に義経《よしつね》の所在《しょざい》について尋問《じんもん》(吾)。 **3・21** 頼朝《よりとも》の奏請《そうせい》により、諸国荘園《しょこくしょうえん》の兵粮米《ひょうろうまい》を停止《ちょうじ》(吾)。 **4・22** 高野山《こうやさん》に院宣《いんぜん》を下《くだ》し、平氏怨霊《へいしおんりょう》の冥福《めいふく》を祈《いの》らせる(高野春秋)。 **5・12** 源《みなもとのゆき》 行家《いえ》を和泉国《いずみのくに》で捕《とら》え、梟首《きょうしゅ》(吾)。 **閏《うるう》7・29** 義経《よしつね》の室静《しっしずか》、男子《だんし》を出産《しゅっさん》。頼朝《よりとも》、子《こ》を由比浜《ゆいがはま》に棄《す》てさせる(吾)。 **9・20** 義経《よしつね》の家人《けにん》佐藤忠信《さとうただのぶ》らを京《きょう》都《と》で討《う》つ(玉葉)。 **11・24** 頼朝《よりとも》、謀叛人没収《むほんにんぼっしゅう》地《ち》以外《いがい》への地頭《じとう》の介入《かいにゅう》を禁《きん》じる太政官符《だじょうかんぷ》に従《したが》い、現在謀叛人跡《げんざいむほんにんあと》を除《のぞ》き地頭《じとう》を停止《ちょうじ》(吾)。 【社会・文化】 **4・26** 重源《ちょうげん》、伊勢神宮《いせじんぐう》に東大寺大仏殿造営《とうだいじだいぶつでんぞうえい》を祈《いの》る(俊乗坊参詣記)。 **5・27** 大法房得業慶俊《だいほうぼうとくごうけいしゅん》、『東大寺衆徒参詣伊勢大神宮記《とうだいじしゅとさんけいいせだいじんぐうき》』を著《あらわ》す(同書識語)。 **8・15** 源《みなもとのよりとも》 頼朝、西行《さいぎょう》と会《あ》い、和歌《わか》・弓馬《きゅうば》の道《みち》を問《と》う(吾)。 【死没】 **3・9** 武田信義《たけだのぶよし》(59、武将《ぶしょう》)。 **5・12** 源《みなもとのゆきいえ》 行家(武将《ぶしょう》)。 **6・2** 平《たいらのよりもり》 頼盛
大日本史料	(4編1)	
高麗	明宗 15	16
南宋	淳熙 12	⑦ 13
金	大定 25	26

西暦	◀ 一一八七
年号・干支	三 丁未《ひのとのひつじ》
天皇	
院政	
摂関	

記事

【政治・経済】

2・28 記録所《きろくしょ》を置《お》く(玉葉)。 2・- 源義経《みなもとのよしつね》、陸奥国《むつのくに》の藤原秀衡《ふじわらのひでひら》のもとに逃《のが》れる(吾)。 3・6 高野山《こうやさん》に院宣《いんぜん》を下《くだ》し、保元《ほげん》以降《いこう》の戦死者《せんししゃ》の冥福《めいふく》と義経《よしつね》の追罰《ついばつ》を祈《いの》らせる(高野春秋)。 5・23 九条兼実《くじょうかねざね》、公卿《くぎょう》らの意見封《いけんふう》

(55、武将《ぶしょう》)。 9・20 佐藤忠信《さとうただのぶ》(26、28とも、武将《ぶしょう》)。

《月の大小／朔日の干支・ユリウス暦》

一庚辰(1・23)・二己酉(2・21)・三己卯(3・23)・四戊申(4・21)・五戊寅(5・21)・六丁未(6・19)・七丙子(7・18)・閏七丙午(8・17)・八乙亥(9・15)・九甲辰(10・14)・一〇甲戌(11・13)・一一甲辰(12・13)・一二甲戌(87・1・12)(太字は大の月)

図3
重源像(東大寺)

大日本史料	
高麗	17
南宋	14
金	27

西暦	▶ 一一八七
年号・干支	文治 三 丁未《ひのとのひつじ》
天皇	(後鳥羽)
院政	(後白河)
摂関	(摂政藤原(九条)兼実)

記事

事《じ》一七通《つう》を法皇《ほうおう》に奏上《そうじょう》(玉葉)。**7・20** 長門《ながと》の海《うみ》で宝剣《ほうけん》を捜索《そうさく》させる(百練抄)。**8・19** 源頼朝《みなもとのよりとも》、院宣《いんぜん》により、群盗鎮圧《ぐんとうちんあつ》のため千葉常胤《ちばつねたね》・下河辺《しもこうべ》行平《ゆきひら》を京都《きょうと》に派遣《はけん》(吾)。**12・2** 新制《しんせい》七ヵ条《じょう》を下《くだ》す(玉葉)。頼朝《よりとも》、京都《きょうと》—鎌倉間《かまくらかん》の飛脚《ひきゃく》の行程《こうてい》を七日《なぬか》と定《さだ》める(吾)。

【社会・文化】
3・- 栄西《えいさい》、再《ふたた》び入宋《にっそう》(興禅護国論)。**8・15** 源頼朝《みなもとのよりとも》、鶴岡八幡宮《つるがおかはちまんぐう》で初《はじ》めて放生会《ほうじょうえ》を行《おこな》う(吾)。**9・20** 藤原俊成《ふじわらのとしなり》、『千載和歌集《せんざいわかしゅう》』を奏覧《そうらん》(同書序)。**この年《とし》** 重源《ちょうげん》、周防国《すおうのくに》に阿弥陀寺《あみだじ》を建立《こんりゅう》(阿弥陀寺文書)。

【死没】
2・12 平信範《たいらののぶのり》(76、公卿《くぎょう》)。**10・29** 藤原秀衡《ふじわらのひでひら》(武将《ぶしょう》)。

《月の大小/朔日の干支・ユリウス暦》
一癸卯(2・10)・**二**癸酉(3・12)・三癸卯(4・11)・**四**壬申(5・10)・五壬寅(6・9)・六辛未(7・8)・七庚子(8・6)・八己巳(9・4)・九己亥(10・4)・一〇戊辰(11・2)・一一戊戌(12・2)・一二戊辰(88・1・1)(太字は大の月)

〖世界〗
アイユーブ朝《ちょう》サラーフ＝アッディーン、エルサレムを奪回《だっかい》。第二次《だいじ》ブルガリア帝国成立《ていこくせいりつ》。

大日本史料	(4編1)	9・- 4編2
高麗	明宗 17	
南宋	淳熙 14	
金	大定 27	

西暦	一一八八 図4
年号・干支	四 戊申《つちのえさる》
天皇	
院政	
摂関	

記事

【政治・経済】

2・2 源《みなもとの》 頼朝《よりとも》、公家《くげ》による地頭《じとう》の不法禁制《ふほうきんぜい》の要求《ようきゅう》を退《しりぞ》ける(吾)。2・21 藤原《ふじわらの》 基成《もとなり》・同泰衡《どうやすひら》に宣旨《せんじ》を下《くだ》し、源《みなもとの》 義経《よしつね》追討《ついとう》を命《めい》じる(玉葉)。5・17 中原信房《なかはらのぶふさ》・天野遠景《あまのとおかげ》ら、貴海島《きかいがしま》の平家《へいけ》余党《よとう》平定《へいてい》を鎌倉《かまくら》に報告《ほうこく》(吾)。8・17 頼朝《よりとも》の奏請《そうせい》により、諸国《しょこく》の殺生《せっしょう》を禁《きん》ずる宣旨《せんじ》を下《くだ》す(吾)。12・19 法皇《ほうおう》、新造六条殿《しんぞうろくじょうどの》に遷《うつ》る(定長卿記)。

【社会・文化】

1・29 興福寺《こうふくじ》金堂《こんどう》・南円堂《なんえんどう》、上棟《じょうとう》(玉葉)。

【死没】

2・26 源《みなもとの》 資賢《すけかた》(76、歌人《かじん》)。2・20 藤原《ふじわらの》 良通《よしみち》(22、公卿《くぎょう》)。4・25 千手前《せんじゅのまえ》(24、白拍子《しらびょうし》)。7・17 源《みなもとの》 定房《さだふさ》(59、公卿《くぎょう》)。

《月の大小／朔日の干支・ユリウス暦》

一丁酉(1・30)・二丁卯(2・29)・三丁酉(3・30)・四丁卯(4・29)・五丙申(5・28)・六乙丑(6・26)・七乙未(7・26)・八甲子(8・24)・九甲午(9・23)・一〇癸亥(10・22)・一一壬辰(11・20)・一二壬戌(12・20)(太字は大の月)

図4
源義経花押

大日本史料	
高麗	18
南宋	15
金	28

西暦	一一八九
年号・干支	文治 五 己酉《つちのととり》 ④
天皇	(後鳥羽)
院政	(後白河)
摂関	(摂政藤原(九条)兼実)
記事	【政治・経済】**2・17** 源頼朝《みなもとのよりとも》に院宣《いんぜん》を下《くだ》し、内裏《だいり》の修造《しゅうぞう》を命《めい》じる(吾)。**3・11** 藤原《ふじわらの》頼経《よりつね》を源義経《みなもとのよしつね》に荷担《かたん》した罪《つみ》で、伊豆国《いずのくに》に配流《はいる》(玉葉)。**閏《うるう》4・30** 藤原《ふじわらの》泰衡《やすひら》、衣川館《ころもがわのたて》の義経《よしつね》を襲撃《しゅうげき》、義経《よしつね》自害《じがい》(吾)。**7・19** 頼朝《よりとも》、陸奥国《むつのくに》の藤《ふじ》原泰衡《わらのやすひら》追討《ついとう》のため鎌倉《かまくら》を出発《しゅつぱつ》(吾)。**8・22** 頼朝《よりとも》、平泉《ひらいずみ》に入《はい》る(吾)。**9・3** 泰衡《やすひら》、郎従《ろうじゅう》に討《う》たれる(吾)。**10・24** 頼朝《よりとも》、鎌倉《かまくら》に帰着《きちゃく》(吾)。**12・14** 延暦寺《えんりやくじ》僧徒《そうと》、天台座主《てんだいざす》全玄《ぜんげん》を放逐《ほうちく》(天台座主記)。 【社会・文化】**6・6** 北条時政《ほうじょうときまさ》、奥州《おうしゅう》追討《ついとう》祈願《きがん》のため、伊豆国《いずのくに》北条《ほうじょう》に願成就院《がんじょうじゅいん》を建《こん》立《りゅう》(吾)。**この夏《なつ》** 摂津国《せつつのくに》三宝寺《さんぼうじ》の能忍《のうにん》、求法《ぐほう》のため弟子《でし》僧《そう》を宋《そう》に派遣《はけん》(本朝高僧伝)。**9・15** 快慶《かいけい》、興福寺《こうふくじ》旧蔵《きゅうぞう》弥勒菩薩像《みろくぼさつぞう》(現《げん》ボストン美術館蔵《びじゅつかんぞう》)を造《つく》る(同像納入品)。**9・28** 九条兼実《くじょうかねざね》、興福寺《こうふくじ》南円堂《なんえんどう》で康慶《こうけい》作《さく》の不空羂《ふくうけん》索観音像《さくかんのんぞう》などを開眼供養《かいげんくよう》(玉葉)。**12・9** 源頼朝《みなもとのよりとも》、源義経《みなもとのよしつね》・藤原泰《ふじわらのやす》衡《ひら》の冥福《めいふく》を祈《いの》り、鎌倉《かまくら》に永福寺《えいふくじ》の建立《こんりゅう》を始《はじ》める(吾)。 【死没】**2・24** 平時忠《たいらのときただ》(60、62とも、公卿《くぎょう》)。**2・28** 藤原経宗《ふじわらのつねむね》(71、公卿《くぎょう》)。**閏《うるう》4・14** 清原頼業《きよはらのよりなり》(68、儒学者《じゅがくしゃ》)。**閏《うるう》4・30** 源義経《みなもとのよしつね》(31、武将《ぶしょう》)。**6・26** 藤原忠衡《ふじわらのただひら》(23、武将《ぶしょう》)。**7・20** 上西門院《じょうさいもんいん》(64、後白河天皇准母《ごしらかわてんのうじゅんぼ》)。**8・10** 藤《ふじ》原国衡《わらのくにひら》(武将《ぶしょう》)。**9・3** 藤原泰衡《ふじわらのやすひら》(35、25とも、武将《ぶしょう》)。**この年《とし》** 弁慶《べんけい》(僧《そう》侶《りょ》)。
大日本史料	(4編2)
高麗	明宗 19
南宋	淳熙 16 光宗《こうそう》 ⑤
金	大定 29 章宗《しょうそう》

西暦	◀ 一一九〇
年号・干支	建久《けんきゅう》元 4・11 庚戌《かのえいぬ》
天皇	
院政	
摂関	
記事	【政治・経済】**2・12** 奥州藤原氏《おうしゅうふじわらし》配下《はいか》の部将《ぶしょう》大河兼任《おおかわかねとう》らが反乱《はんらん》を起《お》こし、足利義兼《あしかがよしかね》らに破《やぶ》れる(大河兼任《おおかわかねとう》の乱《らん》)(吾)。**4・26** 女御《にょうご》藤原任子《ふじわらのにんし》、中宮《ちゅうぐう》となる(玉葉)。**10・3** 源頼朝《みなもとのよりとも》、京都《きょうと》に赴《おもむ》くため鎌倉《かまくら》を出発《しゅっぱつ》(吾)。**11・7** 頼朝入京《よりともにゅうきょう》(吾)。**11・9** 頼朝《よりとも》、法皇《ほうおう》・天皇《てんのう》に拝謁《はいえつ》、頼朝《よりとも》を権大納言《ごんのだいなごん》とする(吾)。**11・24** 頼朝《よりとも》、右近衛大将《うこのえのだいしょう》となる(吾)。**12・4** 頼朝《よりとも》、権大納言《ごんのだいなごん》と右近衛大将《うこのえのだいしょう》の職《しょく》を辞任《じにん》(吾)。**12・14** 頼朝《よりとも》、京《きょう》を出発《しゅっぱつ》(吾)。**12・29** 頼朝《よりとも》、鎌倉《かまくら》に帰《き》着《ちゃく》(吾)。 【社会・文化】**7・15** 源頼朝《みなもとのよりとも》、勝長寿院《しょうちょうじゅいん》で万燈会《まんどうえ》を行《おこな》い、平家《へいけ》の冥福《めいふく》を祈《いの》る(吾)。**2・16** 西行没《さいぎょうぼつ》。生前《せいぜん》『山家集《さんかしゅう》』を著《あらわ》す。**10・19** 東大寺《とうだいじ》の上棟《じょうとう》が行《おこな》われ、 【世界】第三回十字軍《だいかいじゅうじぐん》(～一一九二年《ねん》)。 《月の大小／朔日の干支・ユリウス暦》一壬辰(1・19)・二辛酉(2・17)・三辛卯(3・19)・四辛酉(4・18)・閏四庚寅(5・17)・五庚申(6・16)・六己丑(7・15)・七己未(8・14)・八戊子(9・12)・九戊午(10・12)・一〇丁亥(11・10)・一一丁巳(12・10)・一二丙戌(90・1・8)(太字は大の月)
大日本史料	4編3 1：
高麗	20
南宋	紹熙《しょうき》(1.1)
金	明昌《めいしょう》(1.1)

西暦	▶ 一一九〇	一一九一 図5
年号・干支	建久 元 4・11 庚戌《かのえいぬ》	二 辛亥《かのとのい》 ⑫
天皇	（後鳥羽）	
院政	（後白河）	
摂関	（摂政藤原（九条）兼実）	
記事	法皇御幸《ほうおうごこう》（玉葉）。 【死没】 **2・16** 西行《さいぎょう》（73、歌人《かじん》）。 **3・10** 大河兼任《おおかわかねとう》（武将《ぶしょう》）。 《月の大小／朔日の干支・ユリウス暦》 一丙辰（2・7）・二乙酉（3・8）・三乙卯（4・7）・**四**甲申（5・6）・**五**甲寅（6・5）・六甲申（7・5）・**七**癸丑（8・3）・八癸未（9・2）・九壬子（10・1）・一〇壬午（10・31）・一一辛亥（11・29）・一二辛巳（12・29）（**太字**は大の月） 〘世界〙 ドイツ騎士団創設《きしだんそうせつ》。	【政治・経済】 **1・15** 源 頼朝《みなもとのよりとも》、前右大将《さきのうだいしょう》家政所《けまんどころ》を開設《かいせつ》し、御家人《ごけにん》に与《あた》えた下文《くだしぶみ》を回収《かいしゅう》して政所 下文《まんどころくだしぶみ》を与《あた》えることを定《さだ》める（吾）。 **3・22** 朝廷《ちょうてい》、新制《しんせい》一七条《じょう》を制定《せいてい》（三代制符）。 **3・28** 朝廷《ちょうてい》、続《つづ》いて新制《しんせい》三六 条《じょう》を制定《せいてい》（建久《けんきゅう》の新制《しんせい》）（三代制符）。 **4・26** 延暦 寺衆徒《えんりやくじしゅと》、近江国内《おうみこくない》で日吉社宮主《ひよししゃみやじ》等《ら》を殺傷《さっしょう》した佐々木定綱《ささきさだつな》の処罰《しょばつ》を要求《ようきゅう》し神輿《しんよ》を奉《ほう》じる（玉葉・吾）。 **4・30** 定《さだ》綱父子《つなふし》を流罪《るざい》に処《しょ》す（玉葉・吾）。 【社会・文化】 **3・4** 鎌倉《かまくら》で大火《たいか》、幕府《ばくふ》・鶴岡八幡宮等炎上《つるがおかはちまんぐうとうえんじょう》（吾）。 **7・25** 信救《しんぐう》『筥根山《はこねやま》縁起《えんぎ》』を 著《あらわ》す（同書奥書）。 **7・-** 栄西《えいさい》、南宋《なんそう》より帰国《きこく》し、臨済 宗《りんざいしゅう》を伝《つた》え
大日本史料	（**4**編**3**）	
高麗	明宗 **20**	**21**
南宋	紹熙（1.1）	**2**
金	明昌（1.1）	**2**

西暦	年号・干支	天皇	院政	摂関
				関白藤原《ふじわらの》(九条《くじょう》)兼実《かねざね》 12・17 / 12・17

記事

る(興禅護国論)。**12・19** 源頼朝《みなもとのよりとも》、山城久家《やましろひさいえ》らを京《きょう》に遣《つかわ》し、多好方《おおのよしかた》より神楽《かぐら》を学《まな》ばせる(吾)。**この年**《とし》『鶴岡社務記録《つるがおかしゃむきろく》』の記事《きじ》始《はじ》まる(～文和《ぶんな》四年《ねん》)。

【死没】

3・10 藤原長方《ふじわらのながかた》(52、公卿《くぎょう》)。**閏《うるう》12・16** 藤原実定《ふじわらのさねさだ》(53、公卿《くぎょう》)。

《月の大小/朔日の干支・ユリウス暦》

一庚戌(1・27)・二庚辰(2・26)・三己酉(3・27)・四戊寅(4・25)・五戊申(5・25)・六戊寅(6・24)・七丁未(7・23)・八丁丑(8・22)・九丁未(9・21)・一〇丙子(10・20)・一一丙午(11・19)・一二乙亥(12・18)・閏一二乙巳(92・1・17)(太字は大の月)

図5
栄西像(両足院)

大日本史料	
高麗	
南宋	
金	

西暦 一一九二

年号・干支 建久 三 壬子《みずのえね》

天皇 (後鳥羽)

院政 3・13 (後白河)

摂関 (関白藤原(九条)兼実)

将軍 源 頼朝《みなもとのよりとも》 7・12

記事

【政治・経済】

3・13 後白河法皇没《ごしらかわほうおうぼつ》・遺領《いりょう》を処分《しょぶん》する(玉葉)。**6・20** 幕府《ばくふ》、美濃国《みののくに》御家人《ごけにん》に京都《きょうと》大番役《おおばんやく》勤仕《きんじ》を命《めい》じる(吾)。**7・12** 源 頼朝《みなもとのよりとも》を征夷大《せいいたい》将軍《しょうぐん》に任《にん》じる(吾)。**8・5** 頼朝《よりとも》、将軍家政所《しょうぐんけまんどころ》を開設《かいせつ》(吾)。頼朝《よりとも》、御判下文《ごはんのくだしぶみ》に代《か》えて与《あた》えた政所下文《まんどころくだしぶみ》への不服《ふふく》を主張《しゅちょう》した千葉常胤《ちばつねたね》に御判下文《ごはんのくだしぶみ》を副《そ》えて与《あた》える(吾)。**11・25** 熊谷直実《くまがいなおざね》、堺相論《さかいそうろん》に敗《やぶ》れ出家《しゅっけ》(吾)。

【社会・文化】

3・13 後白河法皇没《ごしらかわほうおうぼつ》・生前《せいぜん》『梁塵秘抄《りょうじんひしょう》』を撰《せん》する。**6・3** 荒木田忠《あらきだただ》仲《なか》編述《へんじゅつ》『皇太神宮年中行事《こうたいじんぐうねんじゅうぎょうじ》』成《な》る。**7・19** 藤原師長没《ふじわらのもろながぼつ》・生前《せいぜん》『仁智《じんち》要録《ようろく》』を撰《せん》す。**9・27** 重源《ちょうげん》、播磨国大部荘《はりまのくにおおべのしょう》に浄土寺《じょうどじ》浄土堂《じょうどどう》・薬師《やくし》堂《どう》を建立《こんりゅう》し、同荘内《どうしょうない》の地《ち》を寄進《きしん》(浄土寺文書)。**11・25** 頼朝《よりとも》、永福《えいふく》寺落慶供養《じらっけいくよう》に臨席《りんせき》(吾)。

【死没】

3・13 後白河法皇《ごしらかわほうおう》(66)。**7・19** 藤原師長《ふじわらのもろなが》(55、公卿《くぎょう》)。**11・14** 顕真《けんしん》(62、僧侶《そうりょ》)。

《月の大小/朔日の干支・ユリウス暦》

一甲戌(2・15)・二甲辰(3・16)・三癸酉(4・14)・四壬寅(5・13)・五壬申(6・12)・六辛丑(7・11)・七辛未(8・10)・八辛丑(9・9)・九庚午(10・8)・一〇庚子(11・7)・一一庚午(12・7)・一二己亥(93・1・5)(太字は大の月)

大日本史料 (4編3) 3・ 4編4

高麗 明宗 22

南宋 ② 紹熙 3

金 明昌 3

西暦	一一九三
年号・干支	四 癸丑《みずのとのうし》
天皇	
院政	
摂関	
将軍	

記事

【政治・経済】

4・10 朝廷《ちょうてい》、幕府《ばくふ》の奏請《そうせい》により、備前《びぜん》・播磨《はりま》を東大寺《とうだいじ》・東寺《とうじ》の造営料《ぞうえいりょう》国《こく》とし、重源《ちょうげん》・文覚《もんがく》に国務《こくむ》を行《おこな》わせる(玉葉)。**5・8** 源《みなもとのよりとも》 頼朝、駿河国《するがのくに》富士野《ふじの》で狩《かり》を催《もよお》すため、鎌倉《かまくら》を出発《しゅっぱつ》(吾)。**5・28** 曾我祐成《そがすけなり》・時致《ときむね》、頼朝《よりとも》の催《もよお》した富士野《ふじの》の巻狩《まきがり》で、父《ちち》の仇《かたき》工藤祐経《くどうすけつね》を討《う》つ(吾)。**7・4** 朝廷《ちょうてい》、宋銭《そうせん》の通用停止《つうようちょうじ》を旨《むね》とする宣旨《せんじ》を下《くだ》す(法曹至要抄)。**8・17** 頼朝《よりとも》、弟《おとうとみなもとののりより》 源 範頼を伊豆国《いずのくに》に流《なが》す(吾)。

【社会・文化】

この秋以降《あきいこう》 解脱房貞慶《げだつぼうじょうけい》『愚迷発心集《ぐめいほっしんしゅう》』を著《あらわ》すか。**12・7** 京都《きょうと》六角堂《ろっかくどう》焼亡《しょうぼう》(百練抄)。

【死没】

2・25 北条時定《ほうじょうときさだ》(49、武将《ぶしょう》)。**5・28** 工藤祐経《くどうすけつね》(武将《ぶしょう》)。**8・26** 花山院忠雅《かざんいんただまさ》(70、公卿《くぎょう》)。**八月頃《がつころ》** 源《みなもとののりより》 範頼(武将《ぶしょう》)。**9・17** 公顕《こうけん》(84、園城寺長吏《おんじょうじちょうり》)。

《月の大小／朔日の干支・ユリウス暦》

一己巳(2・4)・二戊戌(3・5)・三戊辰(4・4)・四丁酉(5・3)・五丙寅(6・1)・六丙申(7・1)・七乙丑(7・30)・八乙未(8・29)・九甲子(9・27)・一〇甲午(10・27)・一一甲子(11・26)・一二甲午(12・26)(太字は大の月)

大日本史料	
高麗	23
南宋	4
金	4

西暦	一一九四
年号・干支	建久五 甲寅《きのえとら》 ⑧
天皇	（後鳥羽）
院政	
摂関	（関白藤原（九条）兼実）
将軍	（源頼朝）

記事

【政治・経済】

2・27 天皇《てんのう》、即位《そくい》後初《ごはじ》めて楽所《がくしょ》を置《お》く（玉葉）。**3・17** 幕府《ばくふ》、諸国守護人《しょこくしゅごにん》による国衙領《こくがりょう》への乱妨《らんぼう》を禁《きん》じる（吾）。**4・10** 幕府《ばくふ》、鎌倉《かまくら》の道路《どうろ》を修築《しゅうちく》（吾）。**7・5** 朝廷《ちょうてい》、延暦寺衆徒《えんりゃくじしゅと》の訴《うった》えにより、栄西《えいさい》・能忍《のうにん》らの禅《ぜん》の布教《ふきょう》を禁《きん》じる（百練抄）。**7・20** 朝廷《ちょうてい》、下野国司《しもつけこくし》の訴《うった》えにより、宇都宮朝綱《うつのみやともつな》らを配流《はいる》（吾・玉葉）。**8・19** 幕府《ばくふ》、安田義定《やすだよしさだ》を梟首《きょうしゅ》（吾）。**11・8** 幕府《ばくふ》、東海道《とうかいどう》に新駅《しんえき》を増置《ぞうち》し、駅夫《えきふ》の員数《いんずう》を定《さだ》める（吾）。

【社会・文化】

9・22 興福寺再建供養《こうふくじさいこんくよう》（玉葉）。**この頃《ころ》** 快慶《かいけい》、播磨国浄土寺《はりまのくにじょうどじ》の阿弥陀三尊像《あみださんぞんぞう》を造《つく》る（神戸大学本浄土寺縁起）。**この年以降正治二年《としいこうしょうじねん》の間《あいだ》** 覚教《かくきょう》『舞楽要録《ぶがくようろく》』成《な》るか。

【死没】

8・19 安田義定《やすだよしさだ》（61、武将《ぶしょう》）。

《月の大小／朔日の干支・ユリウス暦》

一癸亥（1・24）・二癸巳（2・23）・三壬戌（3・24）・四壬辰（4・23）・五辛酉（5・22）・六庚寅（6・20）・七庚申（7・20）・八己丑（8・18）・閏八戊午（9・16）・九戊子（10・16）・一〇戊午（11・15）・一一戊子（12・15）・一二丁巳（95・1・13）（太字は大の月）

【世界】

ホラズム＝シャー朝《ちょう》、セルジューク朝《ちょう》を滅《ほろ》ぼす。

大日本史料	（4編4）
高麗	明宗 24
南宋	寧宗《ねいそう》 紹熙 5 ⑩
金	明昌 5

西暦	一一九五
年号・干支	六　乙卯《きのとのう》
天皇	
院政	
摂関	
将軍	

記事

【政治・経済】

2・14 源頼朝《みなもとのよりとも》・北条政子《ほうじょうまさこ》・大姫《おおひめ》・頼家《よりいえ》ら、東大寺再建供養会《とうだいじさいこんくようえ》に臨《のぞ》むため、鎌倉《かまくら》を出発《しゅっぱつ》(吾)。**3・4** 頼朝夫妻《よりともふさい》ら入京《にゅうきょう》(吾)。**3・12** 東大寺再建供養会《とうだいじさいこんくようえ》に天皇《てんのう》・頼朝《よりとも》ら臨席《りんせき》(玉葉)。**4・1** 結城朝光《ゆうきともみつ》ら、平氏《へいし》の残党薩摩宗資《ざんとうさつまむねすけ》父子《ふし》を京都《きょうと》で捕《とら》える(吾)。**6・25** 頼朝《よりとも》ら京都《きょうと》を発《た》つ(吾)。**8・28** 幕府《ばくふ》、東国《とうごく》の荘園《しょうえん》の地頭《じとう》に、強盗《ごうとう》・窃盗《せっとう》や博奕犯《ばくえきはん》などを匿《かくま》うことを禁《きん》じる(吾)。

【社会・文化】

8・10 熊谷直実《くまがいなおざね》、源頼朝《みなもとのよりとも》と会見《かいけん》し、仏道《ぶつどう》や兵法《ひょうほう》の故実《こじつ》を語《かた》る(吾)。

11・7 重源《ちょうげん》、醍醐寺《だいごじ》に宋本一切経《そうほんいっさいきょう》を納《おさ》め、経蔵《きょうぞう》を造《つく》る(醍醐寺座主譲補次第)。**この年** 栄西《えいさい》、筑前国博多《ちくぜんのくにはかた》に聖福寺《しょうふくじ》を建立《こんりゅう》(元亨釈書)。『華厳祖師伝《けごんそしでん》』成《な》る。

【死没】

3・12 中山忠親《なかやまただちか》(65、公卿《くぎょう》)。

《月の大小／朔日の干支・ユリウス暦》

一丁亥(2・12)・二丁巳(3・14)・三丙戌(4・12)・四丙辰(5・12)・五乙酉(6・10)・六甲寅(7・9)・七癸未(8・7)・八癸丑(9・6)・九壬午(10・5)・一〇壬子(11・4)・一一壬午(12・4)・一二辛亥(96・1・2)(太字は大の月)

大日本史料	4 編 5　9・i
高麗	25
南宋	慶元《けいげん》(1.1)
金	6

西暦	一一九六	一一九七
年号・干支	建久 七 丙辰《ひのえたつ》	八 丁巳《ひのとのみ》 ⑥
天皇	(後鳥羽)	
院政		
摂関	(関白藤原(九条)兼実) 11・25	11・25 関白藤原基通《ふじわらのもとみち》
将軍	(源頼朝)	
記事	【政治・経済】 **6・3** 朝廷《ちょうてい》、重源《ちょうげん》の請《こい》により、畿内《きない》・西国《さいごく》の国衙《こくが》に摂津国《せっつのくに》魚住《なすみ》・大輪田《おおわだ》両泊《りようとまり》の修造《しゅうぞう》を命《めい》じる(摂津国古文書)。 **6・25** 平知忠《たいらのともただ》ら平氏《へいし》残党《ざんとう》、一条能保《いちじょうよしやす》襲撃《しゅうげき》を企《くわだ》て追捕《ついぶ》される(明月記)。 **11・25** 九条兼実《くじょうかねざね》の関白《かんぱく》・氏長者《うじのちょうじゃ》を罷免《ひめん》し、近衛基通《このえもとみち》が摂政《せっしょう》・関白《かんぱく》となる(三長記・公卿補任)。 **この年** 幕府《ばくふ》、武蔵国《むさしのくに》で国検《こっけん》を行《おこな》う(吾)。 【社会・文化】 **7・5** 定慶《じょうけい》ら、興福寺《こうふくじ》東金堂《とうこんどう》維摩居士像《ゆいまこじぞう》を造《つく》る(同像内朱漆書銘)。 【死没】 **6・22** 勝賢《しょうけん》(59、真言宗僧侶《しんごんしゅうそうりょ》)。 《月の大小/朔日の干支・ユリウス暦》 一辛巳(2・1)・二辛亥(3・2)・三辛巳(4・1)・四庚戌(4・30)・五庚辰(5・30)・六己酉(6・28)・七戊寅(7・27)・八戊申(8・26)・九丁丑(9・24)・一〇丙午(10・23)・一一丙子(11・22)・一二丙午(12・22)(太字は大の月) 《世界》 高麗《こうらい》、崔氏《さいし》、政権《せいけん》を掌握《しょうあく》。南宋《なんそう》、偽学《ぎがく》の禁《きん》、朱熹《しゅき》の官《かん》を削《けず》る。	【政治・経済】 **3・-** 妖言《ようげん》を発《はっ》した橘兼仲《たちばなのかねなか》夫妻《ふさい》を流罪《るざい》に処《しょ》す(皇帝紀抄)。 **4・15** 幕府《ばくふ》、九州諸国《きゅうしゅうしょこく》の国衙在庁《こくがざいちょう》に大田文《おおたぶみ》の注進《ちゅうしん》を命《めい》じる(桑幡文書)。 **6・-**
大日本史料	(**4**編**5**)	
高麗	明宗 **26**	**27**
南宋	慶元 **2**	⑥ **3**
金	承安《しょうあん》(11.23)	**2**

西暦	一一九八 ◀	
年号・干支	九 戊午《つちのえうま》	
天皇	1・11 土御門《つちみかど》	
院政	1・11 後鳥羽《ごとば》	
摂関	1・11 摂政藤原基通《ふじわらのもとみち》	1・11
将軍		
記事	【政治・経済】 **1・5** 天皇《てんのう》、源通親《みなもとのみちちか》を後院別当《ごいんのべっとう》(譲位後《じょういご》の院別当《いんのべっとう》)に補任《ぶにん》(公卿補任)。**1・11** 天皇《てんのう》、皇子為仁《おうじためひと》(土御門天皇《つちみかどてんのう》)に譲位《じょうい》(玉葉)。**2・5** 幕府《ばくふ》、平維盛《たいらのこれもり》の子六代《ころくだい》を捕《とら》えて斬《き》る(鎌倉年代記)。**8・16** 後鳥羽上皇《ごとばじょうこう》、初《はじ》めて熊野《くまの》に御幸《ごこう》(古記部類)。**10・16** 興福寺衆徒《こうふくじしゅと》の訴《うった》えにより、	**以降**《いこう》 九州諸国《きゅうしゅうしょこく》、大田文《おおたぶみ》を作成《さくせい》し幕府《ばくふ》に提出《ていしゅつ》(島津家文書)。**10・4** 幕府《ばくふ》、諸国《しょこく》に命《めい》じて造立《ぞうりゅう》させた八万四〇〇〇基《き》の塔《とう》を供養《くよう》し、保元《ほげん》以来《いらい》の諸国叛亡者《しょこくはんぼうしゃ》の冥福《めいふく》を祈《いの》る(鎌倉年代記)。 【社会・文化】 **5・28** 高野山一心院不動堂《こうやさんいっしんいんふどうどう》、落慶供養《らっけいくよう》(帝王編年記)。**7・-** 藤原俊成《ふじわらのとしなり》、『古来風体抄《こらいふうたいしょう》』(初撰本《しょせんぼん》)を著《あらわ》す(同書序)。**この年** 文覚《もんがく》、勧進《かんじん》により東寺《とうじ》の堂塔《どうとう》・仏像《ぶつぞう》などを修造《しゅうぞう》(東宝記)。『多武峯略記《とうのみねりゃっき》』成《な》る(同書奥書)。近衛家実《このえいえざね》『猪隈関白記《いのくまかんぱくき》』を記《しる》す(～建保五年《けんぽうねん》)。 【死没】 **7・14** 大姫《おおひめ》(源頼朝長女《みなもとのよりともちょうじょ》)。**10・13** 一条能保《いちじょうよしやす》(51、公卿《くぎょう》)。 《月の大小／朔日の干支・ユリウス暦》 一乙亥(1・20)・二乙巳(2・19)・三乙亥(3・21)・四甲辰(4・19)・五甲戌(5・19)・六癸卯(6・17)・閏六癸酉(7・17)・七壬寅(8・15)・八壬申(9・14)・九辛丑(10・13)・一〇庚午(11・11)・一一庚子(12・11)・一二己巳(98・1・9)(太字は大の月)
大日本史料		
高麗	神宗《しんそう》	
南宋	4	
金	3	

西暦	▶ 一一九八	一一九九
年号・干支	建久 九 戊午《つちのえうま》	正治《しょうじ》 元 4・27 己未《つちのとのひつじ》
天皇	(土御門)	
院政	(後鳥羽)	
摂関	(摂政藤原基通)	
将軍	(源頼朝)	1・13
記事	和泉守平宗信《いずみのかみたいらのむねのぶ》を解官《げかん》し、国主平親宗《こくしゅたいらのちかむね》の国務《こくむ》を停止《ちょうじ》する(古記部類)。**12・27** 源頼朝《みなもとのよりとも》、相模川《さがみがわ》の橋《はし》の造営供養《ぞうえいくよう》に臨《のぞ》んだ帰路《きろ》に落馬《らくば》(鎌倉大日記)。 【社会・文化】 **3・ー** 法然房源空《ほうねんぼうげんくう》、『選択本願念仏集《せんちゃくほんがんねんぶつしゅう》』を著《あらわ》す(選択密要決)。**5・ー** 上覚房行慈《じょうかくぼうぎょうじ》『和歌色葉《わかいろは》』成《な》る(同書奥書)。**この年** 栄西《えいさい》、『興禅護国論《こうぜんごこくろん》』を著《あらわ》す。 【死没】 **5・8** 湛増《たんぞう》(69、僧侶《そうりょ》)。**9・17** 一条高能《いちじょうたかよし》(23、公卿《くぎょう》)。**10・29** 小槻隆職《おづきのたかもと》(64、官人《かんじん》)。院尊《いんそん》(79、仏師《ぶっし》)。 《月の大小/朔日の干支・ユリウス暦》 一己亥(2・8)・二己巳(3・10)・三戊戌(4・8)・四戊辰(5・8)・五戊戌(6・7)・六丁卯(7・6)・七丁酉(8・5)・八丙寅(9・3)・九丙申(10・3)・一〇乙丑(11・1)・一一甲午(11・30)・一二甲子(12・30)(太字は大の月) 【世界】 インノケンティウス三世《せい》、教皇《きょうこう》となる。	【政治・経済】 **1・13** 源頼朝没《みなもとのよりともぼつ》(明月記)。**1・26** 源頼家《みなもとのよりいえ》に宣旨《せんじ》を下《くだ》して、頼朝《よりとも》の跡《あと》を継《つ》がせる(吾)。**2・14** 乱《らん》を企《くわだ》てた疑《うたがい》により、後藤基清《ごとうもときよ》・
大日本史料	(4編5)	1・ー 4編6
高麗	神宗	2
南宋	慶元 4	5
金	承安 3	4

西暦	
年号・干支	
天皇	
院政	
摂関	
将軍	
記事	中原政経《なかはらまさつね》・小野義成《おののよしなり》を捕《とら》える(明月記)。**3・19** 文覚《もんがく》を佐渡国《さどのくに》に配流《はいる》(百練抄)。**4・1** 頼《より》家《いえ》、問注所《もんじゅうしょ》を廓外《かくがい》に新造《しんぞう》(吾)。**4・12** 幕府《ばくふ》、頼《より》家《いえ》の訴訟《そしょう》親裁《しんさい》を停止《ちょうじ》し、北条時政《ほうじょうときまさ》ら一三人《にん》の合議《ごうぎ》で諸事《しょじ》を裁決《さいけつ》することを定《さだ》める(吾)。**4・27** 幕府《ばくふ》、東国《とうごく》の地頭《じとう》に荒野開発《こうやかいはつ》を命《めい》じる(吾)。**12・18** 幕府《ばくふ》、御家人《ごけにん》多数《たすう》の訴《うった》えにより、梶原景時《かじわらかげとき》を鎌倉《かまくら》から追放《ついほう》(吾)。 【社会・文化】 **4・–** 俊芿《しゅんじょう》、渡宋《とそう》し、戒律《かいりつ》を学《まな》ぶ(泉涌寺不可棄法師伝)。**6・–** 東大《とうだい》寺南大門上棟《じなんだいもんじょうとう》(東大寺別当次第)。**8・8** 重源《ちょうげん》、東大寺法華《とうだいじほっけ》(三月《さんがつ》)堂《どう》を修造《しゅうぞう》(同堂棟札)。 【死没】 **1・13** 源 頼朝《みなもとのよりとも》(53、鎌倉将軍《かまくらしょうぐん》)。**3・8** 足利義兼《あしかがよしかね》(武将《ぶしょう》)。**一〇月《がつ》以前《いぜん》** 小山政光《おやままさみつ》(武将《ぶしょう》)。 《月の大小/朔日の干支・ユリウス暦》 一癸巳(1・28)・二癸亥(2・27)・三癸巳(3・29)・四壬戌(4・27)・五壬辰(5・27)・六辛酉(6・25)・七辛卯(7・25)・八辛酉(8・24)・九庚寅(9・22)・一〇庚申(10・22)・一一己丑(11・20)・一二己未(12・20)(太字は大の月)
大日本史料	
高麗	
南宋	
金	

西暦 一二〇〇

年号・干支 正治 二 ② 庚申《かのえさる》

天皇 (土御門)

院政 (後鳥羽)

摂関 (摂政藤原基通)

将軍

記事

【政治・経済】

1・20 幕府《ばくふ》、上洛《じようらく》を企《くわだ》てた梶原景時《かじわらかげとき》を、駿河国清見関《するがのくにきよみのせき》で討《う》つ(吾)。**5・12** 源《みなもとのよりいえ》 頼家、念仏《ねんぶつ》を禁《きん》じ、念仏僧《ねんぶつそう》の袈裟《けさ》を焼《や》く(吾)。**7・9** 佐々木経高《ささきつねたか》、兵《へい》を集《あつ》め、京都《きようと》で騒動《そうどう》を起《お》こす(吾)。**8・2** 頼家《よりいえ》、佐々木経高《ささきつねたか》の淡路《あわじ》等三国守護職《とうさんごくしゆごしき》を解《と》く(吾)。**12・28** 頼家《よりいえ》、治承《ちしよう》以来《いらい》の新恩地《しんおんち》五〇〇町《ちようちよう》 超過分《かぶん》の没収《ぼつしゆう》を図《はか》るが、三善康信《みよしやすのぶ》に諫止《かんし》される(吾)。

【社会・文化】

閏《うるう》2・13 北条政子《ほうじようまさこ》、鎌倉亀谷《かまくらかめがやつ》の地《ち》を栄西《えいさい》に寄付《きふ》し、寿福寺《じゆふくじ》造営《ぞうえい》を始《はじ》める(吾)。**11・22** 後鳥羽院《ごとばいん》主催《しゆさい》「正治初度百首《しようじしよどひやくしゆ》」披講《ひこう》(明月記)。**この冬《ふゆ》** 後鳥羽院《ごとばいん》主催《しゆさい》「正治二度百首《しようじにどひやくしゆ》」披講《ひこう》(明月記)。

【死没】

1・20 梶原景時《かじわらかげとき》(武将《ぶしよう》)。梶原景季《かじわらかげすえ》(39、武将《ぶしよう》)。**1・23** 三浦義澄《みうらよしずみ》(74、武将《ぶしよう》)。**閏《うるう》2・11** 吉田経房《よしだつねふさ》(58、公卿《くぎよう》)。**4・26** 安達盛長《あだちもりなが》(66、武将《ぶしよう》)。**6・21** 岡崎義実《おかざきよしざね》(89、武将《ぶしよう》)。

《月の大小/朔日の干支・ユリウス暦》

一戊子(1・18)・二丁巳(2・16)・閏二丁亥(3・17)・三丙辰(4・15)・四丙戌(5・15)・五乙卯(6・13)・六乙酉(7・13)・七乙卯(8・12)・八甲申(9・10)・九甲寅(10・10)・一〇甲申(11・9)・一一癸丑(12・8)・一二癸未(01・1・7)(太字は大の月)

【世界】

パリ大学創設《だいがくそうせつ》。

大日本史料 (4編6)

高麗 神宗 3

南宋 ② 慶元 6

金 承安 5

西暦	一二〇一
年号・干支	建仁《けんにん》元 2・13 辛酉《かのとのとり》
天皇	
院政	
摂関	
将軍	
記事	【政治・経済】 **1・23** 城長茂《じょうながもち》、源頼家追討《みなもとのよりいえついとう》の院宣《いんぜん》を請《こ》うも、許《ゆる》されず（百練抄）。 **2・22** 城長茂《じょうながもち》らを吉野《よしの》で誅《ちゅう》す（吾）。 **4・3** 幕府《ばくふ》、越後《えちご》で挙兵《きょへい》した城資盛追討《じょうすけもりついとう》を佐々木盛綱《ささきもりつな》に命《めい》じる（吾）。 **10・5** 上皇《じょうこう》、熊野御幸《くまのごこう》に出発《しゅっぱつ》（熊野御幸記）。 **10・6** 北条泰時《ほうじょうやすとき》、伊豆国《いずのくに》に赴《おもむ》き、出挙米返済《すいこまいへんさい》を免除《めんじょ》し、飢民《きみん》に賑給《しんごう》（吾）。 【社会・文化】 **5・－** 藤原俊成《ふじわらのとしなり》、『古来風体抄《こらいふうたいしょう》』（再撰本《さいせんぼん》）を著《あらわ》す。 **7・27** 後鳥羽上皇《ごとばじょうこう》、和歌所《わかどころ》を二条殿《にじょうどの》に設置《せっち》（明月記）。 **8・11** 京都《きょうと》・関東《かんとう》などで大風雨《だいふうう》（吾）。 **11・3** 上皇《じょうこう》、和歌所寄人《わかどころのよりうど》のうち源通具《みなもとのみちとも》以下《いか》六人《にん》に上古以来《じょうこいらい》の和歌撰進《わかせんしん》を命《めい》じる（明月記）。 **12・27** 快慶《かいけい》、東大寺僧形《とうだいじそうぎょう》八幡神像《はちまんしんぞう》を完成《かんせい》（同像内銘）。 【死没】 **1・25** 式子内親王《しきしないしんのう》（歌人《かじん》）。 **2・22** 城長茂《じょうながもち》（豪族《ごうぞく》）。 **3・24** 千葉常胤《ちばつねたね》（84、武将《ぶしょう》）。 **11・23** 高階泰経《たかしなのやすつね》（72、公卿《くぎょう》）。 **12・24** 藤原多子《ふじわらのたし》（62、近《この》衛天皇皇后《えてんのうこうごう》）。 《月の大小／朔日の干支・ユリウス暦》 一壬子（2・5）・二壬午（3・7）・三辛亥（4・5）・**四**庚辰（5・4）・五庚戌（6・3）・六己卯（7・2）・七己酉（8・1）・八戊寅（8・30）・九戊申（9・29）・一〇戊寅（10・29）・一一戊申（11・28）・一二丁丑（12・27）（太字は大の月）
大日本史料	4編7　4・1
高麗	4
南宋	嘉泰《かたい》（1.1）
金	泰和《たいわ》（1.1）

西暦	一二〇二
年号・干支	建仁 二 ⑩ 壬戌《みずのえいぬ》
天皇	(土御門)
院政	(後鳥羽)
摂関	(摂政藤原基通) 12・25 / 12・25 摂政九条良経《くじょうよしつね》
将軍	7・23 源頼家《みなもとのよりいえ》
大日本史料	(4編7)
高麗	神宗 5
南宋	⑫ 嘉泰 2
金	泰和 2

記事

【政治・経済】
7・23 源頼家《みなもとのよりいえ》を征夷大将軍《せいいたいしょうぐん》に補任《ぶにん》(吾)。**10・7** 院宣《いんぜん》を下《くだ》し、延《えん》暦寺《りゃくじ》・興福寺《こうふくじ》衆徒《しゅと》の蜂起《ほうき》に発展《はってん》した、祇園社《ぎおんしゃ》と清水寺《きよみずでら》の堺相論《さかいそうろん》を裁《さい》決《けつ》(華頂要略)。**閏《うるう》10・15** 幕府《ばくふ》、諸国守護人《しょこくしゅごにん》に職権以外《しょっけんいがい》の雑務《ざつむ》に関《かか》わることを禁《きん》じる(吾)。**12・25** 文覚《もんがく》を佐渡国《さどのくに》から召還《しょうかん》(東寺長者補任)。

【社会・文化】
3・10 定慶《じょうけい》、興福寺梵天像《こうふくじぼんてんぞう》を造《つく》る(同像銘)。**3・14** 永福寺多宝塔供《えいふくじたほうとうく》養《よう》、栄西《えいさい》を導師《どうし》とする(吾)。**8・25** 守覚法親王没《しゅかくほっしんのうぼっ》・生前《せいぜん》『釈氏往来《しゃくしおうらい》』を撰作《せんさく》、『北院御室御集《きたのいんおむろぎょしゅう》』を著《あらわ》す。**9・-** この月以降《つきいこう》、翌年初頭頃《よくねんしょとうころ》までの間《あいだ》、後鳥羽院主催《ごとばいんしゅさい》『千五百番歌合《せんごひゃくばんうたあわせ》』成《な》るか。**この年《とし》** 栄西《えいさい》、建仁寺《けんにんじ》を創建《そうこん》(帝王編年記)。重源《ちょうげん》、伊賀国《いがのくに》に新大仏寺《しんだいぶつじ》を建立《こんりゅう》(伊水温故)。

【死没】
1・14 新田義重《にったよししげ》(68、武将《ぶしょう》)。**7・20頃《ころ》** 寂蓮《じゃくれん》(歌人《かじん》)。**8・25** 守覚法《しゅかくほっ》親王《しんのう》(53、御室《おむろ》)。**10・21** 源通親《みなもとのみちちか》(54、公卿《くぎょう》)。**この年《とし》** 小槻広房《おづきのひろふさ》(官人《かんじん》)。

《月の大小／朔日の干支・ユリウス暦》
一丁未(1・26)・二丙子(2・24)・三丙午(3・26)・四乙亥(4・24)・五甲辰(5・23)・六甲戌(6・22)・七癸卯(7・21)・八壬申(8・19)・九壬寅(9・18)・一〇壬申(10・18)・閏一〇壬寅(11・17)・一一辛未(12・16)・一二辛丑(03・1・15)(太字は大の月)

西暦: 図6　◀一二〇三

年号・干支: 三　癸亥《みずのとのい》

天皇:

院政:

摂関:

将軍: 源　実朝《みなもとのさねとも》 9・7 | 9・7

記事:

【政治・経済】
5・19 源　頼家《みなもとのよりいえ》、源　頼朝《みなもとのよりとも》の弟《おとうと》阿野全成《あのぜんじょう》を謀反《むほん》の疑《うたが》いで捕《とら》える(吾)。**5・25** 頼家《よりいえ》、阿野全成《あのぜんじょう》を常陸国《ひたちのくに》へ配流《はいる》(吾)。**6・23** 八田知《はったとも》家《いえ》、頼家《よりいえ》の命《めい》により、阿野全成《あのぜんじょう》を下野《しもつけ》で誅《ちゅう》す(吾)。**8・27** 頼家《よりいえ》、病《やまい》のため、惣守護職《そうしゅごしき》と関東《かんとう》二八国《こく》の地頭職《じとうしき》を子《こ》一幡《いちまん》に、関西《かんさい》三八国《こく》の地頭職《じとうしき》を弟《おとうと》千幡《せんまん》(実朝《さねとも》)に譲《ゆず》る(吾)。**9・2** 北条時政《ほうじょうときまさ》・政子《まさこ》、比《ひ》企能員《きよしかず》を謀殺《ぼうさつ》し、比企一族《ひきいちぞく》と一幡《いちまん》を滅《ほろ》ぼす(比企氏《ひきし》の乱《らん》)(吾)。**9・6** 仁田忠常《にったただつね》、頼家《よりいえ》の命《めい》により北条時政殺害《ほうじょうときまささつがい》を計《はか》るも討《う》たれる(吾)。**9・7** 頼家死去《よりいえしきょ》との奏上《そうじょう》により、源　実朝《みなもとのさねとも》を征夷大将軍《せいいたいしょうぐん》に補任《ぶにん》(猪隈関白記)。**9・29** 幕府《ばくふ》、頼家《よりいえ》を伊豆国修善寺《いずのくにしゅぜんじ》に幽閉《ゆうへい》(吾)。

【社会・文化】
10・3 運慶《うんけい》・快慶《かいけい》ら、東大寺南大門金剛力士像《とうだいじなんだいもんこんごうりきしぞう》を完成《かんせい》(同像銘・東大寺別当次第)。**11・30** 東大寺供養《とうだいじくよう》、上皇臨幸《じょうこうりんこう》(東大寺続要録)。**11・23** 上《じょう》皇《こう》、和歌所《わかどころ》で藤原俊成《ふじわらのとしなり》に九十賀宴《きゅうじゅうのがのえん》を賜《たま》う(後京極摂政別記)。

【死没】
6・23 阿野全成《あのぜんじょう》(51、源　頼朝《みなもとのよりとも》異母弟《いぼてい》)。**8・6** 澄憲《ちょうけん》(78、天台宗僧《てんだいしゅうそう》侶《りょ》)。**9・2**(**11・3とも**) 源　一幡《みなもとのいちまん》(6、源　頼家《みなもとのよりいえ》の子《こ》)。**9・2** 比企《ひき》

〔世界〕
第《だい》四回十字軍《かいじゅうじぐん》(～一二〇四年《ねん》)。

大日本史料:

高麗: 6

南宋: 3

金: 3

西暦	▶一二〇三	一二〇四
年号・干支	建仁 三 癸亥《みずのとのい》	元久《げんきゅう》 元 2・20 甲子《きのえね》
天皇	(土御門)	
院政	(後鳥羽)	
摂関	(摂政九条良経)	
将軍	(源実朝)	
記事	能員《よしかず》(武将《ぶしょう》)。**9・6** 仁田忠常《にったただつね》(37、武将《ぶしょう》)。**11・30** 興然《こうねん》(83、真言宗《しんごんしゅう》僧侶《そうりょ》)。 《月の大小／朔日の干支・ユリウス暦》 一辛未(2・14)・二庚子(3・15)・三庚午(4・14)・四己亥(5・13)・五戊辰(6・11)・六丁酉(7・10)・七丁卯(8・9)・八丙申(9・7)・九丙寅(10・7)・一〇丙申(11・6)・一一乙丑(12・5)・一二乙未(04・1・4)(太字は大の月)	**【政治・経済】** **3・9** 幕府《ばくふ》、伊勢《いせ》・伊賀《いが》平氏《へいし》蜂起《ほうき》の報《ほう》を受《う》け、翌日《よくじつ》、京都守護《きょうとしゅご》平賀《ひらが》朝雅《ともまさ》に討伐《とうばつ》を命《めい》じる(吾)。**3・21** 院評定《いんのひょうじょう》、朝雅《ともまさ》に追討《ついとう》を命《めい》じる(明月記)。**5・8** 幕府《ばくふ》、国司《こくし》と地頭《じとう》の得分《とくぶん》の配分《はいぶん》など三条《じょう》を定《さだ》める(吾)。**7・18** 源 頼家《みなもとのよりいえ》、伊豆国修善寺《いずのくにしゆぜんじ》で殺《ころ》される(吾)。**10・18** 幕府《ばくふ》、諸国《しょこく》の地頭《じとう》の濫妨《らんぼう》を禁《きん》じ、本《もと》の下司《げし》の跡地《あとち》に知行《ちぎょう》を限《かぎ》る(吾)。**10・14** 源 実朝《みなもとのさねとも》との婚姻《こんいん》で下向《げこう》する坊門信清息女《ぼうもんのぶきよそくじょ》を迎《むか》えるため、結城《ゆうき》朝光《ともみつ》ら上洛《じょうらく》(吾)。 **【社会・文化】** **4・22** 栄西《えいさい》『日本仏法中興願文《にほんぶつぽうちゆうこうがんもん》』成《な》る。**11・7** 法然房源空《ほうねんぼうげんくう》、『七箇条《しちかじょう》制誡《せいかい》』を著《あらわ》し、門徒《もんと》を戒《いまし》める(二尊院文書)。**11・26** 源 実朝《みなもとのさねとも》、京《きょう》都画工《とがこう》に描《えが》かせた将門合戦絵《まさかどかっせんえ》を受《う》け取《と》る(吾)。**この年** 源 光行《みなもとのみつゆき》『百《ひやく》詠和歌《えいわか》』『蒙求和歌《もうぎゆうわか》』成《な》る。
大日本史料	(4編7)	4編8 1・
高麗	神宗 6	7
南宋	嘉泰 3	4
金	泰和 3	4

西暦	
年号・干支	
天皇	
院政	
摂関	
将軍	
記事	【死没】 **7・18** 源《みなもとの》頼家《よりいえ》（23、鎌倉将軍《かまくらしょうぐん》）。**11・30** 藤原俊成《ふじわらのとしなり》（91、歌人《かじん》）。 《月の大小／朔日の干支・ユリウス暦》 一乙丑（2・3）・二乙未（3・4）・三甲子（4・2）・四甲午（5・2）・五癸亥（5・31）・六壬辰（6・29）・七辛酉（7・28）・八辛卯（8・27）・九庚申（9・25）・一〇庚寅（10・25）・一一己未（11・23）・一二己丑（12・23）（太字は大の月） 〖世界〗 十字軍《じゅうじぐん》、コンスタンティノープルを占領《せんりょう》し、ラテン帝国《ていこく》を樹立《じゅりつ》。  図6（→1203年） 東大寺南大門金剛力士像（阿形）
大日本史料	
高麗	
南宋	
金	

西暦：一二〇五

年号・干支：元久《げんきゅう》 二 ⑦ 乙丑《きのとのうし》

天皇：(土御門)

院政：(後鳥羽)

将軍：(源実朝)

執権：北条義時《ほうじょうよしとき》 ⑦・20

記事：

【政治・経済】

6・22 北条時政《ほうじょうときまさ》ら、畠山重忠《はたけやましげただ》を討《う》つ(吾)。**閏《うるう》7・19** 時政《ときまさ》・妻《つま》牧氏《まきし》、女婿《じょせい》京都守護《きょうとしゅご》平賀朝雅《ひらがともまさ》の将軍擁立《しょうぐんようりつ》を謀《はか》って失敗《しっぱい》し、伊豆《いず》に隠退《いんたい》(吾)。**閏《うるう》7・20** 北条義時《ほうじょうよしとき》、執権《しっけん》となる(吾)。**閏《うるう》7・26** 幕府《ばくふ》、在京御家人《ざいきょうごけにん》に命《めい》じて朝雅《ともまさ》を討《う》つ(明月記・吾)。**8・5** 宇都宮頼綱《うつのみやよりつな》の謀叛発覚《むほんはっかく》(吾)。**8・16** 頼綱出家《よりつなしゅっけ》し、翌日《よくじつ》、謀叛《むほん》の企《くわだ》てがないことを申《もう》し開《ひら》くため鎌倉《かまくら》に赴《おもむ》く(吾)。**10・-** 興福寺《こうふくじ》、源空《げんくう》らの専修念仏禁断《せんじゅねんぶつきんだん》を訴《うった》える(興福寺奏状)。**この年《とし》** 文覚《もんがく》、鎮西《ちんぜい》に流《なが》され、ついで没《ぼっ》す(鎌倉大日記)。

【社会・文化】

3・26 藤原定家《ふじわらのさだいえ》ら、『新古今和歌集《しんこきんわかしゅう》』を撰進《せんしん》(明月記)。**6・15** 九条良経《くじょうよしつね》、詩歌合《しいかあわせ》を院御所《いんのごしょ》で催《もよお》す(元久詩歌合)。**10・2** 延暦寺諸堂焼亡《えんりやくじしょどうしょうぼう》(明月記)。

【死没】

2・27 藤原隆信《ふじわらのたかのぶ》(64、歌人《かじん》、画家《がか》)。**4・9** 佐々木定綱《ささきさだつな》(64、武将《ぶしょう》)。**5・10** 藤原範季《ふじわらののりすえ》(76、公卿《くぎょう》)。**6・22** 畠山重忠《はたけやましげただ》(42、武将《ぶしょう》)。**6・23** 稲毛重成《いなげしげなり》(武士《ぶし》)。**閏《うるう》7・26** 平賀朝雅《ひらがともまさ》(武将《ぶしょう》)。**この頃《ころ》** 文覚《もんがく》(真言宗僧侶《しんごんしゅうそうりょ》)。

《月の大小／朔日の干支・ユリウス暦》(太字は大の月)

一己未(1・22)・二己丑(2・21)・三戊午(3・22)・四戊子(4・21)・五戊午

大日本史料：(**4**編**8**)

高麗：熙宗《きそう》

南宋：⑧ 開禧《かいき》(1.1)

金：泰和 **5**

蒙古：

	1206	
西暦	一二〇六	
年号・干支	建永《けんえい》元 4・27 丙寅《ひのえとら》	
天皇		
院政		
将軍		
執権		
記事	【政治・経済】 1・27 幕府《ばくふ》、大罪《たいざい》を犯《おか》さぬかぎり、源頼朝恩賞地《みなもとのよりともおんしょうち》を没収《ぼっしゅう》しない旨《むね》を定《さだ》める(吾)。 2・14 上皇《じょうこう》、興福寺《こうふくじ》の訴《うった》えにより、源《げん》空門徒《くうもんと》を流罪《るざい》に処《しょ》す(三長記)。 5・20 妖言《ようげん》を唱《とな》えた源仲国《みなもとのなかくに》夫《ふ》妻《さい》を追放《ついほう》(猪隈関白記)。 【社会・文化】 2・28 熊野本宮《くまのほんぐう》焼失《しょうしつ》(源家長日記)。 11・― 明恵《みょうえ》、院宣《いんぜん》により栂《とが》尾《の》神護寺《おじんごじ》の地《ち》を賜《たまわ》り、高山寺《こうざんじ》を創建《そうこん》(高山寺文書)。 【死没】 3・7 九条良経《くじょうよしつね》(38、公卿《くぎょう》)。 6・5 重源《ちょうげん》(86、僧侶《そうりょ》)。 《月の大小／朔日の干支・ユリウス暦》 一癸未(2・10)・二壬子(3・11)・三壬午(4・10)・四壬子(5・10)・五辛巳(6・8)・六辛亥(7・8)・七庚辰(8・6)・八庚戌(9・5)・九己卯(10・4)・一〇戊申(11・2)・一一戊寅(12・2)・一二丁未(12・31)(太字は大の月) 〖世界〗 金《きん》と南宋《なんそう》、開戦《かいせん》。テムジン、ハン位《い》につく(チンギス＝ハン)。 インド、デリーを首都《しゅと》に奴隷王朝成立《どれいおうちょうせいりつ》。	(5・21)・六丁亥(6・19)・七丙辰(7・18)・閏七丙戌(8・17)・八乙卯(9・15)・九甲申(10・14)・一〇甲寅(11・13)・一一癸未(12・12)・一二癸丑(06・1・11)
大日本史料	4編9 5・―	
高麗	2	
南宋	2	
金	6	
蒙古	太祖《たいそ》	

西暦	一二〇七
年号・干支	承元《じょうげん》 元 10・25 丁卯《ひのとのう》
天皇	（土御門）
院政	（後鳥羽）
将軍	（源実朝）
執権	（北条義時）
記事	【政治・経済】 **2・18** 専修念仏《せんじゅねんぶつ》を禁《きん》じ、源空《げんくう》を土佐国《とさのくに》、親鸞《しんらん》を越後国《えちごのくに》に配流《はいる》（皇帝紀抄）。 **3・20** 幕府《ばくふ》、武蔵守《むさしのかみ》北条時房《ほうじょうときふさ》に同国荒野《どうこくこうや》の開発《かいはつ》を命《めい》じる（吾）。 **6・24** 幕府《ばくふ》、和泉《いずみ》・紀伊《きい》両国《りょうこく》の守護職《しゅごしき》を停《とど》め、院《いん》の熊野《くまの》詣《もうで》の駅家雑事《えきかのぞうじ》を勤仕《きんじ》させる（吾）。 【社会・文化】 **5・20** 顕昭《けんしょう》、『日本紀歌注《にほんぎかちゅう》』を進上《しんじょう》（明月記）。 **7・3** 安芸厳島神社《あきいつくしまじんじゃ》焼失《しょうしつ》（芸藩通志）。 **7・19** 畿内大風雨《きないだいふうう》（猪隈関白記）。 **8・26** 坂上明基《さかのうえのあきもと》、『裁判至要抄《さいばんしようしょう》』を撰進《せんしん》。 【死没】 **2・18** 住蓮《じゅうれん》（浄土宗僧侶《じょうどしゅうそうりょ》）。 **2・-** 安楽《あんらく》（浄土宗僧侶《じょうどしゅうそうりょ》）。 **4・5** 九条兼実《くじょうかねざね》（59、公卿《くぎょう》）。 **この年** 鑁阿《ばんな》（真言宗僧侶《しんごんしゅうそうりょ》）。 《月の大小／朔日の干支・ユリウス暦》 一丁丑（1・30）・二丁未（3・1）・三丙子（3・30）・四丙午（4・29）・五丙子（5・29）・六乙巳（6・27）・七乙亥（7・27）・八甲辰（8・25）・九甲戌（9・24）・一〇癸卯（10・23）・一一壬申（11・21）・一二壬寅（12・21）（太字は大の月）
大日本史料	（**4**編**9**）
高麗	熙宗 **3**
南宋	開禧 **3**
金	泰和 **7**
蒙古	太祖 **2**

西暦	一二〇八
年号・干支	二 戊辰《つちのえたつ》 ④
天皇	
院政	
将軍	
執権	
記事	【政治・経済】 1・16 問注所出火《もんじゅうしょしゅっか》、将軍家文籍《しょうぐんけぶんせき》・三善家累代文書《みよしけるいだいもんじょ》など焼失《しょうしつ》(吾)。2・3 金峯山衆徒《きんぶせんしゅと》、多武峯《とうのみね》を襲《おそ》い、堂舎《どうしゃ》・鎌足御影《かまたりみえい》を焼《や》く(猪隈関白記)。10・10 北条政子《ほうじょうまさこ》、熊野参詣《くまのさんけい》に出発《しゅっぱつ》(吾)。 【社会・文化】 閏《うるう》4・15 京都大火《きょうとたいか》(猪隈関白記)。5・15 法勝寺《ほっしょうじ》九重塔《じゅうのとう》、落雷《らくらい》で焼失《しょうしつ》(猪隈関白記)。11・27 閑院内裏焼亡《かんいんのだいりしょうぼう》(猪隈関白記)。12・12 幕府《ばくふ》、鶴岡《つるがおか》に神宮寺《じんぐうじ》を創建供養《そうこんくよう》(吾)。12・17 運慶《うんけい》、興福寺《こうふくじ》北円堂《ほくえんどう》の造仏開始《ぞうぶつかいし》(猪隈関白記)。 【死没】 9・14 熊谷直実《くまがいなおざね》(68、武将《ぶしょう》)。12・18 中原親能《なかはらちかよし》(66、京都守護《きょうとしゅご》)。 《月の大小/朔日の干支・ユリウス暦》 一辛未(1・19)・二辛丑(2・18)・三庚午(3・18)・四庚子(4・17)・閏四庚午(5・17)・五己亥(6・15)・六己巳(7・15)・七戊戌(8・13)・八戊辰(9・12)・九戊戌(10・12)・一〇丁卯(11・10)・一一丁酉(12・10)・一二丙寅(09・1・8) (太字は大の月) 【世界】 南宋《なんそう》と金《きん》、和議成立《わぎせいりつ》。アルビジョワ十字軍《じゅうじぐん》(～一二二九年《ねん》)。
大日本史料	4編10 3⁝
高麗	4
南宋	④ 嘉定《かてい》(1.1)
金	衛紹王《えいしょうおう》 8
蒙古	3

西暦	一二〇九
年号・干支	承元 三 己巳《つちのとみ》
天皇	(土御門)
院政	(後鳥羽)
将軍	(源実朝)
執権	(北条義時)
記事	【政治・経済】 **3・6** 上皇《じょうこう》、南都《なんと》に御幸《ごこう》(百練抄)。 **7・3** 関白近衛家実《かんぱくこのえいえざね》、党《とう》を結《むす》び争《あらそ》う興福寺衆徒《こうふくじしゅと》の両方張本《りょうほうちょうほん》を召喚《しょうかん》(猪隈関白記)。 **11・20** 諸国国衙《しょこくこくが》、守護人怠慢《しゅごにんたいまん》による群盗蜂起《ぐんとうほうき》を幕府《ばくふ》に訴《うった》える(吾)。 **11・-〜12・-** 幕府《ばくふ》、近国守護《きんごくしゅご》に補任下文等《ぶにんのくだしぶみなど》を提出《ていしゅつ》させ、その由来《ゆらい》を調査《ちょうさ》(吾)。 【社会・文化】 **4・9** 行願寺《ぎょうがんじ》・誓願寺《せいがんじ》、焼亡《しょうぼう》(百練抄)。 **5・20** 幕府《ばくふ》、怪異《かいい》のために梶原景時《かじわらかげとき》の供養《くよう》を行《おこな》う(吾)。 **8・13** 藤原定家《ふじわらのさだいえ》、源実朝《みなもとのさねとも》の歌《うた》に合点《がってん》し、詠歌口伝《えいかくでん》一巻《かん》を送《おく》る(吾)。 **9・13** 熊野本宮炎上《くまのほんぐうえんじょう》(熊野夫須美神社記録)。 **この年** 九条道家《くじょうみちいえ》、『玉蘂《ぎょくずい》』を記《しる》す(〜暦《りゃく》仁元年《にんがんねん》)。 【死没】 **8・12** 藤原忻子《ふじわらのきんし》(76、後白河天皇皇后《ごしらかわてんのうこうごう》)。 《月の大小/朔日の干支・ユリウス暦》 一乙未(2・6)・二乙丑(3・8)・三甲午(4・6)・四甲子(5・6)・五癸巳(6・4)・六癸亥(7・4)・七壬辰(8・2)・八壬戌(9・1)・九壬辰(10・1)・一〇辛酉(10・30)・一一辛卯(11・29)・一二辛酉(12・29)(太字は大の月) 【世界】 西夏《せいか》の李安全《りあんぜん》、モンゴルに和《わ》を請《こ》う。
大日本史料	(4編10)
高麗	熙宗 5
南宋	嘉定 2
金	大安《たいあん》(1.27)
蒙古	太祖 4

西暦	一二一〇
年号・干支	四 庚午《かのえうま》
天皇	順徳《じゅんとく》 11・25
院政	
将軍	
執権	
大日本史料	
高麗	6
南宋	3
金	2
蒙古	5

記事

【政治・経済】

3・14 幕府《ばくふ》、武蔵国《むさしのくに》の大田文《おおたぶみ》を作《つく》り、国務《こくむ》の条々《じょうじょう》を定《さだ》める(吾)。6・3 幕府《ばくふ》、相模国《さがみのくに》丸子川《まりこがわ》で喧嘩《けんか》した土肥《どひ》・小早河《こばやかわ》らと松田《まつだ》・河村《かわむら》一族《いちぞく》に、闘諍《とうじょう》を禁《きん》じる(吾)。6・13 幕府《ばくふ》、駿河国《するがのくに》以西《いせい》の駅家《えきか》の結番《けちばん》・夜警《やけい》と旅人《りょじん》の警固《けいご》を守護《しゅご》に命《めい》じる(吾)。8・9 幕府《ばくふ》、寺社領《じしゃりょう》興行《こうぎょう》のため、その実情《じつじょう》調査《ちょうさ》を守護《しゅご》に命《めい》じる(吾)。11・25 天皇《てんのう》、守成親王《もりなりしんのう》(順徳天皇《じゅんとくてんのう》)に譲位《じょうい》(御譲位部類記)。12・5 後《ご》鳥羽上皇《とばじょうこう》、蓮華王院宝蔵《れんげおういんほうぞう》の伊勢大神宮神剣《いせだいじんぐうしんけん》を天皇宝剣《てんのうほうけん》とする(御即位由奉幣部類記)。

【社会・文化】

10・15 源実朝《みなもとのさねとも》、聖徳太子《しょうとくたいし》の憲法十七条《けんぽうじゅうしちじょう》や四天王寺《してんのうじ》・法隆寺《ほうりゅうじ》の重宝等《じゅうほうなど》の記《き》を見《み》る(吾)。この年《とし》 安倍孝重《あべのたかしげ》『陰陽博士《おんみょうはかせ》安倍《あべの》孝重勘進記《たかしげかんしんき》』を勘申《かんじん》。

【死没】

4・9 大庭景義《おおばかげよし》(武将《ぶしょう》)。5・7 坂上明基《さかのうえのあきもと》(73、明法家《みょうぼうか》)。10・7 畠山義純《はたけやまよしずみ》(35、武将《ぶしょう》)。

《月の大小／朔日の干支・ユリウス暦》

一庚寅(1・27)・二庚申(2・26)・三己丑(3・27)・四戊午(4・25)・五戊子(5・25)・六丁巳(6・23)・七丁亥(7・23)・八丙辰(8・21)・九丙戌(9・20)・一〇丙辰(10・20)・一一乙酉(11・18)・一二乙卯(12・18)(太字は大の月)

西暦	一二一一
年号・干支	建暦《けんりやく》 元 3・9 ① 辛未《かのとのひつじ》
天皇	(順徳)
院政	(後鳥羽)
将軍	(源実朝)
執権	(北条義時)

記事

【政治・経済】

6・26 幕府《ばくふ》、東海道新駅設置《とうかいどうしんえきせっち》を重《かさ》ねて守護《しゅご》・地頭《じとう》に命《めい》じる(吾)。 **7・20** 後鳥羽上皇《ごとばじょうこう》、公事竪義《くじりゅうぎ》を始《はじ》める(明月記)。 **12・27** 幕府《ばくふ》、駿河《するが》・武蔵《むさし》・越後等《えちごなど》の諸国《しょこく》に、大田文作成《おおたぶみさくせい》を命《めい》じる(吾)。

【社会・文化】

1・- 栄西《えいさい》『喫茶養生記《きっさようじょうき》』初治本成《しょちぼんな》る。 **閏《うるう》1・21** 上皇《じょうこう》、蹴鞠裁《しゅうきくさい》轍《べつ》の法式《ほうしき》を定《さだ》める(道家公鞠日記)。 **4・23** 俊芿《しゅんじょう》、宋《そう》より帰国《きこく》し、建仁寺《けんにんじ》に入《はい》る(泉涌寺不可棄法師伝)。 **10・13** 鴨長明《かものちょうめい》、源実朝《みなもとのさねとも》に謁《えつ》す。この日《ひ》、源頼朝忌日《みなもとのよりともきにち》に当《あた》り詠歌《えいか》(吾)。 **12・10** 実朝《さねとも》、和漢名将《わかんめいしょう》の事蹟《じせき》を源仲章《みなもとのなかあきら》に注進《ちゅうしん》させる(吾)。 **この年末以降《ねんまついこう》、建保《けんぽう》四年閏《ねんうるう》六月以前《がついぜん》** 鴨長明《かものちょうめい》『無名抄《むみょうしょう》』成《な》る。

【死没】

6・26 八条院《はちじょういん》(75、二条天皇准母《にじょうてんのうじゅんぼ》)。

《月の大小／朔日の干支・ユリウス暦》

一乙酉(1・17)・閏一甲寅(2・15)・二甲申(3・17)・三癸丑(4・15)・四壬午(5・14)・五壬子(6・13)・六辛巳(7・12)・七庚戌(8・10)・八庚辰(9・9)・九庚戌(10・9)・一〇己卯(11・7)・一一己酉(12・7)・一二己卯(12・1・6)

(太字は大の月)

大日本史料	4編11 1・-
高麗	熙宗 7
南宋	② 嘉定 4
金	大安 3
蒙古	太祖 6

西暦	▲一二一二
年号・干支	二 壬申《みずのえさる》
天皇	
院政	
将軍	
執権	
記事	【政治・経済】 **2・19** 幕府《ばくふ》、御家人《ごけにん》の京都大番役《きょうとおおばんやく》の励行《れいこう》を諸国守護《しょこくしゅご》に命《めい》じる(吾)。 **2・23** 後鳥羽上皇《ごとばじょうこう》、園城寺《おんじょうじ》焼払《やきはらい》を企《くわだ》てる延暦寺衆徒《えんりゃくじしゅと》を制止《せいし》(明月記)。 **2・28** 源実朝《みなもとのさねとも》、群議《ぐんぎ》の意見《いけん》を退《しりぞ》け、相模川橋修理《さがみがわばししゅうり》を命《めい》じる(吾)。 **3・22** 朝廷《ちょうてい》、新制《しんせい》二一条《じょう》を宣下《せんげ》(建暦《けんりゃく》の新制《しんせい》)(玉蘂)。 **5・―** 後鳥羽上皇《ごとばじょうこう》、藤原秀能《ふじわらのひでよし》を鎮西《ちんぜい》に派遣《はけん》し、宝剣《ほうけん》を捜索《そうさく》させる(尊卑分脈)。 **9・21** 幕府《ばくふ》、津料《つりょう》・河手《かわて》の禁《きん》を解《と》き、再《ふたた》び地頭得分《じとうとくぶん》とする(吾)。 **10・22** 幕府《ばくふ》、関東分国《かんとうぶんこく》に奉行人《ぶぎょうにん》を派遣《はけん》し、庶民《しょみん》の訴《うった》えを処理《しょり》させる(吾)。 【社会・文化】 **1・23** 源空《げんくう》、『一枚起請文《いちまいきしょうもん》』を記《しる》す。 **三月末《がつまつ》** 鴨長明《かものちょうめい》、『方丈記《ほうじょうき》』を著《あらわ》す(広本系同書奥書)。 **4・18** 源実朝《みなもとのさねとも》、大慈寺《だいじじ》を建《た》て、この日上棟《じょうとう》(吾)。 **11・23** 明恵《みょうえ》、『摧邪輪《ざいじゃりん》』を著《あらわ》す。 **この年** 運慶《うんけい》、興福寺北円堂《こうふくじほくえんどう》弥勒仏像《みろくぶつぞう》・無著像《むちゃくぞう》・世親像《せしんぞう》を完成《かんせい》(同像銘)。 **この年以降《としいこう》** 鴨長明《かものちょうめい》編『発心集《ほっしんしゅう》』成《な》る。 【死没】 **1・25** 法然房源空《ほうねんぼうげんくう》(80、浄土宗開祖《じょうどしゅうかいそ》)。 **12・―** 覚憲《かくけん》(82、法相宗学僧《ほっそうしゅうがくそう》)。 《月の大小／朔日の干支・ユリウス暦》 一己酉(２・５)・二戊寅(３・５)・三戊申(４・４)・四丁丑(５・３)・五丙午
大日本史料	
高麗	康宗《こうそう》
南宋	5
金	崇慶《すうけい》(1.1)
蒙古	7

	一二一二	一二一三
西暦	▶一二一二	一二一三
年号・干支	建暦 二 壬申《みずのえさる》	建保《けんぽう》 元 12・6 癸酉《みずのとのとり》 ⑨
天皇	(順徳)	
院政	(後鳥羽)	
将軍	(源実朝)	
執権	(北条義時)	
記事	(6・1)・六乙亥(6・30)・七乙巳(7・30)・八甲戌(8・28)・九甲辰(9・27)・一〇癸酉(10・26)・一一癸卯(11・25)・一二癸酉(12・25)(太字は大の月) 【世界】少年十字軍《しょうねんじゅうじぐん》。	【政治・経済】**2・16** 泉親衡《いずみちかひら》、源《みなもとの》頼家《よりいえ》息千手丸《そくせんじゅまる》を奉《ほう》じ乱《らん》を謀《はか》るも露顕《ろけん》(吾)。**5・2** 和田義盛《わだよしもり》、挙兵《きょへい》し幕府《ばくふ》を襲撃《しゅうげき》、翌日敗死《よくじつはいし》(和田合戦《わだかっせん》)(吾)。**5・5** 北条義時《ほうじょうよしとき》、侍所《さむらいどころの》別当《べっとう》を兼任《けんにん》(吾)。**8・3** 後鳥羽《ごとば》上皇《じょうこう》、堺相論《さかいそうろん》から清水寺焼払《きよみずでらやきはらい》を企《くわだ》てる延暦寺衆徒《えんりゃくじしゅと》を制止《せいし》(明月記)。 【社会・文化】**2・2** 源実朝《みなもとのさねとも》、芸能《げいのう》ある近侍《きんじ》一八人《にん》を学問所番《がくもんじょばん》とする(吾)。**4・26** 法勝寺《ほっしょうじ》九重塔供養《じゅうのとうくよう》(明月記)。**10・15** 京都《きょうと》、大風《おおかぜ》・大火《たいか》で悲田院《ひでんいん》・六角堂等《ろっかくどうなど》が焼失《しょうしつ》(明月記)。**11・8** 藤原定家《ふじわらのさだいえ》、相伝秘蔵《そうでんひぞう》の『万葉集《まんようしゅう》』を実朝《さねとも》に贈《おく》る(明月記)。**12・18**『金槐和歌集《きんかいわかしゅう》』成《な》る(定家本奥書)(一説《いっせつ》)。 【死没】**2・3** 貞慶《じょうけい》(59、法相宗学僧《ほっそうしゅうがくそう》)。**5・3** 和田義盛《わだよしもり》(67、武将《ぶしょう》)。**5・9** 和田胤長《わだたねなが》(31、武将《ぶしょう》)。**12・13** 建礼門院《けんれいもんいん》(59、高倉天皇中宮《たかくらてんのうちゅうぐう》)。
大日本史料	12・1 **4編12**	
高麗	康宗	**2**
南宋	嘉定 **5**	⑨ **6**
金	崇慶(1.1)	至寧(5.-) 宣宗《せんそう》 貞祐《ていゆう》(9.15)
蒙古	太祖 **7**	**8**

西暦	◀一二一四	
年号・干支	二 甲戌《きのえいぬ》	
天皇		
院政		
将軍		
執権		
記事	【政治・経済】 4・14 延暦寺衆徒《えんりゃくじしゅと》、園城寺金堂以下諸堂《おんじょうじこんどういかしょどう》を焼《や》く（後鳥羽天皇宸記）。 8・7 朝廷《ちょうてい》、在京武士《ざいきょうぶし》に命《めい》じて興福寺衆徒《こうふくじしゅと》の入洛《じゅらく》を防《ふせ》がせる（百練抄）。 11・13 京都《きょうと》の幕府御家人《ばくふごけにん》、源 頼家息栄実《みなもとのよりいえそくえいじつ》を奉《ほう》じて乱《らん》を企《くわだ》てる和田義盛余党《わだよしもりよとう》を追捕《ついぶ》（吾）。 12・12 幕府《ばくふ》、御家《ごけ》人《にん》の官爵《かんしゃく》は家督人《かとくにん》の申請《しんせい》によることと定《さだ》める（吾）。 【社会・文化】 2・4 栄西《えいさい》、病《やまい》の 源 実朝《みなもとのさねとも》に茶《ちゃ》を進《すす》め、『喫茶養生記《きっさようじょうき》』を献《けん》じる（吾）。 7・27 幕府《ばくふ》、大慈寺供養《だいじじくよう》を行《おこな》う（吾）。 8・7 鎌倉洪水《かまくらこうずい》（吾）。 8・10 京都大風雨《きょうとだいふうう》（皇帝紀抄）。 9・13 「東北院職人歌合《とうほくいんしょくにんうたあわせ》」成《な》るという（同書序）。 10・6 鎌倉地震《かまくらじしん》（吾）。	《月の大小／朔日の干支・ユリウス暦》 一癸卯（1・24）・二壬申（2・22）・三壬寅（3・24）・四壬申（4・23）・五辛丑（5・22）・六庚午（6・20）・七庚子（7・20）・八己巳（8・18）・九戊戌（9・16）・閏九戊辰（10・16）・一〇丁酉（11・14）・一一丁卯（12・14）・一二丁酉（14・1・13）（太字は大の月） 【世界】 モンゴル、金《きん》の河北《かほく》・河東《かとう》を征服《せいふく》。
大日本史料	4編13 1	
高麗	高宗《こうそう》	
南宋	7	
金	2	
蒙古	9	

西暦	▶一二一四	一二一五
年号・干支	建保 二 甲戌《きのえいぬ》	三 乙亥《きのとのい》
天皇	(順徳)	
院政	(後鳥羽)	
将軍	(源実朝)	
執権	(北条義時)	
記事	【死没】 **11・―** 佐々木高綱《ささきたかつな》(武将《ぶしょう》)。 《月の大小/朔日の干支・ユリウス暦》 一丁卯(2・12)・二丙申(3・13)・三丙寅(4・12)・四乙未(5・11)・五乙丑(6・10)・六甲午(7・9)・七甲子(8・8)・八癸巳(9・6)・九壬戌(10・5)・一〇壬辰(11・4)・一一辛酉(12・3)・一二辛卯(15・1・2)(太字は大の月) 〘世界〙 金《きん》、汴京《べんけい》(開封《かいほう》)に遷都《せんと》。	【政治・経済】 **2・18** 幕府《ばくふ》、諸国関渡地頭《しょこくせきどじとう》に船賃用途《ふなちんようど》の料田《りょうでん》を立《た》てて旅人《りょじん》への煩《わずらい》を除《のぞ》くことを命《めい》じる(吾)。**3・15** 朝廷《ちょうてい》、軍《ぐん》を派遣《はけん》して三井《みいの》別所《べっしょ》の城郭《じょうかく》を破却《はきゃく》し、延暦寺領《えんりゃくじりょう》東坂本《ひがしさかもと》を焼《や》いた園城寺衆《おんじょうじしゅ》徒張本《とちょうほん》を追捕《ついぶ》(華頂要略)。**7・5** 朝廷《ちょうてい》、源実朝《みなもとのさねとも》に宣旨《せんじ》を下《くだ》し、諸寺僧徒《しょじそうと》の武勇《ぶゆう》を好《この》むことを禁止《きんし》させる(醍醐寺新要録)。**7・19** 幕府《ばくふ》、鎌倉諸商人《かまくらしょしょうにん》の員数《いんずう》を定《さだ》める(吾)。 【社会・文化】 **6・2** 後鳥羽上皇《ごとばじょうこう》、歌合《うたあわせ》を催《もよお》す(四十五番歌合)。**この年以降《としいこう》** **寛元四年以前《かんげんねんいぜん》** 菅原為長《すがわらのためなが》撰述《せんじゅつ》『文鳳抄《ぶんぽうしょう》』成《な》る。 【死没】
大日本史料	(4編13)	
高麗	高宗	2
南宋	嘉定 7	8
金	貞祐 2	3
蒙古	太祖 9	10

西暦		一二一六 ◀
年号・干支		四 丙子《ひのえね》 ⑥
天皇		
院政		
将軍		
執権		
記事	**1・6** 北条時政《ほうじようときまさ》(78、執権《しつけん》)。 **7・5** 明庵栄西《みようあんえいさい》(75、臨済宗僧侶《りんざいしゆうそうりよ》)。 《月の大小/朔日の干支・ユリウス暦》 一辛酉(2・1)・二庚寅(3・2)・三庚申(4・1)・四庚寅(5・1)・五己未(5・30)・六己丑(6・29)・七戊午(7・28)・八戊子(8・27)・九丁巳(9・25)・一〇丙戌(10・24)・一一丙辰(11・23)・一二乙酉(12・22)(太字は大の月) 〖世界〗 英王《えいおう》ジョン、大憲章《だいけんしよう》(マグナ＝カルタ)に署名《しよめい》。	【政治・経済】 **4・9** 源　実朝《みなもとのさねとも》、諸人《しよにん》の訴《うつた》えを聴断《ちようだん》(吾)。 **6・15** 東大寺《とうだいじ》の仏《ぶつ》工宋人陳和卿《こうそうじんちんなけい》、実朝《さねとも》と対面《たいめん》(吾)。 **9・20** 大江広元《おおえのひろもと》、北条義時《ほうじようよしとき》の意《い》を受《う》け、実朝《さねとも》の将軍職《しようぐんしよく》以外《いがい》の官職《かんしよく》辞退《じたい》を進言《しんげん》(吾)。 **11・24** 実朝《さねとも》、渡宋《とそう》を計画《けいかく》し、陳和卿《ちんなけい》に造船《ぞうせん》を命《めい》じる(吾)。 【社会・文化】 **2・5** 東寺宝蔵《とうじほうぞう》の仏舎利等《ぶつしやりなど》が盗《ぬす》まれる(仁和寺日次記)。 **2・-** 後《ご》鳥羽上皇《とばじようこう》、百首和歌《ひやくしゆわか》(後鳥羽院御集)。 **3・18** 藤原定家《ふじわらのさだいえ》撰《せん》『拾《しゆう》遺愚草《いぐそう》』正篇《せいへん》成《な》る(同書識語)。 【死没】 **3・14** 藤原信清《ふじわらののぶきよ》(58、公卿《くぎよう》)。 **4・2** 殷富門院《いんぷもんいん》(70、安徳《あんとく》・後鳥羽《ごとば》天皇准母《てんのうじゆんぼ》)。 **4・11** 藤原有家《ふじわらのありいえ》(62、歌人《かじん》)。 **閏《うるう》6・20** 公胤《こういん》(72、僧《そう》
大日本史料		4 編14 4・-
高麗		3
南宋		9 ⑦
金		4
蒙古		11

西暦	一二一六 ▶	一二一七
年号・干支	建保 四 丙子《ひのえね》 ⑥	五 丁丑《ひのとのうし》
天皇	(順徳)	
院政	(後鳥羽)	
将軍	(源実朝)	
執権	(北条義時)	
記事	侶《りよ》)。 **閏《うるう》6・-** 鴨長明《かものちょうめい》(62、歌人《かじん》)。 **この年《とし》** 高階栄子《たかしなのえいし》(後白河法《ごしらかわほう》皇寵妃《おうちょうひ》)。 《月の大小／朔日の干支・ユリウス暦》(太字は大の月) 一乙卯(1・21)・二甲申(2・19)・三甲寅(3・20)・四甲申(4・19)・五癸丑(5・18)・六癸未(6・17)・閏六癸丑(7・17)・七壬午(8・15)・八壬子(9・14)・九辛巳(10・13)・一〇庚戌(11・11)・一一庚辰(12・11)・一二己酉(17・1・9) 〔世界〕 ドミニコ修道会認可《しゅうどうかいにんか》。	【政治・経済】 **3・18** 延暦寺衆徒蜂起《えんりやくじしゅとほうき》の風聞《ふうぶん》により、空阿弥陀仏《くうあみだぶつ》ら念仏宗徒《ねんぶつしゅうと》逃散《ちょうさん》(仁和寺日次記)。 **4・17** 陳和卿《ちんなけい》に造《つく》らせた唐船《とうせん》浮《う》かばず、源《みなもとの》実朝《さねとも》、渡宋《とそう》を断念《だんねん》(吾)。 **6・20** 北条政子《ほうじょうまさこ》の計《はからい》により、源《みなもとの》頼家《よりいえ》の子《こ》公暁《くぎょう》を鶴岡八幡宮別当《つるがおかはちまんぐうべっとう》とする(吾)。 **11・8** 西《さい》園寺公経《おんじきんつね》、後鳥羽上皇《ごとばじょうこう》の院勘《いんかん》を受《う》け籠居《ろうきょ》(愚管抄)。 **12・-** 大宰《だざい》府《ふ》の民《たみ》、金国《きんこく》に漂着《ひょうちゃく》(金史)。 【社会・文化】 **6・23** 当麻寺僧等《たいまでらそうら》、曼荼羅《まんだら》を転写《てんしゃ》(当麻曼荼羅疏)。 【死没】 **3・25** 金光房《こんこうぼう》(63、浄土宗僧侶《じょうどしゅうそうりょ》)。 **12・15** 融源《ゆうげん》(98、真言宗僧侶《しんごんしゅうそうりょ》)。
大日本史料	(4編14)	
高麗	高宗 3	4
南宋	⑦ 嘉定 9	10
金	貞祐 4	興定《こうてい》(9.8)
蒙古	太祖 11	12

西暦		◀一二一八
年号・干支		六 戊寅《つちのえとら》
天皇		
院政		
将軍		
執権		
記事	《月の大小/朔日の干支・ユリウス暦》 一己卯(2・8)・二戊申(3・9)・三戊寅(4・8)・四丁未(5・7)・五丁丑(6・6)・六丁未(7・6)・七丙子(8・4)・八丙午(9・3)・九乙亥(10・2)・一〇乙巳(11・1)・一一乙亥(12・1)・一二甲辰(12・30)(太字は大の月)	【政治・経済】 **2・21** 北条政子《ほうじょうまさこ》、熊野参詣《くまのさんけい》の途次《とじ》、入洛《じゅらく》(吾)。**この夏**《なつ》 俊芿《しゅんじょう》、宇都宮信房《うつのみやのぶふさ》の仙遊寺《せんゆうじ》寄進《きしん》を受《う》ける(泉涌寺不可棄法師伝)。**7・22** 幕府《ばくふ》、侍 所《さむらいどころ》所司《しょし》五人《にん》を定《さだ》め、北条泰時《ほうじょうやすとき》を別当《べっとう》とする(吾)。**9・21** 延暦寺《えんりゃくじ》衆徒《しゅと》、石清水八幡宮《いわしみずはちまんぐう》の別宮筥崎宮《べつぐうはこざきぐう》及《およ》び博多津《はかたつ》の領《りょう》有等《ゆうなど》を求《もと》め強訴《ごうそ》(仁和寺日次記)。**12・2** 源 実朝《みなもとのさねとも》を右大臣《うだいじん》に任《にん》じる(公卿補任)。 【社会・文化】 **4・21** 京都《きょうと》大火《たいか》、因幡堂《いなばどう》等《など》を焼《や》く(仁和寺日次記)。**11・10** 嵯峨《さが》釈迦堂《しゃかどう》(清涼寺《せいりょうじ》)等焼失《などしょうしつ》(仁和寺日次記)。**8・13** 中殿《ちゅうでん》(清涼殿《せいりょうでん》)和歌管絃会《わかかんげんのかい》(中殿御会図)。 【死没】 **10・27** 長谷部信連《はせべのぶつら》(武将《ぶしょう》)。 《月の大小/朔日の干支・ユリウス暦》 一癸酉(1・28)・二癸卯(2・27)・三壬申(3・28)・四壬寅(4・27)・五辛未
大日本史料		
高麗		5
南宋		11
金		2
蒙古		13

西暦	年号・干支	天皇	院政	将軍	執権	記事	大日本史料	高麗	南宋	金	蒙古
▶一二一八	建保六 戊寅《つちのえとら》	(順徳)	(後鳥羽)	(源実朝)	(北条義時)	(5・26)・六辛丑(6・25)・七庚午(7・24)・八庚子(8・23)・九庚午(9・22)・一〇己亥(10・21)・一一己巳(11・20)・一二己亥(12・20)(太字は大の月)	(4編14)	高宗 5	嘉定 11	興定 2	太祖 13
一二一九	承久元《じょうきゅう》 4・12 ② 己卯《つちのとのう》			1・27		【政治・経済】 **1・27** 源 実朝《みなもとのさねとも》、公暁《くぎょう》に殺《ころ》される・三浦義村《みうらよしむら》、公暁《くぎょう》を討《う》つ(吾)。 **2・22** 幕府《ばくふ》、駿河国《するがのくに》に挙兵《きょへい》した阿野全成《あのぜんじょう》の子時元《こときもと》を討《う》つ(吾)。 **閏《うるう》2・1** 北条政子《ほうじょうまさこ》の使 上洛《つかいじょうらく》、後鳥羽上皇皇子《ごとばじょうこうおうじ》を将軍《しょうぐん》とすることを奏請《そうせい》(吾)。 **3・9** 上皇《じょうこう》の使《つかい》、摂津国長江《せっつのくにながえ》・倉橋《くらはし》二荘《しょう》の地頭職改補《じとうしきかいほ》を幕府《ばくふ》に要求《ようきゅう》(吾)。 **3・15** 幕府《ばくふ》の使北条《つかいほうじょう》時房《ときふさ》、一〇〇〇騎《き》を率《ひき》いて上洛《じょうらく》(吾)。 **6・3** 九条道家《くじょうみちいえ》の子三《こみ》寅《とら》(藤原頼経《ふじわらのよりつね》)に鎌倉下向《かまくらげこう》の宣旨《せんじ》を下《くだ》す(吾)。 **7・13** 上皇《じょうこう》、大《おお》内守護《うちしゅご》 源 頼茂《みなもとのよりもち》を討《う》つ(百練抄)。 **7・19** 三寅《みとら》の鎌倉着《かまくらちゃく》に伴《ともな》い政所始《まんどころはじめ》・政子《まさこ》、政務《せいむ》を聴《き》き、北条義時《ほうじょうよしとき》に奉行《ぶぎょう》させる(吾)。 【社会・文化】 **2・10** 讃岐神谷神社本殿《さぬきかみだにじんじゃほんでん》、造営開始《ぞうえいかいし》(最古《さいこ》の年次判明神社建築《ねんじはんめいじんじゃけんちく》)(同殿棟木銘)。 **4・2** 京都大火《きょうとたいか》、尊勝寺西塔等焼失《そんしょうじさいとうなどしょうしつ》(仁和寺日次記)。 **4・23** 『続古事談《ぞくこじだん》』成《な》る(同書跋)。 **7・2** 藤原定家《ふじわらのさだいえ》、『毎月抄《まいげつしょう》』を著《あらわ》すか(同書奥書)。**この頃**『北野天神縁起《きたのてんじんえんぎ》』成《な》る(同書詞書)。 【死没】	2・ 4編15	6	③ 12	3	14

1・27 源《みなもとのさねとも》 実朝(28、鎌倉将軍《かまくらしょうぐん》)。公暁《くぎょう》(20、源《みなもとのよりいえ》 頼家の子《こ》)。**2・22** 阿野時元《あのときもと》(武将《ぶしょう》)。**7・13** 源《みなもとのよりもち》 頼茂(武将《ぶしょう》)。**9・8** 二階堂《にかいどう》行光《ゆきみつ》(56、幕府吏僚《ばくふりりょう》)。

《月の大小／朔日の干支・ユリウス暦》
一戊辰(1・18)・二戊戌(2・17)・閏二丁卯(3・18)・三丙申(4・16)・四丙寅(5・16)・五乙未(6・14)・六甲子(7・13)・七甲午(8・12)・八甲子(9・11)・九癸巳(10・10)・一〇癸亥(11・9)・一一癸巳(12・9)・一二癸亥(20・1・8)

(太字は大の月)

〖世界〗
チンギス＝ハン、大西征《だいせいせい》に出発《しゅっぱつ》。

西暦 ◀一二二〇

年号・干支 二 庚辰《かのえたつ》

天皇

院政

将軍

執権

記事

【政治・経済】
4・15 源《みなもとのよりいえ》 頼家の子《こ》禅暁《ぜんぎょう》、京都《きょうと》で誅《ちゅう》される(仁和寺日次記)。

【社会・文化】
2・- 上皇《じょうこう》、俊芿《しゅんじょう》の「泉涌寺勧進疏《せんにゅうじかんじんしょ》」進覧《しんらん》を受《う》け、准絹《じゅんけん》一万疋《びき》を奉加《ほうが》(泉涌寺不可棄法師伝)。**3・26** 清水寺本堂《きよみずでらほんどう》など焼失《しょうしつ》(百練抄)。**4・13** 祇園社焼亡《ぎおんしゃしょうぼう》(百練抄)。**12・8** 内裏殿舎《だいりでんしゃ》の新造成《しんぞうな》る(吾)。**この頃《ころ》** 慈円《じえん》、『愚管抄《ぐかんしょう》』を著《あらわ》す。

【死没】
4・15 禅暁《ぜんぎょう》(源《みなもとのよりいえ》 頼家の子《こ》)。**9・28** 平《たいらのちかのり》 親範(84、公卿《くぎょう》)。

大日本史料

高麗 7

南宋 13

金 4

蒙古 15

西暦	▶一二二〇	一二二一 ◀図7 図8 図9
年号・干支	承久 二 庚辰《かのえたつ》	三 辛巳《かのとのみ》 ⑩
天皇	(順徳)	4・20 仲恭《ちゅうきょう》
院政	(後鳥羽)	
将軍		
執権	(北条義時)	
記事	《月の大小／朔日の干支・ユリウス暦》 一壬辰(2・6)・二壬戌(3・7)・三辛卯(4・5)・四庚申(5・4)・五庚寅(6・3)・六己未(7・2)・七戊子(7・31)・八戊午(8・30)・九丁亥(9・28)・一〇丁巳(10・28)・一一丁亥(11・27)・一二丁巳(12・27)(太字は大の月) 【世界】 金《きん》、紅襖反乱《こうおうはんらん》。チンギス＝ハン、ホラズム朝征服《ちょうせいふく》。	【政治・経済】 **5・14** 後鳥羽上皇《ごとばじょうこう》、兵《へい》を集《あつ》め、西園寺公経父子《さいおんじきんつねふし》を幽閉《ゆうへい》(吾)。**5・15** 上皇《じょうこう》、京都守護伊賀光季《きょうとしゅごいがみつすえ》を討《う》ち、北条義時追討《ほうじょうよしときついとう》の宣旨《せんじ》を下《くだ》す(承久《じょうきゅう》の乱《らん》)(吾)。**5・19** 北条政子《ほうじょうまさこ》、参集《さんしゅう》した御家人《ごけにん》を激励《げきれい》する(吾)。**5・22** 幕府《ばくふ》、北条泰時《ほうじょうやすとき》らを将《しょう》とする東海《とうかい》・東山《とうさん》・北陸《ほくりく》の三軍《ぐん》を京上《きょうじょう》させる(吾)。**6・15** 上皇《じょうこう》、上洛《じょうらく》した幕府《ばくふ》軍《ぐん》に追討宣旨撤回《ついとうせんじてっかい》を示《しめ》す(吾)。**6・16** 北条時房《ほうじょうときふさ》・泰時《やすとき》、六波羅《ろくはら》館《やかた》に入《はい》る(六波羅探題《ろくはらたんだい》の始《はじ》め)(吾)。**7・1** 乱首謀《らんしゅぼう》の公卿《くぎょう》らを断罪《だんざい》に処《しょ》す宣旨《せんじ》を下《くだ》す(吾)。**7・2** 六波羅《ろくはら》、後藤基清《ごとうもときよ》ら院西面《いんのさいめん》四人《にん》を梟首《きょうしゅ》(吾)。**7・12** 幕府《ばくふ》、葉室光親《はむろみつちか》を駿河国《するがのくに》で梟首《きょうしゅ》(吾)。**7・13** 幕府《ばくふ》、後鳥羽法皇《ごとばほうおう》(七月《がつ》八日出家《かしゅつけ》)を隠岐国《おきのくに》に流《なが》す(吾)。**7・21** 順徳上皇《じゅんとくじょうこう》を佐渡国《さどのくに》に流《なが》す(百練抄)。**8・7** 幕府《ばくふ》、伊勢《いせ》神宮等諸社《じんぐうなどしょしゃ》に神領《しんりょう》を寄進《きしん》し、京方《きょうがた》に与《くみ》した公卿《くぎょう》・武士《ぶし》の所領《しょりょう》
大日本史料	(4編15)	5・1 4編16
高麗	高宗 7	8
南宋	嘉定 13	⑫ 14
金	興定 4	5
蒙古	太祖 15	16

西暦		
年号・干支		
天皇	後堀河《ごほりかわ》 7・9	
院政	後高倉《ごたかくら》 7・8	7・6
将軍		
執権		

記事

を没収《ぼっしゅう》して恩賞《おんしょう》にあてる(吾)。**閏**《うるう》**10・10** 幕府《ばくふ》、土御門上皇《つちみかどじょうこう》を土佐国《とさのくに》に流《なが》す(吾)。

【社会・文化】

3・21 藤原定家《ふじわらのさだいえ》撰《せん》『顕注密勘《けんちゅうみっかん》』成《な》る(同書奥書)。**4・-** この頃《ころ》までに、順徳天皇《じゅんとくてんのう》、『禁秘抄《きんぴしょう》』を著《あらわ》す。**7・8** 藤原信実《ふじわらののぶざね》、後鳥羽天皇画像《ごとばてんのうがぞう》(水無瀬神宮所蔵《みなせじんぐうしょぞう》)を描《えが》く(吾)。**8・-** 聖覚《せいかく》撰『唯進鈔《ゆいしんしょう》』成《な》る。**この年以前**《としいぜん》 順徳天皇御撰《じゅんとくてんのうぎょせん》『八雲御抄《やくもみしょう》』原稿本成《げんこうぼんな》るか。

【死没】

3・11 飛鳥井雅経《あすかいまさつね》(52、公卿《くぎょう》)。**5・3** 惟明親王《これあきらしんのう》(43、高倉天皇《たかくらてんのう》皇子《おうじ》)。**5・15** 伊賀光季《いがみつすえ》(武将《ぶしょう》)。**6・14** 若狭忠季《わかさただすえ》(武将《ぶしょう》)。**6・15** 三浦胤義《みうらたねよし》(武将《ぶしょう》)。山田重忠《やまだしげただ》(武将《ぶしょう》)。**6・16** 佐々木経高《ささきつねたか》(武将《ぶしょう》)。**7・2** 後藤基清《ごとうもときよ》(武将《ぶしょう》)。**7・12** 藤原《ふじわらの》(葉室《はむろ》)光親《みつちか》(46、公卿《くぎょう》)。**7・14** 藤原宗行《ふじわらのむねゆき》(48、公卿《くぎょう》)。**7・29** 源有雅《みなもとのありまさ》(46、公卿《くぎょう》)。**8・3** 加藤景廉《かとうかげかど》(武将《ぶしょう》)。**8・9** 三善康信《みよしやすのぶ》(82、幕府吏僚《ばくふりりょう》)。**10・14** 藤原秀康《ふじわらのひでやす》(武将《ぶしょう》)。

《月の大小／朔日の干支・ユリウス暦》

一丙戌(1・25)・二丙辰(2・24)・三丙戌(3・26)・四乙卯(4・24)・五甲申(5・23)・六甲寅(6・22)・七癸未(7・21)・八壬子(8・19)・九壬午(9・18)・一〇辛亥(10・17)・閏一〇辛巳(11・16)・一一庚戌(12・15)・一二庚辰(22・1・14)(太字は大の月)

大日本史料	5編1 7・1	
高麗		
南宋		
金		
蒙古		

西暦	▶一二二一
年号・干支	承久三 辛巳《かのとのみ》 ⑩
天皇	（後堀河）
院政	（後高倉）
将軍	
執権	（北条義時）
記事	〔世界〕カンボジア、この頃《ころ》より、アンコール朝衰退《ちようすいたい》。
大日本史料	（5編1）
高麗	高宗 8
南宋	⑫ 嘉定 14
金	興定 5
蒙古	太祖 16

図7
後鳥羽天皇像（水無瀬神宮）

図8
北条義時花押

図9
北条泰時花押

西暦	一二二二
年号・干支	貞応《じょうおう》元 4・13 壬午《みずのえうま》
天皇	
院政	
将軍	
執権	
記事	【政治・経済】 4・26 幕府《ばくふ》、承久《じょうきゅう》の乱後《らんご》の守護《しゅご》・地頭《じとう》の所務《しょむ》を定《さだ》め、非法《ひほう》を禁《きん》じる(吾・近衛家本追加)。4・— 朱雀大路《すざくおおじ》などの巷所耕作《こうしょこうさく》を禁《きん》じる(承久三年四年日次記)。5・12 高野山良印《こうやさんりょういん》の請《こい》により、大塔修造《だいとうしゅうぞう》の勧進《かんじん》を許《ゆる》す(高野山文書)。5・18 幕府《ばくふ》、六波羅《ろくはら》に守護《しゅご》・地頭《じとう》の濫妨《らんぼう》を糾明《きゅうめい》する代官《だいかん》を派遣《はけん》させる(新編追加)。 【社会・文化】 2・23 清涼寺再建供養《せいりょうじさいこんくよう》(百練抄)。3・中旬《ちゅうじゅん》 慶政《けいせい》、『閑居友《かんきょのとも》』を著《あらわ》す(同書跋)。 《月の大小／朔日の干支・ユリウス暦》 一庚戌(2・13)・二庚辰(3・15)・三己酉(4・13)・四己卯(5・13)・五戊申(6・11)・六戊寅(7・11)・七丁未(8・9)・八丙子(9・7)・九丙午(10・7)・一〇乙亥(11・9)・一一乙巳(12・5)・一二乙亥(23・1・4)(太字は大の月)
大日本史料	
高麗	9
南宋	15
金	元光《げんこう》(8.9)
蒙古	17

図10(→1223年)
土御門天皇像(曼殊院)

西暦	一二二三
年号・干支	貞応 二 癸未《みずのとひつじ》
天皇	(後堀河)
院政	(後高倉) 5・14
将軍	
執権	(北条義時)
大日本史料	(5編1) 6・ー 5編2
高麗	高宗 10
南宋	嘉定 16
金	哀宗《あいそう》 元光 2
蒙古	太祖 18

図10　図11　図12

記事

【政治・経済】

1・23 北条政子《ほうじょうまさこ》、畿内《きない》・西国《さいごく》の在庁《ざいちょう》に、承久《じょうきゅう》の乱後新補《らんごしんぽ》した守護《しゅご》・地頭《じとう》の所務非違《しょむひい》を注進《ちゅうしん》させる(吾)。**4・30** 淡路国在庁《あわじのくにざいちょう》、大田文《おおたぶみ》を注進《ちゅうしん》(皆川文書)。**5・ー** 幕府《ばくふ》、土御門上皇《つちみかどじょうこう》を阿波国《あわのくに》に遷《うつ》す(吾)。**6・15** 官宣旨《かんせんじ》を下《くだ》し新補地頭《しんぽじとう》の得分《とくぶん》を定《さだ》める(吾・新編追加)。**6・28** 幕府《ばくふ》、金峯山衆徒《きんぶせんしゅと》の高野山乱入《こうやさんらんにゅう》を禁《きん》じる(高野山文書)。

【社会・文化】

2・ー 道元《どうげん》・明全《みょうぜん》ら、渡宋《とそう》(正法眼蔵)。**4・4** 『海道記《かいどうき》』記述始《きじゅつはじ》まる(〜同年《どうねん》五月《がつ》)。**この年《とし》** 高野山金剛三昧院建立《こうやさんこんごうざんまいいんこんりゅう》(高野山文書)。

【死没】

2・21 雅縁《がえん》(86、興福寺別当《こうふくじべっとう》)。**5・14** 後高倉院《ごたかくらいん》(45、後堀河天皇《ごほりかわてんのう》の父《ちち》)。**5・19** 河野通信《こうのみちのぶ》(68、武将《ぶしょう》)。**6・10** 賀茂能久《かものよしひさ》(53、上賀茂社《かみがもしゃ》神主《かんぬし》)。**8・17** 覚海《かくかい》(82、真言宗僧侶《しんごんしゅうそうりょ》)。**11・27** 大友能直《おおともよしなお》(52、御家《ごけ》人《にん》)。**12・11** 運慶《うんけい》(仏師《ぶっし》)。

《月の大小/朔日の干支・ユリウス暦》

一甲辰(2・2)・二甲戌(3・4)・三甲辰(4・3)・**四**癸酉(5・2)・五癸卯(6・1)・六壬申(6・30)・七壬寅(7・30)・八辛未(8・28)・九庚子(9・26)・一〇庚午(10・26)・一一己亥(11・24)・一二己巳(12・24)(太字は大の月)

【世界】

西暦	
年号・干支	
天皇	
院政	
将軍	
執権	
記事	フランチェスコ修道会《しゅうどうかい》、公認《こうにん》される。  図11 道元像(宝慶寺)  図12 運慶花押
大日本史料	
高麗	
南宋	
金	
蒙古	

西暦	一二二四
年号・干支	元仁《げんにん》 元 11・20 ⑦ 甲申《きのえさる》
天皇	(後堀河)
院政	
将軍	
執権	(北条義時) 6・13 6・28 北条泰時《ほうじょうやすとき》

記事

【政治・経済】

2・29 北条朝時《ほうじょうともとき》、前年冬《ぜんねんふゆ》に越後国寺泊《えちごのくにてらどまり》に漂着《ひょうちゃく》した高麗人《こうらいじん》の武具《ぶぐ》を幕府《ばくふ》に進上《しんじょう》(吾)。**4・11** 六波羅《ろくはら》、越後国白石浦《えちごのくにしろいしうら》に漂着《ひょうちゃく》後《ご》に入京《にゅうきょう》した異国人《いこくじん》を追放《ついほう》(百練抄)。**6・28** 北条政子《ほうじょうまさこ》、北条《ほうじょう》泰時《やすとき》・時房《ときふさ》を三寅《みとら》の後見《こうけん》とする(執権《しっけん》・連署《れんしょ》の始《はじ》め)(吾)。**閏《うるう》7・3** 政子《まさこ》、伊賀氏《いがし》の謀反《むほん》を鎮《しず》め、藤原実雅《ふじわらのさねまさ》の京都送還《きょうとそうかん》を決《き》める(吾)。**閏《うるう》7・29** 幕府《ばくふ》、伊賀光宗《いがみつむね》の所帯《しょたい》・所領《しょりょう》を没収《ぼっしゅう》し、泰時《やすとき》の家令《かれい》を置《お》く(吾)。**8・5** 専修念仏禁止《せんじゅねんぶつきんし》を宣下《せんげ》(皇代暦)。**8・29** 幕府《ばくふ》、伊賀氏《いがし》・光宗《みつむね》らを配流《はいる》(吾)。

【社会・文化】

この年《とし》 親鸞《しんらん》、『教行信証《きょうぎょうしんしょう》』を著《あらわ》すか。

【死没】

4・20 静遍《じょうへん》(59、僧侶《そうりょ》)。**6・13** 北条義時《ほうじょうよしとき》(62、執権《しっけん》)。**6・16** 明《みょう》遍《へん》(83、真言宗僧侶《しんごんしゅうそうりょ》)。

《月の大小/朔日の干支・ユリウス暦》(太字は大の月)

一戊戌(1・22)・二戊辰(2・21)・三戊戌(3・22)・四丁卯(4・20)・五丁酉(5・20)・六丁卯(6・19)・七丙申(7・18)・閏七丙寅(8・17)・八乙未(9・15)・九甲子(10・14)・一〇甲午(11・13)・一一癸亥(12・12)・一二癸巳(25・1・11)

〖世界〗

西夏《せいか》、金《きん》と結《むす》ぶ。

大日本史料	(5編2)
高麗	高宗 11
南宋	⑧ 理宗 嘉定 17
金	正大《せいだい》(1.1)
蒙古	太祖 19

西暦	一二二五
年号・干支	嘉禄《かろく》元 4・20 乙酉《きのとのとり》
天皇	
院政	
将軍	
執権	
記事	【政治・経済】 1・10 金峯山蔵王堂炎上《きんぶせんざおうどうえんじょう》(武家年代記裏書)。5・― 金峯山衆徒《きんぶせんしゅと》、高野山焼払《こうやさんやきはら》いを企《くわだ》てるが制止《せいし》される(明月記)。6・30 これより先《さき》、幕府《ばくふ》、西園寺公経《さいおんじきんつね》の一族《いちぞく》を禁裏《きんり》に近侍《きんじ》させる(明月記)。10・29 朝廷《ちょうてい》、新制《しんせい》三六条《じょう》を宣下《せんげ》(百練抄)。12・20 これより先《さき》、幕府《ばくふ》、三寅《みとら》の新御所《しんごしょ》を宇都宮辻子《うつのみやずし》に造営《ぞうえい》し、この日《ひ》、移転《いてん》(吾)。12・21 幕府《ばくふ》、評定衆《ひょうじょうしゅう》を置《お》き、鎌倉大番《かまくらおおばん》の制《せい》を定《さだ》める(吾)。 【死没】 5・27 明全《みょうぜん》(42、臨済宗僧侶《りんざいしゅうそうりょ》)。6・10 大江広元《おおえのひろもと》(78、幕府政所《ばくふまんどころの》別当《べっとう》)。6・21 山内首藤経俊《やまのうちすどうつねとし》(89、武将《ぶしょう》)。7・11 北条政子《ほうじょうまさこ》(69、源頼朝正室《みなもとのよりともせいしつ》)。8・17 三条実房《さんじょうさねふさ》(79、82とも、公卿《くぎょう》)。9・25 慈円《じえん》(71、天台座主《てんだいざす》)。12・18 佐竹秀義《さたけひでよし》(75、武将《ぶしょう》)。 《月の大小／朔日の干支・ユリウス暦》 一壬戌(2・9)・二壬辰(3・11)・三壬戌(4・10)・四辛卯(5・9)・五辛酉(6・8)・六庚寅(7・7)・七庚申(8・6)・八己丑(9・4)・九己未(10・4)・一〇戊子(11・2)・一一戊午(12・2)・一二丁亥(12・31)(太字は大の月) 【世界】 金《きん》、李全《りぜん》の乱《らん》(～一二三一年《ねん》)。ヴェトナム、陳朝成立《ちんちょうせいりつ》(～一四〇〇年《ねん》)。
大日本史料	5編3 是歳
高麗	12
南宋	宝慶《ほうけい》(1.1)
金	2
蒙古	20

西暦	一二二六
年号・干支	嘉禄 二 丙戌《ひのえいぬ》
天皇	(後堀河)
院政	
将軍	藤原頼経《ふじわらのよりつね》 1・27
執権	(北条泰時)
記事	【政治・経済】 **1・26** 幕府《ばくふ》、博奕《ばくえき》を禁《きん》じ、出挙《すいこ》の利率《りりつ》を定《さだ》める(吾・新編追加)。**1・27** 藤原頼経《ふじわらのよりつね》(三寅《みとら》)を征夷大将軍《せいいたいしょうぐん》に補任《ぶにん》(吾)。**8・1** 幕府《ばくふ》、准布《じゅんぷ》を止《とど》め、銅銭通用《どうせんつうよう》を定《さだ》める(吾)。**8・4** 金峯山衆徒《きんぶせんしゅと》、入洛《じゅらく》強訴《ごうそ》を謀《はか》るも、宇治《うじ》で制止《せいし》される(明月記)。**8・15** 朝廷《ちょうてい》、金峯《きんぶ》山《せん》と争《あらそ》い退散《たいさん》した高野山衆徒《こうやさんしゅと》の帰住《きじゅう》と同寺覚観《どうじかくかん》の追捕《ついぶ》を命《めい》じる(高野山文書)。**この年**《とし》 対馬島民《つしまとうみん》、高麗沿岸《こうらいえんがん》を侵《おか》す(対州編年略)。 【社会・文化】 **2・-** 定慶《じょうけい》、鞍馬寺木造観音《くらまでらもくぞうかんのん》(聖観音《しょうかんのん》)像《ぞう》を造《つく》る(同像銘)。**6・4** 最勝光院焼亡《さいしょうこういんしょうぼう》(明月記)。**8・26** 太政官文殿焼亡《だじょうかんふどのしょうぼう》(明月記)。**8・-** 藤原定家《ふじわらのさだいえ》、『僻案抄《へきあんしょう》』を著《あらわ》す(同書奥書)。**10・22** 長谷寺《はせでら》落慶供養《らっけいくよう》(民経記)。**11・8** 平泉毛越寺焼亡《ひらいずみもうつうじしょうぼう》(吾)。**この年**《とし》 藤原《ふじわらの》経光《つねみつ》、『民経記《みんけいき》』を記《しる》す(〜文永《ぶんえい》九年《ねん》)。 《月の大小/朔日の干支・ユリウス暦》 一丁巳(1・30)・**二**丙戌(2・28)・三丙辰(3・30)・**四**乙酉(4・28)・五乙卯(5・28)・**六**甲申(6・26)・**七**甲寅(7・26)・八甲申(8・25)・**九**癸丑(9・23)・一〇癸未(10・23)・**一一**壬子(11・21)・一二壬午(12・21)(太字は大の月)
大日本史料	(5編3)
高麗	高宗 13
南宋	宝慶 2
金	正大 3
蒙古	太祖 21

西暦	◀一二二七
年号・干支	安貞《あんてい》元 12・10 丁亥《ひのとのい》 ③
天皇	
院政	
将軍	
執権	

記事

【政治・経済】

2・15 熊野衆徒《くまのしゅと》蜂起《ほうき》し、神体《しんたい》を奉《ほう》じて入洛《じゅらく》を計《はか》る(吾)。**閏《うるう》3・17** 幕府《ばくふ》、西国《さいごく》の地頭代《じとうだい》が六波羅《ろくはら》の問注《もんじゅう》に対捍《たいかん》することを禁《きん》じる(吾)。**4・22** 造営中《ぞうえいちゅう》の内裏《だいり》焼亡《しょうぼう》(以後《いご》宮城内《きゅうじょうない》に再興《さいこう》されず)(百練抄)。**4・23** 幕府《ばくふ》、西国《さいごく》の悪党退治《あくとうたいじ》を守護人《しゅごにん》に命《めい》じる(吾)。**5・1** これより先《さき》、対馬島民《つしまとうみん》、高麗国全羅州《こうらいこくぜんらしゅう》を掠略《りゃくりゃく》、この日《ひ》、高麗《こうらい》の牒状《ちょうじょう》、京都《きょうと》に到来《とうらい》(民経記)。**5・15** 少弐資頼《しょうにすけより》、高麗《こうらい》に侵略《しんりゃく》する悪徒《あくと》を処刑《しょけい》し、高麗《こうらい》に返牒《へんちょう》(民経記)。**6・22** 延暦《えんりゃく》寺衆徒《じしゅと》、源空《げんくう》の大谷墳墓《おおたにふんぼ》を破却《はきゃく》(法然上人行状絵図)。**7・6** 延《えん》暦寺《りゃくじ》の訴《うつたえ》により、専修念仏僧《せんじゅねんぶつそう》隆寛《りゅうかん》・空阿弥陀仏《くうあみだぶつ》らを配流《はいる》(明月記)。

【社会・文化】

この年《とし》 武蔵国《むさしのくに》で板碑造立《いたびぞうりゅう》(初見《しょけん》)。道元帰国《どうげんきこく》(建撕記)。加藤景《かとうかげ》正《まさ》、宋《そう》より帰国《きこく》し瀬戸焼《せとやき》を始《はじ》めるという(森田久右衛門日記)。聖《せい》覚《かくせん》撰『黒谷源空上人伝《くろたにげんくうしょうにんでん》』成《な》る。平経高《たいらのつねたか》、『平戸記《へいこき》』を記《しる》す(～寛《かん》元《げん》四年《ねん》)。

【死没】

1・30 徳大寺公継《とくだいじきんつぐ》(53、公卿《くぎょう》)。**3・16** 忠快《ちゅうかい》(69、天台宗僧侶《てんだいしゅうそうりょ》)。**閏《うるう》3・8** 俊芿《しゅんじょう》(62、学僧《がくそう》)。**6・18** 島津忠久《しまづただひさ》(武将《ぶしょう》)。**9・2** 源《みなもとの》通具《みちとも》(57、公卿《くぎょう》、歌人《かじん》)。**12・13** 隆寛《りゅうかん》(80、浄土宗僧侶《じょうどしゅうそうりょ》)。

大日本史料	5編4　7・i
高麗	14
南宋	⑤ 3
金	4
蒙古	22

項目	一二二七	一二二八
西暦	▶一二二七	一二二八
年号・干支	安貞 元 12・10 ③ 丁亥《ひのとのい》	二 戊子《つちのえね》
天皇	（後堀河）	
院政		
将軍	（藤原頼経）	
執権	（北条泰時）	
記事	《月の大小／朔日の干支・ユリウス暦》 一辛亥（1・19）・二辛巳（2・18）・三庚戌（3・19）・閏三庚辰（4・18）・四己酉（5・17）・五己卯（6・16）・六戊申（7・15）・七戊寅（8・14）・八丁未（9・12）・九丁丑（10・12）・一〇丁未（11・11）・一一丙子（12・10）・一二丙午（28・1・9） （太字は大の月） 〖世界〗 西夏滅亡《せいかめつぼう》。バトゥ、金帳汗《きんちょうかん》となる。	【政治・経済】 **4・17** 興福寺衆徒《こうふくじしゅと》、多武峯《とうのみね》を焼《や》く（吾）。**5・7** 延暦寺衆徒《えんりやくじしゅと》、多《と》武峯放火《うのみねほうか》の報復《ほうふく》として、近江国《おうみのくに》の興福寺領《こうふくじりよう》を没収《ぼつしゅう》（百練抄）。**11・28** 六波羅《ろくはら》、高野山僧徒《こうやさんそうと》が兵仗《ひょうじょう》を帯《たい》することを禁《きん》じる（高野山文書）。 【社会・文化】 **2・-** 浄業《じょうごう》、宋《そう》より帰国《きこく》・大蔵経《だいぞうきょう》を将来《しょうらい》し戒光寺《かいこうじ》を創建《そうこん》（本朝高僧伝）。**11・28** 辨長《べんちょう》、『末代念仏授手印《まつだいねんぶつじゅしゅいん》』を著《あらわ》す（同書奥書）。 【死没】 **1・15** 空阿《くうあ》（74、浄土宗僧侶《じょうどしゅうそうりょ》）。**8・25** 少弐資頼《しょうにすけより》（69、大宰少弐《だざいのしょうに》）。**9・9** 信空《しんくう》（83、浄土宗僧侶《じょうどしゅうそうりょ》）。**9・16** 七条院《しちじょういん》（72、高倉天皇後宮《たかくらてんのうこうきゅう》）。
大日本史料	（**5**編**4**）	
高麗	高宗 **14**	**15**
南宋	⑤ 宝慶 **3**	紹定《しょうてい》（1.1）
金	正大 **4**	**5**
蒙古	太祖 **22**	**23**

西暦	◀一二二九
年号・干支	寛喜《かんぎ》元 3・5 己丑《つちのとうし》
天皇	
院政	
将軍	
執権	
大日本史料	5編5 3・1
高麗	16
南宋	2
金	6
蒙古	太宗《たいそう》

記事

《月の大小／朔日の干支・ユリウス暦》
一乙亥(2・7)・二乙巳(3・8)・三甲戌(4・6)・四甲辰(5・6)・五癸酉(6・4)・六壬寅(7・3)・七壬申(8・2)・八辛丑(8・31)・九辛未(9・30)・一〇辛丑(10・30)・一一辛未(11・29)・一二庚子(12・28)(太字は大の月)

【世界】
第《だい》五回《かい》十字軍《じゅうじぐん》(～一二二九年《ねん》)。

【政治・経済】
4・7 朝廷《ちょうてい》、寛徳以後《かんとくいご》の新立《しんりゅう》荘園《しょうえん》・加納田畠《かのうでんぱた》の停止《ちょうじ》などを命《めい》じる(条事定文書)。**8・25** 幕府《ばくふ》、源《みなもとの》実朝《さねとも》菩提《ぼだい》のため、河内《かわちの》国讃良荘《くにさらのしょう》を高野山禅定院《こうやさんぜんじょういん》に寄進《きしん》(高野山文書)。**9・1** 九条道家《くじょうみち いえ》、長者宣《ちょうじゃせん》を下《くだ》し、興福寺僧徒《こうふくじそうと》が兵仗《ひょうじょう》を帯《たい》することを禁《きん》じる(明月記)。

【社会・文化】
4・12 湛慶《たんけい》、地蔵十輪院阿弥陀像《じぞうじゅうりんいんあみだぞう》を造立《ぞうりゅう》(旧事見聞集記)。

【死没】
8・16 藤原兼子《ふじわらのけんし》(75、後鳥羽院乳母《ごとばいんうば》)。

《月の大小／朔日の干支・ユリウス暦》
一庚午(1・27)・二庚子(2・26)・三己巳(3・27)・四戊戌(4・25)・五戊辰(5・25)・六丁酉(6・23)・七丙寅(7・22)・八丙申(8・21)・九乙丑(9・19)・

西暦	▶ 一二二九	一二三〇
年号・干支	寛喜 元 3・5 己丑《つちのとのうし》	二 庚寅《かのえとら》 ①
天皇	(後堀河)	
院政		
将軍	(藤原頼経)	
執権	(北条泰時)	
記事	一〇乙未(10・19)・一一乙丑(11・18)・一二乙未(12・18)(太字は大の月) 【世界】 オゴタイ、ハン位《い》につく(〜一二四一年《ねん》)。	【政治・経済】 **6・24** 朝廷《ちょうてい》、米価《べいか》を一石当《こくあた》り銭《ぜに》一貫文《かんもん》と定《さだ》める(百練抄)。**9・12** 朝廷《ちょうてい》、諸国新立荘園《しょこくしんりゅうのしょうえん》を停止《ちょうじ》(百練抄)。**11・7** 幕府《ばくふ》、西《さい》国《ごく》地頭《じとう》が領家《りょうけ》との相論《そうろん》の裁許《さいきょ》に従《したが》わぬ場合《ばあい》は六波羅《ろくはら》にこれを注進《ちゅうしん》させる(新編追加)。 【社会・文化】 **6・9** 武蔵国《むさしのくに》に雹《ひょう》、美濃国《みののくに》に雪降《ゆきふ》る(吾)。**7・16** 諸国《しょこく》で降霜《こうそう》(この頃《ころ》、寒冷《かんれい》)(吾)。**8・i〜9・i** 諸国《しょこく》で大風雨《だいふうう》(明月記)。**この冬《ふゆ》** 気候不順《きこうふじゅん》(明月記)。**この年《とし》** 葉室定嗣《はむろさだつぐ》、『葉黄記《ようこうき》』を記《しる》す(〜建長元年《けんちょうがんねん》)。 【死没】 **7・8** 北陸宮《ほくりくのみや》(66、以仁王《もちひとおう》の子《こ》)。**12・28** 藤原基房《ふじわらのもとふさ》(86、公卿《くぎょう》)。 《月の大小/朔日の干支・ユリウス暦》(太字は大の月) 一甲子(1・16)・閏一甲午(2・15)・二癸亥(3・16)・三癸巳(4・15)・**四壬戌**(5・14)・五壬辰(6・13)・六辛酉(7・12)・七庚寅(8・10)・八庚申(9・9)・九己丑(10・8)・一〇己未(11・7)・一一戊子(12・6)・一二戊午(31・1・5)
大日本史料	(5編5)	是歳 5編6
高麗	高宗 16	17
南宋	紹定 2	② 3
金	正大 6	7
蒙古	太宗	2

西暦	▲一二三一
年号・干支	三 辛卯《かのとのう》
天皇	
院政	
将軍	
執権	

記事

【政治・経済】

3・19 北条泰時《ほうじょうやすとき》、伊豆《いず》・駿河《するが》両国《りょうこく》の出挙米《すいこまい》を飢民救済《きみんきゅうさい》に醵出《きょしゅつ》させる(吾)。**4・21** 幕府《ばくふ》、新補地頭《しんぽじとう》の所務《しょむ》および得分《とくぶん》の率法《りっぽう》を規定《きてい》(新編追加)。幕府《ばくふ》、洛中諸社祭《らくちゅうしょしゃさい》での殺傷《さっしょう》を禁《きん》じ、強盗殺《ごうとうさつ》害等《がいなど》の処罰法《しょばつほう》を六波羅《ろくはら》に示《しめ》す(新編追加)。**5・13** 幕府《ばくふ》、諸国守《しょこくしゅ》護《ご》・地頭《じとう》・検非違所《けびいしょ》の所務《しょむ》、守護《しゅご》・地頭《じとう》と領家《りょうけ》・預所《あずかりどころ》との訴訟《そしょう》などのことを定《さだ》める(新編追加)。**5・22** 京都飢民《きょうときみん》の富家《ふか》襲撃《しゅうげき》を六波羅《ろくはら》に停止《ちょうじ》させる(皇帝紀抄)。**6・6** 幕府《ばくふ》、地頭《じとう》らの漂《ひょう》着船押領《ちゃくせんおうりょう》を禁《きん》じる(吾)。**6・9** 朝廷《ちょうてい》、山僧《さんそう》・神人《じにん》の狼藉《ろうぜき》を禁《きん》じる(新編追加)。**9・19** 窮民《きゅうみん》らが建物《たてもの》を壊《こわ》して得《え》た薪《たきぎ》で商売《しょうばい》することを禁《きん》じる(百練抄)。**10・11** 土御門上皇《つちみかどじょうこう》、阿波国《あわのくに》で没《ぼっ》する(皇帝紀抄)。**11・3** 朝廷《ちょうてい》、新制《しんせい》四二条《じょう》を宣下《せんげ》(近衛文書)。

【社会・文化】

7・- この頃《ころ》、餓死者続出《がししゃぞくしゅつ》(明月記)。**8・15** 道元《どうげん》、「弁道話《べんどうわ》」を説示《せつじ》(正法眼蔵)。**この年** 諸国大飢饉《しょこくだいききん》(寛喜《かんぎ》の飢饉《ききん》)(明月記・吾)。

【死没】

9・19 成賢《じょうげん》(70、真言宗僧侶《しんごんしゅうそうりょ》)。**10・11** 土御門上皇《つちみかどじょうこう》(37)。

《月の大小／朔日の干支・ユリウス暦》

一戊子(2・4)・二戊午(3・6)・三丁亥(4・4)・四丁巳(5・4)・五丙戌(6・2)・六丙辰(7・2)・七乙酉(7・31)・八甲寅(8・29)・九甲申(9・28)・

大日本史料	5編7 10・-
高麗	18
南宋	4
金	8
蒙古	3

西暦	▶ 一二三一	一二三二
年号・干支	寛喜 三 辛卯《かのとのう》	貞永《じようえい》 元 4・2 壬辰《みずのえたつ》 ⑨
天皇	(後堀河)	
院政		
将軍	(藤原頼経)	
執権	(北条泰時)	
記事	一〇癸丑(10・27)・一一癸未(11・26)・一二壬子(12・25)(太字は大の月) 【世界】モンゴル、高麗《こうらい》に侵入開始《しんにゆうかいし》。モンゴル、耶律楚材《やりつそざい》を中書令《ちゆうしよれい》とする。カトリック教会《きようかい》の異端審問権《いたんしんもんけん》、教皇《きようこう》に帰属《きぞく》。	【政治・経済】 **2・26** 朝廷《ちようてい》、飢饉《ききん》により麦蒭《ばくすう》を牛馬飼料《ぎゆうばしりよう》とすることを禁《きん》じる(民経記)。 **4・4** 幕府《ばくふ》、他国在住者《たこくざいじゆうしや》を含《ふく》めた地頭《じとう》への京都大《きようとおお》番役催促《ばんやくさいそく》を守護《しゆご》に命《めい》じる(吾)。 **4・7** 幕府《ばくふ》、新補地頭《しんぽじとう》の所務《しよむ》七条《じよう》を定《さだ》める(吾)。 **7・10** 幕府評定衆《ばくふひようじようしゆう》一二人《にん》、連署起請文《れんしよきしようもん》を提出《ていしゆつ》(吾)。 **7・12** 幕府《ばくふ》、往阿弥陀仏《おうあみだぶつ》の鎌倉和賀江島築港《かまくらわかえじまちくこう》を援助《えんじよ》(吾)。 **8・10** 北条泰時《ほうじようやすとき》、御成敗式目《ごせいばいしきもく》五一条《じよう》を公布《こうふ》(貞永式目《じようえいしきもく》)(吾)。 **閏《うるう》9・1** 幕府《ばくふ》、畿内《きない》・近国《きんごく》および西国《さいごく》の境相論《さかいそうろん》につき、公領《こうりよう》は国司《こくし》の、荘園《しようえん》は領家《りようけ》の沙汰《さた》による勅裁《ちよくさい》と定《さだ》める(御成敗式目附尾)。 **11・29** 幕府《ばくふ》、六波羅成敗法《ろくはらせいばいほう》一六条《じよう》を下《くだ》す(吾)。 【社会・文化】 **10・2** 藤原定家《ふじわらのさだいえ》、『新勅撰和歌集《しんちよくせんわかしゆう》』の仮名序代《かなじよだい》と目録《もくろく》を奏進《そうしん》(明月記)。 【死没】 **1・19** 明恵《みようえ》(60、華厳宗学僧《けごんしゆうがくそう》)。
大日本史料	(5編7)	7・ 5編8
高麗	高宗 18	19
南宋	紹定 4	⑨ 5
金	正大 8	開興《かいこう》(1.19) 天興《てんこう》(4.14)
蒙古	太宗 3	4

西暦		▲一二三三
年号・干支		天福《てんぷく》 4・15 元 癸巳《みずのとのみ》
天皇	四条《しじょう》 10・4	
院政	後堀河《ごほりかわ》 10・4	
将軍		
執権		
記事	《月の大小／朔日の干支・ユリウス暦》 一壬午(1・24)・二壬子(2・23)・三壬午(3・24)・四辛亥(4・22)・五辛巳(5・22)・六庚戌(6・20)・七庚辰(7・20)・八己酉(8・18)・九戊寅(9・16)・閏九戊申(10・16)・一〇丁丑(11・14)・一一丁未(12・14)・一二丙子(33・1・12)(太字は大の月) 【世界】 高麗《こうらい》、江華島《こうかとう》に遷都《せんと》。ナスル朝《ちょう》、アルハンブラ宮殿《きゅうでん》の造営開始《ぞうえいかいし》。	【政治・経済】 **2・20** 延暦寺内《えんりやくじない》の無動寺衆徒《むどうじしゅと》と南谷衆徒《みなみだにしゅと》、闘争《とうそう》・この日《ひ》、院宣《いんぜん》により和《わ》す(明月記)。**3・7** 下河辺行秀《しもこうべゆきひで》(智定房《ちじょうぼう》)、熊野那智浦《くまのなちうら》より補陀落渡海《ふだらくとかい》(吾)。**4・16** 幕府《ばくふ》、寛喜《かんぎ》二年大風《ねんおおかぜ》以前《いぜん》の出挙《すいこ》の利息《りそく》を引《ひ》き下《さ》げる(吾)。**8・15** 六波羅《ろくはら》、犯科人成敗《はんかにんせいばい》につき一七条《じょう》を幕府《ばくふ》に具申《ぐしん》、のち幕府《ばくふ》これを下《くだ》す(近衛家本追加)。 【社会・文化】 **1・-** この頃《ころ》、京都《きょうと》で猿楽流行《さるがくりゅうこう》(明月記)。**この春**《はる》 宇治《うじ》の興聖寺建立《こうしょうじこんりゅう》、道元《どうげん》を開山《かいさん》とする(永平開山道元和尚行録)。**7・15** 道元《どうげん》、『普勧坐禅儀《ふかんざぜんぎ》』を浄書《じょうしょ》(同書奥書)。**10・-** 狛近真《こまのちかざね》、『教訓抄《きょうくんしょう》』を撰《せん》する(同書奥書)。**この年**《とし》 宗性《そうしょう》、『弥勒如来感応抄《みろくにょらいかんのうしょう》』を編纂《へんさん》
大日本史料		5編9 5・-
高麗		20
南宋		6
金		2
蒙古		5

西暦	一二三三 ▶ 図13	一二三四
年号・干支	天福 元 4・15 癸巳《みずのとのみ》	文暦《ぶんりやく》 元 11・5 甲午《きのえうま》
天皇	(四条)	
院政	(後堀河)	
将軍	(藤原頼経)	
執権	(北条泰時)	
記事	(〜文応元年《ぶんおうがんねん》)。 【死没】 5・29 藤原基通《ふじわらのもとみち》(74、公卿《くぎょう》)。 9・18 藻壁門院《そうへきもんいん》(25、後堀河天皇中宮《ごほりかわてんのうちゅうぐう》)。 《月の大小／朔日の干支・ユリウス暦》 一丙午(2・11)・二丙子(3・13)・三乙巳(4・11)・四乙亥(5・11)・五乙巳(6・10)・六甲戌(7・9)・七癸卯(8・7)・八癸酉(9・6)・九壬寅(10・5)・一〇壬申(11・4)・一一辛丑(12・3)・一二辛未(34・1・2)(太字は大の月) 〖世界〗 モンゴル、戸口調査《ここうちょうさ》(癸巳年籍《きしねんせき》)。	【政治・経済】 5・1 幕府《ばくふ》、西国御家人《さいごくごけにん》の訴訟《そしょう》につき、承久《じょうきゅう》以前《いぜん》のものを本所成敗《ほんじょせいばい》とし、守護《しゅご》が非御家人《ひごけにん》に京都大番役《きょうとおおばんやく》を賦課《ふか》することを禁《きん》じる(新編追加)。 7・6 幕府《ばくふ》、奉行衆《ぶぎょうしゅう》に起請文《きしょうもん》を提出《ていしゅつ》させる(吾)。 **この年《とし》か** 幕府《ばくふ》、京都大番役《きょうとおおばんやく》について定《さだ》める(鎌倉年代記)。 【社会・文化】 2・14 北野社《きたのしゃ》焼失《しょうしつ》(百練抄)。 6・30 朝廷《ちょうてい》、念仏《ねんぶつ》を専修《せんじゅ》した藤原教雅《ふじわらののりまさ》を配流《はいる》(高祖遺文録)。 **この年《とし》** 播磨浄土寺《はりまじょうどじ》重源像《ちょうげんぞう》成《な》る
大日本史料	(5編9)	
高麗	高宗 20	21
南宋	紹定 6	端平《たんぺい》(1.1)
金	天興 2	3
蒙古	太宗 5	6

西暦	
年号・干支	
天皇	
院政	8・6
将軍	
執権	
記事	(同像銘)。 【死没】 5・20 仲恭上皇《ちゅうきょうじょうこう》(17)。7・27 竹御所《たけのごしょ》(32、源頼家《みなもとのよりいえ》の女《むすめ》)。8・22 8・2 宇都宮信房《うつのみやのぶふさ》(79、武将《ぶしょう》)。8・6 後堀河上皇《ごほりかわじょうこう》(23)。 尾藤景綱《びとうかげつな》(武将《ぶしょう》)。この年 源家長《みなもとのいえなが》(歌人《かじん》)。 《月の大小/朔日の干支・ユリウス暦》 一庚子(1・31)・二庚午(3・2)・三己亥(3・31)・四己巳(4・30)・五己亥(5・30)・六戊辰(6・28)・七戊戌(7・28)・八丁卯(8・26)・九丁酉(9・25)・一〇丙寅(10・24)・一一丙申(11・23)・一二乙丑(12・22)(太字は大の月) 【世界】 モンゴル、蔡州《さいしゅう》を攻撃《こうげき》、金滅亡《きんめつぼう》。
大日本史料	
高麗	
南宋	
金	
蒙古	

図13(→1233年)
藤原基通像(天子摂関御影, 宮内庁)

西暦	一二三五
年号・干支	嘉禎《かてい》元 9・19 ⑥ 乙未《きのとのひつじ》
天皇	(四条)
院政	
将軍	(藤原頼経)
執権	(北条泰時)
記事	【政治・経済】 1・27 幕府《ばくふ》、京中《きょうちゅう》・辺土《へんど》と鎌倉《かまくら》で僧徒《そうと》が兵仗《ひょうじょう》を帯《たい》することを禁《きん》じる(吾・侍所沙汰篇)。6・3 六波羅《ろくはら》、興福寺《こうふくじ》領山城国大住荘《りょうやましろのくにおおすみのしょう》と石清水八幡宮《いわしみずはちまんぐう》領薪荘《りょうたきぎのしょう》の用水争論《ようすいそうろん》のため、実検使《じっけんし》を派遣《はけん》(百練抄)。閏《うるう》6・21 幕府《ばくふ》、訴訟評定《そしょうひょうじょう》の際《さい》、親族退座《しんぞくたいざ》の制《せい》を定《さだ》める(近衛家本追加)。閏《うるう》6・28 幕府《ばくふ》、起請文《きしょうもん》の失《しつ》の篇目《へんもく》を定《さだ》める(御成敗式目追加)。7・23 幕府《ばくふ》、殺傷《さっしょう》強盗犯《ごうとうはん》の処刑《しょけい》、大番遅怠者《おおばんちたいしゃ》の罰法《ばっぽう》など六波羅《ろくはら》の政《せい》務《む》を定《さだ》める(近衛家本追加)。延暦寺衆徒《えんりゃくじしゅと》、日吉神人《ひよしのじにん》を殺《ころ》した佐々木《ささき》高信《たかのぶ》の死罪《しざい》を求《もと》め強訴《ごうそ》(百練抄)。8・8 朝廷《ちょうてい》、佐々木高信《ささきたかのぶ》を豊後国《ぶんごのくに》に配流《はいる》(百練抄)。12・21 興福寺衆徒《こうふくじしゅと》、石清水八幡宮《いわしみずはちまんぐう》との用水争論《ようすいそうろん》から強訴《ごうそ》し、宇治《うじ》に至《いた》る(百練抄)。 【社会・文化】 5・27 藤原定家《ふじわらのさだいえ》、宇都宮頼綱《うつのみやよりつな》の求《もと》めで嵯峨中院第《さがちゅういんてい》の障子色紙形《しょうじしきしがた》に歌《うた》を書写《しょしゃ》(明月記)。6・29 鎌倉五大堂《かまくらごだいどう》(明王院《みょうおういん》)落慶供養《らっけいくよう》(吾)。この年《とし》 円爾《えんに》・神子栄尊《じんしえいそん》、入宋《にっそう》(神子禅師年譜)。京畿《けいき》で疱瘡流行《ほうそうりゅうこう》(明月記)。 【死没】 3・5 聖覚《せいかく》(69、天台宗僧侶《てんだいしゅうそうりょ》)。3・28 九条教実《くじょうのりざね》(25、公卿《くぎょう》)。 《月の大小／朔日の干支・ユリウス暦》 一乙未(1・21)・二甲子(2・19)・三甲午(3・21)・四癸亥(4・19)・五癸巳(5・19)・六壬戌(6・17)・閏六壬辰(7・17)・七壬戌(8・16)・八辛卯(9・14)・九辛酉(10・
大日本史料	(5編9) 5・1 5編10
高麗	高宗 22
南宋	⑦ 端平 2
蒙古	太宗 7

14)・一〇庚寅(11・12)・一一庚申(12・12)・一二己丑(36・1・10)(太字は大の月)

《世界》

モンゴル、戸口調査《ここうちょうさ》(乙未年籍《いつびねんせき》)。

西暦	◀一二三六
年号・干支	二 丙申《ひのえさる》
天皇	
院政	
将軍	
執権	

【政治・経済】

2・14 幕府《ばくふ》、後藤基綱《ごとうもとつな》を宇治《うじ》に遣《つかわ》し、興福寺衆徒《こうふくじしゅと》を説得《せっとく》(吾)。**6・24** 在京武士《ざいきょうぶし》が六角西洞院《ろっかくにしのとういん》に集《あつ》まり宍市《ししいち》と号《ごう》して鹿肉《しかにく》を食《しょく》すことを禁止《きんし》する(百練抄)。**8・4** 幕府《ばくふ》、若宮大路《わかみやおおじ》に新御所《しんごしょ》を造営《ぞうえい》・この日《ひ》、藤原頼経《ふじわらのよりつね》移《うつ》る(吾)。**10・5** 幕府《ばくふ》、興福寺衆徒《こうふくじしゅと》の再蜂起《さいほうき》により、大和《やまと》に守護《しゅご》を置《お》き、衆徒知行《しゅとちぎょう》の荘園《しょうえん》を没収《ぼっしゅう》し地頭《じとう》を置《お》く(吾)。**11・14** 幕府《ばくふ》、南都鎮静《なんとちんせい》により大和《やまと》の守護《しゅご》・地頭《じとう》を廃止《はいし》し、守護《しゅご》を興福寺《こうふくじ》に返付《へんぷ》(吾)。

【社会・文化】

7・- 藤原家隆《ふじわらのいえたか》等詠《らえい》・後鳥羽院判《ごとばいんはん》『遠島御歌合《えんとうおんうたあわせ》』成《な》る。

【死没】

2・19 実尊《じっそん》(57、法相宗僧侶《ほっそうしゅうそうりょ》)。**4・6** 中原季時《なかはらすえとき》(御家人《ごけにん》)。**5・26** 道教《どうきょう》(37、真言宗僧侶《しんごんしゅうそうりょ》)。**8・25** 中条家長《なかじょういえなが》(72、武将《ぶしょう》)。**10・-** 承円《しょうえん》(57、天台座主《てんだいざす》)。

《月の大小／朔日の干支・ユリウス暦》

一己未(2・9)・二戊子(3・9)・三戊午(4・8)・四丁亥(5・7)・五丙辰(6・5)・

大日本史料	
高麗	23
南宋	3
蒙古	8

西暦	年号・干支	天皇	院政	将軍	執権	記事	大日本史料	高麗	南宋	蒙古
▶一二三六	嘉禎 二 丙申《ひのえさる》	(四条)		(藤原頼経)	(北条泰時)	六丙戌(7・5)・七丙辰(8・4)・八乙酉(9・2)・九乙卯(10・2)・一〇乙酉(11・1)・一一甲寅(11・30)・一二甲申(12・30)(太字は大の月) 〔世界〕 モンゴル、初《はじ》めて紙幣《しへい》(交鈔《こうしょう》)を発行《はっこう》。	12・1 5編11	高宗 23	端平 3	太宗 8
一二三七	三 丁酉《ひのとのとり》					【政治・経済】 **6・25** 幕府《ばくふ》、社寺《しゃじ》・国司《こくし》・領家《りょうけ》の訴訟《そしょう》は御成敗式目《ごせいばいしきもく》に依拠《いきょ》しない旨《むね》を定《さだ》める(吾)。**6・30** 朝廷《ちょうてい》、幕府及《ばくふおよ》び諸国《しょこく》に延暦寺悪徒《えんりゃくじあくと》の張本追捕《ちょうほんついぶ》を宣下《せんげ》(百練抄)。**8・5** 摂津四天王寺内《せっつしてんのうじない》で、執行一族覚順《しぎょういちぞくかくじゅん》と渡辺党《わたなべとう》が合戦《かっせん》(吾)。**8・7** 幕府《ばくふ》、翌春《よくしゅん》の将軍藤原頼経上洛《しょうぐんふじわらのよりつねじょうらく》を定《さだ》める(吾)。 【社会・文化】 **3・8** 朝廷《ちょうてい》、慈円《じえん》に慈鎮《じちん》の諡号《しごう》を贈《おく》る(百練抄)。**6・20** 『消息耳底秘抄《しょうそくじていひしょう》』成《な》る(同書奥書)。**10・28** 六波羅地蔵堂焼亡《ろくはらじぞうどうしょうぼう》、清水坂南方《きよみずざかなんぼう》の在家類焼《ざいけるいしょう》(百練抄)。**この年《とし》** 吉田経俊《よしだつねとし》、『経俊卿記《つねとしきょうき》』を記《しる》す(〜建治《けんじ》二年《ねん》)。**嘉禎年間《かていねんかん》** 孤雲懐奘《こうんえじょう》、『正法眼蔵随聞記《しょうぼうげんぞうずいもんき》』を著《あらわ》す。 【死没】 **4・9** 藤原家隆《ふじわらのいえたか》(80、歌人《かじん》)。**この年《とし》** 舜天《しゅんてん》(72、琉球王《りゅうきゅうおう》)。		24	嘉熙《かき》(1.1)	9

《月の大小/朔日の干支・ユリウス暦》

西暦 一二三八

年号・干支 暦仁《りやくにん》元　11・23　戊戌《つちのえいぬ》　②

天皇

院政

将軍

執権

記事

【政治・経済】
1・28 将軍藤原頼経《しようぐんふじわらのよりつね》、北条泰時《ほうじようやすときら》等を率《ひき》い上洛《じようらく》のため鎌倉《かまくら》を発《た》つ(吾)。2・17 頼経《よりつね》、入洛《じゆらく》し六波羅《ろくはら》に入《はい》る(吾)。2・23 頼経参内《よりつねさんだい》(吾)。2・26 朝廷《ちようてい》、頼経《よりつね》を検非違使別当《けびいしのべつとう》に補任《ぶにん》(吾)。6・19 幕府《ばくふ》、洛中《らくちゆう》警護《けいご》のため辻《つじ》毎《ごと》に篝屋《かがりや》を設置《せつち》(吾)。9・9 幕府《ばくふ》、下知《げち》に従《したが》わぬ地頭《じ とう》の改易《かいえき》を定《さだ》める(新編追加)。9・27 幕府《ばくふ》、御家人《ごけにん》の成功《じようごう》の減納《げんのう》を禁《きん》じ、成功《じようごう》の官職《かんしよく》以外《いがい》に推挙《すいきよ》することを停止《ちようじ》(御成敗式目追加)。12・16 幕府《ばくふ》、御家人《ごけにん》の後家《ごけ》への所領譲与《しよりようじようよ》について定《さだ》める(新編追加)。

【社会・文化】
閏《うるう》2・16 鞍馬寺焼亡《くらまでらしようぼう》(百練抄)。3・19 高野山大塔供養《こうやさんだいとうくよう》(東寺長者補任)。3・23 浄光《じようこう》、勧進《かんじん》して鎌倉大仏堂《かまくらだいぶつどう》の事始《ことはじめ》を行《おこな》う(吾)。6・- 神子栄尊《じんしえいそん》、宋《そう》より帰国《きこく》(神子禅師年譜)。

【死没】
閏《うるう》2・29 辨長《べんちよう》(77、浄土宗僧侶《じようどしゆうそうりよ》)。3・30 小山朝政《おやまともまさ》(武将《ぶしよう》)。7・29

【世界】
バトゥの西征軍《せいせいぐん》、南《みなみ》ロシアを征《せい》し、モスクワを攻撃《こうげき》。

一癸丑(1・28)・二癸未(2・27)・三壬子(3・28)・四壬午(4・27)・五辛亥(5・26)・六庚辰(6・24)・七庚戌(7・24)・八己卯(8・22)・九己酉(9・21)・一〇己卯(10・21)・一一戊申(11・19)・一二戊寅(12・19)(太字は大の月)

大日本史料

高麗 25

南宋 ④ 2

蒙古 10

西暦	▶一二三八	一二三九
年号・干支	暦仁 元 11・23 戊戌《つちのえいぬ》 ②	延応《えんおう》 元 2・7 己亥《つちのとのい》
天皇	(四条)	
院政		
将軍	(藤原頼経)	
執権	(北条泰時)	
記事	近衛道経《このえみちつね》(55、公卿《くぎょう》)。**9・14** 葛西清重《かさいきよしげ》(77、御家人《ごけにん》)。**9・24** 定豪《じょうごう》(87、真言宗僧侶《しんごんしゅうそうりょ》)。**10・4** 藤原師家《ふじわらのもろいえ》(67、公卿《くぎょう》)。**12・12** 源智《げんち》(56、浄土宗僧侶《じょうどしゅうそうりょ》)。**12・28** 源通方《みなもとのみちかた》(50、公卿《くぎょう》)。 《月の大小/朔日の干支・ユリウス暦》 一戊申(1・18)・二丁丑(2・16)・閏二丁未(3・18)・三丙子(4・16)・四丙午(5・16)・五乙亥(6・14)・六甲辰(7・13)・七甲戌(8・12)・八癸卯(9・10)・九癸酉(10・10)・一〇壬寅(11・8)・一一壬申(12・8)・一二壬寅(39・1・7)(太字は大の月) 〔世界〕 タイ、スコータイ王国《おうこく》、カンボジアから独立《どくりつ》。	【政治・経済】 **1・11** 幕府《ばくふ》、陸奥国《むつのくに》の絹布年貢《けんぷねんぐ》を定《さだ》め、白河関《しらかわのせき》以東《いとう》での銭貨流通《せんかりゅうつう》を停止《ちょうじ》(吾)。**2・14** 幕府《ばくふ》、宇都宮泰綱《うつのみややすつな》に武蔵国鳥山等《むさしのくにとりやまなど》の開発《かいはつ》を命《めい》じる(吾)。**2・22** 後鳥羽法皇《ごとばほうおう》、隠岐国《おきのくに》で没《ぼつ》(百練抄)。**4・13** 幕府《ばくふ》、僧《そう》徒兵仗《とひょうじょう》・博奕禁止等《ばくえききんしなど》を六波羅《ろくはら》に命《めい》じる(吾)。**4・14** 幕府《ばくふ》、人身売買《じんしんばいばい》の禁止等《きんしなど》を定《さだ》める(吾)。**7・26** 幕府《ばくふ》、犯科人《はんかにん》の処置《しょち》、悪党鎮圧《あくとうちんあつ》、延《えん》暦寺山僧《りゃくじさんそう》の預所《あずかりどころ》・地頭代補任《じとうだいぶにん》の禁止《きんし》を六波羅《ろくはら》に命《めい》じる(吾)。**9・11** 幕府《ばくふ》、諸国《しょこく》の地頭《じとう》が延暦寺山僧《えんりゃくじさんそう》や借上《かしあげ》を代官《だいかん》にすることを禁《きん》じる(近衛家本追加)。**9・30** 幕府《ばくふ》、御家人後家《ごけにんごけ》の改嫁《かいか》について定《さだ》める(新編追加)。
大日本史料	5編12 10・1	
高麗	高宗 25	26
南宋	④ 嘉熙 2	3
蒙古	太宗 10	11

		1240
西暦		◀一二四〇
年号・干支		仁治《にんじ》元 7・16 庚子《かのえね》 ⑩
天皇		
院政		
将軍		
執権		
記事	【死没】**2・22** 後鳥羽法皇《ごとばほうおう》(60)。**12・5** 三浦義村《みうらよしむら》(武将《ぶしょう》)。《月の大小／朔日の干支・ユリウス暦》一壬申(2・6)・二辛丑(3・7)・三辛未(4・6)・四庚子(5・5)・五庚午(6・4)・六己亥(7・3)・七戊辰(8・1)・八戊戌(8・31)・九丁卯(9・29)・一〇丁酉(10・29)・一一丙寅(11・27)・一二丙申(12・27)(太字は大の月)	【政治・経済】**1・-** 彗星《すいせい》が現《あら》われ、幕府《ばくふ》は祈禱《きとう》、朝廷《ちょうてい》は徳政《とくせい》を実施《じっし》(吾・平戸記)。**2・2** 幕府《ばくふ》、鎌倉《かまくら》市中《しちゅう》の禁制《きんぜい》を定《さだ》め、その執行《しっこう》を保々奉行人《ほほぶぎょうにん》に命《めい》じる(吾)。**2・6** 幕府政所《ばくふまんどころ》焼亡《しょうぼう》(吾)。**3・18** 幕府《ばくふ》、御家人《ごけにん》の過差《かさ》、御家人郎等《ごけにんろうとう》の任官《にんかん》を禁《きん》じる(吾)。**4・3** 朝廷《ちょうてい》、高麗国牒状《こうらいこくちょうじょう》について議《ぎ》す(百練抄)。**5・25** 幕府《ばくふ》、御家人《ごけにん》が公卿《くぎょう》を聟《むこ》とし所領《しょりょう》を譲与《じょうよ》すること、凡下輩《ぼんげのともがら》等に私領《しりょう》を売却《ばいきゃく》することを禁《きん》じる(吾)。**6・11** 幕府《ばくふ》、兄弟姉妹間《きょうだいしまいかん》の和与物《わよのもの》の悔返《くいかえ》し、及《およ》び雑人訴訟《ぞうにんそしょう》について定《さだ》める(新編追加・式目追加条々)。**11・21** 鎌倉《かまくら》に篝屋《かがりや》を設置《せっち》(吾)。 【死没】**1・24** 北条時房《ほうじょうときふさ》(66、連署《れんしょ》)。**11・19** 長沼宗政《ながぬまむねまさ》(79、武将《ぶしょう》)。 《月の大小／朔日の干支・ユリウス暦》一丙寅(1・26)・二丙申(2・25)・三乙丑(3・25)・四乙未(4・24)・五甲子(5・23)・
大日本史料		5編13 9・-
高麗		27
南宋		⑫ 4
蒙古		12

西暦	▶一二四〇	一二四一
年号・干支	仁治 元 7・16 ⑩ 庚子《かのえね》	二 辛丑《かのとのうし》
天皇	(四条)	
院政		
将軍	(藤原頼経)	
執権	(北条泰時)	
記事	六甲午(6・22)・七癸亥(7・21)・八壬辰(8・19)・九辛酉(9・17)・一〇辛卯(10・17)・閏一〇庚申(11・15)・一一庚寅(12・15)・一二庚申(41・1・14)(太字は大の月) 〔世界〕 アフリカ、マリ王国成立《おうこくせいりつ》。	【政治・経済】 3・20 幕府《ばくふ》、相論文書等《そうろんもんじょなど》の送進精勤《そうしんせいきん》を六波羅《ろくはら》に命《めい》じる(吾)。5・20 幕府《ばくふ》、評定衆《ひょうじょうしゅう》佐藤業時《さとうなりとき》を罷免《ひめん》、二六日《にち》、鎮西《ちんぜい》に配流《はいる》(吾)。10・22 幕府《ばくふ》、多摩川《たまがわ》の水《みず》を引《ひ》き、武蔵野《むさしの》の開墾《かいこん》を計画《けいかく》(吾)。11・3 幕府《ばくふ》、畿内《きない》・西海《さいかい》の悪党蜂起《あくとうほうき》の禁遏《きんあつ》、諸国《しょこく》の博奕禁止《ばくえききんし》を評議《ひょうぎ》(吾)。12・1 幕府《ばくふ》、酒宴等《しゅえんなど》での御家人《ごけにん》の過差《かさ》を禁止《きんし》(吾)。 【社会・文化】 2・7・8 鎌倉地震《かまくらじしん》(吾)。2・12 常陸国鹿島社焼亡《ひたちのくにかしましゃしょうぼう》(吾)。3・27 鎌倉深沢大仏殿上棟《かまくらふかさわだいぶつでんじょうとう》(吾)。4・3 鎌倉大地震《かまくらおおじしん》、高潮《たかしお》で由比若宮拝殿流失《ゆいわかみやはいでんりゅうしつ》(吾)。6・8 熊野新宮焼亡《くまのしんぐうしょうぼう》(百練抄)。7・- 円爾《えんに》、宋《そう》より帰国《きこく》(聖一国師年譜)。8・20 藤原定家没《ふじわらのさだいえぼつ》・生前《せいぜん》『詠歌大概《えいがたいがい》』を著《あらわ》す・並《なら》びに『下官集《げかんしゅう》』を撰《せん》す。11・13 興福寺一乗院《こうふくじいちじょういん》・宝蔵《ほうぞう》など焼失《しょうしつ》(百練抄)。 【死没】 7・15 退耕行勇《たいこうぎょうゆう》(79、兼密禅僧《けんみつぜんそう》)。8・20 藤原定家《ふじわらのさだいえ》(80、歌人《かじん》)。 《月の大小/朔日の干支・ユリウス暦》
大日本史料	(5編13)	
高麗	高宗 27	28
南宋	⑫ 嘉熙 4	淳祐《じゅんゆう》(1.1)
蒙古	太宗 12	13

西暦	◀ 一二四二	
年号・干支	三 壬寅《みずのえとら》	
天皇	後嵯峨《ごさが》 1・20 ｜ 1・9	
院政		
将軍		
執権	北条経時《ほうじょうつねとき》 6・15 ｜ 6・15	
記事	【政治・経済】1・9 九条道家《くじょうみちいえ》、四条天皇《しじょうてんのう》の死《し》により、皇嗣《こうし》を幕府《ばくふ》に諮問《しもん》(民経記)。1・15 豊後守護大友氏《ぶんごのしゅごおおともし》、新御成敗状《しんごせいばいじょう》を定《さだ》める(後日之式条)。1・20 土御門院皇子《つちみかどいんおうじ》(後嵯峨天皇《ごさがてんのう》)、元服《げんぷく》、践祚《せんそ》(平戸記)。3・3 幕府《ばくふ》、鎌倉僧徒従者《かまくらそうとじゅうしゃ》の帯剣《たいけん》を禁《きん》じる(近衛家本追加)。6・15 北条泰時没《ほうじょうやすときぼっ》し、北条経時《ほうじょうつねとき》、跡《あと》を嗣《つ》ぐ(民経記)。7・4 西園寺公経《さいおんじきんつね》の渡宋船《とそうせん》、銭貨《せんか》一〇万貫等《がんなど》を積《つ》み帰国《きこく》(民経記)。7・13 高野山奥院《こうやさんおくのいん》僧徒《そうと》、伝法院《でんぼういん》を焼《や》く(百練抄)。9・12 順徳上皇《じゅんとくじょうこう》、佐渡《さど》で没《ぼっ》(平戸記)・生前《せいぜん》『順徳天皇宸記《じゅんとくてんのうしんき》』『八雲御抄《やくもみしょう》』を著《あらわ》す。 【社会・文化】3・5 行願寺《ぎょうがんじ》焼亡《しょうぼう》(平戸記)。この年《とし》『東関紀行《とうかんきこう》』成《な》るか。 【死没】1・9 四条天皇《しじょうてんのう》(12)。1・25 狛近真《こまのちかざね》(66、雅楽家《ががくか》)。3・6 佐々木信綱《ささきのぶつな》(62、武将《ぶしょう》)。5・2 明禅《みょうぜん》(76、僧侶《そうりょ》)。6・15 北条泰時《ほうじょうやすとき》(60、執《しっ》	一庚寅(2・13)・二己未(3・14)・三己丑(4・13)・四己未(5・13)・五戊子(6・11)・六丁巳(7・10)・七丁亥(8・9)・八丙辰(9・7)・九丙戌(10・7)・一〇乙卯(11・5)・一一甲申(12・4)・一二甲寅(42・1・3)(太字は大の月) 【世界】モンゴル軍《ぐん》、ポーランドとハンガリーに侵入《しんにゅう》。ハンザ同盟《どうめい》、始《はじ》まる。
大日本史料	5編15 8・i ｜ 5編14 1・i	
高麗	29	
南宋	2	
蒙古	脱列哥那《トゥラキナ》(称制)	

西暦	一二四二	一二四三
年号・干支	仁治 三 壬寅《みずのえとら》	寛元《かんげん》 元 2・26 癸卯《みずのとのう》 ⑦
天皇	(後嵯峨)	
院政		
将軍	(藤原頼経)	
執権	(北条経時)	
記事	権《けん》)。**9・12** 順徳上皇《じゅんとくじょうこう》(46)。**11・6** 色定《しきじょう》(83、禅僧《ぜんそう》)。**12・27** 近衛《このえ》家実《いえざね》(64、公卿《くぎょう》)。 《月の大小／朔日の干支・ユリウス暦》 一甲申(2・2)・二癸丑(3・3)・三癸未(4・2)・四癸丑(5・2)・五壬午(5・31)・六壬子(6・30)・七辛巳(7・29)・八辛亥(8・28)・九庚辰(9・26)・一〇庚戌(10・26)・一一己卯(11・24)・一二己酉(12・24)(太字は大の月)	【政治・経済】 **1・25** 高野山伝法院焼亡《こうやさんでんぼういんしょうぼう》の科《とが》により検校《けんぎょう》明賢《みょうけん》を筑前国《ちくぜんのくに》、執行代《しぎょうだい》道範《どうはん》を讃岐国《さぬきのくに》に配流《はいる》(南海流浪記)。**2・26** 幕府《ばくふ》、諸人《しょにん》訴訟《そしょう》について奉行人《ぶぎょうにん》の結番《けちばん》を定《さだ》める(吾)。**2・29** 幕府《ばくふ》、闕所《けっしょ》と定《さだ》める前《まえ》の地《ち》を、御家人《ごけにん》が御恩《ごおん》として所望《しょもう》することを禁《きん》じる(近衛家本追加)。**4・20** 幕府《ばくふ》、越堺下人《おっかいのげにん》について定《さだ》める(新編追加)。**閏《うるう》7・6** 幕府《ばくふ》、洛中《らくちゅう》の承久没収地《じょうきゅうぼっしゅうち》を篝屋用地《かがりやようち》に充《あ》てることを六波羅《ろくはら》に命《めい》じる(吾)。**12・22** 幕府《ばくふ》、奴婢雑人《ぬひぞうにん》の男女子《だんじょし》の帰属《きぞく》を定《さだ》める(新編追加)。 【社会・文化】 **5・3** 北条経時《ほうじょうつねとき》、鎌倉《かまくら》佐《さ》介谷《すけがやつ》に蓮華寺《れんげじ》(のちの光明寺《こうみょうじ》)を開《ひら》き、この日《ひ》、良忠《りょうちゅう》を導師《どうし》として供養《くよう》(光明寺開山御伝)。**6・16** 鎌倉深沢《かまくらふかさわ》の八丈余《じょうよ》の木造阿弥陀坐像《もくぞうあみだざぞう》を供養《くよう》(吾)。**8・-** 九条道家《くじょうみちいえ》、東福寺《とうふくじ》を創建《そうこん》し、円爾《えんに》を住持《じゅうじ》とする(聖一国師年譜)。
大日本史料	5編16 12・-	
高麗	高宗 29	30
南宋	淳祐 2	⑧ 3
蒙古	脱列哥那(称制)	2

	1243（前頁より）	1244
西暦		一二四四 ◀
年号・干支		二 甲辰《きのえたつ》
天皇		
院政		
将軍	藤原頼嗣《ふじわらのよりつぐ》 4・28	4・28
執権		
記事	【死没】 **1・15** 津戸為守《つのとためもり》(81、武将《ぶしょう》)。《月の大小／朔日の干支・ユリウス暦》 一戊寅(1・22)・二戊申(2・21)・三丁丑(3・22)・四丁未(4・21)・五丙子(5・20)・六丙午(6・19)・七丙子(7・19)・閏七乙巳(8・17)・八甲戌(9・15)・九甲辰(10・15)・一〇甲戌(11・14)・一一癸卯(12・13)・一二癸酉(44・1・12)(太字は大の月)	【政治・経済】 **2・16** 幕府《ばくふ》、奴婢養子事《ぬひようしのこと》など四条《じょう》の法《ほう》を定《さだ》める(吾)。 **3・28** 北条《ほうじょう》経時《つねとき》、訴訟《そしょう》を棄捐《きえん》された者《もの》の庭中言上《ていちゅうごんじょう》を取《と》り上《あ》げる(吾)。 **三・四月《がつ》** 奈良坂非人《ならざかのひにん》、清水坂非人《きよみずざかのひにん》の申状《もうしじょう》に対《たい》し、本寺東大寺《ほんじとうだいじ》に陳状《ちんじょう》を提出《ていしゅつ》(佐藤家所蔵文書)。 **4・28** 藤原頼嗣将軍宣下《ふじわらのよりつぐしょうぐんせんげ》(吾)。 **8・24** 幕府《ばくふ》、熊野山《くまのさん》と伊勢阿曾山《いせあそさん》に蜂起《ほうき》した悪党討伐《あくとうとうばつ》を地頭《じとう》・御家人《ごけにん》に命《めい》じる(吾)。 **10・13** 幕府《ばくふ》、博奕《ばくえき》の法《ほう》を定《さだ》め、四一半銭《しいちはんせん》などを禁止《きんし》(新編追加)。 **12・26** 政所及《まんどころおよ》び北条経時《ほうじょうつねとき》・時頼邸火事《ときよりていかじ》、二七日《にち》、幕府《ばくふ》、前将軍藤《さきのしょうぐんふじ》原頼経《わらのよりつね》の上洛《じょうらく》を延引《えんいん》(吾)。 【社会・文化】 **2・17** 源光行没《みなもとのみつゆきぼつ》(平戸記)・生前《せいぜん》『水源抄《すいげんしょう》』『源氏物語《げんじものがたり》』河内本《かわちぼん》を著《あらわ》す。 **7・18** 波多野義重《はたのよししげ》、越前《えちぜん》に大仏寺《だいぶつじ》(寛元《かんげん》四年《ねん》六月《がつ》一五日永平寺《にちえいへいじ》と改称《かいしょう》)を建《た》て、道元《どうげん》を招《まね》く(永平広録)。 **この年《とし》** 『新撰六帖《しんせんろくじょう》』成《な》るか。
史料（大日本史料）	5編17 12・	5編18 8・
高麗		31
南宋		4
蒙古		3

西暦	一二四四 ▶ 図14
年号・干支	寛元 二 甲辰《きのえたつ》
天皇	(後嵯峨)
院政	
将軍	(藤原頼嗣)
執権	(北条経時)
記事	【死没】**2・17** 源光行《みなもとのみつゆき》(82、学者《がくしゃ》)。**3・3** 信寂《しんじゃく》(浄土宗僧侶《じょうどしゅうそうりょ》)。**3・5** 定舜《じょうしゅん》(律宗僧侶《りっしゅうそうりょ》)。**3・25** 三善長衡《みよしながひら》(77、西園寺家司《さいおんじけいし》)。**8・29** 西園寺公経《さいおんじきんつね》(74、公卿《くぎょう》)。**9・27** 小槻季継《おづきのすえつぐ》(53、官人《かんじん》)。 《月の大小/朔日の干支・ユリウス暦》 一壬寅(2・10)・二壬申(3・11)・三辛丑(4・9)・四辛未(5・9)・五庚子(6・7)・六庚午(7・7)・七己亥(8・5)・八己巳(9・4)・九己亥(10・4)・一〇戊辰(11・2)・一一戊戌(12・2)・一二丁卯(12・31)(太字は大の月) 【世界】ローマ大学創立《だいがくそうりつ》。
大日本史料	(5編18) / 5編19 5・i
高麗	高宗 31
南宋	淳祐 4
蒙古	脱列哥那 3

図14
西園寺公経像(天子摂関御影、宮内庁)

西暦	一二四五
年号・干支	三　乙巳《きのとのみ》
天皇	
院政	
将軍	
執権	
記事	【政治・経済】 **4・22** 幕府《ばくふ》、鎌倉保々奉行《かまくらほほぶぎょう》の沙汰《さた》すべき市中《しちゅう》の禁制《きんぜい》を定《さだ》める（吾）。 **5・3** 幕府《ばくふ》、問注所《もんじゅうしょ》の召喚《しょうかん》に応《おう》じぬ者《もの》、六波羅《ろくはら》の召文《めしぶみ》に応《おう》じぬ守護《しゅご》・地頭《じとう》の処罰《しょばつ》を定《さだ》める（吾）。 **6・7** 幕府《ばくふ》、鎌倉《かまくら》の民家《みんか》に松明《たいまつ》を置《お》かせる（吾）。 **6・-** 若狭国御家人《わかさのくにごけにん》、旧御家人跡《きゅうごけにんあと》の改補《かいほ》を求《もと》め幕府《ばくふ》に訴《うった》える（東寺百合文書）。 **7・5** 藤原頼経《ふじわらのよりつね》、久遠寿量院《くおんじゅりょういん》で出家《しゅっけ》（吾）。 **12・17** 幕府《ばくふ》、悪党《あくとう》を匿《かくま》う者《もの》の所領没収《しょりょうぼっしゅう》を諸国守護人《しょこくしゅごにん》に命《めい》じる（吾）。 【社会・文化】 **7・26** 京都大地震《きょうとおおじしん》（平戸記）。 **12・20** 鎌倉大地震《かまくらおおじしん》（吾）。 **この冬** 藤原家隆《ふじわらのいえたか》詠《えい》・九条基家《くじょうもといえ》撰《せん》『壬二集《みにしゅう》』成《な》る（同書奥書）。 **この頃** 法隆寺僧顕真《ほうりゅうじそうけんしん》、『聖徳太子伝私記《しょうとくたいしでんしき》』を著《あらわ》す（同書）。 【死没】 **4・6** 名越朝時《なごえともとき》（52、武将《ぶしょう》）。 **7・7** 証入《しょうにゅう》（50、浄土宗僧侶《じょうどしゅうそうりょ》）。 《月の大小／朔日の干支・ユリウス暦》 一丁酉（1・30）・二丙寅（2・28）・三丙申（3・30）・四乙丑（4・28）・五甲午（5・27）・六甲子（6・26）・七癸巳（7・25）・八癸亥（8・24）・九癸巳（9・23）・一〇壬戌（10・22）・一一壬辰（11・21）・一二壬戌（12・21）（太字は大の月） 〖世界〗 教皇《きょうこう》、フランチェスコ派修道士《はしゅうどうし》プラノ＝カルピニをモンゴルに派遣《はけん》。
大日本史料	
高麗	32
南宋	5
蒙古	4

西暦	一二四六 図15 図16
年号・干支	寛元 四 丙午《ひのえうま》 ④
天皇	(後嵯峨) 1・29 後深草《ごふかくさ》
院政	1・29 後嵯峨《ごさが》
将軍	(藤原頼嗣)
執権	(北条経時) 3・23 | 3・23 北条時頼《ほうじようときより》

【政治・経済】

3・23 北条経時《ほうじようつねとき》、病《やまい》により執権《しつけん》を弟《おとうと》時頼《ときより》に譲《ゆず》る(吾)。**5・24** これより先《さき》、名越光時《なごえみつとき》、藤原頼経《ふじわらのよりつね》を擁《よう》して執権時頼排除《しつけんときよりはいじよ》を謀《はか》る。この日《ひ》、時頼《ときより》、鎌倉《かまくら》を戒厳《かいげん》(吾)。**6・7** 幕府《ばくふ》、後藤基綱《ごとうもとつな》らを評定衆《ひようじようしゆう》から除《のぞ》く(吾)。**6・13** 幕府《ばくふ》、名越光時《なごえみつとき》・千葉秀胤《ちばひでたね》を配流《はいる》(吾)。**7・11** 幕府《ばくふ》、頼経《よりつね》を鎌倉《かまくら》から京都《きようと》へ送《おく》る(吾)。**8・27** 幕府《ばくふ》、徳政興行《とくせいこうぎよう》や関《かん》東申次《とうもうしつぎ》九条道家《くじようみちいえ》の罷免《ひめん》を後嵯峨上皇《ごさがじようこう》に奏上《そうじよう》(葉黄記)。**11・3** 院《いんの》評定制《ひようじようせい》を開始《かいし》(葉黄記)。**12・7** 幕府《ばくふ》、悪党《あくとう》等を匿《かくま》った者《もの》の所職改易《しよしきかいえき》を、諸国守護《しよこくしゆご》・地頭《じとう》に命《めい》じる(吾)。**この年** 宗知宗《そうともむね》、阿比留国信《あびるくにのぶ》を滅《ほろ》ぼし、対馬地頭職《つしまじとうしき》に補《ほ》せられる(太宰管内志)。

【社会・文化】

3・14 信濃国善光寺《しなののくにぜんこうじ》供養《くよう》(吾)。**6・6** 京都《きようと》大火《たいか》、六角堂《ろつかくどう》、因幡堂《いなばどう》など焼失《しようしつ》(葉黄記)。**6・8** 建仁寺《けんにんじ》焼失《しようしつ》(葉黄記)。**7・14** 仙覚《せんがく》、『万葉集《まんようしゆう》』無点歌《むてんか》一五二首《しゆ》に新点《しんてん》を加《くわ》える(仙覚律師奏覧状)。**この年** 蘭渓道隆《らんけいどうりゆう》、南宋《なんそう》より来日《らいにち》し、泉涌寺来迎院《せんにゆうじらいごういん》に止宿《ししゆく》(元亨釈書)。九条道家《くじようみちいえ》、東福寺《とうふくじ》未完《みかん》のため普門寺《ふもんじ》を建立《こんりゆう》し、円爾《えんに》を住《す》まわす(聖一国師年譜)。

【死没】

3・28 菅原為長《すがわらのためなが》(89、儒学者《じゆがくしや》)。**閏**《うるう》**4・1** 北条経時《ほうじようつねとき》(23、執権《しつけん》)。

《月の大小/朔日の干支・ユリウス暦》

大日本史料	(5編19) | 3・1 5編20
高麗	高宗 33
南宋	④ 淳祐 6
蒙古	定宗《ていそう》

西暦	
年号・干支	
天皇	
院政	
将軍	
執権	
記事	一辛卯（1・19）・二辛酉（2・18）・三庚寅（3・19）・四庚申（4・18）・閏四己丑（5・17）・五戊午（6・15）・六戊子（7・15）・七丁巳（8・13）・八丁亥（9・12）・九丙辰（10・11）・一〇丙戌（11・10）・一一丙辰（12・10）・一二丙戌（47・1・9）（太字は大の月） 〔世界〕 定宗《ていそう》グユク（貴由）＝ハン即位《そくい》（～一二四八年《ねん》）。モンゴル軍《ぐん》、京湖江《けいここう》淮州県《わいしゅうけん》に侵入《しんにゅう》。
大日本史料	5編21 11：
高麗	
南宋	
蒙古	

図15
蘭渓道隆像（建長寺）

図16
円爾像（東福寺）

西暦	年号・干支	天皇	院政	将軍	執権
一二四七 図17	宝治《ほうじ》 元 2・28 丁未《ひのとひつじ》	(後深草)	(後嵯峨)	(藤原頼嗣)	(北条時頼)

記事

【政治・経済】
1・19 幕府《ばくふ》の要請《ようせい》により一条実経《いちじょうさねつね》を罷《や》め、近衛兼経《このえかねつね》を摂政《せっしょう》となす(葉黄記)。**6・5** 北条時頼《ほうじょうときより》、三浦泰村《みうらやすむら》・光村《みつむら》らを滅《ほろ》ぼし、ついで千葉秀胤《ちばひでたね》ら与党《よとう》を滅《ほろ》ぼす(宝治合戦《ほうじかっせん》)(吾)。**8・3** 道元《どうげん》、北条時頼《ほうじょうときより》の招《まね》きを受《う》け鎌倉《かまくら》に赴《おもむ》く(永平広録)。**8・20** 幕府《ばくふ》、鎌倉《かまくら》の浪人追放《ろうにんついほう》を命《めい》じる(吾)。**11・27** 幕府《ばくふ》、諸国守護《しょこくしゅご》・地頭《じとう》の内検《ないけん》による過分《かぶん》な所当催促《しょとうさいそく》を禁《きん》じ、主従対訴《しゅじゅうたいそ》の不受理《ふじゅり》を定《さだ》める(吾)。**12・12** 幕府《ばくふ》、地頭《じとう》の押領《おうりょう》は年紀法《ねんきのほう》の適用外《てきようがい》と定《さだ》める(新編追加)。**12・29** 幕府《ばくふ》、京都大番役《きょうとおおばんやく》を三ヵ月交代《げっこうたい》と改定《かいてい》(吾)。

【社会・文化】
10・- 法隆寺《ほうりゅうじ》、三経義疏《さんぎょうぎしょ》を開板《かいはん》(同書刊記)。**11・7** 寿福寺《じゅふくじ》焼失《しょうしつ》(吾)。**この頃《ころ》**「随身庭騎絵巻《ずいじんていきえまき》」成《な》る。

【死没】
4・14 幸西《こうさい》(85、浄土宗僧侶《じょうどしゅうそうりょ》)。**6・5** 三浦光村《みうらみつむら》(43、武将《ぶしょう》)。三浦泰村《みうらやすむら》(44、武将《ぶしょう》)。毛利季光《もうりすえみつ》(46、武将《ぶしょう》)。**6・7** 千葉秀胤《ちばひでたね》(武将《ぶしょう》)。**9・26** 栄朝《えいちょう》(83、臨済宗僧侶《りんざいしゅうそうりょ》)。**9・28** 土御門定通《つちみかどさだみち》(60、公卿《くぎょう》)。**11・26** 証空《しょうくう》(71、浄土宗僧侶《じょうどしゅうそうりょ》)。

《月の大小/朔日の干支・ユリウス暦》
一乙卯(2・7)・二乙酉(3・9)・三甲寅(4・7)・四甲申(5・7)・五癸丑(6・5)・六壬午(7・4)・七壬子(8・3)・八辛巳(9・1)・九辛亥(10・1)・一〇庚辰(10・

大日本史料			
(5編21)	5・- 5編22	10・- 5編23	是歳 5編24

高麗	南宋	蒙古
高宗 34	淳祐 7	定宗 2

西暦	
年号・干支	
天皇	
院政	
将軍	
執権	
記事	30）・一一庚戌（11・29）・一二庚辰（12・29）（太字は大の月）
大日本史料	
高麗	
南宋	
蒙古	

図17
栄朝花押

図18（→1248年）
鞍馬寺本殿金堂（昭和46年）

西暦 一二四八

図18

年号・干支 宝治 二 戊申《つちのえさる》 ⑫

天皇 (後深草)

院政 (後嵯峨)

将軍 (藤原頼嗣)

執権 (北条時頼)

記事

【政治・経済】

4・29 幕府《ばくふ》、鎌倉商人《かまくらしょうにん》の員数《いんずう》を定《さだ》める(吾)。**5・15** 幕府《ばくふ》、盗人罪科《とうにんざいか》の軽重《けいちょう》および主従《しゅじゅう》の訴訟不受理《そしょうふじゅり》などのことを定《さだ》める(吾)。**5・20** 幕府《ばくふ》、雑人訴訟《ぞうにんそしょう》などのことを定《さだ》める(吾)。**7・29** 幕府《ばくふ》、本所《ほんじょ》の裁許《さいきょ》に不服《ふふく》な御家人《ごけにん》の愁訴《しゅうそ》を受理《じゅり》するよう六波羅《ろくはら》に命《めい》じる(近衛家追加)。**閏12・23** 閏《うるう》 幕府《ばくふ》、百姓《ひやくしょう》と地頭《じとう》との相論《そうろん》の法《ほう》を定《さだ》める(吾)。

【社会・文化】

2・24 鞍馬寺再建供養《くらまでらさいこんくよう》(葉黄記)。**この夏頃《なつごろ》** 『万代和歌集《まんだいわかしゅう》』初撰本成《しょせんぼんな》る(竜門文庫本奥書)。**7・25** 後嵯峨上皇《ごさがじょうこう》、藤原為家《ふじわらのためいえ》に『続後撰和歌集《しょくごせんわかしゅう》』の撰進《せんしん》を命《めい》じる(葉黄記)。**この秋頃《あきごろ》** 後嵯峨院《ごさがいん》ら、『宝治百首《ほうじひやくしゅ》』を詠進《えいしん》(葉黄記)。**10・-** 筑前国承天寺《ちくぜんのくにじょうてんじ》焼亡《しょうぼう》(聖一国師年譜)。

【死没】

1・18 久我通光《こがみちみつ》(62、歌人《かじん》)。**5・18** 安達景盛《あだちかげもり》(武将《ぶしょう》)。**7・24** 道正《どうしょう》庵隆英《あんりゆうえい》(78、医僧《いそう》)。**12・5** 武田信光《たけだのぶみつ》(87、武将《ぶしょう》)。

《月の大小/朔日の干支・ユリウス暦》

一庚戌(1・28)・二己卯(2・26)・三己酉(3・27)・四戊寅(4・25)・五戊申(5・25)・六丁丑(6・23)・七丙午(7・22)・八乙亥(8・20)・九乙巳(9・19)・一〇甲戌(10・18)・一一甲辰(11・17)・一二甲戌(12・17)・閏一二甲辰(49・1・16)(太字は大の月)

【世界】

第六回《だいろっかい》十字軍《じゅうじぐん》。ケルン大聖堂《だいせいどう》の建設開始《けんせつかいし》。

大日本史料 (5編24) / 1・- 5編25 / 1・- 5編26 / 10・- 5編27 / 雑載 5編28

高麗 高宗 35

南宋 淳祐 8

蒙古 定宗 3

西暦 一二四九

年号・干支 建長《けんちょう》元　3・18　己酉《つちのととり》

天皇

院政

将軍

執権

記事

【政治・経済】

6・5 六波羅《ろくはら》、幕府《ばくふ》の命《めい》を受《う》け、西国《さいごく》に大田文《おおたぶみ》調進《ちょうしん》を命《めい》じる（久米田寺文書）。**10・8** 記録所《きろくしょ》で沽価法《こかほう》を定《さだ》める（百練抄）。**12・9** 幕府《ばくふ》、北条政村《ほうじょうまさむら》ら三名《めい》を引付頭人《ひきつけとうにん》とし、ついで一三日《にち》、引付衆《ひきつけしゅう》五名《めい》を任《にん》じて三方引付《さんぼうひきつけ》を新設《しんせつ》（関東評定衆伝）。

【社会・文化】

2・1 閑院内裏《かんいんのだいり》焼亡《しょうぼう》（岡屋関白記）。**3・23** 京都《きょうと》大火《たいか》、蓮華王院《れんげおういん》など焼亡《しょうぼう》（岡屋関白記）。**11・23** 永福寺《えいふくじ》供養《くよう》（関東評定衆伝）。**12・27** 後《ご》嵯峨上皇《さがじょうこう》、『現存和歌六帖《げんそんわかろくじょう》』を徴《ちょう》す（同書跋）。**この年** 無本覚心《むほんかくしん》、入宋《にっそう》（元亨釈書）。

【死没】

1・16 道助入道親王《どうじょにゅうどうしんのう》（54、御室《おむろ》）。**5・19** 覚盛《かくじょう》（56、律宗僧侶《りつしゅうそうりょ》）。**6・11** 佐藤業時《さとうなりとき》（60、評定衆《ひょうじょうしゅう》）。

《月の大小／朔日の干支・ユリウス暦》

一癸酉（2・14）・二癸卯（3・16）・三癸酉（4・15）・四壬寅（5・14）・五壬申（6・13）・六辛丑（7・12）・七庚午（8・10）・八己亥（9・8）・九己巳（10・8）・一〇戊戌（11・6）・一一戊辰（12・6）・一二戊戌（50・1・5）（太字は大の月）

大日本史料 1－ 5編29 ／ 5－ 5編30 ／ 7－ 5編31 ／ 是歳 5編32

高麗 36

南宋 9 ②

蒙古 斡兀立海迷失《オグルガイミシ》（称制）

西暦	一二五〇
年号・干支	建長 二 庚戌《かのえいぬ》
天皇	(後深草)
院政	(後嵯峨)
将軍	(藤原頼嗣)
執権	(北条時頼)
記事	【政治・経済】 **3・5** 幕府《ばくふ》、権門《けんもん》の威《い》をかりた寄沙汰《よせざた》を禁《きん》じ、六波羅《ろくはら》に山門僧徒《さんもんそうと》の寄沙汰《よせざた》及《およ》び大和国悪党《やまとのくにのあくとう》の禁圧《きんあつ》を命《めい》じる(吾)。**3・16** 幕府《ばくふ》、無益《むえき》の輩《ともがら》の鎌倉追放《かまくらついほう》と農作従事《のうさくじゅうじ》を命《めい》じる(吾)。**4・20** 幕府《ばくふ》、鎌倉庶民《かまくらしょみん》が夜行《やこう》の際《さい》に弓箭《きゅうせん》を帯《たい》することを禁《きん》じる(吾)。**4・29** 幕府《ばくふ》、雑人訴訟《ぞうにんそしょう》の直訴《じきそ》を禁《きん》じ、地頭《じとう》・地主《じぬし》の推挙《すいきょ》が必要《ひつよう》と定《さだ》める(吾)。**7・5** 幕府《ばくふ》、質債《しちさい》の法《ほう》を定《さだ》める(吾)。**7・22** 幕府《ばくふ》、都鄙《とひ》の神社《じんじゃ》・廃陵《はいりょう》を再興《さいこう》させる(吾)。**8・-** 鎌倉山道修理《かまくらさんどうしゅうり》。**11・28** 幕府《ばくふ》、陸奥《むつ》・常陸《ひたち》・下総《しもうさ》に博奕《ばくえき》禁止《きんし》を命《めい》じる(吾)。**11・29** 幕府《ばくふ》、諸国守護《しょこくしゅご》に鷹狩禁止《たかがりきんし》を命《めい》じる(吾)。 【社会・文化】 **この年《とし》** 後嵯峨上皇《ごさがじょうこう》、『朝観行幸次第《ちょうきんぎょうこうしだい》』を著《あらわ》す(花園天皇宸記)。親鸞《しんらん》、『唯信鈔文意《ゆいしんしょうもんい》』の撰述《せんじゅつ》を始《はじ》める(同書奥書)。 【死没】 **12・20** 喜海《きかい》(73、華厳宗僧侶《けごんしゅうそうりょ》)。 《月の大小/朔日の干支・ユリウス暦》 一丁卯(2・3)・二丁酉(3・5)・三丁卯(4・4)・四丙申(5・3)・五丙寅(6・2)・六乙未(7・1)・七乙丑(7・31)・八甲午(8・29)・九甲子(9・28)・一〇癸巳(10・27)・一一壬戌(11・25)・一二壬辰(12・25)(太字は大の月) 〖世界〗 エジプト、マムルーク朝興《ちょうおこ》る。
大日本史料	(5編32) 2・- 5編33 10・- (未刊)
高麗	高宗 37
南宋	淳祐 10
蒙古	斡兀立海迷失 2

西暦	一二五一
年号・干支	⑨ 辛亥《かのとのい》 三
天皇	
院政	
将軍	
執権	
記事	【政治・経済】 **6・27** 後深草天皇《ごふかくさてんのう》、新造《しんぞう》の閑院内裏《かんいんのだいり》に遷幸《せんこう》(経俊卿記)。 **9・17** 幕府《ばくふ》、利銭出挙《りせんすいこ》の相論《そうろん》について定《さだ》める(吾)。 **12・3** 幕府《ばくふ》、鎌倉市中《かまくらしちゅう》の商売区域《ばいくいき》を定《さだ》める(吾)。 **12・26** 幕府《ばくふ》、謀反《むほん》の企《くわだ》てにより僧了行《そうりょうぎょう》らを追捕《ついぶ》し翌《よく》二七日《にち》、配流《はいる》に処《しょ》する(吾)。 【社会・文化】 **2・10** 鎌倉大火《かまくらたいか》(吾)。 **2・27** 熊野本宮焼亡《くまのほんぐうしょうぼう》(百練抄)。 **8・10** 蓮華王院上棟《れんげおういんじょうとう》(岡屋関白記)。 **10・16** 吉野水分神社玉依姫像《よしのみくまりじんじゃたまよりひめぞう》成《な》る(同像銘)。 **10・27** 藤原為家《ふじわらのためいえ》、『続後撰和歌集《しょくごせんわかしゅう》』を奏覧《そうらん》(拾芥抄)。 **この年** 無関玄悟《むかんげんご》、入宋《にっそう》(無関和尚塔銘)。 【死没】 **6・22** 中原師員《なかはらもろかず》(67、評定衆《ひょうじょうしゅう》)。 **この頃** 藤原俊成女《ふじわらのとしなりのむすめ》(歌人《かじん》)。 **この年《とし》** 宗源《しゅうげん》(84、浄土宗僧侶《じょうどしゅうそうりょ》)。 《月の大小／朔日の干支・ユリウス暦》 一壬戌(1・24)・二辛卯(2・22)・三辛酉(3・24)・四辛卯(4・23)・五庚申(5・22)・六庚寅(6・21)・七己未(7・20)・八己丑(8・19)・九戊午(9・17)・閏九戊子(10・17)・一〇丁巳(11・15)・一一丙戌(12・14)・一二丙辰(52・1・13)(太字は大の月) 【世界】 モンケ＝ハン即位《そくい》(憲宗《けんそう》)(～一二五九年《ねん》)。
大日本史料	
高麗	38
南宋	⑩ 11
蒙古	憲宗《けんそう》

西暦	一二五二
年号・干支	建長 四 壬子《みずのえね》
天皇	(後深草)
院政	(後嵯峨)
将軍	(藤原頼嗣) 3・21 ‖ 4・1 宗尊親王《むねたかしんのう》
執権	(北条時頼)
記事	【政治・経済】 **2・20** 幕府《ばくふ》、将軍藤原頼嗣《しょうぐんふじわらのよりつぐ》を廃《はい》し、後嵯峨上皇《ごさがじょうこう》の皇子迎立《おうじげいりつ》を奏請《そうせい》する使者《ししゃ》を派遣《はけん》(吾)。**3・19** 宗尊親王《むねたかしんのう》、東下《とうか》のため京都《きょうと》を出発《しゅっぱつ》(吾)。**4・1** 宗尊親王《むねたかしんのう》、鎌倉《かまくら》に到着《とうちゃく》、同日《どうじつ》に将軍宣下《しょうぐんせんげ》(吾・百練抄)。**4・3** 前将軍頼嗣《さきのしょうぐんよりつぐ》ら、上洛《じょうらく》のため鎌倉《かまくら》を進発《しんぱつ》(吾)。**9・30** 幕府《ばくふ》、鎌倉《かまくら》・諸国市《しょこくのいち》の沽酒《こしゅ》の禁制《きんぜい》を定《さだ》める(吾)。**10・14** 幕府《ばくふ》、牛馬盗人《ぎゅうばとうにん》・争論《そうろん》・密懐《みっかい》などの罪科《ざいか》を庶民《しょみん》に示《しめ》す(吾)。**10・16** 幕府《ばくふ》、一屋《おく》一壺《つぼ》の他《ほか》、造酒《ぞうしゅ》を禁《きん》じる(吾)。 【社会・文化】 **8・17** 鎌倉深沢里《かまくらふかさわのさと》に金銅《こんどう》八丈《じょう》の釈迦如来像《しゃかにょらいぞう》(鎌倉大仏《かまくらだいぶつ》)の鋳造開始《ちゅうぞうかいし》(吾)。**10・-**『十訓抄《じっきんしょう》』成《な》る(同書序)。**12・4** 忍性《にんしょう》、常陸国三村寺清涼院《ひたちのくにみむらでらせいりょういん》に入《はい》る(忍性菩薩略行記)。**この年** 静照《じょうしょう》、入宋《にっそう》(法海禅師行状記)。 【死没】 **2・21** 九条道家《くじょうみちいえ》(60、公卿《くぎょう》)。**5・22** 道範《どうはん》(75、真言宗僧侶《しんごんしゅうそうりょ》)。**6・8** 宣陽門院《せんようもんいん》(72、後白河法皇皇女《ごしらかわほうおうおうじょ》)。**8・28** 良遍《りょうへん》(57、59とも、僧侶《そうりょ》)。 《月の大小/朔日の干支・ユリウス暦》 一丙戌(2・12)・二乙卯(3・12)・三乙酉(4・11)・四甲寅(5・10)・五甲申(6・9)・六癸丑(7・8)・七癸未(8・7)・八癸丑(9・6)・九壬午(10・5)・一〇壬子(11・4)・一一辛巳(12・3)・一二辛亥(53・1・2)(太字は大の月) 【世界】
大日本史料	(未刊)
高麗	高宗 **39**
南宋	淳祐 **12**
蒙古	憲宗 **2**

西暦	◀ 一二五三	
年号・干支	五 癸丑《みずのとうし》	
天皇		
院政		
将軍		
執権		
記事	【政治・経済】 7・12 朝廷《ちょうてい》、新制《しんせい》一八条《じょう》を宣下《せんげ》(百練抄)。9・16 幕府《ばくふ》、七月《がつ》の朝廷《ちょうてい》の新制《しんせい》に加《くわ》えて関東新制《かんとうしんせい》を出《だ》す(吾)。10・1 幕府《ばくふ》、諸国地頭代《しょこくじとうだい》の検断《けんだん》について定《さだ》め、非法《ひほう》を禁《きん》じる(式目追加条々)。10・11 幕府《ばくふ》、薪《たきぎ》や馬草《まぐさ》の価格《かかく》と和賀江《わかえ》津材木《つざいもく》の寸法《すんぽう》を定《さだ》める(吾)。 【社会・文化】 3・- 『高山寺縁起《こうざんじえんぎ》』成《な》る。4・26 信濃善光寺《しなのぜんこうじ》修造供養《しゅうぞうくよう》(吾)。4・28 日蓮《にちれん》、安房清澄寺《あわせいちょうじ》で法華信仰弘通《ほっけしんこうぐずう》を開始《かいし》(日蓮上人註画讃)。8・28 道元《どうげん》没《ぼつ》。生前《せいぜん》『正法眼蔵《しょうぼうげんぞう》』『宝慶記《ほうきょうき》』などを著《あらわ》す。10・- 高野版《こうやばん》『三教指帰《さんごうしいき》』開板《かいはん》。11・25 建長寺供養《けんちょうじくよう》。蘭渓道隆《らんけいどうりゅう》、導師《どうし》となる(吾)。 【死没】 6・3 安達義景《あだちよしかげ》(44、評定衆《ひょうじょうしゅう》)。7・27 湛空《たんくう》(78、浄土宗僧侶《じょうどしゅうそうりょ》)。8・28 道元《どうげん》(54、日本曹洞宗開祖《にほんそうとうしゅうかいそ》)。12・8 二階堂行盛《にかいどうゆきもり》(73、幕府吏僚《ばくふりりょう》)。 《月の大小／朔日の干支・ユリウス暦》 一庚辰(1・31)・二己酉(3・1)・三己卯(3・31)・四戊申(4・29)・五戊寅(5・29)・六戊申(6・28)・七丁丑(7・27)・八丁未(8・26)・九丙子(9・24)・一〇丙午(10・24)・一一丙子(11・23)・一二乙巳(12・22)(太字は大の月)	憲宗《けんそう》モンケ＝ハン、オゴタイ派《は》諸王《しょおう》を分遷《ぶんせん》。
大日本史料		
高麗	40	
南宋	宝祐《ほうゆう》(1.1)	
蒙古	3	

西暦	年号・干支	天皇	院政	将軍	執権	記事	大日本史料	高麗	南宋	蒙古
▶一二五三	建長 五 癸丑《みずのとのうし》	(後深草)	(後嵯峨)	(宗尊親王)	(北条時頼)	【世界】フビライ、大理国《だいりこく》を滅《ほろ》ぼす。フラグ、西《にし》アジア遠征《えんせい》に出発《しゅっぱつ》。タイ系《けい》諸族《しょぞく》の南下活発化《なんかかっぱつか》。	(未刊)	高宗 40	宝祐(1.1)	憲宗 3
一二五四	六 甲寅《きのえとら》 ⑤					【政治・経済】**4・29** 幕府《ばくふ》、宋船《そうせん》の入泊《にゅうはく》を五艘《そう》に制限《せいげん》(吾)。**5・1** 幕府《ばくふ》、質人《しちにん》の法《ほう》を定《さだ》め、以後《いご》の質人《しちにん》を禁《きん》じる(近衛家本追加)。**10・12** 幕府《ばくふ》、派遣武士《はけんぶし》の狼藉《ろうぜき》および人身売買《じんしんばいばい》の禁止《きんし》を六波羅《ろくはら》に命《めい》じる(吾)。**10・17** 幕府《ばくふ》、薪《たきぎ》・馬草《まぐさ》の価格制限《かかくせいげん》を相模国《さがみのくに》で廃止《はいし》(吾)。 【社会・文化】**1・10** 鎌倉大火《かまくらたいか》(吾)。**1・23** 湛慶《たんけい》、蓮華王院千手観音像《れんげおういんせんじゅかんのんぞう》を造《つく》る(同像銘)。**2・-**『絵因果経《えいんがきょう》』成《な》る(同書奥書)。**6・-** 無本覚心《むほんかくしん》、宋《そう》より帰国《きこく》(善隣国宝記)。**10・17** 橘成季《たちばなのなりすえ》、『古今著聞集《ここんちょもんじゅう》』を著《あらわ》す(同書跋)。**この年《とし》** 円爾《えんに》、鎌倉寿福寺《かまくらじゅふくじ》に住《じゅう》す(同書聖一国師年譜)。 【死没】**2・24** 結城朝光《ゆうきともみつ》(88、武将《ぶしょう》)。**11・21** 足利義氏《あしかがよしうじ》(66、武将《ぶしょう》)。**12・18** 四条隆衡《しじょうたかひら》(83、公卿《くぎょう》)。 《月の大小/朔日の干支・ユリウス暦》 一乙亥(1・21)・二甲辰(2・19)・三甲戌(3・21)・四癸卯(4・19)・五壬申(5・18)・閏五壬寅(6・17)・六辛未(7・16)・七辛丑(8・15)・八辛未(9・14)・九庚子(10・		41	⑥ 2	4

西暦	一二五五	
年号・干支	七 乙卯《きのとのう》	
天皇		
院政		
将軍		
執権		
記事	【政治・経済】 2・12 興福寺衆徒《こうふくじしゆと》、東大寺房舎《とうだいじぼうしや》を破却《はきやく》(興福寺略年代記)。3・8 後嵯峨上皇《ごさがじようこう》、熊野《くまの》に御幸《ごこう》(百練抄)。3・29 幕府《ばくふ》、問注難渋《もんじゆうなんじゆう》の日限《にちげん》・裁決《さいけつ》について定《さだ》める(近衛家本追加)。8・12 幕府《ばくふ》、鎌倉中《かまくらちゆう》に、贓物《ぞうもつ》の質入《しちい》れを防《ふせ》ぐため負人《ふにん》の証文作成《しようもんさくせい》を定《さだ》める(新編追加)。 【社会・文化】 2・21 北条時頼《ほうじようときより》、一〇〇〇人《にん》に勧進《かんじん》して建長寺《けんちようじ》の梵鐘《ぼんしよう》を鋳造《ちゆうぞう》(同鐘銘)。6・2 東福寺供養《とうふくじくよう》(聖一国師年譜)。11・30 親鸞《しんらん》「皇太子聖徳奉讃《こうたいししようとくほうさん》」成《な》る(同書奥書)。 【死没】 2・10 雅成親王《まさなりしんのう》(56、後鳥羽天皇皇子《ごとばてんのうおうじ》)。6・- 平経高《たいらのつねたか》(76、公卿《くぎよう》)。 《月の大小／朔日の干支・ユリウス暦》 一己亥(2・9)・二戊辰(3・10)・三戊戌(4・9)・四丁卯(5・8)・五丙申(6・6)・六丙寅(7・6)・七乙未(8・4)・八乙丑(9・3)・九甲午(10・2)・一〇甲子(11・1)・一一甲午(12・1)・一二甲子(12・31)(太字は大の月)	13)・一〇庚午(11・12)・一一庚子(12・12)・一二己巳(55・1・10)(太字は大の月) 【世界】 フランチェスコ派《は》修道士《しゆうどうし》ルブルック、カラコルムでモンケ＝ハンに謁見《えつけん》。
大日本史料		
高麗	42	
南宋	3	
蒙古	5	

西暦 一二五六

年号・干支 康元《こうげん》 元
10・5
丙辰《ひのえたつ》

天皇 (後深草)

院政 (後嵯峨)

将軍 (宗尊親王)

執権 (北条時頼) 11・22 ｜ 11・22 北条長時《ほうじようながとき》

記事

【政治・経済】

6・2 幕府《ばくふ》、群盗蜂起《ぐんとうほうき》により、奥州大道《おうしゆうだいどう》沿《ぞ》いの地頭《じとう》に警固《けいご》を命《めい》じる(吾)。**7・17** 宗尊親王《むねたかしんのう》、最明寺《さいみようじ》に創建《そうこん》後初《ごはじ》めて参詣《さんけい》(吾)。**11・22** 北条時頼《ほうじようときより》、執権《しつけん》を長時《ながとき》に譲《ゆず》る(吾)。**11・23** 時頼《ときより》、出家《しゆつけ》・これに倣《なら》って出家《しゆつけ》した者《もの》の出仕《しゆつし》を止《とど》める(吾)。

【社会・文化】

8・6 鎌倉大風雨《かまくらだいふうう》、山崩《やまくず》れで死者多数《ししやたすう》(吾)。**8・-～9・-** 赤斑瘡流行《あかもがさりゆうこう》(吾・百練抄)。**12・11** 鎌倉火災《かまくらかさい》、勝長寿院延焼《しようちようじゆいんえんしよう》(吾)。

【死没】

8・11 藤原頼経《ふじわらのよりつね》(39、鎌倉将軍《かまくらしようぐん》)。**9・25** 藤原頼嗣《ふじわらのよりつぐ》(18、鎌倉将軍《かまくらしようぐん》)。**10・3** 三善康連《みよしやすつら》(64、幕府吏僚《ばくふりりよう》)。**11・28** 後藤基綱《ごとうもとつな》(76、武将《ぶしよう》)。**この年《とし》** 湛慶《たんけい》(84、仏師《ぶつし》)。

《月の大小／朔日の干支・ユリウス暦》

一癸巳(1・29)・二癸亥(2・28)・**三**壬辰(3・28)・四壬戌(4・27)・五辛卯(5・26)・六庚申(6・24)・**七**己丑(7・23)・八己未(8・22)・九戊子(9・20)・一〇戊午(10・20)・一一戊子(11・19)・一二戊午(12・19)(太字は大の月)

〖世界〗

神聖《しんせい》ローマ帝国《ていこく》、大空位時代《だいくういじだい》始《はじ》まる。

大日本史料 (未刊)

高麗 高宗 43

南宋 宝祐 4

蒙古 憲宗 6

西暦	一二五七	◀ 一二五八
年号・干支	正嘉《しょうか》元 3・14 丁巳《ひのとのみ》 ③	二 戊午《つちのえうま》
天皇		
院政		
将軍		
執権		
記事	【政治・経済】 3・27 園城寺《おんじょうじ》衆徒《しゅと》、戒壇建立《かいだんこんりゅう》の勅許《ちょっきょ》無《な》きに怒《いか》り強訴《ごうそ》・朝廷《ちょうてい》、六波羅《ろくはら》に鎮圧《ちんあつ》を要請《ようせい》(経俊卿記)。**12・24** 幕府《ばくふ》、廂番《ひさしばん》を置《お》く(吾)。**12・29** 幕府《ばくふ》、格子番《こうしばん》を置《お》く(吾)。 【社会・文化】 **2・28** 五条大宮殿《ごじょうおおみやどの》炎上《えんじょう》し、壬生寺《みぶでら》類焼《るいしょう》(百練抄)。**8・23** 鎌倉大地震《かまくらおおじしん》(吾)。**この年** 北条時頼《ほうじょうときより》、円爾《えんに》を鎌倉《かまくら》に招《まね》き、ついで京都建仁寺《きょうとけんにんじ》住持《じゅうじ》とする(元亨釈書)。寒巌義尹《かんがんぎいん》、宋《そう》より帰国《きこく》(寒岩禅師略伝)。住信《じゅうしん》編《へん》『私聚百因縁集《しじゅうひゃくいんねんしゅう》』成《な》る(同書跋)。 【死没】 **1・25** 伊賀光宗《いがみつむね》(80、武将《ぶしょう》)。**7・5** 承明門院《しょうめいもんいん》(87、後鳥羽天皇寵妃《ごとばてんのうちょうひ》)。 **10・26** 町野康持《まちのやすもち》(52、幕府吏僚《ばくふりりょう》)。 《月の大小/朔日の干支・ユリウス暦》 一丁亥(1・17)・二丁巳(2・16)・三丁亥(3・18)・閏三丙辰(4・16)・四丙戌(5・16)・五乙卯(6・14)・六甲申(7・13)・七癸丑(8・11)・八癸未(9・10)・九壬子(10・9)・一〇壬午(11・8)・一一壬子(12・8)・一二辛巳(58・1・6)(太字は大の月)	【政治・経済】 **3・20** 後嵯峨上皇《ごさがじょうこう》、高野山《こうやさん》に御幸《ごこう》(百練抄)。幕府《ばくふ》、明年《みょうねん》の将軍上洛《しょうぐんじょうらく》を定《さだ》め、その課役《かやく》を嫌《きら》う庶民《しょみん》の逃散《ちょうさん》を禁《きん》じる(吾)。**4・17** 延暦《えんりゃく》
大日本史料		
高麗	44	45
南宋	④ 5	6
蒙古	7	8

西暦	▶一二五八
年号・干支	正嘉 二 戊午《つちのえうま》
天皇	(後深草)
院政	(後嵯峨)
将軍	(宗尊親王)
執権	(北条長時)
記事	寺衆徒《じしゅと》、園城寺戒壇建立《おんじょうじかいだんこんりゅう》の宣下《せんげ》に怒《いか》り強訴《ごうそ》(百練抄)。**5・1** 朝廷《ちょうてい》、園城寺戒壇《おんじょうじかいだん》の宣下《せんげ》を停止《ていし》(百練抄)。**9・21** 幕府《ばくふ》、諸国《しょこく》での悪党蜂起《あくとうほうき》につき、守護《しゅご》に警固《けいご》を命《めい》じる(吾)。 【社会・文化】 **1・17** 安達泰盛《あだちやすもり》の甘縄邸《あまなわてい》火災《かさい》、寿福寺《じゅふくじ》など類焼《るいしょう》(吾)。**6・4** 鎌倉《かまくら》勝長寿院《しょうちょうじゅいん》供養《くよう》(吾)。**6・-** 親鸞《しんらん》、『尊号真像銘文《そんごうしんぞうめいもん》』広本《こうほん》を著《あらわ》す・略本《りゃくほん》は建長《けんちょう》七年《ねん》六月筆《がっぴつ》。**8・1** 諸国大風雨《しょこくだいふうう》、安嘉門《あんかもん》倒《たお》れる(百練抄)。**8・-** 諸国損亡《しょこくそんぼう》(吾)。**この年《とし》** 道範《どうはん》『南海流浪記《なんかいるろうき》』成《な》る。 【死没】 **3・8** 真仏《しんぶつ》(50、浄土真宗僧侶《じょうどしんしゅうそうりょ》)。**10・4** 禅勝房《ぜんしょうぼう》(85、僧侶《そうりょ》)。**11・-** 藤原知家《ふじわらのともいえ》(77、歌人《かじん》)。**この年《とし》** 善慶《ぜんけい》(62、仏師《ぶっし》)。 《月の大小/朔日の干支・ユリウス暦》 一辛亥(2・5)・**二**辛巳(3・7)・三辛亥(4・6)・**四**庚辰(5・5)・五庚戌(6・4)・六己卯(7・3)・七戊申(8・1)・八丁丑(8・30)・九丁未(9・29)・一〇丙子(10・28)・一一丙午(11・27)・一二丙子(12・27)(太字は大の月) 【世界】 モンゴル軍《ぐん》、ヴェトナム第一次侵攻《だいいちじしんこう》に失敗《しっぱい》。モンゴル軍《ぐん》、高麗《こうらい》を征服《せいふく》、双城総管府《そうじょうそうかんふ》を置《お》く。フラグ、アッバース朝《ちょう》を滅《ほろ》ぼし、イル＝ハン国《こく》を樹立《じゅりつ》。
大日本史料	(未刊)
高麗	高宗 45
南宋	宝祐 6
蒙古	憲宗 8

西暦	一二五九
年号・干支	正元《しょうげん》元 3・26 己未《つちのとひつじ》 ⑩
天皇	亀山《かめやま》 11・26
院政	
将軍	
執権	

記事

【政治・経済】

2・9 幕府《ばくふ》、前年《ぜんねん》からの諸国飢饉《しょこくききん》により、浪人《ろうにん》が食料《しょくりょう》を求《もと》めて山野《さんや》・江海《こうかい》に入《はい》ることを地頭《じとう》が制止《せいし》するのを禁《きん》じる(新式目)。**6・18** 幕府《ばくふ》、重事以外《じゅうじいがい》の西国雑務《さいごくざつむ》を六波羅《ろくはら》の成敗《せいばい》とする(新編追加)。**11・26** 後深草天皇《ごふかくさてんのう》、恒仁親王《つねひとしんのう》(亀山天皇《かめやまてんのう》)に譲位《じょうい》(百練抄)。

【社会・文化】

2・28 壬生寺地蔵堂供養《みぶでらじぞうどうくよう》(百練抄)。**5・22** 閑院内裏炎上《かんいんのだいりえんじょう》(百練抄)。**この年《とし》** 南浦紹明《なんぼじょうみん》(大応国師塔銘)、徹通義介《てっつうぎかい》(永平寺三祖行業記)、入宋《にっそう》。諸国《しょこく》で飢饉《ききん》・疫病《えきびょうりゅうこう》流行(正嘉《しょうか》の飢饉《ききん》)(百練抄)。日蓮《にちれん》、『守護国家論《しゅごこっかろん》』を著《あらわ》すか。

【死没】

2・21 浄業《じょうごう》(73、律宗僧侶《りっしゅうそうりょ》)。**5・4** 近衛兼経《このえかねつね》(50、公卿《くぎょう》)。**11・12** 宇《う》都宮頼綱《つのみやよりつな》(88、武将《ぶしょう》)。

《月の大小／朔日の干支・ユリウス暦》

一乙巳(1・25)・二乙亥(2・24)・三乙巳(3・26)・四甲戌(4・24)・五甲辰(5・24)・六癸酉(6・22)・七癸卯(7・22)・八壬申(8・20)・九壬寅(9・19)・一〇辛未(10・18)・閏一〇庚子(11・16)・一一己巳(12・15)・一二己亥(60・1・14)(太字は大の月)

〖世界〗

高麗《こうらい》、太子倎《たいしてん》をモンゴル帝国《ていこく》に遣《つか》わす。

大日本史料	
高麗	46
南宋	⑪ 開慶《かいけい》(1.1)
蒙古	9

西暦	年号・干支	天皇	院政	将軍	執権
一二六〇	文応《ぶんおう》 元 4・13 庚申《かのえさる》	(亀山)	(後嵯峨)	(宗尊親王)	(北条長時)

記事

【政治・経済】**1・4** 朝廷《ちょうてい》、園城寺《おんじょうじ》に三摩耶戒壇《さんまやかいだん》を許《ゆる》す(天台座主記)。**1・6** 延《えん》暦寺衆徒《りゃくじしゅと》、園城寺戒壇《おんじょうじかいだん》の勅許《ちょっきょ》につき強訴《ごうそ》(深心院関白記)。**1・19** 朝《ちょう》廷《てい》、園城寺戒壇《おんじょうじかいだん》の勅許《ちょっきょ》を撤回《てっかい》(天台座主記)。**1・23** 幕府《ばくふ》、六斎日《ろくさいにち》・彼岸《ひがん》の殺生《せっしょう》を禁《きん》じる(吾)。**6・4** 幕府《ばくふ》、重罪《じゅうざい》の首謀《しゅぼう》は関東《かんとう》に押送《おうそう》、軽罪者《けいざいしゃ》は六波羅成敗《ろくはらせいばい》とし、飢饉《ききん》により軽囚《けいしゅう》を放免《ほうめん》させることなどを六波羅《ろくはら》に命《めい》じる(吾)。**8・27** 鎌倉《かまくら》の僧徒《そうと》、日蓮《にちれん》の松葉谷草庵《まつばがやつそうあん》を襲《おそ》う(本化別頭仏祖統紀)。**12・25** 幕府《ばくふ》、諸国御家人《しょこくごけにん》による京 上役《きょうじょうやく》の路費《ろひ》乱徴《らんちょう》を禁《きん》じる(吾)。

【社会・文化】**4・29** 鎌倉大火《かまくらたいか》(吾)。**7・16** 日蓮《にちれん》、『立正安国論《りっしょうあんこくろん》』を北条時頼《ほうじょうときより》に献《けん》上《じょう》(日蓮上人註画讃)。**この年** 真照《しんしょう》、入京《にゅうきょう》(本朝高僧伝)。兀庵普《ごったんふ》寧《ねい》、来日《らいにち》(元亨釈書)。

《月の大小/朔日の干支・ユリウス暦》
一己巳(2・13)・二己亥(3・14)・**三**戊辰(4・12)・**四**戊戌(5・12)・五戊辰(6・11)・六丁酉(7・10)・七丁卯(8・9)・八丙申(9・7)・九丙寅(10・7)・一〇乙未(11・5)・一一甲子(12・4)・一二甲午(61・1・3)(太字は大の月)

【世界】
フビライ、ハン位《い》につく(世宗《せいそう》)・アリクブガ、これに対抗《たいこう》。中統元《ちゅうとうげん》宝交鈔《ほうこうしょう》を発行《はっこう》。マムルーク朝《ちょう》、シリアでモンゴル軍《ぐん》を破《やぶ》る。

大日本史料	高麗	南宋	蒙古
(未刊)	元宗《げんそう》	景定《けいてい》(1.1)	中統《ちゅうとう》(5.19) 世祖《せいそ》

西暦	一二六一 ◀
年号・干支	弘長《こうちょう》元 2・20 辛酉《かのとのとり》
天皇	
院政	
将軍	
執権	
記事	【政治・経済】 2・20 幕府《ばくふ》、地頭《じとう》による修理用途《しゅうりようど》・垸飯役《おうばんやく》の百姓賦課《ひゃくしょうふか》を禁《きん》じる(吾)。 2・29・30 幕府《ばくふ》、仏神事興行等《ぶつしんじこうぎょうなど》を定《さだ》め、六一ヵ条《じょう》の関東新制《かんとうしんせい》を定《さだ》める(吾・式目追加条々)。 3・13 幕府《ばくふ》、政所《まんどころ》・問注所等焼失《もんじゅうしょなどしょうしつ》(吾)。 3・22 幕府《ばくふ》、守護《しゅご》に諸国盗賊《しょこくとうぞく》・悪党蜂起《あくとうほうき》の禁圧《きんあつ》を命《めい》じる(武雄神社文書)。 5・11 朝廷《ちょうてい》、辛酉《しんゆう》の徳政《とくせい》を行《おこな》い、二一ヵ条《じょう》の新制《しんせい》を宣下《せんげ》(続史愚抄)。 5・12 幕府《ばくふ》、日蓮《にちれん》を伊豆伊東《いずいとう》に配流《はいる》(日蓮上人註画讃)。 6・22 幕府《ばくふ》、謀反《むほん》を企《くわだ》てた故三浦泰村弟僧良賢《こみうらやすむらおとうとそうりょうけん》を捕《とら》える(吾)。 10・19 園城寺僧綱《おんじょうじそうごう》ら、幕府評定所《ばくふひょうじょうしょ》に訴《うった》える(吾)。 12・- 幕府《ばくふ》、名主《みょうしゅ》・百姓等《ひゃくしょうら》の公田売却《こうでんばいきゃく》を停止《ちょうじ》(新編追加)。 【社会・文化】 7・22 宗尊親王《むねたかしんのう》、後藤基政《ごとうもとまさ》に関東近古秀歌《かんとうきんこしゅうか》の撰出《せんしゅつ》を命《めい》じる(吾)。 この年《とし》 忍性《にんしょう》、鎌倉《かまくら》に入《はい》る(元亨釈書)。 【死没】 9・14 深賢《じんけん》(浄土宗僧侶《じょうどしゅうそうりょ》)。 11・1 宇都宮泰綱《うつのみややすつな》(59、武将《ぶしょう》)。 11・3 北条重時《ほうじょうしげとき》(64、六波羅探題《ろくはらたんだい》)。 《月の大小／朔日の干支・ユリウス暦》 一癸亥(2・1)・二癸巳(3・3)・三癸亥(4・2)・四壬辰(5・1)・五壬戌(5・31)・六辛卯(6・29)・七辛酉(7・29)・八辛卯(8・28)・九庚申(9・26)・一〇庚寅(10・26)・一一己未(11・24)・一二己丑(12・24)(太字は大の月)
大日本史料	
高麗	2
南宋	2
蒙古	2

西暦	▶一二六一	一二六二
年号・干支	弘長 元 2・20 辛酉《かのとのとり》	二 壬戌《みずのえいぬ》 ⑦
天皇	（亀山）	
院政	（後嵯峨）	
将軍	（宗尊親王）	
執権	（北条長時）	
記事	【世界】ラテン帝国滅亡《ていこくめつぼう》、東《ひがし》ローマ帝国復活《ていこくふっかつ》。マムルーク朝《ちょう》、アッバース朝《ちょう》の者《もの》をカイロに招《まね》き、カリフに推戴《すいたい》。	【政治・経済】 **5・23** 幕府《ばくふ》、六波羅《ろくはら》に山僧《さんそう》の寄沙汰《よせざた》や悪党《あくとう》などの処置《しょち》を指示《しじ》（近衛家本追加）。**7・1** 幕府《ばくふ》、新儀《しんぎ》の河手《かわて》徴収《ちょうしゅう》を禁《きん》じる（新編追加）。 【社会・文化】 **1・16** 日蓮《にちれん》、『四恩鈔《しおんしょう》』を記《しる》す。**2・27** 叡尊《えいぞん》、鎌倉《かまくら》に入《はい》る（関東往還記）。**11・25** 伊勢神宮寺《いせじんぐうじ》焼失《しょうしつ》（類聚大補任）。**この年《とし》** 蔵山順空《そうざんじゅんくう》、入宋《にっそう》（本朝高僧伝）。無関玄悟《むかんげんご》、宋《そう》より帰国《きこく》（無関和尚塔銘）。日蓮《にちれん》、『教機《きょうき》時国鈔《じこくしょう》』を撰述《せんじゅつ》するか。**この年《とし》より弘安元年《こうあんがんねん》の間《あいだ》** 行仙房編《ぎょうせんぼうへん》『念仏《ねんぶつ》往生伝《おうじょうでん》』成《な》るか。 【死没】 **11・28** 親鸞《しんらん》（90、浄土真宗開祖《じょうどしんしゅうかいそ》）。 《月の大小／朔日の干支・ユリウス暦》 一戊午（1・22）・二丁亥（2・20）・三丁巳（3・22）・**四丙戌**（4・20）・五丙辰（5・20）・**六乙酉**（6・18）・七乙卯（7・18）・閏七乙酉（8・17）・八甲寅（9・15）・**九甲申**（10・15）・一〇甲寅（11・14）・一一癸未（12・13）・一二癸丑（63・1・12）（太字は大の月） 【世界】
大日本史料	（未刊）	
高麗	元宗 2	3
南宋	景定 2	3 ⑨
蒙古	中統 2	3

モンゴル、山東《さんとう》で李璮《りたん》の乱《らん》起《お》こる。阿合馬《アフマド》に財務《ざいむ》を総括《そうかつ》させる。

西暦	一二六三
年号・干支	三 癸亥《みずのとのい》
天皇	
院政	
将軍	
執権	

記事

【政治・経済】
2・22 幕府《ばくふ》、日蓮《にちれん》を赦免《しゃめん》(報恩抄)。**4・-** 高麗《こうらい》、日本人《にほんじん》による沿岸侵略《えんがんしんりゃく》の禁止《きんし》を要請《ようせい》(対州編年略)。**6・23** 幕府《ばくふ》、将軍上洛《しょうぐんじょうらく》を決定《けってい》し、百姓《ひゃくしょう》の賦役《ぶやく》を定《さだ》める(吾)。**8・13** 朝廷《ちょうてい》、四一ヵ条《じょう》の新制《しんせい》を宣下《せんげ》(弘長《こうちょう》の新制《しんせい》)(公家新制)。**8・25** 幕府《ばくふ》、諸国大風《しょこくおおかぜ》により将軍上洛《しょうぐんじょうらく》を延引《えんいん》し、百姓《ひゃくしょう》に課役《かやく》を返付《へんぷ》(吾)。**9・10** 幕府《ばくふ》、切銭《きりぜに》の使用《しよう》を禁《きん》じる(吾)。

【社会・文化】
7・29 宗尊親王《むねたかしんのう》、『初心愚草《しょしんぐそう》』(散佚《さんいつ》)を編《あ》む(吾)。**8・14** 諸国大風雨《しょこくだいふうう》(吾)。**11・24** 熊野本宮《くまのほんぐう》焼亡《しょうぼう》(帝王編年記)。

【死没】
9・6 憲深《けんじん》(72、真言宗僧侶《しんごんしゅうそうりょ》)。**11・22** 北条時頼《ほうじょうときより》(37、執権《しっけん》)。

《月の大小／朔日の干支・ユリウス暦》
一壬午(2・10)・二辛亥(3・11)・三辛巳(4・10)・四庚戌(5・9)・五庚辰(6・8)・六己酉(7・7)・七己卯(8・6)・八戊申(9・4)・九戊寅(10・4)・一〇戊申(11・3)・一一戊寅(12・3)・一二丁未(64・1・1)(太字は大の月)

【世界】
宋《そう》、賈似道《かじどう》、公田法《こうでんほう》を実施《じっし》。

大日本史料	
高麗	4
南宋	4
蒙古	4

西暦	一二六四
年号・干支	文永《ぶんえい》元 2・28 甲子《きのえね》
天皇	（亀山）
院政	（後嵯峨）
将軍	（宗尊親王）
執権	（北条長時） 8・11 ｜ 8・11 北条政村《ほうじょうまさむら》

記事

【政治・経済】

1・2 四天王寺《してんのうじ》僧徒《そうと》、別当職《べっとうしき》の園城寺《おんじょうじ》付属《ふぞく》を訴《うった》える（続史愚抄）。**3・23** 延暦寺《えんりやくじ》衆徒《しゅと》、蜂起《ほうき》して諸堂《しょどう》を焼《や》く（天台座主記）。**3・25** 延暦寺《えんりやくじ》衆徒《しゅと》、四天王寺《してんのうじ》別当職《べっとうしき》の園城寺《おんじょうじ》付属《ふぞく》に対《たい》し強訴《ごうそ》（天台座主記）。**4・6** 朝廷《ちょうてい》、丹波《たんば》日吉二宮宮仕《ひよしにのみやみやじ》殺害《さつがい》に対《たい》する延暦寺《えんりやくじ》出訴《しゅっそ》により、室《むろ》町実藤《まちさねふじ》を淡路《あわじ》に配流《はいる》（天台座主記）。**4・12** 幕府《ばくふ》、領主《りょうしゅ》による農時《のうじ》の百姓使役等《ひゃくしょうしえきなど》を禁《きん》じる（新編追加）。**4・26** 幕府《ばくふ》、領主《りょうしゅ》による田麦《たむぎ》の所当催徴《しょとうさいちょう》を禁《きん》じる（新編追加）。**5・2** 延暦寺《えんりやくじ》衆徒《しゅと》、授戒《じゅかい》を執行《しっこう》した園城寺《おんじょうじ》を焼《や》く（天台座主記）。**10・25** 幕府《ばくふ》、越訴奉行《おっそぶぎょう》を置《お》く（関東評定衆伝）。

【社会・文化】

3・29 園城寺《おんじょうじ》、延暦寺《えんりやくじ》戒壇院《かいだんいん》焼亡《しょうぼう》を機《き》に、私《わたくし》に三摩耶戒《さんまやかい》を行《おこな》う（外記日記）。**12・9** 藤原光俊《ふじわらのみつとし》、宗尊親王《むねたかしんのう》の命《めい》により『瓊玉和歌集《けいぎょくわかしゅう》』を撰《えら》ぶ（同書奥書）。

【死没】

5・3 大仏朝直《おさらぎともなお》（59、武将《ぶしょう》）。証慧《しょうえ》（70、浄土宗僧侶《じょうどしゅうそうりょ》）。**8・21** 北条《ほうじょう》長時《ながとき》（35、執権《しっけん》）。**8・29** 修明門院《しゅめいもんいん》（83、後鳥羽天皇寵妃《ごとばてんのうちょうひ》）。**9・10** 藤《ふじ》原家良《わらのいえよし》（73、歌人《かじん》）。**12・15** 行遍《ぎょうへん》（84、東寺長者《とうじちょうじゃ》）。

《月の大小／朔日の干支・ユリウス暦》

一丁丑（1・31）・二丙午（2・29）・三丙子（3・30）・四乙巳（4・28）・五甲戌（5・27）・

大日本史料	（未刊）
高麗	元宗 5
南宋	度宗《たくそう》 景定 5
蒙古	至元《しげん》（8.16）

西暦：◀一二六五

年号・干支：④ 乙丑《きのとのうし》 二

六甲辰(6・26)・七癸酉(7・25)・八壬寅(8・23)・九壬申(9・22)・一〇壬寅(10・22)・一一壬申(11・21)・一二辛丑(12・20)(太字は大の月)

《世界》

この頃《ころ》 ニコロ兄弟《きょうだい》、フビライに謁見《えっけん》。

天皇：

院政：

将軍：

執権：

記事：

【政治・経済】

3・5 幕府《ばくふ》、鎌倉《かまくら》の町屋《まちや》地を定《さだ》め、散在《さんざい》・大路上《おおじじょう》の町屋《まちや》を禁《きん》じる(吾)。 **4・13** 朝廷《ちょうてい》、延暦寺衆徒《えんりゃくじしゅと》の武装《ぶそう》などを禁《きん》じる(天台座主記)。 **閏《うるう》4・2** 筥崎宮神人《はこざきぐうのじにん》らの神輿《しんよ》を奉《ほう》じての上洛《じょうらく》を制止《せいし》する院宣《いんぜん》を下《くだ》す(外記日記)。

【社会・文化】

2・11 筑前国筥崎宮焼亡《ちくぜんのくにはこざきぐうしょうぼう》(外記日記)。 **7・7** 後嵯峨上皇《ごさがじょうこう》、「白河《しらかわ》殿七百首《どのしちひゃくしゅ》」を催《もよお》す。 **12・26** 藤原為家《ふじわらのためいえ》ら、後嵯峨上皇《ごさがじょうこう》に『続古今和歌集《しょくこきんわかしゅう》』を奏覧《そうらん》(拾芥抄)。 **この年** 兀庵普寧《ごったんふねい》、宋《そう》に帰国《きこく》(元亨釈書)。

【死没】

3・22 太田康宗《おおたやすむね》(54、評定衆《ひょうじょうしゅう》・問注所執事《もんじゅうしょしつじ》)。 **5・20** 藤原為継《ふじわらのためつぐ》(60、画家《がか》)。 **7・18** 清原教隆《きよはらののりたか》(67、儒学者《じゅがくしゃ》)。 **12・15** 藤原信実《ふじわらののぶざね》(89、歌人《かじん》、画家《がか》)。

《月の大小/朔日の干支・ユリウス暦》

一辛未(1・19)・二辛丑(2・18)・三庚午(3・19)・四庚子(4・18)・閏四己巳(5・

大日本史料：

高麗：6

南宋：⑤ 咸淳《かんじゅん》(1.1)

蒙古：2

西暦	年号・干支	天皇	院政	将軍	執権	大日本史料	高麗	南宋	蒙古
▶一二六五	文永 二 乙丑《きのとのうし》 ④	(亀山)	(後嵯峨)	(宗尊親王)	(北条政村)	(未刊)	元宗 6	⑤ 咸淳(1.1)	至元 2
一二六六	三 丙寅《ひのえとら》			7・4 / 7・24 惟康王《これやすおう》			7	2	3

一二六五 記事

17)・五戊戌(6・15)・六丁卯(7・14)・七丁酉(8・13)・八丙寅(9・11)・九丙申(10・11)・一〇丙寅(11・10)・一一乙未(12・9)・一二乙丑(66・1・8)(太字は大の月)

【世界】

イギリス、シモン＝ド＝モンフォール、議会《ぎかい》を召集《しょうしゅう》。

一二六六 記事

【政治・経済】

3・6 幕府《ばくふ》、引付《ひきつけ》を廃《はい》し、問注所《もんじゅうしょ》に訴陳状審査《そちんじょうしんさ》等《など》を移管《いかん》し、重事《じゅうじ》を評定衆《ひょうじょうしゅう》の聴断《ちょうだん》とする(吾)。 **3・28** 幕府《ばくふ》、社官《しゃかん》による社領《しゃりょう》での供祭用鷹狩《ぐさいようたかがり》以外《いがい》の鷹狩《たかがり》を禁《きん》じる(吾)。 **6・20** 北条時宗《ほうじょうときむね》、自邸《じてい》で政村《まさむら》ら三人《にん》と密議《みつぎ》・僧良基《そうりょうき》、御所《ごしょ》を逐電《ちくてん》(吾)。 **7・4** 幕府《ばくふ》、将軍宗尊《しょうぐんむねたか》親王《しんのう》を廃《はい》する(吾)。 **7・20** 宗尊親王帰京《むねたかしんのうききょう》(吾)。 **7・24** 惟康王《これやすおう》を征夷《せいい》大将軍《たいしょうぐん》に補任《ぶにん》(外記日記)。 **この年**《とし》 高麗王《こうらいおう》、蒙古《もうこ》の使《つかい》を日本《にほん》に送ることに失敗《しっぱい》(東国通鑑)。

【社会・文化】

3・12 『続古今和歌集《しょくこきんわかしゅう》 竟宴和歌《きょうえんわか》』詠《よ》まれる。 **4・21** 鎌倉比企谷《かまくらひきがやつ》で、群集《ぐんしゅう》が飛礫《つぶて》、闘諍《とうじょう》(吾)。 **4・27** 蓮華王院再建供養《れんげおういんさいこんくよう》(外記日記)。 **この年**《とし》 白雲慧暁《はくうんえぎょう》、入宋《にっそう》(仏照禅師塔銘)。

【死没】

4・8 飛鳥井教定《あすかいのりさだ》(歌人《かじん》)。

《月の大小/朔日の干支・ユリウス暦》

一乙未(2・7)・二乙丑(3・9)・三甲午(4・7)・四甲子(5・7)・五癸巳(6・5)・六壬戌(7・4)・七辛卯(8・2)・八辛酉(9・1)・九庚寅(9・30)・一〇庚申(10・30)・一一己丑(11・28)・一二己未(12・28)(太字は大の月)

西暦	一二六七
年号・干支	四 丁卯《ひのとのう》
天皇	
院政	
将軍	
執権	
記事	【政治・経済】 4・- 幕府《ばくふ》、越訴奉行《おつそぶぎょう》を廃止《はいし》(関東評定衆伝)。9・- 高麗使潘阜《こうらいしはんぷ》、来日《らいにち》(東国通鑑)。12・26 幕府《ばくふ》、御家人《ごけにん》の所領質入《しょりょうしちいれ》・売買《ばいばい》・他人和与《たにんわよ》の禁《きん》止等《しなど》を定《さだ》める(近衛家本追加)。幕府《ばくふ》、離別後《りべつご》に再嫁《さいか》した妻等《つまら》の前夫所《ぜんぶしょ》領《りょう》の知行《ちぎょう》を禁《きん》じる(式目追加)。 【社会・文化】 1・26 『馬医草紙《うまいのそうし》』相伝《そうでん》される(東博本奥書)。4・8 徹通義介《てつつうぎかい》、永平《えいへい》寺《じ》に住《じゅう》す(永平寺三祖行業記)。この年《とし》 南浦紹明《なんぽじょうみん》・寒巌義尹《かんがんぎいん》、宋《そう》より帰国《きこく》(日本洞上聯燈録)。吉田経長《よしだつねなが》『吉続記《きちぞくき》』を記《しる》す(〜乾元元年《けんげんがんねん》)。 【死没】 6・8 二階堂行方《にかいどうゆきかた》(62、武将《ぶしょう》)。 《月の大小／朔日の干支・ユリウス暦》 一己丑(1・27)・二己未(2・26)・三戊子(3・27)・四戊午(4・26)・五丁亥(5・25)・六丁巳(6・24)・七丙戌(7・23)・八乙卯(8・21)・九乙酉(9・20)・一〇甲寅(10・19)・一一甲申(11・18)・一二癸丑(12・17)(太字は大の月)
大日本史料	
高麗	8
南宋	3
蒙古	4

西暦	一二六八
年号・干支	文永 五 ① 戊辰《つちのえたつ》
天皇	(亀山)
院政	(後嵯峨) 10・5 (法皇)
将軍	(惟康王)
執権	(北条政村) 3・5 / 3・5 北条時宗《ほうじようときむね》
記事	【政治・経済】 **1・-** 高麗使潘阜《こうらいしはんぷ》、モンゴル国書《こくしょ》を持《も》ち大宰府《だざいふ》にいたる(関東評定衆伝)。 **2・7** 幕府《ばくふ》、モンゴル・高麗《こうらい》の国書《こくしょ》を奏上《そうじょう》(深心院関白記)。 **2・19** 朝廷《ちょうてい》、モンゴルに返書《へんしょ》を送《おく》らぬ旨《むね》を定《さだ》め、幕府《ばくふ》、高麗使《こうらいし》をかえす(深心院関白記)。 **2・27** 幕府《ばくふ》、西国《さいごく》の守護《しゅご》・御家人《ごけにん》に、モンゴル襲来《しゅうらい》の用心《ようじん》を命《めい》じる(新式目)。 **7・1・4** 幕府《ばくふ》、御家人所領《ごけにんしょりょう》の貸借《たいしゃく》・売買《ばいばい》について定《さだ》める(新編追加)。 **8・25** 世仁親王《よひとしんのう》(後宇多《ごうだ》)、立太子《りったいし》(吉続記)。 **10・11** 日蓮《にちれん》、得宗御内《とくそうみうち》、禅律寺《ぜんりつじ》など一一ヵ所《しょ》に書《しょ》を送《おく》り、諸宗排撃《しょしゅうはいげき》・法華宗《ほっけしゅう》帰依《きえ》等《など》を説《と》く(高祖遺文録)。 【社会・文化】 **前年《ぜんねん》12・-～1・-** 後深草上皇《ごふかくさじょうこう》、琵琶《びわ》の秘曲《ひきょく》を藤原孝行《ふじわらのたかゆき》らから伝授《でんじゅ》される(後深草天皇宸記)。 **1・29** 凝然《ぎょうねん》『八宗綱要《はっしゅうこうよう》』成《な》る(同書跋)。 **3・23** 東寺《とうじ》で異国降伏《いこくこうふく》の祈禱《きとう》(東宝記)。 **4・13** 亀山天皇《かめやまてんのう》、宸筆《しんぴつ》の宣命《せんみょう》を伊勢神宮《いせじんぐう》に奉納《ほうのう》(五代帝王物語)。 **この年《とし》** 山叟慧雲《さんそうえうん》、宋《そう》より帰国《きこく》(仏智禅師伝)。 【死没】 **7・8** 真空《しんくう》(65、学僧《がくそう》)。 **11・19** 近衛基平《このえもとひら》(23、公卿《くぎょう》)。 《月の大小/朔日の干支・ユリウス暦》 一癸未(1・16)・閏一癸丑(2・15)・二壬午(3・15)・三壬子(4・14)・四壬午(5・14)・五辛亥(6・12)・六辛巳(7・12)・七庚戌(8・10)・八庚辰(9・9)・九己酉(10・
大日本史料	(未刊)
高麗	元宗 9
南宋	① 咸淳 4
蒙古	至元 5

8）・一〇戊寅（11・6）・一一戊申（12・6）・一二丁丑（69・1・4）（太字は大の月）

西暦	一二六九 ◀
年号・干支	六 己巳《つちのとみ》
天皇	
院政	
将軍	
執権	
記事	【政治・経済】 1・10 延暦寺衆徒《えんりゃくじしゅと》、強訴《ごうそ》して六波羅《ろくはら》の兵《へい》と衝突《しょうとつ》（天台座主記）。3・7 モンゴル・高麗《こうらい》の使《つかい》、対馬《つしま》に渡《わた》り返書《へんしょ》を求《もと》め、島民《とうみん》を奪《うば》って帰《かえ》る（帝王編年記）。4・27 幕府《ばくふ》、引付《ひきつけ》を復活《ふっかつ》（関東評定衆伝）。9・17 高麗《こうらい》使《し》、モンゴルの国書《こくしょ》を持《も》ち対馬《つしま》に再来《さいらい》し、島民《とうみん》を返《かえ》す（本朝文集）。9・29 幕府《ばくふ》、使《つかい》を派《は》し、延暦寺《えんりゃくじ》に、連年《れんねん》の強訴等《ごうそなど》の張本《ちょうぼん》の交名提《きょうみょうてい》出《しゅつ》を命《めい》じる（天台座主記）。 【社会・文化】 4・2 仙覚《せんがく》、『万葉集註釈《まんようしゅうちゅうしゃく》』を著《あらわ》す（同書奥書）。**この秋《あき》から冬《ふゆ》にかけて** 飛鳥井雅有《あすかいまさあり》、『嵯峨《さが》のかよひ』を著《あらわ》す。**この年《とし》** 宋僧大休正《そうそうだいきゅうしょう》念《ねん》、北条時宗《ほうじょうときむね》の招《まね》きで来日《らいにち》（元亨釈書）。 【死没】 6・7 西園寺実氏《さいおんじさねうじ》（76、公卿《くぎょう》）。 《月の大小／朔日の干支・ユリウス暦》 一丁未（2・3）・二丁丑（3・5）・三丙午（4・3）・四丙子（5・3）・五乙巳（6・1）・六乙亥（7・1）・七乙巳（7・31）・八甲戌（8・29）・九甲辰（9・28）・一〇癸酉（10・
大日本史料	
高麗	10
南宋	5
蒙古	6

西暦	▶一二六九	一二七〇
年号・干支	文永 六 己巳《つちのとみ》	七 庚午《かのえうま》 ⑨
天皇	(亀山)	
院政	(後嵯峨)	
将軍	(惟康王)	
執権	(北条時宗)	
記事	27)・一一壬寅(11・25)・一二壬申(12・25)(太字は大の月) 【世界】モンゴル、パスパ文字《もじ》を制定《せいてい》。	【政治・経済】 **1・11** モンゴルの船《ふね》、対馬《つしま》に到《いた》る(鎌倉大日記)。**1・―** 朝廷《ちょうてい》、モンゴルへの返牒《へんちょう》を作成《さくせい》して幕府《ばくふ》に送付《そうふ》。幕府《ばくふ》、モンゴルに送《おく》らず(本朝文集・五代帝王物語)。**5・9** 幕府《ばくふ》、文永《ぶんえい》四年《ねん》の御家人《ごけにん》所領《しょりょう》の質入《しちいれ》・売買《ばいばい》・他人《たにん》和与《わよ》の禁《きん》を破棄《はき》(近衛家本追加)。**8・29** 幕府《ばくふ》、本所一円荘園《ほんじょいちえんしょうえん》での狼藉禁圧《ろうぜききんあつ》について定《さだ》める(新編追加)。 【社会・文化】 **1・2** 厳島社《いつくしましゃ》・出雲杵築社《いずもきづきしゃ》焼失《しょうしつ》(帝王編年記)。**4・20** 東寺塔焼失《とうじとうしょうしつ》(帝王編年記)。**11・15** 阿蘇山噴火《あそさんふんか》(阿蘇家譜)。**12・―** 北条実時《ほうじょうさねとき》の鎌倉《かまくら》邸《てい》・蔵書焼失《ぞうしょしょうしつ》(群書治要奥書集)。**この年《とし》** 房総諸国《ぼうそうしょこく》に疫病流行《えきびょうりゅうこう》(本圀寺年譜)。狛朝葛《こまのともかず》、『続教訓抄《ぞくきょうくんしょう》』を起筆《きひつ》(同書)。 【死没】 **1・27** 北条時茂《ほうじょうときもち》(30、六波羅探題《ろくはらたんだい》)。**5・10** 足利泰氏《あしかがやすうじ》(55、武将《ぶしょう》)。**11・29** 二条良実《にじょうよしざね》(55、公卿《くぎょう》)。 《月の大小/朔日の干支・ユリウス暦》 一辛丑(1・23)・二辛未(2・22)・三庚子(3・23)・四庚午(4・22)・五庚子(5・22)・
大日本史料	(未刊)	
高麗	元宗 **10**	**11**
南宋	咸淳 **5**	⑩ **6**
蒙古	至元 **6**	⑪ **7**

（1270 続き）

将軍：（賜源姓）12・20

六己巳（6・20）・七己亥（7・20）・八戊辰（8・18）・九戊戌（9・17）・閏九戊辰（10・17）・一〇丁酉（11・15）・一一丙寅（12・14）・一二丙申（71・1・13）（太字は大の月）

〘世界〙
モンゴル、農桑《のうそう》の制《せい》（社制《しやせい》）を定《さだ》める。高麗《こうらい》、三別抄《さんべつしょう》、モンゴル軍《ぐん》に抵抗《ていこう》。宋《そう》、黎靖徳《れいせいとく》編《へん》『朱子語類《しゅしごるい》』刊《かん》。第《だい》七回十字軍《かいじゅうじぐん》。

西暦：一二七一 ◀

年号・干支：八　辛未《かのとのひつじ》

天皇：

院政：

将軍：

執権：

記事：

【政治・経済】
6・- 炎旱《えんかん》のため、忍性《にんしょう》、祈雨《きう》を修《しゅう》す（日蓮上人註画讃）。**7・22** 忍性《にんしょう》、日蓮《にちれん》に嘲《あざけ》られ、これを訴《うった》える（日蓮上人註画讃）。**9・2** 幕府《ばくふ》、高麗《こうらい》の牒状《ちょうじょう》を朝廷《ちょうてい》に奏上《そうじょう》（吉続記）。**9・12** 幕府《ばくふ》、日蓮《にちれん》を捕《とら》え、ついで佐渡《さど》に配流《はいる》（日蓮上人註画讃）。**9・13** 幕府《ばくふ》、鎮西《ちんぜい》に所領《しよりょう》をもつ御家人《ごけにん》に、下向《げこう》・異国警固《いこくけいご》・悪党鎮圧《あくとうちんあつ》を命《めい》じる（小代文書）。**9・19・25** モンゴル使趙良弼《しちょうりょうひつ》ら、大宰府《だざいふ》に至《いた》り、国書《こくしょ》の写《うつし》を作《つく》り幕府《ばくふ》・朝廷《ちょうてい》に呈出《ていしゅつ》（東福寺文書）。**10・23** 後嵯峨院《ごさがいん》で、幕府奏上《ばくふそうじょう》のモンゴル牒状《ちょうじょう》について評議《ひょうぎ》（吉続記）。**12・16** 朝廷《ちょうてい》、伊勢神宮《いせじんぐう》に異国調伏《いこくちょうぶく》を祈《いの》らせる（吉続記）。

【社会・文化】
10・- 『風葉和歌集《ふうようわかしゅう》』成《な》る（同書序）。**この年《とし》** 西澗子曇《せいかんしどん》、来日《らいにち》（聖一国師譜）。惣持《そうじ》編《へん》『西琳寺文永注記《さいりんじぶんえいちゅうき》』成《な》る。

大日本史料：

高麗	12
南宋	7
元	8　元

	1271	1272
西暦	▶一二七一	一二七二
年号・干支	文永 八 辛未《かのとひつじ》	九 壬申《みずのえさる》
天皇	(亀山)	
院政	(後嵯峨)	2・17
将軍	(源《みなもとの》 惟康《これやす》)	
執権	(北条時宗)	
記事	【死没】 5・22 浄音《じょうおん》(71、浄土《じょうど》宗《しゅう》西谷《にしたに》流《りゅう》祖《そ》)。 《月の大小／朔日の干支・ユリウス暦》 一乙丑(2・11)・二乙未(3・13)・三甲子(4・11)・四甲午(5・11)・五癸亥(6・9)・六癸巳(7・9)・七壬戌(8・7)・八壬辰(9・6)・九壬戌(10・6)・一〇辛卯(11・4)・一一辛酉(12・4)・一二辛卯(72・1・3)(太字は大の月) 【世界】 フビライ、国号《こくごう》を元《げん》と称《しょう》する。	【政治・経済】 **2・1** これより先《さき》、幕府《ばくふ》、鎮西御家人《ちんぜいごけにん》による筑前《ちくぜん》・肥前要害《ひぜんようがい》の警固《けいご》を定《さだ》める(野上文書)。 **2・11・15** 幕府《ばくふ》、鎌倉《かまくら》で北条教時《ほうじょうのりとき》らを、京都《きょうと》で六波羅探題南方北条時輔《ろくはらたんだいみなみがたほうじょうときすけ》を誅殺《ちゅうさつ》(二月騒動《にがつそうどう》)(鎌倉年代記)。 **2・17** 後嵯峨法皇《ごさがほうおう》没《ぼつ》(帝王編年記)。 **5・-** 元使趙良弼《げんしちょうりょうひつ》の使《つかい》、高麗《こうらい》の牒状《ちょうじょう》を持《も》ち来日《らいにち》(関東評定衆伝)。 **10・20** 幕府《ばくふ》、諸国守護《しょこくしゅご》に大田文《おおたぶみ》の調進《ちょうしん》を命《めい》じる(東寺百合文書)。 【社会・文化】 **2・-** 日蓮《にちれん》、佐渡《さど》で『開目鈔《かいもくしょう》』を著《あらわ》す(同書)。**この冬《ふゆ》** 覚信尼《かくしんに》、京都《きょうと》西吉水《にしよしみず》に親鸞《しんらん》の遺骨《いこつ》を改葬《かいそう》し、大谷廟堂《おおたにびょうどう》を建立《こんりゅう》(本願寺上人親鸞伝絵)。
大日本史料	(未刊)	
高麗	元宗 12	13
南宋	咸淳 7	8
元	至元 8	9

西暦	◀一二七三
年号・干支	一〇 癸酉《みずのととり》 ⑤
天皇	
院政	
将軍	
執権	
記事	【死没】 **2・11** 名越時章《なごえときあき》(58、武将《ぶしょう》)。 **2・15** 北条時輔《ほうじょうときすけ》(25、六波羅探題《ろくはらたんだい》)。 **2・17** 後嵯峨法皇《ごさがほうおう》(53)。 **6・26** 葉室定嗣《はむろさだつぐ》(65、公卿《くぎょう》)。 **12・28** 神子栄尊《じんしえいそん》(78、臨済僧《りんざいそう》)。 《月の大小/朔日の干支・ユリウス暦》 一庚申(2・1)・二己丑(3・1)・三己未(3・31)・四戊子(4・29)・五戊午(5・29)・六丁亥(6・27)・七丁巳(7・27)・八丙戌(8・25)・九丙辰(9・24)・一〇丙戌(10・24)・一一乙卯(11・22)・一二乙酉(12・22)(太字は大の月) 〘世界〙 元《げん》、中都《ちゅうと》を大都《だいと》と改称《かいしょう》。ヴェトナム、『大越史記《だいえつしき》』成《な》る。 【政治・経済】 **3・-** 元使《げんし》趙良弼《ちょうりょうひつ》、大宰府《だざいふ》に至《いた》るが入京《にゅうきょう》できずに帰国《きこく》(東国通鑑)。 **6・-** 炎旱《えんかん》により、祈雨奉幣使《きうほうべいし》を発遣《はっけん》し、神泉苑《しんせんえん》で読経《どきょう》(吉続記)。 **7・12** 幕府《ばくふ》、御家人《ごけにん》の質地《しっち》の無償返却等《むしょうへんきゃくなど》を定《さだ》め、引付衆《ひきつけしゅう》・奉行人《ぶぎょうにん》に公正《こうせい》・迅速《じんそく》な訴訟《そしょう》を命《めい》じる(近衛家本追加)。 **8・3** 幕府《ばくふ》、諸国御家人《しょこくごけにん》に所領《しょりょう》・質券売買地《しちけんばいばいち》の注進《ちゅうしん》を命《めい》じる(松浦山代文書)。 **9・27** 朝廷《ちょうてい》、二五ヵ条《じょう》の新制《しんせい》を宣下《せんげ》(三代制符)。 **10・20** 内裏焼亡《だいりしょうぼう》(一代要記)。 【社会・文化】 **2・11** 嵯峨法華堂《さがほっけどう》、落慶供養《らっけいくよう》(東宝記)。 **4・25** 日蓮《にちれん》、『観心本尊抄《かんじんほんぞんしょう》』
大日本史料	
高麗	14
南宋	⑥ 9
元	10

西暦	▶一二七三	一二七四
年号・干支	文永一〇 ⑤ 癸酉《みずのととり》	一一 甲戌《きのえいぬ》
天皇	(亀山)	後宇多《ごうだ》 1・26
院政		亀山《かめやま》 1・26
将軍	(源惟康)	
執権	(北条時宗)	
記事	を著《あらわ》す。**10・12** 京都《きょうと》火災《かさい》、六条殿《ろくじょうどの》など焼失《しょうしつ》(一代要記)。 【死没】 **2・14** 徳大寺実基《とくだいじさねもと》(73、公卿《くぎょう》)。**5・27** 北条政村《ほうじょうまさむら》(69、執権《しっけん》)。**8・16** 洞院実雄《とういんさねかつ》(57、公卿《くぎょう》)。**12・7** 頼賢《らいけん》(78、真言宗僧侶《しんごんしゅうそうりょ》)。 《月の大小/朔日の干支・ユリウス暦》 一乙卯(1・21)・二甲申(2・19)・三甲寅(3・21)・四癸未(4・19)・五壬子(5・18)・閏五辛巳(6・16)・六辛亥(7・16)・七庚辰(8・14)・八庚戌(9・13)・九庚辰(10・13)・一〇己酉(11・11)・一一己卯(12・11)・一二己酉(74・1・10)(太字は大の月)	【政治・経済】 **2・14** 幕府《ばくふ》、日蓮《にちれん》を赦免《しゃめん》(日蓮上人註画讃)。**6・1** 幕府《ばくふ》、罪科《ざいか》で収《しゅう》公《こう》された一期分《いちごぶん》の法《ほう》を定《さだ》める(類従本追加)。幕府《ばくふ》、所領《しょりょう》の他人和与《たにんわよ》を禁《きん》じる(式目追加)。**10・5・14** 元《げん》・高麗軍《こうらいぐん》、対馬《つしま》・壱岐《いき》を侵《おか》す(八幡愚童訓)。**10・20** 同軍《どうぐん》、筑前博多《ちくぜんはかた》に上陸《じょうりく》・鎮西御家人《ちんぜいごけにん》、防戦《ぼうせん》し大宰府《だざいふ》に退《しりぞ》く・夜《よる》、風雨《ふうう》により元軍撤退《げんぐんてったい》(文永《ぶんえい》の役《えき》)(八幡愚童訓)。**11・1** 幕府《ばくふ》、西国《さいごく》の守護《しゅご》に、本所一円地《ほんじょいちえんち》の住人《じゅうにん》・非御家人《ひごけにん》の動員等《どういんなど》を命《めい》じる(東寺百合文書・大友文書)。**11・2** 亀山上皇《かめやまじょうこう》、異国降伏《いこくこうふく》の祈請《きせい》のため山陵使《さんりょうし》を派遣《はけん》(続史愚抄)。**11・6** 元軍撤退《げんぐんてったい》の報《ほう》、京都《きょうと》に届《とど》く(帝王編年記)。 【社会・文化】
大日本史料	(未刊)	
高麗	元宗 **14**	**15**
南宋	⑥ 咸淳 **9**	恭宗《きょうそう》 **10**
元	至元 **10**	**11**

項目	1275
西暦	一二七五 ◀
年号・干支	建治《けんじ》元 4・25 乙亥《きのとのい》
天皇	
院政	
将軍	
執権	
記事	5・12 日蓮《にちれん》、鎌倉《かまくら》より甲斐身延《かいみのぶ》へ向《む》かい、久遠寺《くおんじ》を建立《こんりゅう》(日蓮上人註画讃)。**この夏《なつ》** 一遍《いっぺん》、熊野本宮《くまのほんぐう》に参詣《さんけい》し、賦算《ふさん》の神勅《しんちょく》を受《う》ける(一遍上人絵伝)。**この年《とし》** 広橋兼仲《ひろはしかねなか》、『勘仲記《かんちゅうき》』を記《しる》す(～正安《しょうあん》二年《ねん》)。 【死没】 4・15 藤原経光《ふじわらのつねみつ》(63、公卿《くぎょう》)。8・1 宗尊親王《むねたかしんのう》(33、鎌倉将軍《かまくらしょうぐん》)。10・6 宗助国《そうすけくに》(武将《ぶしょう》)。10・15 平景隆《たいらのかげたか》(壱岐守護代《いきのしゅごだい》)。 《月の大小／朔日の干支・ユリウス暦》 一己卯(2・9)・二戊申(3・10)・三戊寅(4・9)・四丁未(5・8)・五丙子(6・6)・六乙巳(7・5)・七乙亥(8・4)・八甲辰(9・2)・九甲戌(10・2)・一〇癸卯(10・31)・一一癸酉(11・30)・一二癸卯(12・30)(太字は大の月) 【世界】 イタリア、トマス＝アクィナス没《ぼっ》。 【政治・経済】 2・4 幕府《ばくふ》、鎮西御家人《ちんぜいごけにん》による異国警固番役《いこくけいごばんやく》を結番《けちばん》する(比志島文書)。4・15 元使杜世忠《げんしとせいちゅう》ら、長門室津《ながとむろつ》に来《く》る(関東評定衆伝)。5・20 幕府《ばくふ》、周防以下《すおういか》四ヵ国《こく》に長門警固《ながとけいご》を命《めい》じる(東寺百合文書)。9・7 幕府《ばくふ》、元使杜世忠《げんしとせいちゅう》らを鎌倉竜口《かまくらたつのくち》で斬首《ざんしゅ》(鎌倉年代記)。10・28 紀伊国阿氐《きいのくにあて》河荘民《がわのしょうみん》ら、地頭《じとう》の非法《ひほう》を片仮名書《かたかなが》きで訴《うった》える(高野山文書)。11・5 幕府《ばくふ》の奏請《そうせい》により熙仁親王《ひろひとしんのう》が立太子《りったいし》(伏見宮記録文書)。11・- 幕《ばく》
大日本史料	
高麗	忠烈王《ちゅうれつおう》
南宋	徳祐《とくゆう》(1.1)
元	12

西暦	▶一二七五
年号・干支	建治 元 4・25 乙亥《きのとのい》
天皇	（後宇多）
院政	（亀山）
将軍	（源惟康）
執権	（北条時宗）
記事	府《ふ》、金沢実政《かねざわさねまさ》を鎮西《ちんぜい》に派遣《はけん》（帝王編年記）。幕府《ばくふ》、京都大番役《きょうとおおばんやく》を軽減《けいげん》（関東評定衆伝）。**12・8** 幕府《ばくふ》、異国征伐《いこくせいばつ》を企《くわだ》て、鎮西《ちんぜい》・西国《さいごく》での梶取《かんどり》・水手《かこ》の催徴《さいちょう》を定《さだ》める（東寺百合文書）。**12・‐** 紀伊国高野山領《きいのくにこうやさんりょう》で憑支《たのもし》がなされる（初見《しょけん》）（高野山文書）。 【社会・文化】 **3・21** 康円《こうえん》、神護寺愛染明王像《じんごじあいぜんみょうおうぞう》を造《つく》る（同像銘）。**6・25** 経尊《きょうそん》、『名語記《みょうごき》』を成《な》し北条実時《ほうじょうさねとき》に献上《けんじょう》（同書奥書）。**この年《とし》** 承澄《しょうちょう》『阿娑縛抄《あさばしょう》』成《な》る。日蓮《にちれん》『神国王御書《しんこくおうごしょ》』『撰時抄《せんじしょう》』成《な》る（同書）。 【死没】 **5・1** 藤原為家《ふじわらのためいえ》（78、歌人《かじん》）。**7・17** 性信《しょうしん》（89、浄土真宗僧侶《じょうどしんしゅうそうりょ》）。**11・11** 有厳《うごん》（90、律宗僧侶《りつしゅうそうりょ》）。 《月の大小／朔日の干支・ユリウス暦》 一癸酉（1・29）・二壬寅（2・27）・三壬申（3・29）・四壬寅（4・28）・五辛未（5・27）・六庚子（6・25）・七己巳（7・24）・八己亥（8・23）・九戊辰（9・21）・一〇戊戌（10・21）・一一丁卯（11・19）・一二丁酉（12・19）（太字は大の月） 〖世界〗 宋《そう》、賈似道《かじどう》、殺《ころ》される。マルコ＝ポーロ、大都《だいと》に到着《とうちゃく》し、フビライに仕《つか》える。
大日本史料	（未刊）
高麗	忠烈王
南宋	徳祐（1.1）
元	至元 **12**

西暦　一二七六

年号・干支　二　丙子《ひのえね》 ③

天皇

院政

将軍

執権

記事

【政治・経済】

3・5・10 幕府《ばくふ》、高麗発向《こうらいはっこう》の用意《ようい》を命《めい》じ、博多《はかた》の石塁造築《せきるいぞうちく》を鎮西御家人《ちんぜいごけにんら》等に賦課《ふか》（野上文書・深江文書）。**7・22** 亀山上皇《かめやまじょうこう》、二条為氏《にじょうためうじ》に『続拾遺和歌集《しょくしゅういわかしゅう》』の撰進《せんしん》を命《めい》じる（尊卑分脈）。**8・24** 幕府《ばくふ》、山陽《さんよう》・南海道諸国《なんかいどうしょこく》に長門警固《ながとけいご》を命《めい》じる（東寺百合文書）。

【社会・文化】

3・― 日蓮《にちれん》、『種々御振舞御書《しゅじゅおふるまいごしょ》』を著《あらわ》すか。**閏《うるう》3・―** 北条時宗《ほうじょうときむね》、和歌《わか》を藤原光俊《ふじわらのみつとし》に撰進《せんしん》させ『現存三十六人詩歌《げんそんさんじゅうろくにんしいか》』を成《な》す（同書奥書）。**7・―** 釈良季《しゃくりょうき》『王沢不渇鈔《おうたくふかつしょう》』成《な》る。**7・21** 日蓮《にちれん》、『報恩抄《ほうおんしょう》』を著《あらわ》す（同書）

【死没】

4・23 葛山景倫《かずらやまかげとも》（武将《ぶしょう》）。**6・9** 藤原光俊《ふじわらのみつとし》（74、歌人《かじん》）。**10・18** 吉田経俊《よしだつねとし》（63、公卿《くぎょう》）。**10・23** 金沢実時《かねざわさねとき》（53、武将《ぶしょう》）。

《月の大小／朔日の干支・ユリウス暦》

一丁卯（1・18）・二丁酉（2・17）・三丙寅（3・17）・閏三丙申（4・16）・四乙丑（5・15）・五乙未（6・14）・六甲子（7・13）・七癸巳（8・11）・八癸亥（9・10）・九壬辰（10・9）・一〇壬戌（11・8）・一一辛卯（12・7）・一二辛酉（77・1・6）（太字は大の月）

【世界】

兀庵普寧《ごったんふねい》没《ぼつ》（臨済宗楊岐派《りんざいしゅうようぎは》の禅僧《ぜんそう》）。

大日本史料

高麗　2

南宋　③ 端宗《たんそう》　景炎《けいえん》（5.1）

元　13

西暦	1277
年号・干支	建治　三 丁丑《ひのとのうし》
天皇	（後宇多）
院政	（亀山）
将軍	（源惟康）
執権	（北条時宗）
記事	【政治・経済】 **1・12** 道宝《どうほう》、伊勢神宮《いせじんぐう》に参籠《さんろう》して異国降伏《いこくこうふく》を祈《いの》る（続史愚抄）。**6・8** 幕府《ばくふ》、宋朝滅亡《そうちょうめつぼう》の報《ほう》を大宰府《だざいふ》より受《う》ける（建治三年記）。**12・19** 幕府《ばくふ》、六波羅《ろくはら》の政務《せいむ》を定《さだ》める（建治三年記）。 【社会・文化】 **7・26** 落雷《らくらい》により興福寺金堂等焼失《こうふくじこんどうなどしょうしつ》（建治三年記）。**8・―** 安達泰盛《あだちやすもり》、『請来目録《しょうらいもくろく》』『大日経疏《だいにちきょうしょ》』を開板《かいはん》し、高野山金剛三昧院《こうやさんこんごうざんまいいん》に寄進《きしん》（高野春秋）。**この年《とし》より弘安《こうあん》二年頃《ねんころ》** 『和漢兼作集《わかんけんさくしゅう》』成《な》るか。 【死没】 **4・21** 慈猛《じみょう》（67、僧侶《そうりょ》）。**5・2** 北条時盛《ほうじょうときもり》（81、武将《ぶしょう》）。**10・22** 円照《えんしょう》（57、律僧《りっそう》）。**11・3** 東巌慧安《とうがんえあん》（53、臨済宗僧侶《りんざいしゅうそうりょ》）。**この頃《ころ》** 源親行《みなもとのちかゆき》（歌人《かじん》）。 《月の大小／朔日の干支・ユリウス暦》 一辛卯（2・5）・二庚申（3・6）・三庚寅（4・5）・四庚申（5・5）・五己丑（6・3）・六己未（7・3）・七戊子（8・1）・八戊午（8・31）・九丁亥（9・29）・一〇丙辰（10・28）・一一丙戌（11・27）・一二乙卯（12・26）（太字は大の月） 【世界】 元《げん》、ビルマを攻撃《こうげき》。
大日本史料	（未刊）
高麗	忠烈王 3
南宋	景炎 2
元	至元 14

西暦	一二七八
年号・干支	弘安《こうあん》元 2・29 ⑩ 戊寅《つちのえとら》
天皇	
院政	
将軍	
執権	
記事	【政治・経済】 **5・12** 園城寺《おんじょうじ》金堂《こんどう》供養《くよう》が勅会《ちょくえ》に準《じゅん》じられたことにつき、延暦寺《えんりゃくじ》衆徒《しゅと》ら強訴《ごうそ》(勘仲記)。**7・27** 興福寺《こうふくじ》の訴《うった》えにより葉室頼親《はむろよりちか》を安芸《あき》に配流《はいる》(公卿補任)。**閏《うるう》10・13** 内裏《だいり》焼失《しょうしつ》(勘仲記)。 【社会・文化】 **8・20** 東寺《とうじ》塔婆《とうば》の造営開始《ぞうえいかいし》(東宝記)。**12・23** 北条時宗《ほうじょうときむね》、禅僧《ぜんそう》招来《しょうらい》のため徳詮《とくせん》・宗英《そうえい》を入元《にゅうげん》させる(円覚寺文書)。**12・27** 二条為氏《にじょうためうじ》撰《せん》『続拾遺和歌集《しょくしゅういわかしゅう》』奏覧《そうらん》(尊卑分脈)。**この年《とし》**『御義口伝《おんぎくでん》』成《な》るか。西《せい》澗子曇《かんしどん》、元《げん》に帰《かえ》る(大通禅師行実)。 【死没】 **6・8** 宗性《そうしょう》(77、華厳宗学僧《けごんしゅうがくそう》)。**7・24** 蘭渓道隆《らんけいどうりゅう》(66、渡来僧《とらいそう》)。 《月の大小/朔日の干支・ユリウス暦》 一乙酉(1・25)・二甲寅(2・23)・三甲申(3・25)・四甲寅(4・24)・五癸未(5・23)・六癸丑(6・22)・七壬午(7・21)・八壬子(8・20)・九辛巳(9・18)・一〇辛亥(10・18)・閏一〇庚辰(11・16)・一一己酉(12・15)・一二己卯(79・1・14)(太字は大の月) 【世界】 元《げん》、日本商船《にほんしょうせん》の交易《こうえき》を許可《きょか》。
大日本史料	
高麗	4
南宋	⑪ 帝昺《ていへい》 祥興《しょうこう》(5.1)
元	15

西暦	一二七九　図19 図20
年号・干支	弘安 二 己卯《つちのとのう》
天皇	(後宇多)
院政	(亀山)
将軍	(源惟康)
執権	(北条時宗)
記事	【政治・経済】 **5・4** 石清水八幡宮神人《いわしみずはちまんぐうのじにん》、赤山神人《せきさんのじにん》との相論《そうろん》に関《かん》して強訴《ごうそ》(公衡公記)。 **7・29** 朝廷《ちょうてい》、元《げん》の牒状《ちょうじょう》を評定《ひょうじょう》し幕府《ばくふ》に処置《しょち》を委《ゆだ》ね、幕府《ばくふ》、博多《はかた》で元使《げんし》を処刑《しょけい》(勘仲記・関東評定衆伝)。 **10・24** 幕府《ばくふ》の武士《ぶし》、鎮西《ちんぜい》下向《げこう》のため上洛《じょうらく》(帝王編年記)。 【社会・文化】 **1・23** 『諸寺略記《しょじりやっき》』成《な》る(同書奥書)。 **3・6** 清涼寺《せいりょうじ》で大念仏会《だいねんぶつえ》を行《おこな》う(皇代記)。 **4・-** 院勝撰《いんしょうせん》『石清水八幡宮寺略補任《いわしみずはちまんぐうじりゃくぶにん》』成《な》る。 **6・25** 元《げん》使周福《ししゅうふく》ら、来日《らいにち》(関東評定衆伝)。 **6・-** 無学祖元《むがくそげん》・鏡堂覚円《きょうどうかくえん》ら、北条《ほうじょう》時宗《ときむね》の招《まね》きにより来日《らいにち》(元亨釈書)。 **8・20** 時宗《ときむね》、無学祖元《むがくそげん》を建長寺《けんちょうじ》住持《じゅうじ》とする(円覚寺文書)。 **10・-** 阿仏尼《あぶつに》、訴訟《そしょう》のため鎌倉《かまくら》に下向《げこう》・『十六夜日記《いざよいにっき》』を記《しる》す(～翌年《よくねん》八月《がつ》)(十六夜日記・冷泉家文書)。 **12・27** 二条為氏《にじょうためうじ》、『続拾遺和歌集《しょくしゅういわかしゅう》』を撰進《せんしん》(拾芥抄)。 **この年《とし》** 「常陸国大田文《ひたちのくにおおたぶみ》」成《な》る(同書)。 【死没】 **5・24** 京極為教《きょうごくためのり》(53、歌人《かじん》)。 **11・22** 信瑞《しんずい》(僧侶《そうりょ》)。 《月の大小/朔日の干支・ユリウス暦》 一己酉(2・13)・二戊寅(3・14)・三戊申(4・13)・**四丁丑**(5・12)・**五丁未**(6・11)・六丁丑(7・11)・七丙午(8・9)・八丙子(9・8)・九乙巳(10・7)・一〇乙亥(11・6)・一一甲辰(12・5)・一二甲戌(80・1・4)(太字は大の月)
大日本史料	(未刊)
高麗	忠烈王 **5**
南宋	祥興 **2**
元	至元 **16**

西暦	
年号・干支	
天皇	
院政	
将軍	
執権	
記事	〔世界〕元《げん》、南宋《なんそう》を滅《ほろ》ぼす。
大日本史料	
高麗	
南宋	
元	

図19
無学祖元像(円覚寺)

図20
北条時宗像(満願寺)

西暦	一二八〇	一二八一
年号・干支	弘安 三 庚辰《かのえたつ》	四 辛巳《かのとのみ》 ⑦
天皇	（後宇多）	
院政	（亀山）	
将軍	（源惟康）	
執権	（北条時宗）	
記事	【政治・経済】 **2・21** 朝廷《ちょうてい》、諸寺《しょじ》に異国降伏《いこくこうふく》の祈禱《きとう》を命《めい》じる（高野春秋）。 **6・24** 延暦寺衆徒《えんりやくじしゅと》、金堂供養勅願《こんどうくようちょくがん》の噂《うわさ》に怒《いか》り、園城寺《おんじょうじ》に発向《はっこう》（一代要記）。 **12・8** 幕府《ばくふ》、鎮西警固《ちんぜいけいご》の御家人《ごけにん》に守護《しゅご》に従《したが》うことを、守護《しゅご》には公正《こうせい》な職務遂行《しょくむすいこう》を命《めい》じる（大友文書）。 【社会・文化】 **3・14** 大和長谷寺《やまとはせでら》焼失《しょうしつ》（一代要記）。 **9・24** 筑前国筥崎宮《ちくぜんのくにはこざきぐう》焼亡《しょうぼう》（皇代暦）。 **11・14** 鶴岡八幡宮《つるがおかはちまんぐう》焼失《しょうしつ》（鶴岡社務記録）。 **10・-** 源具顕《みなもとのともあき》、『弘安源氏論議《こうあんげんじろんぎ》』を筆録《ひつろく》。 【死没】 **7・11** 九条基家《くじょうもといえ》（78、歌人《かじん》）。 **8・24** 孤雲懐奘《こうんえじょう》（83、曹洞宗僧侶《そうとうしゅうそうりょ》）。 **10・17** 円爾《えんに》（79、臨済宗僧侶《りんざいしゅうそうりょ》）。 **12・13** 忠成王《ただなりおう》（59、順徳天皇皇子《じゅんとくてんのうおうじ》）。 《月の大小／朔日の干支・ユリウス暦》 一癸卯（2・2）・二癸酉（3・3）・三壬寅（4・1）・四壬申（5・1）・五辛丑（5・30）・六辛未（6・29）・七庚子（7・28）・八庚午（8・27）・九庚子（9・26）・一〇己巳（10・25）・一一己亥（11・24）・一二己巳（12・24）（太字は大の月）	【政治・経済】 **2・16** 亀山上皇《かめやまじょうこう》、熊野《くまの》に御幸《ごこう》（一代要記）。 **3・21** 幕府《ばくふ》、高野山金剛三昧院《こうやさんこんごうざんまいいん》の荘園《しょうえん》・長老職等《ちょうろうしきなど》について定《さだ》める（金剛三昧院文書）。 **5・21** 元《げん》・高麗等《こうらいなど》
大日本史料	（未刊）	
高麗	忠烈王 6	7
元	至元 17	18 ⑧

西暦

年号・干支

天皇

院政

将軍

執権

記事

の東路軍《とうろぐん》、対馬《つしま》・壱岐《いき》に侵攻《しんこう》(八幡愚童訓)。**6・6~13** 東路軍《とうろぐん》、志賀島《しかのしま》に上陸《じょうりく》できず、江南軍《こうなんぐん》の到着《とうちゃく》を待つため壱岐《いき》に退《しりぞ》き、一部《いちぶ》は長門《ながと》に進出《しんしゅつ》(八幡愚童訓)。**6・-~閏《うるう》7・-** 石清水八幡宮等《いわしみずはちまんぐうなど》で、異国降伏《いこくこうふく》の祈禱《きとう》が盛《さか》んに行《おこな》われる(続史愚抄)。**閏《うるう》7・1** 肥前国鷹島《ひぜんのくにたかしま》付近《ふきん》に集結《しゅうけつ》した東路軍《とうろぐん》・江南軍《こうなんぐん》、台風《たいふう》により壊滅《かいめつ》(弘安《こうあん》の役《えき》)(八幡愚童訓)。**閏《うるう》7・9** 幕府《ばくふ》、本所《ほんじょ》一円地《いちえんち》の荘官《しょうかん》等の軍事動員《ぐんじどういん》を朝廷《ちょうてい》に奏請《そうせい》(弘安四年日記抄)。**閏《うるう》7・11** 幕《ばく》府《ふ》、瀬戸内《せとうち》の海上警備《かいじょうけいび》のため、北条時業《ほうじょうときなり》を播磨《はりま》に派遣《はけん》(東寺文書)。**10・4** 春日神木《かすがのしんぼく》、入京《にゅうきょう》(弘安四年春日入洛記)。

【社会・文化】

4・- 日蓮《にちれん》、『三大秘法稟承事《さんだいひほうぼんじょうのこと》』を著《あらわ》すか。**5・-** 小槻顕衡《おづきのあきひら》、『弘安四年《こうあんよねん》日記抄《にっきしょう》』を記《しる》す(~同年《どうねん》八月《がつ》)。

【死没】

6・7 二階堂行綱《にかいどうゆきつな》(66、政所執事《まんどころしつじ》)。**閏《うるう》7・13** 少弐資能《しょうにすけよし》(84、大宰少弐《だざいのしょうに》)。**8・21** 一翁院豪《いちおういんごう》(72、禅宗僧侶《ぜんしゅうそうりょ》)。**11・27** 北条義政《ほうじょうよしまさ》(40、連署《れんしょ》)。

《月の大小/朔日の干支・ユリウス暦》

一戊戌(1・22)・二丁卯(2・20)・三丁酉(3・22)・四丙寅(4・20)・五丙申(5・20)・六乙丑(6・18)・七甲午(7・17)・閏七甲子(8・16)・八甲午(9・15)・九癸亥(10・14)・一〇癸巳(11・13)・一一癸亥(12・13)・一二癸巳(82・1・12)(太字は大の月)

【世界】

元《げん》、授時暦《じゅじれき》を頒布《はんぷ》。

大日本史料

高麗

元

西暦	一二八二	一二八三
年号・干支	弘安 五 壬午《みずのえうま》	六 癸未《みずのとひつじ》
天皇	(後宇多)	
院政	(亀山)	
将軍	(源惟康)	
執権	(北条時宗)	
記事	【政治・経済】 10・- 東大寺衆徒《とうだいじしゅと》、六波羅《ろくはら》による同寺領《どうじりょう》伊賀国黒田荘等《いがのくにくろだのしょうなど》の悪党追捕《あくとうついぶ》を命《めい》じる院宣発給《いんぜんはっきゅう》を求《もと》める(東大寺文書)。12・17〜21 興福寺《こうふくじ》の訴《うったえ》により源《みなもとの》具房《ともふさ》らを配流《はいる》に処《しょ》し、春日神木《かすがのしんぼく》を帰座《きざ》させる(勘仲記)。 【社会・文化】 10・13 日蓮《にちれん》、武蔵池上《むさしいけがみ》で没《ぼつ》(日蓮上人註画讃)。12・8 北条時宗《ほうじょうときむね》、円覚寺《えんがくじ》を創建《そうこん》し、モンゴル襲来《しゅうらい》の戦没者《せんぼつしゃ》を供養《くよう》(仏光禅師塔銘)。 【死没】 10・13 日蓮《にちれん》(61、日蓮宗開祖《にちれんしゅうかいそ》)。 《月の大小／朔日の干支・ユリウス暦》 一壬戌(2・10)・二壬辰(3・12)・三辛酉(4・10)・四庚寅(5・9)・五己未(6・7)・六己丑(7・7)・七戊午(8・5)・八戊子(9・4)・九丁巳(10・3)・一〇丁亥(11・2)・一一丁巳(12・2)・一二丁亥(83・1・1)(太字は大の月) 【世界】 元《げん》、阿合馬《アフマド》殺される。イタリア、「シチリアの晩鐘《ばんしょう》」起《お》こる。	【政治・経済】 1・6 延暦寺衆徒《えんりゃくじしゅと》、神輿《しんよ》を奉《ほう》じて禁中《きんちゅう》に乱入《らんにゅう》(勘仲記)。5・3 幕府《ばくふ》、北条兼時《ほうじょうかねとき》を播磨《はりま》に派遣《はけん》(鎌倉年代記)。 【社会・文化】
大日本史料	(未刊)	
高麗	忠烈王 8	9
元	至元 19	20

7・16 幕府《ばくふ》、円覚寺《えんがくじ》を将軍家祈禱所《しょうぐんけきとうじょ》とする(円覚寺文書)。8・- 無住道暁《むじゅうどうぎょう》、『沙石集《しゃせきしゅう》』を著《あらわ》す(同書巻一〇末原識語)。この年《とし》 寒巌義尹《かんがんぎいん》、肥後大慈寺《ひごだいじじ》を建立《こんりゅう》(寒岩禅師略伝)。三条実躬《さんじょうさねみ》、『実躬卿記《さねみきょうき》』を記《しる》す(～延慶《えんきょう》三年《ねん》)。

【死没】

4・8 阿仏尼《あぶつに》(女流歌人《じょりゅうかじん》)。7・13 尊信《そんじん》(56、大乗院僧侶《だいじょういんそうりょ》)。この年《とし》 覚信尼《かくしんに》(60、大谷御影堂留守職《おおたにごえいどうるすしき》)。

《月の大小／朔日の干支・ユリウス暦》

一丙辰(1・30)・二丙戌(3・1)・三丙辰(3・31)・四乙酉(4・29)・五甲寅(5・28)・六癸未(6・26)・七癸丑(7・26)・八壬午(8・24)・九壬子(9・23)・一〇辛巳(10・22)・一一辛亥(11・21)・一二辛巳(12・21)(太字は大の月)

西暦: ▲一二八四

年号・干支: 七 甲申《きのえさる》 ④

天皇:

院政:

将軍:

執権: 4・4

記事:

【政治・経済】

2・27 朝廷《ちょうてい》、宇治川《うじがわ》の網代停廃《あじろていはい》と、叡尊《えいぞん》による橋修造《はししゅうぞう》を定《さだ》めた官符《かんぷ》を下《くだ》す(報恩院文書)。4・4 北条時宗没《ほうじょうときむねぼっ》、一門《いちもん》・評定衆《ひょうじょうしゅう》の多《おお》くが出家《しゅっけ》(関東評定衆伝)。4・13・26 殺生禁断《せっしょうきんだん》の宣旨《せんじ》・院宣《いんぜん》が出《だ》される(勘仲記)。5・20 幕府《ばくふ》、新式目《しんしきもく》三八条《じょう》を制定《せいてい》(新式目)。5・27 幕府《ばくふ》、悪党禁圧《あくとうきんあつ》の八条《じょう》を定《さだ》める(近衛家本追加)。幕府《ばくふ》、御家人所領《ごけにんしょりょう》の質地等《しっちなど》の公事《くじ》・年貢《ねんぐ》などについて定《さだ》める(新式目)。5・- 幕府《ばくふ》、守護《しゅご》に一宮《いちのみや》・国分寺《こくぶんじ》の管領人《かんれいにん》や関東御領《かんとうごりょう》の当知行人等《とうちぎょうにんら》の注進《ちゅうしん》を命令《めいれい》(薩藩旧記・新式目)。6・3 幕府《ばくふ》、津料《つりょう》徴収《ちょうしゅう》・押買等《おしかいなど》を禁《きん》じる(新編追加)。6・20 幕府《ばくふ》、六波羅南方北条時国《ろくはらみなみがたほうじょうときくに》

大日本史料:

高麗: 10

元: ⑤ 21

	1284	1285
西暦	▶ 一二八四	一二八五
年号・干支	弘安 七 甲申《きのえさる》 ④	八 乙酉《きのとのとり》
天皇	(後宇多)	
院政	(亀山)	
将軍	(源惟康)	
執権	北条貞時《ほうじょうさだとき》 7・7	
記事	を解任《かいにん》(鎌倉年代記)。**7・-** 元使《げんし》王積翁《おうせきおう》・如智《じょち》、対馬《つしま》に渡《わた》る(善隣国宝記)。**8・17** 幕府《ばくふ》、引付衆《ひきつけしゅう》・奉行人《ぶぎょうにん》の公正《こうせい》な職務遂行《しょくむすいこう》などを定《さだ》める(近衛家本追加)。**8・-** 幕府《ばくふ》、北条時光《ほうじょうときみつ》を配流《はいる》(鎌倉年代記)。**9・10** 幕府《ばくふ》、鎮西《ちんぜい》の名主職安堵《みょうしゅしきあんど》のため、東使《とうし》と守護《しゅご》が鎮西《ちんぜい》を三分《さんぶん》して博多《はかた》において訴訟処《そしょうしょ》理《り》に当《あた》ることを定《さだ》める(鎮西特殊合議制訴訟機関《ちんぜいとくしゅごうぎせいそしょうきかん》の設置《せっち》)(新編追加)。 【社会・文化】 **8・7** 叡尊《えいそん》、西大寺舎利器《さいだいじしゃりき》を造立《ぞうりゅう》(同器銘)。 【死没】 **4・3** 唯信《ゆいしん》(85、浄土真宗僧侶《じょうどしんしゅうそうりょ》)。**4・4** 北条時宗《ほうじょうときむね》(34、執権《しっけん》)。**4・18** 立信《りゅうしん》(72、浄土宗僧侶《じょうどしゅうそうりょ》)。**閏《うるう》4・21** 島津久経《しまづひさつね》(60、武将《ぶしょう》)。**7・18** 一条実経《いちじょうさねつね》(62、公卿《くぎょう》)。**10・3** 北条時国《ほうじょうときくに》(六波羅探題《ろくはらたんだい》)。 《月の大小/朔日の干支・ユリウス暦》 一辛亥(1・20)・二庚辰(2・18)・三庚戌(3・19)・四己卯(4・17)・閏四己酉(5・17)・五戊寅(6・15)・六丁未(7・14)・七丁丑(8・13)・八丙午(9・11)・九丙子(10・11)・一〇乙巳(11・9)・一一乙亥(12・9)・一二乙巳(85・1・8)(太字は大の月)	【政治・経済】 **2・20** 幕府《ばくふ》、鎮西《ちんぜい》の守護《しゅご》に大田文《おおたぶみ》の注進《ちゅうしん》を命《めい》じる(薩藩旧記)。**10・17** 幕《ばく》府《ふ》、鎮西御家人《ちんぜいごけにん》が訴訟《そしょう》のため鎌倉《かまくら》に参向《さんこう》することを禁《きん》じる(松浦山代文書)。**10・12月** 豊後《ぶんご》・但馬《たじま》の守護《しゅご》、大田文《おおたぶみ》を注進《ちゅうしん》。**11・13** 朝廷《ちょうてい》、二〇カ
大日本史料	(未刊)	
高麗	忠烈王 10	11
元	⑤ 至元 21	22

西暦	
年号・干支	
天皇	
院政	
将軍	
執権	

記事

条《じょう》の新制《しんせい》を宣下《せんげ》(石清水文書)。**11・17** 平頼綱《たいらのよりつな》、安達泰盛《あだちやすもり》等《ら》を滅《ほろ》ぼし、金沢顕時《かねざわあきとき》を上総《かずさ》に配流《はいる》(霜月騒動《しもつきそうどう》)(鎌倉年代記)。**この年《とし》** 筑前岩門《ちくぜんいわと》で武藤《むとう》景資《かげすけ》が反乱《はんらん》を起《おこ》し、敗死《はいし》する(岩門合戦《いわとかっせん》)(有浦文書・曾禰崎文書)。

【社会・文化】

3・18 松尾社焼失《まつのおしゃしょうしつ》(一代要記)。**3・-** 法隆寺《ほうりゅうじ》、十七条憲法《じゅうしちじょうけんぽう》を開版《かいはん》(同書刊記)。**7・21** 延暦寺講堂供養《えんりやくじこうどうくよう》(帝王編年記)。**10・-** 高野山石塔婆供養《こうやさんいしとうばくよう》(高野山文書)。**12・3** 度会行忠撰《わたらいゆきただせん》『伊勢二所太神宮神名秘書《いせにしょだいじんぐうしんめいひしょ》』成《な》る。**12・22** 院中《いんちゅう》で『弘安礼節《こうあんれいせつ》』が評定《ひょうじょう》される(同書)。**この年《とし》** 円覚寺舎利殿建立《えんがくじしゃりでんこんりゅう》。**この年《とし》より弘安《こうあん》一〇年《ねん》の間《あいだ》** 藤原為兼《ふじわらのためかね》『為兼卿和歌抄《ためかねきょうわかしょう》』成《な》るか。

【死没】

3・26 菊池武房《きくちたけふさ》(41、武将《ぶしょう》)。**11・17** 安達泰盛《あだちやすもり》(55、武将《ぶしょう》)。**この年《とし》** 安達《あだち》盛宗《もりむね》(武将《ぶしょう》)。少弐景資《しょうにかげすけ》(40、武将《ぶしょう》)。

《月の大小／朔日の干支・ユリウス暦》

一甲戌(2・6)・二甲辰(3・8)・三甲戌(4・7)・四癸卯(5・6)・五癸酉(6・5)・六壬寅(7・4)・七辛未(8・2)・八辛丑(9・1)・九庚午(9・30)・一〇庚子(10・30)・一一己巳(11・28)・一二己亥(12・28)(太字は大の月)

〖世界〗

元《げん》、第《だい》二回《かい》ヴェトナム征討《せいとう》に失敗《しっぱい》。

大日本史料	
高麗	
元	

西暦 一二八六

年号・干支 弘安九 丙戌《ひのえいぬ》 ⑫

天皇 (後宇多)

院政 (亀山)

将軍 (源惟康)

執権 (北条貞時)

記事

【政治・経済】 **2・5** 幕府《ばくふ》、御家人《ごけにん》が所領《しょりょう》に悪党《あくとう》を隠《かく》し置《お》くことを禁《きん》じる(式目追加条々)。 **7・16** 幕府《ばくふ》、鎮西《ちんぜい》に関《かん》する訴訟《そしょう》は、少弐《しょうに》・大友《おおとも》・宇都宮《うつのみや》・渋谷《しぶや》四氏《し》の寄合《よりあい》により裁許《さいきょ》させる(鎮西談議所《ちんぜいだんぎしょ》の設置《せっち》)(新編追加)。 **7・25** 幕府《ばくふ》、鎮西御家人《ちんぜいごけにん》の女子《じょし》への所領譲与《しょりょうじょうよ》を禁《きん》じ、後家《ごけ》の改嫁《かいか》について定《さだ》める(新編追加)。 **10・19** 幕府《ばくふ》、弘安《こうあん》の役《えき》の恩賞等《おんしょうなど》について大友《おおとも》・少弐氏《しょうにし》に処理《しょり》させる(大友文書)。 **12・3** 亀山上皇《かめやまじょうこう》、院評定制《いんのひょうじょうせい》を改革《かいかく》し、徳政沙汰《とくせいさた》・雑訴《ざっそ》について定《さだ》める(勘仲記)。 **12・30** 幕府《ばくふ》、鎮西《ちんぜい》の御家人《ごけにん》らに異国警固《いこくけいご》を厳命《げんめい》し、怠慢者《たいまんしゃ》の処分《しょぶん》を定《さだ》める(島津家文書)。

【社会・文化】 **1・9** 知道《ちどう》『好夢十因《こうむじゅういん》』成《な》る(同書奥書)。 **3・-** 叡尊《えいぞん》、『感身学正記《かんじんがくしょうき》』を著《あらわ》す(同書奥書)。 **11・19** 宇治橋供養《うじばしくよう》(実躬卿記)。 **12・5** 幕府《ばくふ》、源頼朝《みなもとのよりとも》の遺剣《いけん》を法華堂《ほっけどう》に納《おさ》める(法華堂文書)。

【死没】 **9・3** 無学祖元《むがくそげん》(61、渡来僧《とらいそう》)。 **9・14** 二条為氏《にじょうためうじ》(65、歌人《かじん》)。 **12・23** 中院《なかのいん》通成《みちなり》(65、公卿《くぎょう》)。

《月の大小/朔日の干支・ユリウス暦》

一戊辰(1・26)・二戊戌(2・25)・三戊辰(3・27)・四丁酉(4・25)・五丁卯(5・25)・六丁酉(6・24)・七丙寅(7・23)・八乙未(8・21)・九乙丑(9・20)・一〇甲午(10・19)・一一甲子(11・18)・一二癸巳(12・17)・閏一二癸亥(87・1・16)(太字は大の月)

大日本史料 (未刊)

高麗 忠烈王 12

元 至元 23

西暦	◀一二八七
年号・干支	一〇 丁亥《ひのとのい》
天皇	伏見《ふしみ》 10・21
院政	後深草《ごふかくさ》 10・21
将軍	（親王宣下） 10・4
執権	
記事	【政治・経済】 5・27 幕府《ばくふ》、諸人《しょにん》訴訟《そしょう》の口入《くにゅう》について定《さだ》める（貞応弘安式目）。 10・4 朝廷《ちょうてい》、将軍源惟康《しょうぐんみなもとのこれやす》に親王宣下《しんのうせんげ》（勘仲記）。 10・12 幕府《ばくふ》、使者《ししゃ》を関東申次《かんとうもうしつぎ》西園寺実兼《さいおんじさねかね》の許《もと》に遣《つか》わし、譲位《じょうい》を申《もう》し入《い》れる（勘仲記）。 10・21 譲位《じょうい》、後深草上皇《ごふかくさじょうこう》、院政《いんせい》を開始《かいし》（勘仲記）。 【社会・文化】 9・- 相模霊山寺僧《さがみりょうぜんじそう》ら、『伝法正宗記《でんぼうしょうしゅうき》』等《など》を刊行《かんこう》（同書刊記）。 12・24 円覚寺《えんがくじ》焼失《しょうしつ》（鎌倉年代記）。 この年《とし》 三条実任《さんじょうさねとう》、『継塵記《けいじんき》』を記《しる》す（～嘉暦元年《かりゃくがんねん》）。 【死没】 6・26 北条業時《ほうじょうなりとき》（47、連署《れんしょ》）。 7・6 良忠《りょうちゅう》（89、浄土宗僧侶《じょうどしゅうそうりょ》）。 11・18 俊聖《しゅんじょう》（49、念仏僧《ねんぶつそう》）。 《月の大小／朔日の干支・ユリウス暦》 一壬辰（2・14）・二壬戌（3・16）・三辛卯（4・14）・四辛酉（5・14）・五辛卯（6・13）・六庚申（7・12）・七庚寅（8・11）・八己未（9・9）・九己丑（10・9）・一〇戊午（11・7）・一一戊子（12・7）・一二丁巳（88・1・5）（太字は大の月） 〔世界〕 元《げん》、漢人《かんじん》の武器《ぶき》所持《しょじ》を禁《きん》じる。『農桑輯要《のうそうしゅうよう》』、頒布《はんぷ》される。
大日本史料	
高麗	13
元	② 24

西暦	年号・干支	天皇	院政	将軍	執権
▶一二八七	弘安一〇 丁亥《ひのとのい》	(伏見)	(後深草)	(惟康親王《これやすしんのう》)	(北条貞時)
一二八八	正応《しょうおう》元 4・28 戊子《つちのえね》				

記事

一二八七

【世界】 ビルマのパガン朝《ちょう》、元《げん》の侵入《しんにゅう》を受《う》け滅《ほろ》ぶ。元《げん》、至元宝鈔《しげんほうしょう》を頒行《はんこう》。ネストリウス派《は》の僧《そう》バール＝サウマ、イル＝ハンの命《めい》で英《えい》・仏《ふつ》の王《おう》や教皇《きょうこう》を訪問《ほうもん》。

一二八八

【政治・経済】 **1・26** 後深草上皇《ごふかくさじょうこう》、石清水八幡宮《いわしみずはちまんぐう》に御幸《ごこう》し、国家安泰《こっかあんたい》を祈願《きがん》(伏見天皇宸記)。 **7・-** 幕府《ばくふ》、検非違使《けびいし》に補任《ぶにん》された御家人《ごけにん》の京都公事《きょうとくじ》の勤仕《きんじ》と幕《ばく》府出仕《ふしゅっし》について定《さだ》める(三判問答)。 **8・-** 幕府《ばくふ》、鎌倉《かまくら》の僧徒《そうと》の官位叙任《かんいじょにん》を免許《めんきょ》によるものと定《さだ》める(新編追加)。

【社会・文化】 **1・22**『山王霊験記《さんのうれいげんき》』成《な》る(同書奥書)。 **4・26** 京都《きょうと》で火災《かさい》、行願寺《ぎょうがんじ》・誓願《せいがん》寺等焼亡《じなどしょうぼう》(勘仲記)。 **6・8** 日持《にちじ》・日浄《にちじょう》、本門寺日蓮像《ほんもんじにちれんぞう》を造《つく》る(同像銘)。 **10・-** 幕府《ばくふ》、中尊寺金色堂《ちゅうそんじこんじきどう》を修補《しゅうほ》(中尊寺光堂文書)。 **この年** 近江金剛輪寺本《おうみこんごうりんじほん》堂建立《どうこんりゅう》(同堂内仏壇金具銘)。

【死没】 **5・20** 上真葛《うえさねかず》(57、雅楽家《ががくか》)。

《月の大小／朔日の干支・ユリウス暦》 一丁亥(2・4)・二丙辰(3・4)・三丙戌(4・3)・四乙卯(5・2)・五乙酉(6・1)・六甲寅(6・30)・七甲申(7・30)・八甲寅(8・29)・九癸未(9・27)・一〇癸丑(10・27)・一一壬

	一二八七	一二八八
大日本史料	(未刊)	
高麗	忠烈王 13	14
元	② 至元 24	25

午(11・25)・一二壬子(12・25)(太字は大の月)

【世界】ヴェトナム、元軍《げんぐん》を白藤江《はくとうこう》で破《やぶ》る。

西暦 一二八九

年号・干支 二 己丑《つちのとのうし》 ⑩

天皇

院政

将軍 久明親王《ひさあきらしんのう》 10・9 ｜ 9・14

執権

記事

【政治・経済】4・25 幕府《ばくふ》の奏請《そうせい》により、胤仁親王《たねひとしんのう》、立太子《りったいし》(公衡公記)。9・7 亀山上皇《かめやまじょうこう》、出家《しゅっけ》(吉続記)。9・14 幕府《ばくふ》、将軍惟康親王《しょうぐんこれやすしんのう》を帰京《ききょう》させる(鎌倉年代記)。10・9 久明親王《ひさあきらしんのう》に征夷大将軍《せいいたいしょうぐん》の宣下《せんげ》・翌日《よくじつ》、鎌倉《かまくら》に下向《げこう》(勘仲記)。

【社会・文化】この年《とし》 斎藤基茂《さいとうもとしげ》『唯浄裏書《ゆいじょううらがき》』成《な》る。

【死没】4・18(4・28とも) 澄覚法親王《ちょうかくほっしんのう》(71、天台座主《てんだいざす》)。8・23 一遍《いっぺん》(51、時宗開祖《じしゅうかいそ》)。11・29 大休正念《だいきゅうしょうねん》(75、渡来僧《とらいそう》)。

《月の大小/朔日の干支・ユリウス暦》
一辛巳(1・23)・二辛亥(2・22)・三庚辰(3・23)・四庚戌(4・22)・五己卯(5・21)・六己酉(6・20)・七戊寅(7・19)・八戊申(8・18)・九丁丑(9・16)・一〇丁未(10・16)・閏一〇丁丑(11・15)・一一丙午(12・14)・一二丙子(90・1・13)(太字は大の月)

【世界】元《げん》、ハイドゥ、辺境《へんきょう》に侵入《しんにゅう》。

大日本史料

高麗 15

元 ⑩ 26

西暦	一二九〇
年号・干支	正応 三 庚寅《かのえとら》
天皇	（伏見）
院政	（後深草） 2・11
将軍	（久明親王）
執権	（北条貞時）

記事

【政治・経済】

2・11 後深草上皇《ごふかくさじょうこう》、出家《しゅっけ》（後深草天皇宸記）。**3・10** 浅原為頼《あさはらためより》ら、禁中《きんちゅう》に乱入《らんにゅう》して自害《じがい》（一代要記）。**4・18** 幕府《ばくふ》、御家人《ごけにん》の遺跡相論時《ゆいせきそうろんじ》の法《ほう》を定《さだ》める（新編追加）。**4・25** 朝廷《ちょうてい》、綸旨《りんじ》・院宣《いんぜん》を下《くだ》し、諸寺社《しょじしゃ》に異国降伏《いこくこうふく》を祈《いの》らせる（中臣祐春記・華頂要略）。**この年《とし》** 幕府《ばくふ》、寺社《じしゃ》・鎮西御家人《ちんぜいごけにん》の訴訟《そしょう》の迅速化《じんそくか》を命《めい》じる（新編追加）。幕府《ばくふ》、御家人《ごけにん》の百姓《ひゃくしょう》への垸飯役賦課《おうばんやくふか》等《など》七ヵ条《じょう》の禁止《きんし》を定《さだ》める（近衛家本追加）。

【社会・文化】

7・- 海竜王寺《かいりゅうおうじ》鍍金舎利塔《ときんしゃりとう》、成《な》る（同塔銘）。

【死没】

3・10 浅原為頼《あさはらためより》（武将《ぶしょう》）。**5・11** 太田康有《おおたやすあり》（63、幕府吏僚《ばくふりりょう》）。**8・25** 叡尊《えいぞん》（90、律宗僧侶《りっしゅうそうりょ》）。**12・1** 尊助法親王《そんじょほっしんのう》（74、天台座主《てんだいざす》）。**この年《とし》** 北条時定《ほうじょうときさだ》（武将《ぶしょう》）。

《月の大小／朔日の干支・ユリウス暦》

一乙巳（2・11）・二乙亥（3・13）・三甲辰（4・11）・四甲戌（5・11）・五癸卯（6・9）・六壬申（7・8）・七壬寅（8・7）・八辛未（9・5）・九辛丑（10・5）・一〇辛未（11・4）・一一辛丑（12・4）・一二庚午（91・1・2）（太字は大の月）

【世界】

元《げん》、万戸府《ばんこふ》を江南《こうなん》に増置《ぞうち》。

大日本史料	（未刊）
高麗	忠烈王 16
元	至元 27

西暦	一二九一
年号・干支	四 辛卯《かのとのう》
天皇	
院政	
将軍	
執権	
記事	【政治・経済】 2・3 幕府《ばくふ》、諸国一宮《しょこくいちのみや》・国分寺《こくぶんじ》及《およ》び主要《しゅよう》な寺社《じしゃ》に、異国降伏《いこくこうふく》を祈《いの》らせる(勝尾寺文書)。幕府《ばくふ》、使《つかい》を鎮西《ちんぜい》に派遣《はけん》し、軍忠注進《ぐんちゅうちゅうしん》の不正《ふせい》の調査《ちょうさ》を鎮西談議所《ちんぜいだんぎしょ》に命《めい》じる(新編追加)。8・20 幕府《ばくふ》、寺社《じしゃ》や京下《きょうくだ》りの訴訟《そしょう》の迅速化《じんそくか》を奉行人等《ぶぎょうにんら》に命《めい》じ、延引《えんいん》の際《さい》は得宗御内《とくそうみうち》に訴《うった》え出《で》るように定《さだ》める(新編追加)。10・5 六波羅《ろくはら》、紀伊国荒川《きいのくにあらかわ》・名手荘《なてのしょう》の悪党《あくとう》の尋沙汰《たずねざた》を守護代《しゅごだい》に命《めい》じる(高野山文書)。 【社会・文化】 2・2 熱田社焼亡《あつたしゃしょうぼう》(帝王編年記)。4・17 八坂《やさか》の塔焼亡《とうしょうぼう》(帝王編年記)。この年《とし》亀山法皇《かめやまほうおう》、離宮禅林寺殿《りきゅうぜんりんじどの》を寺《てら》に改《あらた》める(南禅寺《なんぜんじ》の起源《きげん》)(皇代記)。 【死没】 5・26 良胤《りょういん》(80、真言宗僧侶《しんごんしゅうそうりょ》)。11・27 聖守《しょうしゅ》(77、学僧《がくそう》)。12・12 無関玄悟《むかんげんご》(80、81とも、臨済宗僧侶《りんざいしゅうそうりょ》)。 《月の大小/朔日の干支・ユリウス暦》 一庚子(2・1)・二庚午(3・3)・三己亥(4・1)・四戊辰(4・30)・五丁酉(5・29)・六丁卯(6・28)・七丙申(7・27)・八丙寅(8・26)・九乙未(9・24)・一〇乙丑(10・24)・一一乙未(11・23)・一二乙丑(12・23)(太字は大の月) 〘世界〙 元《げん》、『至元新格《しげんしんかく》』を頒行《はんこう》。サンガ、処刑《しょけい》される。十字軍最後《じゅうじぐんさいご》の拠点《きょてん》アッコン、陥落《かんらく》。スイス、三州《しゅう》が独立抗争《どくりつこうそう》を開始《かいし》。
大日本史料	
高麗	17
元	28

西暦	年号・干支	天皇	院政	将軍	執権	記事	大日本史料	高麗	元
一二九二	正応五 壬辰《みずのえたつ》 ⑥	(伏見)		(久明親王)	(北条貞時)	【政治・経済】 **3・-** 元《げん》の楊祥《ようしょう》、琉球《りゅうきゅう》に侵入《しんにゅう》(元史類編)。**前年《ぜんねん》一二月《がつ》～四・八月《がつ》** 藤原《ふじわらの》教経《のりつね》ら、春日神木《かすがのしんぼく》の遷座中《せんざちゅう》に放氏《ほうし》され、帰座後《きざご》に継氏《けいし》(興福寺略年代記)。**7・-** 朝廷《ちょうてい》、一三ヵ条《じょう》の新制《しんせい》を宣下《せんげ》(園太暦)。元《げん》の燕公南《えんこうなん》、日本商船《にほんしょうせん》に託《たく》して牒状《ちょうじょう》を送《おく》る(鎌倉年代記)。**8・7** 幕府《ばくふ》、西国御家人《さいごくごけにん》の所職《しょしき》を安堵《あんど》し、本所課役《ほんじょかやく》・御家人役《ごけにんやく》を勤仕《きんじ》させるように六波羅《ろくはら》に命《めい》じる(島津家文書)。**10・1** 日本商船《にほんしょうせん》、元《げん》の四明《しめい》に渡《わた》り、交易《こうえき》を求《もと》める(元史)。**10・-** 高麗使金有成《こうらいしきんゆうせい》ら、来日《らいにち》し国書《こくしょ》を呈《てい》する(鎌倉年代記・金沢文庫文書)。**11・24** 幕府《ばくふ》、異国征伐《いこくせいばつ》の将軍《しょうぐん》を評定《ひょうじょう》(親玄僧正日記)。**12・-** 幕府《ばくふ》、高麗《こうらい》の国書《こくしょ》を奏上《そうじょう》、朝廷《ちょうてい》、返書《へんしょ》せぬ旨《むね》を定《さだ》める(師守記)。 【社会・文化】 **三月以降《がついこう》** 中務内侍《なかつかさのないし》『中務内侍日記《なかつかさのないしにっき》』成《な》る。 【死没】 **8・2** 少弐経資《しょうにつねすけ》(64、大宰少弐《だざいのしょうに》)。**9・9** 大宮院《おおみやいん》(68、後嵯峨天皇皇后《ごさがてんのうこうごう》)。 《月の大小/朔日の干支・ユリウス暦》 一甲午(1・21)・二甲子(2・20)・三癸巳(3・20)・四癸亥(4・19)・五壬辰(5・18)・六辛酉(6・16)・閏六辛卯(7・16)・七庚申(8・14)・八庚寅(9・13)・九己未(10・12)・一〇己丑(11・11)・一一戊午(12・10)・一二戊子(93・1・9)(太字は大の月) 〖世界〗 元軍《げんぐん》、ジャワ遠征《えんせい》(～一二九三年《ねん》)。タイ、ラーマカムヘン王碑《おうひ》、建立《こんりゅう》さ	(未刊)	忠烈王 18	⑥ 至元 29

西暦		◀一二九三
年号・干支		永仁《えいにん》元 8・5 癸巳《みずのとのみ》
天皇		
院政		
将軍		
執権		
記事	れる。	【政治・経済】 **3・7** 幕府《ばくふ》、異国警固《いこくけいご》のため、北条兼時《ほうじようかねとき》・北条時家《ほうじようときいえ》を鎮西《ちんぜい》に派遣《はけん》(帝王編年記・島津家文書)。 **4・22** 北条貞時《ほうじようさだとき》、内管領《ないかんれい》平頼綱《たいらのよりつな》・飯沼資宗《いいぬますけむね》らを滅《ほろ》ぼす(平頼綱《たいらのよりつな》の乱《らん》)(保暦間記)。 **5・25** 幕府《ばくふ》、公平《こうへい》な政務《せいむ》、本補地頭《ほんぽじとう》の下地中分《したじちゆうぶん》の許可《きよか》、罪科《ざいか》の惣領跡《そうりようあと》の庶子分所領等《そしぶんしよりようなど》について定《さだ》める(近衛家本追加等)。 **6・1** 朝廷《ちようてい》、記録所庭中《きろくしよていちゆう》・雑訴沙汰《ざつそさた》の制《せい》を設置《せつち》(勘仲記)。 **10・20** 幕府《ばくふ》、引付《ひきつけ》を廃止《はいし》し、執奏《しつそう》を置《お》いて貞時《さだとき》の直断《じきだん》とする(武家年代記)。 **11・17** 興福寺《こうふくじ》一乗院《いちじよういん》と大乗院《だいじよういん》の衆徒《しゆと》ら合戦《かつせん》(一代要記)。 【社会・文化】 **2・9** 竹崎季長《たけざきすえなが》、『蒙古襲来絵巻《もうこしゆうらいえまき》』を制作《せいさく》・奉納《ほうのう》(同書奥書)。 **3・5** 山城《やましろの》国妙覚寺《くにみようがくじ》焼亡《しようぼう》(実躬卿記)。 **4・13** 鎌倉大地震《かまくらおおじしん》、死者《ししや》二万三〇〇〇余《よ》に及《およ》ぶ(鎌倉年代記)。 **8・27** 天皇《てんのう》、二条為世《にじようためよ》・京極為兼《きようごくためかね》らに、勅撰集《ちよくせんしゆう》の撰進《せんしん》を命《めい》じる(伏見天皇宸記)。 【死没】 **4・22** 平頼綱《たいらのよりつな》(武将《ぶしよう》)。 《月の大小/朔日の干支・ユリウス暦》 一戊午(2・8)・二戊子(3・10)・三丁巳(4・8)・四丁亥(5・8)・五丙辰(6・6)・六丙戌(7・6)・七乙卯(8・4)・八甲申(9・2)・九癸丑(10・1)・一〇癸未(10・31)・一一癸
大日本史料		
高麗		19
元		30

西暦	年号・干支	天皇	院政	将軍	執権	大日本史料	高麗	元
▶一二九三	永仁 元 8・5 癸巳《みずのとのみ》	(伏見)		(久明親王)	(北条貞時)	(未刊)	忠烈王 19	至元 30
一二九四	二 甲午《きのえうま》						20	成宗《せいそう》 31

一二九三 記事

丑(11・30)・一二壬午(12・29)(太字は大の月)

〖世界〗

ジャワ、マジャパヒト王国興《おうこくおこ》る。

一二九四 記事

【政治・経済】

3・6 北条兼時《ほうじようかねとき》、筑前《ちくぜん》・肥前《ひぜん》・壱岐《いき》に烽火《とぶひ》の訓練《くんれん》を命《めい》じる(来島文書)。**6・29** 幕府《ばくふ》、霜月騒動《しもつきそうどう》の賞罰《しようばつ》の沙汰《さた》を打切《うちき》る(新編追加)。**7・2** 幕府《ばくふ》、弘安《こうあん》七年《ねん》四月以前《がついぜん》になされた越訴《おつそ》の裁許《さいきよ》に対《たい》する越訴等《おつそなど》を棄却《ききやく》し、同以前《どういぜん》の裁《さい》許《きよ》と異《こと》なる同以後《どういご》の越訴裁許《おつそさいきよ》への越訴《おつそ》を認《みと》める(近衛家本追加)。**7・5** 幕《ばく》府《ふ》、庶子《そし》による所当公事《しよとうくじ》の対捍《たいかん》について定《さだ》める(新編追加)。**7・10** 幕府《ばくふ》、本所訴訟《ほんじよそしよう》により所領替《しよりようがえ》となる給人《きゆうにん》の処遇等《しよぐうなど》を定《さだ》める(新式目)。**8・25** 幕府《ばくふ》、連署起請文《れんしよきしようもん》を提出《ていしゆつ》させる(武家年代記)。

【社会・文化】

5・6 『紫明抄《しめいしよう》』、将軍《しようぐん》に献上《けんじよう》される。**この年《とし》** 忍性《にんしよう》、四天王寺別当《してんのうじべつとう》に勅任《ちよくにん》される(元亨釈書)。日像《にちぞう》、上洛《じようらく》し、京都《きようと》に日蓮宗《にちれんしゆう》を弘通《ぐずう》(竜華秘書)。

【死没】

8・8 鷹司兼平《たかつかさかねひら》(67、公卿《くぎよう》)。

《月の大小/朔日の干支・ユリウス暦》

一壬子(1・28)・二壬午(2・27)・三壬子(3・29)・四辛巳(4・27)・五辛亥(5・27)・六庚

西暦：一二九五

年号・干支：三 乙未《きのとのひつじ》 ②

天皇：

院政：

将軍：

執権：

記事：

辰(6・25)・七己酉(7・24)・八己卯(8・23)・九戊申(9・21)・一〇戊寅(10・21)・一一丁未(11・19)・一二丁丑(12・19)(太字は大の月)

【政治・経済】

4・17 興福寺衆徒《こうふくじしゅと》、賀茂祭《かものまつり》で狼藉《ろうぜき》(師守記)。5・― 幕府《ばくふ》、寛元年間《かんげんねんかん》の例《れい》を調《しら》べ、下地《したじ》の配分《はいぶん》と公事《くじ》の割当《わりあ》てについて評定《ひょうじょう》(新編追加)。9・14 伏見天皇《ふしみてんのう》、内侍所《ないしどころ》に告文《こうもん》を奉《たてまつ》り、持明院統《じみょういんとう》の皇位継承《こういけいしょう》を祈《いの》る(伏見宮記録文書)。10・24 幕府《ばくふ》、引付《ひきつけ》を復活《ふっかつ》し、重事《じゅうじ》は北条貞時《ほうじょうさだとき》の直断《じきだん》とする(鎌倉年代記)。

【社会・文化】

9・29 醍醐寺金堂等焼亡《だいごじこんどうなどしょうぼう》(醍醐寺新要録)。9・― 『野守鏡《のもりのかがみ》』成《な》るか。11・5 鎌倉勝長寿院焼亡《かまくらしょうちょうじゅいんしょうぼう》(鎌倉年代記)。

【死没】

4・17 憲静《けんじょう》(僧侶《そうりょ》)。9・18 北条兼時《ほうじょうかねとき》(32、鎮西惣奉行《ちんぜいそうぶぎょう》)。

《月の大小／朔日の干支・ユリウス暦》

一丙午(1・17)・二丙子(2・16)・閏二丙午(3・18)・三乙亥(4・16)・四乙巳(5・16)・五甲戌(6・14)・六甲辰(7・14)・七癸酉(8・12)・八癸卯(9・11)・九壬申(10・10)・一〇壬寅(11・9)・一一辛未(12・8)・一二辛丑(96・1・7)(太字は大の月)

【世界】

イギリス、エドワード一世《せい》、模範会議《もはんかいぎ》を開催《かいさい》。

大日本史料：

高麗：21

元：④ 元貞《げんてい》(1.1)

西暦	一二九六
年号・干支	永仁 四 丙申《ひのえさる》
天皇	(伏見)
院政	
将軍	(久明親王)
執権	(北条貞時)
記事	【政治・経済】 **4・-** 幕府《ばくふ》、金沢実政《かねざわさねまさ》を鎮西探題《ちんぜいたんだい》に任《にん》じ、御家人訴訟《ごけにんそしょう》の成敗権《せいばいけん》を付与《ふよ》(帝王編年記)。 **5・-** 豊後守護大友氏《ぶんごのしゅごおおともし》、幕府《ばくふ》の命《めい》を受《う》け、大道《だいどう》に警固屋《けいごや》を置《お》き、悪党追捕《あくとうついぶ》を命《めい》じる(野上文書)。 **9・13** 春日社神人《かすがしゃのじにん》、入京《にゅうきょう》して狼藉《ろうぜき》に及《およ》ぶ(中臣祐春記)。 **11・20** 幕府《ばくふ》、謀叛《むほん》を企《くわだ》てた吉見義世《よしみよしよ》を斬《き》る(鎌倉年代記)。 【社会・文化】 **2・3** 明空《みょうくう》、『真曲抄《しんきょくしょう》』を編《あ》む(円徳寺本識語)。 鶴岡八幡宮焼失《つるがおかはちまんぐうしょうしつ》(鎌倉年代記)。 **3・8** 三島社焼失《みしましゃしょうしつ》(鎌倉年代記)。 **10・3** 『天狗草子《てんぐぞうし》』興福寺巻成《こうふくじかんな》る(同書序)。 **この年** 北条貞時《ほうじょうさだとき》、心慧《しんえ》を開山《かいさん》として覚園寺《かくおんじ》を建立《こんりゅう》(覚園寺文書)。 可菴円慧《かあんえんね》、入元《にゅうげん》(延宝伝燈録)。 **この年以前**《としいぜん》 明空編《みょうくうへん》『宴曲集《えんきょくしゅう》』成《な》るか。 【死没】 **11・20** 吉見義世《よしみよしよ》(武将《ぶしょう》)。 《月の大小/朔日の干支・ユリウス暦》 一庚午(2・5)・二庚子(3・6)・三己巳(4・4)・四己亥(5・4)・五己巳(6・3)・六戊戌(7・2)・七戊辰(8・1)・八丁酉(8・30)・九丁卯(9・29)・一〇丙申(10・28)・一一丙寅(11・27)・一二乙未(12・26)(太字は大の月) 【世界】 インド、ハルジー朝《ちょう》アラー＝ウッディーン、即位《そくい》し、南《みなみ》インドに進出《しんしゅつ》
大日本史料	(未刊)
高麗	忠烈王 22
元	元貞 2

西暦	一二九七
年号・干支	五 丁酉《ひのとのとり》 ⑩
天皇	
院政	
将軍	
執権	
記事	(~一三一六年《ねん》)。

【政治・経済】

3・6 幕府《ばくふ》、御家人《ごけにん》の質券売買地《しちけんばいばいち》の取戻《とりもど》しに関《かん》する法《ほう》や、利銭出挙《りせんすいこ》の訴訟《そしょう》不受理《ふじゅり》、越訴《おっそ》禁止等《きんしなど》を定《さだ》める(永仁《えいにん》の徳政令《とくせいれい》)(東寺百合文書)。 4・18 二条富小路内裏《にじょうとみのこうじのだいり》、焼亡《しょうぼう》(帝王編年記)。 6・1 幕府《ばくふ》、請書《うけしょ》・売買地《ばいばいち》・替銭等《かえせんなど》について定《さだ》める(新編追加)。 6・14 幕府《ばくふ》、興福寺《こうふくじ》一乗院領《いちじょういんりょう》に地頭《じとう》を置《お》く(興福寺略年代記)。 7・22 幕府《ばくふ》、徳政令《とくせいれい》を六波羅《ろくはら》に伝達《でんたつ》(東寺百合文書)。

【社会・文化】

2・27 武蔵国《むさしのくに》称名寺《しょうみょうじ》の愛染明王像《あいぜんみょうおうぞう》成《な》る(同像銘)。

【死没】

7・8 良空《りょうくう》(浄土宗僧侶《じょうどしゅうそうりょ》)。 8・11 礼阿《らいあ》(浄土宗僧侶《じょうどしゅうそうりょ》)。 9・25 波木井《はきい》実長《さねなが》(76、日蓮檀越《にちれんだんおつ》)。 12・25 白雲慧暁《はくうんえぎょう》(75、臨済宗僧侶《りんざいしゅうそうりょ》)。

《月の大小/朔日の干支・ユリウス暦》

一乙丑(1・25)・二甲午(2・23)・三甲子(3・25)・四癸巳(4・23)・五癸亥(5・23)・六壬辰(6・21)・七壬戌(7・21)・八壬辰(8・20)・九辛酉(9・18)・一〇辛卯(10・18)・閏一〇庚申(11・16)・一一己丑(12・15)・一二己未(98・1・14)(太字は大の月)

大日本史料	
高麗	23
元	⑫ 大徳《だいとく》(2.27)

西暦	一二九八
年号・干支	永仁 六 戊戌《つちのえいぬ》
天皇	(伏見) 7・22 後伏見《ごふしみ》
院政	7・22 伏見《ふしみ》
将軍	(久明親王)
執権	(北条貞時)
記事	【政治・経済】 **1・7** 六波羅《ろくはら》、京極為兼《きょうごくためかね》を捕《とら》える(興福寺略年代記)。 **2・28** 幕府《ばくふ》、前年《ぜんねん》の徳政令《とくせいれい》の内《うち》、越訴《おっそ》及《およ》び質券売買《しちけんばいばい》・利銭出挙《りせんすいこ》の訴訟《そしょう》の禁止《きんし》を廃《はい》す(新編追加・鎌倉年代記)。 **3・16** 幕府《ばくふ》、京極為兼《きょうごくためかね》を佐渡《さど》に配流《はいる》(一代要記)。 **4・10** 幕府《ばくふ》、西大寺等《さいだいじなど》三四寺《じ》を将軍祈禱所《しょうぐんきとうじょ》とする(帝王編年記)。 **8・10** 後宇多《ごうだ》上皇《じょうこう》の皇子《おうじ》(邦治親王《くにはるしんのう》)立太子《りったいし》(帝王編年記)。 **12・1** 幕府《ばくふ》、九州諸国《きゅうしゅうしょこく》に大社《たいしゃ》の修造《しゅうぞう》を命《めい》じる(薩藩旧記)。 【社会・文化】 **6・13** 朝廷《ちょうてい》、無学祖元《むがくそげん》に仏光禅師《ぶっこうぜんじ》の号《ごう》を贈《おく》る(帝王編年記)。 **8・–** 忍性《にんしょう》、『東征絵伝《とうせいえでん》』を唐招提寺《とうしょうだいじ》に施入《せにゅう》(同書銘)。 **9・19** 延暦寺《えんりゃくじ》の講堂《こうどう》・戒壇等《かいだんなど》焼亡《しょうぼう》(帝王編年記)。 【死没】 **10・13** 無本覚心《むほんかくしん》(92、臨済宗僧侶《りんざいしゅうそうりょ》)。 《月の大小/朔日の干支・ユリウス暦》 一己丑(2・13)・二戊午(3・14)・三戊子(4・13)・四丁巳(5・12)・五丙戌(6・10)・六丙辰(7・10)・七丙戌(8・9)・八乙卯(9・7)・九乙酉(10・7)・一〇乙卯(11・6)・一一甲申(12・5)・一二甲寅(99・1・4)(太字は大の月) 〔世界〕 **この頃《ころ》** マルコ＝ポーロの『世界《せかい》の記述《きじゅつ》』成《な》る。
大日本史料	(未刊)
高麗	忠烈王 **24**
元	大徳 **2**

西暦	一二九九
年号・干支	正安《しょうあん》元 4・25 己亥《つちのとのい》
天皇	
院政	
将軍	
執権	
記事	【政治・経済】 **1・27** 幕府《ばくふ》、鎮西評定衆《ちんぜいひょうじょうしゅう》を設置《せっち》(大友系図)。 **2・-** 幕府《ばくふ》、幕府口入《ばくふくにゅう》の地《ち》の外《ほか》、承久以後《じょうきゅういご》の請所《うけしょ》は本所《ほんじょ》の進止《しんし》とする(新編追加)。 **4・10** 幕府《ばくふ》、鎮西引付衆《ちんぜいひきつけしゅう》を置《お》く(鎮西引付記)。 **10・8** 元使《げんし》一山一寧《いっさんいちねい》、鎌倉《かまくら》に来《き》て元《げん》の国書《こくしょ》を幕府《ばくふ》に呈《てい》す(鎌倉年代記)。 【社会・文化】 **4・-** 無住道暁《むじゅうどうぎょう》『聖財集《しょうざいしゅう》』成《な》る(同書)。 **7・24** 下野鑁阿寺大御堂上棟《しもつけばんなじおおみどうじょうとう》(鑁阿寺文書)。 **8・23** 聖戒《しょうかい》(詞書《ことばがき》)と円伊《えんい》(絵《え》)、『一遍上人絵伝《いっぺんしょうにんえでん》』を成《な》す(歓喜光寺本奥書)。 **この頃**《ころ》『平他字類抄《ひょうたじるいしょう》』成《な》るか。 【死没】 **3・20** 富木常忍《ときじょうにん》(84、日蓮檀越《にちれんだんおつ》)。 **8・5** 英祖《えいそ》(71、琉球国王《りゅうきゅうこくおう》)。 **9・13** 寂円《じゃくえん》(93、曹洞宗僧侶《そうとうしゅうそうりょ》)。 《月の大小/朔日の干支・ユリウス暦》 一癸未(2・2)・二癸丑(3・4)・三壬午(4・2)・四辛亥(5・1)・五辛巳(5・31)・六庚戌(6・29)・七庚辰(7・29)・八己酉(8・27)・九己卯(9・26)・一〇己酉(10・26)・一一戊寅(11・24)・一二戊申(12・24)(太字は大の月) 【世界】 オスマン帝国《ていこく》、興《おこ》る。
大日本史料	
高麗	25
元	3

西暦	一三〇〇
年号・干支	正安 二 庚子《かのえね》 ⑦
天皇	(後伏見)
院政	(伏見)
将軍	(久明親王)
執権	(北条貞時)

記事

【政治・経済】

3・9 伏見上皇御所《ふしみじょうこうごしょ》の常盤井殿焼亡《ときわいどのしょうぼう》(一代要記)。**7・5** 幕府《ばくふ》、鎮西探題《ちんぜいたんだい》に堺相論《さかいそうろん》の沙汰《さた》を命《めい》じ、引付《ひきつけ》・評定《ひょうじょう》に関《かん》する政務条々《せいむじょうじょう》を示《しめ》す(近衛家本追加)。**7・10** 幕府《ばくふ》、鎮西探題《ちんぜいたんだい》に使《つかい》を派《は》して、異国使節《いこくしせつ》の取扱《とりあつかい》と異賊防御《いぞくぼうぎょ》について指示《しじ》(新編追加)。**10・9** 幕府《ばくふ》、越訴《おっそ》を停止《ちょうじ》(鎌倉年代記)。

【社会・文化】

3・18 武蔵国浅草寺《むさしのくにせんそうじ》、再建《さいこん》される(武蔵国浅草寺縁起)。**閏《うるう》7・3** 朝廷《ちょうてい》、叡尊《えいぞん》に興正菩薩《こうしょうぼさつ》の号《ごう》を贈《おく》る(帝王編年記)。**11・29** 建長寺供養《けんちょうじくよう》(鎌倉年代記)。**12・5** 興福寺供養《こうふくじくよう》(帝王編年記)。**この年《とし》** 無住道暁《むじゅうどうぎょう》『妻鏡《つまかがみ》』成《な》るか(無住国師道跡考)。

【死没】

1・4 如信《にょしん》(66、浄土真宗僧侶《じょうどしんしゅうそうりょ》)。**8・21** 寒巌義尹《かんがんぎいん》(84、曹洞宗僧侶《そうとうしゅうそうりょ》)。**9・17** 大友頼泰《おおともよりやす》(79、御家人《ごけにん》)。

《月の大小/朔日の干支・ユリウス暦》

一戊寅(1・23)・二丁未(2・21)・三丁丑(3・22)・四丙午(4・20)・五丙子(5・20)・六乙巳(6・18)・七甲戌(7・17)・閏七甲辰(8・16)・八癸酉(9・14)・九癸卯(10・14)・一〇壬申(11・12)・一一壬寅(12・12)・一二壬申(01・1・11)(太字は大の月)

【世界】

この頃《ころ》 ペルー、チムー帝国《ていこく》おこる・インカ族《ぞく》、クスコに定住《ていじゅう》。

大日本史料	(未刊)
高麗	忠烈王 **26**
元	⑧ 大徳 **4**

西暦	◀ 一三〇一
年号・干支	三 辛丑《かのとのうし》
天皇	後二条《ごにじょう》 1・21
院政	後宇多《ごうだ》 1・21
将軍	
執権	8・22 | 北条師時《ほうじょうもろとき》 8・22

記事

【政治・経済】

1・18 幕府《ばくふ》の使《つかい》、西園寺《さいおんじ》実兼《さねかね》に譲位《じょうい》を申入《もうしい》れる(吉口伝)。**1・21** 後二《ごに》条天皇《じょうてんのう》、践祚《せんそ》(吉口伝)。**3・27** 鎮西探題《ちんぜいたんだい》、海賊鎮圧《かいぞくちんあつ》のため船籍《せんせき》の表示《ひょうじ》と把握《はあく》、及《およ》び早船《はやふね》による追捕《ついぶ》を命《めい》じる(島津家文書)。**8・23** 北条貞時《ほうじょうさだとき》、出家《しゅっけ》(鎌倉年代記)。**8・24** 富仁親王《とみひとしんのう》、立太子《りったいし》(皇代記)。**8・25** 幕府《ばくふ》、北《ほう》条宗方《じょうむねかた》を越訴頭人《おっそとうにん》とする(鎌倉年代記)。**10・25** 悪党《あくとう》が春日社《かすがしゃ》に乱入《らんにゅう》、神鏡《しんきょう》を奪《うば》う(興福寺略年代記)。**11・21** 異国船《いこくせん》が薩摩《さつま》甑島《こしきじま》に出現《しゅつげん》(鎌倉年代記)。**12・-** 幕府《ばくふ》、諸社寺《しょしゃじ》に異国降伏《いこくこうふく》を祈《いの》らせる(総社文書)。

【社会・文化】

2・9 金沢顕時《かねざわあきとき》、称名寺《しょうみょうじ》の鐘《かね》を改鋳《かいちゅう》(同鐘銘)。**2・17** 京都火事《きょうとかじ》、最《さい》勝光院《しょうこういん》類焼《るいしょう》(帝王編年記)。**4・19** 日野法界堂《ひのほうかいどう》焼亡《しょうぼう》(帝王編年記)。**11・5** 鎌倉大火《かまくらたいか》、大御堂《おおみどう》等《など》焼失《しょうしつ》(見聞私記)。**11・23** 後宇多上皇《ごうだじょうこう》、二条為世《にじょうためよ》に『新後撰和歌集《しんごせんわかしゅう》』の撰定《せんてい》を命《めい》じる(拾芥抄)。**12・-** 覚如《かくにょ》、『拾遺古徳伝《しゅういことくでん》』を撰述《せんじゅつ》(同書奥書)。**建治元年以降《けんじがんねんいこう》この年《とし》の間《あいだ》** 卜部兼方《うらべのかねかた》、『釈日本紀《しゃくにほんぎ》』を著《あらわ》す。

【死没】

3・28 金沢顕時《かねざわあきとき》(54、武将《ぶしょう》)。**7・9** 山叟慧雲《さんそうえうん》(75、臨済宗僧侶《りんざいしゅうそうりょ》)。

《月の大小/朔日の干支・ユリウス暦》

一壬寅(2・10)・二辛未(3・11)・三辛丑(4・10)・四庚午(5・9)・五庚子(6・8)・六己巳(7・7)・七戊戌(8・5)・八丁卯(9・3)・九丁酉(10・3)・一〇丁卯(11・2)・一一丙

大日本史料	
高麗	27
元	5

西暦	年号・干支	天皇	院政	将軍	執権	記事	大日本史料	高麗	元
▶一三〇一	正安 三 辛丑《かのとのうし》	(後二条)	(後宇多)	(久明親王)	(北条師時)	申(12・1)・一二丙寅(12・31)(太字は大の月) 〖世界〗 オゴタイ＝ハン国《こく》ハイドゥ没《ぼっ》。	(未刊)	忠烈王 27	大徳 5
一三〇二	乾元《けんげん》 元 11・21 壬寅《みずのえとら》					【政治・経済】 **2・10** 後宇多上皇《ごうだじょうこう》、親鸞《しんらん》の御影堂敷地《ごえいどうしきち》(大谷廟堂《おおたにびょうどう》)を門弟《もんてい》の沙汰《さた》とする(本願寺文書)。**3・-** 日高《にちこう》、法華経《ほけきょう》の流布《るふ》および異敵降伏《いてきこうふく》の祈禱等《きとうなど》を請《こ》う(法華経寺文書)。**8・29** 持明院《じみょういん》・大覚寺《だいかくじ》両統《りょうとう》、室町院《むろまちいん》の遺領《いりょう》を折半《せっぱん》(実躬卿記)。**この年**《とし》 幕府《ばくふ》、一向宗僧徒《いっこうしゅうそうと》の諸国横行《しょこくおうこう》を禁《きん》じる(本願寺文書)。 【社会・文化】 **1・-** 宗明《そうみょう》『室生山御舎利相伝縁起《むろうさんおんしゃりそうでんえんぎ》』成《な》る(同書跋)。**3・6** 凝然《ぎょうねん》、『円照上人行状《えんしょうしょうにんぎょうじょう》』を著《あらわ》す(同書跋)。**12・11** 鎌倉大火《かまくらたいか》、死者《ししゃ》五〇〇余人《よにん》(見聞私記)。**この年**《とし》**、あるいは嘉元**《かげん》**二年**《ねん》 梶原性全《かじわらしょうぜん》『頓医抄《とんいしょう》』成《な》る。 【死没】 **12・7** 金沢実政《かねざわさねまさ》(54、鎮西探題《ちんぜいたんだい》)。 《月の大小／朔日の干支・ユリウス暦》 一丙申(1・30)・二丙寅(3・1)・**三**乙未(3・30)・四乙丑(4・29)・**五**甲午(5・28)・六甲子(6・27)・七癸巳(7・26)・八壬戌(8・24)・**九**辛卯(9・22)・一〇辛酉(10・22)・一一庚寅(11・20)・一二庚申(12・20)(太字は大の月) 〖世界〗		28	6

記事(続き)

元《げん》、雲南《うんなん》土官《どかん》の宋隆済《そうりゆうせい》、反乱《はんらん》。仏王《ふつおう》フィリップ四世《せい》、三部会《さんぶかい》を召集《しようしゆう》。

西暦 一三〇三

年号・干支 嘉元《かげん》元 8・5 癸卯《みずのとのう》 ④

天皇

院政

将軍

執権

記事

【政治・経済】

閏《うるう》4・- 幕府《ばくふ》、京極為兼《きようごくためかね》を佐渡《さど》から召還《しようかん》(公卿補任)。6・12 幕府《ばくふ》、御家人《ごけにん》の所領譲与《しよりようじようよ》の外題安堵《げだいあんど》を定《さだ》める(武家年代記)。6・- 幕府《ばくふ》、夜討《ようち》・盗賊等《とうぞくなど》の罰法《ばつほう》を定《さだ》める(新編追加)。8・19 興福寺衆徒《こうふくじしゆと》の訴《うった》えにより、延《えん》暦寺《りやくじ》僧《そう》慈俊《じしゆん》・頼俊《らいしゆん》、配流《はいる》される(興福寺略年代記)。9・- 幕府《ばくふ》、一向衆《いつこうしゆう》と号《ごう》して群《むれ》をなし、諸国《しよこく》を横行《おうこう》することを禁止《きんし》(専修寺文書)。

【社会・文化】

2・29 金沢貞顕《かねざわさだあき》、『建春門院中納言日記《けんしゆんもんいんのちゆうなごんにつき》』を書写《しよしや》・校合《きようごう》(有馬秀雄蔵本奥書)。12・19 二条為世《にじようためよ》、『新後撰和歌集《しんごせんわかしゆう》』を奏覧《そうらん》(増鏡)。

【死没】

7・12 忍性《にんしよう》(87、真言律宗僧侶《しんごんりつしゆうそうりよ》)。

《月の大小／朔日の干支・ユリウス暦》

一庚寅(1・19)・二庚申(2・18)・三己丑(3・19)・四己未(4・18)・閏四己丑(5・18)・五戊午(6・16)・六丁亥(7・15)・七丁巳(8・14)・八丙戌(9・12)・九丙辰(10・12)・一〇乙酉(11・10)・一一甲寅(12・9)・一二甲申(04・1・8)(太字は大の月)

【世界】

仏王《ふつおう》フィリップ四世《せい》、教皇《きようこう》ボニファティウス八世《せい》を捕囚《ほしゆう》(アナーニ事件《じけん》)。

大日本史料

高麗 29

元 ⑤ 7

西暦	年号・干支	天皇	院政	将軍	執権
一三〇四	嘉元 二 甲辰《きのえたつ》	(後二条)	(後宇多)	(久明親王)	(北条師時)

記事

【政治・経済】

1・11 これより先《さき》、幕府《ばくふ》、異国警固番役《いこくけいごばんやく》を九州諸国《きゅうしゅうしょこく》の五番編成《ばんへんせい》、一年《ねん》交代《こうたい》とする(中村文書)。**6・28** 六波羅《ろくはら》、大和《やまと》で悪行《あくぎょう》を働《はたら》いた興福寺衆徒《こうふくじしゅと》を配流《はいる》し、その所領《しょりょう》に地頭《じとう》を配《はい》す(興福寺略年代記)。**7・8** 後深草法皇《ごふかくさほうおう》、長講堂領《ちょうこうどうりょう》を処分《しょぶん》(伏見宮記録文書)。**8・24** 大山崎神人《おおやまざきのじにん》、石清水八幡宮《いわしみずはちまんぐう》に籠《こも》る(石清水八幡宮記録)。**9・13** 石清水《いわしみず》に閉籠中《へいろうちゅう》の大山崎神人《おおやまざきのじにん》、切腹《せっぷく》(石清水八幡宮記録)。**9・26** 幕府《ばくふ》、興福寺僧徒《こうふくじそうと》の訴《うった》えにより、流人《るにん》跡《あと》に置《お》いた地頭職《じとうしき》を停止《ちょうじ》(興福寺略年代記)。**12・7** 幕府《ばくふ》、北条宗方《ほうじょうむねかた》を侍所《さむらいどころ》所司《のしょし》とする(鎌倉年代記)。

【社会・文化】

1・- 真教《しんきょう》、相模当麻《さがみたいま》に住《じゅう》す(遊行上人縁起絵)。**5・15** 金沢貞顕《かねざわさだあき》、『百練抄《ひゃくれんしょう》』の書写校合《しょしゃきょうごう》を終了《しゅうりょう》(同書奥書)。

【死没】

1・1 頼瑜《らいゆ》(79、真言宗僧侶《しんごんしゅうそうりょ》)。**5・19** 顕意《けんい》(66、浄土宗僧侶《じょうどしゅうそうりょ》)。**7・16** 後深草法皇《ごふかくさほうおう》(62)。

《月の大小/朔日の干支・ユリウス暦》

一甲寅(2・7)・二癸未(3・7)・三癸丑(4・6)・四癸未(5・6)・五壬子(6・4)・六壬午(7・4)・七辛亥(8・2)・八辛巳(9・1)・九庚戌(9・30)・一〇庚辰(10・30)・一一己酉(11・28)・一二己卯(12・28)(太字は大の月)

大日本史料	高麗	元
(未刊)	忠烈王 **30**	大徳 **8**

西暦	◀一三〇五
年号・干支	三 乙巳《きのとのみ》 ⑫
天皇	
院政	
将軍	
執権	
記事	【政治・経済】 **2・29** 洛中《らくちゅう》での沽酒《こしゅ》を停止《ちょうじ》(興福寺略年代記)。 **4・4** 興福寺衆徒《こうふくじしゅと》、大和《やまと》達磨寺《だるまでら》を焼《や》く(中臣祐春記)。 **4・6** 鎮西探題北条政顕《ちんぜいたんだいほうじょうまさあき》、蒙古合戦《もうこかっせん》の恩賞《おんしょう》を配分《はいぶん》(二階堂文書)。 **4・23** 北条宗方《ほうじょうむねかた》、連署北条時村《れんしょほうじょうときむら》を殺《ころ》す(鎌倉年代記)。 **5・4** 大仏宗宣《おさらぎむねのぶ》、北条宗方《ほうじょうむねかた》を討《う》つ(鎌倉年代記)。 **7・22** 宗宣《むねのぶ》、連署《れんしょ》となる(鎌倉年代記)。 **11・-** この頃《ころ》、釼阿《けんな》、武蔵金沢《むさしかねざわ》の瀬戸橋《せとはし》を造《つく》る(金沢文庫文書)。 この頃《ころ》、幕府《ばくふ》、訴訟《そしょう》の鎌倉注進《かまくらちゅうしん》を鎮西探題《ちんぜいたんだい》に命《めい》じる(青方文書)。 【社会・文化】 **4・6** 鎌倉大地震《かまくらおおじしん》(鎌倉年代記)。 **4・22** 北条貞時邸焼失《ほうじょうさだときていしょうしつ》(鎌倉年代記)。 **5・24** 金沢貞顕《かねざわさだあき》、『古文孝経《こぶんこうきょう》』の校合《きょうごう》を終《お》える(同書奥書)。 **6・15** 『浄土五祖絵伝《じょうどごそえでん》』成《な》る(同書奥書)。 **7・18** 無住道暁《むじゅうどうぎょう》、『雑談集《ぞうたんしゅう》』を著《あらわ》す(同書奥書)。 **12・-** 『続門葉和歌集《しょくもんようわかしゅう》』成《な》る(同書序)。 **この年** 竜山徳見《りゅうざんとくけん》、入元《にゅうげん》(竜山和尚行状)。 三条公茂編《さんじょうきんしげへん》『綸旨抄《りんじしょう》』成《な》る(延慶年間《えんきょうねんかん》、洞院公賢加筆《とういんきんかたかひつ》)。 【死没】 **4・23** 北条時村《ほうじょうときむら》(64、連署《れんしょ》)。 **5・4** 北条宗方《ほうじょうむねかた》(28、六波羅探題《ろくはらたんだい》)。 **9・15** 亀山法皇《かめやまほうおう》(57)。 **閏《うるう》12・27** 度会行忠《わたらいゆきただ》(70、外宮禰宜《げくうねぎ》)。 《月の大小/朔日の干支・ユリウス暦》 一戊申(1・26)・二戊寅(2・25)・三丁未(3・26)・四丁丑(4・25)・五丙午(5・24)・六丙子(6・23)・七丙午(7・23)・八乙亥(8・21)・九乙巳(9・20)・一〇甲戌(10・19)・一一甲
大日本史料	
高麗	31
元	9

西暦	年号・干支	天皇	院政	将軍	執権	記事	大日本史料	高麗	元
▶一三〇五	嘉元 三 乙巳《きのとのみ》 ⑫	(後二条)	(後宇多)	(久明親王)	(北条師時)	辰(11・18)・一二癸酉(12・17)・閏一二癸卯(06・1・16)(太字は大の月) 【世界】イル＝ハン国《こく》のオルジェイトゥ＝ハン、ローマ教皇《きょうこう》に遣使《けんし》。	(未刊)	忠烈王 31	大徳 9
一三〇六	徳治《とくじ》 元 12・14 丙午《ひのえうま》					【政治・経済】**2・20** 西園寺公衡《さいおんじきんひら》、勅勘《ちょっかん》を許《ゆる》され出仕《しゅっし》(公卿補任)。**4・25** 日本商船《にほんしょうせん》、元《げん》の慶元《けいげん》(寧波《ニンボー》)に到《いた》り貿易《ぼうえき》(元史)。**8・-** 若狭太良荘民《わかさたらのしょうみん》、大損亡《だいそんぼう》による年貢減免《ねんぐげんめん》を東寺《とうじ》に要求《ようきゅう》(東寺百合文書)。 【社会・文化】**二・三月《がつ》** 金沢貞顕《かねざわさだあき》、『群書治要《ぐんしょちよう》』『侍中群要《じちゅうぐんよう》』を書写校合《しょしゃきょうごう》(蓬左文庫本奥書)。**2・25** 虎関師錬《こかんしれん》、『聚分韻略《しゅうぶんいんりゃく》』の自序《じじょ》を著《あらわ》す(同書序)。**10・-** 赤斑瘡《あかもがさ》流行《こう》(武家年代記)。**11・18** 親玄《しんげん》、関東在住《かんとうざいじゅう》のまま東寺《とうじ》の寺務《じむ》となる(東寺長者補任)。**この頃《ころ》** 久我大納言雅忠女《こがだいなごんまさただのむすめ》(二条《にじょう》)『とはずがたり』成《な》るか。 【死没】**4・27** 心慧《しんえ》(律宗僧侶《りっしゅうそうりょ》)。**9・26** 鏡堂覚円《きょうどうかくえん》(63、臨済宗僧侶《りんざいしゅうそうりょ》)。**10・9** 覚山《かくさん》(55、北条時宗室《ほうじょうときむねしつ》)。**10・28** 西澗子曇《せいかんしどん》(58、臨済宗僧侶《りんざいしゅうそうりょ》)。 《月の大小／朔日の干支・ユリウス暦》一壬申(2・14)・二壬寅(3・16)・三辛未(4・14)・四辛丑(5・14)・五庚午(6・12)・六庚子(7・12)・七己巳(8・10)・八己亥(9・9)・九己巳(10・9)・一〇戊戌(11・7)・一一戊辰(12・7)・一二丁酉(07・1・5)(太字は大の月)		32	① 10

西暦	一三〇七	◀ 一三〇八
年号・干支	二 丁未《ひのとひつじ》	延慶《えんきょう》元 10・9 戊申《つちのえさる》 ⑧
天皇		
院政		
将軍		
執権		
記事	【政治・経済】 7・26 後宇多上皇出家《ごうだじょうこうしゅっけ》(実躬卿記)。10・22 鎮西探題北条政顕《ちんぜいたんだいほうじょうまさあき》、弘安《こうあん》の役《えき》の恩賞《おんしょう》を配分《はいぶん》(詫摩文書)。12・20 春日神木入京《かすがのしんぼくにゅうきょう》(興福寺略年代記)。 【社会・文化】 3・2 関東大地震《かんとうおおじしん》(一代要記)。4・- 京都金蓮寺本《きょうとこんれんじぼん》『一遍上人絵伝《いっぺんしょうにんえでん》』成《な》る(同書奥書)。この年《とし》 雪村友梅《せっそんゆうばい》、入元《にゅうげん》(雪村大和尚行道記)。 【死没】 4・12 覚恵《かくえ》(覚如《かくにょ》の父《ちち》)。11・28 北条久時《ほうじょうひさとき》(36、六波羅探題《ろくはらたんだい》)。 《月の大小／朔日の干支・ユリウス暦》 一丁卯(2・4)・二丙申(3・5)・三乙丑(4・3)・四乙未(5・3)・五甲子(6・1)・六甲午(7・1)・七癸亥(7・30)・八癸巳(8・29)・九癸亥(9・28)・一〇壬辰(10・27)・一一壬戌(11・26)・一二壬辰(12・26)(太字は大の月) 〖世界〗 元《げん》、馬端臨《ばたんりん》撰《せん》『文献通考《ぶんけんつこう》』成《な》る・泰定元年《たいていがんねん》、杭州《こうしゅう》で刊行《かんこう》。	【政治・経済】 1・26 後宇多法皇《ごうだほうおう》、東寺《とうじ》で灌頂《かんじょう》を受《う》ける(一代要記)。2・3 灌頂《かんじょう》の賞《しょう》として故益信《こやくしん》に本覚大師《ほんがくだいし》の号《ごう》を贈《おく》る(一代要記)。3・25 幕府《ばくふ》、伊予《いよ》の河《こう》野通有《のみちあり》に西国《さいごく》・熊野《くまの》の海賊《かいぞく》の追捕《ついぶ》と警備《けいび》を命《めい》じる(古蹟文徴)。7・12 春日《かすがの》神木帰座《しんぼくきざ》(興福寺略年代記)。8・4 将軍久明親王《しょうぐんひさあきらしんのう》、帰京《ききょう》(武家年代記)。
大日本史料		
高麗	33	34
元	武宗《ぶそう》 11	⑪ 至大《しだい》(1.1)

西暦	▶一三〇八
年号・干支	延慶 元 10・9 戊申《つちのえさる》 ⑧
天皇	(後二条) 8・25 / 8・26 花園《はなぞの》
院政	(後宇多) 8・25 / 8・26 伏見《ふしみ》
将軍	(久明親王) 8・4 / 8・10 守邦王《もりくにおう》 / 9・19 (親王宣下)
執権	(北条師時)
記事	**8・10** 守邦王《もりくにおう》に征夷大将軍《せいいたいしょうぐん》の宣下《せんげ》(皇代暦)。 **8・-** この頃《ころ》、平政連《たいらのまさつら》、内管領長崎宗綱《ないかんれいながさきむねつな》に諫状《かんじょう》を提出《ていしゅつ》し、得宗北条貞時《とくそうほうじょうさだとき》に献言《けんげん》(平政連諫草)。 **9・19** 尊治親王《たかはるしんのう》(後醍醐《ごだいご》)立太子《りったいし》、将軍守邦王親王宣下《しょうぐんもりくにおうしんのうせんげ》(皇代暦)。 **10・24** 延暦寺衆徒《えんりやくじしゅと》の訴《うった》えにより、故益信《こやくしん》の本覚大師号《ほんがくだいしごう》を停止《ちょうじ》(一代要記)。 **12・22** 朝廷《ちょうてい》、北条貞時《ほうじょうさだとき》の奏請《そうせい》により、建長《けんちょう》・円覚両寺《えんがくりょうじ》を定額寺《じょうがくじ》とする(円覚寺文書)。 【社会・文化】 **この冬《ふゆ》** 『是害房絵巻《ぜがいぼうえまき》』成《な》る(曼殊院本奥書)。 **この年《とし》** 可菴円慧《かあんえんね》、元《げん》より帰国《きこく》(延宝伝燈録)。 【死没】 **1・20** 広橋兼仲《ひろはしかねなか》(65、公卿《くぎょう》)。 **5・9** 蔵山順空《ぞうざんじゅんくう》(76、臨済宗僧侶《りんざいしゅうそうりょ》)。 **8・23** 憲淳《けんじゅん》(51、真言宗僧侶《しんごんしゅうそうりょ》)。 **8・25** 後二条天皇《ごにじょうてんのう》(24)。 **12・29** 南浦紹明《なんぽじょうみん》(74、臨済宗僧侶《りんざいしゅうそうりょ》)。 《月の大小/朔日の干支・ユリウス暦》 一辛酉(1・24)・二辛卯(2・23)・三庚申(3・23)・四己丑(4・21)・五己未(5・21)・六戊子(6・19)・七戊午(7・19)・八丁亥(8・17)・閏八丁巳(9・16)・九丙戌(10・15)・一〇丙辰(11・14)・一一乙酉(12・13)・一二乙卯(09・1・12)(太字は大の月)
大日本史料	(未刊)
高麗	忠烈王 34
元	⑪ 至大(1.1)

西暦	一三〇九 ◀
年号・干支	二 己酉《つちのととり》
天皇	
院政	
将軍	
執権	

記事

【政治・経済】

2・26 鎮西探題北条政顕《ちんぜいたんだいほうじょうまさあき》、日本商船《にほんしょうせん》より異賊蜂起《いぞくほうき》の報《ほう》を聞《き》き、宗《むね》たる寺社《じしゃ》に祈禱《きとう》を命《めい》じる(実相院文書)。**2・29** 故益信《こやくしん》の復号《ふくごう》を訴《うった》え、東大寺《とうだいじ》八幡宮《はちまんぐう》の神輿《しんよ》、入京《にゅうきょう》(続史愚抄)。**3・3** 朝廷《ちょうてい》に異国襲来《いこくしゅうらい》の報《ほう》が届《とど》く(皇代暦)。**3・8** 院評定《いんのひょうじょう》、条々《じょうじょう》(延慶法《えんきょうほう》)を定《さだ》める(京都東山御文庫記録)。**4・16** 院《いん》の文殿《ふどの》に庭中《ていちゅう》・越訴《おっそ》を置《お》き、法《ほう》を定《さだ》める(清原宣賢式目抄)。**5・27** 幕府《ばくふ》、下文《くだしぶみ》・外題《げだい》で安堵《あんど》した所領《しょりょう》への違乱《いらん》を禁《きん》じ、罰法《ばっぽう》を定《さだ》める(鎌倉年代記)。**7・20** 故益信《こやくしん》に本覚大師号《ほんがくだいしごう》を返付《へんぷ》(続史愚抄)。**7・-** 幕府《ばくふ》、悪党討伐《あくとうとうばつ》のため一五ヵ国《こく》の兵《へい》を熊野山《くまのさん》に派遣《はけん》(武家年代記)。

【社会・文化】

1・21 宇佐宮《うさぐう》・弥勒寺《みろくじ》炎上《えんじょう》(西大寺文書)。**3・-** 西園寺公衡《さいおんじきんひら》の立願《りゅうがん》により、高階隆兼《たかしなのたかかね》ら、『春日権現霊験記《かすがごんげんれいげんき》』を制作《せいさく》(同書奥書)。**六月以前《いぜん》** 『六代《ろくだい》御前物語《ごぜんものがたり》』成《な》るか。**この年《とし》** 元僧東明慧日《げんそうとうみょうえにち》、来日《らいにち》(東明和尚塔銘)。

【死没】

6・8 吉田経長《よしだつねなが》(71、公卿《くぎょう》)。**9・14** 徹通義介《てっつうぎかい》(91、曹洞宗僧侶《そうとうしゅうそうりょ》)。**12・2** 北《ほう》条貞房《じょうさだふさ》(38、武将《ぶしょう》)。

《月の大小／朔日の干支・ユリウス暦》

一乙酉(2・11)・二乙卯(3・13)・三甲申(4・11)・四甲寅(5・11)・五癸未(6・9)・六壬子(7・8)・七辛巳(8・6)・八辛亥(9・5)・九辛巳(10・5)・一〇庚戌(11・3)・一一庚辰(12・3)・一二庚戌(10・1・2)(太字は大の月)

大日本史料	
高麗	忠宣王《ちゅうせんおう》
元	2

西暦	▶一三〇九	一三一〇
年号・干支	延慶 二 己酉《つちのととり》	三 庚戌《かのえいぬ》
天皇	(花園)	
院政	(伏見)	
将軍	(守邦親王《もりくにしんのう》)	
執権	(北条師時)	
記事	〖世界〗 仏王《ふつおう》フィリップ四世《せい》、教皇《きょうこう》クレメンス五世《せい》をアヴィニョンに移転《いてん》(教皇《きょうこう》のバビロン捕囚《ほしゅう》)。	【政治・経済】 **2・29** 幕府《ばくふ》、諸国《しょこく》の寺社《じしゃ》に異国降伏《いこくこうふく》を祈《いの》らせる(明通寺文書)。**7・1** 執権《しっけん》・連署《れんしょ》・評定衆《ひょうじょうしゅう》、自筆起請文《じひつきしょうもん》を幕府《ばくふ》に提出《ていしゅつ》(鎌倉年代記)。**11・30** 故益信《こやくしん》の大師号《だいしごう》の東寺辞退《とうじじたい》により、日吉神輿帰座《ひよしのしんよきざ》(花園天皇宸記)。**12・30** 日吉社《ひよしや》、閉籠衆《へいろうしゅ》に放火《ほうか》される(花園天皇宸記)。**この年** 幕府《ばくふ》、苅田狼藉《かりたろうぜき》を検断沙汰《けんだんざた》の対象《たいしょう》と定《さだ》める(武家年代記)。大和平野殿荘百姓《やまとひらのどののしょうひやくしょう》、逃散《ちょうさん》(東寺文書)。 【社会・文化】 **1・22** 筥崎宮焼失《はこざきぐうしょうしつ》(師守記)。**11・6** 鎌倉大火《かまくらたいか》、将軍御所《しょうぐんごしょ》・北条貞時邸《ほうじょうさだときてい》・勝長寿院等《しょうちょうじゅいんなど》、焼失《しょうしつ》(鎌倉年代記)。**この年** 天皇《てんのう》、『花園天皇宸記《はなぞのてんのうしんき》』を記《しる》す(〜元弘二年《げんこうねん》)。**この頃** 勝間田長清撰《かつまたながきよせん》『夫木和歌抄《ふぼくわかしょう》』成《な》る。 《月の大小/朔日の干支・ユリウス暦》 一庚辰(2・1)・二己酉(3・2)・三己卯(4・1)・四戊申(4・30)・五戊寅(5・30)・六丁未(6・28)・七丙子(7・27)・八乙巳(8・25)・九乙亥(9・24)・一〇甲辰(10・23)・一一甲戌(11・22)・一二甲辰(12・22)(太字は大の月) 〖世界〗
大日本史料	(未刊)	
高麗	忠宣王	2
元	至大 2	3

オゴタイ＝ハン国滅《こくほろ》ぶ。

西暦 一三一一

年号・干支 応長《おうちょう》元 4・28 ⑥ 辛亥《かのとのい》

天皇

院政

将軍

執権 9・22 ｜ 大仏宗宣《おさらぎむねのぶ》 10・3

記事

【政治・経済】

6・28 興福寺衆徒《こうふくじしゅと》、多武峯《とうのみね》の僧兵《そうへい》と合戦《かっせん》(興福寺略年代記)。**10・26** 北条貞時没《ほうじょうさだときぼつ》(鎌倉年代記)。**11・11** 宇治橋焼失《うじばししょうしつ》(皇代暦)。

【社会・文化】

3・―～5・― 諸国《しょこく》で三日病流行《みっかびょうりゅうこう》(鎌倉年代記)。**閏《うるう》6・―** 『松崎天神縁起《まつざきてんじんえんぎ》』成《な》る(同書奥書)。**7・5** 凝然《ぎょうねん》『三国仏法伝通縁起《さんごくぶっぽうでんずうえんぎ》』を著《あらわ》す。**12・26** 故円爾《こえんに》、聖一国師《しょういちこくし》と勅諡《ちょくし》される(国師号《こくしごう》の初例《しょれい》)(東福寺文書)。**この年《とし》** 凝然《ぎょうねん》『浄土法門源流章《じょうどほうもんげんるしょう》』を著《あらわ》す。**この年《とし》より貞和《じょうわ》四年《ねん》にかけて** 光宗《こうそう》集録《しゅうろく》『渓嵐拾葉集《けいらんしゅうようしゅう》』成《な》る。

【死没】

閏《うるう》6・26 日弁《にちべん》(73、日蓮宗僧侶《にちれんしゅうそうりょ》)。**7・14** 河野通有《こうのみちあり》(武将《ぶしょう》)。**9・22** 北条師時《ほうじょうもろとき》(37、執権《しっけん》)。**10・26** 北条貞時《ほうじょうさだとき》(41、執権《しっけん》)。**この頃《ころ》** 藤原為子《ふじわらのいし》(歌人《かじん》)。

《月の大小／朔日の干支・ユリウス暦》

一甲戌(1・21)・二癸卯(2・19)・三癸酉(3・21)・四癸卯(4・20)・五壬申(5・19)・六辛丑(6・17)・閏六辛未(7・17)・七庚子(8・15)・八己巳(9・13)・九己亥(10・13)・一〇戊辰(11・11)・一一戊戌(12・11)・一二戊辰(12・1・10)(太字は大の月)

大日本史料

高麗 3

元 ⑦ 仁宗《じんそう》 4

	一三一二	一三一三
西暦	一三一二	一三一三
年号・干支	正和《しょうわ》元 3・20 壬子《みずのえね》	二 癸丑《みずのとのうし》
天皇	（花園）	
院政	（伏見）	
将軍	（守邦親王）	
執権	（大仏宗宣） 5・29 ｜ 6・2 北条熙時《ほうじょうひろとき》	
記事	【政治・経済】 **8・25** 多武峯《とうのみね》の事《こと》を訴《うった》え、春日神木入京《かすがのしんぼくにゅうきょう》（一代要記）。 **12・-** 伏見上皇《ふしみじょうこう》、院領《いんりょう》を処分《しょぶん》（伏見宮記録文書）。 **この年** 幕府《ばくふ》、九州五大社《きゅうしゅうごだいしゃ》に神領興行令《しんりょうこうぎょうれい》を発《はっ》し、使者《ししゃ》三名《めい》を派遣《はけん》し執行《しぎょう》させる（国分寺文書）。 【社会・文化】 **3・28** 京極為兼《きょうごくためかね》、『玉葉和歌集《ぎょくようわかしゅう》』を奏覧《そうらん》（増鏡）。 **10・28** 比叡山横川中堂《ひえいざんよかわちゅうどう》焼亡《しょうぼう》（興福寺年代記）。 【死没】 **6・12** 大仏宗宣《おさらぎむねのぶ》（54、執権《しっけん》）。 **10・10** 無住道暁《むじゅうどうぎょう》（87、臨済宗僧侶《りんざいしゅうそうりょ》）。 《月の大小／朔日の干支・ユリウス暦》 一丁酉（2・8）・二丁卯（3・9）・三丁酉（4・8）・**四**丙寅（5・7）・五丙申（6・6）・六乙丑（7・5）・七乙未（8・4）・八甲子（9・2）・九甲午（10・2）・一〇癸亥（10・31）・一一壬辰（11・29）・一二壬戌（12・29）（太字は大の月）	【政治・経済】 **10・17** 伏見上皇《ふしみじょうこう》、出家《しゅっけ》、京極為兼《きょうごくためかね》ら、これに倣《なら》う（花園天皇宸記）。 **12・7** 後宇多法皇《ごうだほうおう》、山城拝師荘《やましろはやしのしょう》・播磨矢野例名《はりまやののれいみょう》等《など》を東寺《とうじ》に施入《せにゅう》（東寺文書）。 【社会・文化】 **1・9** 『宗像氏事書《むなかたしことがき》』制定《せいてい》（宗像文書）。 **3・22** 善光寺《ぜんこうじ》焼失《しょうしつ》（善光寺縁起）。 **8・-** 神吽《じんうん》『八幡宇佐宮御託宣集《はちまんうさぐうごたくせんしゅう》』成《な》る。 **10・-** 京極為兼撰《きょうごくためかねせん》『玉葉和歌集《ぎょくようわかしゅう》』成《な》る。
大日本史料	（未刊）	
高麗	忠宣王 4	5
元	皇慶《こうけい》（1.1）	2

西暦	◀ 一三一四	
年号・干支	三 甲寅《きのえとら》 ③	
天皇		
院政		後伏見《ごふしみ》 10・14
将軍		
執権		
記事	【政治・経済】 **3・17** 多武峯合戦《とうのみねかっせん》の南都《なんと》張本《ちょうぼん》を幕府《ばくふ》が召《め》したのに抗議《こうぎ》し、春日神木入《かすがのしんぼくにゅう》京《きょう》(花園天皇宸記)。**閏《うるう》3・4** 石清水八幡宮神輿《いわしみずはちまんぐうのしんよ》、入京《にゅうきょう》(花園天皇宸記)。**閏《うるう》3・19** 花園天皇《はなぞのてんのう》、香椎《かしい》・筥崎《はこざき》・高良《こうら》・住吉《すみよし》の神々《かみがみ》がモンゴル襲来《しゅうらい》の時《とき》に合戦《かっせん》する話《はなし》を聞《き》く(花園天皇宸記)。**5・1** 日吉神人《ひよしのじにん》、六波羅《ろくはら》の武士《ぶし》と衝突《しょうとつ》(花園天皇宸記)。**6・2** 幕府《ばくふ》の奏請《そうせい》で天台座主《てんだいざす》公什《こうじゅう》を罷免《ひめん》(花園天皇宸記)。**7・28** 幕府《ばくふ》、大和《やまと》に地頭設置《じとうせっち》(武家年代記)。**9・-** 伊予国弓削島荘《いよのくにゆげのしまのしょう》民《みん》、預所代官《あずかりどころだいかん》の非法《ひほう》と交代《こうたい》を訴《うった》え逃散《ちょうさん》(東寺百合文書)。**10・4** 六波羅《ろくはら》、新日吉社喧嘩《いまひよししゃけんか》の張本《ちょうぼん》を捕《とら》える(公衡公記)。**11・13** 朝廷《ちょうてい》、文殿雑訴《ふどのざっそ》法《ほう》を定《さだ》める(師守記)。	**この冬《ふゆ》より** 疱瘡流行《ほうそうりゅうこう》(花園天皇宸記)。**この年《とし》** 香椎宮焼失《かしいぐうしょうしつ》(続史愚抄)。【死没】 **4・2** 規庵祖円《きあんそえん》(53、禅僧《ぜんそう》)。《月の大小/朔日の干支・ユリウス暦》 一壬辰(1・28)・二辛酉(2・26)・三辛卯(3・28)・四辛酉(4・27)・五庚寅(5・26)・六庚申(6・25)・七己丑(7・24)・八己未(8・23)・九戊子(9・21)・一〇戊午(10・21)・一一丁亥(11・19)・一二丙辰(12・18)(太字は大の月) 【世界】 元《げん》、科挙《かきょ》を復活《ふっかつ》。王禎《おうてい》『農書《のうしょ》』、刊《かん》。
大日本史料		
高麗	忠粛王《ちゅうしゅくおう》	
元	③ 延祐《えんゆう》(1.22)	

西暦	▶一三一四	一三一五
年号・干支	正和 三 ③ 甲寅《きのえとら》	四 乙卯《きのとのう》
天皇	(花園)	
院政	(後伏見)	
将軍	(守邦親王)	
執権	(北条熙時)	
記事	【社会・文化】 **1・24** 豊後大分宮《ぶんごおおいたぐう》焼亡《しょうぼう》(花園天皇宸記)。**2・14** 白河大火《しらかわたいか》、尊勝寺《そんしょうじ》・最勝寺《さいしょうじ》焼亡《しょうぼう》(花園天皇宸記)。**4・22** 山叟慧雲《さんそうえうん》に仏智禅師号《ぶっちぜんじごう》を宣下《せんげ》(花園天皇宸記)。**この年** 大智《だいち》、入元《にゅうげん》(大智禅師偈頌)。法空撰《ほうくうせん》『聖徳太子平氏伝雑勘文《しょうとくたいしへいしでんざっかんもん》』成《な》る。 【死没】 **9・3** 日向《にこう》(62、日蓮宗僧侶《にちれんしゅうそうりょ》)。 《月の大小/朔日の干支・ユリウス暦》 一丙戌(1・17)・二乙卯(2・15)・三乙酉(3・17)・閏三乙卯(4・16)・**四**甲申(5・15)・五甲寅(6・14)・六癸未(7・13)・**七**癸丑(8・12)・八癸未(9・11)・**九**壬子(10・10)・一〇壬午(11・9)・一一辛亥(12・8)・一二辛巳(15・1・7)(**太字は大の月**)	【政治・経済】 **1・27** 幕府《ばくふ》、路次狼藉《ろしのろうぜき》を検断沙汰《けんだんざた》に移管《いかん》し、悪党《あくとう》の交名《きょうみょう》を起請文《きしょうもん》で提出《ていしゅつ》することを命《めい》じる(近衛家文書)。**11・23** 悪党約《あくとうやく》一〇〇名《めい》、兵庫関《ひょうごのせき》で守護使《しゅごし》と合戦《かっせん》(摂津国古文書)。**12・18** 東大寺八幡宮神輿《とうだいじはちまんぐうのしんよ》入京《にゅうきょう》し、兵庫《ひょうご》津関米《つせきまい》につき強訴《ごうそ》(園太暦)。**12・28** 幕府《ばくふ》、京極為兼《きょうごくためかね》を六波羅《ろくはら》に拘禁《こうきん》(一代要記)。 【社会・文化】 **2・10** 二条富小路内裏《にじょうとみのこうじのだいり》上棟《じょうとう》(皇代暦)。**3・8** 鎌倉大火《かまくらたいか》、将軍《しょうぐん》・執権邸《しっけんてい》、
大日本史料	(未刊)	
高麗	忠粛王	2
元	③ 延祐(1.22)	2

政所《まんどころ》・問注所《もんじゅうしょ》等《など》焼失《しょうしつ》(鎌倉年代記)。**4・23** 京極為兼《きょうごくためかね》、南都《なんと》に下向《げこう》し和歌《か》・蹴鞠会《しゅうきくのかい》を催《もよお》す(公衡公記)。**7・9** 建長寺《けんちょうじ》焼亡《しょうぼう》(鎌倉年代記)。**この年《とし》** 遠渓祖雄《えんけいそゆう》、元《げん》より帰国《きこく》(名僧行録)。
【死没】
8・19 北条熙時《ほうじょうひろとき》(37、執権《しっけん》)。**9・25** 西園寺公衡《さいおんじきんひら》(52、公卿《くぎょう》)。

《月の大小／朔日の干支・ユリウス暦》
一庚戌(2・5)・二己卯(3・6)・三己酉(4・5)・四戊寅(5・4)・五戊申(6・3)・六丁丑(7・2)・七丁未(8・1)・八丁丑(8・31)・九丙午(9・29)・一〇丙子(10・29)・一一丙午(11・28)・一二乙亥(12・27)(太字は大の月)

【世界】
スイス三州同盟軍《しゅうどうめいぐん》、ハプスブルクの軍《ぐん》を破《やぶ》る。

執権：8・12 ／ 北条基時《ほうじょうもととき》 8・12

項目	
西暦	◀ 一三一六
年号・干支	五 丙辰《ひのえたつ》 ⑩
天皇	
院政	
将軍	
執権	
大日本史料	
高麗	3
元	3

記事

【政治・経済】
1・- 幕府《ばくふ》、京極為兼《きょうごくためかね》を土佐《とさ》に流《なが》す(鎌倉年代記)。**5・6** 幕府《ばくふ》、鎮西探題欠員中《ちんぜいたんだいけついんちゅう》の鎮西警固《ちんぜいけいご》を、大友《おおとも》・少弐《しょうに》両氏《りょうし》に命《めい》じる(大友文書)。**7・15** 朝廷《ちょうてい》、疫病《えきびょう》流行《りゅうこう》により諸社寺《しょしゃじ》に祈禱《きとう》を命《めい》じる(続史愚抄)。**10・2** 伏見法皇《ふしみほうおう》、告文《こうもん》を幕府《ばくふ》に送《おく》る(続史愚抄)。**正和《しょうわ》の頃《ころ》** 京都《きょうと》の土倉《どそう》三三五軒《けん》(公衡公記正和四年四月二五日条)。

【社会・文化】
5・-～9・- 三日病《みっかびょう》流行《りゅうこう》(鎌倉年代記)。**この年《とし》** 梶原性全《かじわらしょうぜん》編《へん》『万安方《まんあんほう》』初《しょ》

西暦	▶一三一六	一三一七
年号・干支	正和 五 丙辰《ひのえたつ》 ⑩	文保《ぶんぽう》 元 2・3 丁巳《ひのとのみ》
天皇	(花園)	
院政	(後伏見)	
将軍	(守邦親王)	
執権	(北条基時) 7・10 7・10 北条高時《ほうじょうたかとき》	
記事	稿《こう》成《な》る。 【死没】 **3・14** 尊観《そんかん》(78、浄土宗僧侶《じょうどしゅうそうりょ》)。 **10・20** 高峯顕日《こうほうけんにち》(76、臨済宗僧侶《りんざいしゅうそうりょ》)。 《月の大小/朔日の干支・ユリウス暦》 一乙巳(1・26)・二甲戌(2・24)・三癸卯(3・24)・四癸酉(4・23)・五壬寅(5・22)・六壬申(6・21)・七辛丑(7・20)・八辛未(8・19)・九辛丑(9・18)・一〇庚午(10・17)・閏一〇己亥(11・15)・一一戊辰(12・14)・一二戊戌(17・1・13)(太字は大の月) 〘世界〙 元《げん》、郭守敬《かくしゅけい》没《ぼつ》。	【政治・経済】 **4・9** 幕府《ばくふ》、持明院《じみょういん》・大覚寺《だいかくじ》両統《りょうとう》の和談《わだん》による践祚《せんそ》・立太子《りったいし》を提案《ていあん》(文保《ぶんぽう》の御和談《ごわだん》)(花園天皇宸記)。 **5・25** 幕府《ばくふ》、守護《しゅご》の注進状《ちゅうしんじょう》に誓詞《せいし》を添《そ》える旨《むね》を定《さだ》める(武家年代記)。 【社会・文化】 **1・3** 京都《きょうと》で大地震《おおじしん》、余震数《よしんすう》ヵ月《げつ》(花園天皇宸記)。 **1・5** 清水寺塔《きよみずでらとう》焼亡《しょうぼう》(花園天皇宸記)。 **この年** 一説《いっせつ》に澄円《ちょうえん》が入元《にゅうげん》(浄土鎮流祖伝)。 **この頃** 安《あ》倍泰世《べのやすよ》、『格子月進図《こうしげっしんず》』を書写《しょしゃ》。 【死没】 **3・8** 日頂《にっちょう》(66、日蓮宗僧侶《にちれんしゅうそうりょ》)。 **3・29** 善統親王《よしむねしんのう》(85、順徳天皇皇子《じゅんとくてんのうおうじ》)。 **9・3**
大日本史料	(未刊)	
高麗	忠粛王 3	4
元	延祐 3	① 4

西暦		◀一三一八
年号・干支		二 戊午《つちのえうま》
天皇		後醍醐《ごだいご》 2・26
院政		後宇多《ごうだ》 2・26
将軍		
執権		
記事	伏見法皇《ふしみほうおう》(53)。**10・24** 一山一寧《いつさんいちねい》(71、臨済宗僧侶《りんざいしゆうそうりよ》)。 《月の大小／朔日の干支・ユリウス暦》 一戊辰(2・12)・二戊戌(3・14)・三丁卯(4・12)・四丁酉(5・12)・五丙寅(6・10)・六丙申(7・10)・七乙丑(8・8)・八乙未(9・7)・九甲子(10・6)・一〇甲午(11・5)・一一甲子(12・5)・一二甲午(18・1・4)(太字は大の月)	【政治・経済】 **3・9** 邦良親王《くによししんのう》(後二条皇子《ごにじようおうじ》)、立太子《りつたいし》(皇代暦)。**5・21** 蝦夷《えぞ》情勢《じようせい》が鎮静化《ちんせいか》、北条高時《ほうじようたかとき》、称名寺《しようみようじ》の法験《ほうげん》を賞《しよう》す(金沢文庫文書)。**6・14** 丹波国大山荘一井谷荘民《たんばのくにおおやまのしよういちいだにしようみん》、年貢《ねんぐ》の百姓請《ひやくしようけ》を契約《けいやく》(東寺百合文書)。**9・12** 後宇多法皇《ごうだほうおう》、東寺《とうじ》に散所法師《さんじよほうし》一五人《にん》を寄進《きしん》(東寺百合文書)。 【社会・文化】 **10・30** 後宇多法皇《ごうだほうおう》、二条為世《にじようためよ》に『続千載和歌集《しよくせんざいわかしゆう》』の撰進《せんしん》を命《めい》じる(尊卑分脈)。**この年** 古先印元《としこせんいんげん》・石室善玖《せきしつぜんきゆう》ら入元《にゆうげん》(本朝高僧伝)。 【死没】 **6・24** 近衛経平《このえつねひら》(32、公卿《くぎよう》)。 《月の大小／朔日の干支・ユリウス暦》 一癸亥(2・2)・二癸巳(3・4)・三壬戌(4・2)・四壬辰(5・2)・五辛酉(5・31)・六庚寅(6・29)・七己未(7・28)・八己丑(8・27)・九戊午(9・25)・一〇戊子(10・25)・一一戊午(11・24)・一二戊子(12・24)(太字は大の月)
大日本史料		
高麗		5
元		5

西暦	年号・干支	天皇	院政	将軍	執権	記事	大日本史料	高麗	元
▶一三一八	文保 二 戊午《つちのえうま》	（後醍醐）	（後宇多）	（守邦親王）	（北条高時）	〔世界〕イル＝ハン国宰相《こくさいしょう》・歴史家《れきしか》ラシード＝ウッディーン刑死《けいし》。	（未刊）	忠粛王 5	延祐 5
一三一九 図21 図22	元応《げんおう》 元 4・28 己未《つちのとひつじ》 ⑦					【政治・経済】 1・19 兵庫関《ひょうごのせき》返還《へんかん》を訴《うった》え、東大寺《とうだいじの》神輿《しんよ》入京《にゅうきょう》（花園天皇宸記）。この春《はる》 幕府《ばくふ》、悪党追捕《あくとうついぶ》のため、山陽《さんよう》・南海道《なんかいどう》一二ヵ国《こく》に使者《ししゃ》を派遣《はけん》（峯相記）。4・13〜25 延暦寺衆徒《えんりやくじしゅと》、園城寺《おんじょうじ》の戒壇設立《かいだんせつりつ》の動《うご》きに憤激《ふんげき》し蜂起《ほうき》・園城寺《おんじょうじ》金堂《こんどう》・戒《かい》壇等《だんなど》を焼払《やきはら》う（花園天皇宸記）。5・5 幕府《ばくふ》、六波羅管轄《ろくはらかんかつ》六ヵ国《こく》を、政所《まんどころ》・問注所《もんじゅうしょ》に移管《いかん》（鎌倉年代記）。12・18 後宇多法皇《ごうだほうおう》、洛中米屋《らくちゅうこめや》の公事《くじ》を大《おお》炊寮《いりょう》に徴収《ちょうしゅう》させる（押小路家文書）。12・- 備後守護代《びんごのしゅごだい》、悪党追捕《あくとうついぶ》と号《ごう》して尾道浦《おのみちうら》を襲《おそ》い、民家《みんか》一〇〇〇余戸《よこ》を焼《や》く（高野山文書）。 【社会・文化】 1・13 千秋万歳《せんずまんざい》、花園上皇御所《はなぞのじょうこうごしょ》で猿楽《さるがく》を演《えん》じる（花園天皇宸記）。2・7 東《とう》福寺《ふくじ》で火事《かじ》（皇代暦）。5・- 北条高時母安達氏《ほうじょうたかときのははあだちし》、夢窓疎石《むそうそせき》を鎌倉《かまくら》に招《まね》く（夢窓国師年譜）。12・1 藤原行長《ふじわらのゆきなが》、『荏柄天神縁起《えがらてんじんえんぎ》』を描《えが》く（同書奥書）。この年《とし》 霊山道隠《れいざんどういん》、来日《らいにち》（本朝高僧伝）。兼好《けんこう》『徒然草《つれづれぐさ》』前半部《ぜんはんぶ》成《な》るか。 【死没】 1・27 真教《しんきょう》（83、時宗僧侶《じしゅうそうりょ》）。7・2 六条有房《ろくじょうありふさ》（69、歌人《かじん》）。		6	⑧ 6

西暦	
年号・干支	
天皇	
院政	
将軍	
執権	
記事	《月の大小／朔日の干支・ユリウス暦》 一丁巳(1・22)・二丁亥(2・21)・三丁巳(3・23)・四丙戌(4・21)・五丙辰(5・21)・六乙酉(6・19)・七甲寅(7・18)・閏七癸未(8・16)・八癸丑(9・15)・九壬午(10・14)・一〇壬子(11・13)・一一壬午(12・13)・一二辛亥(20・1・11)(太字は大の月)
大日本史料	
高麗	
元	

図21
千秋万歳(三十二番職人歌合絵巻．幸節静彦)

図22
夢窓疎石像(天竜寺)

西暦	一三二〇
年号・干支	元応 二 庚申《かのえさる》
天皇	(後醍醐)
院政	(後宇多)
将軍	(守邦親王)
執権	(北条高時)
記事	【政治・経済】 **9・2** 幕府《ばくふ》、六ヵ国《こく》を六波羅所轄《ろくはらしょかつ》に復《ふく》する(鎌倉年代記)。 **10・5** 延暦寺《えんりやくじ》の訴《うった》えにより、神人《じにん》を禁獄《きんごく》した別当高階隆長《べっとうたかしなたかなが》ら検非違使官人《けびいしかんじん》を配流《はいる》(花園天皇宸記)。 **この年《とし》** 出羽《でわ》の蝦夷蜂起《えぞほうき》(鎌倉年代記)。 【社会・文化】 **1・-** 度会家行撰《わたらいいえゆきせん》『類聚神祇本源《るいじゆじんぎほんげん》』成《な》る(同書序)。 **4・2** 高野山大塔供養《こうやさんだいとうくよう》(東寺王代記)。 **8・4** 二条為世《にじようためよ》、『続千載和歌集《しよくせんざいわかしゆう》』を撰進《せんしん》(花園天皇宸記)。 **この年《とし》** 寂室元光《じやくしつげんこう》・別源円旨《べつげんえんし》・物外可什《もつがいかじゆう》・天岸慧広《てんがんえこう》ら、入元《にゆうげん》(本朝高僧伝)。 **この頃《ころ》** 『法然上人絵伝《ほうねんしようにんえでん》』(知恩院本《ちおんいんぼん》)成《な》るか。 【死没】 **1・21** 日朗《にちろう》(76、日蓮宗僧侶《にちれんしゆうそうりよ》)。 **5・24** 北条時敦《ほうじようときあつ》(40、六波羅探題《ろくはらたんだい》)。 《月の大小/朔日の干支・ユリウス暦》 一辛巳(2・10)・二辛亥(3・11)・三辛巳(4・10)・四庚戌(5・9)・五己卯(6・7)・六己酉(7・7)・七戊寅(8・5)・八丁未(9・3)・九丁丑(10・3)・一〇丙午(11・1)・一一丙子(12・1)・一二丙午(12・31)(太字は大の月) 【世界】 ポーランドに統一王国成立《とういつおうこくせいりつ》。
大日本史料	(未刊)
高麗	忠粛王 7
元	英宗《えいそう》 延祐 7

西暦	一三二一
年号・干支	元亨《げんこう》元 2・23 辛酉《かのとのとり》
天皇	
院政	12・9
将軍	
執権	

記事

【政治・経済】

4・17 朝廷《ちょうてい》、制符《せいふ》六ヵ条《じょう》を出《だ》し諸社《しょしゃ》の幣《へい》及《およ》び訴訟《そしょう》の興行《こうぎょう》・寄沙汰《よせざた》禁止《きんし》等《など》を定《さだ》める(祇園社記)。**6・8** 東大寺八幡宮神輿《とうだいじはちまんぐうのしんよ》帰座《きざ》(花園天皇宸記)。**12・9** 後醍醐天皇《ごだいごてんのう》、院政《いんせい》を停止《ちょうじ》し、天皇親政《てんのうしんせい》にする(花園天皇宸記)。**12・―** 後《ご》醍醐天皇《だいごてんのう》、記録所《きろくしょ》を置《お》き新関《しんせき》を廃止《はいし》(神皇正統記)。

【社会・文化】

4・― 後宇多法皇《ごうだほうおう》、大覚寺金堂《だいかくじこんどう》を建立《こんりゅう》(大覚寺門跡略記)。**12・27** 月林道《げつりんどう》皎《こう》、入元《にゅうげん》のため出京《しゅつきょう》(花園天皇宸記)。**この年**《とし》『稚児草紙《ちござうし》』成《な》るか(同書奥書)。

【死没】

3・6 如一《にょいち》(60、浄土宗僧侶《じょうどしゅうそうりょ》)。**6・23** 北条随時《ほうじょうゆきとき》(鎮西探題《ちんぜいたんだい》)。**9・5** 凝《ぎょう》然《ねん》(82、学僧《がくそう》)。**11・1** 花山院師信《かざんいんもろのぶ》(48、公卿《くぎょう》)。

《月の大小／朔日の干支・ユリウス暦》

一乙亥(1・29)・二乙巳(2・28)・三乙亥(3・30)・四甲辰(4・28)・五甲戌(5・28)・六癸卯(6・26)・七癸酉(7・26)・八壬寅(8・24)・九辛未(9・22)・一〇辛丑(10・22)・一一庚午(11・20)・一二庚子(12・20)(太字は大の月)

【世界】

元《げん》、『元典章《げんてんしょう》』刊《かん》。イタリア、ダンテ没《ぼっ》。

大日本史料	
高麗	8
元	至治《しち》(1.1)

西暦 一三二二

年号・干支 元亨 二 壬戌《みずのえいぬ》 ⑤

天皇 (後醍醐)

将軍 (守邦親王)

執権 (北条高時)

記事

【政治・経済】

1・12 幕府《ばくふ》、地頭《じとう》による年貢《ねんぐ》弁済等《べんさいなど》に関《かん》する法《ほう》を定《さだ》める(新編追加)。**2・19** 天《てん》皇《のう》、洛中酒麴売《らくちゅうさけこうじうり》への課役賦課《かやくふか》を造酒司支配《ぞうしゅししはい》とする綸旨《りんじ》を下《くだ》す(押小路家文書)。**この春**《はる》 津軽安東氏《つがるあんどうし》の一族相論《いちぞくそうろん》、得宗内管領長崎高資《とくそうないかんれいながさきたかすけ》の当事者双方《とうじしゃそうほう》からの収《しゅう》賄《わい》により、蝦夷《えぞ》での合戦《かっせん》に発展《はってん》(保暦間記)。**6・25** 覚如《かくにょ》、存覚《ぞんかく》を勘当《かんどう》(存覚一期記)。**10・29** 幕府《ばくふ》、鎮西《ちんぜい》の諸寺社《しょじしゃ》に、神人《じにん》の強訴《ごうそ》や山伏《やまぶし》の狼藉《ろうぜき》を抑止《よくし》するため、本神人《ほんじにん》の交名注進《きょうみょうちゅうしん》を命《めい》じる(実相院文書)。**この年**《とし》 天皇《てんのう》、伊勢等供御《いせとうくご》人《にん》の交名注進《きょうみょうちゅうしん》を命《めい》じ(光明寺文書)、またこの頃《ころ》、洛中神人《らくちゅうじにん》への諸社《しょしゃ》の公事《くじ》賦課《ふか》を停止《ちょうじ》(園太暦)。

【社会・文化】

1・- 花山院師賢《かざんいんもろかた》、『蟬冕翼抄《ぜんべんよくしょう》』を抄出《しょうしゅつ》。**8・16** 虎関師錬《こかんしれん》、『元亨釈書《げんこうしゃくしょ》』を撰《せん》進《しん》(同書序文)。

【死没】

1・13 北畠師重《きたばたけもろしげ》(53、公卿《くぎょう》)。**9・10** 西園寺実兼《さいおんじさねかね》(74、公卿《くぎょう》)。**9・15** 中院通《なかのいんみち》重《しげ》(53、公卿《くぎょう》)。

《月の大小／朔日の干支・ユリウス暦》

一己巳(1・18)・二己亥(2・17)・三己巳(3・19)・**四**戊戌(4・17)・**五**戊辰(5・17)・閏五戊戌(6・16)・六丁卯(7・15)・七丁酉(8・14)・八丙寅(9・12)・九丙申(10・12)・一〇乙丑(11・10)・一一甲午(12・9)・一二甲子(23・1・8)(太字は大の月)

大日本史料 (未刊)

高麗 忠粛王 **9**

元 ⑤ 至治 **2**

西暦	一三二三
年号・干支	三 癸亥《みずのとのい》
天皇	
将軍	
執権	

記事

【政治・経済】
6・16 天皇《てんのう》、大内記《だいないき》日野俊基《ひのとしもと》を蔵人《くろうど》に補任《ぶにん》(花園天皇宸記)。**7・21** 後伏見上皇《ごふしみじょうこう》、大覚寺統《だいがくじとう》の永嘉門院《えいかもんいん》が訴《うった》える室町院領《むろまちいんりょう》の件《けん》で幕府《ばくふ》に申《もうし》入《い》れる(花園天皇宸記)。**11・6** 天皇《てんのう》、日野資朝《ひのすけとも》を鎌倉《かまくら》に派遣《はけん》(花園天皇宸記)。

【社会・文化】
2・24「称名寺絵図《しょうみょうじえず》」成《な》る(同図裏書)。**5・3** 鎌倉大地震《かまくらおおじしん》(武家年代記)。**7・2** 天皇《てんのう》、二条為藤《にじょうためふじ》に『続後拾遺和歌集《しょくごしゅういわかしゅう》』の撰進《せんしん》を下命《かめい》(拾芥抄)。**9・8** 山城正伝寺《やましろしょうでんじ》を勅願寺《ちょくがんじ》とする(正伝寺文書)。**11・12** 常福寺蔵《じょうふくじぞう》『拾遺古徳伝《しゅういことくでん》』成《な》る(同書奥書)。**元亨年間《げんこうねんかん》** 鉄牛継印《てつぎゅうけいいん》、入元《にゅうげん》(本朝高僧伝)。

【死没】
2・15 聖戒《しょうかい》(63、時宗僧侶《じしゅうそうりょ》)。**3・26** 日昭《にっしょう》(103、日蓮宗僧侶《にちれんしゅうそうりょ》)。**6・30** 北条宣時《ほうじょうのぶとき》(86、連署《れんしょ》)。

《月の大小/朔日の干支・ユリウス暦》
一癸巳(2・6)・二癸亥(3・8)・三壬辰(4・6)・四壬戌(5・6)・五壬辰(6・5)・六辛酉(7・4)・七辛卯(8・3)・八庚申(9・1)・九庚寅(10・1)・一〇庚申(10・31)・一一己丑(11・29)・一二己未(12・29)(太字は大の月)

〖世界〗
元《げん》、大元通制《だいげんつうせい》を頒行《はんこう》。

大日本史料	
高麗	10
元	泰定帝《たいていてい》 3

西暦 一三二四

年号・干支 正中《しょうちゅう》元 12・9 甲子《きのえね》

天皇 (後醍醐)

将軍 (守邦親王)

執権 (北条高時)

記事

【政治・経済】2・29 幕府《ばくふ》、本所一円地《ほんじょいちえんち》・寺社領《じしゃりょう》の悪党追捕《あくとうついぶ》のための守護入部《しゅごにゅうぶ》等《など》や、僧侶《そうりょ》の在京禁止《ざいきょうきんし》等《など》の事書《ことがき》を朝廷《ちょうてい》に申《もう》し入《い》れる(華頂要略)。8・25 六波羅《ろくはら》、鴨川堤《かもかわづつみ》の修築用途《しゅうちくようど》を近国御家人《きんごくごけにん》に賦課《ふか》(淡輪文書)。幕府《ばくふ》、称名寺釼阿《しょうみょうじけんな》に遠江天《とおとうみてん》竜川《りゅうがわ》・下総高野川《しもうさたかのがわ》の架橋《かきょう》を命《めい》じる(金沢文庫文書)。8・26 天皇《てんのう》、唐物《からもの》を廷臣《ていしん》に頒賜《はんし》(続史愚抄)。9・19 六波羅《ろくはら》、密告《みっこく》により天皇《てんのう》の討幕計画《とうばくけいかく》を知《し》り、土岐《とき》頼有《よりあり》等を殺《ころ》し、日野資朝《ひのすけとも》・同俊基《どうとしもと》を捕《とら》える(正中《しょうちゅう》の変《へん》)(花園天皇宸記)。9・23 天皇《てんのう》、釈明《しゃくめい》のため万里小路宣房《までのこうじのぶふさ》を勅使《ちょくし》として鎌倉《かまくら》に派遣《はけん》(花園天皇宸記)。10・- 幕府《ばくふ》、糾明《きゅうめい》のため日野資朝《ひのすけとも》・俊基《としもと》らを鎌倉《かまくら》に連行《れんこう》(花園天皇宸記)。11・16 金《かね》沢貞将《ざわさだまさ》、六波羅南方《ろくはらみなみがた》として五〇〇〇騎《き》を率《ひき》いて上洛《じょうらく》(花園天皇宸記)。

【社会・文化】1・12 存覚《ぞんかく》、『諸神本懐集《しょしんほんがいしゅう》』を撰述《せんじゅつ》(同書跋)。6・25 後宇多法皇没《ごうだほうおうぼっ》・生前《せいぜん》『後《ご》宇多天皇宸記《うだてんのうしんき》』を記《しる》す。この年 存覚撰《ぞんかくせん》『破邪顕正鈔《はじゃけんしょうしょう》』成《な》る。

【死没】3・12 昭慶門院《しょうけいもんいん》(55、亀山天皇皇女《かめやまてんのうおうじょ》)。6・25 後宇多法皇《ごうだほうおう》(58)。7・17 二条為《にじょうため》藤《ふじ》(50、歌人《かじん》)。9・19 多治見国長《たじみくになが》(36、武将《ぶしょう》)。

《月の大小/朔日の干支・ユリウス暦》

一戊子(1・27)・二丁巳(2・25)・三丁亥(3・26)・四丙辰(4・24)・五丙戌(5・24)・六乙卯(6・22)・七乙酉(7・22)・八乙卯(8・21)・九甲申(9・19)・一〇甲寅(10・19)・一一甲申(11・18)・一二癸丑(12・17)(太字は大の月)

大日本史料 (未刊)

高麗 忠粛王 11

元 泰定《たいてい》(1.1)

西暦	一三二五 ◀	
年号・干支	二 乙丑《きのとのうし》 ①	
天皇		
将軍		
執権		

記事

【政治・経済】

1・21 花園上皇《はなぞのじょうこう》、量仁親王立太子《かずひとしんのうりったいし》を関白《かんぱく》に奏上《そうじょう》させる（花園天皇宸記）。閏《うるう》1・8 皇太子邦良親王《こうたいしくによししんのう》、六条有忠《ろくじょうありただ》を幕府《ばくふ》に派遣《はけん》。使者上洛《ししやじようらく》し、日野資朝《ひのすけとも》の佐渡配流《さどはいる》と俊基《としもと》の赦免《しやめん》を伝《つた》える（花園天皇宸記）。2・7 幕府《ばくふ》24 六波羅《ろくはら》、松尾社領丹波雀部荘《まつのおしやりようたんばささきべのしよう》に乱入《らんにゆう》した景資法師《けいしほうし》の追捕《ついぶ》を両使《りようし》に命《めい》じる（松尾神社文書）。6・6 幕府《ばくふ》、蝦夷代官《えぞだいかん》を安東季長《あんどうすえなが》から同宗季《どうむねすえ》に代《か》える（鎌倉年代記）。6・- 大乗院前門主覚尊《だいじよういんぜんもんしゆかくそん》、奈良《なら》に乱入《らんにゆう》し、当門主聖信《とうもんしゆしようしん》を追《お》い落《おと》す（花園天皇宸記）。7・1 天皇《てんのう》、大徳寺《だいとくじ》を祈願所《きがんじよ》とする（大徳寺文書）。7・18 幕府《ばくふ》、元《げん》に派遣《はけん》する建長寺造営料船《けんちようじぞうえいりようせん》の警固《けいご》を命《めい》じる（中村文書）。8・- 幕《ばく》府《ふ》、日野資朝《ひのすけとも》を佐渡《さど》に配流《はいる》（鎌倉年代記）。

【社会・文化】

1・3 北条高時第等焼失《ほうじようたかときていなどしようしつ》（花園天皇宸記）。1・- 呑海《どんかい》、清浄光寺《しようじようこうじ》を開《ひら》く（建長寺年代記）。6・26 京都《きようと》で大雷雨《だいらいう》・洪水《こうずい》、死者《ししや》五〇〇人《にん》（花園天皇宸記）。8・29 夢窓疎石《むそうそせき》、南禅寺《なんぜんじ》に入寺《にゆうじ》（夢窓国師年譜）。9・- 中巌円月《ちゆうがんえんげつ》、入元《にゆうげん》（中巌和尚自歴譜）。12・18 二条為定《にじようためさだ》、『続後拾遺和歌集《しよくごしゆういわかしゆう》』を撰進《せんしん》（花園天皇宸記）。正《しよう》中年間《ちゆうねんかん》『石山寺縁起《いしやまでらえんぎ》』成《な》るか（同書詞書）。

〔世界〕

フランシスコ修道会士《しゆうどうかいし》オドリク、元朝《げんちよう》を訪《たず》ねる。

大日本史料		
高麗	12	
元	① 2	

西暦	▶一三二五	一三二六
年号・干支	正中 二 乙丑《きのとのうし》 ①	嘉暦《かりゃく》 元 4・26 丙寅《ひのえとら》
天皇	(後醍醐)	
将軍	(守邦親王)	
執権	(北条高時)	3・13 3・16 金沢貞顕《かねざわさだあき》
記事	【死没】**1・8** 禅爾《ぜんに》(74、学僧《がくそう》)。閏《うるう》**1・27** 通翁鏡円《つうおうきょうえん》(68、臨済宗僧侶《りんざいしゅうそうりょ》)。**2・29** 宣瑜《せんゆ》(86、律宗僧侶《りつしゅうそうりょ》)。**6・9** 行観《ぎょうかん》(85、浄土宗僧侶《じょうどしゅうそうりょ》)。**8・15** 瑩山紹瑾《けいざんじょうきん》(58、曹洞宗僧侶《そうとうしゅうそうりょ》)。**10・1** 一条内経《いちじょううちつね》(35、公卿《くぎょう》)。 《月の大小／朔日の干支・ユリウス暦》 一癸未(1・16)・閏一壬子(2・14)・二辛巳(3・15)・三辛亥(4・14)・**四**庚辰(5・13)・五庚戌(6・12)・六己卯(7・11)・七己酉(8・10)・八戊寅(9・8)・九戊申(10・8)・一〇戊寅(11・7)・一一丁未(12・6)・一二丁丑(26・1・5)(太字は大の月) 【世界】 インド、ムハンマド＝トゥグルク即位《そくい》、トゥグルク朝盛期《ちょうせいき》。イブン＝バットゥータ、世界旅行《せかいりょこう》に出発《しゅっぱつ》。	【政治・経済】 **3・13** 北条高時出家《ほうじょうたかときしゅっけ》(鎌倉年代記)。**3・16** 金沢貞顕《かねざわさだあき》、執権就任《しっけんしゅうにん》・これに怒《いか》る高時《たかとき》弟《おとうと》泰家《やすいえ》以下諸将《いかしょしょう》出家《しゅっけ》(保暦間記)。**3・29** 幕府《ばくふ》、工藤祐貞《くどうすけさだ》を蝦夷征《えぞせい》討《とう》に派遣《はけん》(鎌倉年代記)。**4・24** 貞顕《さだあき》、出家《しゅっけ》して執権《しっけん》を辞《じ》す・代《か》わって赤橋守《あかはしもり》時《とき》、執権《しっけん》となる(保暦間記)。**7・24** 量仁親王《かずひとしんのう》(光厳《こうごん》)立太子《りったいし》(増鏡)。**7・26** 工《く》藤祐貞《どうすけさだ》、安東季長《あんどうすえなが》を捕《とら》えて鎌倉《かまくら》に帰還《きかん》(鎌倉年代記)。**9・4** 薩摩守護代《さつまのしゅごだい》、帰《き》国《こく》した造勝長寿院《ぞうしょうちょうじゅいん》・建長寺船《けんちょうじせん》の護送《ごそう》を地頭御家人《じとうごけにん》に催促《さいそく》(比志島文書)。 【社会・文化】
大日本史料	(未刊)	
高麗	忠粛王 12	13
元	① 泰定 2	3

西暦 ◀一三二七

年号・干支 二 丁卯《ひのとのう》 ⑨

天皇

将軍

執権 赤橋守時《あかはしもりとき》 4・24 ｜ 4・24

記事

8・– 元僧清拙正澄《げんそうせいせつしょうちょう》、来日《らいにち》（清拙大鑑禅師塔銘）。 9・17 石清水護国寺《いわしみずごこくじ》、炎上《えんじょう》（東寺王代記）。

【死没】

3・20 邦良親王《くによししんのう》（27、皇太子《こうたいし》）。 10・30 惟康親王《これやすしんのう》（63、鎌倉将軍《かまくらしょうぐん》）。 11・18 西園《さいおん》寺実衡《じさねひら》（37、公卿《くぎょう》）。

《月の大小／朔日の干支・ユリウス暦》

一丁未（2・4）・二丙子（3・5）・三丙午（4・4）・四乙亥（5・3）・五甲辰（6・1）・六癸酉（6・30）・七癸卯（7・30）・八壬申（8・28）・九壬寅（9・27）・一〇壬申（10・27）・一一壬寅（11・26）・一二辛未（12・25）（太字は大の月）

【政治・経済】

3・8 覚尊《かくそん》と聖信《しょうしん》の大乗院門主相論《だいじょういんもんしゅそうろん》で興福寺衆徒合戦《こうふくじしゅとかっせん》、金堂以下焼失《こんどういかしょうしつ》（大乗院日記目録）。 6・– 幕府《ばくふ》、宇都宮高貞《うつのみやたかさだ》・小田高知《おだたかとも》を蝦夷追討使《えぞついとうし》として奥州《おうしゅう》に派遣《はけん》（鎌倉年代記）。 **この年《とし》** 東大寺衆徒《とうだいじしゅと》、両使《りょうし》による伊賀国黒田荘《いがのくにくろだのしょう》の悪党追《あくとうつい》捕《ぶ》や住宅《じゅうたく》・城郭破却《じょうかくはきゃく》の怠慢《たいまん》を度々六波羅《たびたびろくはら》に訴《うった》える（東大寺文書）。

【社会・文化】

1・– 清拙正澄《せいせつしょうちょう》、上京《じょうきょう》、ついで北条高時《ほうじょうたかとき》に迎《むか》えられ建長寺《けんちょうじ》に住《じゅう》す（清拙大鑑国師塔銘）。 2・– 夢窓疎石《むそうそせき》、浄智寺《じょうちじ》に住《じゅう》し、ついで瑞泉寺《ずいせんじ》を創建《そうこん》（夢窓国師年譜）。 12・6 尊雲法親王《そんうんほっしんのう》（護良親王《もりよししんのう》）、天台座主《てんだいざす》となる（天台座主記）。 **この年《とし》** 古源邵元《こげんしょうげん》、入元《にゅうげん》（古源和尚伝）。

大日本史料

高麗 14

元 ⑨ 4

西暦	▶一三二七	一三二八
年号・干支	嘉暦 二 ⑨ 丁卯《ひのとのう》	三 戊辰《つちのえたつ》
天皇	(後醍醐)	
将軍	(守邦親王)	
執権	(赤橋守時)	
記事	【死没】 **2・18** 呑海《どんかい》(63、時宗僧侶《じしゅうそうりょ》)。 **9・7** 大仏維貞《おさらぎこれさだ》(42、連署《れんしょ》)。 **この年**《とし》 長井宗秀《ながいむねひで》(63、幕府重臣《ばくふじゅうしん》)。 《月の大小/朔日の干支・ユリウス暦》 一辛丑(1・24)・二辛未(2・23)・三庚子(3・24)・四庚午(4・23)・五己亥(5・22)・六戊辰(6・20)・七丁酉(7・19)・八丁卯(8・18)・九丙申(9・16)・閏九丙寅(10・16)・一〇丙申(11・15)・一一乙丑(12・14)・一二乙未(28・1・13)(太字は大の月)	【政治・経済】 **2・25** 春日社《かすがしゃ》領播磨《りょうはりま》福泊《ふくどまり》関務雑掌《かんむざっしょう》、悪党《あくとう》を語《かた》らって東大寺《とうだいじ》領摂津《りょうせっつ》兵庫島《ひょうごしま》に乱入《らんにゅう》・東大寺衆徒《とうだいじしゅと》ら、朝廷《ちょうてい》に列参《れっさん》して出訴《しゅっそ》(東大寺文書)。 **4・9** 石清水《いわしみずの》神人《じにん》、東寺《とうじ》に閉籠《へいろう》して稲荷祭《いなりまつり》の阻止《そし》を謀《はか》る(東寺王代記)。 **9・10** 天皇《てんのう》、万里《までの》小路宣房《こうじのぶふさ》を勅使《ちょくし》として伊勢神宮《いせじんぐう》に派遣《はけん》、奉幣《ほうべい》させる(嘉暦三年公卿勅使御参宮日記)。 **10・-** 宇都宮高貞《うつのみやたかさだ》ら、奥州合戦《おうしゅうかっせん》を和談《わだん》で収《おさ》め、鎌倉《かまくら》に帰還《きかん》(鎌倉年代記)。 **この年**《とし》 後伏見上皇《ごふしみじょうこう》、量仁親王登祚《かずひとしんのうとうそ》を日吉《ひよし》・賀茂《かも》・石清水社《いわしみずしゃ》に祈願《きがん》(伏見宮記録文書)。 【社会・文化】 **5・26** 天皇《てんのう》、故忍性《こにんしょう》に菩薩号《ぼさつごう》を追贈《ついぞう》(僧官補任)。 **5・-** 尊円入道親王《そんえんにゅうどうしんのう》撰《せん》『拾《しゅう》玉集《ぎょくしゅう》』の「百種類聚《ひゃくしゅるいじゅ》」成《な》る(同書跋文)。 **7・17** 冷泉為相《れいぜいためすけ》没《ぼつ》・家集《かしゅう》『藤谷和歌《ふじがやつわか》集《しゅう》』を後人《こうじん》が撰《せん》する。 **この年**《とし》 友山士偲《ゆうざんしし》、入元《にゅうげん》(友山和尚伝)。
大日本史料	(未刊)	
高麗	忠粛王 **14**	**15**
元	⑨ 泰定 **4**	文宗《ぶんそう》 天順《てんじゅん》(9.-) 天順帝《てんじゅんてい》 致和《ちわ》(2.27)

西暦		一三二九 ◀ 図23
年号・干支		元徳《げんとく》元 8・29 己巳《つちのとのみ》
天皇		
将軍		
執権		
記事	【死没】3・1 良暁《りょうぎょう》(78、浄土宗僧侶《じょうどしゅうそうりょ》)。7・17 冷泉為相《れいぜいためすけ》(66、歌人《かじん》)。10・14 久明《ひさあきら》親王《しんのう》(53、鎌倉将軍《かまくらしょうぐん》)。11・8 冷泉為守《れいぜいためもり》(64、歌人《かじん》)。12・20 日印《にちいん》(65、日蓮宗僧《にちれんしゅうそう》侶《りょ》)。 《月の大小／朔日の干支・ユリウス暦》 一乙丑(2・12)・二乙未(3・13)・三甲子(4・11)・四甲午(5・11)・五癸亥(6・9)・六壬辰(7・8)・七辛酉(8・6)・八辛卯(9・5)・九庚申(10・4)・一〇庚寅(11・3)・一一己未(12・2)・一二己丑(29・1・1)(太字は大の月) 〔世界〕 イスラム法学者《ほうがくしゃ》イブン＝タイミーヤ没《ぼつ》。フランス、ヴァロワ朝《ちょう》、成立《せいりつ》。	【政治・経済】 1・30 金沢貞顕《かねざわさだあき》、北条高時《ほうじょうたかとき》を「田楽之外《でんがくのほか》、無他事候《たじなくそうろう》」と評《ひょう》する(金沢文庫文書)。 10・11 幕府《ばくふ》、北条家時《ほうじょういえとき》(一八歳《さい》)を評定衆《ひょうじょうしゅう》に加《くわ》える(金沢文庫文書)。 【社会・文化】 2・11 尊雲法親王《そんうんほっしんのう》、天台座主《てんだいざす》を辞《じ》す(天台座主記)。5・‐ 雪村友梅《せっそんゆうばい》、元《げん》より帰《き》国《こく》(雪村大和尚行道記)。6・‐ 元僧明極楚俊《げんそうみんきそしゅん》・竺仙梵僊《じくせんぼんせん》、来日《らいにち》(竺仙和尚行道記)。 8・‐ 夢窓疎石《むそうそせき》、北条高時《ほうじょうたかとき》の請《こい》により円覚寺《えんがくじ》に入寺《にゅうじ》(夢窓国師年譜)。 【死没】 6・19 安東蓮聖《あんどうれんしょう》(91、北条氏御内人《ほうじょうしみうちびと》)。
大日本史料		
高麗		16
元	天暦《てんれき》(9.13)	文宗《ぶんそう》(復位) 明宗《めいそう》 2

西暦	▶一三二九	一三三〇
年号・干支	元徳 元 8・29 己巳《つちのとのみ》	二 庚午《かのえうま》 ⑥
天皇	(後醍醐)	
将軍	(守邦親王)	
執権	(赤橋守時)	
記事	《月の大小／朔日の干支・ユリウス暦》 一己未(1・31)・二己丑(3・2)・三戊午(3・31)・四戊子(4・30)・五丁巳(5・29)・六丁亥(6・28)・七丙辰(7・27)・八乙酉(8・25)・九乙卯(9・24)・一〇甲申(10・23)・一一甲寅(11・22)・一二癸未(12・21)(太字は大の月)	【政治・経済】 **3・8** 天皇《てんのう》、南都《なんと》に行幸《ぎょうこう》(大乗院日記目録)。 **3・26・27** 天皇《てんのう》、日吉社《ひよししゃ》・延暦寺《えんりやくじ》に行幸《ぎょうこう》(日吉社幷叡山行幸記)。 **5・22** 記録所《きろくしょ》、洛中《らくちゅう》の米価《べいか》を宣旨枡《せんじます》一斗当《とあた》り銭《ぜに》一〇〇文《もん》と公定《こうてい》(東寺執行日記)。 **6・9** 朝廷《ちょうてい》、沽酒法《こしゅほう》を定《さだ》める(東寺執行日記)。 **6・11** 朝廷《ちょうてい》、二条町《にじょうちょう》に市《いち》を設《もう》け、公定価《こうていか》で米《こめ》を売買《ばいばい》させる(東寺執行
大日本史料	(未刊)	
高麗	忠粛王 **16**	**17**
元	文宗(復位) 明宗 天暦 **2**	⑦ 至順《しじゅん》(5.8)

図23
安東蓮聖像(久米田寺)

西暦	
年号・干支	
天皇	
将軍	
執権	
記事	日記)。**6・15** 朝廷《ちょうてい》、飢民救済《きみんきゅうさい》のため、兵庫関《ひょうごのせき》以下《いか》諸関《しょせき》の升米徴収《しょうまいちょうしゅう》を八月《がつ》まで停止《ていし》(東大寺文書)。**6・22** 延暦寺衆徒《えんりゃくじしゅと》、一向専修《いっこうせんじゅ》の輩《ともがら》の禁圧《きんあつ》を朝廷《ちょうてい》に請《こ》う(東寺執行日記)。**12・-** 幕府《ばくふ》、聖護院尊珍法親王《しょうごいんそんちんほっしんのう》を越前《えちぜん》へ配流《はいる》(鎌倉年代記)。 【社会・文化】 **2・-** 北条高時《ほうじょうたかとき》、明極楚俊《みんきそしゅん》を建長寺《けんちょうじ》住持《じゅうじ》に任《にん》じる(鎌倉五山住持籍)。花園《はなぞの》上皇《じょうこう》、『誡太子書《かいたいしのしょ》』を量仁親王《かずひとしんのう》に贈《おく》る(伏見宮記録文書)。**この春《はる》** 月林道皎《げつりんどうこう》、元《げん》より帰国《きこく》(月林皎禅師行状)。**8・7** 天皇《てんのう》、故覚盛《こかくじょう》に大悲菩薩《だいひぼさつ》の謚号《しごう》を追贈《ついぞう》(僧官補任)。**12・14** 尊澄法親王《そんちょうほっしんのう》(宗良親王《むねよししんのう》)、天台座主《てんだいざす》となる(諸門跡譜)。**この年《とし》から翌年《よくねん》の間《あいだ》** 兼好《けんこう》、『徒然草《つれづれぐさ》』第《だい》三三段以下《だんいか》を執筆《しっぴつ》。**この年《とし》** 二階堂貞藤《にかいどうさだふじ》、甲斐恵林寺《かいえりんじ》の開山《かいさん》を夢窓疎石《むそうそせき》に請《こ》う(夢窓国師塔銘)。 【死没】 **2・11** 禅助《ぜんじょ》(84、真言宗僧侶《しんごんしゅうそうりょ》)。**4・1** 中原章房《なかはらあきふさ》(明法家《みょうぼうか》)。**7・9** 頼宝《らいほう》(52、真言宗僧侶《しんごんしゅうそうりょ》)。**9・18** 世良親王《ときよししんのう》(後醍醐天皇皇子《ごだいごてんのうおうじ》)。 《月の大小／朔日の干支・ユリウス暦》 一癸丑(1・20)・二癸未(2・19)・三壬子(3・20)・四壬午(4・19)・五壬子(5・19)・六辛巳(6・17)・閏六辛亥(7・17)・七庚辰(8・15)・八己酉(9・13)・九己卯(10・13)・一〇戊申(11・11)・一一戊寅(12・11)・一二丁未(31・1・9)(太字は大の月) 〘世界〙 元《げん》、トゥゲンら雲南《うんなん》の諸王《しょおう》、反乱《はんらん》。ワラキア公国《こうこく》、成立《せいりつ》。
大日本史料	
高麗	
元	

西暦	一三三一
年号・干支	元徳三 辛未《かのとひつじ》 元弘《げんこう》元 8・9
天皇	(後醍醐) 9・20 光厳《こうごん》
院政	9・20 後伏見《ごふしみ》
将軍	(守邦親王)
執権	(赤橋守時)
記事	【政治・経済】 **5・5** 幕府《ばくふ》、吉田定房《よしださだふさ》の密告《みっこく》により、長崎高貞《ながさきたかさだ》らを派遣《はけん》して日野俊基《ひのとしもと》・文観《もんかん》・円観《えんかん》らを捕《とら》える(元弘《げんこう》の乱《らん》)(鎌倉年代記)。**8・6** 北条高時《ほうじょうたかとき》、内管領長崎高資《ないかんれいながさきたかすけ》の誅殺《ちゆうさつ》を謀《はか》るが失敗《しっぱい》(鎌倉年代記・保暦間記)。**8・9** 元弘《げんこう》と改元《かいげん》・改元詔《かいげんしょう》書送《しょおく》られず、幕府元徳《ばくふげんとく》を用《もち》いる(継塵記)。**8・24** 天皇《てんのう》、神器《じんぎ》を奉《ほう》じて奈良《なら》に行幸《ぎょうこう》(増鏡)。**8・27** 天皇《てんのう》、笠置寺《かさぎでら》に行幸《ぎょうこう》(増鏡)。**9・5** 幕府《ばくふ》、大仏貞直《おさらぎさだなお》・金沢貞冬《かねざわさだふゆ》・足利高氏《あしかがたかうじ》らを西上《せいじょう》させる(鎌倉年代記)。**9・11** 楠木正成《くすのきまさしげ》、挙兵《きょへい》し河内国赤坂城《かわちのくにあかさかじょう》に拠《よ》る(太)。**9・14** 桜山茲俊《さくらやまこれとし》、楠木正成《くすのきまさしげ》に呼応《こおう》し備後国《びんごのくに》で挙兵《きょへい》(太)。**9・20** 量仁親王《かずひとしんのう》(光厳天皇《こうごんてんのう》)、後伏見上皇《ごふしみじょうこう》の詔《みことのり》をもって土御門東洞院《つちみかどひがしのとういん》で践祚《せんそ》・以後《いご》ここが内裏《だいり》となる(皇年代略記)。**9・28** 笠置陥落《かさぎかんらく》・翌日《よくじつ》、後醍醐天皇《ごだいごてんのう》捕《とら》えられる(太)。**10・6** 後醍醐天皇《ごだいごてんのう》、剣璽《けんじ》を光厳天皇《こうごんてんのう》に渡《わた》す(花園天皇宸記)。**10・21** 赤坂城陥落《あかさかじょうかんらく》・楠木正成《くすのきまさしげ》逃《のがれ》る(鎌倉年代記)。 【社会・文化】 **7・3** 大地震《おおじしん》・紀伊国千里浜《きいのくにせんりはま》の干潟《ひがた》二〇余町《よちょう》が陸地《りくち》となり、七日《か》、富士山頂崩《ふじさんちょうくず》れる(太)。**この年《とし》** 覚如《かくにょ》、『口伝鈔《くでんしょう》』を著《あらわ》す。
大日本史料	(未刊)
高麗	忠恵王《ちゆうけいおう》
元	至順 2

項目	1332
西暦	◀ 一三三二
年号・干支	正慶《しょうきょう》元 4・28 壬《みずのえ》申《さる》
	二
天皇	
院政	
将軍	
執権	

記事

【政治・経済】

1・21 桜山茲俊《さくらやまこれとし》、吉備津宮《きびつみや》で自刃《じじん》(太)。**3・7** 幕府《ばくふ》、後醍醐天皇《ごだいごてんのう》を隠岐国《おきのくに》に、翌八日《よくか》、尊良親王《たかよししんのう》を土佐国《ときのくに》に、尊澄法親王《そんちょうほっしんのう》を讃岐国《さぬきのくに》に流《なが》す(武家年代記)。**5・3** 幕府《ばくふ》、足助重範《あすけしげのり》を六条河原《ろくじょうがわら》で斬《き》る(太)。**5・22** 幕府《ばくふ》、平成輔《たいらのなりすけ》を相模国早河尻《さがみのくにはやかわじり》で殺《ころ》す(常楽記)。**6・2** 幕府《ばくふ》、日野資朝《ひのすけとも》を佐渡国配所《さどのくにはいしょ》で殺《ころ》す(公卿補任)。**6・3** 幕府《ばくふ》、日野俊基《ひのとしもと》を相模国葛原岡《さがみのくにくずはらがおか》で殺《ころ》す(常楽記)。**6・6** 尊雲法親王《そんうんほっしんのう》、熊《くま》野山《のさん》に令旨《りょうじ》を伝《つた》える(花園天皇宸記)。**6・19** 幕府《ばくふ》、北畠《きたばたけ》

【死没】

3・9 狛朝葛《こまのともかず》(85、雅楽家《ががくか》)。**9・5** 足利貞氏《あしかがさだうじ》(59、武将《ぶしょう》)。

《月の大小／朔日の干支・ユリウス暦》

一丁丑(2・8)・二丁未(3・10)・三丙子(4・8)・四丙午(5・8)・五乙亥(6・6)・六乙巳(7・6)・七乙亥(8・5)・八甲辰(9・3)・九甲戌(10・3)・一〇癸卯(11・1)・一一壬申(11・30)・一二壬寅(12・30)(太字は大の月)

〘世界〙

ステファン＝ドゥシャン即位《そくい》し(～一三五五年《ねん》)、大《だい》セルビア帝国《ていこく》興《おこ》る。

大日本史料	
高麗	忠粛王《ちゆうしゆくおう》(復位)
元	寧宗《ねいそう》 3

西暦 一三三二 ▶

年号・干支 正慶 元 4・28 壬申《みずのえさる》 / 元弘 二

天皇 （光厳） （後醍醐）

院政 （後伏見）

将軍 （守邦親王）

執権 （赤橋守時）

記事

具行《ともゆき》を近江国柏原《おうみのくにかしわばら》で殺《ころ》す（尊卑分脈）。**8・19** 後醍醐天皇《ごだいごてんのう》、出雲国鰐淵寺《いずものくにがくえんじ》に願文《がんもん》を納《おさ》める（鰐淵寺文書）。**11・‐** 尊雲法親王《そんうんほっしんのう》、還俗《げんぞく》して護良《もりよし》と改《あらた》め、吉野《よしの》で挙兵《きょへい》・楠木正成《くすのきまさしげ》、千早城《ちはやじょう》に拠《よ》り応《おう》じる（太）。

【社会・文化】

4・13 延暦寺火災《えんりやくじかさい》（花園天皇宸記）。**この年**《とし》 中巌円月《ちゅうがんえんげつ》・一峯通玄《いっぽうつうげん》、元《げん》より帰国《きこく》（中巌月和尚自歴譜）。

【死没】

1・21 桜山茲俊《さくらやまこれとし》（武将《ぶしょう》）。**3・21** 京極為兼《きょうごくためかね》（79、歌人《かじん》）。**5・3** 足助重範《あすけしげのり》（武将《ぶしょう》）。**5・22** 平成輔《たいらのなりすけ》（42、後醍醐天皇廷臣《ごだいごてんのうていしん》）。**6・2** 日野資朝《ひのすけとも》（43、公卿《くぎょう》）。**6・3** 日野俊基《ひのとしもと》（公卿《くぎょう》）。**6・19** 北畠具行《きたばたけともゆき》（43、公卿《くぎょう》）。**10・‐** 花山院師賢《かざんいんもろかた》（32、公卿《くぎょう》）。**12・6** 九条忠教《くじょうただのり》（85、公卿《くぎょう》）。

《月の大小／朔日の干支・ユリウス暦》

一辛未（1・28）・二辛丑（2・27）・三庚午（3・27）・四庚子（4・26）・**五己巳**（5・25）・六己亥（6・24）・七己巳（7・24）・八戊戌（8・22）・**九戊辰**（9・21）・一〇丁酉（10・20）・一一丁卯（11・19）・一二丁酉（12・19）（太字は大の月）

大日本史料 （未刊）

高麗 忠粛王（復位）

元 寧宗 至順 3

西暦	一三三三 ◀
年号・干支	二 癸酉《みずのとのとり》 ②
	三
天皇	
院政	
将軍	
執権	
記事	【政治・経済】 1・19 楠木正成《くすのきまさしげ》、摂津国四天王寺《せっつのくにしてんのうじ》の六波羅軍《ろくはらぐん》を攻《せ》める(楠木合戦注文)。 1・21 赤松則村《あかまつのりむら》(円心《えんしん》)、播磨国苔縄城《はりまのくにこけなわじょう》で挙兵《きょへい》(太)。 1・- 鎌倉《かまくら》よりの大軍《たいぐん》、京都《きょうと》に入《はい》る(保暦間記)。 2・- 幕府軍《ばくふぐん》、河内国赤坂城《かわちのくにあかさかじょう》を陥《おと》す・ついで千早城《ちはやじょう》を攻《せ》める(楠木合戦注文)。 閏《うるう》2・1 吉野城陥落《よしのじょうかんらく》・村上義《むらかみよし》光《てる》ら討死《うちじに》(太)。 閏《うるう》2・11 長門探題北条時直《ながとたんだいほうじょうときなお》、伊予国《いよのくに》の土居通増《どいみちます》・忽那重清《くつなしげきよ》を攻《せ》めて敗《やぶ》れる(忽那文書)。 閏《うるう》2・24 後醍醐天皇《ごだいごてんのう》、隠岐国《おきのくに》を脱出《だっしゅつ》(太)。 閏《うるう》2・28 後醍醐天皇《ごだいごてんのう》、伯耆国名和長年《ほうきのくになわながとし》に迎《むか》えられ、船上山《せんじょうさん》に拠《よ》る(太)。 3・12 赤松則村《あかまつのりむら》、京都《きょうと》に入《はい》り六波羅軍《ろくはらぐん》と戦《たたか》う(太)。 3・13 菊《きく》池武時《ちたけとき》、鎮西探題赤橋英時《ちんぜいたんだいあかはしひでとき》を博多《はかた》に攻《せ》めて敗死《はいし》(博多日記)。 4・8 内蔵寮庫兵火《くらりようのくらへいか》に罹《かか》り、歴代《れきだい》の宝器《ほうき》が焼失《しょうしつ》(続史愚抄)。 4・27 幕府軍《ばくふぐん》の将名越高家《しょうなごえたかいえ》、久我縄手《こがなわて》で千種忠《ちくさただ》顕《あき》らと戦《たたか》い討死《うちじに》(太)。足利高氏《あしかがたかうじ》、丹波国篠村八幡《たんばのくにしのむらはちまん》で反幕《はんばく》の意志《いし》を固《かた》め諸国豪族《しょこくごうぞく》に密書《みっしょ》を送《おく》る(太)。 4・29 足利高《あしかがたか》氏《うじ》、丹波国篠村八幡宮《たんばのくにしのむらはちまんぐう》に願文《がんもん》を納《おさ》める(太)。 5・7 足利《あしかが》高氏《たかうじ》・赤松則村《あかまつのりむら》・千種忠顕《ちくさただあき》ら、六波羅《ろくはら》を攻撃《こうげき》・探題北条仲《たんだいほうじょうなか》時《とき》ら、光厳天皇《こうごんてんのう》を奉《ほう》じて敗走《はいそう》(太)。六波羅探題北条時益《ろくはらたんだいほうじょうときます》没《ぼつ》(太)。 5・9 北条仲時《ほうじょうなかとき》、近江国番場《おうみのくにばんば》で自刃《じじん》・光厳天皇《こうごんてんのう》
大日本史料	
高麗	2
元	③ 元統《げんとう》(10.8) 順帝《じゅんてい》

西暦	▶ 一三三三
年号・干支	正慶 二 ② 癸酉《みずのとのとり》 元弘 三
天皇	(光厳) 5・25 (後醍醐)
院政	(後伏見) 5・25
将軍	(守邦親王) 5・21
執権	(赤橋守時) 5・18
記事	捕《とら》えられる(太)。**5・21** 新田義貞《にったよしさだ》、鎌倉《かまくら》を攻略《こうりゃく》・翌《よく》二二日《にち》、北条高時《ほうじょうたかとき》・金沢貞顕《かねざわさだあき》以下多数《いかたすう》が東勝寺《とうしょうじ》で自刃《じじん》・北条《ほうじょう》氏滅《しほろ》ぶ(太)。**5・25** 後醍醐天皇《ごだいごてんのう》、光厳天皇《こうごんてんのう》を廃《はい》し、正慶《しょうきょう》の年号《ねんごう》を停《とど》めて元弘《げんこう》に復《ふく》する(皇代暦)。鎮西探題赤橋英時《ちんぜいたんだいあかはしひでとき》自刃《じじん》(薩藩旧記)。**6・5** 後醍醐天皇帰京《ごだいごてんのうききょう》(公卿補任)。**6・13** 護良親王入京《もりよししんのうにゅうきょう》・親王《しんのう》を征夷大将軍《せいいたいしょうぐん》とする(増鏡)。**6・15** すべての所領領有権《しょりょうりょうゆうけん》を綸旨《りんじ》で再確認《さいかくにん》する個別安堵法《こべつあんどほう》を令《れい》する(金剛寺文書)。**6・-** この頃《ころ》、記録所《きろくしょ》・恩賞方《おんしょうかた》を設置《せっち》(太)。**7・23** 諸国平均安堵法《しょこくへいきんあんどほう》を発布《はっぷ》(総持寺文書)。**7・30** 摂津国住吉社造営料船《せっつのくにすみよししゃぞうえいりょうせん》、元《げん》より帰国《きこく》(住吉神社文書)。**8・5** 足利高氏《あしかがたかうじ》、尊氏《たかうじ》と改名《かいめい》(公卿補任)。**9・-** この頃《ころ》、雑訴決断所《ざっそけつだんしょ》・窪所《くぼどころ》・武者所《むしゃどころ》を設置《せっち》(梅松論)。**10・20** 北畠顕家《きたばたけあきいえ》、義良親王《のりよししんのう》を奉《ほう》じ、北畠親房《きたばたけちかふさ》らと任地陸奥国《にんちむつのくに》へ赴《おもむ》く(神皇正統記)。**12・14** 足利直義《あしかがただよし》、成良親王《なりよししんのう》を奉《ほう》じ、任地鎌倉《にんちかまくら》に赴《おもむ》く(武家年代記裏書)。**この年末《ねんまつ》より翌年《よくねん》にかけて** 北条氏残党《ほうじょうしざんとう》、各地《かくち》で反乱《はんらん》(太・高野山文書・元弘日記裏書)。 【社会・文化】 **1・26** 信濃国大法寺《しなののくにだいほうじ》三重塔建立《じゅうのとうこんりゅう》(同塔墨書銘)。**3・11～4・7** 良覚《りょうかく》、『博多日記《はかたにっき》』を記《しる》す。**10・1** 大徳寺《だいとくじ》を五山《ござん》に列《れつ》する(大徳寺日録)。**11・-** 中巌円月《ちゅうがんえんげつ》、『原民《げんみん》』『原僧《げんそう》』を天皇《てんのう》に
大日本史料	(未刊) 5・- 6編1
高麗	忠粛王 2
元	順帝 元統(10.8) ③

西暦

年号・干支

天皇

院政

将軍

執権

記事

献《けん》じ、時弊《じへい》を論《ろん》じる(東海一漚集)。

【死没】

2・7 日興《にっこう》(88、日蓮宗僧侶《にちれんしゅうそうりょ》)。**閏《うるう》2・1** 村上義光《むらかみよしてる》(護良《もりよし》親王従者《しんのうじゅうしゃ》)。**3・13** 菊池武時《きくちたけとき》(42か、武将《ぶしょう》)。**4・27** 名越《なごえ》高家《たかいえ》(武将《ぶしょう》)。**5・7** 北条時益《ほうじょうときます》(六波羅探題《ろくはらたんだい》)。**5・8** 真《しん》光《こう》(57、時宗当麻派祖《じしゅうたいまはそ》)。**5・9** 北条仲時《ほうじょうなかとき》(28、六波羅探題《ろくはらたんだい》)。**5・18** 赤橋守時《あかはしもりとき》(執権《しっけん》)。**5・20** 万里小路季房《までのこうじすえふさ》(公卿《くぎょう》)。**5・22** 北条基時《ほうじょうもととき》(六波羅探題《ろくはらたんだい》、執権《しっけん》)。北条高時《ほうじょうたかとき》(31、執権《しっけん》、得宗《とくそう》)。金沢貞顕《かねざわさだあき》(56、執権《しっけん》)。安達時顕《あだちときあき》(武将《ぶしょう》)。長崎高資《ながさきたかすけ》(武将《ぶしょう》)。長崎高綱《ながさきたかつな》(武将《ぶしょう》)。**5・25** 赤橋英時《あかはしひでとき》(鎮西探題《ちんぜいたんだい》)。**8・16** 守《もり》邦親王《くにしんのう》(33、鎌倉将軍《かまくらしょうぐん》)。**10・12** 義雲《ぎうん》(81、曹洞宗僧侶《そうとうしゅうそうりょ》)。**11・15** 日目《にちもく》(74、日蓮宗僧侶《にちれんしゅうそうりょ》)。**12・3** 大友貞宗《おおともさだむね》(武将《ぶしょう》)。

《月の大小／朔日の干支・ユリウス暦》

一丙寅(1・17)・二乙未(2・15)・閏二乙丑(3・17)・三甲午(4・15)・四甲子(5・15)・五癸巳(6・13)・六癸亥(7・13)・七壬辰(8・11)・八壬戌(9・10)・九壬辰(10・10)・一〇辛酉(11・8)・一一辛卯(12・8)・一二辛酉(34・1・7)(太字は大の月)

〖世界〗

カジミエシュ三世《せい》(大王《だいおう》)、即位《そくい》し(〜一三七〇年《ねん》)、ポーランド王国《おうこく》の統一《とういつ》を完成《かんせい》。

大日本史料

高麗

元

西暦 一三三四

年号・干支 建武《けんむ》元 1・29 甲戌《きのえいぬ》

天皇 (後醍醐)

将軍

執事

記事

【政治・経済】

1・12 大内裏造営《だいだいりぞうえい》のため、安芸《あき》・周防国《すおうのくに》を料国《りょうごく》とし、地頭《じとう》に課役《かやく》・また紙幣発行《しへいはっこう》を計画《けいかく》(太)。**1・23** 恒良親王《つねよししんのう》を皇太子《こうたいし》とする(元弘日記裏書)。**3・17** 庶民疲弊《しょみんひへい》により、諸国荘園《しょこくしょうえん》の検注《けんちゅう》を二年間停止《ねんかんちょうじ》(建武記)。**3・28** 新銭乾坤通宝《しんせんけんこんつうほう》を鋳造《ちゅうぞう》し、紙幣《しへい》と並用《へいよう》させる(建武記)。**5・3** 検非違使庁《けびいしちょう》、徳政令《とくせいれい》を発布《はっぷ》(香取文書)。**5・7** 諸国一《しょこくいち》・二宮《にのみや》の本家《ほんけ》・領家職《りょうけしき》を停止《ちょうじ》(建武記)。**5・18** 雑訴決断所《ざっそけつだんしょ》の条規《じょうき》を定《さだ》める(建武記)。**7・9** 少《しょう》弐《に》頼尚《よりひさ》ら、北条氏残党《ほうじょうしざんとう》規矩高政《きくたかまさ》・糸田貞義《いとださだよし》を攻《せ》めて平定《へいてい》(近藤文書)。**8・21** 東寺《とうじ》領《りょう》若狭国《わかさのくに》太良荘《たらのしょう》の百姓《ひゃくしょう》ら、地頭代《じとうだい》の非法《ひほう》を訴《うった》える(東寺百合文書)。**10・22** 護良親王《もりよししんのう》を武者所《むしゃどころ》に拘引《こういん》(梅松論)。**10・-** 雑訴決断所《ざっそけつだんしょ》、諸国地頭以下所管《しょこくじとういかしょかん》の田数《でんすう》を注進《ちゅうしん》させ、正税以下雑物《しょうぜいいかぞうもつ》二〇分《ぶん》の一を進納《しんのう》させる(建武記)。**11・15** 護良親王《もりよししんのう》を鎌倉《かまくら》に配流《はいる》(元弘日記裏書)。

【社会・文化】

1・26 南禅寺《なんぜんじ》を五山《ござん》の第《だい》一とする(諸五山十刹住持籍)。**この春《はる》** 中巌円月《ちゅうがんえんげつ》、『中正子《ちゅうせいし》』を著《あらわ》す(同書序)。**8・-** 京人《きょうびと》、二《に》条河原落書《じょうがわらのらくしょ》を掲《かか》げ時事《じじ》を諷刺《ふうし》(建武記)。**この年《とし》** 道意《どうい》『東寺塔《とうじとう》供養記《くようき》』成《な》るか。『東金堂細々要記《とうこんどうさいさいようき》』記《しる》され始《はじ》める(~至徳《しとく》三年《ねん》)。**この頃《ころ》** 後醍醐天皇《ごだいごてんのう》、『建武年中行事《けんむねんじゅうぎょうじ》』『日中行事《にっちゅうぎょうじ》』を著《あらわ》す。

大日本史料 (6編1) 6編2 10・-

高麗 忠粛王 3

元 元統 2

西暦	◀一三三五	
年号・干支	⑩ 乙亥《きのとのい》 二	
天皇		
将軍		
執事		
記事	【政治・経済】 **6・22** 西園寺公宗《さいおんじきんむね》・日野資名《ひのすけな》・同氏光《どううじみつ》らを謀反《むほん》の廉《かど》で捕《とら》える(建武二年六月記)。 **7・22** これより先《さき》、北条高時《ほうじょうたかとき》の子《こ》時行《ときゆき》、信濃《しなの》の国《くに》で挙兵《きょへい》・この日《ひ》、武蔵国《むさしのくに》に進《すす》み足利直義《あしかがただよし》を破《やぶ》る・翌《よく》二三日《にち》、直義《ただよし》、護良親王《もりよししんのう》を殺《ころ》して鎌倉《かまくら》を脱出《だっしゅつ》(中先代《なかせんだい》の乱《らん》)(梅松論)。 **8・9** 足利尊氏《あしかがたかうじ》を征《せい》東将軍《とうしょうぐん》とする(室町家伝)。 **8・2** 公宗《きんむね》・氏光《うじみつ》らを誅殺《ちゅうさつ》(尊卑分脈)。 **8・19** 尊氏《たかうじ》、時行軍《ときゆきぐん》を破《やぶ》り鎌倉《かまくら》に入《はい》る(梅松論)。 **8・27** 尊氏《たかうじ》、鶴岡八幡宮《つるがおかはちまんぐう》に武蔵国佐々目郷《むさしのくにささめごう》を寄付《きふ》し、座《ざ》不冷《さまさず》本地《ほんじ》供料所《くりょうしょ》とする(相州文書)。 **10・15** 尊氏《たかうじ》、帰洛《きらく》の命《めい》に従《したが》わず第《てい》を幕府《ばくふ》の旧址《きゅうし》に造《つく》り、この日《ひ》、ここに移《うつ》る(三浦文書)。 **11・2** 直義《ただよし》、新田義貞《にったよしさだ》を伐《う》つと称《しょう》して諸国《しょこく》に兵《へい》を募《つの》る(結城古文書写・三刀屋文書)。 **11・18** 義貞追討《よしさだついとう》を請《こ》	【死没】 **1・10** 日秀《にっしゅう》(70、日蓮宗僧侶《にちれんしゅうそうりょ》)。 **8・16** 日華《にっけ》(83、日蓮宗僧侶《にちれんしゅうそうりょ》)。 **12・28** 二階堂貞藤《にかいどうさだふじ》(68、武将《ぶしょう》)。 **この年《とし》** 長崎高貞《ながさきたかさだ》(武将《ぶしょう》)。 《月の大小／朔日の干支・ユリウス暦》 一庚寅(2・5)・二己未(3・6)・三己丑(4・5)・四戊午(5・4)・五戊子(6・3)・六丁巳(7・2)・七丁亥(8・1)・八丙辰(8・30)・九丙戌(9・29)・一〇丙辰(10・29)・一一乙酉(11・27)・一二乙卯(12・27)(太字は大の月)
大日本史料		
高麗	4	
元	⑫ 至元《しげん》(11.23)	

西暦	年号・干支	天皇	将軍	執事
▶一三三五	建武 二 乙亥《きのとのい》 ⑩	（後醍醐）		

記事

う尊氏奏状《たかうじそうじょう》が京都《きょうと》に届《とど》く（元弘日記裏書）。**11・19** 尊良親王《たかよししんのう》・義貞《よしさだ》ら、尊氏《たかうじ》・直義追討《ただよしついとう》のため京都《きょうと》を出発《しゅっぱつ》（元弘日記裏書）。**12・11** 官軍《かんぐん》、尊氏《たかうじ》と駿河国竹下《するがのくにたけのした》で、直義《ただよし》と伊豆国箱根《いずのくにはこね》で戦《たたか》い敗《やぶ》れる（梅松論・太）。**12・13** 官軍《かんぐん》、伊豆国府《いずこくふ》で足利軍《あしかがぐん》に敗《やぶ》れ西走《せいそう》・尊氏《たかうじ》・直義《ただよし》、西上《せいじょう》する（太）。**12・22** 北畠顕家《きたばたけあきいえ》、義良親王《のりよししんのう》を奉《ほう》じて陸奥国《むつのくに》を発《はっ》し、足利軍《あしかがぐん》を追《お》って西上《せいじょう》（八戸系図）。

【社会・文化】

3・28 これより先《さき》、後醍醐天皇《ごだいごてんのう》、北条高時《ほうじょうたかとき》の旧居《きゅうきょ》に宝戒寺《ほうかいじ》を建《た》てその冥福《めいふく》を祈《いの》る・この日《ひ》、足利尊氏《あしかがたかうじ》、寺領《じりょう》を寄付《きふ》（相州文書）。

【死没】

1・14 舜昌《しゅんじょう》（81、浄土宗僧侶《じょうどしゅうそうりょ》）。**2・4** 二条道平《にじょうみちひら》（48、公卿《くぎょう》）。**3・8** 天岸慧広《てんがんえこう》（63、臨済宗僧侶《りんざいしゅうそうりょ》）。**7・22** 岩松経家《いわまつつねいえ》（武将《ぶしょう》）。小山秀朝《おやまひでとも》（武将《ぶしょう》）。**7・23** 護良親王《もりよししんのう》（後醍醐天皇皇子《ごだいごてんのうおうじ》）。**8・2** 西園寺公宗《さいおんじきんむね》（27、公卿《くぎょう》）。**10・7** 南山士雲《なんざんしうん》（82、臨済宗僧侶《りんざいしゅうそうりょ》）。**11・22** 双峯宗源《そうほうそうげん》（73、臨済宗僧侶《りんざいしゅうそうりょ》）。**12・8** 空性《くうしょう》（41、仏光寺創建《ぶっこうじそうこん》）。**12・12** 二条為冬《にじょうためふゆ》（歌人《かじん》）。

《月の大小／朔日の干支・ユリウス暦》

一乙酉（1・26）・二甲寅（2・24）・三甲申（3・26）・四癸丑（4・24）・五壬午（5・23）・六辛亥（6・21）・七辛巳（7・21）・八庚戌（8・19）・九庚辰（9・18）・

大日本史料	高麗	元
（6編2）	忠粛王 4	⑫ 至元（11.23）

西暦		◀一三三六
年号・干支 北朝		建武 三 丙子《ひのえね》
年号・干支 南朝		延元《えんげん》 元 2・29
天皇		
将軍		
執事		高師直《こうのもろなお》
記事	一〇庚戌(10・18)・閏一〇己卯(11・16)・一一戊申(12・15)・一二戊寅(36・1・14)(太字は大の月) 【世界】 元《げん》、科挙《かきょ》を中止《ちゅうし》。	【政治・経済】 1・10 後醍醐天皇《ごだいごてんのう》、神器《じんぎ》を奉《ほう》じて近江国東坂本《おうみのくにひがしさかもと》(延暦寺《えんりやくじ》)に行幸《ぎょうこう》(神皇正統記)。1・11 足利尊氏入京《あしかがたかうじにゅうきょう》(梅松論)。大隅国《おおすみのくに》国人《こくじん》、世上騒乱《せじょうそうらん》により一門一味同心《いちもんいちみどうしん》の契状《けいじょう》を結《むす》ぶ(池端文書)。1・27 新田義貞《にったよしさだ》ら、尊氏《たかうじ》と賀茂河原《かもがわら》で戦《たたか》う・翌《よく》二八日《にち》神楽岡《かぐらおか》、三〇日《にち》糺河原《ただすがわら》で戦《たたか》い、尊氏《たかうじ》、丹波国《たんばのくに》に走《はし》る(梅松論)。2・7・8 尊氏《たかうじ》、小早川祐景《こばやかわすけかげ》ら旗下《きか》の将士《しょうし》に元弘以来収公《げんこういらいしゅうこう》の所領《しょりょう》を返《かえ》す(小早川什書・郡文書・士林証文)。2・10 尊氏《たかうじ》、楠木正成《くすのきまさしげ》と摂津国打出《せっつのくにうちで》・西宮浜《にしのみやはま》で戦《たたか》う・翌《よく》一一日《にち》、新田義貞《にったよしさだ》らと豊島《てしま》河原《がわら》で戦《たたか》い兵庫《ひょうご》に走《はし》る(梅松論・太)。2・12 尊氏《たかうじ》、海路鎮西《かいろちんぜい》に走《はし》る・途中《とちゅう》、光厳上皇院宣《こうごんじょうこういんぜん》を受《う》ける(梅松論・大友文書)。2・29 菊池武敏《きくちたけとし》、大宰府《だざいふ》を攻撃《こうげき》・少弐貞経《しょうにさだつね》、有智山城《うちやまじょう》で自殺《じさつ》(梅松論)。3・2 尊氏《たかうじ》・直義《ただよし》、武敏《たけとし》を筑前国多々良浜《ちくぜんのくにたたらはま》で破《やぶ》る(梅松論)。3・10 義良親王《のりよししんのう》に元服《げんぶく》を加《くわ》え、陸奥太守《むつのたいしゅ》に任《にん》じ、北畠顕家《きたばたけあきいえ》と共《とも》に任国《にんごく》に赴《おもむ》かせる(神皇正統記)。4・3 尊氏《たかうじ》、
大日本史料		1－ 6編3
高麗		5
元		2

西暦	▶一三三六
年号・干支 北朝	建武　三　丙子《ひのえね》
年号・干支 南朝	延元　元　2・29
天皇 北朝	8・15 光明《こうみょう》
天皇 南朝	(後醍醐)
将軍	
執事	(高師直)

記事

筑前国博多《ちくぜんのくにはかた》より東上《とうじょう》、一色道猷《いっしきどうゆう》に九州《きゅうしゅう》の経略《けいりゃく》を任《まか》す(九《きゅう》州管領《しゅうかんれい》)(梅松論)。**5・25** 尊氏《たかうじ》・直義《ただよし》、摂津国《せっつのくに》に至《いた》り、兵庫《ひょうご》湊川《みなとがわ》で義貞《よしさだ》・正成《まさしげ》を破《やぶ》る。正成《まさしげ》、弟《おとうと》正季《まさすえ》らと自害《じがい》(梅松論)。**5・27** 後醍醐天皇《ごだいごてんのう》、神器《じんぎ》を奉《ほう》じて東坂本《ひがしさかもと》(延暦寺《えんりゃくじ》)へ行幸《ぎょうこう》(神皇正統記)。**5・―** 美濃国東大寺領茜部荘《みののくにとうだいじりょうあかなべのしょう》百姓《ひゃくしょう》ら、兵乱《へいらん》による荒廃《こうはい》を理由《りゆう》に年貢未進《ねんぐみしん》(東大寺文書)。**6・5～20** 直義《ただよし》ら、延暦寺《えんりゃくじ》を攻撃《こうげき》・千種忠顕討死《ちくさただあきうちじに》(太)。**6・14** 尊氏《たかうじ》、光厳上《こうごんじょう》皇《こう》を奉《ほう》じて入京《にゅうきょう》(太)。**6・30** 新田義貞《にったよしさだ》ら、大挙《たいきょ》して京都《きょうと》を攻撃《こうげき》・名和長年戦死《なわながとしせんし》(梅松論)。**8・15** 豊仁親王《とよひとしんのう》(光明天皇《こうみょうてんのう》)、尊氏《たかうじ》の奏請《そうせい》により践祚《せんそ》(洞院家記)。**10・10** 後醍醐天皇《ごだいごてんのう》、東坂《ひがしさか》本《もと》から還京《かんきょう》・義貞《よしさだ》、恒良《つねよし》・尊良両親王《たかよしりょうしんのう》を奉《ほう》じて越前国《えちぜんのくに》に赴《おもむ》く(神皇正統記)。**11・2** 後醍醐天皇《ごだいごてんのう》、光明天皇《こうみょうてんのう》に神器《じんぎ》を渡《わた》す(勘例雑々)。**11・7** 尊氏《たかうじ》、『建武式目《けんむしきもく》』を制定《せいてい》(室町幕府成立《むろまちばくふせいりつ》)(同書)。**12・21** 後醍醐天皇《ごだいごてんのう》、神器《じんぎ》を奉《ほう》じて吉野《よしの》に潜幸《せんこう》(南北朝《なんぼくちょう》分裂《ぶんれつ》)(保田文書)。

【社会・文化】

この年《とし》 中院通冬《なかのいんみちふゆ》、『中院一品記《なかのいんいっぽんき》』を記《しる》す(～貞和五年《じょうわねん》)。山《やま》城国大谷《しろのくにおおたに》の親鸞影堂《しんらんえいどう》焼《や》ける(堅田本福寺旧記)。

【死没】

1・11 結城親光《ゆうきちかみつ》(武将《ぶしょう》)。**1・12** 大友貞載《おおともさだのり》(武将《ぶしょう》)。**1・27** 上《うえ》

大日本史料	(6編3)
高麗	忠粛王　5
元	至元　2

西暦	一三三七 ◀	
年号・干支 北朝	四 丁丑《ひのとのうし》	
年号・干支 南朝	二	
天皇 北朝		
天皇 南朝		
将軍		
執事		
記事	【政治・経済】 **1・1** 高師泰《こうのもろやす》、新田義貞《にったよしさだ》を越前国金崎城《えちぜんのくにかねがさきじょう》に攻《せ》める（諸家文書纂）。 **1・8** これより先《さき》、陸奥国《むつのくに》の北党蜂起《ほくとうほうき》・この日《ひ》、北畠顕家《きたばたけあきいえ》、義良親王《のりよししんのう》を奉《ほう》じ国府《こくふ》を避《さ》けて霊山《りょうぜん》に拠《よ》る（元弘日記裏書）。 **3・6** 金崎城陥落《かねがさきじょうかんらく》・恒良親王《つねよししんのう》は捕《とら》えられ、尊良親王《たかよししんのう》・新田義顕《にったよしあき》ら自害《じがい》・義貞《よしさだ》は敗走《はいそう》（梅松論）。 **6・11頃《ころ》** 足利尊氏《あしかがたかうじ》、	杉憲房《すぎのりふさ》（武将《ぶしょう》）。 **2・29** 少弐貞経《しょうにさだつね》（64、武将《ぶしょう》）。 **3・-** 阿蘇惟《あそこれ》直《なお》（武将《ぶしょう》、阿蘇宮司《あそぐうじ》）。阿蘇惟成《あそこれなり》（武将《ぶしょう》）。 **4・6** 後伏見法皇《ごふしみほうおう》（49）。 **4・16** 相馬重胤《そうましげたね》（武将《ぶしょう》）。 **5・25** 楠木正成《くすのきまさしげ》（武将《ぶしょう》）。楠《くすの》木正季《きまさすえ》（武将《ぶしょう》）。菊池武吉《きくちたけよし》（武将《ぶしょう》）。 **6・7** 千種忠顕《ちくさただあき》（後醍醐天皇廷臣《ごだいごてんのうていしん》）。 **6・30** 名和長年《なわながとし》（武将《ぶしょう》）。 **9・27** 明極楚俊《みんきそしゅん》（75、臨済宗僧侶《りんざいしゅうそうりょ》）。 **10・11** 土居通増《どいみちます》（武将《ぶしょう》）。 《月の大小／朔日の干支・ユリウス暦》 一戊申（2・13）・二戊寅（3・14）・三丁未（4・12）・四丁丑（5・12）・五丙午（6・10）・六乙亥（7・9）・七乙巳（8・8）・八甲戌（9・6）・九甲辰（10・6）・一〇癸酉（11・4）・一一癸卯（12・4）・一二癸酉（37・1・3）（太字は大の月） 〖世界〗 南《みなみ》インド、ヒンドゥー王国《おうこく》のヴィジャヤナガル王国成立《おうこくせいりつ》。
大日本史料	1・- 6編4	
高麗	6	
元	3	

西暦　▶一三三七

年号・干支
北朝　建武　四　丁丑《ひのとのうし》
南朝　延元　二

天皇
北朝　（光明）
南朝　（後醍醐）

将軍

執事　（高師直）

記事

南朝《なんちょう》と内通《ないつう》の嫌疑《けんぎ》により、堺浦魚商《さかいのうらぎょしょう》の売買《ばいばい》を停止《ちょうじ》させる（南行雑録）。**7・4** 南北両軍《なんぼくりょうぐん》、河内《かわち》・和泉国《いずみのくに》で戦《たたか》い、一〇月《がつ》に及《およ》ぶ（和田文書）。**8・11** 顕家《あきいえ》、義良親王《のりよししんのう》を奉《ほう》じ霊山《りょうぜん》より西《せい》上《じょう》（阿蘇文書）。**10・7** 尊氏《たかうじ》、諸国大将《しょこくたいしょう》・守護人《しゅごにん》が一時《いちじ》占領《せんりょう》した寺社《じしゃ》・国衙領《こくがりょう》および領家職《りょうけしき》を還付《かんぷ》させる（柞原八幡宮文書）。**12・23** 顕家《あきいえ》、鎌倉《かまくら》を攻略《こうりゃく》・同《どう》二五日《にち》、斯波家長《しばいえなが》自刃《じじん》（太）。

【社会・文化】

7・1 赤松則村《あかまつのりむら》、播磨国赤穂《はりまのくにあこう》に法雲寺《ほううんじ》を建《た》て、雪村友梅《せっそんゆうばい》を住《じゅう》持《じ》とする（雪村和尚行道記）。**この年**《とし》 平泉中尊寺《ひらいずみちゅうそんじ》火災《かさい》（中尊寺鐘銘）。**9・25** 覚如《かくにょ》『改邪鈔《がいじゃしょう》』成《な》る（同書奥書）。**この年**《とし》 元盛《げんせい》『勅《ちょく》撰作者部類《せんさくしゃぶるい》』（一六巻《かん》）刊《かん》・康安《こうあん》二年《ねん》、惟宗光之《これむねみつゆき》『勅撰作者部類《ちょくせんさくしゃぶるい》』（二巻増補《かんぞうほ》）刊《かん》（諸本奥書）。**この頃**《ころ》 関山慧玄《かんざんえげん》、妙心寺《みょうしんじ》を開創《かいそう》（妙心寺六百年史）。**この年か翌年頃**《とし よくねんころ》 北畠親房《きたばたけちかふさ》、『元元集《げんげんしゅう》』を著《あらわ》す。

【死没】

1・12 瓜生保《うりゅうたもつ》（武将《ぶしょう》）。**1・22** 梶原性全《かじわらしょうぜん》（72、僧医《そうい》）。**1・26** 鷹《たか》司冬教《つかさふゆのり》（33、廷臣《ていしん》）。**3・6** 気比氏治《けひうじはる》（武将《ぶしょう》）。尊良親王《たかよししんのう》（後醍《ごだい》醐天皇皇子《ごてんのうおうじ》）。得能通綱《とくのうみちつな》（武将《ぶしょう》）。**12・22** 新田義顕《にったよしあき》（南朝武将《なんちょうぶしょう》）。**12・25** 斯波家長《しばいえなが》（武将《ぶしょう》）。宗峯妙超《しゅうほうみょうちょう》（56、大徳寺開山《だいとくじかいさん》）。

《月の大小／朔日の干支・ユリウス暦》

大日本史料　（6編4）

高麗　忠粛王　6

元　至元　3

西暦		◀一三三八
年号・干支	北朝	暦応《りゃくおう》元 8・28 戊寅《つちのえとら》 ⑦
	南朝	三
天皇	北朝	
	南朝	
将軍		
執事		
記事		【政治・経済】 1・2 北畠顕家《きたばたけあきいえ》、鎌倉《かまくら》より西上《せいじょう》（鶴岡社務記録）。 5・15 顕《あき》家《いえ》、後醍醐天皇《ごだいごてんのう》に新政批判《しんせいひはん》を呈《てい》する（北畠顕家奏状）。 5・22 顕《あき》家《いえ》、高師直《こうのもろなお》と和泉国堺浦《いずみのくにさかいのうら》・石津《いしづ》で戦《たたか》い敗死《はいし》（元弘日記裏書・太）。 7・25 菊池武重《きくちたけしげ》、菊池家憲《きくちかけん》（菊池氏置文《きくちしおきぶみ》）を定《さだ》める（菊池神社文書）。 閏《うるう》7・2 新田義貞《にったよしさだ》、斯波高経《しばたかつね》と越前国藤島《えちぜんのくにふじしま》に戦《たたか》い敗死《はいし》（太）。 閏《うるう》7・26 南朝《なんちょう》、北畠顕信《きたばたけあきのぶ》を鎮守府将軍《ちんじゅふしょうぐん》とする（神皇正統記）。 8・11 北朝《ほくちょう》、足利尊氏《あしかがたかうじ》を征夷大将軍《せいいたいしょうぐん》とする（公卿補任）。 9・- 南朝《なんちょう》、懐良親王《かねよししんのう》を征西将軍《せいせいしょうぐん》に任《にん》じ、九州《きゅうしゅう》へ派遣《はけん》（一説《いっせつ》、延元《えんげん》元年《ねん》・同《どう》四年《ねん》）（阿蘇家文書）。 義良《のりよし》・宗良《むねよし》両親王《りょうしんのう》と北畠親房《きたばたけちかふさ》ら、伊勢国《いせのくに》より東国《とうごく》への航海中遭難《こうかいちゅうそうなん》・義《のり》良親王《よししんのう》・北畠顕信《きたばたけあきのぶ》は伊勢国《いせのくに》に還《かえ》り、宗良親王《むねよししんのう》は遠江国《とおとうみのくに》に、親房《ちかふさ》は常陸国《ひたちのくに》に着《つ》く（神皇正統記）。 11・6 親房《ちかふさ》、結城親朝《ゆうきちかとも》に救援《きゅうえん》を促《うなが》す・以後《いご》、数十回《すうかい》に及《およ》ぶが、親朝《ちかとも》応《こた》えず（結城文書）。
		【世界】 元《げん》、広東《カントン》で朱光卿《しゅこうけい》、河南《かなん》で棒胡《ぼうこ》が反乱《はんらん》。
		一癸卯（2・2）・二壬申（3・3）・三壬寅（4・2）・四辛未（5・1）・五辛丑（5・31）・六庚午（6・29）・七己亥（7・28）・八己巳（8・27）・九戊戌（9・25）・一〇戊辰（10・25）・一一丁酉（11・23）・一二丁卯（12・23）（太字は大の月）
大日本史料		
高麗		7
元		⑧ 4

西暦	一三三八	一三三九
年号・干支 北朝	暦応元 8・28 戊寅《つちのえとら》 ⑦	二 己卯《つちのとのう》
年号・干支 南朝	延元三	四
天皇 北朝	(光明)	
天皇 南朝	(後醍醐)	
将軍	8・11 足利尊氏《あしかがたかうじ》	
執事	(高師直)	
記事	【社会・文化】 7・5 石清水八幡宮《いわしみずはちまんぐう》、兵火《へいか》により焼失《しょうしつ》(中院一品記)。この年《とし》 大飢饉《だいききん》・諸国《しょこく》で子女《しじょ》を質入《しちいれ》・売却《ばいきゃく》する者多数《ものたすう》。 【死没】 1・23 吉田定房《よしださだふさ》(65、公卿《くぎょう》)。1・― 堀口貞満《ほりぐちさだみつ》(42、武将《ぶしょう》)。3・21 坊門清忠《ぼうもんきよただ》(公卿《くぎょう》)。5・2 日野資名《ひのすけな》(54、公卿《くぎょう》)。5・22 北畠顕家《きたばたけあきいえ》(21、公卿《くぎょう》)。南部師行《なんぶもろゆき》(武将《ぶしょう》)。閏《うるう》7・2 新田義貞《にったよしさだ》(武将《ぶしょう》)。8・5 二条為世《にじょうためよ》(89、歌人《かじん》)。11・16 釼阿《けんな》(78、真言密教学僧《しんごんみっきょうがくそう》)。12・― 結城宗広《ゆうきむねひろ》(武将《ぶしょう》)。この年《とし》 恒良親王《つねよししんのう》(17、後醍醐天皇皇子《ごだいごてんのうおうじ》)。 《月の大小/朔日の干支・ユリウス暦》 一丁酉(1・22)・二丁卯(2・21)・三丙申(3・22)・四丙寅(4・21)・五乙未(5・20)・六乙丑(6・19)・七甲午(7・18)・閏七癸亥(8・16)・八壬辰(9・14)・九壬戌(10・14)・一〇壬辰(11・13)・一一辛酉(12・12)・一二辛卯(39・1・11)(太字は大の月)	【政治・経済】 3・― 義良親王《のりよししんのう》を伊勢国《いせのくに》より吉野《よしの》に還《かえ》し、皇太子《こうたいし》とする(神皇正統記)。4・6 高師泰《こうのもろやす》・師冬《もろふゆ》、関東平定《かんとうへいてい》のため京都《きょうと》を出発《しゅっぱつ》(諸家文書纂)。5・19 幕府《ばくふ》、諸国守護《しょこくしゅご》・御家人《ごけにん》の本所領知行《ほんじょりょうちぎょう》
大日本史料	8・― 6編5	
高麗	忠粛王 7	8
元	⑧ 至元 4	5

西暦		
年号・干支	北朝	
	南朝	
天皇	北朝	
	南朝	後村上《ごむらかみ》 8・15
将軍		
執事		
記事		を禁《きん》じる(建武以来追加)。**6・1** これより先《さき》、足利直義《あしかがただよし》、一国《こく》一基《き》の戦死者慰霊塔婆《せんししゃいれいとうば》造立《ぞうりゅう》を奏請《そうせい》・この日《ひ》、光厳上皇《こうごんじょうこう》、備《びん》後国浄土寺《ごのくにじょうどじ》・肥前国東妙寺《ひぜんのくにとうみょうじ》に塔婆《とうば》を造立《ぞうりゅう》させ、天下泰平《てんかたいへい》を祈《いの》らせる(浄土寺文書・東妙寺文書)。**8・15** 後醍醐天皇《ごだいごてんのう》、義良《のりよし》親王《しんのう》(後村上天皇《ごむらかみてんのう》)に譲位《じょうい》(神皇正統記)。**8・16** 後醍醐天皇没《ごだいごてんのうぼつ》(神皇正統記・中院一品記)。**11・5** 肥前松浦一族《ひぜんまつらいちぞく》、恩賞不足《おんしょうぶそく》のため一揆《いっき》する(有浦文書・青方文書)。 【社会・文化】 **3・-** 夢窓疎石《むそうそせき》撰『臨川家訓《りんせんかくん》』成《な》る。**この春《はる》** 高師直《こうのもろなお》、『首楞厳《しゅりょうごん》義疏注経《ぎしょちゅうきょう》』を開版《かいはん》(同書跋)。**7・6** これより先《さき》、足利尊氏《あしかがたかうじ》、等持院《とうじいん》を創建《そうこん》・この日《ひ》、足利直義《あしかがただよし》、本尊造立料所《ほんぞんぞうりゅうりょうしょ》を寄付《きふ》(雨森善四郎所蔵文書・月舟和尚語録)。**この秋《あき》** 北畠親房《きたばたけちかふさ》、『神皇正《じんのうしょう》統記《とうき》』を著《あらわ》す(白山本奥書)。**10・5** 光厳上皇《こうごんじょうこう》、尊氏《たかうじ》・直義《ただよし》の奏請《そうせい》により、亀山殿《かめやまどの》を禅刹《ぜんさつ》とし暦応寺《りやくおうじ》(のち、天竜寺《てんりゆうじ》)を開《ひら》く(天竜寺造営記録)。**この年《とし》** 中原師守《なかはらもろもり》、『師守記《もろもりき》』を記《しる》す(～応《おう》安《あん》七年《ねん》にかけて現存《げんそん》)。 【死没】 **1・16** 今出川兼季《いまでがわかねすえ》(59、公卿《くぎょう》)。**1・17** 清拙正澄《せいせつしょうちょう》(66、臨済宗《りんざいしゅう》僧侶《そうりょ》)。**1・19** 実融《じつゆう》(93、真言宗僧侶《しんごんしゅうそうりょ》)。**7・27** 度会常昌《わたらいつねよし》(77、外《げ》宮祠官《くうしかん》)。**8・16** 後醍醐天皇《ごだいごてんのう》(52)。
大日本史料		
高麗		
元		

西暦	▶一三三九	一三四〇
年号・干支 北朝	暦応 二 己卯《つちのとのう》	三 庚辰《かのえたつ》
年号・干支 南朝	延元 四	興国《こうこく》 元 4・28
天皇 北朝	(光明)	
天皇 南朝	(後村上)	
将軍	(足利尊氏)	
執事	(高師直)	
記事	《月の大小／朔日の干支・ユリウス暦》 一辛酉(2・10)・二庚寅(3・11)・三庚申(4・10)・四庚寅(5・10)・五己未(6・8)・六己丑(7・8)・七戊午(8・6)・八丁亥(9・4)・九丁巳(10・4)・一〇丙戌(11・2)・一一丙辰(12・2)・一二乙酉(12・31)(太字は大の月) 【世界】英《えい》・仏《ふつ》、ピカルディで開戦《かいせん》・百年戦争始《ひゃくねんせんそうはじ》まる(～一四五三年《ねん》)。	【政治・経済】 **1・-** 南朝《なんちょう》、北畠親房《きたばたけちかふさ》に関東《かんとう》八ヵ国《こく》の成敗《せいばい》を委任《いにん》。 **2・5** 九《きゅう》州管領一色道猷《しゅうかんれいいっしきどうゆう》、鎮西料所《ちんぜいりょうしょ》・分国《ぶんこく》・恩賞《おんしょう》などの事《こと》を幕府《ばくふ》に申《しん》請《せい》(祇園執行日記背書)。 **4・15** 幕府《ばくふ》、武家被官《ぶけひかん》人らの寺社《じしゃ》・本《ほん》所領押領《じょりょうおうりょう》を五方引付《ほうひきつけ》に断罪《だんざい》させる(建武以来追加)。 **4・26** 小《こ》早川宣平《ばやかわのぶひら》、家臣《かしん》の安芸国沼田荘市内居住《あきのくにぬまたのしょういちないきょじゅう》を禁止《きんし》(小早川家文書)。 **5・14** 北朝《ほくちょう》、暦応雑訴法《りゃくおうざつそほう》を施行《しこう》(師守記・仁和寺文書)。 **5・27** 高師冬《こうのもろふゆ》、下総国駒館《しもうさのくにこまだて》を陥《おと》す・翌《よく》二八日《にち》、南軍《なんぐん》が奪回《だっかい》し師冬遁走《もろふゆとんそう》(結城古文書写)。 **9・13** 斯波高経《しばたかつね》らの幕府軍《ばくふぐん》、越前《えちぜんの》国府中《くにふちゅう》を陥《おと》す・ついで脇屋義助《わきやよしすけ》を攻《せ》め破《やぶ》る(天野文書)。 **10・6** 佐々木導誉《ささきどうよ》・秀綱《ひでつな》(父子《ふし》、妙法院宮御所《みょうほういんのみやごしょ》を襲《おそ》い焼《や》く(中院一品記)。 **10・26** 幕府《ばくふ》、延暦寺衆徒《えんりゃくじしゅと》の訴《うった》えにより、導誉《どうよ》・秀綱《ひでつな》父子《ふし》を配流《はいる》(中院一品記)。 **10・29** 東大寺《とうだいじ》、寺内《じない》での傾城《けいせい》の殺《さつ》
大日本史料	(6編5)	1・- 6編6
高麗	忠粛王 8	忠恵王《ちゅうけいおう》(復位)
元	至元 5	6

西暦 ◀一三四一

年号・干支
北朝 ④ 辛巳《かのとのみ》 四
南朝 二

天皇 北朝
天皇 南朝
将軍
執事

記事

害《がい》、山臥《やまぶし》の追剝等《おいはぎなど》については落書起《らくしょき》請文《しょうもん》を徴《ちょう》する（東大寺文書）。**12・19** 玉井西阿《たまいせいあ》による興福寺《こうふくじ》領《りょう》押妨《おうぼう》の排除《はいじょ》を求《もと》め、春日神木入京《かすがのしんぼくにゅうきょう》（中院一品記）。

【社会・文化】
1・4 阿蘇山噴火《あそさんふんか》（阿蘇学頭坊文書）。**2・－** 北畠親房《きたばたけちかふさ》、『職原抄《しょくげんしょう》』を著《あらわ》す（同書奥書）。

【死没】
1・24 島津宗久《しまづむねひさ》（19、武将《ぶしょう》）。**8・11** 如道《にょどう》（88、浄土真宗僧侶《じょうどしんしゅうそうりょ》）。**10・4** 東明慧日《とうみょうえにち》（69、曹洞宗僧侶《そうとうしゅうそうりょ》）。

《月の大小／朔日の干支・ユリウス暦》
一乙卯（1・30）・二甲申（2・28）・三甲寅（3・29）・四甲申（4・28）・五癸丑（5・27）・六癸未（6・26）・七壬子（7・25）・八壬午（8・24）・九辛亥（9・22）・一〇辛巳（10・22）・一一庚戌（11・20）・一二庚辰（12・20）（太字は大の月）

〖世界〗
元《げん》、科挙《かきょ》を復活《ふっかつ》。

【政治・経済】
3・24 塩冶高貞《えんやたかさだ》、京都《きょうと》を出奔《しゅっぽん》、幕府《ばくふ》の追討《ついとう》を受《う》け、数日後《すうじつご》、高貞《たかさだ》、播磨《はりま》で自害《じがい》（師守記）。**5・－** 南朝《なんちょう》に走《はし》った近衛経忠《このえつねただ》、小山《おやまし》氏らを反北畠親房《はんきたばたけちかふさ》の藤氏一揆《とうしいっき》に誘《さそ》うとの噂《うわさ》が立《た》つ（結城

大日本史料

高麗 2

元 ⑤ 至正《しせい》（1.1）

西暦	▶一三四一
年号・干支 北朝	暦応 四 辛巳《かのとのみ》 ④
年号・干支 南朝	興国 二
天皇 北朝	(光明)
天皇 南朝	(後村上)
将軍	(足利尊氏)
執事	(高師直)
記事	文書)。 **6・23** 高師冬軍《こうのもろふゆぐん》、親房《ちかふさ》の籠《こも》る常陸国小田城《ひたちのくにおだじょう》を攻《せ》めて敗退《はいたい》(結城文書)。 **11・10** 小田治久《おだはるひさ》と高師冬《こうのもろふゆ》の和議《わぎ》により、親《ちか》房《ふさ》は常陸国関城《ひたちのくにせきじょう》に、春日顕時《かすがあきとき》は大宝城《だいほうじょう》に移《うつ》る(結城古文書写)。 **12・-** 師冬《もろふゆ》、関《せき》・大宝両 城《だいほうりょうじょう》を攻《せ》める(結城文書)。 **12・23** 足利《あしかが》直義《ただよし》、夢窓疎石《むそうそせき》らと評議《ひょうぎ》し、造天竜寺船《ぞうてんりゅうじせん》の派遣《はけん》を定《さだ》める(天竜寺造営記録)。 【社会・文化】 **7・22** 光厳上皇《こうごんじょうこう》、暦応寺《りゃくおうじ》を天竜寺《てんりゅうじ》と改号《かいごう》(天竜寺造営記録)。 **この秋** 愚中周及《ぐちゅうしゅうきゅう》、入元《にゅうげん》(大通禅師語録)。 **10・-** 臨川寺《りんせんじ》、『仏果圜悟禅師心要《ぶっかえんごぜんじしんよう》』を出版《しゅっぱん》(同書刊記)。 【死没】 **1・5** 日法《にっぽう》(83、日蓮宗僧侶《にちれんしゅうそうりょ》)。 **3・-** 塩冶高貞《えんやたかさだ》(武将《ぶしょう》)。 **6・2** 真観《しんかん》(67、時宗四条派派祖《じしゅうしじょうははそ》)。 **この年《とし》** 畑時能《はたときよし》(武将《ぶしょう》)。 毛利時《もうりとき》親《ちか》(武将《ぶしょう》)。 《月の大小/朔日の干支・ユリウス暦》 一己酉(1・18)・二己卯(2・17)・**三戊申**(3・18)・**四戊寅**(4・17)・**閏四丁未**(5・16)・**五丁丑**(6・15)・六丁未(7・15)・**七丙子**(8・13)・八丙午(9・12)・九乙亥(10・11)・一〇乙巳(11・10)・一一甲戌(12・9)・一二甲辰(42・1・8)(太字は大の月) 〖世界〗
大日本史料	(**6**編**6**)
高麗	忠恵王 **2**
元	⑤ 至正(1.1)

西暦	一三四二 ◀
年号・干支 北朝	康永《こうえい》元 4・27 壬午《みずのえうま》
年号・干支 南朝	三
天皇 北朝	
天皇 南朝	
将軍	
執事	
記事	【政治・経済】 4・23 幕府《ばくふ》、五山十刹《ござんじっさつ》の位次《いじ》を定《さだ》める(扶桑五山記)。 5・1 懐良親王《かねよししんのう》、薩摩《さつま》に着岸《ちゃくがん》(阿蘇家文書)。 6・19 懐良親王《かねよししんのう》、島津貞久《しまづさだひさ》らを薩摩谷山《さつまたにやま》に破《やぶ》る(阿蘇家文書)。 7・- 北朝《ほくちょう》、文殿《ふどの》に商人《しょうにん》を召集《しょうしゅう》し、数度《すうど》、沽価法《こかほう》を評議《ひょうぎ》(師守記)。 9・6 土岐頼遠《ときよりとお》、御幸中《ごこうちゅう》の光厳上皇《こうごんじょうこう》に、暴言《ぼうげん》を吐《は》き、車《くるま》を射《い》る(太平記)。 12・1 土岐頼遠《ときよりとお》、上洛《じょうらく》し、臨川寺《りんせんじ》の夢窓疎石《むそうそせき》を介《かい》して赦免《しゃめん》を乞《こ》うが、幕府侍所《ばくふさむらいどころ》に捕《とら》えられ誅殺《ちゅうさつ》される(中院一品記)。 【社会・文化】 3・20 法勝寺焼亡《ほっしょうじしょうぼう》(中院一品記)。 4・15 高師直《こうのもろなお》、山城真如寺《やましろしんにょじ》を建立《こんりゅう》し、住持《じゅうじ》の兼任《けんにん》・開山《かいさん》を疎石《そせき》に請《こ》う(夢窓国師年譜)。 9・20 大高重成《おおたかしげなり》、足利直義《あしかがただよし》の意《い》を受《う》け、竺仙梵僊《じくせんぼんせん》に『夢中問答集《むちゅうもんどうしゅう》』の跋文《ばつぶん》を請《こ》う。 **この秋** 性海霊見《しょうかいれいけん》、入元《にゅうげん》(禅林僧伝)。 10・- 坂十仏《さかじゅうぶつ》、神宮参詣《じんぐうさんけい》・この時《とき》の参詣《さんけい》を『伊勢太神宮参詣記《いせだいじんぐうさんけいき》』に著《あらわ》す。 北畠親房《きたばたけちかふさ》、『関城書《かんじょうしょ》』を記《しる》す。 **この頃より** 五山版《ござんばん》の最盛期《さいせいき》。 【死没】 5・7 永福門院《えいふくもんいん》(72、伏見天皇中宮《ふしみてんのうちゅうぐう》)。 6・5 脇屋義助《わきやよしすけ》(42、武《ぶ》
大日本史料	6編7 1・-
高麗	3
元	2

ラヨシュ一世《せい》(～一三八二年《ねん》)、ハンガリー王国《おうこく》の最盛期《さいせいき》。

西暦	一三四二 ▶	一三四三
年号・干支 北朝	康永 元 4・27 壬午《みずのえうま》	二 癸未《みずのとひつじ》
年号・干支 南朝	興国 三	四
天皇 北朝	（光明）	
天皇 南朝	（後村上）	
将軍	（足利尊氏）	
執事	（高師直）	
記事	将《しょう》）。 **9・3** 大館氏明《おおだちうじあき》（武将《ぶしょう》）。 **9・23** 細川和氏《ほそかわかずうじ》（47、武将《ぶしょう》）。 **11・13** 日像《にちぞう》（74、日蓮宗僧侶《にちれんしゅうそうりょ》）。 **12・1** 土岐頼遠《ときよりとお》（武将《ぶしょう》）。 **12・23** 上杉清子《うえすぎせいし》（足利尊氏《あしかがたかうじ》・直義《ただよし》の母《はは》）。 《月の大小／朔日の干支・ユリウス暦》 一癸酉（2・6）・二癸卯（3・8）・三壬申（4・6）・四壬寅（5・6）・五辛未（6・4）・六辛丑（7・4）・七庚午（8・2）・八庚子（9・1）・九庚午（10・1）・一〇己亥（10・30）・一一己巳（11・29）・一二己亥（12・29）（太字は大の月）	【政治・経済】 **4・2** 春日顕時《かすがあきとき》ら南朝軍《なんちょうぐん》、関城《せきじょう》を攻《せ》め、結城直朝《ゆうきなおとも》らを滅《ほろ》ぼす（結城古文書写）。 **4・29** 幕府《ばくふ》、武家被官《ぶけひかん》の本所領押領《ほんじよりょうおうりょう》を厳《げん》禁《きん》（建武以来追加）。 **6・10** 結城親朝《ゆうきちかとも》、北朝《ほくちょう》に付《つ》き、石塔義房《いしどうよしふさ》より尊氏《たかうじ》御判御教書案《ごはんのみぎょうしょあん》を送付《そうふ》される（結城古文書写）。 **7・3** 北畠親房《きたばたけちかふさ》、足利直義《あしかがただよし》と高師直《こうのもろなお》不和《ふわ》の風聞《ふうぶん》を親朝《ちかとも》に伝達《でんたつ》（結城文書）。 **8・19** 親朝《ちかとも》、北朝方《ほくちょうがた》として挙兵《きょへい》（結城文書）。 **11・8** 検《け》非違使庁《びいしちょう》、祇園社綿神人《ぎおんしゃのわたじにん》の相論《そうろん》を裁許《さいきょ》し、新座《しんざ》の営業《えいぎょう》を認《にん》可《か》（祇園執行日記）。 **11・11** 高師冬《こうのもろふゆ》、関《せき》・大宝両城《だいほうりょうじょう》を攻落《せめおと》し、北畠親房《きたばたけちかふさ》、吉野《よしの》に戻《もど》る（結城文書）。 【社会・文化】
大日本史料	（6編7）	
高麗	忠恵王 3	4
元	至正 2	3

8・- 天竜寺仏殿成る《てんりゅうじぶつでんな》(夢窓国師語録)。**この年**《とし》 無文元選《むもんげんせん》、入《にゅう》元《げん》(諸祖行実)。

【死没】

11・11 関宗祐《せきむねすけ》(武将《ぶしょう》)。

《月の大小/朔日の干支・ユリウス暦》

一戊辰(1・27)・二丁酉(2・25)・三丁卯(3・27)・四丙申(4・25)・五乙丑(5・24)・六乙未(6・23)・七甲子(7・22)・八甲午(8・21)・九甲子(9・20)・一〇癸巳(10・19)・一一癸亥(11・18)・一二癸巳(12・18)(太字は大の月)

西暦	一三四四 ◀
年号・干支 北朝	三 甲申《きのえさる》 ②
年号・干支 南朝	五
天皇 北朝	
天皇 南朝	
将軍	
執事	
記事	【政治・経済】 **2・25** 高師冬《こうのもろふゆ》、常陸《ひたち》から鎌倉《かまくら》に帰還《きかん》(鶴岡社務記録)。 **3・7～9** 春日顕国《かすがあきくに》、大宝城《だいほうじょう》を奪回《だっかい》した後《あと》、攻略《こうりゃく》され、生捕《いけど》られて誅《ちゅう》される(鶴岡社務記録)。 **4・24** 幕府《ばくふ》、春日顕国《かすがあきくに》の首《くび》を六《ろく》条河原《じょうがわら》に梟《きょう》す(師守記)。 **7・4** 幕府《ばくふ》、諸国守護人以下《しょこくしゅごにんいか》の使《し》節遵行《せつじゅんぎょう》の怠慢《たいまん》を禁《きん》じる(建武以来追加)。 **8・15** 東大寺衆徒《とうだいじしゅと》、神輿《しんよ》を奉《ほう》じて入洛《じゅらく》(師守記)。 【社会・文化】 **この秋**《あき》 大拙祖能《だいせつそのう》、入元《にゅうげん》(大拙和尚年譜)。 **10・8** 足利尊氏《あしかがたかうじ》・直《ただ》義《よし》ら詠歌紙背《えいかしはい》に『宝積経要品《ほうしゃくきょうようぼん》』を書写《しょしゃ》し、高野山金剛三昧院《こうやさんこんごうざんまいいん》
大日本史料	1・- 6編8
高麗	5
元	4 ②

西暦	▶一三四四	一三四五
年号・干支 北朝	康永 三 甲申《きのえさる》 ②	貞和《じようわ》 元 10・21 乙酉《きのとのとり》
年号・干支 南朝	興国 五	六
天皇 北朝	(光明)	
天皇 南朝	(後村上)	
将軍	(足利尊氏)	
執事	(高師直)	
記事	に納《おさ》める(前田家本奥書)。大高重成《おおたかしげなり》、『夢中問答集《むちゆうもんどうしゆう》』を出版《しゆつぱん》。 【死没】 3・9 春日顕国《かすがあきくに》(武将《ぶしよう》)。 《月の大小／朔日の干支・ユリウス暦》 一壬戌(1・16)・二壬辰(2・15)・閏二壬戌(3・16)・三辛卯(4・14)・四庚申(5・13)・五己丑(6・11)・六己未(7・11)・七戊子(8・9)・八戊午(9・8)・九丁亥(10・7)・一〇丁巳(11・6)・一一丁亥(12・6)・一二丁巳(45・1・5)(太字は大の月) 〔世界〕 『金史《きんし》』成《な》る。	【政治・経済】 2・6 光厳上皇《こうごんじようこう》、幕府《ばくふ》の奏請《そうせい》により、国毎《くにごと》に設置《せつち》の寺塔《じとう》の通号《つうごう》を安国寺《あんこくじ》・利生塔《りしようとう》と定《さだ》める(三国地志)。8・14 光厳上皇《こうごんじようこう》、延暦寺衆徒《えんりやくじしゆと》の強訴《ごうそ》により、天竜寺供養《てんりゆうじくよう》の臨席《りんせき》を断念《だんねん》(園太暦)。8・29 天竜寺供養《てんりゆうじくよう》。足利尊氏《あしかがたかうじ》・直義《ただよし》、列席《れつせき》。翌日《よくじつ》、光厳上皇《こうごんじようこう》、天竜寺《てんりゆうじ》に御幸《ごこう》(園太暦)。 【社会・文化】 4・17 光厳上皇《こうごんじようこう》、勅撰集《ちよくせんしゆう》のため、諸人《しよじん》・武家《ぶけ》の和歌《わか》の執進《しつしん》を命《めい》じる(園太暦)。7・- 友山士偲《ゆうざんしし》・此山妙在《しざんみようざい》、元《げん》より帰国《きこく》
大日本史料	(6編8)	6編9 5・-
高麗	忠恵王 5	忠穆王《ちゆうぼくおう》
元	② 至正 4	5

(禅林僧伝)。**8・29・30** 高階雅仲《たかしなのまさなか》、この両日《りょうじつ》の天竜寺供養《てんりゅうじくよう》会《え》を『天竜寺供養記《てんりゅうじくようき》』に著《あらわ》す。

【死没】

2・6 嵩山居中《すうざんきょちゅう》(69、入元禅僧《にゅうげんぜんそう》)。**2・9** 太田時連《おおたときつら》(77、鎌倉《かまくら》幕府吏僚《ばくふりりょう》)。**4・25** 可翁宗然《かおうそうねん》(臨済宗僧侶《りんざいしゅうそうりょ》)。**6・2** 証賢《しょうけん》(81、浄土宗僧侶《じょうどしゅうそうりょ》)。**6・3** 慈雲妙意《じうんみょうい》(72、臨済宗僧侶《りんざいしゅうそうりょ》)。

《月の大小／朔日の干支・ユリウス暦》

一丙戌(2・3)・二丙辰(3・5)・三乙酉(4・3)・四乙卯(5・3)・五甲申(6・1)・六癸丑(6・30)・七癸未(7・30)・八壬子(8・28)・九壬午(9・27)・一〇辛亥(10・26)・一一辛巳(11・25)・一二辛亥(12・25)(太字は大の月)

〔世界〕

『宋史《そうし》』『遼史《りょうし》』成《な》る。

西暦	◀ 一三四六
年号・干支 北朝	二 丙戌《ひのえいぬ》 ⑨
年号・干支 南朝	正平《しょうへい》元 12・8
天皇 北朝	
天皇 南朝	
将軍	
執事	
大日本史料	
高麗	2
元	6 ⑩

記事

【政治・経済】

2・5 幕府《ばくふ》、故戦《こせん》・防戦《ぼうせん》の罪科《ざいか》を定《さだ》める(建武以来追加)。**7・23** 興福寺衆徒《こうふくじしゅと》、東大寺《とうだいじ》に発向《はっこう》(園太暦)。**12・7** 幕府《ばくふ》、一色直氏《いっしきなおうじ》に九州《きゅうしゅう》の寺社興行《じしゃこうぎょう》・訴訟《そしょう》の注進《ちゅうしん》・異賊防禦《いぞくぼうぎょ》を指示《しじ》(入来院文書)。**12・13** 幕府《ばくふ》、地頭《じとう》らによる国司《こくし》領家年貢《りょうけねんぐ》の対捍地《たいかんち》の法《ほう》、私戦等《しせんなど》の罪科《ざいか》を定《さだ》めた諸国狼藉条々《しょこくろうぜきじょうじょう》及《およ》び守護人非法条々《しゅごにんひほうじょうじょう》を定《さだ》める(建武以来追加)。**12・28** 光厳上皇《こうごんじょうこう》、倹約《けんやく》の制符《せいふ》を

西暦	一三四六 ▶
年号・干支 北朝	貞和 二 ⑨ 丙戌《ひのえいぬ》
年号・干支 南朝	正平 元 12・8
天皇 北朝	(光明)
天皇 南朝	(後村上)
将軍	(足利尊氏)
執事	(高師直)
大日本史料	(6編9) / 6編10 8・
高麗	忠穆王 2
元	⑩ 至正 6

記事

文殿《ふどの》に下《くだ》す(園太暦)。

【社会・文化】

7・24 虎関師錬《こかんしれん》没《ぼつ》・生前《せいぜん》『済北集《さいほくしゅう》』を著《あらわ》す。**11・9** 光厳上皇《こうごんじょうこう》親撰《しんせん》『風雅和歌集《ふうがわかしゅう》』序文《じょぶん》・巻《まき》一成《な》る(園太暦)。**11・26** 光明天皇《こうみょうてんのう》、夢窓疎石《むそうそせき》に夢窓正覚国師《むそうしょうがくこくし》と特賜《とくし》(夢窓国師年譜)。

【死没】

4・13 小山朝郷《おやまともさと》(武将《ぶしょう》)。**7・24** 虎関師錬《こかんしれん》(69、臨済宗僧侶《りんざいしゅうそうりょ》)。**9・11** 示導《じどう》(61、浄土宗学僧《じょうどしゅうがくそう》)。**11・30** 湛睿《たんえい》(76、華厳宗僧侶《けごんしゅうそうりょ》)。**12・2** 雪村友梅《せっそんゆうばい》(57、臨済宗僧侶《りんざいしゅうそうりょ》)。

《月の大小/朔日の干支・ユリウス暦》

一辛巳(1・24)・二庚戌(2・22)・三庚辰(3・24)・四己酉(4・22)・五己卯(5・22)・六戊申(6・20)・七丁丑(7・19)・八丁未(8・18)・九丙子(9・16)・閏九丙午(10・16)・一〇乙亥(11・14)・一一乙巳(12・14)・一二乙亥(47・1・13)(太字は大の月)

【世界】

イブン＝バットゥータ、元《げん》の大都《だいと》に到着《とうちゃく》。西《にし》アジアで黒死病《こくしびょう》(ペスト)流行《りゅうこう》。ベーメン王《おう》カレル一世《せい》(〜一三七八年《ねん》)、中世《ちゅうせい》ボヘミアの盛期《せいき》。

西暦	一三四七
年号・干支 北朝	丁亥《ひのとのい》 三
年号・干支 南朝	二
天皇 北朝	
天皇 南朝	
将軍	
執事	

記事

【政治・経済】

6・6 熊野海賊《くまのかいぞく》等の南軍《なんぐん》、薩摩国東福寺《さつまのくにとうふくじ》城《じょう》を攻《せ》める（薩藩旧記）。 **8・19** 細川顕氏《ほそかわあきうじ》、和泉《いずみ》・摂津《せっつ》を伺《うかが》う熊野《くまの》等南軍《などなんぐん》の討伐《とうばつ》のため天王寺《てんのうじ》・堺《さかい》へ発向《はっこう》（園太暦）。 **9・17** 楠木正行《くすのきまさつら》、河内国藤井寺《かわちのくにふじいでら》で細川顕氏《ほそかわあきうじ》を破《やぶ》る（和田文書）。 **11・26** 正行《まさつら》、摂津住吉《せっつすみよし》・天王寺《てんのうじ》で顕氏《あきうじ》・山名時氏《やまなときうじ》を破《やぶ》る（園太暦）。 **12・14** 懐良親王《かねよししんのう》、肥後国《ひごのくに》に進出《しんしゅつ》（阿蘇家文書）。

【社会・文化】

この年《とし》 『後三年合戦絵巻《ごさんねんかっせんえまき》』成《な》る（同書巻末・玄恵序文）。

【死没】

5・26 小笠原貞宗《おがさわらさだむね》（56、武将《ぶしょう》）。 **8・16** 栄海《ようかい》（70、真言宗僧侶《しんごんしゅうそうりょ》）。 **この頃《ころ》** 結城親朝《ゆうきちかとも》（武将《ぶしょう》）。

《月の大小／朔日の干支・ユリウス暦》

一甲辰（2・11）・二甲戌（3・13）・三甲辰（4・12）・四癸酉（5・11）・五癸卯（6・10）・六壬申（7・9）・七辛丑（8・7）・八辛未（9・6）・九庚子（10・5）・一〇庚午（11・4）・一一己亥（12・3）・一二己巳（48・1・2）（太字は大の月）

〔世界〕

インド、バフマニー朝成立《ちょうせいりつ》。

大日本史料	6編11 12・—
高麗	3
元	7

西暦	一三四八　図24　図25
年号・干支　北朝	貞和　四　戊子《つちのえね》
年号・干支　南朝	正平　三
天皇　北朝	(光明)　10・27 崇光《すこう》
天皇　南朝	(後村上)
将軍	(足利尊氏)
執事	(高師直)
記事	【政治・経済】 1・2 懐良親王《かねよししんのう》、肥後国宇土津《ひごのくにうとつ》に到《いた》る(阿蘇家文書)。1・5 高《こうの》師直《もろなお》、河内国四条畷《かわちのくにしじようなわて》で楠木正行《くすのきまさつら》と戦《たたか》い、敗死《はいし》させる(園太暦)。1・26 高師直《こうのもろなお》、大和国橘寺《やまとのくにたちばなでら》より吉野《よしの》に発向《はっこう》(小早川家文書)。1・28 師直《もろなお》、吉野蔵王堂等《よしのざおうどうなど》を焼払《やきはら》う(嘉元記)。これより先《さき》、後村上天皇《ごむらかみてんのう》、紀伊国《きいのくに》に逃《のが》れ(阿蘇家文書)、後《のち》に大和国賀名生《やまとのくにあのう》に移《うつ》る(太)。3・― 高野山衆徒《こうやさんしゅと》、宮方《みやがた》・武家方双方《ぶけがたそうほう》に加勢《かせい》せぬ旨《むね》を誓約《せいやく》(高野山文書)。 【社会・文化】 7・16 竺仙梵僊《じくせんぼんせん》没《ぼつ》・生前《せいぜん》『天柱集《てんちゅうしゅう》』を著《あらわ》す。11・― この月《つき》から貞和《じょうわ》六年《ねん》一月《がつ》の間《あいだ》、藤原為信《ふじわらのためのぶ》・豪信《ごうしん》父子筆《ふしひつ》『天子摂関御影《てんしせっかんみえい》』成《な》るか。**この年**《とし》 無我省吾《むがしょうご》、入元《にゅうげん》(省吾禅師行実)。房玄《ぼうげん》、『房玄法印記《ぼうげんほういんき》』を記《しる》す(この年《とし》と観応《かんのう》二年《ねん》が現存《げんそん》)。**この年**《とし》**の末頃**《まつころ》『峯《ぶ》相記《しょうき》』成《な》るか。 【死没】 1・5 楠木正家《くすのきまさいえ》(武将《ぶしょう》)。楠木正行《くすのきまさつら》(武将《ぶしょう》)。和田賢秀《わだかたひで》(武将《ぶしょう》)。5・9 伊達行朝《だてゆきとも》(58、武将《ぶしょう》)。7・16 竺仙梵僊《じくせんぼんせん》(57、臨済宗僧侶《りんざいしゅうそうりょ》)。10・18 万里小路宣房《までのこうじのぶふさ》(91、公卿《くぎょう》)。11・9 厚東武実《こうとうたけざね》(武将《ぶしょう》)。11・11 花園法皇《はなぞのほうおう》(52)。 《月の大小／朔日の干支・ユリウス暦》
大日本史料	(6編11)　10・― 6編12
高麗	忠穆王 4
元	至正 8

西暦	
年号・干支 北朝	
年号・干支 南朝	
天皇 北朝	
天皇 南朝	
将軍	
執事	
記事	一戊戌(1・31)・二戊辰(3・1)・三戊戌(3・31)・四丁卯(4・29)・五丁酉(5・29)・六丁卯(6・28)・七丙申(7・27)・八乙丑(8・25)・九乙未(9・24)・一〇甲子(10・23)・一一甲午(11・22)・一二癸亥(12・21)(太字は大の月) 【世界】 元《げん》、方国珍《ほうこくちん》、台州《たいしゅう》で挙兵《きょへい》。プラハ大学成立《だいがくせいりつ》。
大日本史料	
高麗	
元	

図24
竺仙梵僊花押

図25
花園天皇像(長福寺)

西暦	一三四九　図26 図27
年号・干支 北朝	貞和五　己丑《つちのとのうし》　⑥
年号・干支 南朝	正平四
天皇 北朝	（崇光）
天皇 南朝	（後村上）
将軍	（足利尊氏）
執事	（高師直）　⑥・15 ／ ⑥・20　高師世《こうのもろよ》　8・– ／ 8・–　高師直《こうのもろなお》
大日本史料	（6編12）
高麗	忠定王《ちゆうていおう》
元	至正9　⑦

記事

【政治・経済】

4・11 足利直冬《あしかがただふゆ》、長門探題《ながとたんだい》となり、備後国《びんごのくに》へ下向《げこう》（師守記）。**閏《うるう》6・2** 足利直義《あしかがただよし》と高師直《こうのもろなお》の不和《ふわ》により京都騒擾《きようとそうじよう》（園太暦）。**8・13〜15** 師直《もろなお》、直義《ただよし》の逃《のが》れる足利尊氏邸《あしかがたかうじてい》を囲《かこ》む。尊氏《たかうじ》、直《ただ》義《よし》の政務停止等《せいむちようじなど》を約《やく》し上杉重能《うえすぎしげよし》・畠山直宗《はたけやまただむね》を越前国《えちぜんのくに》に配流《はいる》し、後《のち》に誅《ちゆう》す（園太暦）。**9・9** 尊氏《たかうじ》、次子《じし》足利基氏《あしかがもとうじ》を鎌倉《かまくら》に下《くだ》す（鎌倉公方《かまくらくぼう》の始《はじ》め）（園太暦）。**9・10** 直冬《ただふゆ》、備後国鞆《びんごのくにとも》で師《もろ》直《なお》の与党《よとう》の攻撃《こうげき》を受《う》け、四国《しこく》へ没落《ぼつらく》（園太暦）。**9・16** 直冬《ただふゆ》、肥後《ひご》に到着《とうちやく》、尊氏《たかうじ》の命《めい》により下向《げこう》した旨《むね》を称《しよう》し、在地勢力《ざいちせいりよく》を招《まね》く（志岐文書）。**10・22** 足利義詮《あしかがよしあきら》、鎌倉《かまくら》より入京《にゆうきよう》（師守記）。**12・8** 直義《ただよし》、出家《しゆつけ》（園太暦）。

【社会・文化】

2・27 清水寺焼失《きよみずでらしようしつ》（園太暦）。**二月頃《がつころ》** 光厳上皇親撰《こうごんじようこうしんせん》『風雅和《ふうがわ》歌集《かしゆう》』成《な》るか（園太暦）。**6・11** 四条河原《しじようがわら》で橋勧進《はしかんじん》の田楽《でんがく》が催《もよお》され、足利尊氏《あしかがたかうじ》ら見物《けんぶつ》・桟敷《さじき》の転倒《てんとう》で死傷者多数《ししようしやたすう》（師守記）。**七月以前《がついぜん》** 二条良基《にじようよしもと》、『連理秘抄《れんりひしよう》』を著《あらわ》す（同書奥書）。**8・–** 春屋妙葩《しゆんおくみようは》、『雲峯空和尚語録《うんぽうくうおしようごろく》』等《など》を刊行《かんこう》（天竜寺版《てんりゆうじばん》）。**この年《とし》** 杲宝《ごうほう》『玉印鈔《ぎよくいんしよう》』成《な》る。日野名子《ひのめいし》『竹《たけ》むきが記《き》』成《な》るか。

【死没】

6・13 良尊《りようそん》（71、念仏聖《ねんぶつひじり》）。**7・6** 九条道教《くじようみちのり》（35、公卿《くぎよう》）。**12・–**

西暦	
年号・干支 北朝	
年号・干支 南朝	
天皇 北朝	
天皇 南朝	
将軍	
執事	
記事	畠山直宗《はたけやまただむね》(武将《ぶしょう》)。**12・20** 上杉重能《うえすぎしげよし》(武将《ぶしょう》)。 《月の大小／朔日の干支・ユリウス暦》 一**癸巳**(1・20)・二**壬戌**(2・18)・三**壬辰**(3・20)・四**辛酉**(4・18)・五**辛卯**(5・18)・六辛酉(6・17)・閏六**庚寅**(7・16)・七庚申(8・15)・八**己丑**(9・13)・九己未(10・13)・一〇**戊子**(11・11)・一一戊午(12・11)・一二**丁亥**(50・1・9)(太字は大の月)
大日本史料	6編13 11；
高麗	
元	

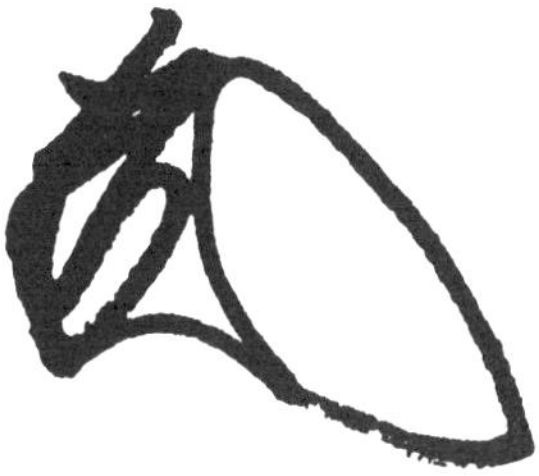
図26
足利直義花押

図27
高師直花押

西暦	一三五〇
年号・干支 北朝	観応《かんのう》 元 2・27 庚寅《かのえとら》
年号・干支 南朝	正平 五
天皇 北朝	(崇光)
天皇 南朝	(後村上)
将軍	(足利尊氏)
執事	(高師直)
記事	【政治・経済】 2・- 倭寇《わこう》の高麗侵犯《こうらいしんぱん》、始《はじ》まる(高麗史)。6・21 高師泰《こうのもろやす》、足利直冬追討《あしかがただふゆついとう》の院宣《いんぜん》を奉《ほう》じ、京《きょう》を出発《しゅっぱつ》(祇園執行日記)。9・28 少弐頼尚《しょうによりひさ》、足利直冬《あしかがただふゆ》に帰服《きふく》(松浦文書)。10・16 直冬《ただふゆ》が九州《きゅうしゅう》で挙兵《きょへい》の報《ほう》、京着《きょうちゃく》(園太暦)。10・26 足利直義《あしかがただよし》、京都《きょうと》を逐電《ちくてん》(園太暦)。10・28 足利尊氏《あしかがたかうじ》、直冬追討《ただふゆついとう》のため、高師直《こうのもろなお》らを率《ひき》いて出京《しゅっきょう》(園太暦)。11・16 光厳上皇《こうごんじょうこう》、尊氏《たかうじ》の申請《しんせい》を受《う》け、直義追討《ただよしついとう》の院宣《いんぜん》を下《くだ》す(園太暦)。11・- 直義《ただよし》、高師直《こうのもろなお》・師泰誅伐《もろやすちゅうばつ》の兵《へい》を募《つの》る(観応《かんのう》の擾乱《じょうらん》)(田代文書)。12・10 三河国人《みかわこくじん》、一揆《いっき》して足利直義《あしかがただよし》に応《おう》じる(前田家蔵書閲覧筆記)。12・13 直義《ただよし》、三ヵ条《じょう》の和睦条件《わぼくじょうけん》を示《しめ》すが、南朝《なんちょう》は帰服《きふく》のみ許《ゆる》す(観応二年日次記・吉野御事書案)。12・25 高師冬《こうのもろふゆ》、上杉憲顕討伐《うえすぎのりあきとうばつ》のため、足利《あしかが》基氏《もとうじ》を奉《ほう》じて鎌倉《かまくら》を出発《しゅっぱつ》・基氏《もとうじ》は鎌倉《かまくら》に戻《もど》る(醍醐報恩院古文書録)。12・29 尊氏《たかうじ》、備前福岡《びぜんふくおか》より兵《へい》を京都《きょうと》に返《かえ》す(松浦文書)。この年《とし》 琉球浦添按司察度《りゅうきゅううらそえあじさっと》、中山王位《ちゅうざんおうい》に就《つ》く(中山世鑑)。 【社会・文化】 3・25 竜山徳見《りゅうざんとくけん》ら、元《げん》より帰国《きこく》(園太暦)。7・6 足利尊氏《あしかがたかうじ》、地蔵像《じぞうぞう》(駿河清見寺蔵《するがせいけんじぞう》)を描《えが》く。8・- 鎌倉補陀洛寺《かまくらふだらくじ》の
大日本史料	(6編13)
琉球	察度王《さつとおう》
高麗	忠定王 2
元	至正 10

西暦

一三五一

年号・干支

北朝：辛卯《かのとのう》 二

南朝：六

執事

2・26

記事

鐘《かね》、貴賤僧俗《きせんそうぞく》一万余人《よにん》が結縁《けちえん》して成《な》る(同鐘銘)。

【死没】

1・11 赤松則村《あかまつのりむら》(74、武将《ぶしょう》)。 **2・23** 坊城俊実《ぼうじょうとしざね》(55、公卿《くぎょう》)。 **3・2** 玄慧《げんえ》(天台宗学僧《てんだいしゅうがくそう》)。 **3・28** 明峯素哲《めいほうそてつ》(74、曹洞宗僧侶《そうとうしゅうそうりょ》)。 **4・-** 兼好《けんこう》(68、随筆家《ずいひつか》)。

《月の大小／朔日の干支・ユリウス暦》

一丁巳(2・8)・二丙戌(3・9)・三丙辰(4・8)・四乙酉(5・7)・五乙卯(6・6)・六甲申(7・5)・七甲寅(8・4)・八甲申(9・3)・九癸丑(10・2)・一〇癸未(11・1)・一一壬子(11・30)・一二壬午(12・30)(太字は大の月)

【世界】

タイ、アユタヤ朝興《ちょうおこ》る。

【政治・経済】

1・15・16 桃井直常《もものいただつね》、入京《にゅうきょう》し、足利尊氏《あしかがたかうじ》・義詮《よしあきら》を播磨国《はりまのくに》に逐《お》う(園太暦)。 **1・17** 高師冬《こうのもろふゆ》、甲斐国須沢城《かいのくにすさわじょう》で自殺《じさつ》(市河文書)。 **2・8** 上杉能憲《うえすぎよしのり》、関東《かんとう》の兵《へい》を率《ひき》いて上洛《じょうらく》(園太暦)。 **2・12** 奥州管領吉良貞家《おうしゅうかんれいきらさだいえ》、同管領畠山国氏《どうかんれいはたけやまくにうじ》と父高国《ちちたかくに》を陸奥国岩切城《むつのくにいわきりじょう》に滅《ほろ》ぼす(結城古文書写)。 **2・17** 足利直義軍《あしかがただよしぐん》、尊氏軍《たかうじぐん》を摂津国打出浜《せっつのくにうちでのはま》に破《やぶ》る(太)。 **2・20** 尊《たか》

大日本史料

6編14　11・-

琉球 2

高麗 3

元 11

西暦	▶一三五一
年号・干支（北朝）	観応二 辛卯《かのとのう》
年号・干支（南朝）	正平六
天皇（北朝）	（崇光）
天皇（南朝）	（後村上）
将軍	（足利尊氏）
執事	

記事

氏《うじ》、直義《ただよし》と和睦《わぼく》(園太暦)。**2・26** 上杉能憲《うえすぎよしのり》、摂津国《せっつのくに》で高《こうの》師直《もろなお》・師泰《もろやす》ら一族《いちぞく》を討《う》つ(園太暦)。**2・-** 高野山《こうやさん》領《りょう》紀伊国《きいのくに》鞆淵荘《ともぶちのしょう》、下司《げし》と百姓《ひゃくしょう》の確執《かくしつ》により荒廃《こうはい》・寺家《じけ》の仲介《ちゅうかい》で和解《わかい》(高野山文書)。**3・3** 幕府《ばくふ》、足利直冬《あしかがただふゆ》を鎮西探題《ちんぜいたんだい》とする(園太暦)。**5・15** 南朝《なんちょう》、幕府《ばくふ》の和睦案《わぼくあん》を拒否《きょひ》(観応二年日次記)。**6・13** 幕府《ばくふ》、寺社本所領等《じしゃほんじょりょうなど》の押領《おうりょう》及《およ》び使節遵行怠慢《しせつじゅんぎょうたいまん》を禁《きん》じる(建武以来追加)。**7・28・30** 尊氏《たかうじ》、佐々木高氏《ささきたかうじ》討伐《とうばつ》のため近江国《おうみのくに》に出陣《しゅつじん》し、足利義詮《あしかがよしあきら》、播磨国《はりまのくに》に出陣《しゅつじん》(園太暦)。**7・30** 直義《ただよし》、北陸《ほくりく》に逃《のが》れる(園太暦)。**10・2** 山内首藤一族《やまのうちすどういちぞく》、直義支持《ただよししじ》のため一揆契諾状《いっきけいだくじょう》を結《むす》ぶ(山内首藤文書)。**10・24** 南朝《なんちょう》、尊氏《たかうじ》・義詮《よしあきら》の政権返還《せいけんへんかん》・投降《とうこう》の申《もうし》入《い》れを容《い》れ、直義追討綸旨《ただよしついとうりんじ》を下《くだ》す(園太暦)。**11・4** 尊氏《たかうじ》、関東《かんとう》に進発《しんぱつ》(園太暦)。**11・7** 南朝《なんちょう》、北朝《ほくちょう》の天皇《てんのう》・皇太子《こうたいし》・年号《ねんごう》を廃《はい》する(正平一統《しょうへいいっとう》)(園太暦)。**11・15** 直義《ただよし》、鎌倉《かまくら》に入《はい》る(鶴岡社務記録)。**11・21** 松浦一族等《まつらいちぞくら》、所領安堵《しょりょうあんど》を求《もと》め一揆《いっき》する(有浦文書)。**12・23** 南朝《なんちょう》、北朝《ほくちょう》の神器《じんぎ》を接収《せっしゅう》(園太暦)。

【社会・文化】

4・- 愚中周及《ぐちゅうしゅうきゅう》、元《げん》より帰国《きこく》(大通禅師語録)。**10・30** 従覚《じゅうかく》『慕帰絵《ぼきえ》』を著《あらわ》す。**この年** 太初啓原《たいしょけいげん》、入元《にゅうげん》・元僧東陵《げんそうとうりん》

大日本史料	（6編14） 5・- 6編15
琉球	察度王 2
高麗	忠定王 3
元	至正 11

西暦			◀ 一三五二
年号・干支	北朝		文和《ぶんな》元 9・27 壬辰《みずのえたつ》 ②
	南朝		七
天皇	北朝	11・7	
	南朝		
将軍			
執事		10・21 仁木頼章《にっきよりあき》	
記事		永璵《えいよ》、来日《らいにち》(本朝高僧伝)。近衛基政《このえもとまさ》『楞伽寺記《りょうがじき》』成《な》る。**観《かん》応年間頃《のうねんかんころ》** 宗久《そうきゅう》『都《みやこ》のつと』成《な》る。 【死没】**1・17** 高師冬《こうのもろふゆ》(武将《ぶしょう》)。**1・19** 覚如《かくにょ》(82、本願寺創建者《ほんがんじそうこんしゃ》)。**1・1** 千葉貞胤《ちばさだたね》(61、武将《ぶしょう》)。**2・12** 畠山高国《はたけやまたかくに》(47、武将《ぶしょう》)。**2・25** 月林道皎《げつりんどうこう》(59、五山僧《ござんそう》)。**2・26** 高師直《こうのもろなお》(武将《ぶしょう》)。高《こうの》師泰《もろやす》(武将《ぶしょう》)。**4・8** 赤松範資《あかまつのりすけ》(武将《ぶしょう》)。**9・30** 夢窓疎石《むそうそせき》(77、臨済宗僧侶《りんざいしゅうそうりょ》)。 《月の大小/朔日の干支・ユリウス暦》 一辛亥(1・28)・二辛巳(2・27)・三庚戌(3・28)・四庚辰(4・27)・五己酉(5・26)・六戊寅(6・24)・七戊申(7・24)・八戊寅(8・23)・九丁未(9・21)・一〇丁丑(10・21)・一一丁未(11・20)・一二丙子(12・19)(太字は大の月) 〖世界〗 元《げん》、紅巾《こうきん》の乱起《らんお》こる。	【政治・経済】 **1・5** 足利尊氏《あしかがたかうじ》、足利直義《あしかがただよし》を降《くだ》し、鎌倉《かまくら》に入《はい》る(鶴岡社務記録)。**2・25** 延暦寺衆徒《えんりゃくじしゅと》、祇園社犬神人《ぎおんしゃのいぬじにん》を使《つか》い、日蓮《にちれん》宗《しゅう》の妙顕寺法華堂《みょうけんじほっけどう》を破却《はきゃく》(祇園執行日記)。**2・26** 直義《ただよし》、
大日本史料			6編16 1・-
琉球			3
高麗			恭愍王《きょうびんおう》
元			③ 12

西暦	▶一三五二
年号・干支 北朝	文和元 9・27 壬辰《みずのえたつ》 ②
年号・干支 南朝	正平七
天皇 北朝	8・17 後光厳《ごこうごん》
天皇 南朝	（後村上）
将軍	（足利尊氏）
執事	（仁木頼章）
記事	鎌倉《かまくら》で没《ぼっ》（太）。後村上天皇《ごむらかみてんのう》、賀名生《あのう》を出発《しゅっぱつ》（園太暦）。閏《うるう》2・6 宗良親王《むねよししんのう》、征夷大将軍《せいいたいしょうぐん》に補任《ぶにん》される（系図纂要）。閏《うるう》2・18 新田義宗《にったよしむね》・同義興《どうよしおき》ら、宗良親王《むねよししんのう》を奉《ほう》じて鎌倉《かまくら》に入《はい》り、尊氏《たかうじ》を逐《お》う（園太暦）。閏《うるう》2・19 後村上天皇《ごむらかみてんのう》、八幡《やわた》に着《つ》く（園太暦）。閏《うるう》2・20 南軍《なんぐん》、足利義詮《あしかがよしあきら》を近江国《おうみのくに》に逐《お》う・正平一統《しょうへいいっとう》破《やぶ》れる（園太暦）。義興《よしおき》・義宗《よしむね》ら、武蔵国《むさしのくに》人見原等《ひとみはらなど》で尊氏《たかうじ》を破《やぶ》る（太）。閏《うるう》2・28 尊氏《たかうじ》、武蔵国小手指原等《むさしのくにこてさしがはらなど》で宗良親王《むねよししんのう》・義宗《よしむね》らを破《やぶ》る（太）。3・12 尊氏《たかうじ》、鎌倉《かまくら》を回復《かいふく》（鶴岡社務記録）。3・15 義詮《よしあきら》、京都《きょうと》を回復《かいふく》（祇園執行日記）。5・11 義詮《よしあきら》、八幡《やわた》を攻落《こうらく》・後村上天皇《ごむらかみてんのう》を賀名生《あのう》に逐《お》う（園太暦）。6・2 南朝《なんちょう》、光厳《こうごん》・光明《こうみょう》・崇《す》光《こう》三上皇《じょうこう》と直仁親王《なおひとしんのう》を賀名生《あのう》に移《うつ》す（園太暦）。7・24 幕《ばく》府《ふ》、近江《おうみ》・美濃《みの》・尾張《おわり》三国《ごく》の本所領《ほんじょりょう》の当年一作《とうねんいっさく》を半済《はんぜい》とし、八月《がつ》二一日《にち》、五ヵ国《こく》を追加《ついか》（建武以来追加）。9・18 幕府《ばくふ》、将軍家下文拝領者《しょうぐんけくだしぶみはいりょうしゃ》が使節遵行《しせつじゅんぎょう》以前《いぜん》に恩賞地《おんしょうち》へ乱入《らんにゅう》する事等《ことなど》を禁止《きんし》（建武以来追加）。11・- 足利直冬《あしかがただふゆ》、九州《きゅうしゅう》から長門国《ながとのくに》に逃《のが》れ、南朝《なんちょう》に帰順《きじゅん》（園太暦）。 【社会・文化】 9・15 足利尊氏《あしかがたかうじ》、『大般若経《だいはんにゃきょう》』を開板《かいはん》（古写本大般若経目録）。 11・15 尊円入道親王《そんえんにゅうどうしんのう》、『入木抄《じゅぼくしょう》』を著《あらわ》し、後光厳天皇《ごこうごんてんのう》に
大日本史料	（6編16）　9・- 6編17
琉球	察度王 3
高麗	恭愍王
元	③ 至正 12

西暦	◀一三五三	
年号・干支 北朝	二 癸巳《みずのとのみ》	
年号・干支 南朝	八	
天皇 北朝		
天皇 南朝		
将軍		
執事		

記事

進覧《しんらん》(同書奥書)。**12・下旬《げじゅん》** 尊円入道親王《そんえんにゅうどうしんのう》、『門葉記《もんようき》』を撰進《せんしん》(同書端書)。**この年《とし》** 乗専《じょうせん》『最須敬重絵詞《さいしゅきょうじゅうえことば》』成《な》る(同書奥書)。

【死没】

2・26 足利直義《あしかがただよし》(47、武将《ぶしょう》)。**閏《うるう》2・20** 細川頼春《ほそかわよりはる》(49、54とも、武将《ぶしょう》)。**3・9** 上杉朝定《うえすぎともさだ》(32、武将《ぶしょう》)。**5・11** 四条《しじょう》隆資《たかすけ》(61、公卿《くぎょう》)。**7・1** 宥範《ゆうはん》(83、真言宗僧侶《しんごんしゅうそうりょ》)。**7・5** 細《ほそ》川《かわ》顕氏《あきうじ》(武将《ぶしょう》)。**8・13** 近衛経忠《このえつねただ》(51、公卿《くぎょう》)。**9・10** 佐《さ》竹《たけ》貞義《さだよし》(66、武将《ぶしょう》)。**12・11** 小田治久《おだはるひさ》(70、武将《ぶしょう》)。

《月の大小/朔日の干支・ユリウス暦》

一丙午(1・18)・二乙亥(2・16)・閏二乙巳(3・17)・三甲戌(4・15)・**四**癸卯(5・14)・五癸酉(6・13)・六壬寅(7・12)・七壬申(8・11)・**八**辛丑(9・9)・九辛未(10・9)・一〇辛丑(11・8)・一一辛未(12・8)・一二庚子(53・1・6)(太字は大の月)

【政治・経済】

2・2 菊池武光《きくちたけみつ》・少弐頼尚《しょうによりひさ》、筑前国針摺原《ちくぜんのくにはりすりばる》で一色直氏《いっしきなおうじ》らを破《やぶ》る(深江文書・草野文書)。**2・上旬《じょうじゅん》** 北畠顕能《きたばたけあきよし》、伊勢《いせの》国《くに》より大和国《やまとのくに》に入《はい》る(園太暦)。**2・‐** 紀伊《きい》等数《などすう》ヵ国《こく》で南軍《なんぐん》蜂起《ほうき》(園太暦等)。**3・‐** 足利直冬《あしかがただふゆ》に備前《びぜん》・美作《みまさか》両国《りょうこく》の兵《へい》が

大日本史料	
琉球	4
高麗	2
元	13

西暦	▶一三五三
年号・干支 北朝	文和 二 癸巳《みずのとのみ》
年号・干支 南朝	正平 八
天皇 北朝	(後光厳)
天皇 南朝	(後村上)
将軍	(足利尊氏)
執事	(仁木頼章)
記事	呼応《こおう》(園太暦)。**5・4** 奥州管領《おうしゅうかんれい》吉良貞家《きらさだいえ》、北畠顕信《きたばたけあきのぶ》の陸奥国《むつのくに》宇津峰城《うつみねじょう》を攻略《こうりゃく》(大国魂神社文書)。**5・20** 足利尊氏《あしかがたかうじ》、北条時行《ほうじょうときゆき》らを相模国竜口《さがみのくにたつのくち》で斬《き》る(鶴岡社務記録)。**6・9** 楠木正儀《くすのきまさのり》・山名時氏《やまなときうじ》ら、入京《にゅうきょう》し足利義詮《あしかがよしあきら》を逐《お》う(園太暦)。**6・13** 義詮《よしあきら》、後光厳天皇《ごこうごんてんのう》を奉《ほう》じて美濃国小島《みののくにこじま》に逃《のが》れる(田代文書・土佐国蠧簡集残篇)。**6―〜7・―** 京都《きょうと》で盗賊《とうぞく》が出没《しゅつぼつ》し、悲田院《ひでんいん》・永円寺《えいえんじ》等《など》を襲《おそ》う(園太暦六月二四日条・二五日条・二九日条・七月二日条・八日条)。**7・19** 四条隆俊《しじょうたかとし》・時氏軍《ときうじぐん》、大徳寺《だいとくじ》・白毫寺《びゃくごうじ》に乱入《らんにゅう》、資財《しざい》を奪《うば》う(園太暦)。**7・26** 義詮《よしあきら》、京都回復《きょうとかいふく》(園太暦)。**7・29** 尊《たか》氏《うじ》、畠山国清《はたけやまくにきよ》を関東執事《かんとうしつじ》に任《にん》じ、鎌倉《かまくら》より西上《せいじょう》(喜連川判鑑・鶴岡社務記録)。**9・21** 尊氏《たかうじ》・義詮《よしあきら》、後光厳天皇《ごこうごんてんのう》を奉《ほう》じて入京《にゅうきょう》(園太暦)。 【社会・文化】 **9・22** 足利基氏《あしかがもとうじ》、『大般若経《だいはんにゃきょう》』を開板《かいはん》(同経刊記)。**12・26** 足利尊氏《あしかがたかうじ》、臨川寺《りんせんじ》を十刹《じっさつ》に准《じゅん》じる(臨川寺文書)。 【死没】 **5・20** 北条時行《ほうじょうときゆき》(武将《ぶしょう》)。**6・13** 佐々木秀綱《ささきひでつな》(守護大名《しゅごだいみょう》)。**7・27** 柳原資明《やなぎはらすけあきら》(57、公卿《くぎょう》)。**8・27** 久我長通《こがながみち》(74、公卿《くぎょう》)。**10・2** 俊才《しゅんざい》(95、東大寺僧《とうだいじそう》)。**この年** 阿蘇惟時《あそこれとき》(武将《ぶしょう》)。
大日本史料	6編18 4・― (6編17)
琉球	察度王 4
高麗	恭愍王 2
元	至正 13

西暦		一三五四 ◀
年号・干支 北朝		三 甲午《きのえうま》 ⑩
年号・干支 南朝		九
天皇 北朝		
天皇 南朝		
将軍		
執事		

記事

《月の大小／朔日の干支・ユリウス暦》
一庚午（2・5）・二己亥（3・6）・三己巳（4・5）・四戊戌（5・4）・**五**丁卯（6・2）・六丁酉（7・2）・**七**丙寅（7・31）・八丙申（8・30）・**九**乙丑（9・28）・一〇乙未（10・28）・一一乙丑（11・27）・一二乙未（12・27）（**太字**は大の月）

〖世界〗
元《げん》の張士誠《ちょうしせい》、挙兵《きょへい》し、大周国《だいしゅうこく》を樹立《じゅりつ》。朱元璋《しゅげんしょう》、紅巾軍《こうきんぐん》に参加《さんか》。ラオ人《じん》、ランサン王国《おうこく》を樹立《じゅりつ》。

【政治・経済】
3・22 光厳《こうごん》・光明《こうみょう》両法皇《りょうほうおう》と崇光上皇《すこうじょうこう》、河内金剛寺《かわちこんごうじ》に移《うつ》る（薄草子口決）。**4・－** 倭寇《わこう》、高麗全羅道《こうらいぜんらどう》で船《ふね》四〇余艘《よそう》を掠奪《りゃくだつ》（高麗史）。**5・9** 松浦一族《まつらいちぞく》、訴訟《そしょう》究明《きゅうめい》を求《もと》め一揆《いっき》する（青方文書）。**5・21** 足利直冬《あしかがただふゆ》、石見国《いわみのくに》を発《はっ》し東上《とうじょう》（吉川家文書）。**6・30** 足利尊氏《あしかがたかうじ》、九州探題一色直氏《きゅうしゅうたんだいいっしきなおうじ》を通《つう》じて九州《きゅうしゅう》の兵《へい》の与同《よどう》を募《つの》る（薩藩旧記）。**9・22** 足利《あしかが》基氏《もとうじ》、関東《かんとう》の禅刹《ぜんさつ》に対《たい》して一二ヵ条《じょう》の規式《きしき》を定《さだ》める（円覚寺文書）。**9・－** 宗良親王《むねよししんのう》・新田義宗《にったよしむね》ら、越後国宇加地城《えちごのくにうがちじょう》を攻囲《こうい》（三浦和田文書）。**10・18** この前後《ぜんご》、足利義詮《あしかがよしあきら》、直《ただ》冬討伐《ふゆとうばつ》のため出陣《しゅつじん》（東寺百合文書）。**12・24** 直冬《ただふゆ》、桃井直《もものいただ》

大日本史料	6編19	4・－
琉球		5
高麗		3
元		14

西暦	一三五四 ▶	◀ 一三五五
年号・干支 北朝	文和 三 甲午《きのえうま》 ⑩	四 乙未《きのとひつじ》
年号・干支 南朝	正平 九	一〇
天皇 北朝	(後光厳)	
天皇 南朝	(後村上)	
将軍	(足利尊氏)	
執事	(仁木頼章)	
記事	常《つね》らが京都《きょうと》に迫《せま》り、尊氏《たかうじ》、後光厳天皇《ごこうごんてんのう》を奉《ほう》じて近江武佐《おうみむさ》寺《でら》に逃《のが》れる(柳原家記録)。 【社会・文化】 **12・23** 足利尊氏《あしかがたかうじ》、後醍醐《ごだいご》・元弘《げんこう》以来《いらい》戦没者《せんぼつしゃ》等《ら》の冥福《めいふく》を祈《いの》るため一切経《いっさいきょう》を書写《しょしゃ》し、等持院《とうじいん》のちに園城寺《おんじょうじ》に奉納《ほうのう》(源威集・三井続燈記)。 【死没】 **4・17** 北畠親房《きたばたけちかふさ》(62、公卿《くぎょう》)。**8・20** 託何《たくが》(70、時宗学僧《じしゅうがくそう》)。 《月の大小/朔日の干支・ユリウス暦》 一甲子(1・25)・二甲午(2・24)・三癸亥(3・25)・四癸巳(4・24)・五壬戌(5・23)・六辛卯(6・21)・七辛酉(7・21)・八庚寅(8・19)・九己未(9・17)・一〇己丑(10・17)・閏一〇己未(11・16)・一一戊子(12・15)・一二戊午(55・1・14)(太字は大の月)	【政治・経済】 **1・16・22** 桃井直常《もものいただつね》ついで足利直冬《あしかがただふゆ》ら入京《にゅうきょう》(園太暦)。**1・24** 足利義詮《あしかがよしあきら》、播磨国《はりまのくに》より軍《ぐん》を京都《きょうと》に返《かえ》す(安積文書)。**2・15** 南北両軍《なんぼくりょうぐん》、京都《きょうと》で合戦《かっせん》(園太暦)。**2・25** 島津忠兼《しまづただかねら》等五三人《にん》、一揆契諾状《いっきけいだくじょう》を結《むす》ぶ(文化庁所蔵島津家文書)。**3・13** 足利尊氏《あしかがたかうじ》、京都《きょうと》を回復《かいふく》し、直冬《ただふゆ》等《ら》南軍《なんぐん》は八幡《やわた》に退《しりぞ》
大日本史料	(6編19)	
琉球	察度王 5	6
高麗	恭愍王 3	4
元	至正 14	① 15

西暦		
年号・干支	北朝	
	南朝	
天皇	北朝	
	南朝	
将軍		
執事		
記事		く（園太暦）。**3・28** 後光厳天皇《ごこうごんてんのう》帰京《ききょう》（園太暦）。**5・18** 紀《き》伊《い》隅田《すだ》一族《いちぞく》等《ら》、一揆契諾状《いっきけいだくじょう》を結《むす》ぶ（隅田家文書）。**8・18** 懐良親王《かねよししんのう》出陣《しゅつじん》し、同月中《どうげっちゅう》に肥前国府《ひぜんこくふ》に入《はい》る（木屋文書・有馬文書）。**8・―** 宗良親王《むねよししんのう》、信濃国《しなののくに》で諏訪祝《すわのはふり》等と戦《たたか》う（園太暦）。**8・22** 幕府《ばくふ》、争乱国《そうらんこく》の半済継続《はんぜいけいぞく》と静謐国《せいひつこく》での寺社本所領返付《じしゃほんじょりょうへんぷ》、及《およ》び旧敵方与同者《きゅうてきがたよどうしゃ》の本領安堵《ほんりょうあんど》の法《ほう》を定《さだ》める（建武以来追加）。**9・11** 駿河守護今川範氏《するがのしゅごいまがわのりうじ》、浅間社《あさましゃ》造営《ぞうえい》の徳政《とくせい》を同社領《どうしゃりょう》で実施《じっし》（駿河伊達文書）。**9・18** 伏見《ふしみ》の土民《どみん》、領主四条氏《りょうしゅしじょうし》の定使宅《じょうしたく》に乱入《らんにゅう》し伏見殿《ふしみどの》を囲《かこ》む（園太暦）。**10・―** 懐良親王《かねよししんのう》、豊後国《ぶんごのくに》より博多《はかた》に攻《せ》め入《い》り、一色道猷《いっしきどうゆう》・直氏《なおうじ》父子《ふし》、長門国《ながとのくに》へ逃《のが》れ、その後京都《ごきょうと》に帰《かえ》る（木屋文書・薩藩旧記）。 【社会・文化】 **この年《とし》** 尊円入道親王《そんえんにゅうどうしんのう》『釈家官班記《しゃっけかんぱんき》』を著《あらわ》す。 【死没】 **3・12** 三隅兼連《みすみかねつら》（武将《ぶしょう》）。**12・22** 道昭《どうしょう》（75、園城寺長吏《おんじょうじちょうり》）。**この年《とし》** 一鎮《いっちん》（79、時宗僧侶《じしゅうそうりょ》）。 《月の大小／朔日の干支・ユリウス暦》 一戊子（2・13）・二戊午（3・15）・三丁亥（4・13）・四丁巳（5・13）・五丙戌（6・11）・六乙卯（7・10）・七乙酉（8・9）・八甲寅（9・7）・
大日本史料		6編20　9・―
琉球		
高麗		
元		

西暦	▶一三五五	一三五六
年号・干支 北朝	文和 四 乙未《きのとのひつじ》	延文《えんぶん》 元 3・28 丙申《ひのえさる》
年号・干支 南朝	正平一〇	一一
天皇 北朝	(後光厳)	
天皇 南朝	(後村上)	
将軍	(足利尊氏)	
執事	(仁木頼章)	
記事	九癸未(10・6)・一〇癸丑(11・5)・一一癸未(12・5)・一二壬子(56・1・3)(太字は大の月) 【世界】 元《げん》の韓林児《かんりんじ》、小明王《しょうめいおう》と号《ごう》し宋国《そうこく》を樹立《じゅりつ》。イブン＝バットゥータ、『三大陸周遊記《さんたいりくしゅうゆうき》』を著《あらわ》す。	【政治・経済】 **1・9** この頃《ころ》、斯波高経《しばたかつね》、幕府《ばくふ》に帰参《きさん》(園太暦)。**8・23** 佐々木高氏《ささきたかうじ》、元弘以来戦没者《げんこういらいせんぼつしゃ》の追福《ついふく》のため、四条京極四町《しじょうきょうごくしちょう》を金蓮寺《こんれんじ》に寄進《きしん》(金蓮寺文書)。**10・13** 一色直氏《いっしきなおうじ》、長門《ながと》より筑前麻生山《ちくぜんあそうさん》に進《すす》むが、翌月《よくげつ》、南軍《なんぐん》に敗《やぶ》れて長門《ながと》に退《しりぞ》く(麻生文書)。**10・23** 若狭国太良荘民《わかさのくにたらのしょうみん》五〇余名《よめい》、公文《くもん》らの非法《ひほう》を連署起請文《れんしょきしょうもん》で訴《うった》える(東寺百合文書)。 【社会・文化】 **1・7** 古鏡明千《こきょうみょうせん》、『勅修百丈清規《ちょくしゅうひゃくじょうしんぎ》』を開版《かいはん》(同書刊記)。**3・25** 二条良基《にじょうよしもと》『菟玖波集《つくばしゅう》』を撰《せん》する(冬《ふゆ》から翌年《よくねん》の間《あいだ》に完成《かんせい》)(同書序文)。**8・25** 後光厳天皇《ごこうごんてんのう》、百首和歌《ひゃくしゅわか》(延文百首《えんぶんひゃくしゅ》)の詠進《えいしん》を命《めい》じる(園太暦)。**11・28以前** 幕府奉行人《ばくふぶぎょうにん》諏訪円忠《すわえんちゅう》、『諏訪大明神絵詞《すわだいみょうじんえことば》』を作《つく》る(同書奥書)。**この年《とし》** 近衛道嗣《このえみちつぐ》、『愚管記《ぐかんき》』を記《しる》す(〜永徳三年《えいとくさんねん》)。
大日本史料	(6編20)	
琉球	察度王 6	7
高麗	恭愍王 4	5
元	① 至正 15	16

【死没】

3・1 円観《えんかん》(76、天台宗僧侶《てんだいしゆうそうりよ》)。6・13 斯波家兼《しばいえかね》(49、武将《ぶしよう》)。6・29 菊池武澄《きくちたけずみ》(武将《ぶしよう》)。9・23 吉良満義《きらみつよし》(武将《ぶしよう》)。尊円入道親王《そんえんにゆうどうしんのう》(59、天台座主《てんだいざす》)。10・20 宇都宮公綱《うつのみやきんつな》(55、武将《ぶしよう》)。

《月の大小／朔日の干支・ユリウス暦》

一壬午(2・2)・二壬子(3・3)・三壬午(4・2)・四辛亥(5・1)・五辛巳(5・31)・六庚戌(6・29)・七己卯(7・28)・八己酉(8・27)・九戊寅(9・25)・一〇丁未(10・24)・一一丁丑(11・23)・一二丁未(12・23)(太字は大の月)

〔世界〕

ドイツ、カール四世《せい》、金印勅書《きんいんちよくしよ》を発布《はつぷ》。

史料 大日本：6編21 12・1

西暦：◀一三五七

年号・干支：北朝 ⑦ 丁酉《ひのとのとり》 二／南朝 一二

【政治・経済】

2・18 光厳法皇《こうごんほうおう》・崇光上皇《すこうじようこう》・直仁親王《なおひとしんのう》、帰京《ききよう》(園太暦)。5・― 細川清氏《ほそかわきようじ》、越前守護職《えちぜんのしゆごしき》を望《のぞ》むも許《ゆる》されず、阿波国《あわのくに》に退去《たいきよ》(園太暦)。6・15 後村上天皇《ごむらかみてんのう》、河内観心寺《かわちかんしんじ》に行幸《ぎようこう》(観心寺文書)。8・27 倭寇《わこう》、高麗《こうらい》の昇天府興天寺《しようてんふこうてんじ》を襲《おそ》い、忠宣王《ちゆうせんおう》・韓国公主《かんこくこうしゆ》の肖像《しようぞう》を奪《うば》う(高麗史三九、九月二六日条)。9・10 幕府《ばくふ》、寺社本所領《じしやほんじよりよう》の返付《へんぷ》について定《さだ》める(建武以来追加)。10・14 大乗院衆徒《だいじよういんしゆと》、一乗院前門主実玄《いちじよういんぜんもんしゆじつげん》を逐《お》う

琉球：8

高麗：6

元：⑨ 17

西暦	▶一三五七	一三五八
年号・干支 北朝	延文 二 ⑦ 丁酉《ひのとのとり》	三 戊戌《つちのえいぬ》
年号・干支 南朝	正平 一二	一三
天皇 北朝	(後光厳)	
天皇 南朝	(後村上)	
将軍	(足利尊氏)	
執事	(仁木頼章)	
記事	(園太暦)。**10・25** 実玄《じつげん》、一乗院方国民越智氏《いちじょういんがたこくみんおちし》らを率《ひき》いて南都《なんと》を攻《せ》め、大乗院孝覚《だいじょういんこうかく》を放逐《ほうちく》(園太暦)。 【社会・文化】 **閏《うるう》7・11** 北朝《ほくちょう》、『菟玖波集《つくばしゅう》』を勅撰《ちょくせん》に准《じゅん》じる(園太暦)。**この年《とし》より応安《おうあん》五年《ねん》の間《あいだ》** 二条良基《にじょうよしもと》『筑波問答《つくばもんどう》』成《な》る。 【死没】 **6・5** 乗専《じょうせん》(73、真宗僧侶《しんしゅうそうりょ》)。**閏《うるう》7・16** 賢俊《けんしゅん》(59、真言宗僧侶《しんごんしゅうそうりょ》)。**閏《うるう》7・22** 広義門院《こうぎもんいん》(66、後伏見天皇女御《ごふしみてんのうにょうご》)。**10・9** 文観《もんかん》(80、真言宗僧侶《しんごんしゅうそうりょ》)。 《月の大小/朔日の干支・ユリウス暦》 一丙子(1・21)・二丙午(2・20)・三丙子(3・22)・**四**乙巳(4・20)・五乙亥(5・20)・六甲辰(6・18)・七甲戌(7・18)・閏七癸卯(8・16)・八壬申(9・14)・九壬寅(10・14)・一〇壬申(11・13)・一一辛丑(12・12)・一二辛未(58・1・11)(太字は大の月) 〔世界〕 オスマン帝国《ていこく》、トラキアからバルカンに進出《しんしゅつ》。フランス、エティエンヌ＝マルセルの乱《らん》(〜一三五八年《ねん》)。	【政治・経済】 **3・10** 足利義詮《あしかがよしあきら》、足利尊氏《あしかがたかうじ》の西国進発《さいごくしんぱつ》を諫止《かんし》(愚管記)。
大日本史料	(6編21)	
琉球	察度王 8	9
高麗	恭愍王 6	7
元	⑨ 至正 17	18

西暦	
年号・干支 北朝	
年号・干支 南朝	
天皇 北朝	
天皇 南朝	
将軍	足利義詮《あしかがよしあきら》 12・8 ｜ 4・30
執事	細川清氏《ほそかわきようじ》 10・10 ｜ 5・―
記事	3・11 倭寇《わこう》、高麗全羅道《こうらいぜんらどう》で三〇〇艘余《そうよ》を焼《や》く(高麗史)。4・30 尊氏没《たかうじぼつ》(愚管記)。10・10 新田義興《にったよしおき》、武蔵矢口渡《むさしやぐちのわたし》で謀殺《ぼうさつ》される(太)。12・― 懐良親王《かねよししんのう》、豊後国《ぶんごのくに》に入《はい》り、守護大友《しゅごおおとも》氏時《うじとき》と戦《たたか》う(志賀文書)。 【社会・文化】 1・4 天竜寺《てんりゅうじ》火災《かさい》(園太暦)。5・― 大拙祖能《だいせつそのう》、元《げん》より帰国《きこく》(大拙和尚年譜)。 【死没】 4・2 徽安門院《きあんもんいん》(41、光厳天皇妃《こうごんてんのうひ》)。4・30 足利尊氏《あしかがたかうじ》(54、室町将軍《むろまちしょうぐん》)。8・19 洞院実世《とういんさねよ》(51、公卿《くぎょう》)。10・10 新田義興《にったよしおき》(28、武将《ぶしょう》)。10・17 無隠元晦《むいんげんかい》(臨済宗僧侶《りんざいしゅうそうりょ》)。12・13 源盛《げんじょう》(56、武将《ぶしょう》)。 《月の大小／朔日の干支・ユリウス暦》 一庚子(2・9)・二庚午(3・11)・三己亥(4・9)・四己巳(5・9)・五己亥(6・8)・六戊辰(7・7)・七戊戌(8・6)・八丁卯(9・4)・九丁酉(10・4)・一〇丙寅(11・2)・一一丙申(12・2)・一二乙丑(12・31)(太字は大の月) 【世界】 フランス、ジャックリーの乱《らん》。
大日本史料	6編22 9・―
琉球	
高麗	
元	

西暦	一三五九
年号・干支 北朝	延文 四 己亥《つちのとい》
年号・干支 南朝	正平一四
天皇 北朝	（後光厳）
天皇 南朝	（後村上）
将軍	（足利義詮）
執事	（細川清氏）
記事	【政治・経済】 **4・16** 少弐頼尚《しょうによりひさ》、北朝方《ほくちょうがた》に転《てん》じ、大宰府《だざいふ》より出陣《しゅつじん》（竜造寺文書）。 **8・6** 少弐頼尚《しょうによりひさ》、懐良親王《かねよししんのう》を奉《ほう》ずる菊池武《きくちたけ》光《みつ》らと筑後《ちくご》大保原《おおほばる》で戦《たたか》う（筑後川《ちくごがわ》の戦《たたかい》）（竜造寺文書）。 **11・6** 関東執事《かんとうしつじ》畠山国清《はたけやまくにきよ》、東国勢《とうごくぜい》を率《ひき》いて入京《にゅうきょう》（園太暦）。 **12・19** 足利義詮《あしかがよしあきら》、南方《なんぽう》へ発向《はっこう》（園太暦）。 **12・23** 後《ご》村上天皇《むらかみてんのう》、河内国観心寺《かわちのくにかんしんじ》に移《うつ》る（金剛寺聖教類奥書集）。 【社会・文化】 **4・28** 二条為定《にじょうためさだ》、『新千載和歌集《しんせんざいわかしゅう》』四季部《しきぶ》を奏覧《そうらん》（愚管記）。 **この秋《あき》・冬《ふゆ》** この頃《ころ》、頓阿《とんあ》『草庵集《そうあんしゅう》』正編《せいへん》成《な》るか（続編《ぞくへん》、貞《じょう》治《じ》五年頃《ねんごろ》成《な》るか）。 **12・-** 存覚《ぞんかく》撰《せん》『歎徳文《たんどくもん》』成《な》る。 【死没】 **2・16** 無極志玄《むきょくしげん》（78、臨済宗僧侶《りんざいしゅうそうりょ》）。 **4・4** 日輪《にちりん》（88、日《にち》蓮宗僧侶《れんしゅうそうりょ》）。 **4・29** 新待賢門院《しんたいけんもんいん》（59、後醍醐天皇後宮《ごだいごてんのうこうきゅう》）。 **8・16** 少弐直資《しょうにただすけ》（武将《ぶしょう》）。 **9・28** 慈厳《じごん》（62、天台座主《てんだいざす》）。 **10・13** 仁木頼章《にっきよりあき》（61、武将《ぶしょう》）。 《月の大小／朔日の干支・ユリウス暦》 一乙未（1・30）・二甲子（2・28）・三甲午（3・30）・四癸亥（4・28）・五癸巳（5・28）・六壬戌（6・26）・七壬辰（7・26）・八辛酉（8・24）・九辛卯（9・23）・一〇辛酉（10・23）・一一庚寅（11・21）・一二庚申（12・
大日本史料	（6編22）
琉球	察度王 10
高麗	恭愍王 8
元	至正 19

西暦	◀一三六〇	
年号・干支 北朝	庚子《かのえね》 ④ 五	
年号・干支 南朝	一五	
天皇 北朝		
天皇 南朝		
将軍		
執事		
記事	【政治・経済】 **3・17** 畠山国清《はたけやまくにきよ》、河内国金剛寺《かわちのくにこんごうじ》を焼《や》く(金剛寺古記)。**4・11** 肥後《ひご》・筑後《ちくご》の南軍《なんぐん》、大宰府《だざいふ》に攻《せ》め寄《よ》る(竜造寺文書)。**4・25** 興良親王《おきよししんのう》(赤松宮《あかまつのみや》)、反《はん》して吉野賀名生《よしのあのう》を攻めるも敗北《はいぼく》(大乗院日記目録)。**閏4・i** 国清《くにきよ》ら、紀伊国《きいのくに》に進《すす》み南方諸城《みなみがたしょじょう》を攻略《こうりゃく》(森本文書)。**5・1** 倭寇《わこう》、高麗江華島《こうらいこうかとう》を襲《おそ》い、三〇〇余人《よにん》を殺《ころ》し、米《こめ》四万余石《よせき》を奪《うば》う(高麗史三九、閏五月一日条)。**5・9** 細川清氏《ほそかわきようじ》ら幕府軍《ばくふぐん》、楠木正儀《くすのきまさのり》の河《かわ》内国赤坂城《ちのくにあかさかじょう》を攻落《こうらく》(太・武家雲箋)。**7・18** 仁木義長《にっきよしなが》、国清《くにきよ》・清氏《きようじ》と争《あらそ》い、人質《ひとじち》とした足利義詮《あしかがよしあきら》の脱出《だっしゅつ》で伊勢《いせ》に没落《ぼつらく》(愚管記)。**8・4** 国清《くにきよ》、鎌倉《かまくら》へ下向《げこう》(大乗院日記目録)。**9・i** 後村上天皇《ごむらかみてんのう》、摂津住吉社《せっつすみよししゃ》に移《うつ》る(新葉和歌集)。 【社会・文化】 **3・13** 肥後国阿蘇社《ひごのくにあそしゃ》火災《かさい》(阿蘇神社文書)。**4・6** 洞院公《とういんきん》賢《かた》没《ぼつ》。生前《せいぜん》に『園太暦《えんたいりゃく》』を記《しる》す。**6・7** 北朝《ほくちょう》、『元亨釈書《げんこうしゃくしょ》』の大蔵経《だいぞうきょう》入蔵《にゅうぞう》を勅許《ちょっきょ》(愚管記)。**この年** 疫病《えきびょう》流行《りゅうこう》	【世界】 紅巾《こうきん》の賊《ぞく》、高麗《こうらい》に侵入《しんにゅう》。 21)(太字は大の月)
大日本史料	6編23 2・i	
琉球	11	
高麗	9	
元	⑤ 20	

西暦	▶一三六〇	一三六一
年号・干支 北朝	延文 五 ④ 庚子《かのえね》	康安《こうあん》 元 3・29 辛丑《かのとのうし》
年号・干支 南朝	正平一五	一六
天皇 北朝	(後光厳)	
天皇 南朝	(後村上)	
将軍	(足利義詮)	
執事	(細川清氏)	
記事	(愚管記)。 【死没】 3・14 二条為定《にじょうためさだ》(68、歌人《かじん》)。 4・6 洞院公賢《とういんきんかた》(70、公卿《くぎょう》)。 8・- 南部政長《なんぶまさなが》(武将《ぶしょう》)。 12・12 関山慧玄《かんざんえげん》(84、64とも、禅僧《ぜんそう》、妙心寺開山《みょうしんじかいさん》)。 《月の大小／朔日の干支・ユリウス暦》 一己丑(1・19)・二己未(2・18)・三戊子(3・18)・四丁巳(4・16)・閏四丁亥(5・16)・五丙辰(6・14)・六丙戌(7・14)・七丙辰(8・13)・八乙酉(9・11)・九乙卯(10・11)・一〇乙酉(11・10)・一一甲寅(12・9)・一二甲申(61・1・8)(太字は大の月) 【世界】 元《げん》、陳友諒《ちんゆうりょう》、江州《こうしゅう》に大漢国《だいかんこく》を樹立《じゅりつ》。	【政治・経済】 8・6・7 菊池武光《きくちたけみつ》、筑前油山《ちくぜんあぶらやま》、香椎《かしい》等で少弐頼国《しょうによりくに》・少弐冬資《しょうにふゆすけ》・大友氏時《おおともうじとき》らを破《やぶ》り、征西将軍宮懐良親王《せいせいしょうぐんのみやかねよししんのう》大宰府《だざいふ》に入《はい》る(深堀文書)。 9・23 細川清氏《ほそかわきようじ》、幕府《ばくふ》に背《そむ》き若狭国《わかさのくに》に没落《ぼつらく》(後愚昧記)。 10・3 九州探題《きゅうしゅうたんだい》斯波氏経《しばうじつね》、豊後国《ぶんごのくに》府中《ふちゅう》に着《つ》く(阿蘇家文書)。 10・27 清氏、若狭国《わかさのくに》で幕府軍《ばくふぐん》に敗《やぶ》れ近江国坂本《おうみのくにさかもと》に没落《ぼつらく》、後《のち》に南朝《なんちょう》に属《ぞく》する(後愚昧記)。
大日本史料	(6編23)	
琉球	察度王 11	12
高麗	恭愍王 9	10
元	⑤ 至正 20	21

西暦	
年号・干支 北朝	
年号・干支 南朝	
天皇 北朝	
天皇 南朝	
将軍	
執事	9・23
記事	**11・26** 足利基氏《あしかがもとうじ》、鎌倉《かまくら》を出奔《しゅっぽん》し伊豆《いず》に楯籠《たてこも》る畠山国清《はたけやまくにきよ》の討伐《とうばつ》を命《めい》じる(安保文書・太)。 **12・8** 足利義詮《あしかがよしあきら》、後光厳《ごこうごん》天皇《てんのう》を奉《ほう》じて近江《おうみ》に逃《のが》れ、清氏《きようじ》・楠木正儀《くすのきまさのり》ら入京《にゅうきょう》(後愚味記)。 **12・27** 南軍《なんぐん》、京都《きょうと》を退《しりぞ》き、義詮《よしあきら》は京都《きょうと》を回復《かいふく》(後愚味記《ごぐまいき》)。 【社会・文化】 **1・18** 近江守護《おうみのしゅご》佐々木氏頼《ささきうじより》、寂室元光《じゃくしつげんこう》を招《まね》き、永源寺《えいげんじ》を創建《そうこん》(寂室録)。 **3・8** 醍醐寺如意輪堂等《だいごじにょいりんどうなど》焼失《しょうしつ》(上醍醐寺伽藍炎上記)。 **6・21** 近畿《きんき》で大地震《おおじしん》、七月《がつ》まで地震続《じしんつづ》く(愚管記)。 **10・27** 臨川寺《りんせんじ》火災《かさい》(後愚味記)。 **この年** 三条公忠《さんじょうきんただ》、『後愚味記《ごぐまいき》』を記《しる》す(～永徳《えいとく》三年《ねん》)。 【死没】 **5・24** 孤峯覚明《こほうかくみょう》(91、禅僧《ぜんそう》)。 **12・11** 乾峯士曇《けんぽうしどん》(77、五山僧《ござんそう》)。 《月の大小/朔日の干支・ユリウス暦》 一癸丑(2・6)・二癸未(3・8)・三壬子(4・6)・四辛巳(5・5)・五辛亥(6・4)・六庚辰(7・3)・七庚戌(8・2)・八己卯(8・31)・九己酉(9・30)・一〇己卯(10・30)・一一戊申(11・28)・一二戊寅(12・28)(太字は大の月)
大日本史料	
琉球	
高麗	
元	

西暦	一三六二
年号・干支（北朝）	貞治《じょうじ》元 9・23 壬寅《みずのえとら》
年号・干支（南朝）	正平一七
天皇（北朝）	（後光厳）
天皇（南朝）	（後村上）
将軍	（足利義詮）
執事	7・23 斯波義将《しばよしまさ》
記事	【政治・経済】 **1・17** 後光厳天皇《ごこうごんてんのう》、願文《がんもん》を伊勢神宮《いせじんぐう》に納《おさ》め、天下泰平《てんかたいへい》を祈《いの》らせる（伏見宮記録文書）。**2・10** 後光厳天皇《ごこうごんてんのう》、還京《かんきょう》（愚管記）。**5・6以前** 幕府《ばくふ》、美濃《みの》・尾張《おわり》の本所領半済分《ほんじょりょうはんぜいぶん》を守護《しゅご》土岐頼康《ときよりやす》に充行《あておこな》う（忠光卿記）。**5・22** 幕府《ばくふ》、桃井直常《もものいただつね》討伐中《とうばつちゅう》の越中守護《えっちゅうのしゅご》斯波《しば》氏らの軍《ぐん》に兵《へい》を増派《ぞうは》（前田家所蔵文書・太）。**7・24** 細川清氏《ほそかわきようじ》、同頼之《どうよりゆき》の追討《ついとう》を受《う》け讃岐国白峯《さぬきのくにしらみね》で敗死《はいし》（愚管記）。**9・1** 光厳法皇《こうごんほうおう》、法隆寺《ほうりゅうじ》に参詣《さんけい》、のち吉野《よしの》で後村上天皇《ごむらかみてんのう》と会見《かいけん》（太）。**9・21** 菊池武光《きくちたけみつ》、筑前国長者原《ちくぜんのくにちょうじゃばる》で斯波氏経《しばうじつね》・少弐冬資《しょうにふゆすけ》を破《やぶ》る（深江文書）。**9・-** 足利基氏《あしかがもとうじ》、伊豆《いず》の諸城《しょじょう》を攻落《こうらく》、畠山国清《はたけやまくにきよ》を降《くだ》す（太）。**11・18** 幕府《ばくふ》、山名時氏《やまなときうじ》・足利直冬《あしかがただふゆ》討伐《とうばつ》のため、遠江《とおとうみ》・三河等《みかわなど》の軍勢《ぐんぜい》を丹波《たんば》に送《おく》る（東寺百合文書）。 【社会・文化】 **5・17** 京畿《けいき》で大地震《おおじしん》（康富記）。**この年《とし》** 京畿《けいき》で旱魃《かんばつ》（師守記）。 【死没】 **4・20** 大高重成《おおたかしげなり》（武将《ぶしょう》）。**7・7** 杲宝《ごうほう》（57、真言宗僧侶《しんごんしゅうそうりょ》）。**7・24** 細川清氏《ほそかわきようじ》（武将《ぶしょう》）。**11・3** 大友氏泰《おおともうじやす》（豊後守護《ぶんごのしゅご》）。**この年《とし》** 畠山国清《はたけやまくにきよ》（武将《ぶしょう》）。 《月の大小／朔日の干支・ユリウス暦》
大日本史料	6編24 1・-
琉球	察度王 13
高麗	恭愍王 11
元	至正 22

西暦		◀一三六三
年号・干支	北朝	① 癸卯《みずのとのう》 二
	南朝	一八
天皇	北朝	
	南朝	
将軍		
執事		
記事		一戊申(1・27)・二丁丑(2・25)・三丁未(3・27)・四丙子(4・25)・五乙巳(5・24)・六乙亥(6・23)・七甲辰(7・22)・八甲戌(8・21)・九癸卯(9・19)・一〇癸酉(10・19)・一一壬寅(11・17)・一二壬申(12・17)(太字は大の月)
		【政治・経済】 **この春** 幕府方《ばくふがた》に転《てん》じた大内弘世《おおうちひろよ》、九州《きゅうしゅう》に攻《せ》め入《い》るも敗退《はいたい》・斯波氏経《しばうじつね》、周防《すおう》に逃《のが》れる(薩藩旧記・太)。**8・20** 足利基氏《あしかがもとうじ》、鎌倉《かまくら》を発《はっ》し、ついで宇都宮氏綱《うつのみやうじつな》・芳賀高名《はがたかな》を破《やぶ》る(額田小野崎文書・太)。**9・10以前《いぜん》** 足利直冬《あしかがただふゆ》、備後国《びんごのくに》に没落《ぼつらく》し、山名時氏《やまなときうじ》、幕府《ばくふ》に帰服《きふく》(小早川家文書)。**この頃《ころ》** 大内弘世《おおうちひろよ》、上京《じょうきょう》して、幕府要人等《ばくふようじんら》に銭数《ぜにすう》万貫《かん》、新渡《しんと》の唐《から》物《もの》を贈《おく》る(太)。 【社会・文化】 **2・29** 後光厳天皇《ごこうごんてんのう》、足利義詮《あしかがよしあきら》の奏請《そうせい》により、『新拾遺和歌集《しんしゅういわかしゅう》』の撰進《せんしん》を二条為明《にじょうためあき》に下命《かめい》(後愚昧記)。**3・―** 二条良基《にじょうよしもと》・頓阿《とんあ》、『愚問賢註《ぐもんけんちゅう》』を著《あらわ》す(同書奥書)。**11・8** 春屋妙葩《しゅんおくみょうは》、天竜寺住持《てんりゅうじじゅうじ》となり入寺《にゅうじ》(智覚普明国師語録)。**この年《とし》** 無我省吾《むがしょうご》、再《ふたた》び入元《にゅうげん》(省吾禅師行実)。**この頃《ころ》** 有隣《ゆうりん》、『福田方《ふくでんほう》』を著《あらわ》すか。
大日本史料		6編25 3・―
琉球		14
高麗		12
元		③ 23

西暦	▶一三六三	一三六四
年号・干支 北朝	貞治 二 ① 癸卯《みずのとのう》	三 甲辰《きのえたつ》
年号・干支 南朝	正平一八	一九
天皇 北朝	(後光厳)	
天皇 南朝	(後村上)	
将軍	(足利義詮)	
執事	(斯波義将)	
大日本史料	(6編25)	
琉球	察度王 14	15
高麗	恭愍王 12	13
元	③ 至正 23	24

記事

一三六三

【死没】

閏《うるう》1・25 中院通冬《なかのいんみちふゆ》(49、公卿《くぎょう》)。**7・3** 島津貞久《しまづさだひさ》(95、武将《ぶしょう》)。**12・1** 日野有範《ひのありのり》(62、公卿《くぎょう》)。**12・8** 物外可什《もつがいかじゅう》(78、臨済宗僧侶《りんざいしゅうそうりょ》)。**この年《とし》** 日野邦光《ひのくにみつ》(44、公卿《くぎょう》)。

《月の大小/朔日の干支・ユリウス暦》

一壬寅(1・16)・閏一壬申(2・15)・二辛丑(3・16)・三辛未(4・15)・四庚子(5・14)・**五**己巳(6・12)・六己亥(7・12)・七戊辰(8・10)・八丁酉(9・8)・九丁卯(10・8)・一〇丁酉(11・7)・一一丙寅(12・6)・一二丙申(64・1・5)(太字は大の月)

一三六四

【政治・経済】

この夏《なつ》 鎌倉府《かまくらふ》、行宣政院《ぎょうせんせいいん》(禅律方《ぜんりつかた》)を設置《せっち》(空華集)。**7・28** 足利基氏《あしかがもとうじ》、上野《こうずけ》の世良田義政《せらだよしまさ》を滅《ほろ》ぼす(鎌倉大日記)。**8・25** 山名時氏《やまなときうじ》、上洛《じょうらく》(師守記)。**11・6** 伊予《いよ》の河野通朝《こうのみちとも》、細川頼之《ほそかわよりゆき》に攻められ自殺《じさつ》(予陽河野家譜)。**12・20** 春日神《かすがのじ》人《にん》、越前守護斯波高経《えちぜんのしゅごしばたかつね》の河口荘押領《かわぐちのしょうおうりょう》につき強訴入京《ごうそにゅうきょう》(大乗院日記目録)。

【社会・文化】

2・20 細川頼之《ほそかわよりゆき》、山城国景徳寺《やましろのくにけいとくじ》を建立《こんりゅう》(智覚普明国師語録)。**4・20** 二条為明《にじょうためあき》、『新拾遺和歌集《しんしゅういわかしゅう》』四季部《しきぶ》を奏覧《そうらん》

（拾芥抄）。**5・-** 堺《さかい》の道祐《どうゆう》、『論語集解《ろんごしっかい》』を開版《かいはん》（同書刊記）。**この年**《とし》『元亨釈書《げんこうしゃくしょ》』の出版《しゅっぱん》始《はじ》まる。**6・15** 万寿寺《まんじゅじ》火災《かさい》（師守記）。

【死没】

3・14 四条隆蔭《しじょうたかかげ》（68、公卿《くぎょう》）。**4・3** 妙実《みょうじつ》（68、日蓮宗《にちれんしゅう》僧侶《そうりょ》）。**7・7** 光厳法皇《こうごんほうおう》（52）。**9・29** 阿蘇惟澄《あそこれずみ》（武将《ぶしょう》）。**10・10** 別源円旨《べつげんえんし》（71、曹洞宗僧侶《そうとうしゅうそうりょ》）。**11・26** 河野通盛《こうのみちもり》（武将《ぶしょう》）。

《月の大小／朔日の干支・ユリウス暦》

一丙寅（2・4）・二丙申（3・5）・三乙丑（4・3）・四乙未（5・3）・五甲子（6・1）・六癸巳（6・30）・七癸亥（7・30）・八壬辰（8・28）・九辛酉（9・26）・一〇辛卯（10・26）・一一庚申（11・24）・一二庚寅（12・24）（太字は大の月）

《世界》

高麗《こうらい》の李成桂《りせいけい》、女真《じょしん》を破《やぶ》る。

大日本史料：6編26 7・-

西暦	一三六五 ◀
年号・干支 北朝	四　乙巳《きのとのみ》　⑨
年号・干支 南朝	二〇
天皇 北朝	
天皇 南朝	
将軍	
執事	
記事	【政治・経済】 **2・5** 幕府《ばくふ》、春日社造替棟別銭《かすがしゃぞうたいむねべつせん》の徴収《ちょうしゅう》を諸国守護《しょこくしゅご》に命《めい》じる（春日神社文書）。**2・11** 足利義詮《あしかがよしあきら》、新造《しんぞう》の三条坊門殿《さんじょうぼうもんどの》に移《うつ》る（在盛卿記）。**2・21** 幕府《ばくふ》、内裏造営《だいりぞうえい》を奏上《そうじょう》（師守記）。**5・10** 懐良親王《かねよししんのう》、河野通堯《こうのみちたか》に伊予守護職《いよのしゅごしき》を安堵《あんど》（河
大日本史料	
琉球	16
高麗	14
元	25　⑩

西暦	▶一三六五
年号・干支 北朝	貞治 四 ⑨ 乙巳《きのとのみ》
年号・干支 南朝	正平二〇
天皇 北朝	（後光厳）
天皇 南朝	（後村上）
将軍	（足利義詮）
執事	（斯波義将）
記事	野通直文書）。**8・17** 吉野行宮焼亡《よしののあんぐうしょうぼう》（南朝事跡抄）。**8・25** 幕府《ばくふ》、渋川義行《しぶかわよしゆき》の九州探題就任《きゅうしゅうたんだいしゅうにん》と下向《げこう》を報《ほう》じる（太宰府天満宮文書）。**8・-** この頃《ころ》から翌年《よくねん》にかけて、両朝講《りょうちょうこう》和《わ》の風聞《ふうぶん》（門葉記・吉田家日次記）。 【社会・文化】 **4・26** 四天王寺金堂上棟《してんのうじこんどうじょうとう》（師守記）。**5・22** 足利義詮《あしかがよしあきら》、北条高時《ほうじょうたかとき》の三十三回忌仏事《さんじゅうさんかいきぶつじ》を行《おこな》う（師守記）。**この年** 春《しゅん》屋妙葩《おくみょうは》、『夢窓国師語録《むそうこくしごろく》』等《など》を刊行《かんこう》。 【死没】 **1・26** 二条師基《にじょうもろもと》（65、公家《くげ》）。**4・30** 今川範氏《いまがわのりうじ》（50、武将《ぶしょう》）。**5・6** 東陵永璵《とうりんえいよ》（81、元《げん》の禅僧《ぜんそう》）。**5・4** 赤橋登子《あかはしとうし》（60、足《あし》利尊氏《かがたかうじ》の妻《つま》）。**6・3** 中御門宣明《なかみかどのぶあき》（64、廷臣《ていしん》）。 《月の大小／朔日の干支・ユリウス暦》 一庚申（1・23）・二庚寅（2・22）・三己未（3・23）・四己丑（4・22）・五己未（5・22）・六戊子（6・20）・七丁巳（7・19）・八丁亥（8・18）・九丙辰（9・16）・閏九乙酉（10・15）・一〇乙卯（11・14）・一一甲申（12・13）・一二甲寅（66・1・12）（太字は大の月） 【世界】 ウィーン大学設立《だいがくせつりつ》。
大日本史料	（6編26） 8・- 6編27
琉球	察度王 16
高麗	恭愍王 14
元	⑩ 至正 25

西暦 一三六六 ◀

年号・干支 北朝 五 丙午《ひのえうま》

南朝 二一

天皇 北朝

天皇 南朝

将軍

執事 8・8

記事

【政治・経済】

4・16 島津氏久《しまづうじひさ》、菊池武光《きくちたけみつ》と肥後日岡《ひごひのおか》に戦《たたか》う（種子島家譜）。5・22 懐良親王《かねよししんのう》、河野通直《こうのみちなお》に中国《ちゆうごく》・四国《しこく》の北軍計策《ほくぐんけいさく》を命《めい》じる（河野家譜）。8・9 斯波高経《しばたかつね》・義将《よしまさ》ら、佐々木高氏《ささきたかうじ》らの讒言《ざんげん》を容《い》れた足利義詮《あしかがよしあきら》の命《めい》で越前《えちぜん》に没落《ぼつらく》（吉田家日次記）。8・12 春日神木帰座《かすがのしんぼくきざ》（吉田家日次記）。8・19 幕府《ばくふ》、守護未補《しゆごみほ》の若狭《わかさ》・摂津《せつつ》の寺社本所領《じしやほんじよりよう》を返付《へんぷ》（後愚昧記）。8・22 肥前五島宇久《ひぜんごとううく》・有河住人等《ありかわじゆうにんら》、一揆契諾状《いつきけいだくじよう》を結《むす》ぶ（青方文書）。12・16 高麗使金竜《こうらいしきんりよう》、伯耆《ほうき》に着岸《ちやくがん》（報恩院文書）。

【社会・文化】

春《はる》から夏《なつ》 疫病流行《えきびようりゆうこう》（古今最要抄）。5・- 由阿《ゆうあ》、上洛《じようらく》して二条良基《にじようよしもと》に『万葉集《まんようしゆう》』を講《こう》じる。これより先《さき》、『詞林采《しりんさい》葉抄《ようしよう》』を著《あらわ》す（同書奥書）。

【死没】

5・4 壬生匡遠《みぶただとお》（官人《かんじん》）。9・15 鉄舟徳済《てつしゆうとくさい》（臨済宗僧侶《りんざいしゆうそうりよ》）。10・20 峨山韶碩《がざんしようせき》（92、曹洞宗僧侶《そうとうしゆうそうりよ》）。12・10 大智《だいち》（77、曹洞宗僧侶《そうとうしゆうそうりよ》）。

《月の大小／朔日の干支・ユリウス暦》

一甲申（2・11）・二癸丑（3・12）・三癸未（4・11）・四癸丑（5・11）・

大日本史料

琉球 17

高麗 15

元 26

西暦	年号・干支 北朝	年号・干支 南朝	天皇 北朝	天皇 南朝	将軍	管領	記事	大日本史料	琉球	高麗	元
▶一三六六	貞治 五 丙午《ひのえうま》	正平二一	（後光厳）	（後村上）	（足利義詮）		五壬午(6・9)・六壬子(7・9)・七辛巳(8・7)・八辛亥(9・6)・九庚辰(10・5)・一〇庚戌(11・4)・一一己卯(12・3)・一二戊申(67・1・1)(太字は大の月) 〘世界〙オスマン帝国《ていこく》、アドリアノープルを首都《しゅと》とする。	(6編27)	察度王 17	恭愍王 15	至正 26
一三六七	六 丁未《ひのとのひつじ》	二二					【政治・経済】**2・-** 高麗使金竜《こうらいしきんりよう》、幕府《ばくふ》に倭寇禁圧《わこうきんあつ》を要請《ようせい》(後愚昧記)。**4・21** 医師但馬入道道仙《いしたじまにゆうどうどうせん》、療病院設立《りようびよういんせつりつ》のための渡唐船建造《ととうせんけんぞう》の棟別銭《むねべつせん》を京都六角《きようとろつかく》で徴収《ちようしゆう》(師守記)。**4・18** 足利義詮《あしかがよしあきら》、高麗使金逸《こうらいしきんいつ》を接見《せつけん》(善隣国宝記)。**4・29** 幕府《ばくふ》、南朝《なんちよう》の和睦《わぼく》申《もうし》入《い》れを拒否《きよひ》(師守記)。**5・23** 北朝《ほくちよう》、高麗《こうらい》へ返《へん》牒《ちよう》せぬ旨《むね》を決《き》める(愚管記)。**5・29** 義詮《よしあきら》、足利氏満《あしかがうじみつ》を鎌倉公方《かまくらくぼう》とし、佐々木高氏《ささきたかうじ》を鎌倉《かまくら》に派遣《はけん》(愚管記)。**6・7** 義詮《よしあきら》、春屋妙葩《しゆんおくみようは》に僧録《そうろく》の名《な》による高麗《こうらい》への返書作成《へんしよさくせい》を命《めい》じる(鹿王院文書)。**6・26** 高麗使《こうらいし》、幕府返牒《ばくふへんちよう》を得《え》て帰《き》途《と》につく(後愚昧記)。**6・27** 幕府《ばくふ》、山城《やましろ》の武家知行《ぶけちぎよう》の寺《じ》社本所領《しやほんじよりよう》返付《へんぷ》を定《さだ》める(師守記)。**7・-** 菊池武光《きくちたけみつ》、少弐《しように》冬資《ふゆすけ》の豊前《ぶぜん》香春城《かわらじよう》を攻略《こうりやく》(歴代鎮西志)。**11・25** 義詮《よしあきら》、政務《せいむ》を足利義満《あしかがよしみつ》に譲《ゆず》り、細川頼之《ほそかわよりゆき》を管領《かんれい》とする(愚管記)。	5・- 6編28	18	16	27

西暦	
年号・干支 北朝	
年号・干支 南朝	
天皇 北朝	
天皇 南朝	
将軍	12・7
管領	細川頼之《ほそかわよりゆき》 11・25
記事	**12・29** 頼之《よりゆき》、五ヵ条《じょう》の禁制《きんぜい》を定《さだ》める(花営三代記)。 【社会・文化】 **3・23** 足利義詮《あしかがよしあきら》、『新玉津島社歌合《しんたまつしましゃうたあわせ》』を催《もよお》す。**3・29** 天竜寺《てんりゅうじ》焼失《しょうしつ》(愚管記)。**9・-** 南禅寺《なんぜんじ》住持《じゅうじ》定山祖禅《じょうざんそぜん》、『続正法論《ぞくしょうぼうろん》』を著《あらわ》し、諸宗《しょしゅう》を誹謗《ひぼう》(同書)。**この年** 忌部正通《いんべのまさみち》『神代巻口訣《じんだいのまきくけつ》』成《な》る。**貞治年間《じょうじねんかん》** 義詮《よしあきら》の命《めい》により、四辻善成《よつつじよしなり》、『河海抄《かかいしょう》』を撰進《せんしん》(珊瑚秘抄)。 【死没】 **4・26** 足利基氏《あしかがもとうじ》(28、鎌倉公方《かまくらくぼう》)。**5・28** 五条頼元《ごじょうよりもと》(78、南朝廷臣《なんちょうていしん》)。**7・13** 斯波高経《しばたかつね》(63、武将《ぶしょう》)。**9・1** 寂室元光《じゃくしつげんこう》(78、入元禅僧《にゅうげんぜんそう》)。**9・3** 西園寺公重《さいおんじきんしげ》(51、公卿《くぎょう》)。**12・7** 足利義詮《あしかがよしあきら》(38、室町将軍《むろまちしょうぐん》)。 《月の大小／朔日の干支・ユリウス暦》 一戊寅(1・31)・二戊申(3・2)・三丁丑(3・31)・四丁未(4・30)・五丙子(5・29)・六丙午(6・28)・七丙子(7・28)・八乙巳(8・26)・九乙亥(9・25)・一〇甲辰(10・24)・一一甲戌(11・23)・一二癸卯(12・22)(太字は大の月) 【世界】 明律《みんりつ》制定《せいてい》。
大日本史料	
琉球	
高麗	
元	

西暦	一三六八
年号・干支 北朝	応安《おうあん》元 2・18 戊申《つちのえさる》 ⑥
年号・干支 南朝	正平二三
天皇 北朝	(後光厳)
天皇 南朝	(後村上) 3・11 長慶《ちょうけい》
将軍	
管領	(細川頼之)

記事

【政治・経済】

2・13 幕府《ばくふ》、諸山禅刹住持《しょざんぜんさつじゅうじ》の入院《じゅえん》に関《かん》する禁制《きんぜい》を定《さだ》める(建武以来追加)。**3・28** 関東管領上杉憲顕《かんとうかんれいうえすぎのりあき》、武蔵平一揆蜂起《むさしへいいっきほうき》を在京中《ざいきょうちゅう》に聞《き》き、関東《かんとう》へ下向《げこう》(喜連川判鑑)。**5・-** 異《い》国襲来《こくしゅうらい》の噂《うわさ》がたつ(愚管記)。**6・11** 足利氏満《あしかがうじみつ》・上杉憲顕《うえすぎのりあき》ら、平一揆《へいいっき》を破《やぶ》り武蔵河越《むさしかわごえ》に逐《お》う(花営三代記)。**6・17** 幕《ばく》府《ふ》、皇室領《こうしつりょう》・殿下渡領《でんかのわたりりょう》・寺社一円領《じしゃいちえんりょう》以外《いがい》の諸国本所領《しょこくほんじょりょう》での半済施行《はんぜいしこう》を定《さだ》める(応安《おうあん》の半済令《はんぜいれい》)(建武以来追加)。**7・26** 北朝《ほくちょう》、『続正法論《ぞくしょうぼうろん》』に憤《いきどお》り南禅寺破却《なんぜんじはきゃく》を図《はか》る延暦《えんりゃく》寺衆徒《じしゅと》の慰撫《いぶ》を三門跡《さんもんぜき》に命《めい》じる綸旨《りんじ》を出《だ》す(山門嗷訴記)。**7・-** 上杉憲顕《うえすぎのりあき》、上越国境《じょうえつこっきょう》に挙兵《きょへい》した新田義宗《にったよしむね》らを破《やぶ》る(喜連川判鑑)。**8・29** 延暦寺衆徒《えんりゃくじしゅと》、日吉神輿《ひよしのしんよ》を奉《ほう》じ強《ごう》訴入京《そにゅうきょう》(山門嗷訴記)。**9・6** 上杉朝房《うえすぎともふさ》・同憲春《どうのりはる》、下野《しもつけの》国宇都宮城《くにうつのみやじょう》に宇都宮氏綱《うつのみやうじつな》を降参《こうさん》させる(市河文書・神明記)。**11・27** 北朝《ほくちょう》、定山祖禅《じょうざんそぜん》を遠江《とおとうみ》に配流《はいる》(続正法論)。

【社会・文化】

2・7 陸仁《りくじん》、『聖福寺仏殿記《しょうふくじぶつでんき》』を著《あらわ》す。**2・-** 絶海中津《ぜっかいちゅうしん》・汝霖良佐《じょりんりょうさ》、入明《にゅうみん》(仏智広照浄印翊聖国師年譜)。

【死没】

3・11 後村上天皇《ごむらかみてんのう》(41)。**3・21** 大友氏時《おおともうじとき》(武将)。**7・-** 新《につ》

大日本史料	1・- 6編29	8・- 6編30
琉球	察度王 19	
高麗	恭愍王 17	
明	太祖《たいそ》 洪武《こうぶ》(1.4) ⑦	

田義宗《よしむね》(南朝《なんちょう》武将《ぶしょう》)。**9・19** 上杉憲顕《うえすぎのりあき》(63、武将《ぶしょう》)。

《月の大小／朔日の干支・ユリウス暦》
一癸酉(1・21)・二壬寅(2・19)・三辛未(3・19)・四辛丑(4・18)・五庚午(5・17)・六庚子(6・16)・閏六庚午(7・16)・七己亥(8・14)・八己巳(9・13)・九己亥(10・13)・一〇戊辰(11・11)・一一戊戌(12・11)・一二丁卯(69・1・9)(太字は大の月)

〖世界〗
朱元璋《しゅげんしょう》、明《みん》を建国《けんこく》。元帝《げんてい》、上都《じょうと》に逃《のが》れる(北元《ほくげん》)。

項目	1369
西暦	一三六九 ◀
年号・干支 北朝	二 己酉《つちのとのとり》
年号・干支 南朝	二四
天皇 北朝	
天皇 南朝	
将軍	足利義満《あしかがよしみつ》 12・30
管領	
記事	【政治・経済】 **1・2** 幕府《ばくふ》、楠木正儀《くすのきまさのり》の帰服《きふく》を容《い》れる(花営三代記)。**2・15** 懐良親王《かねよししんのう》、四国大将良成親王《しこくたいしょうよしなりしんのう》の下向準備《げこうじゅんび》を伊予河野《いよこうの》氏《し》に命《めい》じる(河野家譜)。**2・27** 侍所《さむらいどころ》、京中《きょうちゅう》での博奕《ばくえき》・過差等《かさなど》を禁《きん》じる(建武以来追加)。**3・16** 幕府《ばくふ》、一族《いちぞく》ら南軍《なんぐん》と合戦中《かっせんちゅう》の楠木正儀《くすのきまさのり》を救援《きゅうえん》(花営三代記)。**3・-** 明《みん》の洪武帝《こうぶてい》、楊載《ようさい》らを大宰府《だざいふ》に派遣《はけん》し、懐良親王《かねよししんのう》に国書《こくしょ》を呈《てい》し、倭寇禁止《わこうきんし》と朝貢《ちょうこう》を要求《ようきゅう》(明実録)。**4・20** 延暦寺衆《えんりやくじしゅ》徒《と》、神輿《しんよ》を奉《ほう》じて入京《にゅうきょう》(後愚昧記)。**4・28** 桃井直常《もものいただつね》、越中《えっちゅう》に挙兵《きょへい》し能登《のと》に侵入《しんにゅう》(得田文書)。**7・28** 幕府《ばくふ》、延《えん》暦寺衆徒《りゃくじしゅと》の強訴《ごうそ》により、南禅寺楼門《なんぜんじろうもん》を破却《はきゃく》(愚管記)。こ
大日本史料	
琉球	20
高麗	18
明	2

西暦	一三六九 ▶	一三七〇 ◀
年号・干支 北朝	応安 二 己酉《つちのととり》	三 庚戌《かのえいぬ》
年号・干支 南朝	正平二四	建徳《けんとく》 元 2・5以前
天皇 北朝	（後光厳）	
天皇 南朝	（長慶）	
将軍	（足利義満）	
管領	（細川頼之）	
記事	の年《とし》 倭寇《わこう》、明《みん》の山東《さんとう》を侵《おか》す（明史）。 【社会・文化】 **9・3** 大風《おおかぜ》で鎌倉大仏殿《かまくらだいぶつでん》が倒壊《とうかい》（鎌倉大日記）。**10・10** 興《こう》福寺衆徒《ふくじしゅと》の蜂起《ほうき》により維摩会延引《ゆいまええんいん》（東金堂細々要記）。 【死没】 **2・18** 一色範氏《いっしきのりうじ》（武将《ぶしょう》）。**5・15** 徹翁義亨《てっとうぎこう》（75、臨済宗僧《りんざいしゅうそう》侶《りょ》）。**6・27** 日静《にちじょう》（72、日蓮宗僧侶《にちれんしゅうそうりょ》）。 《月の大小／朔日の干支・ユリウス暦》 一丁酉（2・8）・二丙寅（3・9）・三乙未（4・7）・四乙丑（5・7）・五甲午（6・5）・六甲子（7・5）・七癸巳（8・3）・八癸亥（9・2）・九癸巳（10・2）・一〇壬戌（10・31）・一一壬辰（11・30）・一二壬戌（12・30）（太字は大の月） 〔世界〕 明《みん》、高麗《こうらい》に対倭寇《たいわこう》の防備《ぼうび》を命《めい》じる。	【政治・経済】 **6・23** 幕府《ばくふ》、今川了俊《いまがわりょうしゅん》を九州探題《きゅうしゅうたんだい》に補任《ぶにん》（入江文書）。**8・19** 後光厳天皇《ごこうごんてんのう》、嫡子《ちゃくし》の立太子《りったいし》を幕府《ばくふ》に諮《はか》る（後光厳院宸記）。**9・14** ついで崇光上皇《すこうじょうこう》も皇子《おうじ》の立太子《りったいし》を幕府《ばくふ》に諮《はか》る・幕府《ばくふ》、聖断《せいだん》による決定《けってい》を奏聞《そうもん》（後光厳院宸記）。**12・**
大日本史料	6編31 6・1	
琉球	察度王 20	21
高麗	恭愍王 18	19
明	洪武 2	3

西暦	
年号・干支 北朝	
年号・干支 南朝	
天皇 北朝	
天皇 南朝	
将軍	
管領	
記事	15 細川頼之《ほそかわよりゆき》、土岐頼康《ときよりやす》の誅伐《ちゆうばつ》を図《はか》るも、頼康《よりやす》は尾張《おわり》に下向《げこう》(後愚昧記)。**12・16** 幕府《ばくふ》、延暦寺公人《えんりやくじくにん》の負物譴責《ふもつけんせき》と号《ごう》する京中《きようちゆう》での狼藉《ろうぜき》を禁《きん》じる(建武以来追加)。**この年《とし》** 倭寇《わこう》、明《みん》の山東《さんとう》・浙江《せつこう》・福建沿岸《ふつけんえんがん》を侵《おか》す(明史)。明《みん》、趙秩《ちようちつ》を大宰府《だざいふ》の懐良親王《かねよししんのう》に派遣《はけん》(明実録)。 【社会・文化】 **4・4** 信濃国善光寺炎上《しなののくにぜんこうじえんじよう》(善光寺縁起)。**9・20** 駿河以東《するがいとう》で大風《おおかぜ》、これにより飢饉《ききん》となる(後愚昧記)。**9・22** 元《げん》の版工陳孟才《はんこうちんもうさい》・陳伯寿《ちんはくじゆ》、鎌倉《かまくら》に来着《らいちやく》(空華日用工夫略集)。 【死没】 **1・5** 山名氏冬《やまなうじふゆ》(武将《ぶしよう》)。**6・7** 佐々木氏頼《ささきうじより》(45、守護大名《しゆごだいみよう》)。 **7・5** 宇都宮氏綱《うつのみやうじつな》(45、武将《ぶしよう》)。**11・20** 太源宗真《たいげんそうしん》(曹洞宗《そうとうしゆう》僧侶《そうりよ》)。 《月の大小／朔日の干支・ユリウス暦》 一辛卯(1・28)・二辛酉(2・27)・三庚寅(3・28)・四己未(4・26)・五己丑(5・26)・六戊午(6・24)・七戊子(7・24)・八丁巳(8・22)・九丁亥(9・21)・一〇丙辰(10・20)・一一丙戌(11・19)・一二丙辰(12・19)(太字は大の月) 【世界】 明《みん》、『元史《げんし》』完成《かんせい》。ティムール、サマルカンドを都《みやこ》として
大日本史料	3・1 6編32 / 是歳 6編33
琉球	
高麗	
明	

西暦	▶一三七〇	一三七一
年号・干支 北朝	応安 三 庚戌《かのえいぬ》	四 ③ 辛亥《かのとのい》
年号・干支 南朝	建徳 元 2・5以前	二
天皇 北朝	(後光厳)	3・23 後円融《ごえんゆう》
天皇 南朝	(長慶)	
将軍	(足利義満)	
管領	(細川頼之)	
記事	ティムール朝《ちょう》を樹立《じゅりつ》。	【政治・経済】 **2・19** 九州探題今川了俊《きゅうしゅうたんだいいまがわりょうしゅん》、京都《きょうと》を発《はっ》する(花営三代記)。 **4・5** 石清水八幡宮神人《いわしみずはちまんぐうのじにん》、検校《けんぎょう》と争《あらそ》い社殿《しゃでん》に乱《らん》入《にゅう》して自殺《じさつ》、死穢《しえ》により造替《ぞうたい》(後愚昧記)。 **7・2** 了俊《りょうしゅん》の息義範《そくよしのり》、豊後高崎城《ぶんごたかさきじょう》に入《はい》る(入江文書)。 **7・18** 越中《えっちゅうの》守護斯波義将《しゅごしばよしまさ》の兵《へい》、桃井直常《もものいただつね》を破《やぶ》る(祇園執行日記)。 **9・26** 後光厳院《ごこうごんいん》、暦応《りゃくおう》の文殿雑訴法《ふどのざっそほう》の追加条項《ついかじょうこう》を定《さだ》める(後愚昧記)。 **11・2** 幕府《ばくふ》、即位用途《そくいようど》のため、諸国《しょこく》で段銭《たんせん》、洛中一帯《らくちゅういったい》で酒屋《さかや》・土倉役《どそうやく》を賦課《ふか》(花営三代記)。 **11・15** この頃《ころ》、春屋妙葩《しゅんおくみょうは》ら、細川頼之《ほそかわよりゆき》と対立《たいりつ》して丹後《たんご》に退去《たいきょ》(空華日用工夫略集)。 **11・19** 了俊《りょうしゅん》弟《おとうと》の今川頼泰《いまがわよりやす》(仲秋《なかあき》)、肥前国松浦《ひぜんのくにまつら》に上陸《じょうりく》(橘中村文書)。 **12・2** 興福寺衆徒《こうふくじしゅと》、大《だい》乗院《じょういん》・一乗院両門主《いちじょういんりょうもんしゅ》の罷免《ひめん》を要求《ようきゅう》し、春日神木《かすがのしんぼく》を奉《ほう》じて入京《にゅうきょう》(吉田家日次記)。 **12・19** 了俊《りょうしゅん》、豊前国門司《ぶぜんのくにもじ》に渡《わた》る(毛利家文書)。 **この年《とし》** 懐良親王《かねよししんのう》、祖来《そらい》を使者《ししゃ》とし、臣《しん》と称《しょう》して明《みん》に入貢《にゅうこう》(明実録)。
大日本史料	(6編33)	③・- 6編34
琉球	察度王 21	22
高麗	恭愍王 19	20
明	洪武 3	③ 4

西暦	一三七二 ◀	
年号・干支 北朝	五 壬子《みずのえね》	
年号・干支 南朝	文中《ぶんちゅう》元 4・-	
天皇 北朝		
天皇 南朝		
将軍		
管領		

記事

【社会・文化】

10・15 上杉能憲《うえすぎよしのり》、鎌倉《かまくら》に報恩寺《ほうおんじ》を創建《そうこん》し、義堂周信《ぎどうしゅうしん》を住持《じゅうじ》とする（空華日用工夫略集）。**この年** 今川了俊《いまがわりょうしゅん》『道《みち》ゆきぶり』初稿《しょこう》成《な》る。

【死没】

2・28 山名時氏《やまなときうじ》（69、73とも、守護大名《しゅごだいみょう》）。**6・29** 明石覚一《あかしかくいち》（琵琶法師《びわほうし》）。**7・14** 久我通相《こがみちまさ》（46、公卿《くぎょう》）。**7・27** 澄円《ちょうえん》（82、浄土宗僧侶《じょうどしゅうそうりょ》）。**11・29** 赤松則祐《あかまつそくゆう》（61、武将《ぶしょう》）。**12・24** 少弐頼尚《しょうによりひさ》（78、武将《ぶしょう》）。

《月の大小／朔日の干支・ユリウス暦》

一丙戌（1・18）・**二乙卯**（2・16）・三乙酉（3・18）・閏三甲寅（4・16）・**四癸未**（5・15）・五癸丑（6・14）・六壬午（7・13）・**七辛亥**（8・11）・**八辛巳**（9・10）・九辛亥（10・10）・**一〇庚辰**（11・8）・**一一庚戌**（12・8）・一二庚辰（72・1・7）（太字は大の月）

【政治・経済】

1・22 北朝《ほくちょう》、一乗院実玄《いちじょういんじつげん》・大乗院教信《だいじょういんきょうしん》両門主《りょうもんしゅ》を還俗《げんぞく》、遠流《おんる》に処《しょ》する（後愚昧記）。**4・15** 幕府《ばくふ》、禅院《ぜんいん》の両班《りょうはん》任期《にんき》の下限《かげん》と僧員《そういん》の数《かず》を定《さだ》める（花営三代記）。**5・-** 明使《みんし》仲猷祖闡《ちゅうゆうそせん》・無逸克勤《むいつこくきん》、博多《はかた》に到着《とうちゃく》、今川了俊《いまがわりょうしゅん》に抑留《よくりゅう》

大日本史料	6編35	是歳
琉球	23	
高麗	21	
明	5	

西暦	年号・干支 北朝	年号・干支 南朝	天皇 北朝	天皇 南朝	将軍	管領
▶一三七二	応安 五 壬子《みずのえね》	文中 元 4・-	(後円融)	(長慶)	(足利義満)	(細川頼之)

記事

される(隣交徴書)。**7・22** 肥前《ひぜん》佐志《さし》一族《いちぞく》、所領安堵《しょりょうあんど》を求《もと》め一揆《いっき》する(有浦文書)。**8・12** 了俊《りょうしゅん》、大宰府《だざいふ》を攻略《こうりゃく》・征西将軍宮懐良親王《せいせいしょうぐんのみやかねよししんのう》、筑後高良山《ちくごこうらさん》に逃《のが》れる(入江文書)。**11・18** 幕府《ばくふ》、諸社神人《しょしゃのじにん》が所務負物等《しょむふもつなど》を理由《りゆう》に闘殺《とうさつ》した際《さい》の訴訟《そしょう》について定《さだ》める(建武以来追加)。**この年**《とし》 琉球《りゅうきゅう》国中山王察度《こくちゅうざんおうさつと》、明《みん》に入貢《にゅうこう》(明実録)。

【社会・文化】

12・- 二条良基《にじょうよしもと》、『応安新式《おうあんしんしき》』を編修《へんしゅう》。

【死没】

3・13 頓阿《とんあ》(84、歌人《かじん》)。**5・2** 朝倉高景《あさくらたかかげ》(59、武将《ぶしょう》)。**この年**《とし》 芳賀禅可《はがぜんか》(武将《ぶしょう》)。

《月の大小/朔日の干支・ユリウス暦》

一庚戌(2・6)・二己卯(3・6)・三己酉(4・5)・四戊寅(5・4)・五丁未(6・2)・六丁丑(7・2)・七丙午(7・31)・八乙亥(8・29)・九乙巳(9・28)・一〇甲戌(10・27)・一一甲辰(11・26)・一二甲戌(12・26)(太字は大の月)

〖世界〗

明《みん》、浙江《せっこう》・福建《ふっけん》の九衛《えい》に海船《かいせん》六六〇艘《そう》を建造《けんぞう》させ、倭寇《わこう》に備《そな》える。

大日本史料	(6編35)	7・- 6編36
琉球	察度王 **23**	
高麗	恭愍王 **21**	
明	洪武 **5**	

西暦	一三七三 ◀
年号・干支 北朝	六 癸丑《みずのとのうし》 ⑩
年号・干支 南朝	二
天皇 北朝	
天皇 南朝	
将軍	
管領	
記事	【政治・経済】 **5・6** 肥前《ひぜん》五島《ごとう》住人《じゆうにん》等《ら》、一揆契諾状《いっきけいだくじょう》を結《むす》ぶ（青方文書）。 **8・6・29** 明使《みんし》仲猷祖闡《ちゆうゆうそせん》・無逸克勤《むいつこくきん》、上洛《じようらく》（花営三代記）。 **8・6** 興福寺《こうふくじ》衆徒《しゆうと》、前関白《さきのかんぱく》二条良基《にじようよしもと》を放氏《ほうし》（愚管記）。 **8・10** 細川氏春《ほそかわうじはる》・楠木正儀《くすのきまさのり》ら幕府軍《ばくふぐん》、河内《かわち》天野行宮《あまののあんぐう》を攻略《こうりやく》、長慶天皇《ちようけいてんのう》、吉野《よしの》に退去《たいきよ》（後愚昧記）。 **8・29** 明使《みんし》、帰途《きと》につく。足利義満《あしかがよしみつ》、答使《とうし》聞渓円宣《もんけいえんせん》らを同行《どうこう》させ、明《みん》・高麗人《こうらいじん》俘虜《ふりよ》一五〇人《にん》を明《みん》に送還《そうかん》（花営三代記・宋文憲公全集）。 **10・9** 幕府《ばくふ》、鎌倉五山《かまくらござん》について定《さだ》める（建武以来追加）。 **11・13** 北朝《ほくちよう》、興福寺《こうふくじ》の強訴《ごうそ》により、摂津守護代《せつつのしゆごだい》赤松範顕《あかまつのりあき》・同性準《どうしようじゆん》を配流《はいる》（愚管記）。 **11・25** 義満《よしみつ》、公卿《くぎよう》（参議《さんぎ》・左中将《さちゆうじよう》）に列《れつ》する（後愚昧記）。 【社会・文化】 **9・2** 京畿《けいき》大風《おおかぜ》（後愚昧記）。 **9・28** 天竜寺《てんりゆうじ》炎上《えんじよう》（愚管記）。 **9・30** 実厳《じつごん》、『山密往来《さんみつおうらい》』を撰作《せんさく》（同書奥書）。 **この年** 椿庭《ちんてい》海寿《かいじゆ》、明《みん》より帰国《きこく》（延宝伝燈録）。 **延文《えんぶん》二年以降《ねんいこう》この年《とし》まで**に二条良基《にじようよしもと》、『筑波問答《つくばもんどう》』を著《あらわ》す。 【死没】 **1・5** 勧修寺経顕《かじゆうじつねあき》（76、公卿《くぎよう》）。 **2・28** 存覚《ぞんかく》（84、真宗僧侶《しんしゆうそうりよ》）。 **8・25** 佐々木高氏《ささきたかうじ》（78、守護大名《しゆごだいみよう》）。 **11・16** 菊池武《きくちたけ》
大日本史料	6編37 2– / 6編38 7–
琉球	24
高麗	22
明	⑪ 6

西暦	▶一三七三	一三七四
年号・干支（北朝）	応安 六 癸丑《みずのとのうし》 ⑩	七 甲寅《きのえとら》
年号・干支（南朝）	文中 二	三
天皇（北朝）	（後円融）	
天皇（南朝）	（長慶）	
将軍	（足利義満）	
管領	（細川頼之）	
記事	光《みつ》（武将《ぶしょう》）。 《月の大小／朔日の干支・ユリウス暦》 一甲辰（1・25）・二癸酉（2・23）・三癸卯（3・25）・四癸酉（4・24）・五壬寅（5・23）・六辛未（6・21）・七辛丑（7・21）・八庚午（8・19）・九己亥（9・17）・一〇己巳（10・17）・閏一〇戊戌（11・15）・一一丁卯（12・14）・一二丁酉（74・1・13）（太字は大の月） 〖世界〗 明律修定《みんりつしゆうてい》。	【政治・経済】 **2・16** 一向勧進僧《いっこうかんじんそう》、四条河原橋《しじょうがわらばし》を修造《しゅうぞう》（師守記）。**6・20** 日吉神輿《ひよしのしんよ》造替遅延《ぞうたいちえん》に抗議《こうぎ》して、日吉《ひよし》・祇園社等《ぎおんしやなど》の神輿《しんよ》入京《にゅうきょう》（師守記）。**6・―** 足利義満《あしかがよしみつ》派遣《はけん》の使僧《しそう》、入明《にゅうみん》するも表文不備《ひょうぶんふび》のため却《しりぞ》けられる（明実録）。**8・―** 今川了俊《いまがわりょうしゅん》、筑前《ちくぜん》に南軍《なんぐん》を攻《せ》め、菊池武朝《きくちたけとも》を高良山《こうらさん》より肥後《ひご》に逐《お》う（～一二月《がつ》）（山内首藤家文書）。**11・5** 北朝《ほくちょう》、興福寺《こうふくじ》の強訴《ごうそ》により安居院《あぐい》行知《ぎょうち》・光済《こうさい》らを配流《はいる》（師守記）。**12・17** 天竺人《てんじくじん》、義満《よしみつ》に謁見《えつけん》（大乗院日記目録）。**12・28** 春日神木帰座《かすがのしんぼくきざ》により、四年間延引《ねんかんえんいん》した後円融天皇即位式《ごえんゆうてんのうそくいしき》が行《おこな》われる（師守記）。**この冬《ふゆ》** 宗良親王《むねよししんのう》、信濃《しなの》より吉野《よしの》に入《はい》る（新葉和
大日本史料	（6編38）　是歳 6編39	1・― 6編40
琉球	察度王 24	25
高麗	恭愍王 22	23
明	⑪ 洪武 6	7

西暦	
年号・干支 北朝	
年号・干支 南朝	
天皇 北朝	
天皇 南朝	
将軍	
管領	
記事	歌集)。 【社会・文化】 **11・23** 円覚寺《えんがくじ》炎上《えんじょう》(空華日用工夫略集)。**この年** 足利義満《あしかがよしみつ》、今熊野社《いまくまののしゃ》で観阿弥《かんあみ》・世阿弥《ぜあみ》の猿楽《さるがく》を見《み》る(申楽談儀)。 **延文《えいぶん》～応安年間《おうあんねんかん》** 『異制庭訓往来《いせいていきんおうらい》』成《な》るか。 【死没】 **1・5** 碧潭周皎《へきたんしゅうこう》(84、臨済宗僧侶《りんざいしゅうそうりょ》)。**1・24** 古先印元《こせんいんげん》(80、五山禅僧《ござんぜんそう》)。**1・29** 後光厳上皇《ごこうごんじょうこう》(37)。**4・28(4・29か)** 小《こ》島法師《じまほうし》(伝《でん》『太平記《たいへいき》』作者《さくしゃ》)。**5・19** 日祐《にちゆう》(77、日蓮宗僧侶《にちれんしゅうそうりょ》)。**5・26** 菊池武政《きくちたけまさ》(33、武将《ぶしょう》)。 《月の大小／朔日の干支・ユリウス暦》 一丁卯(2・12)・二丁酉(3・14)・三丙寅(4・12)・四丙申(5・12)・五丙寅(6・11)・六乙未(7・10)・七乙丑(8・9)・八甲午(9・7)・九癸亥(10・6)・一〇癸巳(11・5)・一一壬戌(12・4)・一二壬辰(75・1・3)(太字は大の月) 【世界】 『大明日暦《だいみんにちれき》』成《な》る。ペトラルカ没《ぼつ》。
大日本史料	6編42 是歳 ／ 6編41 6・
琉球	
高麗	
明	

西暦	一三七五
年号・干支 北朝	永和《えいわ》元 2・27 乙卯《きのとのう》
年号・干支 南朝	天授《てんじゅ》元 5・27
天皇 北朝	(後円融)
天皇 南朝	(長慶)
将軍	(足利義満)
管領	(細川頼之)

記事

【政治・経済】
1・17 北朝《ほくちょう》、赤松性準《あかまつしょうじゅん》・安居院行知《あぐいぎょうち》ら流人《るにん》を赦免《しゃめん》(愚管記)。 **1・―** 幕府《ばくふ》、敬神《けいしん》・勧農《かんのう》・年貢《ねんぐ》の理念《りねん》を布告《ふこく》(花営三代記)。 **8・25** 橋本正督《はしもとまさおさ》、幕府方《ばくふがた》に転《てん》じ、和泉《いずみ》より紀伊《きい》に侵攻《しんこう》(花営三代記)。 **8・26** 今川了俊《いまがわりょうしゅん》、肥後水島《ひごみずしま》の陣《じん》で少弐冬資《しょうにふゆすけ》を誘殺《ゆうさつ》、島津氏久《しまづうじひさ》、これに怒《いか》り離反《りはん》する(薩藩旧記)。 **この冬《ふゆ》** 大内義弘《おおうちよしひろ》、探題了俊方《たんだいりょうしゅんがた》に参《さん》じ、豊後《ぶんご》に渡《わた》る(阿蘇家文書)。 **この年《とし》** 高麗《こうらい》、羅興儒《らこうじゅ》を日本《にほん》に派遣《はけん》し、倭寇禁圧《わこうきんあつ》を要求《ようきゅう》(高麗史節要)。

【社会・文化】
1・8 中巌円月没《ちゅうがんえんげつぼつ》・門弟《もんてい》ら、『東海一漚集《とうかいいちおうしゅう》』を編集《へんしゅう》。 **5・27** 『南朝五百番歌合《なんちょうごひゃくばんうたあわせ》』催《もよお》される(判者宗良親王《はんじゃむねよししんのう》)。 **6・29** 後円融天皇《ごえんゆうてんのう》、二条為遠《にじょうためとお》に『新後拾遺和歌集《しんごしゅういわかしゅう》』の撰進《せんしん》を下命《かめい》(拾芥抄)。

【死没】
1・8 中巌円月《ちゅうがんえんげつ》(76、臨済宗僧侶《りんざいしゅうそうりょ》)。 **8・11** 渋川義行《しぶかわよしゆき》(28、鎮西管領《ちんぜいかんれい》)。 **8・26** 少弐冬資《しょうにふゆすけ》(43、筑前守護《ちくぜんのしゅご》)。

《月の大小/朔日の干支・ユリウス暦》
一壬戌(2・2)・二辛卯(3・3)・三辛酉(4・2)・四辛卯(5・2)・五庚申(5・31)・六庚寅(6・30)・七己未(7・29)・八己丑(8・28)・

大日本史料	1・― 6編43 / 6・― 6編44 / 12・― 6編45
琉球	察度王 26
高麗	辛禑《しんぐう》
明	洪武 8

項目	1376
西暦	◀ 一三七六
年号・干支 北朝	二 丙辰《ひのえたつ》 ⑦
年号・干支 南朝	二
天皇 北朝	
天皇 南朝	
将軍	
管領	

記事

九戊午(9・26)・一〇戊子(10・26)・一一丁巳(11・24)・一二丙戌(12・23)(太字は大の月)

【世界】大明宝鈔《だいみんほうしょう》を発行《はっこう》。イブン＝ハルドゥーン、『世界史序説《せかいしじょせつ》』の執筆《しっぴつ》を始《はじ》める。ボッカチオ没《ぼっ》。

【政治・経済】**4・-** 懐良親王《かねよししんのう》、僧圭庭用《そうけいていよう》を明《みん》に派遣《はけん》(明史)。**5・-** 今川《いまがわ》了俊《りょうしゅん》、子息満範《しそくみつのり》を薩摩《さつま》・大隅《おおすみ》・日向《ひゅうが》三国《ごく》の大将《たいしょう》として肥《ひ》後《ご》へ派遣《はけん》(阿蘇家文書)。**この夏《なつ》** 今川仲秋《いまがわなかあき》、博多《はかた》で菊池武《きくちたけ》国《くに》と戦《たたか》う(菊池武朝申状・禰寝文書)。**7・19** 京都芋洗橋《きょうといもあらいばし》で地下人《じげにん》が山名氏被官《やまなしひかん》と衝突《しょうとつ》。翌日《よくじつ》、山名氏《やまなし》、追捕《ついぶ》を断《だん》念《ねん》(後愚昧記)。**8・4** 幕府《ばくふ》、足利満詮《あしかがみつあきら》の九州派遣《きゅうしゅうはけん》を決《けつ》定《てい》し、島津氏久《しまづうじひさ》・同伊久《どうこれひさ》の討伐《とうばつ》を命《めい》じる(禰寝文書)。**8・12** 幕府《ばくふ》、了俊《りょうしゅん》を大隅《おおすみ》・薩摩守護《さつまのしゅご》に補任《ぶにん》(禰寝文書)。**10・-** 足利義満《あしかがよしみつ》、抑留《よくりゅう》した高麗使《こうらいし》を帰国《きこく》させる(高麗史節要)。

【社会・文化】**この春《はる》** 絶海中津《ぜっかいちゅうしん》・汝霖良佐《じょりんりょうさ》、明《みん》より帰国《きこく》(仏智広照浄印翊聖国師年譜)。**4・15** これより以前《いぜん》、『増鏡《ますかがみ》』成《な》る。

大日本史料	雑載 6編46 6・-	(未刊)
琉球	27	
高麗	2	
明	9 ⑨	

	1376	1377
西暦	▶一三七六	一三七七
年号・干支 北朝	永和 二 ⑦ 丙辰《ひのえたつ》	三 丁巳《ひのとのみ》
年号・干支 南朝	天授 二	三
天皇 北朝	(後円融)	
天皇 南朝	(長慶)	
将軍	(足利義満)	
管領	(細川頼之)	
記事	【死没】 **1・23** 南部信光《なんぶのぶみつ》(武将《ぶしょう》)。**3・11** 山名師義《やまなもろよし》(49、守護大名《しゅごだいみょう》)。**3・21** 島津師久《しまづもろひさ》(52、薩摩守護《さつまのしゅご》)。**3・-** 救済《きゅうぜい》(95、連歌師《れんがし》)。**9・10** 仁木義長《にっきよしなが》(武将《ぶしょう》)。 《月の大小/朔日の干支・ユリウス暦》 一丙辰(1・22)・二乙酉(2・20)・三乙卯(3・21)・四乙酉(4・20)・**五**甲寅(5・19)・六甲申(6・18)・七癸丑(7・17)・閏七癸未(8・16)・**八**壬子(9・14)・九壬午(10・14)・一〇壬子(11・13)・一一辛巳(12・12)・一二辛亥(77・1・11)(太字は大の月)	【政治・経済】 **1・13** 今川仲秋《いまがわなかあき》、肥前国《ひぜんのくに》蜷打《になうち》で南軍《なんぐん》を破《やぶ》り筑後国《ちくごのくに》に進《すす》む(三浦文書・吉川家文書)。**6・-** 越中守護《えっちゅうのしゅご》斯波義将《しばよしまさ》の守護代《しゅごだい》、国人《こくじん》と合戦《かっせん》し、国人《こくじん》が逃《に》げこんだ細川頼之所領《ほそかわよりゆきしょりょう》を焼《や》き払《はら》う(後愚昧記)。**7・27** 延暦寺《えんりゃくじ》月輪院《がつりんいん》永覚《えいかく》、金輪院《こんりんいん》英《えい》澄《ちょう》を攻《せ》め、翌《よく》八月《がつ》四日《か》、その城《しろ》を攻略《こうりゃく》(愚管記)。**8・8** 斯波義将《しばよしまさ》と細川頼之《ほそかわよりゆき》が対立《たいりつ》し、洛中騒然《らくちゅうそうぜん》(後愚昧記)。**8・12** 今川仲秋《いまがわなかあき》・大内義弘《おおうちよしひろ》、肥後《ひご》で南軍《なんぐん》を破《やぶ》る(後愚昧記・毛利家文書)。**10・28** 南九州《みなみきゅうしゅう》の国人《こくじん》六一人《にん》、今川了俊《いまがわりょうしゅん》に応《おう》じて一揆契約《いっきけいやく》を結《むす》び、島津氏《しまづし》と対抗《たいこう》(禰寝文書)。**12・12**
大日本史料	(未刊)	
琉球	察度王 27	28
高麗	辛禑 2	3
明	⑨ 洪武 9	10

西暦	
年号・干支 北朝	
年号・干支 南朝	
天皇 北朝	
天皇 南朝	
将軍	
管領	

記事

摂津守護《せっつのしゅご》楠木正儀《くすのきまさのり》、堺庄住民《さかいのしょうじゅうみん》の荏胡麻売買停止《えごまばいばいちょうじ》を遵行《じゅんぎょう》（離宮八幡宮文書）。**この冬《ふゆ》** 宗良親王《むねよししんのう》、出家《しゅっけ》（新葉和歌集）。**この年《とし》** 播磨国矢野荘《はりまのくにやののしょう》で惣荘一揆《そうしょういっき》（東寺百合文書）。高麗使鄭夢周《こうらいしていむしゅう》が博多《はかた》に来《きた》り、了俊《りょうしゅん》に倭寇《わこう》の禁圧《きんあつ》を求《もと》める（高麗史）。

【社会・文化】

2・18 京都《きょうと》火災《かさい》、仙洞花御所《せんとうはなのごしょ》など焼亡《しょうぼう》（後愚昧記）。**8・10** 幕府《ばくふ》、臨川寺《りんせんじ》を五山《ござん》に列《れつ》する（花営三代記）。

【死没】

4・- 中院親光《なかのいんちかみつ》（公卿《くぎょう》）。**8・20** 大拙祖能《だいせつそのう》（65、入元僧《にゅうげんそう》）。
8・- 阿蘇惟武《あそこれたけ》（武将《ぶしょう》）。

《月の大小／朔日の干支・ユリウス暦》

一庚辰（2・9）・二己酉（3・10）・三己卯（4・9）・四戊申（5・8）・五戊寅（6・7）・六丁未（7・6）・七丁丑（8・5）・八丁未（9・4）・九丙子（10・3）・一〇丙午（11・2）・一一丙子（12・2）・一二乙巳（12・31）（太字は大の月）

【世界】

チャンパー軍《ぐん》、ヴェトナムに侵攻《しんこう》。

大日本史料	
琉球	
高麗	
明	

西暦	一三七八
年号・干支 北朝	永和 四 戊午《つちのえうま》
年号・干支 南朝	天授 四
天皇 北朝	(後円融)
天皇 南朝	(長慶)
将軍	(足利義満)
管領	(細川頼之)
記事	【政治・経済】 **3・10** 足利義満《あしかがよしみつ》、室町殿《むろまちどの》(花御所《はなのごしょ》)に移《うつ》る(後愚昧記)。**3・24** 足利義満《あしかがよしみつ》、権大納言《ごんのだいなごん》に昇進《しょうしん》(公卿補任)。**6・－** 今川了俊《いまがわりょうしゅん》、倭寇討伐《わこうとうばつ》のため、使僧信弘《しそうしんこう》と兵《へい》六九人《にん》を高麗《こうらい》に派遣《はけん》(高麗史)。**7・－** 鄭夢周《ていむしゅう》が帰国《きこく》、了俊《りょうしゅん》、俘虜《ふりょ》数百人《にん》を送還《そうかん》(高麗史)。**9・29** 了俊《りょうしゅん》、肥後国詫摩原《ひごのくにたくまばる》で菊池武朝《きくちたけとも》・良成親王《よしなりしんのう》と戦《たたか》う(吉川家文書・菊池武朝申状)。**11・17** 細川頼元《ほそかわよりもと》、南朝《なんちょう》に復《ふく》した橋本正督《はしもとまさおさ》を破《やぶ》る(花営三代記)。**12・20** 足利義満《あしかがよしみつ》、山名義理《やまなよしただ》を紀伊《きい》、同氏清《どううじきよ》を和泉守護《いずみのしゅご》に補任《ぶにん》し、紀伊《きい》に派兵《はへい》(愚管記・花営三代記)。**12・－** 紀伊《きい》の南軍《なんぐん》、守護《しゅご》細川業秀《ほそかわなりひで》を淡路《あわじ》に逐《お》う(花営三代記・愚管記)。 【社会・文化】 **6・7** 足利義満《あしかがよしみつ》、祇園会《ぎおんえ》を見物《けんぶつ》、世阿弥《ぜあみ》も同席《どうせき》(後愚昧記)。**この秋《あき》** 竹田昌慶《たけだしょうけい》、明《みん》より帰国《きこく》(寛政重修諸家譜)。**11・18** 円覚寺仏殿落慶《えんがくじぶつでんらっけい》(空華日用工夫略集)。**11・30** 臨川寺火災《りんせんじかさい》(花営三代記)。**この年《とし》** 静見了日撰述《じょうけんりょうにちせんじゅつ》『法水分流記《ほうすいぶんりゅうき》』成《な》るか。**永和年間頃《えいわねんかんころ》** 『太平記《たいへいき》』成《な》る。 【死没】 **4・17** 上杉能憲《うえすぎよしのり》(46、武将《ぶしょう》)。**7・7** 中原師茂《なかはらもろしげ》(67、明法官人《みょうぼうかんじん》)。
大日本史料	(未刊)
琉球	察度王 29
高麗	辛禑 4
明	洪武 11

項目	1379
西暦	◀一三七九
年号・干支 北朝	康暦《こうりゃく》元 3・22 ④己未《つちのとひつじ》
年号・干支 南朝	五
天皇 北朝	
天皇 南朝	
将軍	
管領	
記事	【政治・経済】 **1・22** 山名義理《やまなよしただ》・氏清《うじきよ》ら、橋本正督《はしもとまさおさ》の和泉土丸城《いずみつちまるじょう》を攻略《こうりゃく》(花営三代記)。 **2・22** 足利義満《あしかがよしみつ》、土岐頼康追討《ときよりやすついとう》を諸国《しょこく》に命《めい》じる(花営三代記)。 **2・27** 義満《よしみつ》、頼康《よりやす》・京極高秀討伐《きょうごくたかひでとうばつ》の兵《へい》を発《はっ》する(後愚昧記)。 **3・6** 義満《よしみつ》、近江守護六角亀寿丸《おうみのしゅごろっかくかめじゅまる》に高秀討伐《たかひでとうばつ》を命《めい》じる。翌日《よくじつ》、高秀《たかひで》は美濃《みの》に没落《ぼつらく》(後愚昧記)。 **3・7** 足利氏満《あしかがうじみつ》、謀反《むほん》を企《くわだ》てるが、上杉憲春《うえすぎのりはる》の諫死《かんし》により止《や》む(花営三代記)。 **3・18** 義満《よしみつ》、頼康《よりやす》を、ついで翌月《よくげつ》一三日《にち》、高秀《たかひで》を赦免《しゃめん》(花営三代記)。 **閏《うるう》4・14** 義《よし》満《みつ》、高秀《たかひで》ら諸将《しょしょう》により花御所《はなのごしょ》に囲《かこ》まれ、細川頼之《ほそかわよりゆき》に下《げ》向《こう》を命《めい》じる。頼之《よりゆき》ら讃岐《さぬき》に没落《ぼつらく》(康暦《こうりゃく》の政変《せいへん》)(後愚昧記)。 【世界】 ローマ教会大分裂《きょうかいだいぶんれつ》(大《だい》シスマ)。フィレンツェでチォンピ蜂起《ほうき》。 《月の大小／朔日の干支・ユリウス暦》 一乙亥(1・30)・二甲辰(2・28)・三癸酉(3・29)・四癸卯(4・28)・**五壬申**(5・27)・六壬寅(6・26)・七辛未(7・25)・八辛丑(8・24)・九辛未(9・23)・一〇庚子(10・22)・一一庚午(11・21)・一二庚子(12・21)(太字は大の月)
大日本史料	
琉球	30
高麗	5
明	⑤ 12

西暦	▶一三七九
年号・干支 北朝	康暦 元 3・22 己未《つちのとのひつじ》 ④
年号・干支 南朝	天授 五
天皇 北朝	（後円融）
天皇 南朝	（長慶）
将軍	（足利義満）
管領	（細川頼之） ④・14 斯波義将《しばよしまさ》 ④・28
記事	**6・9** 日吉神輿《ひよしのしんよ》帰座《きざ》（愚管記）。 **7・8** 義満《よしみつ》、河野通直《こうのみちなお》を伊予守護《いよのしゅご》に補任《ぶにん》（明照寺文書）。 **7・22** 幕府《ばくふ》、伊勢貞継《いせさだつぐ》を政所執事《まんどころしつじ》に任《にん》じる。以後《いご》、伊勢氏《いせし》が務《つと》める（花営三代記）。 **7・-** 今川了俊《いまがわりょうしゅん》、俘虜《ふりょ》二三〇人余《にんあまり》を高麗《こうらい》に送還《そうかん》（高麗史）。 **9・5** 義満《よしみつ》、河野通直《こうのみちなお》に細川頼之討伐《ほそかわよりゆきとうばつ》を命《めい》じる（河野文書）。 **10・10** 義満《よしみつ》、春屋妙葩《しゅんおくみょうは》を僧録《そうろく》に任《にん》じる（鹿王院文書）。 **11・6** 河野通直《こうのみちなお》、細川頼之《ほそかわよりゆき》と戦《たたか》い、伊予《いよ》で敗死《はいし》（予章記）。 【社会・文化】 **閏《うるう》4・23** 幕府《ばくふ》、丹後《たんご》より帰京《ききょう》した春屋妙葩《しゅんおくみょうは》を南禅寺《なんぜんじ》住持《じゅうじ》とする（愚管記）。 **5・17** 足利義満《あしかがよしみつ》、二条良基邸《にじょうよしもとてい》で連歌《れんが》に興《きょう》じる（愚管記）。 **12・4** 東寺御影堂炎上《とうじみえいどうえんじょう》（花営三代記）。 **この年** 夏《なつ》より三日病《みっかびょう》流行《りゅうこう》（愚管記）。 大中臣親《おおなかとみのちか》世《よ》編《へん》『祭主補任《さいしゅぶにん》』成《な》るか。 **この頃《ころ》から応永《おうえい》二年《ねん》** 『今川了俊《いまがわりょうしゅん》書札礼《しょさつれい》』成《な》るか。 【死没】 **1・19** 柳原忠光《やなぎわらただみつ》（46、公卿《くぎょう》）。 **3・8** 上杉憲春《うえすぎのりはる》（武将《ぶしょう》）。 **3・19** 馬島清眼《まじませいがん》（眼科医《がんかい》）。 **閏《うるう》4・22** 三宝院光済《さんぼういんこうさい》（54、東寺長《とうじちょう》者《じゃ》）。 《月の大小／朔日の干支・ユリウス暦》 一己巳（1・19）・二己亥（2・18）・三戊辰（3・19）・四丁酉（4・17）・
大日本史料	（未刊）
琉球	察度王 **30**
高麗	辛禑 **5**
明	洪武 **12** ⑤

項目	1380	暦
西暦	◀一三八〇	
年号・干支 北朝	二 庚申《かのえさる》	
年号・干支 南朝	六	
天皇 北朝		
天皇 南朝		
将軍		
管領		
記事	【政治・経済】 1・- 足利義満《あしかがよしみつ》、十刹《じっさつ》・準十刹《じゅんじっさつ》計《けい》一六ヵ寺《じ》を定《さだ》める(扶桑五山記)。 5・16 小山義政《おやまよしまさ》、宇都宮基綱《うつのみやもとつな》らを攻め滅《ほろ》ぼす(花営三代記)。 5・- 懐良親王《かねよししんのう》、明《みん》に使僧《しそう》を派遣《はけん》するも却《しりぞ》けられる(明実録)。 6・1 足利氏満《あしかがうじみつ》、小山義政《おやまよしまさ》追討《ついとう》を関《かん》東諸将《とうしょしょう》に命《めい》じる(迎陽記)。 7・17 和泉守護《いずみのしゅご》山名氏清《やまなうじきよ》、橋《はし》本正督《もとまさおさ》を討《う》つ(花営三代記)。 9・- 義満《よしみつ》、使僧《しそう》を明《みん》に送《おく》るも却《しりぞ》けられる(明実録)。 【社会・文化】 2・21 足利義満開創《あしかがよしみつかいそう》の宝幢寺《ほうどうじ》、立柱始《りっちゅうはじめ》(花営三代記)。 4・4 義堂周信《ぎどうしゅうしん》、建仁寺《けんにんじ》に入寺《にゅうじ》(空華日用工夫略集)。 6・24 光明法皇没《こうみょうほうおうぼつ》・生前《せいぜん》『光明天皇宸記《こうみょうてんのうしんき》』を記《しる》す。 【死没】 3・28 授翁宗弼《じゅおうそうひつ》(85、妙心寺《みょうしんじ》二世《せい》)。 4・22 尊信《そんじん》(57、勧修寺僧侶《かんじゅじそうりょ》)。 5・25 竹田昌慶《たけだしょうけい》(43、医師《いし》)。 6・24 光明法皇《こうみょうほうおう》(60)。 11・15 大内弘世《おおうちひろよ》(武将《ぶしょう》)。	閏四丁卯(5・17)・五丙申(6・15)・六乙丑(7・14)・七乙未(8・13)・八乙丑(9・12)・九甲午(10・11)・一〇甲子(11・10)・一一甲午(12・10)・一二甲子(80・1・9)(太字は大の月)
大日本史料		
琉球	31	
高麗	6	
明	13	

西暦	一三八〇 ▶	一三八一 ◀
年号・干支 北朝	康暦 二 庚申《かのえさる》	永徳《えいとく》 元 2・24 辛酉《かのとのとり》
年号・干支 南朝	天授 六	弘和《こうわ》 元 6・21以前
天皇 北朝	(後円融)	
天皇 南朝	(長慶)	
将軍	(足利義満)	
管領	(斯波義将)	
記事	《月の大小/朔日の干支・ユリウス暦》 一癸巳(2・7)・二癸亥(3・8)・三壬辰(4・6)・四辛酉(5・5)・五辛卯(6・4)・六庚申(7・3)・七己丑(8・1)・八己未(8・31)・九戊子(9・29)・一〇戊午(10・29)・一一戊子(11・28)・一二戊午(12・28)(太字は大の月) 【世界】 高麗《こうらい》の李成桂《りせいけい》、倭寇《わこう》を撃退《げきたい》。明《みん》、胡惟庸《こいよう》の獄起《ごくおこ》る・中書省廃止《ちゅうしょしょうはいし》。	【政治・経済】 **3・11~16** 後円融天皇《ごえんゆうてんのう》、足利義満《あしかがよしみつ》の室町殿《むろまちどの》に行幸《ぎょうこう》(愚管記)。**4・26** 今川仲秋《いまがわなかあき》、肥後《ひご》城野城《きのじょう》を攻略《こうりゃく》(深堀文書)。**6・5** 細川頼元《ほそかわよりもと》、上洛《じょうらく》して義満《よしみつ》・斯波義将《しばよしまさ》らを邸《やしき》に招《まね》く(愚管記)。**6・22** 仲秋《なかあき》・今川満範《いまがわみつのり》、菊池武興《きくちたけおき》の肥後国《ひごのくに》隈部城《くまべじょう》を、翌日《よくじつ》、良成親王《よしなりしんのう》の染土城《そめつちじょう》を攻略《こうりゃく》(深堀文書)。**9・16** 義満《よしみつ》、斯波《しば》義将《よしまさ》の管領《かんれい》辞任《じにん》を慰留《いりゅう》(愚管記)。**10・7** 義満《よしみつ》、等持寺《とうじじ》で義将《よしまさ》・義堂周信《ぎどうしゅうしん》・春屋妙葩《しゅんおくみょうは》と五山十刹《ござんじっさつ》住持《じゅうじ》の任期等規式《にんきなどきしき》を定《さだ》める(空華日用工夫略集)。**11・17** 北朝《ほくちょう》、京都町地《きょうとまちち》を本主《ほんしゅ》へ返付《へんぷ》させる(後愚昧記)。**12・12** 幕府《ばくふ》、
大日本史料	(未刊)	
琉球	察度王 **31**	**32**
高麗	辛禑 **6**	**7**
明	洪武 **13**	**14**

西暦	
年号・干支 北朝	
年号・干支 南朝	
天皇 北朝	
天皇 南朝	
将軍	
管領	
記事	禅院諸山《ぜんいんしよざん》の一六ヵ条《じよう》の法式《ほうしき》を定《さだ》める(円覚寺文書)。上杉《うえすぎ》朝宗《ともむね》ら、白旗一揆《しらはたいっき》を率《ひき》いて、小山義政《おやまよしまさ》を下野国鷲城《しもつけのくにわしじよう》に屈服《くつぷく》させる(鎌倉大草紙)。**この年《とし》**「日本国王良懐《にほんこくおうりようかい》」、僧《そう》如瑤《によよう》を明《みん》に派遣《はけん》・洪武帝《こうぶてい》、日本国王《にほんこくおう》と将軍《しようぐん》に書《しよ》を送《おく》り、非礼《ひれい》を責《せ》める(明実録)。 **【社会・文化】** **4・25** 室町殿落成供養《むろまちどのらくせいくよう》(空華日用工夫略集)。**9・–** 鶴岡《つるがおか》社僧頼印《しやそうらいいん》、足利氏満《あしかがうじみつ》・義満《よしみつ》の推挙《すいきよ》により東寺二長者《とうじにのちようじや》になる(頼印大僧正行状絵詞)。**12・3** 宗良親王《むねよししんのう》、『新葉和歌集《しんようわかしゆう》』を長慶天皇《ちようけいてんのう》に奏覧《そうらん》(同書序)。**この年《とし》** 長慶天皇《ちようけいてんのう》、『仙源抄《せんげんしよう》』を著《あらわ》す(同書跋)。**この年《とし》より嘉慶《かきよう》二年《ねん》の間《あいだ》** 二条《にじよう》良基《よしもと》『百寮訓要抄《ひやくりようくんようしよう》』成《な》る(同書奥書)。 **【死没】** **10・3** 赤松光範《あかまつみつのり》(62、武将《ぶしよう》)。**この年《とし》** 海老名《えびな》の南阿弥《なあみ》(謡《うたい》作曲者《さつきよくしや》)。 《月の大小／朔日の干支・ユリウス暦》 一丁亥(1・26)・二丁巳(2・25)・三丁亥(3・27)・四丙辰(4・25)・五乙酉(5・24)・六乙卯(6・23)・七甲申(7・22)・八癸丑(8・20)・九癸未(9・19)・一〇壬子(10・18)・一一壬午(11・17)・一二壬子(12・17)(太字は大の月)
大日本史料	
琉球	
高麗	
明	

西暦	▶一三八一	一三八二
年号・干支 北朝	永徳 元 2・24 辛酉《かのとのとり》	二 壬戌《みずのえいぬ》 ①
年号・干支 南朝	弘和 元 6・21以前	二
天皇 北朝	(後円融)	後小松《ごこまつ》 4・11
天皇 南朝	(長慶)	
将軍	(足利義満)	
管領	(斯波義将)	
記事	〔世界〕 明《みん》、里甲制《りこうせい》を制定《せいてい》し、『賦役黄冊《ふえきこうさつ》』作成《さくせい》を定《さだ》める。イギリス、ワット＝タイラーの乱《らん》。	【政治・経済】 1・26 北朝《ほくちょう》、足利義満《あしかがよしみつ》を左大臣《さだいじん》に任《にん》じる(公卿補任)。閏《うるう》1・24 楠木正儀《くすのきまさのり》、南朝《なんちょう》に復帰《ふっき》し、山名氏清《やまなうじきよ》と河内平尾《かわちひらお》で戦《たたか》い敗死《はいし》(三刀屋文書)。3・23 小山義政《おやまよしまさ》、下野国祇園城《しもつけのくにぎおんじょう》を自焼《じしょう》して糟尾城《かすおじょう》に籠《こも》る(明王院文書)。4・13 小山義政《おやまよしまさ》、足利氏満軍《あしかがうじみつぐん》に攻《せ》められ自害《じがい》(明王院文書)。9・3 紀伊国北山《きいのくにきたやま》の南軍《なんぐん》、熊野速玉大社神官《くまのはやたまたいしゃしんかん》と戦《たたか》う(南狩遺文)。 【社会・文化】 閏《うるう》1・24 春日社焼失《かすがしゃしょうしつ》(永徳二年春日焼失記)。3・17 二条為重《にじょうためしげ》、『新後拾遺和歌集《しんごしゅういわかしゅう》』四季部《しきぶ》を奏覧《そうらん》(拾芥抄)。11・26 足利義満《あしかがよしみつ》、相国寺《しょうこくじ》を創建《そうこん》、上棟《じょうとう》(空華日用工夫略集)。 【死没】 4・13 小山義政《おやまよしまさ》(武将《ぶしょう》)。7・11 滅宗宗興《めつじゅうそうこう》(73、臨済宗僧侶《りんざいしゅうそうりょ》)。8・7 信瑜《しんゆ》(50、真福寺文庫《しんぷくじぶんこ》の祖《そ》)。
大日本史料	(未刊)	
琉球	察度王 32	33
高麗	辛禑 7	8
明	洪武 14	② 15

西暦	◀一三八三	
年号・干支 北朝	癸亥《みずのとのい》 三	
年号・干支 南朝	三	
天皇 北朝		
天皇 南朝		
将軍		
管領		
記事	【政治・経済】 1・14・16 北朝《ほくちょう》、足利義満《あしかがよしみつ》を源氏長者《げんじのちょうじゃ》とし、ついで奨学《しょうがく》・淳和《じゅんな》両院別当《りょういんべっとう》とする(足利家官位記)。 1・- 明《みん》の洪武帝《こうぶてい》、琉球《りゅうきゅう》の中山《ちゅうざん》・山南《さんなん》両王《りょうおう》に鍍金銀印《ときんぎんいん》を賜与《しよ》し、三山《さんざん》に休戦《きゅうせん》を勧告《かんこく》(明実録)。 2・1 後円融上皇《ごえんゆうじょうこう》、正室《せいしつ》三条氏《じょうし》に重傷《じゅうしょう》を負《お》わせる(後愚昧記)。 2・15 後円融上皇《ごえんゆうじょうこう》、愛妾按察局《あいしょうあぜちのつぼね》と義満《よしみつ》の密通《みっつう》を疑《うたが》い、自殺《じさつ》を図《はか》る(後愚昧記)。 4・14 肥後《ひご》の相良前頼《さがらさきより》、南朝方《なんちょうがた》に転《てん》じる(相良家文書)。 6・26 北朝《ほくちょう》、義満《よしみつ》を准三后《じゅさんごう》とする(後愚昧記)。 7・1 肥前佐志《ひぜんさし》一族《いちぞく》、一揆契諾状《いっきけいだくじょう》を結《むす》ぶ(有浦文書)。 【社会・文化】 2・9 『竹馬抄《ちくばしょう》』成《な》る(同書奥書)。 9・14・16 足利義満《あしかがよしみつ》、	《月の大小／朔日の干支・ユリウス暦》 一辛巳(1・15)・閏一辛亥(2・14)・二辛巳(3・16)・三庚戌(4・14)・四庚辰(5・14)・五己酉(6・12)・六己卯(7・12)・七戊申(8・10)・八丁丑(9・8)・九丁未(10・8)・一〇丙子(11・6)・一一丙午(12・6)・一二乙亥(83・1・4)(太字は大の月) 【世界】 明《みん》、科挙《かきょ》復活《ふっかつ》。
大日本史料		
琉球	34	
高麗	9	
明	16	

西暦	▶一三八三	一三八四
年号・干支 北朝	永徳 三 癸亥《みずのとのい》	至徳《しとく》 元 2・27 甲子《きのえね》 ⑨
年号・干支 南朝	弘和 三	元中《げんちゅう》 元 11・5以前
天皇 北朝	（後小松）	
天皇 南朝	10・以後 後亀山《ごかめやま》	
将軍	（足利義満）	
管領	（斯波義将）	
記事	安聖院《あんしょういん》を鹿苑院《ろくおんいん》と改《あらた》め、ついで絶海中津《ぜっかいちゅうしん》を院主《いんじゅ》とする（空華日用工夫略集）。**10・27** 長慶天皇《ちょうけいてんのう》、摂津国内《せっつこくない》の地《ち》を祈禱料所《きとうりょうしょ》として紀伊国護国寺《きいのくにごこくじ》に寄進《きしん》（利生護国寺文書）。**10・29** 二条良基《にじょうよしもと》、『十問最秘抄《じゅうもんさいひしょう》』を大内義弘《おおうちよしひろ》に書《か》き与《あた》える（同書奥書）。**12・13** 義満《よしみつ》、故夢窓疎石《こむそうそせき》を相国寺開山《しょうこくじかいさん》、春《しゅん》屋妙葩《おくみょうは》を二世《せい》とする（空華日用工夫略集）。 **【死没】** **3・27** 懐良親王《かねよししんのう》（後醍醐天皇皇子《ごだいごてんのうおうじ》）。**12・27** 三条公忠《さんじょうきんただ》（60、公卿《くぎょう》）。 《月の大小／朔日の干支・ユリウス暦》 一乙巳（2・3）・二乙亥（3・5）・三乙巳（4・4）・**四**甲戌（5・3）・五甲辰（6・2）・**六**癸酉（7・1）・七癸卯（7・31）・八壬申（8・29）・九辛丑（9・27）・一〇辛未（10・27）・一一庚子（11・25）・一二庚午（12・25）（太字は大の月）	**【政治・経済】** **2・23** 肥前松浦党《ひぜんまつらとう》四六人《にん》、一揆《いっき》の契約《けいやく》を結《むす》ぶ（松浦山代文書）。**この春《はる》** 如瑤《にょよう》を明《みん》に派遣《はけん》（南方紀伝）。 【社会・文化】 **この春《はる》** 無文元選《むもんげんせん》、遠江方広寺《とおとうみほうこうじ》を創建《そうこん》（無文禅師行状）。**5・**
大日本史料	（未刊）	
琉球	察度王 **34**	**35**
高麗	辛禑 **9**	**10**
明	洪武 **16**	⑩ **17**

19 観阿弥《かんあみ》没《ぼつ》・生前《せいぜん》「自然居士《じねんこじ》」「通小町《かよいこまち》」「卒塔婆小町《そとばこまち》」「布《ふ》留《る》」を作《つく》る。**8・-** 良鎮《りょうちん》、『融通念仏縁起《ゆうずうねんぶつえんぎ》』を作《つく》る。**12・-** 二《に》条為重《じょうためしげ》、『新後拾遺和歌集《しんごしゅういわかしゅう》』を再返納《さいへんのう》(拾芥抄)。

【死没】

5・19 観阿弥《かんあみ》(52、能作者《のうさくしゃ》)。今川範国《いまがわのりくに》(武将《ぶしょう》)。**9・5** 吉《き》良満貞《らみつさだ》(武将《ぶしょう》)。**12・6** 蘭洲良芳《らんしゅうりょうほう》(80、臨済宗僧侶《りんざいしゅうそうりょ》)。

《月の大小／朔日の干支・ユリウス暦》

一己亥(1・23)・二己巳(2・22)・三己亥(3・23)・**四**戊辰(4・21)・**五**戊戌(5・21)・六戊辰(6・20)・七丁酉(7・19)・八丁卯(8・18)・**九**丙申(9・16)・閏九丙寅(10・16)・一〇乙未(11・14)・一一甲子(12・13)・一二甲午(85・1・12)(太字は大の月)

〘世界〙

明《みん》、科挙条令《かきょじょうれい》を頒布《はんぷ》。明《みん》、倭寇対策《わこうたいさく》として漁民《ぎょみん》の入海《にゅうかい》を禁止《きんし》。イギリス、ウィクリフ没《ぼつ》。

西暦		◀ 一三八五
年号・干支	北朝	乙丑《きのとのうし》 二
	南朝	二
天皇	北朝	
	南朝	
将軍		
管領		

【政治・経済】

2・15 二条為重《にじょうためしげ》、夜討《ようち》される(公卿補任)。**2・17** 征西将《せいせいしょう》軍宮良成親王《ぐんのみやよしなりしんのう》、相良前頼《さがらさきより》を肥前守護《ひぜんのしゅご》に補任《ぶにん》(相良家文書)。**3・-** 新田義則《にったよしのり》、陸奥《むつ》での挙兵《きょへい》を図《はか》る(鎌倉大草紙)。**6・-** 南朝《なんちょう》の兵《へい》、高麗《こうらい》に渡《わた》り、援兵《えんぺい》を求《もと》める(南方紀伝)。**7・**

大日本史料	
琉球	36
高麗	11
明	18

西暦	▶一三八五
年号・干支 北朝	至徳 二 乙丑《きのとのうし》
年号・干支 南朝	元中 二
天皇 北朝	（後小松）
天皇 南朝	（後亀山）
将軍	（足利義満）
管領	（斯波義将）
記事	**13** 幕府《ばくふ》、祇園社《ぎおんしや》に一一ヵ条《じよう》の禁制《きんぜい》を発《はつ》する（八坂神社文書）。 **8・28～9・2** 足利義満《あしかがよしみつ》、二条良基《にじようよしもと》・近衛兼嗣《このえかねつぐ》と南都《なんと》に参詣《さんけい》（至徳二年記）。 **9・10** 長慶上皇《ちようけいじようこう》、願文《がんもん》を高野山《こうやさん》に納《おさ》める（高野山文書）。 **9・-** 倭寇《わこう》一五〇艘《そう》、高麗《こうらい》の咸州《かんしゆう》・洪原《こうげん》などを襲《おそ》う（高麗史節要）。 **12・3** 山名氏清《やまなうじきよ》、山城守護《やましろのしゆご》に補任《ぶにん》されて入部《にゆうぶ》し、寺社民屋《じしやみんおく》を焼《や》き、国人《こくじん》と合戦《かつせん》（至徳二年記）。 **12・15** 大和本神戸《やまともとかんべ》四ヵ郷土民《ごうどみん》、氏清《うじきよ》勢《ぜい》の南下《なんか》を恐《おそ》れ、守護制札《しゆごせいさつ》の国境《こつきよう》設置《せつち》の氏清《うじきよ》への取次《とりつぎ》ぎを春日社《かすがしや》に要求《ようきゆう》（至徳二年記）。 【社会・文化】 **11・20** 相国寺《しようこくじ》仏殿《ぶつでん》供養《くよう》（空華日用工夫略集）。 【死没】 **2・15** 二条為重《にじようためしげ》（61、歌人《かじん》）。 《月の大小／朔日の干支・ユリウス暦》 一癸亥（2・10）・二癸巳（3・12）・**三**壬戌（4・10）・**四**壬辰（5・10）・五壬戌（6・9）・**六**辛卯（7・8）・七辛酉（8・7）・**八**庚寅（9・5）・九庚申（10・5）・一〇庚寅（11・4）・一一己未（12・3）・一二己丑（86・1・2）（太字は大の月）
大日本史料	（未刊）
琉球	察度王 **36**
高麗	辛禑 **11**
明	洪武 **18**

西暦		◀一三八六
年号・干支	北朝	丙寅《ひのえとら》 三
	南朝	三
天皇	北朝	
	南朝	
将軍		
管領		
記事		【政治・経済】 **3・14** 興福寺衆徒《こうふくじしゆと》ら蜂起《ほうき》(東金堂細々要記)。**5・14** これより先《さき》、足利義満《あしかがよしみつ》、足利氏満《あしかがうじみつ》に下総下河辺荘《しもうさしもこうべのしよう》を与《あた》える(頼印大僧正行状絵詞)。**5・27** 小山義政《おやまよしまさ》遺児《いじ》若犬丸《わかいぬまる》、下野《しもつけ》祇園城《ぎおんじよう》で挙兵《きよへい》し、守護木戸修理亮《しゆごきどしゆりのすけ》の軍《ぐん》を破《やぶ》る(鎌倉大草紙)。**7・12** 氏満《うじみつ》、下総古河《しもうさこが》に進《すす》み、若犬丸没落《わかいぬまるぼつらく》(鎌倉大草紙)。**8・25** 幕府《ばくふ》、山門諸社神人《さんもんしよしやのじにん》の催促《さいそく》と称《しよう》した狼藉《ろうぜき》を禁《きん》じ、不当催促《ふとうさいそく》を伴《ともな》う出訴《しゆつそ》の棄却《ききやく》を定《さだ》める(建武以来追加)。**9・2** 赤松氏範《あかまつうじのり》、播磨清水《はりましみず》で幕府軍《ばくふぐん》と戦《たたか》い敗死《はいし》(赤松系図)。**10・21** 義満《よしみつ》、天橋立《あまのはしだて》に遊《あそ》び帰京《ききよう》(空華日用工夫略集)。 【社会・文化】 **7・10** 幕府《ばくふ》、五山《ござん》の座位《ざい》を定《さだ》め、南禅寺《なんぜんじ》を五山《ござん》の上《うえ》とする(円覚寺文書)。**11・8** 伊予《いよ》『歯長寺縁起《しちようじえんぎ》』成《な》る。 【死没】 **9・2** 赤松氏範《あかまつうじのり》(57、武将《ぶしよう》)。**11・3** 了実《りようじつ》(83、浄土宗《じようどしゆう》僧侶《そうりよ》)。 《月の大小／朔日の干支・ユリウス暦》 一戊午(1・31)・二丁亥(3・1)・三丁巳(3・31)・四丙戌(4・29)・五丙辰(5・29)・六乙酉(6・27)・七乙卯(7・27)・八乙酉(8・26)・
大日本史料		
琉球		37
高麗		12
明		19

西暦	▶一三八六	一三八七
年号・干支 北朝	至徳 三 丙寅《ひのえとら》	嘉慶《かきょう》 元 8・23 ⑤ 丁卯《ひのとのう》
年号・干支 南朝	元中 三	四
天皇 北朝	(後小松)	
天皇 南朝	(後亀山)	
将軍	(足利義満)	
管領	(斯波義将)	
記事	九甲寅(9・24)・一〇甲申(10・24)・一一甲寅(11・23)・一二癸未(12・22)(太字は大の月) 【世界】明《みん》の洪武帝《こうぶてい》、林賢《りんけん》の陰謀《いんぼう》(洪武《こうぶ》一三年《ねん》に日本王《にほんおう》の兵《へい》を借《か》りた謀反《むほん》)発覚《はっかく》により、日本《にほん》と断交《だんこう》。ポーランド、ヤゲウォ朝成立《ちょうせいりつ》(～一五七二年《ねん》)。スイスの民衆軍《みんしゅうぐん》、オーストリア軍《ぐん》を破《やぶ》る。ドイツ、ハイデルベルク大学創立《だいがくそうりつ》。	【政治・経済】**4・28** 信濃《しなの》の村上《むらかみ》・小笠原《おがさわら》・高梨氏《たかなしし》、善光寺《ぜんこうじ》で挙兵《きょへい》し、守護《しゅご》斯波義種方《しばよしたねがた》と合戦《かっせん》(市河文書)。**閏《うるう》5・28** 信濃《しなの》の村上氏《むらかみし》ら、平芝《ひらしば》の守護所《しゅごしょ》を攻《せ》める(市河文書)。**7・19** 上杉朝宗《うえすぎともむね》、足利氏満《あしかがうじみつ》の命《めい》により、小山若犬丸《おやまわかいぬまる》を匿《かくま》った常陸《ひたち》の小田孝朝《おだたかとも》を男体城《なんたいじょう》に逐《お》う(鎌倉大草紙)。**8・-** 高麗《こうらい》の鄭地《ていち》、対馬《つしま》・壱岐《いき》両島《りょうとう》への出兵《しゅっぺい》を提言《ていげん》(高麗史節要)。**この年《とし》** 明《みん》、福建《ふっけん》の海辺《かいへん》に一六城《じょう》を築《きず》き、浙東《せっとう》・西《さい》にも築城《ちくじょう》し、倭寇《わこう》に備《そな》える(明史)。 【社会・文化】**閏《うるう》5・3** 阿蘇山噴火《あそさんふんか》(阿蘇文書)。**11・-** 二条良基《にじょうよしもと》『近来風体抄《きんらいふうていしょう》』成《な》る(同書奥書)。**この年《とし》** 広橋兼宣《ひろはしかねのぶ》、『兼宣公記《かねのぶこうき》』
大日本史料	(未刊)	
琉球	察度王 **37**	**38**
高麗	辛禑 **12**	**13**
明	洪武 **19**	⑥ **20**

を記《しる》す(～正長元年《しょうちょうがんねん》)。

【死没】

2・20 抜隊得勝《ばっすいとくしょう》(61、臨済宗僧侶《りんざいしゅうそうりょ》)。**3・17** 近衛道嗣《このえみちつぐ》(56、公卿《くぎょう》)。**閏5・4** 島津氏久《しまづうじひさ》(60、武将《ぶしょう》)。**10・19** 細川氏春《ほそかわうじはる》(武将《ぶしょう》)。**12・25** 土岐頼康《ときよりやす》(70、武将《ぶしょう》)。

《月の大小/朔日の干支・ユリウス暦》

一癸丑(1・21)・二壬午(2・19)・三辛亥(3・20)・四辛巳(4・19)・**五**庚戌(5・18)・閏五庚辰(6・17)・六己酉(7・16)・七己卯(8・15)・**八**戊申(9・13)・九戊寅(10・13)・一〇戊申(11・12)・一一丁丑(12・11)・一二丁未(88・1・10)(太字は大の月)

〖世界〗

イギリス、チョーサー、『カンタベリ物語《ものがたり》』の執筆開始《しっぴつかいし》。

項目	1388
西暦	◀一三八八
年号・干支 北朝	戊辰《つちのえたつ》 二
年号・干支 南朝	五
天皇 北朝	
天皇 南朝	
将軍	
管領	
大日本史料	
琉球	39
高麗	14
明	21

記事

【政治・経済】

この春《はる》 山名氏清《やまなうじきよ》、河内《かわち》で挙兵《きょへい》した楠木正秀《くすのきまさひで》を破《やぶ》る(南方紀伝)。**5・9** 尾張守護《おわりのしゅご》土岐満貞《ときみつさだ》、康行《やすゆき》の土岐惣領《ときそうりょう》を奪《うば》うため、康行女婿《やすゆきじょせい》の詮直《あきなお》と同国黒田《どうこくくろだ》で戦《たたか》う(明徳記)。**5・18** 上杉朝宗《うえすぎともむね》、白旗一揆《しらはたいっき》等《ら》を率《ひき》い、常陸男体城《ひたちなんたいじょう》を攻略《こうりゃく》(武州文書)。**6・1** 肥前下松浦《ひぜんしもまつら》住人《じゅうにん》等《ら》、一揆契諾状《いっきけいだくじょう》を結《むす》ぶ(青方文書)。**7・1** 今川了俊《いまがわりょうしゅん》・春屋妙葩《しゅんおくみょうは》、倭寇《わこう》の

西暦	▶一三八八
年号・干支 北朝	嘉慶 二 戊辰《つちのえたつ》
年号・干支 南朝	元中 五
天皇 北朝	（後小松）
天皇 南朝	（後亀山）
将軍	（足利義満）
管領	（斯波義将）

記事

被虜《ひりょ》二五〇人《にん》を高麗《こうらい》に返還《へんかん》し、大蔵経《だいぞうきょう》を求《もと》める（高麗史）。倭寇《わこう》、高麗《こうらい》の光州《こうしゅう》を陥《おと》す（高麗史）。**8・―** 高麗《こうらい》の鄭地《ていち》、楊広《ようこう》・全羅《ぜんら》・慶尚《けいしょう》三道《どう》の兵《へい》を率《ひき》いて倭寇《わこう》を撃退《げきたい》（高麗史節要）。**この秋《あき》** 足利義満《あしかがよしみつ》、駿河《するが》の富士山《ふじさん》を遊覧《ゆうらん》（南方紀伝）。**この年《とし》** 明《みん》が北元《ほくげん》を滅《ほろ》ぼし、国主《こくしゅ》の次子《じし》地保奴《ティパオヌー》らを琉球《りゅうきゅう》に流《なが》す（明実録）。

【社会・文化】

4・4 義堂周信没《ぎどうしゅうしんぼつ》・生前《せいぜん》『空華集《くうげしゅう》』『空華日用工夫略集《くうげにちようくふうりゃくしゅう》』を著《あらわ》す。**6・13** 二条良基没《にじょうよしもとぼつ》・生前《せいぜん》『筑波問答《つくばもんどう》』等《など》を著《あらわ》す。**8・13** 春屋妙葩没《しゅんおくみょうはぼつ》・詩集《ししゅう》に『雲門一曲《うんもんいっきょく》』、語録《ごろく》に『智覚《ちかく》普明国師語録《ふみょうこくしごろく》』がある。**この年以降応永九年《としいこうおうえいねん》の間《あいだ》** 四辻《よつつじ》善成《よしなり》『珊瑚秘抄《さんごひしょう》』成《な》るか。

【死没】

1・25 一色範光《いっしきのりみつ》（六四、武将《ぶしょう》）。**4・4** 義堂周信《ぎどうしゅうしん》（六四、五山文学僧《ござんぶんがくそう》）。**6・13** 二条良基《にじょうよしもと》（六九、公卿《くぎょう》）。**8・13** 春《しゅん》屋妙葩《おくみょうは》（七八、五山僧《ござんそう》）**9・9** 竜湫周沢《りょうしゅうしゅうたく》（八一、臨済宗《りんざいしゅう》僧侶《そうりょ》）。**11・11** 実導《じつどう》（八〇、浄土宗学僧《じょうどしゅうがくそう》）。

《月の大小／朔日の干支・ユリウス暦》

一丁丑（2・9）・二丙午（3・9）・三乙亥（4・7）・四乙巳（5・7）・五甲戌（6・5）・六癸卯（7・4）・七癸酉（8・3）・八壬寅（9・1）・

大日本史料	（未刊）
琉球	察度王 39
高麗	辛禑 14
明	洪武 21

		1389	1388
西暦		◀ 一三八九　図28	
年号・干支	北朝	康応《こうおう》元　2・9　己巳《つちのとみ》	
	南朝	六	
天皇	北朝		
	南朝		
将軍			
管領			
記事		【政治・経済】 2・- 高麗《こうらい》の兵船《へいせん》一〇〇艘《そう》、対馬《つしま》に襲来《しゅうらい》し、倭寇船《わこうせん》三〇〇艘《そう》を焼《や》く(高麗史節要)。 3・4 足利義満《あしかがよしみつ》、安芸《あき》厳島《いつくしま》に向《む》け出京《しゅつきょう》(~二六日《にち》帰《き》京《きょう》)(鹿苑院殿厳島詣記)。 3・6 義満《よしみつ》、讃岐《さぬき》宇多津《うたづ》に至《いた》り、細川頼之《ほそかわよりゆき》と会見《かいけん》(鹿苑院殿厳島詣記)。 8・- 琉球中山王察度《りゅうきゅうちゅうざんおうさっと》、倭寇《わこう》の捕虜《ほりょ》を高麗《こうらい》に送還《そうかん》(高麗史節要)。 9・16 義満《よしみつ》、高野山《こうやさん》に参詣《さんけい》(足利家官位記)。 【社会・文化】 三月以降《がついこう》 今川了俊《いまがわりょうしゅん》『鹿苑院殿厳島詣記《ろくおんいんどのいつくしまもうでき》』成《な》るか。 【死没】 2・29 善如《ぜんにょ》(57、本願寺《ほんがんじ》四世《せい》)。 3・23 月庵宗光《げったんそうこう》(64、禅僧《ぜんそう》)。 5・4 山名時義《やまなときよし》(44、武将《ぶしょう》)。 7・6 西園寺実俊《さいおんじさねとし》(55、公卿《くぎょう》)。 8・13 庭田重資《にわたしげすけ》(85、公卿《くぎょう》)。 9・25 石室善玖《せきしつぜんきゅう》(96、五山《ござん》僧《そう》)。	九壬申(10・1)・一〇壬寅(10・31)・一一壬申(11・30)・一二辛丑(12・29)(太字は大の月) 【世界】 スイス、オーストリアから事実上独立《じじつじょうどくりつ》。
大日本史料			
琉球		40	
高麗		恭譲王《きょうじょうおう》　辛昌《しんしょう》	
明		22	

西暦	▶ 一三八九	一三九〇
年号・干支 北朝	康応 元 2・9 己巳《つちのとのみ》	明徳《めいとく》 元 3・26 庚午《かのえうま》 ③
年号・干支 南朝	元中 六	七
天皇 北朝	(後小松)	
天皇 南朝	(後亀山)	
将軍	(足利義満)	
管領	(斯波義将)	
記事	《月の大小/朔日の干支・ユリウス暦》 一辛未(1・28)・二辛丑(2・27)・三庚午(3・28)・四庚子(4・27)・五己巳(5・26)・六戊戌(6・24)・七丁卯(7・23)・八丁酉(8・22)・九丙寅(9・20)・一〇丙申(10・20)・一一丙寅(11・19)・一二乙未(12・18)(太字は大の月) 〔世界〕 オスマン朝《ちょう》、コソヴォの戦《たたかい》で東欧連合軍《とうおうれんごうぐん》を破《やぶ》る。  図28 西園寺実俊花押	【政治・経済】 **3・17** 足利義満《あしかがよしみつ》、山名氏清《やまなうじきよ》・同満幸《どうみつゆき》に、山名時義《やまなときよし》の遺子《いし》時熙《ときひろ》・氏幸《うじゆき》の討伐《とうばつ》を命《めい》じる(但馬村岡山名家譜)。**閏《うるう》3・25** 幕府《ばくふ》、土岐康行《ときやすゆき》を美濃《みの》で追討《ついとう》する(土岐氏《ときし》の乱《らん》)(四天王法記)。**閏《うるう》3・-** 幕府《ばくふ》、土岐頼世《ときよりよ》を美濃《みの》、仁木満長《にっきみつなが》を尾張《おわり》の守護《しゅご》に補任《ぶにん》(松雲公採集遺編類纂・佐々木文書)。**この春《はる》** 河内守護《かわちのしゅごはたけやまもとくに》畠山基国と和泉守護《いずみのしゅご》山名氏清《やまなうじきよ》の軍《ぐん》、河内《かわち》で南朝方《なんちょうがた》の楠木《くすのき》・和田氏《わだし》を破《やぶ》る(南方紀伝)。**9・15** 義満《よしみつ》、越前《えちぜん》気比《けひ》
大日本史料	(未刊)	
琉球	察度王 **40**	**41**
高麗	恭譲王 辛昌	**2**
明	洪武 **22**	④ **23**

西暦：図29

年号・干支　北朝：
年号・干支　南朝：

天皇　北朝：
天皇　南朝：

将軍：

管領：

記事：

社参詣《しやさんけい》のため出京《しゆつきよう》(東寺王代記)。**9・－** 今川了俊《いまがわりようしゆん》、良成親王《よしなりしんのう》・菊池武朝《きくちたけとも》を肥後宇土《ひごうと》・河尻《かわしり》・南郡《なんぐん》で破《やぶ》る(深堀文書)。

【社会・文化】

7・8 成阿《じようあ》、『融通念仏縁起《ゆうずうねんぶつえんぎ》』(大念仏寺本《だいねんぶつじぼん》)を開版《かいはん》。**7・－～8・－** 大雨《おおあめ》つづく。前年来飢饉《ぜんねんらいききん》(南方紀伝・武家年代記)。

【死没】

閏《うるう》3・22 無文元選《むもんげんせん》(68、臨済宗僧侶《りんざいしゆうそうりよ》)。

《月の大小／朔日の干支・ユリウス暦》

一乙丑(1・17)・二乙未(2・16)・三乙丑(3・18)・閏三甲午(4・16)・四癸亥(5・15)・五癸巳(6・14)・六壬戌(7・13)・七辛卯(8・11)・八辛酉(9・10)・九庚寅(10・9)・一〇庚申(11・8)・一一己丑(12・7)・一二己未(91・1・6)(太字は大の月)

〖世界〗

ハーフィズ没《ぼつ》(イランの抒情詩人《じよじようしじん》)。

図29
今川了俊(貞世)花押

大日本史料：

琉球：

高麗：

明：

西暦	一三九一
年号・干支　北朝	明徳 二 辛未《かのとのひつじ》
年号・干支　南朝	元中 八
天皇　北朝	(後小松)
天皇　南朝	(後亀山)
将軍	(足利義満)
管領	(斯波義将) 3・12 ｜ 4・8 細川頼元《ほそかわよりもと》
記事	【政治・経済】 3・4 安芸熊谷一族等《あきくまがいいちぞくら》、一揆契諾状《いっきけいだくじょう》を結《むす》ぶ(熊谷家文書)。4・3 細川頼之《ほそかわよりゆき》上洛《じょうらく》(東寺王代記)。4・8 幕府《ばくふ》、細川頼《ほそかわより》元《もと》を管領《かんれい》とする(武家年代記)。9・15～20 足利義満《あしかがよしみつ》、春日《かすが》社等《しゃなど》に参詣《さんけい》(明徳二年室町殿春日詣記)。9・- 倭寇《わこう》、明《みん》の雷《らい》州《しゅう》を侵掠《しんりゃく》(明史)。この秋《あき》 今川了俊《いまがわりょうしゅん》、肥後八代《ひごやつしろ》を攻略《こうりゃく》し、名和顕興《なわあきおき》を降伏《こうふく》させる(武雄神社文書)。10・8 五条《ごじょう》頼治《よりはる》ら南朝軍《なんちょうぐん》、豊後守護大友親世《ぶんごのしゅごおおともちかよ》の軍《ぐん》を筑後津江《ちくごつえ》で破《やぶ》る(五条文書)。10・11 義満《よしみつ》、宇治《うじ》の山名氏清別邸《やまなうじきよべってい》に赴《おもむ》き、山名時熙《やまなときひろ》・氏幸《うじゆき》の赦免《しゃめん》を図《はか》るが、氏清不参《うじきよふさん》により実現《じつげん》せず(明徳記)。11・8 義満《よしみつ》、出雲《いずも》の仙洞領《せんとうりょう》を押領《おうりょう》する出雲《いずも》等守護山名満幸《とうのしゅごやまなみつゆき》を丹後《たんご》に追放《ついほう》(明徳記)。12・19 幕府《ばくふ》、山《やま》名氏清《なうじきよ》・満幸《みつゆき》の謀反準備《むほんじゅんび》を知《し》る(明徳記)。12・30 山名氏《やまなうじ》清《きよ》・満幸《みつゆき》、幕府軍《ばくふぐん》と山城内野《やましろうちの》で戦《たたか》い敗北《はいぼく》・氏清戦死《うじきよせんし》(明徳《めいとく》の乱《らん》)(明徳記)。 【社会・文化】 10・16 京都地震《きょうとじしん》(康富記)。この年《とし》 飢饉《ききん》、疫病流行《えきびょうりゅうこう》(常楽記)。 【死没】 3・29 伊勢貞継《いせさだつぐ》(83、幕臣《ばくしん》)。5・5 通幻寂霊《つうげんじゃくれい》(70、曹洞宗《そうとうしゅう》
大日本史料	(未刊)
琉球	察度王 42
高麗	恭譲王 3
明	洪武 24

1391（明徳**2**・元中**8**）

西暦	図31 図30
年号・干支 北朝	
年号・干支 南朝	
天皇 北朝	
天皇 南朝	
将軍	
管領	

記事

僧侶《そうりょ》）。**10・11** 佐々木高秀《ささきたかひで》（守護大名《しゅごだいみょう》）。**11・14** 雲渓支山《うんけいしざん》（62、臨済宗僧侶《りんざいしゅうそうりょ》）。**12・30** 山名氏清《やまなうじきよ》（48、武将《ぶしょう》、守護大名《しゅごだいみょう》）。

この年《とし》 上杉朝房《うえすぎともふさ》（関東管領《かんとうかんれい》）。

《月の大小／朔日の干支・ユリウス暦》

一己丑（2・5）・二己未（3・7）・三戊子（4・5）・四戊午（5・5）・**五**丁亥（6・3）・六丁巳（7・3）・七丙戌（8・1）・八乙卯（8・30）・九乙酉（9・29）・一〇甲寅（10・28）・一一甲申（11・27）・一二癸丑（12・26）（太字は大の月）

〖世界〗

北元滅亡《ほくげんめつぼう》。

図30
山名氏清花押

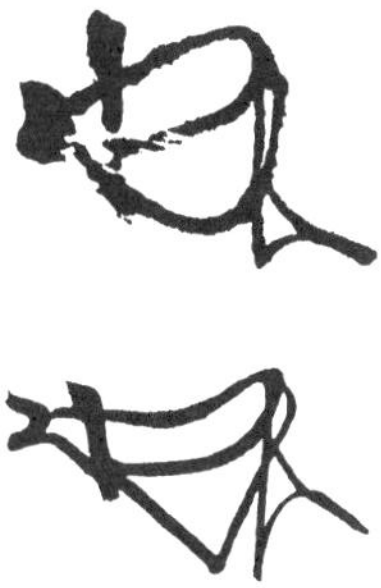

図31
上杉朝房花押

大日本史料	
琉球	
高麗	
明	

西暦	一三九二 図32
年号・干支 北朝	明徳三 壬申《みずのえさる》 ⑩
年号・干支 南朝	元中九
天皇 北朝	(後小松)
天皇 南朝	(後亀山)
将軍	(足利義満)
管領	(細川頼元)

記事

【政治・経済】

1・4 幕府《ばくふ》、山名《やまな》氏清《うじきよ》・満幸《みつゆき》らの守護分国《しゅごぶんこく》を分配《ぶんぱい》し、同時《どうとき》熙《ひろ》を但馬《たじま》、氏幸《うじゆき》を伯耆《ほうき》、大内義弘《おおうちよしひろ》を和泉《いずみ》・紀伊守護《きいのしゅご》とする(明徳記)。**1・18** 河内守護《かわちのしゅご》畠山基国《はたけやまもとくに》、楠木正勝《くすのきまさかつ》らの千《ち》早城《はやじょう》を攻略《こうりゃく》(渡辺系図)。**2・13** 大内義弘《おおうちよしひろ》、紀伊《きい》の山名《やまな》義理《よしただ》討伐《とうばつ》のため出京《しゅっきょう》(明徳記)。**2・―** 足利義満《あしかがよしみつ》、出羽《でわ》・陸奥《むつ》を鎌倉府《かまくらふ》の管轄《かんかつ》に加《くわ》える(喜連川判鑑)。**7・5** 肥前《ひぜん》下松浦《しもまつら》住人等《じゅうにんら》、一揆契諾状《いっきけいだくじょう》を結《むす》ぶ(青方文書)。**8・28** 義《よし》満《みつ》、相国寺落慶供養《しょうこくじらっけいくよう》に臨席《りんせき》(相国寺供養記)。**10・25** 南北《なんぼく》両朝《りょうちょう》の和議《わぎ》が調《ととの》い、北朝《ほくちょう》、神器帰座《じんぎきざ》の日《ひ》を卜定《ぼくじょう》し、大内義弘《おおうちよしひろ》を吉野《よしの》に派遣《はけん》(続神皇正統記)。**閏《うるう》10・2** 後亀山《ごかめやま》天皇入京《てんのうにゅうきょう》、大覚寺《だいかくじ》に入《はい》る(続神皇正統記)。**閏《うるう》10・5** 後《ご》亀山《かめやま》、後小松天皇《ごこまつてんのう》に神器《じんぎ》を渡《わた》す(南北朝《なんぼくちょう》の合体《がったい》)(続神皇正統記)。**12・27** 義満《よしみつ》、絶海中津《ぜっかいちゅうしん》作成《さくせい》の返書《へんしょ》を高麗《こうらい》に送《おく》り、倭寇禁圧《わこうきんあつ》と俘虜送還《ふりょそうかん》を約《やく》す(善隣国宝記)。**12・―** 義満《よしみつ》、法華経万部経会《ほけきょうまんぶきょうえ》を内野《うちの》で修《しゅう》し、明徳《めいとく》の乱戦没者《らんせんぼっしゃ》を追善《ついぜん》(明徳記)。

【社会・文化】

8・28 東坊城秀長《ひがしぼうじょうひでなが》、『相国寺供養記《しょうこくじくようき》』を著《あらわ》す。

【死没】

大日本史料	(未刊)
琉球	察度王 43
朝鮮	太祖《たいそ》
明	⑫ 洪武 25

西暦	
年号・干支 北朝	
年号・干支 南朝	
天皇 北朝	
天皇 南朝	⑩・5
将軍	
管領	
記事	**2・28** 日什《にちじゆう》（79、日蓮宗僧侶《にちれんしゆうそうりよ》）。**3・2** 細川頼之《ほそかわよりゆき》（64、武《ぶ》将《しよう》、管領《かんれい》）。**4・26** 頼印《らいいん》（70、真言宗学僧《しんごんしゆうがくそう》）。**5・29** 聖憲《しようけん》（86、真言宗僧侶《しんごんしゆうそうりよ》）。**6・25** 渋川幸子《しぶかわこうし》（61、足利義詮正室《あしかがよしあきらせいしつ》）。 《月の大小／朔日の干支・ユリウス暦》 一癸未（1・25）・二癸丑（2・24）・三壬午（3・24）・四壬子（4・23）・五壬午（5・23）・六辛亥（6・21）・七辛巳（7・21）・八庚戌（8・19）・九己卯（9・17）・一〇己酉（10・17）・閏一〇戊寅（11・15）・一一丁未（12・14）・一二丁丑（93・1・13）（太字は大の月） 〔世界〕 高麗《こうらい》滅《ほろ》び、李氏《りし》朝鮮建国《ちようせんけんこく》。
大日本史料	7編1 ⑩・1
琉球	
朝鮮	
明	

図32
相国寺法堂（慶長10年）

西暦	一三九三
年号・干支	明徳 四 癸酉《みずのととり》
天皇	（後小松）
将軍	（足利義満）
管領	（細川頼元） 6・5 6・5 斯波義将《しばよしまさ》

【政治・経済】
2・5 山名満幸《やまなみつゆき》、出雲《いずも》で挙兵《きよへい》（諸家文書纂）。**2・9** 良成親王《よしなりしんのう》、阿蘇惟政《あそこれまさ》に挙兵《きよへい》を催促《さいそく》し九州南朝方《きゆうしゆうなんちようがた》の再興《さいこう》を謀《はか》る（阿蘇文書）。**4・11** 足利義満《あしかがよしみつ》、伊予守護河野通義《いよのしゆごこうのみちよし》に、山名氏清《やまなうじきよ》救援《きゆうえん》の伯耆《ほうき》派兵《はへい》を命《めい》じる（諸家文書纂）。**11・26** 幕府《ばくふ》、洛中洛外《らくちゆうらくがい》の土倉《どそう》・酒屋役《さかややく》の制《せい》を定《さだ》め、寺社権門《じしやけんもん》の両役賦課《りようやくふか》を禁《きん》じる（建武以来追加）。**12・13** 義満《よしみつ》、大内義弘《おおうちよしひろ》を一族《いちぞく》に準《じゆん》ずる（蜷川家文書）。**12・-** 播磨矢野荘《はりまやののしよう》百姓《ひやくしよう》、代官《だいかん》の非法《ひほう》を訴《うつた》え逃散《ちようさん》（東寺百合文書）。

【社会・文化】
6・-～7・- 大旱魃《だいかんばつ》（如是院年代記）。**8・22** 南禅寺《なんぜんじ》全焼《ぜんしよう》（良賢真人記）。

【死没】
4・24 綽如《しやくによ》（44、本願寺《ほんがんじ》五世《せい》）。**4・26** 後円融上皇《ごえんゆうじようこう》（36）。**8・12** 無著妙《むじやくみよう》融《ゆう》（61、曹洞宗僧侶《そうとうしゆうそうりよ》）。

《月の大小／朔日の干支・ユリウス暦》
一丁未（2・12）・二丙子（3・13）・三丙午（4・12）・四丙子（5・12）・五乙巳（6・10）・六乙亥（7・10）・七甲辰（8・8）・八甲戌（9・7）・九癸卯（10・6）・一〇癸酉（11・5）・一一壬寅（12・4）・一二壬申（94・1・3）（太字は大の月）

【世界】
明《みん》、藍玉《らんぎよく》の獄《ごく》。

大日本史料	（7編1）
琉球	察度王 44
朝鮮	太祖 2
明	洪武 26

西暦	一三九四
年号・干支	応永《おうえい》元 7・5 甲戌《きのえいぬ》
天皇	
将軍	足利義持《あしかがよしもち》 12・17 | 12・17
管領	

記事

【政治・経済】 1・19 相良前頼《さがらさきより》、日向都城《ひゅうがみやこのじょう》で戦死《せんし》(歴代参考)。 2・6 後亀山上皇《ごかめやまじょうこう》、天竜寺《てんりゅうじ》で足利義満《あしかがよしみつ》と会見《かいけん》(荒暦)。 3・15 義満《よしみつ》、興福寺《こうふくじ》常楽会《じょうらくえ》に臨席《りんせき》(兼宣公記)。 7・28 幕府《ばくふ》、右近衛府《うこのえふ》駕輿丁《かよちょう》への米酒《べいしゅ》等課役《とうかやく》を免除《めんじょ》(北野宮三年一請会引付)。 8・16 幕府《ばくふ》、今川了俊《いまがわりょうしゅん》に島津伊久《しまづこれひさ》・元久《もとひさ》の討伐《とうばつ》を命《めい》じる(禰寝氏正統文献雑聚)。 9・11～14 義満《よしみつ》、日吉社《ひよししゃ》に参詣《さんけい》(日吉社室町殿御社参記)。 9・- 琉球中山王察度《りゅうきゅうちゅうざんおうさつと》、朝鮮《ちょうせん》に逃亡《とうぼう》した山南王子《さんなんおうじ》の返還《へんかん》を要求《ようきゅう》(朝鮮王朝実録)。 12・17 義満《よしみつ》、子義持《こよしもち》に将軍職《しょうぐんしょく》を譲《ゆず》る(兼宣公記)。 12・25 義満《よしみつ》、太政大臣《だじょうだいじん》となる(公卿補任)。

【社会・文化】 7・13 今川了俊《いまがわりょうしゅん》、朝鮮《ちょうせん》に捕虜《ほりょ》六五九人《にん》を送還《そうかん》、大蔵経《だいぞうきょう》を求《もと》める(朝鮮王朝実録)。 9・24 相国寺《しょうこくじ》炎上《えんじょう》(大乗院日記目録)。 この年《とし》 足利氏満《あしかがうじみつ》、下総円福寺《しもうさえんぷくじ》を創建《そうこん》(円福寺記録)。

【死没】 1・19 相良前頼《さがらさきより》(武将《ぶしょう》)。 8・1 長慶法皇《ちょうけいほうおう》(52)。 10・24 上杉憲方《うえすぎのりかた》(60、関東管領《かんとうかんれい》)。

《月の大小／朔日の干支・ユリウス暦》
一辛丑(2・1)・二辛未(3・3)・三庚子(4・1)・四庚午(5・1)・五己亥(5・30)・六己巳(6・29)・七己亥(7・29)・八戊辰(8・27)・九戊戌(9・26)・一〇丁卯(10・25)・一一丁酉(11・24)・一二丙寅(12・23)(太字は大の月)

大日本史料	
琉球	45
朝鮮	3
明	27

西暦	一三九五
年号・干支	応永 二 ⑦ 乙亥《きのとのい》
天皇	(後小松)
将軍	(足利義持)
管領	(斯波義将)
記事	【政治・経済】 **3・10** 侍所頭人京極高詮《さむらいどころのとうにんきようごくたかのり》、山名満幸《やまなみつゆき》を京都《きようと》で誅殺《ちゆうさつ》(荒暦)。**6・3** 足利義満《あしかがよしみつ》、太政大臣《だじようだいじん》を辞《じ》し、二〇日、出家《しゆつけ》・多《おお》くの公家《くげ》・武家《ぶけ》が追従《ついじゆう》する(荒暦)。**7・ー** 今川了俊《いまがわりようしゆん》、朝鮮《ちようせん》に捕虜《ほりよ》五七〇余人《よにん》を送還《そうかん》し、大蔵経《だいぞうきようぞうよ》贈与に報《むく》いる(朝鮮王朝実録)。**8・10** これより先《さき》、幕府《ばくふ》、今川了俊《いまがわりようしゆん》を京都《きようと》に召還《しようかん》・この日《ひ》、遠江半国守護《とおとうみのはんごくしゆご》に補任《ぶにん》(東寺百合文書)。**この秋《あき》** 武蔵佐々目郷《むさしささめごう》・上総佐坪郷《かずささつぼごう》の農民《のうみん》、年貢減免《ねんぐげんめん》を求《もと》め強訴《ごうそ》・逃散《ちようさん》(鶴岡事書日記)。幕府《ばくふ》、倭寇《わこう》二〇余人《よにん》を捕《とら》えて明《みん》へ送《おく》る(南方紀伝)。**11・14** 了俊《りようしゆん》、駿河半国守護《するがのはんごくしゆご》に補任《ぶにん》され、この日《ひ》、京都《きようと》より下向《げこう》(阿蘇家文書)。**12・18** 肥前五島有河住人等《ひぜんごとうありかわじゆうにんら》、寄合浦中《よりあいうらちゆう》のことを裁《さば》く(青方文書)。 【社会・文化】 **7・11** 足利義満《あしかがよしみつ》、明《みん》より重宝《じゆうほう》を贈《おく》られる(荒暦)。**11・2** 義満《よしみつ》、満済《まんさい》を三宝院門跡《さんぼういんもんぜき》とする・ついで一二月二九日《がつにち》、満済《まんさい》、醍醐寺座主《だいごじざす》となる(醍醐寺座主拝堂日記)。 【死没】 **3・10** 山名満幸《やまなみつゆき》(武将《ぶしよう》)。**10・5** 察度王《さつとおう》(75、琉球国王《りゆうきゆうこくおう》)。 《月の大小/朔日の干支・ユリウス暦》 一丙申(1・22)・二乙丑(2・20)・三乙未(3・22)・四甲子(4・20)・五甲午(5・20)・六癸亥(6・18)・七癸巳(7・18)・閏七壬戌(8・16)・八辛卯(9・14)・九辛酉(10・14)・一〇辛卯(11・13)・一一辛酉(12・13)・一二庚寅(96・1・11)(太字は大の月)
大日本史料	(**7編1**)　4・ー　**7編2**
琉球	察度王 **46**
朝鮮	太祖 **4**
明	⑨ 洪武 **28**

西暦	一三九六
年号・干支	丙子《ひのえね》 三
天皇	
将軍	
管領	

記事

【政治・経済】

2・28 足利氏満《あしかがうじみつ》、陸奥《むつ》に挙兵《きょへい》した小山若犬丸《おやまわかいぬまる》討伐《とうばつ》のため鎌倉《かまくら》を出立《しゅったつ》（雲頂庵文書）。 **4・27** 九州探題渋川満頼《きゅうしゅうたんだいしぶかわみつより》、豊前守護《ぶぜんのしゅご》に補任《ぶにん》され、国人《こくじん》に下《げ》向《こう》を通知《つうち》（佐田文書）。 **12・9** 倭寇船《わこうせん》六〇艘《そう》、朝鮮《ちょうせん》に降伏《こうふく》し、食糧《しょくりょう》と土《と》地《ち》を求《もと》める．朝鮮《ちょうせん》、首領疚六《しゅりょうくろく》らに官職授与《かんしょくじゅよ》（朝鮮王朝実録）。

【社会・文化】

3・18 高倉永行《たかくらながゆき》『法体装束抄《ほったいしょうぞくしょう》』成《な》る。 **3・-** 大内義弘《おおうちよしひろ》、朝鮮《ちょうせん》に俘虜《ふりょ》を送《そう》還《かん》し、大蔵経《だいぞうきょう》を求《もと》める（朝鮮王朝実録）。 **4・-** 足利氏満《あしかがうじみつ》、足利義満《あしかがよしみつ》の求《もと》めに応《おう》じ、円覚寺《えんがくじ》の仏舎利《ぶつしゃり》を送《おく》る（喜連川判鑑）。 **9・20** 義満《よしみつ》、延暦寺《えんりゃくじ》大講《だいこう》堂供養《どうくよう》に臨席《りんせき》し、翌《よく》二一日《にち》、受戒《じゅかい》（山門大講堂供養記）。

【死没】

1・17 結城直光《ゆうきなおみつ》（67、武将《ぶしょう》）。 **5・-** 今出川公直《いまでがわきんなお》（62、公卿《くぎょう》）。

《月の大小／朔日の干支・ユリウス暦》

一庚申（2・10）・二己丑（3・10）・三己未（4・9）・四戊子（5・8）・五戊午（6・7）・六丁亥（7・6）・七丙辰（8・4）・八丙戌（9・3）・九丙辰（10・3）・一〇丙戌（11・2）・一一乙卯（12・1）・一二乙酉（12・31）（太字は大の月）

【世界】

オスマン帝国《ていこく》、ニコポリスの戦《たたか》いでヨーロッパ十字軍《じゅうじぐん》を破《やぶ》る。

大日本史料	
琉球	武寧王《ぶねいおう》
朝鮮	5
明	29

西暦 一三九七

年号・干支 応永 四
丁丑《ひのとのうし》

天皇 （後小松）

将軍 （足利義持）

管領 （斯波義将）

記事

【政治・経済】
1・15 小山若犬丸《おやまわかいぬまる》、会津《あいづ》で自害《じがい》（鎌倉九代後記）。**5・26** 幕府《ばくふ》、大山崎神《おおやまざきのじ》人《にん》の公事《くじ》・土倉役《どそうやく》を免除《めんじょ》し、摂津《せっつ》・近江《おうみ》土民《どみん》の荏胡麻《えごま》売買《はんばい》を禁止《きんし》（離宮八幡宮文書）。**5・-** 朝鮮《ちょうせん》、降伏後《こうふくご》に逃走《とうそう》した倭寇《わこう》の処罰《しょばつ》を対馬守護《つしまのしゅご》宗貞茂《そうさだしげ》に要求《ようきゅう》（朝鮮王朝実録）。**8・5** 足利義満《あしかがよしみつ》、使者《ししゃ》を明《みん》に派遣《はけん》（足利家官位記）。**11・24** 近江堅田《おうみかただ》と菅浦《すがうら》、湖上《こじょう》の漁場《ぎょじょう》の境界《きょうかい》を定《さだ》める（菅浦文書）。**12・-** 朝鮮《ちょうせん》、回礼使《かいれいし》朴敦之《ぼくとんし》を大内義弘《おおうちよしひろ》に遣《つか》わし、義満《よしみつ》と協力《きょうりょく》した倭寇禁圧《わこうきんあつ》を依頼《いらい》（朝鮮王朝実録）。**この年** 幕府《ばくふ》、大内義弘《おおうちよしひろ》・大友親世《おおともちかよ》らに少弐貞頼《しょうにさだより》・菊《きく》池武朝《ちたけとも》討伐《とうばつ》を命《めい》じる（阿蘇文書）。

【社会・文化】
4・16 足利義満《あしかがよしみつ》の北山第《きたやまてい》、立柱《りっちゅう》上棟《じょうとう》（大乗院日記目録）。**8・-** 小早川春《こばやかわはる》平《ひら》、安芸《あき》仏通寺《ぶつつうじ》を創建《そうこん》し、愚中周及《ぐちゅうしゅうきゅう》を開山《かいさん》とする（大通禅師語録）。**11・18** 建仁寺《けんにんじ》炎上《えんじょう》（如是院年代記）。**12・-** 渋川満頼《しぶかわみつより》、朝鮮《ちょうせん》に使《つかい》を送《おく》り大蔵《だいぞう》経《きょう》を求《もと》める（朝鮮王朝実録）。

【死没】
1・15 小山若犬丸《おやまわかいぬまる》（武将《ぶしょう》）。**5・7** 細川頼元《ほそかわよりもと》（55、武将《ぶしょう》、管領《かんれい》）。**12・20** 九《く》条忠基《じょうただもと》（53、公卿《くぎょう》）。

《月の大小／朔日の干支・ユリウス暦》
一乙卯（1・30）・二甲申（2・28）・三癸丑（3・29）・四癸未（4・28）・五壬子（5・27）・六辛巳（6・25）・七辛亥（7・25）・八庚辰（8・23）・九庚戌（9・22）・一〇庚辰（10・22）・一一己

大日本史料 （7編2） 是歳 7編3

琉球 武寧王 2

朝鮮 太祖 6

明 洪武 30

西暦		一三九八
年号・干支		五 戊寅《つちのえとら》 ④
天皇		
将軍		
管領		④・23 6・20 畠山基国《はたけやまもとくに》
記事	酉(11・20)・十二己卯(12・20)(太字は大の月) 【世界】 カルマル同盟《どうめい》・北欧《ほくおう》三国《ごく》によるデンマーク連合王国成立《れんごうおうこくせいりつ》。	【政治・経済】 **2・-** 琉球国山南王温沙道《りゅうきゅうこくさんなんおうおんしゃどう》、中山王《ちゅうざんおう》武寧《ぶねい》に逐《お》われ朝鮮《ちょうせん》に逃《のが》れる(朝鮮王朝実録)。**8・-** 足利義満《あしかがよしみつ》、朴敦之《ぼくとんし》の朝鮮《ちょうせん》帰国《きこく》に際《さい》し、書《しょ》を送《おく》り倭寇《わこう》禁《きん》圧《あつ》を約《やく》する(善隣国宝記)。**10・16** 大内義弘《おおうちよしひろ》、九州探題渋川満頼《きゅうしゅうたんだいしぶかわみつより》加勢《かせい》のため出京《しゅっきょう》(迎陽記)。 【社会・文化】 **2・-**『光明真言功徳絵巻《こうみょうしんごんくどくえまき》』成《な》るか(同書奥書)。**8・1**『大山寺縁起《だいせんじえんぎ》』書写《しょしゃ》。 【死没】 **1・13** 崇光法皇《すこうほうおう》(65)。**5・14** 直仁親王《なおひとしんのう》(64、花園天皇皇子《はなぞのてんのうおうじ》)。**11・4** 足利氏満《あしかがうじみつ》(40、鎌倉公方《かまくらくぼう》)。 《月の大小/朔日の干支・ユリウス暦》 一己酉(1・19)・二己卯(2・18)・三戊申(3・19)・四丁丑(4・17)・閏四丁未(5・17)・五丙子(6・15)・六乙巳(7・14)・七乙亥(8・13)・八甲辰(9・11)・九甲戌(10・11)・一〇癸卯(11・9)・一一癸酉(12・9)・一二癸卯(99・1・8)(太字は大の月) 【世界】 ティムール、デリーを侵略《しんりゃく》。
大日本史料		
琉球		3
朝鮮		7
明		31 恵帝《けいてい》 ⑤

西暦	年号・干支	天皇	将軍	管領	記事	大日本史料	琉球	朝鮮	明
一三九九	応永 六 己卯《つちのとのう》	(後小松)	(足利義持)	(畠山基国)	【政治・経済】 **この春《はる》** 鎌倉公方《かまくらくぼう》足利満兼《あしかがみつかね》、弟《おとうと》満貞《みつさだ》(稲村御所《いなむらごしょ》)・満直《みつなお》(篠川御所《ささがわごしょ》)を陸奥《むつ》に派遣《はけん》し、南奥州支配《みなみおうしゅうしはい》の要《かなめ》とする(鎌倉大草紙)。**6・ー** 大内義弘《おおうちよしひろ》、朝鮮《ちょうせん》を侵《おか》す倭寇《わこう》を討《う》つ(朝鮮王朝実録)。**7・ー** 義弘《よしひろ》、百済《くだら》の後裔《こうえい》と称《しょう》し、土田《どでん》の給与《きゅうよ》を朝鮮《ちょうせん》に要求《ようきゅう》する(朝鮮王朝実録)。**10・13** 大内義弘《おおうちよしひろ》、和泉堺《いずみさかい》に到着《とうちゃく》し反意《はんい》を表《あらわ》す。足利義満《あしかがよしみつ》、絶海中津《ぜっかいちゅうしん》に慰撫《いぶ》させるが失敗《しっぱい》(応永記)。**10・28** 義弘《よしひろ》、足利満兼《あしかがみつかね》の鎌倉進発《かまくらしんぱつ》を興福寺《こうふくじ》に報《ほう》じて味方《みかた》に誘《さそ》うなど兵《へい》を募《つの》る(寺門事条々聞書)。**11・8** 義満《よしみつ》、男山八幡《おとこやまはちまん》に出陣《しゅつじん》(東院毎日雑々記)。**11・21** 満兼《みつかね》、武蔵府中《むさしふちゅう》ついで下野足利《しもつけあしかが》に出陣《しゅつじん》(鎌倉大草紙)。**11・ー** 丹波《たんば》の山名時晴《やまなときはる》、美濃《みの》の土岐詮直《ときあきなお》、近江《おうみ》の京極秀満《きょうごくひでみつ》ら、義弘《よしひろ》に呼応《こおう》(応永記)。**12・21** 幕府軍《ばくふぐん》、堺城《さかいじょう》を攻略《こうりゃく》。大内義弘《おおうちよしひろ》は討死《うちじに》、弟《おとうと》弘茂《ひろしげ》は投降《とうこう》(応永《おうえい》の乱《らん》)(寺門事条々聞書)。**12・ー** 幕府《ばくふ》、義弘《よしひろ》の分国《ぶんこく》を没収《ぼっしゅう》し、大内弘茂《おおうちひろしげ》を防長《ぼうちょう》、仁木義員《にっきよしかず》を和泉《いずみ》、畠山基国《はたけやまもとくに》を紀伊《きい》の各守護《かくしゅご》に任《にん》じる(益田文書・前田家所蔵文書・随心院文書)。 【社会・文化】 **3・11** 興福寺金堂供養《こうふくじこんどうくよう》、足利義満臨席《あしかがよしみつりんせき》(東院毎日雑々記)。**6・15** 洞院公定《とういんきんさだ》没《ぼつ》。生前《せいぜん》『尊卑分脈《そんぴぶんみゃく》』『公定公記《きんさだこうき》』を著《あらわ》す。**6・ー** 炎旱《えんかん》のため降雨《こうう》を祈《いの》る(迎陽記)。**9・15** 足利義満《あしかがよしみつ》、義詮三十三回忌《よしあきらさんじゅうさんかいき》のため、建久《けんきゅう》の東大寺供養《とうだいじくよう》に准《じゅん》じ、相国寺《しょうこくじ》七重塔供養《じゅうのとうくよう》を行《おこな》う(相国寺塔供養記)。一条経嗣《いちじょうつねつぐ》、『相国寺塔供養記《しょうこくじとうくようき》』を著《あらわ》す。**12・ー** 堺《さかい》、戦火《せんか》で焼《や》ける(応永記)。	(7編3) 7・ー 7編4	武寧王 4	定宗《ていそう》	建文《けんぶん》(1.1)

西暦	一四〇〇 ◀	
年号・干支	七 庚辰《かのえたつ》	
天皇		
将軍		
管領		

【死没】
6・15 洞院公定《とういんきんさだ》(60、公卿《くぎょう》)。12・21 大内義弘《おおうちよしひろ》(44、武将《ぶしょう》)。
《月の大小／朔日の干支・ユリウス暦》
一癸酉(2・7)・二壬寅(3・8)・三壬申(4・7)・四辛丑(5・6)・五辛未(6・5)・六庚子(7・4)・七己巳(8・2)・八己亥(9・1)・九戊辰(9・30)・一〇戊戌(10・30)・一一丁卯(11・28)・一二丁酉(12・28)(太字は大の月)
〖世界〗
明《みん》、燕王棣《えんおうてい》、挙兵《きょへい》(靖難《せいなん》の変《へん》)。イギリス、ランカスター朝成立《ちょうせいりつ》。

【政治・経済】
1・11 足利義満《あしかがよしみつ》、今川了俊《いまがわりようしゅん》の遠江《とおとうみ》・駿河《するが》両半国守護職《りようはんごくしゅごしき》を没収《ぼっしゅう》し、その討伐《とうばつ》を上杉憲定《うえすぎのりさだ》に命《めい》じる(古証文・上杉家文書)。3・5 足利満兼《あしかがみつかね》、鎌倉《かまくら》に帰《かえ》る(吉田家日次記)。3・8 稲村御所足利満貞《いなむらごしょあしかがみつさだ》、伊達政宗《だてまさむね》・蘆名満盛《あしなみつもり》討《とう》伐《ばつ》を結城満朝《ゆうきみつとも》に命《めい》じる(結城文書)。4・8 幕府《ばくふ》、東寺領洛中散在敷地《とうじりようらくちゅうさんざいしきち》に対《たい》する賀茂社《かもしゃ》の地口銭催促《じぐちせんさいそく》を停止《ちょうじ》(東寺文書)。5・10 これより先《さき》、渋《しぶ》川満頼《かわみつより》、大内盛見《おおうちもりみ》と豊前《ぶぜん》で戦《たたか》い、この日《ひ》、阿蘇惟村《あそこれむら》に来援《らいえん》を促《うなが》す(阿蘇文書)。7・6 幕府《ばくふ》、日向《ひゅうが》を料国《りようごく》として今川法世《いまがわほうせい》に預《あず》け置《お》く(薩藩旧記)。7・11 大内弘茂《おおうちひろしげ》、同盛見《どうもりみ》退治《たいじ》のため、周防《すおう》・長門《ながと》に向《む》け出京《しゅっきょう》(益田文書)。7・– 了俊《りようしゅん》、降参《こうさん》(尊道親王行状)。9・2 了俊次男《りようしゅんじなん》上洛《じようらく》・幕府《ばくふ》、了《りよう》俊《しゅん》不参《ふさん》により、再度討伐《さいどとうばつ》を命《めい》じる(吉田家日次記)。9・24 小笠原長秀《おがさわらながひで》、

史料 大日本		
琉球	5	
朝鮮	2	
明	2	

	1400	1401
西暦	▶ 一四〇〇	一四〇一
年号・干支	応永 七 庚辰《かのえたつ》	八 辛巳《かのとのみ》 ①
天皇	(後小松)	
将軍	(足利義持)	
管領	(畠山基国)	
記事	信濃守護《しなののしゅご》として入部《にゅうぶ》するが村上満信《むらかみみつのぶ》・大文字一揆《だいもんじいっきら》等に敗北《はいぼく》(市河文書)。 【社会・文化】 **この年**《とし》 急渓中韋《きゅうけいちゅうい》撰《せん》『西方寺縁起《さいほうじえんぎ》』成《な》る(同書奥書)。世阿弥《ぜあみ》、『風姿花伝《ふうしかでん》』(巻《まき》一〜三)を著《あらわ》すか。 【死没】 **1・7** 源翁心昭《げんのうしんしょう》(72、曹洞宗僧侶《そうとうしゅうそうりょ》)。**2・15** 綾小路敦有《あやのこうじあつあり》(78、宮廷歌曲伝承者《きゅうていかきょくでんしょうしゃ》)。**3・11** 足利直冬《あしかがただふゆ》(74、武将《ぶしょう》、嘉慶《かきょう》元年《ねん》七月《がつ》・嘉慶《かきょう》二年《ねん》七月《がつ》とも)。**5・7** 日叡《にちえい》(49、日蓮宗僧侶《にちれんしゅうそうりょ》)。**5・21** 九条経教《くじょうつねのり》(70、公卿《くぎょう》)。**10・24** 尊観《そんかん》(52、時宗僧侶《じしゅうそうりょ》)。**12・21** 大友氏継《おおともうじつぐ》(武将《ぶしょう》)。 《月の大小/朔日の干支・ユリウス暦》 一丁卯(1・27)・二丙申(2・25)・三丙寅(3・26)・四丙申(4・25)・五乙丑(5・24)・六乙未(6・23)・七甲子(7・22)・八癸巳(8・20)・九癸亥(9・19)・一〇壬辰(10・18)・一一壬戌(11・17)・一二辛卯(12・16)(太字は大の月) 〖世界〗 胡季犛《こきり》、陳朝《ちんちょう》を滅《ほろ》ぼし、胡朝《こちょう》を興《おこ》す。イギリス、チョーサー没《ぼつ》。**この頃**《ころ》 マラッカ王国成立《おうこくせいりつ》。	【政治・経済】 **2・29** 土御門内裏焼失《つちみかどのだいりしょうしつ》(迎陽記)。**5・13** 足利義満《あしかがよしみつ》、同朋衆《どうぼうしゅう》祖阿《そあ》・博多《はかた》商人肥富《しょうにんこいつみ》を明《みん》に派遣《はけん》(康富記)。**8・3** 土御門内裏造営始《つちみかどのだいりぞうえいはじめ》・諸国《しょこく》に造内《ぞうだい》
大日本史料	(7編4)	
琉球	武寧王 5	6
朝鮮	定宗 2	太宗《たいそう》
明	建文 2	③ 3

西暦 ◀一四〇二

年号・干支 九 壬午《みずのえうま》

天皇

将軍

管領

記事

裏段銭《りたんせん》を賦課《ふか》する(迎陽記・東寺百合文書)。**9・16** 義満《よしみつ》、兵庫《ひょうご》で朝鮮船《ちょうせんせん》を見《み》る(迎陽記)。**この年** 義満《よしみつ》、朝鮮《ちょうせん》に使《つかい》を派遣《はけん》(朝鮮王朝実録)。

【社会・文化】

1・11 前駿河守之光《さきのするがのかみゆきみつ》ら、備中吉備津神社《びっちゅうきびつじんじゃ》で法楽一万句連句《ほうらくいちまんくれんく》を催《もよお》す(吉備津神社文書)。**3・5** 幕府《ばくふ》、相国寺《しょうこくじ》を五山第一刹《ござんだいいっさつ》とする(青嶂集)。

【死没】

閏《うるう》1・12 椿庭海寿《ちんていかいじゅ》(84、臨済宗僧侶《りんざいしゅうそうりょ》)。

《月の大小/朔日の干支・ユリウス暦》

一辛酉(1・15)・閏一辛卯(2・14)・二庚申(3・15)・三庚寅(4・14)・四庚申(5・14)・五己丑(6・12)・六己未(7・12)・七戊子(8・10)・八丁巳(9・8)・九丁亥(10・8)・一〇丙辰(11・6)・一一丙戌(12・6)・一二乙卯(02・1・4)(太字は大の月)

【政治・経済】

5・14 幕府《ばくふ》、信濃《しなの》を料国《りょうごく》とする(市河文書)。**5・21** 陸奥伊達政宗《むつだてまさむね》の反乱《はんらん》・稲村御所足利満貞《いなむらごしょあしかがみつさだ》に加勢《かせい》のため、上杉氏憲《うえすぎうじのり》(禅秀《ぜんしゅう》)鎌倉《かまくら》を発《はっ》する(鎌倉大草紙)。**6・14** 足利義満《あしかがよしみつ》、春日社頭廻廊用脚《かすがしゃとうかいろうようきゃく》として造内裏段銭《ぞうだいりたんせん》三〇〇〇貫《かん》を興福寺《こうふくじ》に寄進《きしん》(長専五師記写)。**8・3** 義満《よしみつ》、帰国《きこく》した遣明使祖阿《けんみんしそあ》らを乗《の》せた船《ふね》を見《み》るため兵庫《ひょうご》に下向《げこう》(吉田家日次記)。**8・16** 義満《よしみつ》、明《みん》を侵《おか》す九州《きゅうしゅう》の倭寇禁圧《わこうきんあつ》を島津伊久《しまづこれひさ》に命《めい》じる(薩藩旧記)。**9・5** 義満《よしみつ》、明使天倫道彝《みんしてんりんどうい》・一庵一如《いちあんいちじょ》を北山第《きたやまてい》に引見《いんけん》(福照院関白記)。上杉氏憲《うえすぎうじのり》、陸奥赤館《むつあかだて》で

大日本史料 7編5 5・-

琉球 7

朝鮮 2

明 洪武(7.1復称)35 成祖《せいそ》

	▶一四〇二	一四〇三
西暦	▶一四〇二	一四〇三
年号・干支	応永 九 壬午《みずのえうま》	一〇 癸未《みずのとひつじ》 ⑩
天皇	（後小松）	
将軍	（足利義持）	
管領	（畠山基国）	
記事	伊達政宗《だてまさむね》を破《やぶ》る・政宗降参《まさむねこうさん》（鎌倉大日記）。**11・19** 天皇《てんのう》、新造《しんぞう》の土御門内裏《つちみかどのだいり》に移《うつ》る（福照院関白記）。 【社会・文化】 **1・ⅰ～2・ⅰ** 彗星出現《すいせいしゅつげん》（吉田家日次記）。**2・ⅰ** 今川了俊《いまがわりょうしゅん》、『難太平記《なんたいへいき》』を著《あらわ》す。**この夏** 旱魃《かんばつ》（吉田家日次記）。 【死没】 **5・3** 吉田兼熙《よしだかねひろ》（55、神道家《しんとうか》）。**9・3** 四辻善成《よつつじよしなり》（77、公卿《くぎょう》）。 《月の大小／朔日の干支・ユリウス暦》 一乙酉（2・3）・二甲寅（3・4）・三甲申（4・3）・四甲寅（5・3）・**五**癸未（6・1）・六癸丑（7・1）・**七**壬午（7・30）・八壬子（8・29）・**九**辛巳（9・27）・一〇辛亥（10・27）・一一庚辰（11・25）・一二庚戌（12・25）（太字は大の月） 〔世界〕 明《みん》、燕王棣《えんおうてい》、即位《そくい》（永楽帝《えいらくてい》）。方孝孺刑死《ほうこうじゅけいし》（明《みん》の儒学者《じゅがくしゃ》）。ティムール、アンカラの戦《たたか》いでオスマン帝国軍《ていこくぐん》を破《やぶ》る。	【政治・経済】 **2・19** 足利義満《あしかがよしみつ》、帰国《きこく》する明使《みんし》に堅中圭密《けんちゅうけいみつ》らを同行《どうこう》させ、「日本国王《にほんこくおう》」と称《しょう》した書《しょ》を持《も》たせる（吉田家日次記・善隣国宝記）。**4・25** 鎌倉府《かまくらふ》、新田相模守《にったさがみのかみ》を相模底倉《さがみそこくら》で殺《ころ》す（鎌倉大草紙）。**9・21** 多武峯衆徒《とうのみねしゅと》、大和宇陀郡《やまとうだぐん》に入部《にゅうぶ》し、興福寺衆徒《こうふくじしゅと》・国民《こくみん》らと戦《たたか》う（寺門事条々聞書）。**10・29** 義満《よしみつ》、北山第《きたやまてい》
大日本史料	（**7**編**5**）	**7**編**6** 1・ⅰ
琉球	武寧王 **7**	**8**
朝鮮	太宗 **2**	**3**
明	洪武（7.1復称）**35** 成祖	⑪ 永楽《えいらく》（1.1）

西暦	一四〇四 ◀	
年号・干支	一一 甲申《きのえさる》	
天皇		
将軍		
管領		
記事	【政治・経済】**5・16** 足利義満《あしかがよしみつ》、明使《みんし》を北山第《きたやまてい》で引見《いんけん》し、「日本国王之印《にほんこくおうのいん》」・永楽勘合《えいらくかんごう》等《など》を受《う》ける(兼宣公記)。**6・29** 義満《よしみつ》、島津元久《しまづもとひさ》と同氏久《どうじひさ》を和解《わかい》させ、元久《もとひさ》の日向《ひゅうが》・大隅守護《おおすみのしゅご》を安堵《あんど》する(山田聖栄自記)。**7・-** 陸奥仙道《むつせんどう》の国人《こくじん》二〇名《めい》、傘連判一揆契状《からかされんぱんいっきけいじょう》を結《むす》ぶ(結城古文書)。**8・9** 幕府《ばくふ》、山城《やましろ》の大渡橋修理《おおわたりばししゅうり》を守護《しゅご》高師英《こうのもろひで》に命《めい》じる(東寺百合文書)。**9・23** 安芸《あき》の国人《こくじん》三三名《めい》、一揆契諾状《いっきけいだくじょう》を結《むす》ぶ(毛利家文書)。	で朝鮮人《ちょうせんじん》を引見《いんけん》(吉田家日次記)。**この年《とし》** 琉球船《りゅうきゅうせん》、武蔵国六浦《むさしのくにむつら》に漂着《ひょうちゃく》(鎌倉大日記)。【社会・文化】**6・3** 相国寺大塔《しょうこくじだいとう》、雷火《らいか》により焼失《しょうしつ》(兼宣公記)。**6・-** 足利義満《あしかがよしみつ》の子義円《ぎえん》、青蓮院《しょうれんいん》に入室《にっしつ》(兼宣公記)。【死没】**5・1** 智通《ちつう》(90、浄土宗僧侶《じょうどしゅうそうりょ》)。《月の大小/朔日の干支・ユリウス暦》一己卯(1・23)・二己酉(2・22)・三戊寅(3・23)・四戊申(4・22)・五丁丑(5・21)・六丁未(6・20)・七丁丑(7・20)・八丙午(8・18)・九丙子(9・17)・一〇乙巳(10・16)・閏一〇乙亥(11・15)・一一甲辰(12・14)・一二甲戌(04・1・13)(太字は大の月)
大日本史料		
琉球	9	
朝鮮	4	
明	2	

西暦	▶一四〇四	一四〇五
年号・干支	応永一一 甲申《きのえさる》	一二 乙酉《きのととり》
天皇	(後小松)	
将軍	(足利義持)	
管領	(畠山基国)	
記事	【社会・文化】 **4・3** 足利義満《あしかがよしみつ》、北山第大塔《きたやまていだいとう》の普請開始《ふしんかいし》(大乗院日記目録)。**7・-** 明室《みょうしつ》梵亮《ぼんりょう》、明使《みんし》の帰国《きこく》に同行《どうこう》(空華日用工夫略集)。 【死没】 **6・20** 少弐貞頼《しょうにさだより》(33、武将《ぶしょう》)。**8・2** 上杉憲英《うえすぎのりひで》(武将《ぶしょう》)。**10・6** 土岐康行《ときやすゆき》(武将《ぶしょう》)。 《月の大小/朔日の干支・ユリウス暦》 一癸卯(2・11)・二癸酉(3・12)・三壬寅(4・10)・四壬申(5・10)・五辛丑(6・8)・六辛未(7・8)・七庚子(8・6)・八庚午(9・5)・九庚子(10・5)・一〇己巳(11・3)・一一己亥(12・3)・一二戊辰(05・1・1)(太字は大の月) 〖世界〗 『ロシア年代記《ねんだいき》』に「シベリア」の名《な》が初出《しょしゅつ》。	【政治・経済】 **5・1** 足利義満《あしかがよしみつ》、明使《みんし》を引見《いんけん》(東寺王代記)。**5・10** 義満《よしみつ》、九州探題渋川《きゅうしゅうたんだいしぶかわ》満頼《みつより》による菊池武朝討伐《きくちたけともとうばつ》への協力《きょうりょく》を阿蘇惟村《あそこれむら》に命《めい》じる(阿蘇文書)。**6・-** 義満《よしみつ》、朝鮮《ちょうせん》に倭寇捕縛《わこうほばく》を報《ほう》じ、朝鮮《ちょうせん》より礼物《れいもつ》を受《う》ける(朝鮮王朝実録)。**8・3** 義満《よしみつ》、帰国《きこく》する明使《みんし》の船《ふね》を見《み》るため兵庫《ひょうご》に下向《げこう》(教言卿記)。**12・-** 義満《よしみつ》、周棠《しゅうとう》らを朝鮮《ちょうせん》に派遣《はけん》し俘虜《ふりょ》を送還《そうかん》・太宗《たいそう》、周棠《しゅうとう》らを引見《いんけん》(朝鮮王朝実録)。
大日本史料	(7編6)	7編7　1・-
琉球	武寧王 9	10
朝鮮	太宗 4	5
明	永楽 2	3

	一四〇六	
西暦	◀ 一四〇六	
年号・干支	⑥ 丙戌《ひのえいぬ》 一三	
天皇		
将軍		
管領	斯波義重《しばよししげ》(義教《よしのり》) 7・25	7・-
記事	【政治・経済】2・- 足利義満《あしかがよしみつ》の使《つかい》周棠《しゅうとう》、朝鮮《ちょうせん》に物《もの》を贈《おく》る・朝鮮使尹銘《ちょうせんしいんめい》、来日《らいにち》し義満《よしみつ》に物《もの》を贈《おく》る(朝鮮王朝実録)。5・29 明船《みんせん》が兵庫《ひょうご》に着岸《ちゃくがん》・義満《よしみつ》これを見《み》る(教言卿記)。6・11 義満《よしみつ》、明使兪士吉《みんしゆしきつ》らを北山第《きたやまてい》に引見《いんけん》し、国書《こくしょ》を受《う》ける(教言卿記・善隣国宝記)。7・23 幕府《ばくふ》、北山第新御所《きたやまていしんごしょ》の修理段銭《しゅうりたんせん》を山城《やましろ》に賦課《ふか》(教言卿記)。12・27 義満室日野康子《よしみつしつひのやすこ》、後小松天皇准母《ごこまつてんのうじゅんぼ》となり、准《じゅ》三宮宣下《さんぐうせんげ》を受《う》ける(荒暦)。**この年** 九州探題渋川義俊《きゅうしゅうたんだいしぶかわよしとし》・対馬守護宗貞茂《つしまのしゅごそうさだしげ》ら、朝鮮《ちょうせん》に使《つかい》を派遣《はけん》し物《もの》を献《けん》じる(朝鮮王朝実録)。	【社会・文化】5・- 山科教言《やましなのりとき》、『教言卿記《のりときききょうき》』を記《しる》す(～応永《おうえい》一七年《ねん》三月《がつ》)。【死没】4・5 絶海中津《ぜっかいちゅうしん》(70、臨済宗僧侶《りんざいしゅうそうりょ》)。9・11 国阿《こくあ》(92、時宗僧侶《じしゅうそうりょ》)。9・14 伊達政宗《だてまさむね》(53、武将《ぶしょう》)。《月の大小／朔日の干支・ユリウス暦》一戊戌(1・31)・二丁卯(3・1)・三丁酉(3・31)・四丙寅(4・29)・五乙未(5・28)・六乙丑(6・27)・七甲午(7・26)・八甲子(8・25)・九甲午(9・24)・一〇癸亥(10・23)・一一癸巳(11・22)・一二癸亥(12・22)(太字は大の月)【世界】明《みん》、鄭和《ていわ》、第《だい》一次《じ》南海遠征《なんかいえんせい》。ティムール、明遠征途上《みんえんせいとじょう》で没《ぼつ》。
大日本史料	7編8 6・-	
琉球	尚思紹王《しょうししょうおう》	
朝鮮	6	
明	⑦ 4	

西暦	▶一四〇六	一四〇七
年号・干支	応永一三 丙戌《ひのえいぬ》 ⑥	一四 丁亥《ひのとのい》
天皇	（後小松）	
将軍	（足利義持）	
管領	（斯波義重）	
記事	【社会・文化】 3・10 北山第新御所《きたやまていしんごしょ》、立柱上棟《りっちゅうじょうとう》（荒暦）。 7・30 伊達政宗《だてまさむね》、陸奥熊野神社《むつくまのじんじゃ》の社規《しゃき》を定《さだ》める（熊野神社文書）。 8・25 京都《きょうと》で暴風雨《ぼうふうう》（教言卿記）。 9・24 春日社造替《かすがしゃぞうたい》の事始《ことはじめ》（春日社御造替日記）。 【死没】 1・17 畠山基国《はたけやまもとくに》（55、管領《かんれい》）。 6・7 一色詮範《いっしきあきのり》（武将《ぶしょう》）。 《月の大小／朔日の干支・ユリウス暦》 一壬辰（1・20）・二壬戌（2・19）・三辛卯（3・20）・四辛酉（4・19）・五庚寅（5・18）・六己未（6・16）・閏六己丑（7・16）・七戊午（8・14）・八戊子（9・13）・九丁巳（10・12）・一〇丁亥（11・11）・一一丁巳（12・11）・一二丁亥（07・1・10）（太字は大の月）	【政治・経済】 2・– 足利義満《あしかがよしみつ》、朝鮮《ちょうせん》に使《つかい》を派遣《はけん》。この年《とし》、島津伊久《しまづこれひさ》・伊集院頼久《いじゅういんよりひさ》・宗貞茂《そうさだしげ》らも使《つかい》を派遣《はけん》（朝鮮王朝実録）。 3・5 日野康子《ひのやすこ》に北山院《きたやまいん》の院号宣下《いんごうせんげ》（荒暦）。 5・25・26 義満《よしみつ》の使堅中圭密《つかいけんちゅうけいみつ》ら、明《みん》に倭寇《わこう》を引《ひ》き渡《わた》し、書《しょ》を献《けん》じ、明国書等《みんこくしょなど》を拝領《はいりょう》（明実録・善隣国宝記）。 7・22 堅中圭密《けんちゅうけいみつ》ら遣明使《けんみんし》、明使《みんし》と共《とも》に帰国《きこく》し兵庫《ひょうご》に着岸《ちゃくがん》（教言卿記）。 8・5 義満《よしみつ》、明使《みんし》を北山第《きたやまてい》に引見《いんけん》（教言卿記）。 8・18 前年《ぜんねん》八月倒壊《がっとうかい》の太政官庁造営《だじょうかんちょうぞうえい》の日時定《にちじのさだめ》・諸《しょ》国段銭《こくたんせん》を賦課《ふか》（建内記・東寺百合文書）。 8・– 出雲北島資孝《いずもきたじますけたか》ら、杵築社領《きづきしゃりょう》内下部《ないしもべ》の狼藉《ろうぜき》について法《ほう》を定《さだ》める（千家文書）。
大日本史料	（7編8）	
琉球	尚思紹王	2
朝鮮	太宗 6	7
明	⑦ 永楽 4	5

西暦: ◀ 一四〇八

年号・干支: 一五 戊子《つちのえね》

天皇:

将軍:

管領:

記事:

【社会・文化】
1・5 京都《きょうと》大地震《おおじしん》(応永十四年暦日記)。4・- 大内盛見《おおうちもりみ》、朝鮮《ちょうせん》に使《つかい》を派《は》遣《けん》し、大蔵経《だいぞうきょう》を求《もと》める(興隆寺文書)。11・6 鎌倉円覚寺《かまくらえんがくじ》で火事《かじ》(喜連川判鑑)。11・9 春日社正遷宮《かすがしゃしょうせんぐう》(春日社御造替日記)。

【死没】
1・16 空谷明応《くうこくみょうおう》(80、五山僧《ござんそう》)。3・18 菊池武朝《きくちたけとも》(45、武将《ぶしょう》)。5・4 島津《しまづ》伊久《これひさ》(61、薩摩守護《さつまのしゅご》)。

《月の大小/朔日の干支・ユリウス暦》
一丙辰(2・8)・二丙戌(3・10)・三乙卯(4・8)・四乙酉(5・8)・五甲寅(6・6)・六癸未(7・5)・七癸丑(8・4)・八壬午(9・2)・九壬子(10・2)・一〇辛巳(10・31)・一一辛亥(11・30)・一二辛巳(12・30)(太字は大の月)

【世界】
明《みん》、胡季犛《こきり》を捕《とら》え、交趾布政司《こうしふせいし》等《など》を置《お》く。

【政治・経済】
4・25 足利義嗣《あしかがよしつぐ》、内裏《だいり》で親王《しんのう》に准《じゅん》じて元服《げんぷく》(教言卿記)。5・6 足利義満《あしかがよしみつ》没《ぼつ》(教言卿記)。6・7 足利義持《あしかがよしもち》、北山第《きたやまてい》を居所《きょしょ》と定《さだ》める(教言卿記)。6・22 南蛮船《なんばんせん》、象《ぞう》・鸚鵡《おうむ》等《など》の進物《しんもつ》を積《つ》み、若狭小浜《わかさおばま》に着岸《ちゃくがん》(若狭国税所今富名領主代々次第)。7・29 大和《やまと》で筒井順覚《つついじゅんかく》と箸尾為妙《はしおためただ》が合戦《かっせん》・幕府《ばくふ》、調停《ちょうてい》のため上使《じょうし》を派遣《はけん》(東院毎日雑々記)。11・3 幕府《ばくふ》、闕所地給与《けっしょちきゅうよ》の下文《くだしぶみ》

大日本史料: 7・- 7編9

琉球: 3

朝鮮: 8

明: 6

西暦	年号・干支	天皇	将軍	管領	記事	大日本史料	琉球	朝鮮	明
▶一四〇八	応永一五 戊子《つちのえね》	(後小松)	(足利義持)	(斯波義重)	発給《はっきゅう》について定《さだ》める(建武以来追加)。12・3 幕府《ばくふ》、洛中辺《らくちゅうへん》土《ど》散在《さんざい》の土倉《どそう》・酒屋役《さかややく》の制《せい》を再度公布《さいどこうふ》(古文書集)。12・- 義持《よしもち》、義満《よしみつ》の死《し》を明《みん》に通告《つうこく》・永《えい》楽帝《らくてい》、義持《よしもち》を日本国王《にほんこくおう》に封《ほう》ず(明実録)。 【社会・文化】 三月末《がつまつ》 花山院長親《かざんいんながちか》『耕雲口伝《こううんくでん》』成《な》る。5・- 足利義満《あしかがよしみつ》、堅中圭密《けんちゅうけいみつ》らを明《みん》に派遣《はけん》し、勧善《かんぜん》・内訓《ないくん》の二書《しょ》を求《もと》める(明実録)。6・- 吉山明兆《きちざんみんちょう》、「涅槃図《ねはんず》」(東福寺蔵《とうふくじぞう》)を描《えが》く。7・2 熊野本宮《くまのほんぐう》で火事《かじ》(武家年代記)。8・12 京都《きょうと》・奈良《なら》で大風《おおかぜ》(東寺執行日記)。 【死没】 5・6 足利義満《あしかがよしみつ》(51、室町将軍《むろまちしょうぐん》)。5・25 慧春尼《えしゅんに》(曹洞宗尼僧《そうとうしゅうにそう》)。6・26 吉《よし》田兼敦《だかねあつ》(41、神道家《しんとうか》)。 《月の大小/朔日の干支・ユリウス暦》 一辛亥(1・29)・二庚辰(2・27)・三庚戌(3・28)・四己卯(4・26)・五己酉(5・26)・六戊寅(6・24)・七丁未(7・23)・八丁丑(8・22)・九丙午(9・20)・一〇丙子(10・20)・一一乙巳(11・18)・一二乙亥(12・18)(太字は大の月) 【世界】 明《みん》、『永楽大典《えいらくたいてん》』成《な》る。	5・- 7編10	尚思紹王 3	太宗 8	永楽 6
一四〇九	一六 己丑《つちのとのうし》				【政治・経済】 3・- 朝鮮使《ちょうせんし》、博多《はかた》に来航《らいこう》(歴代鎮西志)。6・18 足利義持《あしかがよしもち》、伊勢神宮《いせじんぐう》に参《さん》	11・- 7編11	4	9	④ 7

西暦: ◀ 一四一〇

年号・干支: ③ / 庚寅《かのえとら》 一七

天皇

将軍

管領: 6・7? / 6・7 斯波義将《しばよしまさ》 8・10 / 8・10 斯波義淳《しばよしあつ》 2・9?

記事:

詣《けい》(教言卿記)。管領《かんれい》斯波義将《しばよしまさ》、足利義満《あしかがよしみつ》の死《し》と義持将軍襲職《よしもちしょうぐんしゅうしょく》を朝鮮《ちょうせん》に報《ほう》じ、倭寇制禁《わこうせいきん》と俘虜送還《ふりょそうかん》を約《やく》して大蔵経《だいぞうきょう》を求《もと》める(善隣国宝記)。**7・5** 義持《よしもち》、北山第《きたやまてい》に明使《みんし》を引見《いんけん》・明使《みんし》、故義満《こよしみつ》に恭献《きょうけん》の諡号《しごう》を贈《おく》る国書《こくしょ》を呈《てい》す(応永年中楽方記・善隣国宝記)。**7・22** 鎌倉公方《かまくらくぼう》足利満兼没《あしかがみつかねぼつ》・持氏《もちうじ》継《つ》ぐ(喜連川判鑑)。**10・26** 義持《よしもち》、北山第《きたやまてい》より三条坊門《さんじょうぼうもん》の新第《しんてい》に移《うつ》る(在盛卿記)。**11・-** 幕府《ばくふ》、諸国《しょこく》・京都諸口《きょうとしょくち》の率分関《りつぶんのせき》を廃止《はいし》(教言卿記)。

【社会・文化】

2・11 春全《しゅんぜん》『山家要記浅略《さんげようきせんりゃく》』成《な》る。

【死没】

4・1 日伝《にちでん》(68、日蓮宗僧侶《にちれんしゅうそうりょ》)。**7・22** 足利満兼《あしかがみつかね》(32、鎌倉公方《かまくらくぼう》)。**8・25** 愚《ぐ》中周及《ちゅうしゅうきゅう》(87、臨済宗僧侶《りんざいしゅうそうりょ》)。**9・26** 今川泰範《いまがわやすのり》(76、武将《ぶしょう》)。

《月の大小/朔日の干支・ユリウス暦》

一乙巳(1・17)・二甲戌(2・15)・三甲辰(3・17)・閏三甲戌(4・16)・四癸卯(5・15)・五癸酉(6・14)・六壬寅(7・13)・七辛未(8・11)・八辛丑(9・10)・九庚午(10・9)・一〇庚子(11・8)・一一己巳(12・7)・一二己亥(10・1・6)(太字は大の月)

【政治・経済】

2・30 陸奥国《むつのくに》五郡《ぐん》の相馬氏《そうまし》ら国人《こくじん》、傘連判一揆契諾状《からかされんぱんいっきけいだくじょう》を結《むす》ぶ(相馬文書)。**4・10** 足利義持《あしかがよしもち》、高野山《こうやさん》に参詣《さんけい》(足利家官位記)。**4・-** 義持《よしもち》の使《つかい》堅《けん》中圭密《ちゅうけいみつ》、入明《にゅうみん》して故義満《こよしみつ》への諡号賜与《しごうしよ》の恩《おん》を謝《しゃ》す(明実録)。**6・9** 幕《ばく》

大日本史料: 7・- 7編12 / 雑載 7編13

琉球: 5

朝鮮: 10

明: 8

西暦	▶一四一〇	一四一一
年号・干支	応永一七 庚寅《かのえとら》	一八 辛卯《かのとのう》 ⑩
天皇	(後小松)	
将軍	(足利義持)	
管領	6・9 畠山満家《はたけやまみついえ》	
記事	府《ふ》、管領《かんれい》を斯波義淳《しばよしあつ》から畠山満家《はたけやまみついえ》に改替《かいたい》(武家御社参記)。6・11 島津元久《しまづもとひさ》、上洛《じょうらく》し、義持《よしもち》に謁見《えつけん》(島津家文書)。6・- 元久《もとひさ》、伊勢神宮《いせじんぐう》に参詣《さんけい》(山田聖栄自記)。11・27 後亀山法皇《ごかめやまほうおう》、嵯峨《さが》を出奔《しゅっぽん》・吉野《よしの》に入《はい》る(大乗院日記目録)。 【社会・文化】 1・21 下野那須山《しもつけなすさん》、噴火《ふんか》(東州雑記)。2・28 幕府《ばくふ》、天竜寺《てんりゅうじ》を五山第一位《ござんだいい》に復《ふく》する(扶桑五山記)。2・- 霊通《れいつう》、大内盛見《おおうちもりみ》の施財《せざい》で『蔵乗法数《ぞうじょうほっすう》』を開版《かいはん》。8・26 大内盛見《おおうちもりみ》、朝鮮《ちょうせん》に『清涼疏鈔《せいりょうしょしょう》』を求《もと》める(不二遺稿)。 【死没】 5・7 斯波義将《しばよしまさ》(61、武将《ぶしょう》)。12・15 山科教言《やましなのりとき》(83、公卿《くぎょう》)。 《月の大小／朔日の干支・ユリウス暦》 一戊辰(2・4)・二戊戌(3・6)・三戊辰(4・5)・四丁酉(5・4)・五丁卯(6・3)・六丙申(7・2)・七丙寅(8・1)・八乙未(8・30)・九乙丑(9・29)・一〇甲午(10・28)・一一甲子(11・27)・一二癸巳(12・26)(太字は大の月) 《世界》 永楽帝《えいらくてい》、第《だい》一回漠北親征《かいばくほくしんせい》・韃靼《だったん》を討《う》つ。	【政治・経済】 7・19 播磨守護《はりまのしゅご》赤松義則《あかまつよしのり》、大山崎神人《おおやまざきのじにん》の荏胡麻《えごま》商売《しょうばい》への佐用中津河《さようなかつがわ》商《しょう》人《にん》の違乱《いらん》を禁止《きんし》(離宮八幡宮文書)。7・28 飛騨守護《ひだのしゅご》京極高光《きょうごくたかみつ》の弟《おとうと》高数《たかかず》、
大日本史料	(7編13)	雑載 7編14
琉球	尚思紹王 5	6
朝鮮	太宗 10	11
明	永楽 8	9 ⑫

同国国司《どうこくこくし》姉小路尹綱《あねがこうじただつな》を討《う》つ（系図纂要）。**8・6** 島津元久《しまづもとひさ》没《ぼつ》し、継嗣《けいし》争《あらそ》い起《おこ》る（山田聖栄自記）。**9・9** 足利義持《あしかがよしもち》、明使王進《みんしおうしん》の入京《にゅうきょう》を許《ゆる》さず、明《みん》使《し》、兵庫《ひょうご》より帰国《きこく》（明《みん》との通交中絶《つうこうちゅうぜつ》）（如是院年代記）。

【社会・文化】

5・6 大地震《おおじしん》（武家年代記）。**閏《うるう》10・15** 興福寺東金堂等《こうふくじとうこんどうなど》、雷火《らいか》により焼失《しょうしつ》（東院毎日雑々記）。**この年《とし》** 足利義持《あしかがよしもち》・大内盛見《おおうちもりみ》、朝鮮《ちょうせん》に物《もの》を贈《おく》り大蔵経《だいぞうきょう》を求《もと》める（朝鮮王朝実録）。

【死没】

3・27 了庵慧明《りょうあんえみょう》（75、曹洞宗僧侶《そうとうしゅうそうりょ》）。**8・6** 島津元久《しまづもとひさ》（49、守護大名《しゅごだいみょう》）。

《月の大小／朔日の干支・ユリウス暦》

一癸亥（1・25）・二壬辰（2・23）・三壬戌（3・25）・四辛卯（4・23）・五辛酉（5・23）・六辛卯（6・22）・七庚申（7・21）・八庚寅（8・20）・九己未（9・18）・一〇己丑（10・18）・閏一〇戊午（11・16）・一一丁亥（12・15）・一二丁巳（12・1・14）（太字は大の月）

西暦：一四一二 ◀

年号・干支：一九 壬辰《みずのえたつ》

天皇：

将軍：

管領：2・30 ｜ 細川満元《ほそかわみつもと》 3・16

記事：

【政治・経済】

3・16 幕府《ばくふ》、細川満元《ほそかわみつもと》を管領《かんれい》に補任《ぶにん》（鎌倉大日記）。**6・21** 南蛮船《なんばんせん》、若狭小《わかさお》浜《ばま》に来航《らいこう》（若狭国税所今富名領主代々次第）。**9・11** 幕府《ばくふ》、東寺修造料《とうじしゅうぞうりょう》として、出雲《いずも》で段銭《たんせん》、尾張等《おわりなど》で棟別銭《むねべつせん》の徴収《ちょうしゅう》を各守護《かくしゅご》に命《めい》じる（東寺百合文書）。**9・14** 後小松上皇《ごこまつじょうこう》、院政《いんせい》を開始《かいし》（常永入道記）。**9・25** 日向《ひゅうが》の伊東《いとう》祐安《すけやす》、守護島津久豊方《しゅごしまづひさとよがた》の曾井城《そいじょう》を攻《せ》め、源藤《げんどう》で破《やぶ》る（日向記）。

大日本史料	7編15 12・	7編16 8・
琉球		7
朝鮮		12
明		10

	一四一二 ▶	一四一三
西暦	▶一四一二	一四一三
年号・干支	応永一九 壬辰《みずのえたつ》	二〇 癸巳《みずのとのみ》
天皇	8・29 称光《しようこう》	
将軍	(足利義持)	
管領	(細川満元)	
記事	【社会・文化】 5・26 京都《きようと》四条河原《しじようがわら》で勧進猿楽《かんじんさるがく》(山科家礼記)。**この年《とし》** 大沢重胤《おおさわしげたね》・大沢久守《おおさわひさもり》ら、『山科家礼記《やましなけらいき》』を記《しる》す(〜明応元年《めいおうがんねん》)。**この頃《ころ》** 今川了俊《いまがわりようしゆん》『落書露顕《らくしよろけん》』成《な》るか。 【死没】 12・18 上杉憲定《うえすぎのりさだ》(38、武将《ぶしよう》)。 《月の大小/朔日の干支・ユリウス暦》 一丁亥(2・13)・二丙辰(3・13)・三丙戌(4・12)・四乙卯(5・11)・五乙酉(6・10)・六甲寅(7・9)・七甲申(8・8)・八甲寅(9・7)・九癸未(10・6)・一〇癸丑(11・5)・一一壬午(12・4)・一二壬子(13・1・3)(太字は大の月)	【政治・経済】 4・18 足利持氏《あしかがもちうじ》、陸奥大仏城《むつだいぶつじよう》で挙兵《きよへい》した伊達持宗《だてもちむね》等《ら》討伐《とうばつ》のため畠山国詮《はたけやまくにあきら》らを派兵《はへい》(喜連川判鑑)。6・25 延暦寺衆徒《えんりやくじしゆと》、日蓮宗《にちれんしゆう》妙本寺《みようほんじ》具覚《ぐかく》の僧正《そうじよう》補任《ぶにん》につき強訴《ごうそ》・犬神人《いぬじにん》に法華堂《ほつけどう》を破却《はきやく》させる(満済)。12・7 島津久豊《しまづひさとよ》、薩摩原良《さつまはらら》で伊集院頼久《いじゆういんよりひさ》を破《やぶ》る(薩藩旧記)。12・21 伊達持宗《だてもちむね》ら、陸奥大仏城《むつだいぶつじよう》を退《しりぞ》く(結城古文書写)。**この年《とし》** 山城《やましろ》の宇治橋造替《うじばしぞうたい》(看聞)。 【社会・文化】 8・15 仲方円伊《ちゆうほうえんい》没《ぼつ》・生前《せいぜん》『懶室漫稿《らんしつまんこう》』を著《あらわ》す。**この頃《ころ》** 有諸《ゆうしよ》『天下南禅寺記《てんかなんぜんじき》』成《な》るか。
大日本史料	7編17 8・-	7編18 3・-
琉球	尚思紹王 7	8
朝鮮	太宗 12	13
明	永楽 10	11

【死没】

3・16 日野重光《ひのしげみつ》(44、公卿《くぎょう》)。 5・9 道阿弥《どうあみ》(能役者《のうやくしゃ》)。 8・15 仲方円伊《ちゅうほうえんい》(60、臨済宗僧侶《りんざいしゅうそうりょ》)。

《月の大小／朔日の干支・ユリウス暦》

一辛巳(2・1)・二辛亥(3・3)・三庚辰(4・1)・四己酉(4・30)・五己卯(5・30)・六戊申(6・28)・七戊寅(7・28)・八戊申(8・27)・九丁丑(9・25)・一〇丁未(10・25)・一一丁丑(11・24)・一二丙午(12・23)(太字は大の月)

〘世界〙

メフメト一世《せい》、オスマン帝国《ていこく》を再統一《さいとういつ》。

大日本史料 7編19 12-

西暦 一四一四 ◀

年号・干支 二 甲午《きのえうま》 ⑦

【政治・経済】

5・25 足利持氏《あしかがもちうじ》、鎌倉中《かまくらちゅう》の酒壺別銭《さかつぼべつせん》一年分《ねんぶん》を、造営料《ぞうえいりょう》として円覚寺《えんがくじ》に寄進《きしん》(円覚寺文書)。 6・9 斯波満種《しばみつたね》、足利義持《あしかがよしもち》の怒《いか》りに触《ふ》れ、加賀守護職《かがのしゅごしき》を罷免《ひめん》され、高野山《こうやさん》に遁世《とんせ》(満済)。 7・8 幕府《ばくふ》、延暦寺衆徒《えんりゃくじしゅと》の訴《うった》えにより、具覚《ぐかく》の任僧正口宣《にんそうじょうくぜん》を召返《めしかえ》し、妙本寺堂舎《みょうほんじどうしゃ》を分与《ぶんよ》(満済)。 8・6 島津久豊《しまづひさとよ》、伊集院頼久《いじゅういんよりひさ》の薩摩給黎城《さつまきいれじょう》を攻略《こうりゃく》(薩藩旧記)。

【社会・文化】

6・- 足利義持《あしかがよしもち》、使《つかい》を朝鮮《ちょうせん》に送《おく》り、大蔵経《だいぞうきょう》などを求《もと》める(朝鮮王朝実録)。 7・- 願蓮社嘆誉良肇《がんれんしゃたんよりょうちょう》、下総飯沼《しもうさいいぬま》に弘教寺《ぐきょうじ》を建立《こんりゅう》(檀林飯沼弘経寺志)。 12・28 建長寺《けんちょうじ》焼失《しょうしつ》(満済)。 この年 藤原時房《ふじわらのときふさ》、『建内記《けんないき》』を記《しる》す(～康正《こうしょう》

大日本史料 7編20 4-

琉球 9

朝鮮 14

明 ⑨ 12

西暦	▶一四一四	一四一五
年号・干支	応永二一 甲午《きのえうま》 ⑦	二二 乙未《きのとのひつじ》
天皇	(称光)	
将軍	(足利義持)	
管領	(細川満元)	
記事	元年《がんねん》)。賀茂在方《かものありかた》撰《せん》『暦林問答集《れきりんもんどうしゅう》』成《な》る。『融通念仏縁起《ゆうずうねんぶつえんぎ》』(清涼寺本《せいりょうじぼん》)成《な》る。 【死没】 **4・4** 土岐頼益《ときよります》(64、武将《ぶしょう》)。**6・16** 小田孝朝《おだたかとも》(78、武将《ぶしょう》)。**8・25** 上杉朝宗《うえすぎともむね》(76、81とも、関東管領《かんとうかんれい》)。 《月の大小/朔日の干支・ユリウス暦》 一丙子(1・22)・二乙巳(2・20)・三乙亥(3・22)・四甲辰(4・20)・五癸酉(5・19)・六癸卯(6・18)・七壬申(7・17)・閏七壬寅(8・16)・八辛未(9・14)・九辛丑(10・14)・一〇辛未(11・13)・一一辛丑(12・13)・一二庚午(15・1・11)(太字は大の月) 〖世界〗 明《みん》、『四書大全《ししょたいぜん》』『五経大全《ごきょうたいぜん》』『性理大全《せいりたいぜん》』刊《かん》。コンスタンツ公会議《こうかいぎ》(~一四一八年《ねん》)。明《みん》、永楽帝《えいらくてい》、第《だい》二次親征《じしんせい》・オイラートを討《う》つ。	【政治・経済】 **4・7** 幕府《ばくふ》、北畠満雅討伐《きたばたけみつまさとうばつ》のため、一色義範《いっしきよしのり》らを伊勢《いせ》に派兵《はへい》(満済)。**5・2** 上杉氏憲《うえすぎうじのり》(禅秀《ぜんしゅう》)、関東管領《かんとうかんれい》を辞《じ》す(鎌倉大日記)。**6・13** 幕府《ばくふ》、延暦寺衆徒《えんりやくじしゅと》らの訴《うった》えにより、近江守護六角満高《おうみのしゅごろっかくみつたか》を流罪《るざい》に処《しょ》す・日吉神輿帰座《ひよしのしんよきざ》(満済)。**8・19** 後亀山法皇《ごかめやまほうおう》の弟《おとうと》説成親王《もとしげしんのう》の仲介《ちゅうかい》で幕府《ばくふ》と北畠《きたばたけ》の和議成立《わぎせいりつ》・幕府軍帰京《ばくふぐんききょう》(大乗院日記目録)。**11・21** 大嘗会《だいじょうえ》(称光院大嘗会御記)。 【社会・文化】
大日本史料	(**7編20**)　12～ **7編21**	1～ **7編22**
琉球	尚思紹王 **9**	**10**
朝鮮	太宗 **14**	**15**
明	⑨ 永楽 **12**	**13**

西暦	◀ 一四一六	
年号・干支	二三 丙申《ひのえさる》	
天皇		
将軍		
管領		

記事

この年《とし》 興福寺《こうふくじ》東金堂《とうこんどう》再建《さいこん》(寺門事条々聞書)。経覚《きょうがく》、『経覚私要鈔《きょうがくしようしょう》』を記《しる》す(～文明《ぶんめい》四年《ねん》九月《がつ》)。この年以前《としいぜん》 大巧如拙《たいこうじょせつ》、「瓢鮎図《ひょうねんず》」を描《えが》く。

【死没】

3・3 坂士仏《さかしぶつ》(88、89とも、医僧《いそう》)。

《月の大小／朔日の干支・ユリウス暦》

一庚子(2・10)・二己巳(3・11)・三己亥(4・10)・四戊辰(5・9)・五丁酉(6・7)・六丁卯(7・7)・七丙申(8・5)・八丙寅(9・4)・九乙未(10・3)・一〇乙丑(11・2)・一一乙未(12・2)・一二乙丑(16・1・1)(太字は大の月)

〖世界〗

フス刑死《けいし》(ボヘミアの宗教改革者《しゅうきょうかいかくしゃ》)。

【政治・経済】

1・13 島津久豊《しまづひさとよ》、同久世《どうひさよ》を鹿児島千手堂《かごしませんじゅどう》で自殺《じさつ》させ、家臣《かしん》一一人《にん》の殉死《じゅんし》を悔《く》い出家《しゅっけ》(山田聖栄自記)。6・1 足利義持《あしかがよしもち》、武器所持《ぶきしょじ》の相国寺僧《しょうこくじそう》を捕《とら》えて侍所《さむらいどころ》に預置《あずけお》く(看聞)。7・1 仙洞御所《せんとうごしょ》焼失《しょうしつ》(看聞)。9・- 後亀山法皇《ごかめやまほうおう》、吉野《よしの》より大覚寺《だいかくじ》に戻《もど》る(看聞)。10・2 足利満隆《あしかがみつたか》・上杉氏憲《うえすぎうじのり》ら、鎌倉《かまくら》を襲撃《しゅうげき》・足利持氏《あしかがもちうじ》、駿河《するが》に逃《のが》れる(看聞)。10・29 幕府《ばくふ》、駿河守護今川範政《するがのしゅごいまがわのりまさ》・越後守護上杉房方《えちごのしゅごうえすぎふさかた》に持氏救援《もちうじきゅうえん》を命《めい》じる(看聞)。10・30 足利義嗣《あしかがよしつぐ》、山城高尾《やましろたかお》に出奔《しゅっぽん》(看聞)。11・9 幕府《ばくふ》、侍所《さむらいどころ》に義嗣《よしつぐ》を拘留《こうりゅう》させ、近臣《きんしん》日野持光《ひのもちみつ》・山科教高《やましなのりたか》らを加賀《かが》に配流《はいる》(看聞)。12・- 幕府《ばくふ》、山名時熙《やまなときひろ》に持氏《もちうじ》

大日本史料	7編24	雑載 7編23 9・-
琉球	11	
朝鮮	16	
明	14	

西暦	年号・干支	天皇	将軍	管領	記事	大日本史料	琉球	朝鮮	明
▶一四一六	応永二三 丙申《ひのえさる》	(称光)	(足利義持)	(細川満元)	救援《きゅうえん》を命《めい》じる(喜連川判鑑)。 【社会・文化】 1・9 北山《きたやま》に造営中《ぞうえいちゅう》の七重塔《じゅうのとう》、雷火《らいか》で焼失《しょうしつ》(看聞)。 1・- 後崇光院《ごすこういん》、『看聞御記《かんもんぎょき》』を記《しる》す(~文安《ぶんあん》五年《ねん》四月《がつ》)。 【死没】 7・17 宥快《ゆうかい》(72、真言宗僧侶《しんごんしゅうそうりょ》)。 11・15 長覚《ちょうかく》(真言宗僧侶《しんごんしゅうそうりょ》)。 11・20 栄仁《よしひと》親王《しんのう》(66、崇光天皇皇子《すこうてんのうおうじ》)。	8・- 7編25	尚思紹王 11	太宗 16	永楽 14
					《月の大小/朔日の干支・ユリウス暦》 一甲午(1・30)・二甲子(2・29)・三癸巳(3・29)・四癸亥(4・28)・五壬辰(5・27)・六辛酉(6・25)・七辛卯(7・25)・八庚申(8・23)・九己丑(9・21)・一〇己未(10・21)・一一己丑(11・20)・一二戊午(12・19)(太字は大の月)	雑載 7編26			
一四一七	二四 丁酉《ひのとのとり》 ⑤				【政治・経済】 1・9 足利満隆《あしかがみつたか》・上杉氏憲《うえすぎうじのり》ら、武蔵世谷原《むさしせやはら》で足利持氏方《あしかがもちうじがた》に敗《やぶ》れ、鎌倉《かまくら》に退《しりぞ》く(鎌倉大日記)。 1・10 満隆《みつたか》・氏憲《うじのり》ら、鎌倉雪ノ下《かまくらゆきのした》で自殺《じさつ》(上杉禅秀《うえすぎぜんしゅう》の乱《らん》)(鎌倉大日記)。 2・6 鎌倉府《かまくらふ》、上杉憲宗《うえすぎのりむね》に甲斐守護《かいのしゅご》武田信満《たけだのぶみつ》等を討《う》たせる・信満《のぶみつ》自殺《じさつ》(鎌倉大草紙)。 2・7 山城醍醐《やましろだいご》と山科《やましな》の郷民《ごうみん》が争《あらそ》う・侍所《さむらいどころ》、山科《やましな》の民家《みんか》一〇〇軒《けん》を焼《や》く(看聞)。 3・3 上杉憲基《うえすぎのりもと》、禅秀《ぜんしゅう》の乱戦没者《らんせんぼっしゃ》の追善《ついぜん》のため、円覚寺《えんがくじ》に所領《しょりょう》を寄進《きしん》(円覚寺文書)。 閏《うるう》5・13 これより先《さき》、上野《こうずけ》の岩松満純《いわまつみつずみ》、氏憲残党《うじのりざんとう》を糾合《きゅうごう》し挙兵《きょへい》・この日《ひ》、捕《とら》えられ、斬《き》られる	2・- 7編27	12	17	⑤ 15

西暦: ◀ 一四一八

年号・干支: 二五 戊戌《つちのえいぬ》

天皇:

将軍:

管領:

記事:

(鎌倉大日記)。6・19 後小松上皇《ごこまつじょうこう》、東洞院《ひがしのとういん》の新御所《しんごしょ》に移《うつ》る(看聞)。7・28 陸奥岩崎一族《むついわさきいちぞく》等《ら》、一揆契諾状《いっきけいだくじょう》を結《むす》ぶ(秋田藩家蔵文書)。8・9 幕府《ばくふ》、石清水八幡宮燈油料《いわしみずはちまんぐうとうゆりょう》荏胡麻《えごま》を運《はこ》ぶ大山崎神人《おおやまざきのじにん》に兵庫南北両関《ひょうごなんぼくりょうせき》・河上《かじょう》諸関《しょせき》の津料《つりょう》を免除《めんじょ》し、関銭徴収分《せきせんちょうしゅうぶん》を返付《へんぷ》(離宮八幡宮文書)。12・1 足利義量元服《あしかがよしかずげんぷく》(看聞)。

【死没】

1・10 足利満隆《あしかがみつたか》(武将《ぶしょう》)。足利持仲《あしかがもちなか》(武将《ぶしょう》)。上杉氏憲《うえすぎうじのり》(関東管領《かんとうかんれい》)。2・6 武田信満《たけだのぶみつ》(武将《ぶしょう》)。閏《うるう》5・13 岩松満純《いわまつみつずみ》(武将《ぶしょう》)。9・7 梅山聞本《ばいざんもんぽん》(曹洞宗《そうとうしゅう》僧侶《そうりょ》)。

《月の大小／朔日の干支・ユリウス暦》

一戊子(1・18)・二戊午(2・17)・三戊子(3・19)・四丁巳(4・17)・五丁亥(5・17)・閏五丙辰(6・15)・六乙酉(7・14)・七乙卯(8・13)・八甲申(9・11)・九癸丑(10・10)・一〇癸未(11・9)・一一癸丑(12・9)・一二壬午(18・1・7)(太字は大の月)

【政治・経済】

1・24 幕府《ばくふ》、足利義嗣《あしかがよしつぐ》を殺《ころ》す(看聞)。2・13 幕府《ばくふ》、日野持光《ひのもちみつ》を加賀《かが》で殺《ころ》す。ついで、山科教高《やましなのりたか》を殺《ころ》す(看聞)。4・28 足利持氏《あしかがもちうじ》、新田《にった》・岩松退治《いわまつたいじ》のため上杉持定《うえすぎもちさだ》を派《は》し、武蔵南一揆《むさしみなみいっき》を徴《ちょう》す(武州文書)。4・- 熊野社僧《くまのしゃそう》、紀伊守護《きいのしゅご》畠山満家《はたけやまみついえ》の社領《しゃりょう》違乱《いらん》に強訴《ごうそ》し、田辺《たなべ》で合戦《かっせん》(看聞)。5・28 持《もち》氏《うじ》、上総本一揆《かずさのほんいっき》征伐《せいばつ》のため一色左近将監《いっしきさこんのしょうげん》を派兵《はへい》(鎌倉大日記)。6・25- 近《おう》

大日本史料	
1・- 7編30	雑載 7編29 / 9・- 7編28

琉球: 13

朝鮮: 18

明: 16

西暦	▶ 一四一八
年号・干支	応永二五 戊戌《つちのえいぬ》
天皇	(称光)
将軍	(足利義持)
管領	(細川満元)

記事

江大津《みおおつ》の馬借《ばしゃく》ら、祇園社神輿《ぎおんしゃのしんよ》を奉《ほう》じ、米売買《こめばいばい》につき強訴《ごうそ》(看聞)。**11・24** 加賀半国守護《かがのはんごくしゅご》富樫満成《とがしみつなり》、義嗣《よしつぐ》通謀《つうぼう》が発覚《はっかく》し、高野山《こうやさん》に遁世《とんせ》(看聞)。

【社会・文化】**3・3** 京都大火《きょうとたいか》(看聞)。**10・6** 相模《さがみ》清浄光寺《しょうじょうこうじ》に、上杉禅秀《うえすぎぜんしゅう》の乱《らん》の慰《い》霊碑《れいひ》「藤沢敵御方供養塔《ふじさわてきみかたくようとう》」を建立《こんりゅう》(同碑銘)。**この年**《とし》 正徹《しょうてつ》『なぐさめ草《ぐさ》』成《な》る。

【死没】**1・4** 上杉憲基《うえすぎのりもと》(27、武将《ぶしょう》)。**1・24** 足利義嗣《あしかがよしつぐ》(25、武将《ぶしょう》)。**2・15** 大友親《おおともちか》世《よ》(武将《ぶしょう》)。**4・-** 宗貞茂《そうさだしげ》(武将《ぶしょう》)。**5・14** 足利満詮《あしかがみつあきら》(55、公卿《くぎょう》)。**8・18** 斯《し》波義教《ばよしのり》(48、管領《かんれい》)。**11・17** 一条経嗣《いちじょうつねつぐ》(61、公卿《くぎょう》)。**この年**《とし》 土岐康政《ときやすまさ》(武将《ぶしょう》)。**応永**《おうえい》**一九年**《ねん》**以降**《いこう》**この年**《とし》**までの間**《あいだ》 今川貞世《いまがわさだよ》(武将《ぶしょう》)。

《月の大小/朔日の干支・ユリウス暦》

一壬子(2・6)・二壬午(3・8)・三辛亥(4・6)・四辛巳(5・6)・五辛亥(6・5)・六庚辰(7・4)・七己酉(8・2)・八己卯(9・1)・九戊申(9・30)・一〇丁丑(10・29)・一一丁未(11・28)・一二丁丑(12・28)(太字は大の月)

【世界】ヴェトナム、黎利《れいり》、挙兵《きょへい》。

大日本史料	(7編30)	8・- 7編31	是歳 (未刊)
琉球	尚思紹王 13		
朝鮮	太宗 18		
明	永楽 16		

西暦	一四一九
年号・干支	二六 己亥《つちのとのい》
天皇	
将軍	
管領	

記事

【政治・経済】
2・- 幕府《ばくふ》、富樫満成《とがしみつなり》を河内《かわち》で討《う》つ(看聞)。**5・6** 足利持氏《あしかがもちうじ》、上総本一揆《かずさのほんいっき》の榛谷重氏《はんがやしげうじ》を屈服《くっぷく》させ、ついで鎌倉《かまくら》で殺《ころ》す(喜連川判鑑)。**5・-** 朝鮮《ちょうせん》の使《つかい》、明《みん》・南蛮《なんばん》の来襲《らいしゅう》を幕府《ばくふ》に警告《けいこく》(看聞)。**6・20** 朝鮮《ちょうせん》の兵船《へいせん》、対馬《つしま》に来襲《らいしゅう》(応永《おうえい》の外寇《がいこう》)(朝鮮王朝実録)。**6・26** 少弐満貞《しょうにみつさだ》ら、朝鮮軍《ちょうせんぐん》を撃退《げきたい》(満済)。**7・23** 幕府《ばくふ》、兵庫来着《ひょうごらいちゃく》の明使《みんし》を帰国《きこく》させる(満済)。**8・15** 持氏《もちうじ》、上杉《うえすぎ》禅秀残党討伐《ぜんしゅうざんとうとうばつ》への参加《さんか》を南一揆《みなみいっき》に催促《さいそく》(武州文書)。**10・9** 足利義持《あしかがよしもち》、山門《さんもん》条々《じょうじょう》規式《きしき》を定《さだ》める(当寺規範)。**この年** 幕府《ばくふ》、洛中辺土《らくちゅうへんど》での北野《きたの》麹座《こうじざ》以外《いがい》の麹作《こうじづくり》を禁《きん》じ、五〇軒以上《けんいじょう》の酒屋《さかや》麹室《こうじむろ》を破却《はきゃく》(北野神社文書)。

【社会・文化】
10・- 関東《かんとう》で洪水《こうずい》・大風《おおかぜ》・旱魃《かんばつ》が続《つづ》き飢饉《ききん》(喜連川判鑑)。

【死没】
5・21 日陣《にちじん》(81、日蓮宗僧侶《にちれんしゅうそうりょ》)。**11・11** 北山院《きたやまいん》(51、足利義満室《あしかがよしみつしつ》)。

《月の大小／朔日の干支・ユリウス暦》
一丙午(1・26)・二丙子(2・25)・三丙午(3・27)・四乙亥(4・25)・五乙巳(5・25)・六甲戌(6・23)・七甲辰(7・23)・八癸酉(8・21)・九癸卯(9・20)・一〇壬申(10・19)・一一壬寅(11・18)・一二辛未(12・17)(太字は大の月)

〘世界〙
ボヘミア、フス戦争《せんそう》(～一四三六年《ねん》)。

大日本史料	
琉球	14
朝鮮	世宗《せいそう》
明	17

西暦	一四二〇
年号・干支	応永二七 ① 庚子《かのえね》
天皇	（称光）
将軍	（足利義持）
管領	（細川満元）
大日本史料	（未刊）
琉球	尚思紹王 15
朝鮮	世宗 2
明	① 永楽 18

記事

【政治・経済】

6・16 朝鮮使節《ちょうせんしせつ》宋希璟《そうきけい》、足利義持《あしかがよしもち》に謁見《えっけん》（老松堂日本行録）。**7・20** 足利《あしかが》持氏《もちうじ》、下野《しもつけ》の小山満泰《おやまみつやす》に上杉禅秀《うえすぎぜんしゅう》遺児《いじ》・残党《ざんとう》の討伐《とうばつ》を命《めい》じる（松平基則氏旧蔵文書）。**9・-** 義持《よしもち》病《や》む・諸方《しょほう》で平癒《へいゆ》を祈《いの》る（康富記）。**10・8** 持氏《もちうじ》、医《い》師高天《したかま》・陰陽助定棟《おんみょうのすけさだむね》を讃岐《さぬき》に配流《はいる》、ついで高天《たかま》を殺《ころ》す（看聞）。**10・11** 義《よし》持《もち》、病気平癒《びょうきへいゆ》により、二〇余社《よしゃ》に馬《うま》を寄進《きしん》・一三日《にち》、赦《しゃ》を実施《じっし》（康富記）。**10・23** 義持《よしもち》、後小松院執権《ごこまついんのしっけん》日野有光《ひのありみつ》・武家伝奏広橋兼宣《ぶけてんそうひろはしかねのぶ》らの院《いん》・室町殿出仕《むろまちどのしゅっし》を停止《ちょうじ》し、籠居《ろうきょ》させる（看聞）。

【社会・文化】

2・9 宝幢寺供養《ほうどうじくよう》、足利義持臨席《あしかがよしもちりんせき》（看聞）。**10・25** 宋希璟《そうきけい》、漢城《かんじょう》に帰《かえ》る・帰国後《きこくご》、『老松堂日本行録《ろうしょうどうにほんこうろく》』を著《あらわ》す。**この年**《とし》 旱魃《かんばつ》・飢饉《ききん》（年代記残編）。中《なか》原師郷《はらもろさと》、『師郷記《もろさとき》』を記《しる》す（長禄《ちょうろく》二年《ねん》にかけて現存《げんそん》）。

【死没】

9・27 聖冏《しょうげい》（80、浄土宗僧侶《じょうどしゅうそうりょ》）。

《月の大小／朔日の干支・ユリウス暦》

一辛丑（1・16）・閏一庚午（2・14）・二庚子（3・15）・三己巳（4・13）・四己亥（5・13）・五戊辰（6・11）・六戊戌（7・11）・七戊辰（8・10）・八丁酉（9・8）・九丁卯（10・8）・一〇丙申（11・6）・一一丙寅（12・6）・一二乙未（21・1・4）（太字は大の月）

【世界】

明《みん》、唐賽児《とうさいじ》の反乱《はんらん》。英《えい》・仏《ふつ》、トロワの和約《わやく》。

	一四二一	一四二二 ◀
西暦	一四二一	一四二二 ◀
年号・干支	二八 辛丑《かのとのうし》	二九 壬寅《みずのえとら》 ⑩
天皇		
将軍		
管領	7・29 ｜ 8・18 畠山満家《はたけやまみついえ》	
史料大日本		
琉球	16	尚巴志王《しょうはしおう》
朝鮮	3	4
明	19	⑫ 20

一四二一 記事

【政治・経済】

6・25 足利義持《あしかがよしもち》、子義量《こよしかず》の酒飲《いんしゅ》を戒《いまし》め、義量祗候《よしかずしこう》三六人《にん》の連署起請文《れんしょきしょうもん》を徴《ちょう》す（花営三代記）。**6・–** 常陸《ひたち》の額田義亮《ぬかたよしあき》が反乱《はんらん》・足利持氏《あしかがもちうじ》、これを攻《せ》める（新編常陸国誌）。**8・18** 畠山満家《はたけやまみついえ》、管領《かんれい》に再任《さいにん》（花営三代記）。

【社会・文化】

11・21 円覚寺《えんがくじ》火災《かさい》（武家年代記）。**12・2** 足利義持《あしかがよしもち》・義量《よしかず》、増阿弥《ぞうあみ》の勧進田楽《かんじんでんがく》を見物《けんぶつ》（花営三代記）。**この年《とし》** 飢饉《ききん》、疫病流行《えきびょうりゅうこう》（看聞）。

《月の大小／朔日の干支・ユリウス暦》

一乙丑（2・3）・**二甲午**（3・4）・三甲子（4・3）・**四癸巳**（5・2）・五癸亥（6・1）・六壬辰（6・30）・七壬戌（7・30）・八辛卯（8・28）・九辛酉（9・27）・一〇辛卯（10・27）・一一庚申（11・25）・一二庚寅（12・25）（太字は大の月）

〘世界〙

明《みん》、北京《ペキン》に遷都《せんと》。

一四二二 記事

【政治・経済】

6・13 足利持氏《あしかがもちうじ》、常陸小栗満重討伐《ひたちおぐりみつしげとうばつ》に上杉重方《うえすぎしげかた》を派遣《はけん》（松平基則氏所蔵文書）。**7・17** 長尾忠政《ながおただまさ》、武蔵六浦庄内《むさしむつらのしょうない》の常福寺門前《じょうふくじもんぜん》に関《せき》を設《もう》け、関料《せきりょう》を称名寺修造料《しょうみょうじしゅうぞうりょう》とする（金沢文庫文書）。**7・26** 幕府《ばくふ》、一一ヵ条《じょう》の御《ご》成敗条々《せいばいじょうじょう》を定《さだ》める（建武以来追加）。**8・–** 持氏《もちうじ》、小栗満重《おぐりみつしげ》・宇都宮持綱《うつのみやもちつな》らを上杉重方《うえすぎしげかた》に攻《せ》めさせる（喜連川判鑑）。**閏《うるう》10・13** 山入与義《やまいりともよし》、上杉房実《うえすぎふさざね》の

西暦	▶一四二二	一四二三
年号・干支	応永二九 ⑩ 壬寅《みずのえとら》	三〇 癸卯《みずのとのう》
天皇	(称光)	
将軍	(足利義持)	3・18 ／ 足利義量《あしかがよしかず》 3・18
管領	(畠山満家)	
記事	追討《ついとう》を受《う》け自害《じがい》(喜連川判鑑)。**12・15** 幕府《ばくふ》、南禅寺僧殺害《なんぜんじそうさつがい》により、侍所《さむらいどころ》に寺僧《じそう》四八人《にん》を捕《とら》えさせ、寺中《じちゅう》の兵具《ひょうぐ》を没収《ぼっしゅう》(看聞)。 【社会・文化】 **1・12** 一条兼良《いちじょうかねよし》、『公事根源《くじこんげん》』を著《あらわ》す(一説《いっせつ》)。**5・-** 足利義持《あしかがよしもち》、朝鮮《ちょうせん》に大蔵経《だいぞうきょう》を求《もと》める(善隣国宝記)。**10・21** 義持《よしもち》・義量《よしかず》ら、大炊御門河原《おおいみかどがわら》で増阿弥《ぞうあみ》の勧進田楽《かんじんでんがく》を観《み》る(薩戒記目録)。 【死没】 **1・-** 貞舜《じょうしゅん》(89、天台僧《てんだいそう》)。**閏10・13** 山入与義《やまいりともよし》(武将《ぶしょう》)。 《月の大小/朔日の干支・ユリウス暦》 一己未(1・23)・二己丑(2・22)・三戊午(3・23)・四丁亥(4・21)・五丁巳(5・21)・六丙戌(6・19)・七丙辰(7・19)・八乙酉(8・17)・九乙卯(9・16)・一〇乙酉(10・16)・閏一〇乙卯(11・15)・一一甲申(12・14)・一二甲寅(23・1・13)(太字は大の月)	【政治・経済】 **3・18** 足利義持《あしかがよしもち》、征夷大将軍《せいいたいしょうぐん》を辞《じ》し、義量《よしかず》に将軍宣下《しょうぐんせんげ》(満済)。**4・25** 義持《よしもち》、仁和寺等持院《にんなじとうじいん》で出家《しゅっけ》(満済)。**5・-** 朝鮮使《ちょうせんし》、義持《よしもち》に謁見《えっけん》し大蔵経《だいぞうきょう》を贈《おく》る(看聞)。**7・-** 義持《よしもち》、諸社寺《しょしゃじ》に関東調伏《かんとうちょうぶく》を祈禱《きとう》させる(満済)。**8・2** 足利持氏《あしかがもちうじ》、常陸《ひたち》小栗城《おぐりじょう》の小栗満重《おぐりみつしげ》を攻略《こうりゃく》し、京都扶持衆《きょうとふちしゅう》を攻撃《こうげき》(看聞・鳥名木文書)。**8・11** 義持《よしもち》、今川範政《いまがわのりまさ》・桃井某《もものいぼう》を持氏追討《もちうじついとう》の大将《たいしょう》とし、旗《はた》を下賜《かし》(看聞)。**11・22**
大日本史料	(未刊)	
琉球	尚巴志王	2
朝鮮	世宗 4	5
明	⑫ 永楽 20	21

西暦	
年号・干支	
天皇	
将軍	
管領	

記事

幕府《ばくふ》、南方上野宮《みなみがたこうずけのみや》の青侍《あおざむらい》を斬刑《ざんけい》に処《しょ》し、四条隆興《しじょうたかおき》らを捕《とら》える（看聞）。**11・28** 持氏《もちうじ》、使《つかい》を上洛《じょうらく》させ謝罪《しゃざい》（看聞）。**この年** 肥前少弐満貞《ひぜんしょうにみつさだ》、九州《きゅうしゅう》探題渋川義俊《たんだいしぶかわよしとし》を破《やぶ》る（看聞）。

【社会・文化】

5・9 京都《きょうと》・讃岐《さぬき》等《など》で大風雨《だいふうう》（満済）。**7・22** 山城等《やましろなど》で暴風雨《ぼうふうう》・洪水《こうずい》（看聞）。

7・- 足利義持《あしかがよしもち》、朝鮮《ちょうせん》に返書《へんしょ》し大蔵経《だいぞうきょう》の版木《はんぎ》を求《もと》める（善隣国宝記）。

【死没】

5・11 石屋真梁《せきおくしんりょう》（79、曹洞宗僧侶《そうとうしゅうそうりょ》）。**9・14** 大岳周崇《だいがくしゅうそう》（79、臨済宗僧侶《りんざいしゅうそうりょ》）。

《月の大小／朔日の干支・ユリウス暦》

一癸未（2・11）・二癸丑（3・13）・三壬午（4・11）・四辛亥（5・10）・五辛巳（6・9）・六庚戌（7・8）・七庚辰（8・7）・八己酉（9・5）・九己卯（10・5）・一〇己酉（11・4）・一一戊寅（12・3）・一二戊申（24・1・2）（太字は大の月）

図33（→1424年）
岐陽方秀像（霊雲院）

大日本史料	
琉球	
朝鮮	
明	

西暦	一四二四　図33
年号・干支	応永三一　甲辰《きのえたつ》
天皇	(称光)
将軍	(足利義量)
管領	(畠山満家)

記事

【政治・経済】

2・5 足利義持《あしかがよしもち》、持氏《もちうじ》と和睦《わぼく》(満済)。**6・14** 石清水八幡宮神人《いわしみずはちまんぐうのじにん》ら、護国寺《ごこくじ》に閉籠《へいろう》し、米売買等《こめばいばいなど》について強訴《ごうそ》(満済)。**10・29** 後小松上皇《ごこまつじょうこう》、相国寺《しょうこくじ》に御幸《ごこう》・足利義量《あしかがよしかず》供奉《ぐぶ》(看聞)。**11・26** 幕府《ばくふ》、九州探題渋川義俊《きゅうしゅうたんだいしぶかわよしとし》を隠居《いんきょ》・罷免《ひめん》し、京都《きょうと》に召還《しょうかん》(満済)。**この年** 筑紫冬門《とし ちくしふゆかど》、渋川義俊《しぶかわよしとし》を破《やぶ》る(歴代鎮西要略)。

【社会・文化】

1・- 疱瘡流行《ほうそうりゅうこう》(看聞)。**2・3** 岐陽方秀没《ぎようほうしゅうぼつ》・語録詩文集《ごろくしぶんしゅう》『不二遺稿《ふにいこう》』がある。**8・1** 足利義持《あしかがよしもち》、再度《さいど》朝鮮《ちょうせん》に大蔵経《だいぞうきょう》の版木《はんぎ》を求《もと》める(善隣国宝記)。**8・10** 四条道場金蓮寺《しじょうどうじょうこんれんじ》焼失《しょうしつ》(看聞)。

【死没】

2・3 寂済《じゃくさい》(77、絵師《えし》)。岐陽方秀《ぎようほうしゅう》(64、五山僧《ござんそう》)。**4・12** 後亀山法皇《ごかめやまほうおう》。

《月の大小/朔日の干支・ユリウス暦》

一戊寅(2・1)・二丁未(3・1)・三丁丑(3・31)・四丙午(4・29)・五乙亥(5・28)・六乙巳(6・27)・七甲戌(7・26)・八癸卯(8・24)・九癸酉(9・23)・一〇癸卯(10・23)・一一壬申(11・21)・一二壬寅(12・21)(太字は大の月)

【世界】

明《みん》、永楽帝《えいらくてい》、タタール親征中《しんせいちゅう》に病死《びょうし》。

大日本史料	(未刊)
琉球	尚巴志王 3
朝鮮	世宗 6
明	仁宗《じんそう》　永楽 22

西暦	一四二五
年号・干支	三二 乙巳《きのとのみ》 ⑥
天皇	
将軍	2・27
管領	

記事

【政治・経済】

2・27 足利義量没《あしかがよしかずぼつ》(満済)。**5・－** 朝鮮《ちょうせん》、足利義持《あしかがよしもち》に返書《へんしょ》し、大蔵経版木《だいぞうきょうはんぎ》の贈呈《ぞうてい》を辞《じ》す(善隣国宝記)。**7・13** 大内盛見《おおうちもりみ》、菊池兼朝《きくちかねとも》・少弐満貞《しょうにみつさだ》ら挙兵《きょへい》の報《ほう》を受《う》け、九州《きゅうしゅう》へ向《む》け出京《しゅっきょう》(看聞)。**8・16** 足利持氏《あしかがもちうじ》、武田信長《たけだのぶなが》の在京奉公《ざいきょうほうこう》に怒《いか》り、上杉房実《うえすぎふさざね》を将《しょう》とし甲斐《かい》に派兵《はへい》(喜連川判鑑)。**9・8** 鎌《かま》倉府第火事《くらふていかじ》(喜連川判鑑)。**9・26** 幕府《ばくふ》、洛中洛外《らくちゅうらくがい》の酒屋《さかや》・土倉《どそう》らの借主《かりぬし》への不当《ふとう》な譴責《けんせき》を禁《きん》じ、幕府《ばくふ》への出訴《しゅっそ》を定《さだ》める(建武以来追加)。**10・28** 大《おお》内盛見《うちもりみ》、少弐満貞《しょうにみつさだ》を破《やぶ》る(看聞)。**11・21** 後小松上皇《ごこまつじょうこう》、新造御所《しんぞうごしょ》に移徙《いし》(薩戒記)。**11・30** 持氏《もちうじ》、義持《よしもち》の猶子《ゆうし》となり上洛《じょうらく》することを請《こ》うも、義持《よしもち》、使僧《しそう》と対面《たいめん》せず(看聞)。

【社会・文化】

閏《うるう》6・17 地震《じしん》・諸寺《しょじ》で祈禱《きとう》(満済)。**閏《うるう》6・－～12・－** 京都《きょうと》で断続的《だんぞくてき》に地《じ》震《しん》(満済)。**7・下旬《げじゅん》** 大雨洪水《おおあめこうずい》(看聞)。**8・14** 京都大火《きょうとたいか》、相国寺鹿苑院《しょうこくじろくおんいん》等焼失《などしょうしつ》(看聞)。

【死没】

2・18 鄂隠慧奯《がくいんえかつ》(69、臨済宗僧侶《りんざいしゅうそうりょ》)。**2・27** 足利義量《あしかがよしかず》(19、室町将軍《むろまちしょうぐん》)。

《月の大小/朔日の干支・ユリウス暦》

一壬申(1・20)・二壬寅(2・19)・三辛未(3・20)・四辛丑(4・19)・五庚午(5・18)・六己亥(6・16)・閏六己巳(7・16)・七戊戌(8・14)・八丁卯(9・12)・九丁酉(10・12)・一〇丁卯(11・11)・一一丙申(12・10)・一二丙寅(26・1・9)(太字は大の月)

大日本史料	
琉球	4
朝鮮	7
明	⑦ 宣宗《せんそう》 洪熙《こうき》(1.1)

西暦	年号・干支	天皇	将軍	管領
一四二六 図34	応永三三 丙午《ひのえうま》	(称光)		(畠山満家)

記事

【政治・経済】

1・19 興福寺衆徒《こうふくじしゅと》、東大寺《とうだいじ》と争《あらそ》い、尊勝院《そんしょういん》に放火《ほうか》(満済)。**2・7** 東大《とうだい》・興福両寺別当《こうふくりょうじべっとう》を改替《かいたい》(満済)。**6・8** 近江坂本《おうみさかもと》の馬借《ばしゃく》ら、山門使節《さんもんしせつ》の追捕《ついぶ》を受《う》け、内裏乱入等《だいりらんにゅうなど》を企《くわだ》てる(満済)。**8・25** 武田信長《たけだのぶなが》、足利持氏《あしかがもちうじ》に降《くだ》る(鎌倉大草紙)。

【社会・文化】

5・14 洞院満季《とういんみつすえ》、『帝王系図《ていおうけいず》』(『本朝皇胤紹運録《ほんちょうこういんじょううんろく》』)を撰進《せんしん》(薩戒記)。**6・18** 京都地震《きょうとじしん》(満済)。**この年《とし》** 大内盛見《おおうちもりみ》、大般若経理趣分《だいはんにゃきょうりしゅぶん》一〇〇〇巻《かん》を刊行《かんこう》(続本朝通鑑)。

【死没】

10・16 細川満元《ほそかわみつもと》(49、管領《かんれい》)。

《月の大小/朔日の干支・ユリウス暦》

一丙申(2・8)・二丙寅(3・10)・三乙未(4・8)・四乙丑(5・8)・五甲午(6・6)・六癸亥(7・5)・七癸巳(8・4)・八壬戌(9・2)・九辛卯(10・1)・一〇辛酉(10・31)・一一庚寅(11・29)・一二庚申(12・29)(太字は大の月)

図34
細川満元花押

大日本史料	琉球	朝鮮	明
(未刊)	尚巴志王 5	世宗 8	宣徳《せんとく》(1.1)

西暦	一四二七
年号・干支	三四 丁未《ひのとのひつじ》
天皇	
将軍	
管領	
記事	【政治・経済】 4・20 幕府《ばくふ》、洛中洛外酒屋土倉条々《らくちゅうらくがいさかやどそうじょうじょう》を定《さだ》める(建武以来追加)。 8・14 太《だ》政官庁《じょうかんちょう》火事《かじ》(満済)。 10・26 足利義持《あしかがよしもち》、赤松満祐《あかまつみつすけ》の播磨守護職《はりまのしゅごしき》を没収《ぼっしゅう》し、御料国《ごりょうこく》として赤松持貞《あかまつもちさだ》に預《あず》け置《お》く・満祐《みつすけ》、自邸《じてい》を焼《や》き播磨《はりま》に下国《げこく》(満済)。 10・28 義持《よしもち》、満祐《みつすけ》の備前《びぜん》・美作守護職《みまさかのしゅごしき》を没収《ぼっしゅう》し、山名時熙《やまなときひろ》・一色義貫《いっしきよしつら》に満祐征討《みつすけせいとう》を命《めい》じる(満済)。 11・13 赤松持貞《あかまつもちさだ》、義持侍女《よしもちじじょ》との不義《ふぎ》が発覚《はっかく》し、切腹《せっぷく》(満済)。 11・25 満祐降《みつすけくだ》る・義持《よしもち》、満祐《みつすけ》を赦免《しゃめん》(満済)。 **この頃** 洛中《らくちゅう》洛外《らくがい》の酒屋《さかや》三四七軒《けん》に上《のぼ》る(北野神社文書)。 【社会・文化】 1・12 称光天皇《しょうこうてんのう》、初《はじ》めて禁中《きんちゅう》で猿楽《さるがく》を催《もよお》す(満済)。 3・29 信濃善光寺《しなのぜんこうじ》火事《かじ》(薩戒記目録)。 5・23 連日《れんじつ》の降雨《こうう》で加茂川洪水《かもがわこうずい》・四条《しじょう》・五条橋及《ごじょうばしおよ》び河原《かわら》の在家《ざいけ》が流失《りゅうしつ》(満済)。 9・3 近畿《きんき》・関東等《かんとうなど》で大風雨《だいふうう》、洪水《こうずい》(薩戒記目録・喜連川判鑑)。 【死没】 8・7 傑堂能勝《けつどうのうしょう》(73、曹洞宗僧侶《そうとうしゅうそうりょ》)。 9・21 赤松義則《あかまつよしのり》(70、武将《ぶしょう》)。 《月の大小/朔日の干支・ユリウス暦》 一庚寅(1・28)・二庚申(2・27)・三己丑(3・28)・四己未(4・27)・五戊子(5・26)・六戊午(6・25)・七丁亥(7・24)・八丁巳(8・23)・九丙戌(9・21)・一〇乙卯(10・20)・一一乙酉(11・19)・一二甲寅(12・18)(太字は大の月)
大日本史料	
琉球	6
朝鮮	9
明	2

西暦 一四二八 図35 図36

年号・干支 正長元《しょうちょう》 4・27 戊申《つちのえさる》 ③

天皇 (称光) 7・20 ｜ 7・28 後花園《ごはなぞの》

将軍

管領 (畠山満家)

記事

【政治・経済】 **1・17** 足利義持《あしかがよしもち》危篤《きとく》、石清水八幡宮神前《いわしみずはちまんぐうしんぜん》の鬮引《くじび》きによる後嗣人選《こうしじんせん》を管領《かんれい》らに指示《しじ》(満済)。**1・18** 義持没《よしもちぼっ》。管領《かんれい》ら鬮《くじ》を開封《かいふう》(満済)。**1・19** 管領《かんれい》ら、鬮《くじ》の結果《けっか》を受《う》け青蓮院義円《しょうれんいんぎえん》を後嗣《こうし》に擁立《ようりつ》(満済)。**5・25** この頃《ころ》、上杉憲実《うえすぎのりざね》、足利持氏《あしかがもちうじ》の上洛《じょうらく》の企《くわだ》てを諫止《かんし》(建内記)。**7・6** 小倉宮《おぐらのみや》、北畠氏《きたばたけし》を頼《たよ》り伊勢《いせ》に逐電《ちくてん》(満済)。**8・11** 伊勢国司《いせこくし》北畠満雅《きたばたけみつまさ》、小倉宮《おぐらのみや》を奉《ほう》じて挙兵《きょへい》。幕府《ばくふ》、伊勢守護《いせのしゅご》土岐持頼《ときもちより》・美濃守護《みののしゅご》土岐持益《ときもちます》に討伐《とうばつ》を命《めい》じる(満済)。**9・18** 京畿諸国《けいきしょこく》の土民《どみん》、徳政《とくせい》を要求《ようきゅう》して蜂起《ほうき》(正長《しょうちょう》の土一揆《つちいっき》)(大乗院日記目録)。**10・11** 幕府《ばくふ》、論人《ろんにん》の陳状《ちんじょう》・証文提出《しょうもんていしゅつ》の日限《にちげん》、寄沙汰《よせざた》禁止等《きんしなど》の訴訟法《そしょうほう》を定《さだ》める(建武以来追加)。**11・22** 幕府侍所《ばくふさむらいどころ》、徳政一揆《とくせいいっき》の狼藉《ろうぜき》を禁《きん》じる(東寺百合文書)。**12・21** 北畠満雅敗死《きたばたけみつまさはいし》(大乗院日記目録)。

【社会・文化】 **3・-** 幕府《ばくふ》、朝鮮《ちょうせん》に大蔵経《だいぞうきょう》を求《もと》める(善隣国宝記)。**4・-** 三日病流行《みっかびょうりゅうこう》・諸寺社《しょじしゃ》で祈禱《きとう》(満済)。**この年** 大和柳生《やまとやぎゅう》の地蔵岩《じぞういわ》に徳政碑文《とくせいひぶん》が刻《きざ》まれる(同碑文)。世阿弥《ぜあみ》、『拾玉得花《しゅうぎょくとっか》』を著《あらわ》す。また、この年以前《としいぜん》『九位《きゅうい》』を著《あらわ》す。

【死没】 **1・18** 足利義持《あしかがよしもち》(43、室町将軍《むろまちしょうぐん》)。**7・20** 称光天皇《しょうこうてんのう》(28)。**12・21** 北畠満雅《きたばたけみつまさ》(伊勢国司《いせこくし》)。

《月の大小／朔日の干支・ユリウス暦》

大日本史料 (未刊)

琉球 尚巴志王 7

朝鮮 世宗 10

明 宣徳 3 ④

西暦	
年号・干支	
天皇	
将軍	
管領	
記事	一甲申（1・17）・二甲寅（2・16）・三癸未（3・16）・閏三癸丑（4・15）・四癸未（5・15）・五壬子（6・13）・六壬午（7・13）・七辛亥（8・11）・八辛巳（9・10）・九庚戌（10・9）・一〇庚辰（11・8）・一一己酉（12・7）・一二戊寅（29・1・5）（太字は大の月） 〔世界〕 ヴェトナム、黎利《れいり》、明支配《みんしはい》から独立《どくりつ》し、黎朝《れいちょう》を開《ひら》く。
大日本史料	
琉球	
朝鮮	
明	

図35
柳生徳政碑文（奈良市柳生町）

図36
足利義持花押

西暦	一四二九
年号・干支	永享《えいきょう》 元 9・5 己酉《つちのととり》
天皇	(後花園)
将軍	3・15 足利義教《あしかがよしのり》
管領	(畠山満家) 8・16 8・24 斯波義淳《しばよしあつ》

図37

記事

【政治・経済】 **1・29** 播磨《はりま》の土民蜂起《どみんほうき》し、国中《こくちゅう》の侍《さむらい》と戦《たたか》う・守護《しゅご》赤松満祐《あかまつみつすけ》、下向《げこう》(薩戒記)。**1・－～2・－** 大和国宇陀郡《やまとのくにうだぐん》で沢《さわ》・秋山氏《あきやまし》と土一揆蜂起《つちいっきほうき》・興福寺衆徒《こうふくじしゅと》・国民《こくみん》と戦《たたか》う(満済)。**2・5** この頃《ころ》、丹波《たんば》に土一揆蜂起《つちいっきほうき》(満済)。**3・15** 足利義教《あしかがよしのり》、将軍宣下《しょうぐんせんげ》を受《う》ける(満済)。**4・15** 義教御判始《よしのりごはんはじめ》(満済)。**6・19** 義《よし》教《のり》、朝鮮使《ちょうせんし》を引見《いんけん》(満済)。**7・－～8・－** 幕府《ばくふ》、奉行人伺事規式等《ぶぎょうにんうかがいごときしきなど》を定《さだ》める(建武以来追加)。**9・24** 幕府《ばくふ》、奈良《なら》で捕《とら》えた楠木光正《くすのきみつまさ》を六条河原《ろくじょうがわら》で斬刑《ざんけい》(看聞)。**10・28** 幕府《ばくふ》、伊勢守護土岐持頼《いせのしゅごときもちより》に北畠教具討伐《きたばたけのりともとうばつ》を催促《さいそく》(満済)。**11・13** 義教《よしのり》、室町第新造会所《むろまちていしんぞうかいしょ》に移《うつ》る(満済)。**12・7** 幕府《ばくふ》、不知行地《ふちぎょうち》を押領《おうりょう》し、出訴《しゅっそ》することを禁《きん》じる(建武以来追加)。**12・27** 後花園天皇即位《ごはなぞのてんのうそくい》(看聞)。

【死没】 **2・18** 烏丸豊光《からすまるとよみつ》(52、公卿《くぎょう》)。**7・10** 花山院長親《かざんいんながちか》(80余《よ》、歌人《かじん》)。**7・14** 細《ほそ》川持元《かわもちもと》(31、武将《ぶしょう》)。**9・14** 広橋兼宣《ひろはしかねのぶ》(64、公卿《くぎょう》)。**9・24** 楠木光正《くすのきみつまさ》(武将《ぶしょう》)。**12・13** 大掾満幹《だいじょうみつもと》(武将《ぶしょう》)。

《月の大小／朔日の干支・ユリウス暦》

一戊申(2・4)・二戊寅(3・6)・**三**丁未(4・4)・四丁丑(5・4)・**五**丙午(6・2)・**六**丙子(7・2)・七丙午(8・1)・八乙亥(8・30)・九乙巳(9・29)・一〇甲戌(10・28)・一一甲辰(11・27)・一二癸酉(12・26)(太字は大の月)

〔世界〕

大日本史料	(未刊)
琉球	尚巴志王 8
朝鮮	世宗 11
明	宣徳 4

西暦		◀一四三〇
年号・干支		二 庚戌《かのえいぬ》 ⑪
天皇		
将軍		
管領		
記事	ジャンヌ＝ダルク、オルレアンを解放《かいほう》。  図37 広橋兼宣花押	【政治・経済】 **2・24** 足利義教《あしかがよしのり》、足利持氏討伐《あしかがもちうじとうばつ》を企《くわだ》て、管領以下宿老《かんれいいかしゅくろう》に諫止《かんし》される（満済）。**8・6** 持氏《もちうじ》、下野那須《しもつけなすじょう》城に派兵《はへい》・義教《よしのり》、駿河《するが》・信濃《しなの》・越後《えちご》に出兵《しゅっぺい》を命《めい》じる（満済）。**9・30** 幕府《ばくふ》、洛中洛外酒屋土倉《らくちゅうらくがいさかやどそう》条々《じょうじょう》を定《さだ》める（蜷川家文書）。**11・6** 幕府《ばくふ》、借物返済《しゃくもつへんさい》の法《ほう》を定《さだ》める（建武以来追加）。**11・18** 大嘗《だいじょう》会《え》（永享大嘗会記）。**11・27** 小倉宮息 教尊《おぐらのみやそくきょうそん》、義教《よしのり》の猶子《ゆうし》となり勧修寺《かんじゅじ》に入《にっ》室《しつ》（満済）。 【社会・文化】 **6・24** 貞成親王《さだふさしんのう》、大嘗会記録《だいじょうえきろく》・神膳御記《しんぜんぎょき》を後小松上皇《ごこまつじょうこう》に進献《しんけん》（看聞）。**8・18** 京都《きょうと》に暴風雨《ぼうふうう》（満済）。**11・11** 観世元能《かんぜもとよし》、父世阿弥《ちちぜあみ》の芸談《げいだん》を『申楽談儀《さるがくだんぎ》』に整理《せいり》。
大日本史料		
琉球		9
朝鮮		12
明		⑫ 5

西暦	▶一四三〇	一四三一
年号・干支	永享 二 ⑪ 庚戌《かのえいぬ》	三 辛亥《かのとのい》
天皇	(後花園)	
将軍	(足利義教)	
管領	(斯波義淳)	
記事	【死没】 6・17 千葉兼胤《ちばかねたね》(39、武将《ぶしょう》)。 《月の大小/朔日の干支・ユリウス暦》 一癸卯(1・25)・二壬申(2・23)・三辛丑(3・24)・四辛未(4・23)・五庚子(5・22)・六庚午(6・21)・七庚子(7・21)・八己巳(8・19)・九己亥(9・18)・一〇己巳(10・18)・一一戊戌(11・16)・閏一一戊辰(12・16)・一二丁酉(31・1・14)(太字は大の月) 〖世界〗 この頃《ころ》、アステカ族《ぞく》、領域拡張開始《りょういきかくちょうかいし》。	【政治・経済】 2・27 幕府《ばくふ》、大内盛見《おおうちもりみ》の申請《しんせい》を容《い》れ、少弐《しょうに》・菊池方《きくちがた》に与同《よどう》する大友持直《おおともちなお》との和睦《わぼく》を斡旋《あっせん》(満済)。 4・16〜25 足利義教《あしかがよしのり》、高野山《こうやさん》に参詣《さんけい》(満済)。 6・11・12
大日本史料	(未刊)	
琉球	尚巴志王 9	10
朝鮮	世宗 12	13
明	⑫ 宣徳 5	6

図38(→1431年)
吉山明兆自画像(模本. 東福寺)

西暦

図
38

年号・干支

天皇

将軍

管領

記事

畠山満家《はたけやまみついえ》・山名時熙《やまなときひろ》・細川持之《ほそかわもちゆき》ら、義教《よしのり》に告文《こうもん》を提出《ていしゅつ》し、天下政道《てんかせいどう》の無《む》為《い》を上申《じょうしん》（満済）。**6・28** 大内盛見《おおうちもりみ》、大友持直《おおとももちなお》らと筑前萩原《ちくぜんはぎのばる》で戦《たたか》い敗死《はいし》（満済）。**7・6** 幕府《ばくふ》、洛中諸口《らくちゅうしょくち》での米流入妨害《こめりゅうにゅうぼうがい》や米不売《こめふばい》の米商人《こめしょうにん》を捕《とら》える（看聞・満済）。**7・－** 朝鮮《ちょうせん》より帰国《きこく》した日本国王使《にほんこくおうし》、義教《よしのり》に唐物等《からものなど》を献上《けんじょう》（看聞）。**8・－** 鎌倉府《かまくらふ》、初《はじ》めて永享《えいきょう》の年号《ねんごう》を使用《しよう》（鎌倉九代後記）。**9・－** 幕府《ばくふ》、請《こい》により大徳寺《だいとくじ》を十刹《じっさつ》から外《はず》す（大徳寺文書）。**10・17** 幕府《ばくふ》、洛中洛外《らくちゅうらくがい》の土倉《どそう》の質物《しちもつ》について質置《しちおき》・質流《しちながれ》の期限《きげん》を定《さだ》める（建武以来追加）。**11・3** 大内持世《おおうちもちよ》、大友持直《おおとももちなお》を筑前《ちくぜん》で破《やぶ》る（看聞）。**12・11** 義教《よしのり》、室町《むろまち》北小路《きたこうじ》の新邸《しんてい》に移《うつ》る（満済）。

【社会・文化】

3・8 貞成親王《さだふさしんのう》、累代相伝《るいだいそうでん》の書《しょ》を進覧《しんらん》（看聞）。

【死没】

6・28 大内盛見《おおうちもりみ》（55、武将《ぶしょう》）。**8・20** 吉山明兆《きちざんみんちょう》（80、画僧《がそう》）。

《月の大小／朔日の干支・ユリウス暦》

一丁卯（2・13）・二丙申（3・14）・三乙丑（4・12）・四乙未（5・12）・**五**甲子（6・10）・六甲午（7・10）・**七**癸亥（8・8）・八癸巳（9・7）・九癸亥（10・7）・一〇壬辰（11・5）・一一壬戌（12・5）・一二壬辰（32・1・4）（太字は大の月）

〔世界〕

ジャンヌ＝ダルク刑死《けいし》。**この頃《ころ》** タイのアユタヤ軍《ぐん》、アンコールを占領《せんりょう》。

大日本史料

琉球

朝鮮

明

西暦	年号・干支	天皇	将軍	管領
一四三二	永享四 壬子《みずのえね》	(後花園)	(足利義教)	(斯波義淳) 10・10 細川持之《ほそかわもちゆき》 10・22

記事

【政治・経済】
2・10 大内持世《おおうちもちよ》、弟《おとう》持盛《ともちもり》に敗《やぶ》れ、豊前《ぶぜん》から石見《いわみ》ついで周防《すおう》に逃《のが》れる(満済)。**2・27** 関東管領上杉憲実《かんとうかんれいうえすぎのりざね》の使《つかい》、上洛《じょうらく》・関東《かんとう》にある京方所領《きょうがたしょりょう》の返《へん》上等《じょうなど》を申《もう》し入《い》れる(満済)。**3・18** 幕府《ばくふ》、山名時熙《やまなときひろ》に持世《もちよ》を救援《きゅうえん》させる(満済)。**7・20** 幕府《ばくふ》、洛中辺土《らくちゅうへんど》散在《さんざい》の土倉《どそう》・酒屋役《さかややく》の制《せい》を再発布《さいはっぷ》(蜷川家文書)。**8・17** 足利義教《あしかがよしのり》、遣明船見物《けんみんせんけんぶつ》のため兵庫《ひょうご》へ下向《げこう》(看聞)。**9・10** 義教《よしのり》、富士遊覧《ふじゆうらん》と称《しょう》して駿河《するが》に向《むか》う(満済)。**9・11** 大和《やまと》で土一揆蜂起《つちいっきほうき》(満済)。**9・24** 大和《やまと》の国民越智《こくみんおち》・箸尾氏《はしおし》、筒井氏《つついし》と戦《たたか》う。土一揆蜂起《つちいっきほうき》し越智《おち》勢《ぜい》を囲《かこ》む(満済)。**11・30** 畠山持国《はたけやまもちくに》・赤松義雅《あかまつよしまさ》ら、大和箸尾城《やまとはしおじょう》を攻略《こうりゃく》(満済)。

【社会・文化】
4・2 正徹《しょうてつ》の草庵《そうあん》が類焼《るいしょう》し、歌稿焼失《かこうしょうしつ》(草根集)。**4・28** 足利持氏《あしかがもちうじ》、相模大山寺《さがみたいさんじ》を造営《ぞうえい》(相州文書)。**9・―** 足利義教《あしかがよしのり》に供奉《ぐぶ》した飛鳥井雅世《あすかいまさよ》が『富士紀行《ふじきこう》』を、尭孝《ぎょうこう》が『覧富士記《らんふじき》』を著《あらわ》す。

【死没】
6・27 畠山満慶《はたけやまみつのり》(61、武将《ぶしょう》)。**8・1** 観世元雅《かんぜもとまさ》(能役者《のうやくしゃ》)。**10・29** 清原良賢《きよはらのよしかた》(儒学者《じゅがくしゃ》)。

《月の大小／朔日の干支・ユリウス暦》
一辛酉(2・2)・二辛卯(3・3)・三庚申(4・1)・四己丑(4・30)・五己未(5・30)・六戊子(6・28)・七戊午(7・28)・八丁亥(8・26)・九丁巳(9・25)・一〇丙戌(10・24)・一一丙

大日本史料	琉球	朝鮮	明
(未刊)	尚巴志王 11	世宗 14	宣徳 7

辰(11・23)・一二丙戌(12・23)(太字は大の月)

西暦	◀ 一四三三
年号・干支	五 癸丑《みずのとのうし》 ⑦
天皇	
将軍	
管領	
記事	【政治・経済】 1・26 足利義教《あしかがよしのり》、朝鮮回礼使《ちょうせんかいれいし》と会見《かいけん》(薩戒記)。 3・1 武田信長《たけだのぶなが》、鎌倉《かまくら》を遂電《ちくてん》(鎌倉大日記)。 3・5 幕府《ばくふ》、大内持世《おおうちもちよ》に大友持直《おおともちなお》・少弐満貞《しょうにみつさだ》治罰《じばつ》の御《み》教書《ぎょうしょ》・旗《はた》を与《あた》える(満済)。 4・8 大内持世《おおうちもちよ》、弟《おとうと》持盛《もちもり》を討《う》つ(満済)。 7・19 延暦寺衆徒《えんりゃくじしゅと》、山門奉行《さんもんぶぎょう》飯尾為種《いのおためたね》らの罪状《ざいじょう》を陳《の》べ幕府《ばくふ》に強訴《ごうそ》(看聞)。 7・23 山名時熙《やまなときひろ》、洛中乱入《らくちゅうらんにゅう》を図《はか》る近江坂本《おうみさかもと》の馬借《ばしゃく》と戦《たたか》う(看聞)。 8・12 延《えん》暦寺衆徒《りゃくじしゅと》、強訴不参加《ごうそふさんか》の園城寺《おんじょうじ》を襲《おそ》う(看聞)。 8・19 大内持世《おおうちもちよ》・武田信《たけだのぶ》繁《しげ》ら、筑前秋月城《ちくぜんあきづきじょう》を攻略《こうりゃく》し少弐満貞《しょうにみつさだ》を討《う》つ(満済)。 10・3 幕府《ばくふ》、質物《しちもつ》盗難時《とうなんじ》の土倉《どそう》による弁償等《べんしょうなど》を定《さだ》める(建武以来追加)。 11・27 幕府《ばくふ》、山名《やまな》・斯波《しば》氏《し》ら諸勢《しょぜい》を延暦寺《えんりゃくじ》攻めに発向《はっこう》させる(満済)。 12・12 延暦寺《えんりゃくじ》降参《こうさん》(満済)。 【社会・文化】 4・21・23・27 糺河原《ただすがわら》で勧進猿楽《かんじんさるがく》が催《もよお》され、足利義教見物《あしかがよしのりけんぶつ》(看聞)。 5・24 祇園塔供養《ぎおんとうくよう》(管見記)。 8・– 彗星出現《すいせいしゅつげん》(満済)。 9・16 関東《かんとう》で大地震《おおじしん》(鎌倉大日記)。 【死没】 1・26 小早川則平《こばやかわのりひら》(61、武将《ぶしょう》)。 2・22 古幢周勝《ことうしゅうしょう》(64、臨済宗僧侶《りんざいしゅうそうりょ》)。 5・27 今川範政《いまがわのりまさ》(70、武将《ぶしょう》)。 9・19 畠山満家《はたけやまみついえ》(62、武将《ぶしょう》)。 10・20 後小松法皇《ごこまつほうおう》
大日本史料	
琉球	12
朝鮮	15
明	8 ⑧

西暦	年号・干支	天皇	将軍	管領	記事	大日本史料	琉球	朝鮮	明
▶一四三三	永享 五 癸丑《みずのとうし》 ⑦	(後花園)	(足利義教)	(細川持之)	(57)。**12・1** 斯波義淳《しばよしあつ》(37、管領《かんれい》)。 《月の大小/朔日の干支・ユリウス暦》 一丙辰(1・22)・二乙酉(2・20)・三乙卯(3・22)・四甲申(4・20)・五癸丑(5・19)・六癸未(6・18)・七壬子(7・17)・閏七辛巳(8・15)・八辛亥(9・14)・九庚辰(10・13)・一〇庚戌(11・12)・一一庚辰(12・12)・一二庚戌(34・1・11)(太字は大の月)	(未刊)	尚巴志王 **12**	世宗 **15**	⑧ 宣徳 **8**
一四三四	六 甲寅《きのえとら》				【政治・経済】 **1・20** 九州探題《きゅうしゅうたんだい》渋川満直《しぶかわみつなお》、肥前神崎《ひぜんかんざき》で少弐方《しょうにがた》と戦《たたか》い討死《うちじに》(渋川系図)。**5・4** 世阿弥《ぜあみ》、配所佐渡《はいしょさど》に向《むか》う(金島書)。**5・21** 足利義教《あしかがよしのり》、兵庫《ひょうご》に着《つ》いた遣明使道淵《けんみんしどうえん》らの船見物《ふねけんぶつ》のため下向《げこう》(薩戒記)。**6・5** 義教《よしのり》、明使雷春《みんしらいしゅん》と会見《かいけん》(満済)。**6・12** 義教《よしのり》、前参議《さきのさんぎ》高倉永藤《たかくらながふじ》を配流《はいる》・義教《よしのり》の朝官処分者《ちょうかんしょぶんしゃ》七〇余名《よめい》に達《たつ》す(薩戒記)。**6・18** 大内持世《おおうちもちよ》、少弐氏《しょうにし》と筑前《ちくぜん》で戦《たたか》う・兵《へい》火《か》で筥崎宮炎上《はこざきぐうえんじょう》(満済)。**8・14** 大和《やまと》の筒井順覚《つついじゅんかく》、後南朝方《ごなんちょうがた》越智維通《おちこれみち》を攻《せ》め敗死《はいし》(満済)。**8・23** 延暦寺僧《えんりゃくじそう》、関東《かんとう》と結《むす》び義教《よしのり》を呪詛《じゅそ》・幕府《ばくふ》、円明《えんみょう》院領等《いんりょうなど》を没収《ぼっしゅう》(看聞)。**9・3** 明使雷春《みんしらいしゅん》ら、兵庫《ひょうご》を発《た》つ(看聞)。**10・4** 延暦寺衆徒《えんりゃくじしゅと》、日吉神輿《ひよしのしんよ》を奉《ほう》じて強訴《ごうそ》(看聞)。**11・11** 大和大乗院領《やまとだいじょういんりょう》の土民《どみん》、渡唐段銭賦課《とうたんせんふか》に抗《こう》して蜂起《ほうき》(大乗院日記目録)。**11・25** 土岐持頼《ときもちより》ら幕《ばく》府勢《ふぜい》、近江坂本《おうみさかもと》を焼《や》き、延暦寺方《えんりゃくじがた》を攻撃《こうげき》(満済)。 【社会・文化】 **2・9** 足利義教《あしかがよしのり》の息《そく》義勝《よしかつ》誕生《たんじょう》を控《ひか》え、貞成親王《さだふさしんのう》、『明徳記《めいとくき》』『堺記《さかいき》』を贈《おく》		13	16	9

る(看聞)。**2・14** 京都《きょうと》大火《たいか》・万寿寺《まんじゅじ》等《など》焼失《しょうしつ》(看聞)。**3・19** 京都《きょうと》大火《たいか》・六角堂《ろっかくどう》等《など》焼失《しょうしつ》(看聞)。**8・27** 貞成親王《さだふさしんのう》、『椿葉記《ちんようき》』を奏覧《そうらん》(看聞)。

【死没】

11・14 渋川義俊《しぶかわよしとし》(35、九州探題《きゅうしゅうたんだい》)。

《月の大小／朔日の干支・ユリウス暦》

一己卯(2・9)・二己酉(3・11)・三己卯(4・10)・四戊申(5・9)・五丁丑(6・7)・六丁未(7・7)・七丙子(8・5)・八乙巳(9・3)・九乙亥(10・3)・一〇甲辰(11・1)・一一甲戌(12・1)・一二甲辰(12・31)(太字は大の月)

〖世界〗

イタリア、メディチ家《け》、フィレンツェの政権掌握《せいけんしょうあく》。

西暦：▶ 一四三五

年号・干支：七 乙卯《きのとのう》

天皇：

将軍：

管領：

記事：

【政治・経済】

1・- 足利持氏《あしかがもちうじ》、稲村御所足利満貞《いなむらごしょあしかがみつさだ》の討伐《とうばつ》を諸将《しょしょう》に命《めい》じる(石川文書)。**2・4** 幕府《ばくふ》、弁澄《べんちょう》ら山門使節《さんもんしせつ》を斬《き》る(満済)。**2・5** 延暦寺衆徒《えんりやくじしゅと》、根本中堂等《こんぽんちゅうどうなど》を焼《や》き、自殺者多数《じさつしゃたすう》(満済)。**6・29** 大内持世《おおうちもちよ》・河野通久《こうのみちひさ》、大友持直《おおともちなお》を豊後《ぶんご》に攻《せ》めて敗《やぶ》れ、通久討死《みちひさうちじに》(看聞)。**8・28** 持氏《もちうじ》、岩松持国《いわまつもちくに》に常陸《ひたち》の長倉義成《ながくらよしなり》を攻《せ》めさせる(長倉状)。**9・22** 幕府《ばくふ》、信濃守護小笠原政康《しなののしゅごおがさわらまさやす》に佐竹義憲《さたけよしのり》への合力《ごうりき》を命《めい》じる(楓軒文書纂)。

【社会・文化】

10・13 貞成親王《さだふさしんのう》、『古今著聞集《ここんちょもんしゅう》』を天皇《てんのう》に進上《しんじょう》(看聞)。**この年** 季瓊真蘂《きけいしんずい》・

大日本史料：

琉球：14

朝鮮：17

明：英宗《えいそう》 10

西暦	▶一四三五	一四三六
年号・干支	永享 七 乙卯《きのとのう》	八 丙辰《ひのえたつ》 ⑤
天皇	（後花園）	
将軍	（足利義教）	
管領	（細川持之）	
記事	亀泉集証《きせんしゅうしょう》・継之景俊《けいしけいしゅん》筆録《ひつろく》の『蔭凉軒日録《いんりょうけんにちろく》』記述《きじゅつ》始《はじ》まる（〜明応《めいおう》二年《ねん》）。 【死没】 6・13 満済《まんさい》（58、醍醐寺座主《だいごじざす》）。7・4 山名時熙《やまなときひろ》（69、武将《ぶしょう》）。 《月の大小／朔日の干支・ユリウス暦》 一甲戌（1・30）・二癸卯（2・28）・三癸酉（3・30）・四癸卯（4・29）・五壬申（5・28）・六辛丑（6・26）・七辛未（7・26）・八庚子（8・24）・九己巳（9・22）・一〇己亥（10・22）・一一戊辰（11・20）・一二戊戌（12・20）（太字は大の月）	【政治・経済】 2・15 幕府《ばくふ》、出雲守護《いずものしゅご》京極持高《きょうごくもちたか》らを大内持世《おおうちもちよ》加勢《かせい》のため九州《きゅうしゅう》に派遣《はけん》（看聞）。5・22 幕府《ばくふ》、借物請人弁済《しゃくもつうけにんべんさい》について定《さだ》める（建武以来追加）。5・25 幕府《ばくふ》、期限後《きげんご》一五〇日迄《にちまで》に三度《ど》の催促《さいそく》を受《う》けた借物未返弁《しゃくもつみへんべん》の者《もの》について法《ほう》を定《さだ》める（建武以来追加）。閏《うるう》5・24 京都桂河原《きょうとかつらがわら》で勧進女猿楽《かんじんおんなさるがく》・幕府《ばくふ》、僧《そう》の観覧《かんらん》を禁《きん》じる（東寺執行日記）。6・1 大内持世《おおうちもちよ》、少弐嘉頼《しょうによしより》に敗《やぶ》れる（看聞）。6・11 大内持世《おおうちもちよ》ら、大友持直《おおとももちなお》の豊後姫岳城《ぶんごひめたけじょう》を攻略《こうりゃく》（看聞）。7・2 遣明使恕中中誓《けんみんしじょちゅうちゅうせい》、帰国《きこく》して室町殿《むろまちどの》に赴《おもむ》く（蔭凉軒）。12・29 肥前下松浦《ひぜんしもまつら》住人等《じゅうにんら》、一揆契諾状《いっきけいだくじょう》を結《むす》ぶ（来島文書）。この年 足利持氏《あしかがもちうじ》、信濃守護小《しなののしゅごお》笠原政康《がさわらまさやす》と争《あらそ》う村上頼清《むらかみよりきよ》に加勢《かせい》を計《はか》り、上杉憲実《うえすぎのりざね》に諫止《かんし》される（鎌倉大日記）。 【社会・文化】
大日本史料	（未刊）	
琉球	尚巴志王 14	15
朝鮮	世宗 17	18
明	英宗　宣徳 10	⑥　正統《せいとう》（1.1）

5・30 幕府《ばくふ》、相国寺鹿苑院《しょうこくじろくおんいん》に命《めい》じて法華経新板《ほけきょうしんぱん》の印刷等《いんさつなど》を命《めい》じる(蔭涼軒)。11・29 法観寺塔《ほうかんじとう》・雲居寺《うんごじ》など焼失《しょうしつ》(看聞)。

《月の大小／朔日の干支・ユリウス暦》

一戊辰(1・19)・二丁酉(2・17)・三丁卯(3・18)・四丁酉(4・17)・五丙寅(5・16)・閏五丙申(6・15)・六乙丑(7・14)・七乙未(8・13)・八甲子(9・11)・九癸巳(10・10)・一〇癸亥(11・9)・一一壬辰(12・8)・一二壬戌(37・1・7)(太字は大の月)

〔世界〕

明《みん》、租税《そぜい》の布《ぬの》、銀代納《ぎんだいのう》、始《はじ》まる。

西暦	◀一四三七
年号・干支	九 丁巳《ひのとのみ》
天皇	
将軍	
管領	
大日本史料	
琉球	16
朝鮮	19
明	2

記事

【政治・経済】

1・- 大内持世《おおうちもちよ》、九州《きゅうしゅう》を平定《へいてい》して周防《すおう》に帰国《きこく》(看聞)。3・- 足利義教《あしかがよしのり》、朝敵討伐《ちょうてきとうばつ》でない出陣《しゅつじん》を諸大名《しょだいみょう》に諫止《かんし》され、大和《やまと》に派兵《はへい》(看聞)。6・3 幕府《ばくふ》、不当《ふとう》な庭中出訴《ていちゅうしゅっそ》を禁《きん》じ、次第《しだい》を定《さだ》める(建武以来追加)。6・15 上杉憲実《うえすぎのりざね》、足利持氏《あしかがもちうじ》による討伐《とうばつ》の風聞《ふうぶん》により、相模国藤沢《さがみのくにふじさわ》に退隠《たいいん》(鎌倉九代後記)。7・11 義教弟《よしのりおとうと》の大覚寺義昭《だいかくじぎしょう》、野心露見《やしんろけん》し出奔《しゅっぽん》(東寺執行日記)。8・13 持氏《もちうじ》、上杉憲実《うえすぎのりざね》を関東管領《かんとうかんれい》に慰留《いりゅう》(喜連川判鑑)。8・- 河内守護畠山持国《かわちのしゅごはたけやまもちくに》、楠木氏《くすのきし》を討《う》つ(薩戒記)。12・- 義教《よしのり》、赤松満祐《あかまつみつすけ》と山名持豊《やまなもちとよ》の確執《かくしつ》を鎮《しず》める(看聞)。

【社会・文化】

4・20 惟肖得巌《いしょうとくがん》没《ぼつ》・生前《せいぜん》『東海瓊華集《とうかいけいかしゅう》』を著《あらわ》す。6・14 多忠右《おおのただすけ》、足利《あしかが》

西暦	▶一四三七	一四三八
年号・干支	永享 九 丁巳《ひのとのみ》	一〇 戊午《つちのえうま》
天皇	(後花園)	
将軍	(足利義教)	
管領	(細川持之)	
記事	義教《よしのり》の意《い》により、胡飲酒《こんじゅ》の舞曲《ぶきょく》を久我通行《こがみちゆき》に伝授《でんじゅ》(看聞)。 【死没】 3・24 勧修寺経成《かじゅうじつねなり》(42、公卿《くぎょう》)。4・20 惟肖得巌《いしょうとくがん》(78、臨済宗僧侶《りんざいしゅうそうりょ》)。 《月の大小/朔日の干支・ユリウス暦》 一壬辰(2・6)・二辛酉(3・7)・三辛卯(4・6)・四庚申(5・5)・五庚寅(6・4)・六庚申(7・4)・七己丑(8・2)・八己未(9・1)・九戊子(9・30)・一〇戊午(10・30)・一一丁亥(11・28)・一二丙辰(12・27)(太字は大の月)	【政治・経済】 6・- 足利持氏《あしかがもちうじ》の子《こ》義久《よしひさ》元服《げんぷく》・上杉憲実《うえすぎのりざね》が諫《いさ》めるも、将軍家《しょうぐんけ》の偏諱《へんき》拝領《はいりょう》等《など》の先例《せんれい》を無視《むし》(喜連川判鑑)。7・- 大覚寺義昭《だいかくじぎしょう》、大和天川《やまとてんかわ》に挙兵《きょへい》・幕府《ばくふ》、一色義貫《いっしきよしつら》らを派遣《はけん》(看聞)。8・14 上杉憲実《うえすぎのりざね》、上野平井《こうずけひらい》に退去《たいきょ》(永享記)。8・16 持氏《もちうじ》、憲実討伐《のりざねとうばつ》のため武蔵高安寺《むさしこうあんじ》に出陣《しゅつじん》(永享《えいきょう》の乱《らん》)(永享記)。8・28 後《ご》花園天皇《はなぞのてんのう》、幕府《ばくふ》の奏請《そうせい》により、持氏治罰《もちうじじばつ》の綸旨《りんじ》を下《くだ》す(安保文書)。一色《いっしき》義貫《よしつら》ら幕府勢《ばくふぜい》、越智《おち》・箸尾《はしお》氏らを大和多武峯《やまとうのみね》で攻略《こうりゃく》(看聞)。9・16 幕府《ばくふ》、錦御旗《にしきのみはた》を奉《ほう》じ、斯波持豊《しばもちとよ》・甲斐常治《かいじょうち》ら、持氏討伐《もちうじとうばつ》のため下向《げこう》(看聞)。11・1 三浦時高《みうらときたか》、鎌倉《かまくら》を攻撃《こうげき》(永享記)。11・5 持氏《もちうじ》、捕《とら》えられ、武蔵称名寺《むさししょうみょうじ》で出家《しゅっけ》(永享記)。11・7 長尾忠政《ながおただまさ》、称名寺《しょうみょうじ》に上杉憲直《うえすぎのりなお》・一色直兼《いっしきなおかね》を滅《ほろ》ぼす(永享記)。12・- 憲実《のりざね》、持氏《もちうじ》の赦免《しゃめん》を幕府《ばくふ》に度々《たびたび》乞《こ》う(看聞)。 【社会・文化】
大日本史料	(未刊)	
琉球	尚巴志王 16	17
朝鮮	世宗 19	20
明	正統 2	3

5・- 飢饉《ききん》・疫病《えきびょう》流行《りゅうこう》・死者多数《ししゃたすう》(看聞)。8・23 飛鳥井雅世《あすかいまさよ》、最後《さいご》の勅《ちょく》撰集《せんしゅう》『新続古今和歌集《しんしょくこきんわかしゅう》』四季部《しきぶ》を奏覧《そうらん》(看聞)。

《月の大小／朔日の干支・ユリウス暦》
一丙戌(1・26)・二乙卯(2・24)・三乙酉(3・26)・四乙卯(4・25)・**五**甲申(5・24)・**六**甲寅(6・23)・**七**癸未(7・22)・八癸丑(8・21)・九癸未(9・20)・一〇壬子(10・19)・一一壬午(11・18)・一二辛亥(12・17)(**太字**は大の月)

〖世界〗
イタリア、フェララ公会議《こうかいぎ》。パチャクチ、インカ帝国皇帝《ていこくこうてい》に即位《そくい》。

西暦 ◀一四三九

年号・干支 一一 己未《つちのとひつじ》 ①

天皇

将軍

管領

記事

【政治・経済】
2・10 上杉憲実《うえすぎのりざね》、足利持氏《あしかがもちうじ》と稲村御所《いなむらごしょ》足利満貞《あしかがみつさだ》を鎌倉永安寺《かまくらえいあんじ》に攻めて自《じ》殺《さっ》させる《せ》(永享記)。**2・28** 持氏《もちうじ》の息義久《そくよしひさ》、相模報国寺《さがみほうこくじ》で自害《じがい》(永享記)。**2・-** 幕府《ばくふ》、延暦寺根本中堂造営棟別銭《えんりやくじこんぽんちゆうどうぞうえいむねべつせん》を諸国《しょこく》に賦課《ふか》(建内記)。**3・-～4・-** 幕府勢《ばくふぜい》、大和国民《やまとこくみん》の越智維通《おちこれみち》・箸尾次郎左衛門尉《はしおじろうざえもんのじょう》を討《う》つ(大乗院日記目録)。**6・28** 憲実《のりざね》、出家《しゅっけ》して関東管領《かんとうかんれい》を上杉清方《うえすぎきよかた》に譲《ゆず》る(永享記)。**6・-** 幕府《ばくふ》、訴訟《そしょう》の奉行人《ぶぎょうにん》による将軍披露《しょうぐんひろう》の遅延《ちえん》・偏頗《へんぱ》を誡《いまし》め、公正《こうせい》を守《まも》らせる(建内記)。**10・15** 幕府《ばくふ》、次第《しだい》を経《へ》ない庭中《ていちゅう》の禁止等《きんしなど》を定《さだ》める(建武以来追加)。**12・26** 朝鮮使《ちょうせんし》高得宗《こうとくそう》・尹仁甫《いんじんほ》、足利義教《あしかがよしのり》に謁見《えっけん》し、国書《こくしょ》を渡《わた》す(蔭凉軒)。

大日本史料

琉球 18

朝鮮 21

明 ② 4

西暦	年号・干支	天皇	将軍	管領	記事	大日本史料	琉球	朝鮮	明
▶一四三九	永享一一 ① 己未《つちのとひつじ》	(後花園)	(足利義教)	(細川持之)	【社会・文化】 閏《うるう》1・－ 上杉憲実《うえすぎのりざね》、『五経注疏《ごきょうちゅうそ》』を足利学校《あしかががっこう》に寄進《きしん》し条目《じょうもく》を定《さだ》める(榊原家所蔵文書)。 2・－ 彗星出現《すいせいしゅつげん》(建内記)。 6・27 飛鳥井雅世《あすかいまさよ》、『新続古今和歌集《しんしょくこきんわかしゅう》』を奏覧《そうらん》(建内記)。 【死没】 2・10 足利満貞《あしかがみつさだ》(稲村御所《いなむらごしょ》)。 足利持氏《あしかがもちうじ》(42、鎌倉公方《かまくらくぼう》)。 4・20 尚巴志《しょうはし》(68、琉球国王《りゅうきゅうこくおう》)。 《月の大小／朔日の干支・ユリウス暦》 一辛巳(1・16)・閏一庚戌(2・14)・二己卯(3・15)・三己酉(4・14)・四戊寅(5・13)・五戊申(6・12)・六丁丑(7・11)・七丁未(8・10)・八丁丑(9・9)・九丙午(10・8)・一〇丙子(11・7)・一一丙午(12・7)・一二乙亥(40・1・5)(太字は大の月)	(未刊)	尚巴志王 18	世宗 21	② 正統 4
一四四〇	一二 庚申《こうしん》				【政治・経済】 2・19 足利義教《あしかがよしのり》、朝鮮使《ちょうせんし》に返書《へんしょ》を与《あた》える(蔭涼軒)。 3・3 足利持氏《あしかがもちうじ》の遺《い》児安王丸《じやすおうまる》・春王丸《はるおうまる》、常陸木所城《ひたちきどころじょう》に挙兵《きょへい》(石川文書)。 3・21 結城氏朝《ゆうきうじとも》、安《やす》王丸《おうまる》・春王丸《はるおうまる》を下総結城城《しもうさゆうきじょう》に迎《むか》え入《い》れる(古証文)。 5・15 義教《よしのり》、一色義貫《いっしきよしつら》・土岐持頼《ときもちより》を大和陣中《やまとじんちゅう》で殺害《さつがい》(東寺執行日記)。 6・10 石川持光《いしかわもちみつ》ら、陸奥《むつ》の篠川公方足利満直《ささがわくぼうあしかがみつなお》を討《う》つ(石川文書)。 6・28 炎旱《えんかん》のため神泉苑《しんせんえん》の池《いけ》を掃除《そうじ》(公名公記)。 7・29 上杉清方《うえすぎきよかた》ら、結城城《ゆうきじょう》を攻囲《こうい》(永享記)。 10・26 幕《ばく》府《ふ》、借物年紀《しゃくもつねんき》の法《ほう》、および所当《しょとう》による返済者《へんさいしゃ》への所領返付《しょりょうへんぷ》の法《ほう》を定《さだ》め		尚忠王《しょうちゅうおう》	22	5

る(建武以来追加)。

【社会・文化】

2・- 斎藤基恒《さいとうもとつね》、『斎藤基恒日記《さいとうもとつねにっき》』を記《しる》す(～康正《こうしょう》二年《ねん》一二月《がつ》)。**4・16** 八《や》坂法観寺塔供養《さかほうかんじとうくよう》(蔭凉軒)。**11・8** 後花園天皇《ごはなぞのてんのう》、公武寺社《こうぶじしゃ》に蔵書目録《ぞうしょもくろく》の進《しん》献《けん》を命《めい》じる(管見記)。

【死没】

5・15 一色義貫《いっしきよしつら》(41、守護大名《しゅごだいみょう》)。**5・16** 土岐持頼《ときもちより》(武将《ぶしょう》)。**6・10** 足利満《あしかがみつ》直《なお》(篠川御所《ささがわごしょ》)。**7・18** 聖聡《しょうそう》(75、浄土宗僧侶《じょうどしゅうそうりょ》)。**10・14** 巧如《ぎょうにょ》(65、浄土真《じょうどしん》宗僧侶《しゅうそうりょ》)。

《月の大小／朔日の干支・ユリウス暦》

一乙巳(2・4)・二甲戌(3・4)・三癸卯(4・2)・四癸酉(5・2)・五壬寅(5・31)・六壬申(6・30)・七辛丑(7・29)・八辛未(8・28)・九庚子(9・26)・一〇庚午(10・26)・一一庚子(11・25)・一二庚午(12・25)(太字は大の月)

西暦：一四四一 ◀

年号・干支：嘉吉《かきつ》元　2・17　辛酉《かのとのとり》　⑨

天皇：

将軍：

管領：

記事：

【政治・経済】

3・13 島津忠国《しまづただくに》、大覚寺義昭《だいかくじぎしょう》を日向櫛間《ひゅうがくしま》で自殺《じさつ》させる(薩藩旧記・島津家文書)。**4・13** 足利義教《あしかがよしのり》、琉球《りゅうきゅう》を島津忠国《しまづただくに》の属国《ぞっこく》とする(島津家譜)。**4・16** 結城城《ゆうきじょう》、落城《らくじょう》・結城氏朝《ゆうきうじとも》敗死《はいし》し、足利持氏《あしかがもちうじ》の二遺児《いじ》捕《とら》えられる(結城合《ゆうきかっ》戦《せん》)(看聞)。**5・16** 幕府《ばくふ》、安王丸《やすおうまる》・春王丸《はるおうまる》を美濃垂井《みのたるい》で斬《き》る(永享記)。**6・24** 赤松満祐《あかまつみつすけ》、子教康《このりやす》邸《てい》に義教《よしのり》を誘殺《ゆうさつ》し、播磨《はりま》へ下向《げこう》(嘉吉《かきつ》の乱《らん》)(建内記)。**7・11**

大日本史料：

琉球：2

朝鮮：23

明：⑪ 6

西暦 ▶ 一四四一

年号・干支 嘉吉 元 2・17 ⑨ 辛酉《かのとのとり》

天皇 （後花園）

将軍 （足利義教） 6・24

管領 （細川持之）

記事

細川持常《ほそかわもちつね》、ついで山名持豊《やまなもちとよ》ら、武家御旗《ぶけのみはた》を奉《ほう》じて播磨《はりま》に発向《はっこう》（東寺執行日記・建内記）。**8・1** 後花園天皇《ごはなぞのてんのう》、幕府《ばくふ》の請《こい》により、赤松追討《あかまつついとう》の治罰《じばつ》の綸《りん》旨《じ》を発給《はっきゅう》（建内記）。**8・-** 近江《おうみ》の奥島《おくしま》・北津田荘《きたつだのしょう》沙汰人《さたにん》、在地徳政《ざいちとくせい》を行《おこな》う（大島・奥津島神社木札）。**9・3** 京都《きょうと》周辺《しゅうへん》で代始《だいはじ》めの徳政《とくせい》を求《もと》める土《つち》一揆蜂起《いっきほうき》（建内記）。**9・10** 山名持豊《やまなもちとよ》ら、播磨木山城《はりまきのやまじょう》を攻落《こうらく》、赤松満祐《あかまつみつすけ》自《じ》殺《さつ》（建内記）。**9・12** 幕府《ばくふ》侍所《さむらいどころ》、山城一国平均《やましろいっこくへいきん》の徳政制札《とくせいせいさつ》を公布《こうふ》（建内記）。**9・29** 伊勢国司北畠教具《いせこくしきたばたけのりとも》、赤松教康《あかまつのりやす》を討《う》つ（師郷記）。**閏《うるう》9・10** 幕府《ばくふ》、年紀《ねんき》二〇年未満永領地《ねんみまんえいりょうち》の本主返付等《ほんしゅへんぷなど》を定《さだ》めた徳政制符《とくせいせいふ》を管領《かんれい》と政所《まんどころ》の壁《かべ》に掲示《けいじ》（建内記）。**閏《うるう》9・18** 幕府《ばくふ》、延暦寺《えんりやくじ》の訴《うった》えにより、一〇日令《かれい》を改《あらた》め、永領地等《えいりょうちなど》を対象外《たいしょうがい》とする徳政令《とくせいれい》を公布《こうふ》（公名公記・建武以来追加）。

【社会・文化】

11・5 翺之慧鳳《こうしえほう》、「徳政論《とくせいろん》」を著《あらわ》す（竹居清事）。

【死没】

4・16 結城氏朝《ゆうきうじとも》（40、武将《ぶしょう》）。**5・16** 足利安王《あしかがやすおう》（13、武将《ぶしょう》）。足利春王《あしかがはるおう》（11、武将《ぶしょう》）。**6・24** 足利義教《あしかがよしのり》（48、室町将軍《むろまちしょうぐん》）。京極高数《きょうごくたかかず》（武将《ぶしょう》）。**7・21** 足《あし》利義将《かがよしまさ》（武将《ぶしょう》）。**7・28** 大内持世《おおうちもちよ》（48、武将《ぶしょう》）。**9・10** 赤松満祐《あかまつみつすけ》（69、武将《ぶしょう》）。**12・25** 宝山乾珍《ほうざんけんちん》（48、禅僧《ぜんそう》）。

《月の大小／朔日の干支・ユリウス暦》

一己亥（1・23）・二己巳（2・22）・三戊戌（3・23）・四丁卯（4・21）・五丁酉（5・21）・六丙寅（6・19）・七乙未（7・18）・八乙丑（8・17）・九乙未（9・16）・閏九甲子（10・15）・一〇甲

大日本史料 （未刊）

琉球 尚忠王 2

朝鮮 世宗 23

明 ⑪ 正統 6

		1442	1443
西暦		一四四二	◀一四四三
年号・干支		壬戌《みずのえいぬ》 二	癸亥《みずのとのい》 三
天皇			
将軍		足利義勝《あしかがよしかつ》 11・7	
管領		6・27 畠山持国《はたけやまもちくに》 6・29	
記事	午(11・14)・一一癸亥(12・13)・一二癸巳(42・1・12)(太字は大の月)	【政治・経済】 **3・-** 結城《ゆうき》与党《よとう》の宍戸持里《ししどもちさと》、常陸《ひたち》で挙兵《きよへい》(諸家文書纂)。 **6・29** 管領細川持之《かんれいほそかわもちゆき》を罷免《ひめん》し、畠山持国《はたけやまもちくに》を補《ほ》す(康富記)。 **10・13** 幕府《ばくふ》、管領主管《かんれいしゆかん》の訴訟《そしよう》受理《じゆり》を再開《さいかい》(康富記)。 **11・16** 安芸小早川庶子一族《あきこばやかわそしいちぞく》、一揆契諾状《いつきけいだくじよう》を結《むす》ぶ(小早川文書)。 【社会・文化】 **8・19** 大和《やまと》・紀伊《きい》で暴風雨《ぼうふうう》(中臣祐時記)。 **この年** 伊豆大島《いずおおしま》で噴火《ふんか》(新撰和漢合図)。 【死没】 **3・-** 足利義尊《あしかがよしたか》(30、武将《ぶしよう》)。 **8・4** 細川持之《ほそかわもちゆき》(43、武将《ぶしよう》)。 《月の大小/朔日の干支・ユリウス暦》 一癸亥(2・11)・二癸巳(3・13)・三壬戌(4・11)・四辛卯(5・10)・五辛酉(6・9)・六庚寅(7・8)・七己未(8・6)・八己丑(9・5)・九戊午(10・4)・一〇戊子(11・3)・一一戊午(12・3)・一二戊子(43・1・2)(太字は大の月)	【政治・経済】 **1・12** 摂津四天王寺《せつつしてんのうじ》で僧徒《そうと》が争《あらそ》い、太子堂等《たいしどうなど》を焼《や》く(看聞)。 **2・8** 管領《かんれい》畠山持国《はたけやまもちくに》、徳政一揆《とくせいいつき》張本人《ちようぼんにん》を斬《き》る(公名公記)。 **6・19** 朝鮮使《ちようせんし》、足利義《あしかがよし》
大日本史料			
琉球		3	4
朝鮮		24	25
明		7	8

西暦 ▶一四四三

年号・干支 嘉吉 三 癸亥《みずのとのい》

天皇 (後花園)

将軍 (足利義勝) 7・21

管領 (畠山持国)

記事

勝《かつ》に謁見《えっけん》し、足利義教《あしかがよしのり》の死《し》を弔問《ちょうもん》(康富記)。**7・21** 足利義勝没《あしかがよしかつぼつ》(建内記)。**7・23** 畠山持国《はたけやまもちくに》ら、義勝《よしかつ》弟《おとうと》三春《みはる》を継嗣《けいし》とする(建内記)。**9・18** 北野社《きたのしゃ》の神人《じにん》、酒麹造《さけこうじづくり》を洛中洛外《らくちゅうらくがい》の土倉《どそう》に認《みと》めた幕府裁許《ばくふさいきょ》に憤《いきどお》り強訴《ごうそ》(康富記)。**9・23** 尊秀《そんしゅう》・日野有光《ひのありみつ》、旧南朝皇族《きゅうなんちょうこうぞく》の金蔵主《こんぞうす》兄弟《きょうだい》を奉《ほう》じて禁裏《きんり》に乱入《らんにゅう》・放火《ほうか》し、神璽《しんじ》・宝剣《ほうけん》を奪《うば》う(看聞)。**9・26** 延暦寺衆徒《えんりやくじしゅと》、金蔵主《こんぞうす》・日野有光《ひのありみつ》らを討《う》つ(禁闕《きんけつ》の変《へん》)(康富記)。**9・28** 幕府《ばくふ》、日野資親《ひのすけちか》らを斬首《ざんしゅ》(康富記)。**この年《とし》** 対馬島主宗貞盛《つしまとうしゅそうさだもり》、歳遣船数等《さいけんせんすうなど》について朝鮮《ちょうせん》と約《やく》す(癸《き》亥約条《がいやくじょう》)(朝鮮王朝実録)。

【社会・文化】

9・4 畿内《きない》に暴風《ぼうふう》(康富記)。**この年《とし》か** 世阿弥没《ぜあみぼつ》・生前《せいぜん》「高砂《たかさご》」等《など》を作《つく》る。

【死没】

5・7 小倉宮《おぐらのみや》(皇親《こうしん》)。**7・21** 足利義勝《あしかがよしかつ》(10、室町将軍《むろまちしょうぐん》)。**9・26** 日野有光《ひのありみつ》(57、公卿《くぎょう》)。**この年《とし》か** 世阿弥《ぜあみ》(能作者《のうさくしゃ》)。

《月の大小/朔日の干支・ユリウス暦》

一丁巳(1・31)・二丁亥(3・2)・三丁巳(4・1)・四丙戌(4・30)・五乙卯(5・29)・六乙酉(6・28)・七甲寅(7・27)・八癸未(8・25)・九癸丑(9・24)・一〇壬午(10・23)・一一壬子(11・22)・一二壬午(12・22)(太字は大の月)

【世界】

朝鮮《ちょうせん》、世宗《せいそう》、ハングルを『訓民正音《くんみんせいおん》』として編纂開始《へんさんかいし》。明《みん》、均徭法《きんようほう》、江西《こうせい》で施行《しこう》(徭役《ようえき》の銀納化《ぎんのうか》)。

大日本史料 (未刊)

琉球 尚忠王 4

朝鮮 世宗 25

明 正統 8

西暦：一四四四

年号・干支：文安《ぶんあん》元　2・5　甲子《きのえね》　⑥

天皇：

将軍：

管領：

記事：

【政治・経済】
4・13 侍所頭人《さむらいどころのとうにん》京極持清《きょうごくもちきよ》、北野社《きたのしゃ》に閉籠《へいろう》する北野社神人《きたのしゃのじにん》を追捕《ついぶ》、神人《じにん》ら社殿《しゃでん》に放火《ほうか》(建内記)。**閏《うるう》6・-** 幕府《ばくふ》、造内裏段銭《ぞうだいりたんせん》を諸国《しょこく》に賦課《ふか》(康富記)。**7・10** 美濃守護《みののしゅご》土岐持益《ときもちます》の守護代《しゅごだい》長江高景《ながえたかかげ》殺害《さつがい》により、両勢《りょうぜい》戦《たたか》う(康富記)。**7・-** 旧南朝《きゅうなんちょう》の皇族円満院円胤《こうぞくえんまんいんえんいん》、紀伊北山《きいきたやま》で挙兵《きょへい》(康富記)。**9・26** 幕府《ばくふ》、給恩地《きゅうおんち》の売買《ばいばい》・質流《しちながれ》の禁止等《きんしなど》を定《さだ》める(建武以来追加)。**10・24** 琉球王尚忠没《りゅうきゅうおうしょうちゅうぼつ》・翌年《よくねん》、子尚思達即位《こしょうしたつそくい》(中山世譜)。**10・25** 幕府《ばくふ》、赤松《あかまつ》満政《みつまさ》の御料所《ごりょうしょ》播磨内《はりまない》三郡《ぐん》を播磨守護山名持豊《はりまのしゅごやまなもちとよ》に給与《きゅうよ》・満政《みつまさ》、播磨《はりま》に出奔《しゅっぽん》(建内記)。

【社会・文化】
閏《うるう》6・23 彗星出現《すいせいしゅつげん》(康富記)。**この年《とし》**『下学集《かがくしゅう》』成《な》る。

【死没】
10・24 尚忠《しょうちゅう》(琉球国王《りゅうきゅうこくおう》)。

《月の大小／朔日の干支・ユリウス暦》
一辛亥(1・20)・二辛巳(2・19)・三辛亥(3・20)・**四**庚辰(4・18)・五庚戌(5・18)・六己卯(6・16)・閏六己酉(7・16)・七戊寅(8・14)・八丁未(9・12)・九丁丑(10・12)・一〇丙午(11・10)・一一丙子(12・10)・一二乙巳(45・1・8)(太字は大の月)

〖世界〗
オスマン朝《ちょう》、ヴァルナの戦《たたか》いでハンガリー・ポーランド連合軍《れんごうぐん》を破《やぶ》る。

大日本史料：

琉球：5

朝鮮：26

明：⑦　9

	一四四五	一四四六
西暦	一四四五	一四四六
年号・干支	文安 二 乙丑《きのとのうし》	三 丙寅《ひのえとら》
天皇	（後花園）	
将軍		
管領	（畠山持国） 3・4 細川勝元《ほそかわかつもと》 3・24	
記事	【政治・経済】 **1・28** 近江守護《おうみのしゅご》六角持綱《ろっかくもちつな》と父満綱《ちちみつつな》、弟《おとうと》 時綱《ときつな》を近江《おうみ》に攻《せ》めて敗死《はいし》（東寺執行日記）。 **3・24** 山名持豊《やまなもちとよ》、赤松満政《あかまつみつまさ》を摂津有馬《せっつありま》に討《う》つ（東寺執行日記）。管領《かんれい》畠山持国《はたけやまもちくに》を罷免《ひめん》、細川勝元《ほそかわかつもと》を補任《ぶにん》（斎藤基恒日記）。 **6・29** 幕府《ばくふ》、造大神宮役夫工米《ぞうだいじんぐうやくぶたくまい》を諸国《しょこく》に賦課《ふか》（斎藤基恒日記）。 **9・29** 幕府《ばくふ》、類焼《るいしょう》を理由《りゆう》にした土倉《どそう》の廃業《はいぎょう》と公役免除《くやくめんじょ》を認《みと》めず、闇金融等《やみきんゆうなど》を禁止《きんし》（建武以来追加）。 【社会・文化】 **6・2** 近畿《きんき》で暴風雨《ぼうふうう》（東寺執行日記）。 【死没】 **11・3** 二条持基《にじょうもちもと》（56、公卿《くぎょう》）。 《月の大小／朔日の干支・ユリウス暦》 一乙亥（2・7）・二乙巳（3・9）・三乙亥（4・8）・四甲辰（5・7）・五甲戌（6・6）・六癸卯（7・5）・七癸酉（8・4）・八壬寅（9・2）・九辛未（10・1）・一〇辛丑（10・31）・一一庚午（11・29）・一二庚子（12・29）（太字は大の月） 【世界】 この頃《ころ》、グーテンベルク、活版印刷術《かっぱんいんさつじゅつ》を発明《はつめい》。	【政治・経済】 **7・5** 美濃守護代《みののしゅごだい》斎藤利永《さいとうとしなが》、外島景秀《そとしまかげひで》を攻撃《こうげき》（師郷記）。 **7・25** 内裏造営《だいりぞうえい》棟別銭《むねべつせん》を賦課《ふか》（師郷記）。 **8・-** 幕府《ばくふ》、六角久頼《ろっかくひさより》・京極持清《きょうごくもちきよ》に六角時綱《ろっかくときつな》討伐《とうばつ》
大日本史料	（未刊）	
琉球	尚思達王《しょうしたつおう》	2
朝鮮	世宗 27	28
明	正統 10	11

西暦	◀ 一四四七
年号・干支	四 丁卯《ひのとのう》 ②
天皇	
将軍	
管領	

記事

を命《めい》じる。時綱《ときつな》自殺《じさつ》(師郷記)。9・13 加賀守護《かがのしゅご》富樫泰高《とがしやすたか》、兄教家《あにのりいえ》を越中《えっちゅう》に逐《お》う(師郷記)。

【社会・文化】

1・2 東大寺戒壇院火事《とうだいじかいだんいんかじ》(大乗院日記目録)。3・- 実意《じつい》『文安田楽能記《ぶんあんでんがくのうき》』成《な》る。5・25 行誉《ぎょうよ》、『壒嚢鈔《あいのうしょう》』を編集《へんしゅう》。この年《とし》 瑞渓周鳳《ずいけいしゅうほう》、『臥雲日件録《がうんにっけんろく》』を記《しる》す(～文明《ぶんめい》五年《ねん》)。広橋綱光《ひろはしつなみつ》、『綱光公記《つなみつこうき》』を記《しる》す(～文明《ぶんめい》八年《ねん》)。壬生《みぶ》晴富《はれとみ》、『晴富宿禰記《はれとみすくねき》』を記《しる》す(～明応《めいおう》六年《ねん》までのものが現存《げんそん》)。

【死没】

3・13 渋川満頼《しぶかわみつより》(75、九州探題《きゅうしゅうたんだい》)。8・5 江西竜派《こうせいりゅうは》(72、臨済宗僧侶《りんざいしゅうそうりょ》)。この年《とし》 上杉清方《うえすぎきよかた》(武将《ぶしょう》)。

《月の大小／朔日の干支・ユリウス暦》

一己巳(1・27)・二己亥(2・26)・三己巳(3・28)・四戊戌(4・26)・五戊辰(5・26)・六戊戌(6・25)・七丁卯(7・24)・八丁酉(8・23)・九丙寅(9・21)・一〇乙未(10・20)・一一乙丑(11・19)・一二甲午(12・18)(太字は大の月)

【政治・経済】

3・23 幕府《ばくふ》、上杉憲実《うえすぎのりざね》に鎌倉公方《かまくらくぼう》の選定《せんてい》と補佐《ほさ》を命《めい》じる(建内記)。5・17 幕府《ばくふ》、富樫泰高《とがしやすたか》・成春《しげはる》を加賀半国守護《かがのはんごくしゅご》に補任《ぶにん》(康富記)。5・- 幕府《ばくふ》、五山《ござん》僧《そう》の強訴《ごうそ》・武装《ぶそう》の禁止《きんし》等《など》を定《さだ》める(鹿苑日録)。7・4 幕府《ばくふ》、上杉憲忠《うえすぎのりただ》を関東管領職《かんとうかんれいしき》に補任《ぶにん》し、この頃《ころ》、足利持氏《あしかがもちうじ》遺児《いじ》永寿王丸《えいじゅおうまる》(成氏《しげうじ》)を鎌倉公方《かまくらくぼう》と

大日本史料	
琉球	3
朝鮮	29
明	④ 12

西暦	年号・干支	天皇	将軍	管領	記事	大日本史料	琉球	朝鮮	明
▶一四四七	文安 四 ② 丁卯《ひのとう》	(後花園)		(細川勝元)	して認《みと》める(建内記)。**7・14** 馬借《ばしゃく》、奈良《なら》に乱入《らんにゅう》(経覚私要鈔)。**7・19** 山《やま》城西岡《しろにしおか》の土一揆《つちいっき》、徳政《とくせい》を要求《ようきゅう》・幕府《ばくふ》、一揆衆《いっきしゅう》に畠山持国被官《はたけやまもちくにひかん》のあることを知《し》り鎮圧断念《ちんあつだんねん》(建内記)。**7・-** 近江《おうみ》等《など》で土一揆《つちいっき》蜂起《ほうき》(建内記)。**10・-** 紀《き》伊岩橋荘民《いいわせのしょうみん》、和佐荘《わさのしょう》との堺相論《さかいそうろん》で幕府《ばくふ》に出訴《しゅっそ》(湯橋家文書)。**11・27** 貞《さだ》成親王《ふさしんのう》に太上天皇《だじょうてんのう》の尊号宣下《そんごうせんげ》(看聞)。**12・22** 畠山持国《はたけやまもちくに》、旧南朝皇族《きゅうなんちょうこうぞく》の円満院円胤《えんまんいんえんいん》を討《う》つ(康富記)。 【社会・文化】 **4・2** 南禅寺《なんぜんじ》焼亡《しょうぼう》(康富記)。**6・-** 三日病《みっかびょう》・咳病《がいびょう》流行《りゅうこう》(康富記)。**7・5** 天竜寺《てんりゅうじ》焼亡《しょうぼう》(康富記)。 【死没】 **この年**《とし》 赤松貞村《あかまつさだむら》(55、武将《ぶしょう》)。心田清播《しんでんせいは》(73、臨済宗僧侶《りんざいしゅうそうりょ》)。 《月の大小/朔日の干支・ユリウス暦》 一甲子(1・17)・二癸巳(2・15)・閏二癸亥(3・17)・三壬辰(4・15)・四壬戌(5・15)・五壬辰(6・14)・六辛酉(7・13)・七辛卯(8・12)・八庚申(9・10)・九庚寅(10・10)・一〇庚申(11・9)・一一己丑(12・8)・一二己未(48・1・7)(太字は大の月) 〔世界〕 朝鮮《ちょうせん》、鄭麟趾《ていりんし》ら『竜飛御天歌《りゅうひぎょてんか》』成《な》る。明《みん》、葉宗留《しょうそうりゅう》の乱《らん》。	(未刊)	尚思達王 3	世宗 29	④ 正統 12
一四四八	戊辰《つちのえたつ》 五				【政治・経済】 **1・-** 少弐教頼《しょうにのりより》ら、肥前《ひぜん》に上陸《じょうりく》するが大内軍《おおうちぐん》に敗北《はいぼく》(宗氏世系私記)。**5・16**		4	30	13

西暦

年号・干支

天皇

将軍

管領

記事

幕府《ばくふ》、徘徊《はいかい》する牢籠人《ろうろうにん》への寄宿提供《きしゅくていきょう》の禁止等《きんしなど》を定《さだ》める(東京国立博物館所蔵文書)。**5・26** 幕府《ばくふ》、豊受大神宮造営《とゆけだいじんぐうぞうえい》の役夫工米《やくぶくまい》を諸国《しょこく》に賦課《ふか》(斎藤基恒日記)。**8・－** 細川持常《ほそかわもちつね》、河内《かわち》で赤松則繁《あかまつのりしげ》を討《う》つ(東寺執行日記)。**9・－** この頃《ころ》までに、永寿王丸《えいじゅおうまる》、鎌倉宇津宮御所《かまくらうつのみやごしょ》に入《はい》る(鑁阿寺文書・鶴岡八幡宮寺供僧次第)。**11・14** 近江国今堀郷《おうみのくにいまぼりごう》で掟《おきて》三ヵ条《じょう》を衆議《しゅうぎ》(今堀日吉神社文書)。**この年《とし》** 岩橋元祐《いわはしもとすけ》、陸奥国奥川《むつのくにおくがわ》の通路《つうろ》を開《ひら》く(会津塔寺八幡宮長帳)。

【社会・文化】

4・5 山城珍皇寺火事《やましろちんこうじかじ》(東寺執行日記)。**4・－** 訓海《くんかい》『太子伝玉林抄《たいしでんぎょくりんしょう》』成《な》る。

7・19 京都《きょうと》で大洪水《だいこうずい》(如是院年代記)。**この年《とし》以降宝徳《いこうほうとく》二年《ねん》までの間《あいだ》** 正徹《しょうてつ》『正徹物語《しょうてつものがたり》』成《な》る。

【死没】

1・26 日峯宗舜《にっぽうそうしゅん》(81、臨済宗僧侶《りんざいしゅうそうりょ》)。**5・12** 智蘊《ちうん》(連歌作者《れんがさくしゃ》)。

《月の大小／朔日の干支・ユリウス暦》

一戊子(2・5)・二丁巳(3・5)・三丁亥(4・4)・四丙辰(5・3)・五丙戌(6・2)・六乙卯(7・1)・七乙酉(7・31)・八乙卯(8・30)・九甲申(9・28)・一〇甲寅(10・28)・一一甲申(11・27)・一二癸丑(12・26)(太字は大の月)

〘世界〙

オスマン軍《ぐん》、コソヴォでハンガリー軍《ぐん》を破《やぶ》る。明《みん》、鄧茂七《とうもしち》の乱《らん》(～一四四九年《ねん》)。

大日本史料

琉球

朝鮮

明

西暦	一四四九	一四五〇
年号・干支	宝徳《ほうとく》 元 7・28 己巳《つちのとのみ》 ⑩	二 庚午《かのえうま》
天皇	(後花園)	
将軍	4・29 足利義成《あしかがよししげ》	
管領	(細川勝元) 9・5 10・5 畠山持国《はたけやまもちくに》	
記事	【政治・経済】 **4・29** 足利義成《あしかがよししげ》(義政《よしまさ》)に征夷大将軍《せいいたいしょうぐん》の宣下《せんげ》(康富記)。**8・15** 信濃高梨一族等《しなのたかなしいちぞくら》、一揆契諾状《いっきけいだくじょう》を結《むす》ぶ(高梨文書)。**8・-** 琉球商人《りゅうきゅうしょうにん》、幕府《ばくふ》に薬種《やくしゅ》・銭《ぜに》を進上《しんじょう》(康富記)。この頃《ころ》、上杉憲実《うえすぎのりざね》、伊豆《いず》に隠遁《いんとん》(鎌倉大草紙)。**12・2** 幕府《ばくふ》、河上諸関《かじょうしょせき》を停廃《ていはい》(斎藤基恒日記)。 【社会・文化】 **4・12** 京畿《けいき》で大地震《おおじしん》(康富記)。**7・18** 大内教弘《おおうちのりひろ》、大蔵経《だいぞうきょう》を周防興隆寺《すおうこうりゅうじ》に寄進《きしん》(防長風土注進案)。**8・9** 大和多武峯《やまととうのみね》の藤原鎌足廟《ふじわらのかまたりびょう》の再建成《さいこんな》る(康富記)。 《月の大小/朔日の干支・ユリウス暦》 一癸未(1・25)・二壬子(2・23)・三辛巳(3・24)・四辛亥(4・23)・五庚辰(5・22)・六庚戌(6・21)・七己卯(7・20)・八己酉(8・19)・九戊寅(9・17)・一〇戊申(10・17)・閏一〇丁丑(11・15)・一一丙午(12・14)・一二丙子(50・1・13)(太字は大の月) 〖世界〗 明《みん》、英宗《えいそう》(正統帝《せいとうてい》)、土木堡《どぼくほ》でオイラートに捕《とら》われる(土木《どぼく》の変《へん》)。	【政治・経済】 **4・20** 幕府《ばくふ》、薩摩《さつま》等守護島津忠国《とうのしゅごしまづただくに》に大内修造段銭《おおうちしゅうぞうたんせん》の催徴《さいちょう》を命《めい》じる(薩藩旧記)。足利成氏《あしかがしげうじ》、鎌倉《かまくら》より江《え》の島《しま》に移《うつ》り、翌日《よくじつ》、長尾景仲《ながおかげなか》らと腰越浦《こしごえうら》に戦《たたか》う(鎌倉大草紙)。**7・17** 都鄙《とひ》の山伏《やまぶし》、新熊野社《いまくまののしゃ》に立籠《たてこも》り、和泉半国《いずみのはんごく》
大日本史料	(未刊)	
琉球	尚思達王 5	尚金福王《しょうきんぷくおう》
朝鮮	世宗 31	32
明	代宗《だいそう》 正統 14	① 景泰《けいたい》(1.1)

守護《しゅご》細川常有《ほそかわつねあり》第《てい》襲撃《しゅうげき》を計《はか》る(康富記)。**8・4** 成氏《しげうじ》、鎌倉《かまくら》に戻《もど》る(喜連川文書)。**8・30** 幕府《ばくふ》、上杉憲忠《うえすぎのりただ》らの帰参《きさん》の請文提出《うけぶみていしゅつ》を成氏《しげうじ》に通知《つうち》(喜連川文書)・この頃《ころ》、成氏《しげうじ》、長尾景仲《ながおかげなか》らを赦免《しゃめん》(鎌倉大草紙)。**9・-** 成氏《しげうじ》、代始《だいはじ》めの徳政令《とくせいれい》を発布《はっぷ》(大庭文書)。**10・28** 幕府《ばくふ》、硫黄《いおう》を島津忠国《しまづただくに》に徴《ちょう》す(薩藩旧記)。

【社会・文化】

6・2 細川勝元《ほそかわかつもと》、竜安寺《りょうあんじ》を創建《そうこん》(竜安寺文書)。**7・1** 周防《すおう》・長門《ながと》に暴風《ぼうふう》(康富記)。**この年《とし》** 浅間山噴火《あさまやまふんか》(新撰和漢合図)。清原宗賢《きよはらのむねかた》、『宗賢卿記《むねかたきょうき》』を記《しる》す(~延徳元年《えんとくがんねん》)。

【死没】

5・8 日秀《にっしゅう》(68、日蓮宗僧侶《にちれんしゅうそうりょ》)。

《月の大小/朔日の干支・ユリウス暦》

一丙午(2・12)・二丙子(3・14)・三乙巳(4・12)・四乙亥(5・12)・五甲辰(6・10)・六癸酉(7・9)・七癸卯(8・8)・八壬申(9・6)・九壬寅(10・6)・一〇壬申(11・5)・一一壬寅(12・5)・一二辛未(51・1・3)(太字は大の月)

西暦	◀一四五一
年号・干支	三 辛未《かのとひつじ》
天皇	
将軍	
管領	
記事	【政治・経済】 **7・19** 幕府《ばくふ》、延暦寺衆徒《えんりゃくじしゅと》らの強訴《ごうそ》を禁《きん》じ、支証《ししょう》による出訴《しゅっそ》を命《めい》じる(康富記)。**7・-** 琉球商船《りゅうきゅうしょうせん》、摂津兵庫《せっつひょうご》に来着《らいちゃく》、守護細川勝元《しゅごほそかわかつもと》、積荷《つみに》を抑留《よくりゅう》(康富記)。**8・16** 朝廷《ちょうてい》、止雨奉幣使《しうほうべいし》を派遣《はけん》(康富記)。**9・6** 興福《こうふく》
大日本史料	
琉球	2
朝鮮	文宗《ぶんそう》
明	2

西暦	年号・干支	天皇	将軍	管領	記事	大日本史料	琉球	朝鮮	明
▶一四五一	宝徳 三 辛未《かのとのひつじ》	(後花園)	(足利義成)	(畠山持国)	寺衆徒《じしゅと》ら強訴《ごうそ》・幕府《ばくふ》、兵庫南関《ひょうごみなみのせき》を安堵《あんど》し、石清水八幡宮奉行飯尾貞連《いわしみずはちまんぐうぶぎょういのおさだつら》を罷免《ひめん》(康富記)。**9・-** 安芸小早川一族等《あきこばやかわいちぞくら》、傘連判一揆契諾状《からかされんぱんいっきけいだくじょう》を結《むす》ぶ(小早川家文書)。**10・14** 大和《やまと》で徳政《とくせい》を号《ごう》する土一揆《つちいっき》が蜂起《ほうき》・元興寺金堂《がんごうじこんどう》等焼亡《などしょうぼう》(雑事記)。**10・26** 幕府《ばくふ》の遣明使東洋允澎《けんみんしとうよういんぽう》ら、京都《きょうと》を出立《しゅったつ》(允澎入唐記)。 【社会・文化】**8・11**「百番歌合《ひゃくばんうたあわせ》」行《おこな》われる。**8・16** 奥羽大洪水《おううだいこうずい》(会津塔寺八幡宮長帳)。**10・29** 足利義成《あしかがよししげ》、北小路第《きたこうじてい》に学問所《がくもんじょ》を新造《しんぞう》(康富記)。 《月の大小/朔日の干支・ユリウス暦》 一辛丑(2・2)・二辛未(3・4)・三庚子(4・2)・四己巳(5・1)・五己亥(5・31)・六戊辰(6・29)・七丁酉(7・28)・八丁卯(8・27)・九丙申(9・25)・一〇丙寅(10・25)・一一丙申(11・24)・一二乙丑(12・23)(太字は大の月) 【世界】 『高麗史《こうらいし》』成《な》る。	(未刊)	尚金福王 **2**	文宗	景泰 **2**
一四五二	享徳《きょうとく》 元 7・25 壬申《みずのえさる》 ⑧				【政治・経済】 **4・21** 鎌倉府《かまくらふ》、鶴岡八幡宮《つるがおかはちまんぐう》の修理料所相模小田原宿関《しゅうりりょうしょさがみおだわらじゅくのせき》での狼藉《ろうぜき》を禁《きん》じる(鶴岡八幡宮文書)。**5・18** 朝廷《ちょうてい》、この年《とし》の疱瘡流行《ほうそうりゅうこう》と三星合《さんせいごう》のため、非常赦《ひじょうのしゃ》を行《おこな》い、公卿《くぎょう》らに年号撰進《ねんごうせんしん》を命《めい》じる(建内記・公卿補任)。**8・18** 幕府《ばくふ》、徳政《とくせい》の制札《せいさつ》を東寺南門《とうじなんもん》に掲《かか》げる(東寺執行日記)。**閏《うるう》8・3** 山城賀《やましろか》		**3**	**2**	⑨ **3**

西暦	◀ 一四五三	
年号・干支	二 癸酉《みずのととり》	
天皇		
将軍		
管領	細川勝元《ほそかわかつもと》 11・16	

記事

茂郷民《もごうみん》、幕府《ばくふ》に徳政《とくせい》を要求《ようきゅう》(師郷記)。**この年《とし》** 琉球王尚金福《りゅうきゅうおうしょうきんぷく》、天照《あまてらす》大神《おおみかみ》の祠《ほこら》を那覇《なは》に建立《こんりゅう》(南聘紀考)。

【社会・文化】

2・13～15 「宝徳千句《ほうとくせんく》」興行《こうぎょう》。**8・15** 正徹《しょうてつ》、足利義成《あしかがよししげ》に『源氏物語《げんじものがたり》』を講《こう》じる(草根集)。**この年《とし》** 諸国《しょこく》で大雨《おおあめ》・洪水《こうずい》(年代記残編)。

【死没】

2・1 飛鳥井雅世《あすかいまさよ》(63、歌鞠家《かきくか》)。**6・22** 宗貞盛《そうさだもり》(武将《ぶしょう》)。

《月の大小／朔日の干支・ユリウス暦》
一乙未(1・22)・二乙丑(2・21)・三乙未(3・22)・四甲子(4・20)・五癸巳(5・19)・六癸亥(6・18)・七壬辰(7・17)・八辛酉(8・15)・閏八辛卯(9・14)・九庚申(10・13)・一〇庚寅(11・12)・一一己未(12・11)・一二己丑(53・1・10)(太字は大の月)

〔世界〕

朝鮮《ちょうせん》、春秋館《しゅんじゅうかん》『高麗史節要《こうらいしせつよう》』成《な》る。

【政治・経済】

3・30 東洋允澎《とうよういんぽう》らの遣明船《けんみんせん》、肥前五島《ひぜんごとう》より明《みん》に向《む》かう(允澎入唐記)。この時《とき》、楠葉西忍《くすばさいにん》らの長谷寺《はせでら》・多武峯《とうのみね》・天竜寺船等《てんりゅうじせんなど》、幕府《ばくふ》の許《ゆるし》を得《え》て、銅《どう》・大刀等《たちなど》を明《みん》に輸出《ゆしゅつ》(大乗院日記目録)。**5・9** 幕府《ばくふ》、伊勢内宮造営段銭《いせないくうぞうえいたんせん》を諸国《しょこく》に賦課《ふか》(斎藤基恒日記)。**10・1** 遣明使東洋允澎《けんみんしとうよういんぽう》ら、代宗《だいそう》に謁見《えっけん》し国書《こくしょ》を捧《ささ》げる・ 貢物《こうぶつ》の価格《かかく》について争《あらそ》う(允澎入唐記)。**11・4** 幕府《ばくふ》、東大寺《とうだいじ》

大日本史料	
琉球	4
朝鮮	端宗《たんそう》
明	4

西暦	▶一四五三	一四五四
年号・干支	享徳 二 癸酉《みずのとのとり》	三 甲戌《きのえいぬ》
天皇	(後花園)	
将軍	(足利義成) 6·13 足利義政《あしかがよしまさ》(改名)	
管領	(細川勝元)	
記事	戒壇院造営費《かいだんいんぞうえいひ》の諸国勧進《しょこくかんじん》を許《ゆる》す(東大寺文書)。 【死没】 **4·18** 尚金福《しょうきんぷく》(56、琉球国王《りゅうきゅうこくおう》)。**9·5** 久我清通《こがきよみち》(61、公卿《くぎょう》)。 《月の大小/朔日の干支・ユリウス暦》 一己未(2·9)・二己丑(3·11)・三戊午(4·9)・四戊子(5·9)・五丁巳(6·7)・六丁亥(7·7)・七丙辰(8·5)・八乙酉(9·3)・九乙卯(10·3)・一〇甲申(11·1)・一一甲寅(12·1)・一二癸未(12·30)(太字は大の月) 《世界》 オスマン帝国《ていこく》、ビザンツ(東《ひがし》ローマ)帝国《ていこく》を滅《ほろぼ》す。英仏百年戦争終《えいふつひゃくねんせんそうおわ》る。 モンゴル、オイラートのエセン、可汗《かかん》となる。	【政治・経済】 **3·-** 九州探題渋川教直《きゅうしゅうたんだいしぶかわのりなお》、少弐教頼《しょうにのりより》と肥前巨勢野《ひぜんこせの》で戦《たたか》う(歴代鎮西要略)。**4·3** 畠山持国《はたけやまもちくに》の子義夏《こよしなつ》(義就《よしなり》)、畠山持富《はたけやまもちとみ》の子弥三郎擁立派《こやさぶろうようりつは》を討《う》つ・弥三郎《やさぶろう》、細川勝元《ほそかわかつもと》を頼《たよ》る(師郷記)。**5·19** 遣明使東洋允澎《けんみんしとうよういんぽう》、杭州《こうしゅう》で没《ぼっ》(允澎入唐記)。**6·11** 山城醍醐《やましろだいご》・山科《やましな》の土一揆《つちいっき》、法成寺大路《ほうじょうじおおじ》に東福寺《とうふくじ》の設《もう》ける関所《せきしょ》を破却《はきゃく》(師郷記)。**7·13** 遣明船《けんみんせん》、長門赤間関《ながとあかまがせき》に帰着《きちゃく》(允澎入唐記)。**8·22** 畠山義夏《はたけやまよしなつ》、河内《かわち》に没落《ぼつらく》(康富記)。**8·28** 畠山弥三郎《はたけやまやさぶろう》、家督《かとく》を相続《そうぞく》し足利義政《あしかがよしまさ》に拝謁《はいえつ》(康富記)。**9·8** 京都近郷《きょうときんごう》の土一揆蜂起《つちいっきほうき》し、徳政《とくせい》と号《ごう》して質物《しちもつ》を取返《とりかえ》す(康富記)。**9·29** 幕府《ばくふ》、土倉質物《どそうしちもち》の徳政《とくせい》を認《みと》
大日本史料	(未刊)	
琉球	尚金福王 4	尚泰久王《しょうたいきゅうおう》
朝鮮	端宗	2
明	景泰 4	5

西暦

図
39

年号・干支

天皇

将軍

管領

記事

め、徳政禁制《とくせいきんぜい》の高札《こうさつ》を立《た》てる(東寺執行日記)。**10・5** 遣明船《けんみんせん》、兵庫《ひょうご》に帰着《きちゃく》し、管領《かんれい》・幕府《ばくふ》が船荷《ふなに》を検知《けんち》(康富記)。**10・29** 幕府《ばくふ》、借銭《しゃくせん》の一〇分《ぶん》の一(分一銭《ぶいちせん》)納入《のうにゅう》を約《やく》す請文提出者《うけぶみていしゅつしゃ》に、徳政《とくせい》を適用《てきよう》する奉行人奉書《ぶぎょうにんほうしょ》を発給《はっきゅう》(康富記)。**11・2** 足利義政《あしかがよしまさ》、赤松則尚《あかまつのりなお》の播磨等《はりまなど》の回復《かいふく》と山名宗全《やまなそうぜん》(持豊《もちとよ》)討伐《とうばつ》を計《はか》るも、細川勝元《ほそかわかつもと》らの執《と》りなしで持豊《もちとよ》を許《ゆる》す(康富記)。**12・3** 大和《やまと》の土一揆《つちいっき》、竜花院《りゅうげいん》を焼《や》く(大乗院日記目録)。**12・13** 畠山義夏《はたけやまよしなつ》、義政《よしまさ》の赦《ゆる》しにより河内《かわち》より上洛《じょうらく》・ついで畠山弥三郎《はたけやまやさぶろう》、逐電《ちくてん》(康富記)。**12・27** 足利成氏《あしかがしげうじ》、鎌倉西御門御所《かまくらにしみかどごしょ》で関東管領上杉憲忠《かんとうかんれいうえすぎのりただ》を謀殺《ぼうさつ》(享徳《きょうとく》の乱《らん》のはじめ)(康富記)。**この年以後文明《としいごぶんめい》一〇年頃《ねんころ》まで** 成氏《しげうじ》、享徳年号《きょうとくねんごう》を使用《しよう》(安保文書)。

【死没】

8・- 宗金《そうきん》(博多商人《はかたしょうにん》)。**12・27** 上杉憲忠《うえすぎのりただ》(22、武将《ぶしょう》)。

《月の大小/朔日の干支・ユリウス暦》

一癸丑(1・29)・二癸未(2・28)・三壬子(3・29)・四壬午(4・28)・五壬子(5・28)・六辛巳(6・26)・七辛亥(7・26)・八庚辰(8・24)・九己酉(9・22)・一〇己卯(10・22)・一一戊申(11・20)・一二戊寅(12・20)(太字は大の月)

図39
上杉憲忠花押

大日本史料

琉球

朝鮮

明

西暦	年号・干支	天皇	将軍	管領
一四五五	康正《こうしょう》元 7・25 乙亥《きのとのい》 ④	(後花園)	(足利義政)	(細川勝元)

記事

【政治・経済】

1・21 足利成氏《あしかがしげうじ》、武蔵国高幡《むさしのくにたかはた》・分倍河原《ぶばいがわら》で長尾景仲《ながおかげなか》らを破《やぶ》る・上杉憲顕《うえすぎのりあき》・顕房《あきふさ》、戦死《せんし》(武家事紀所収文書)。**3・30** 幕府《ばくふ》、成氏追討《しげうじついとう》のため惣大将上《そうだいしょううえ》杉房顕《すぎふさあき》を派遣《はけん》(康富記)。**閏《うるう》4・-** 成氏《しげうじ》、常陸小栗城《ひたちおぐりじょう》を攻略《こうりゃく》し、長尾景《ながおかげ》仲《なか》を逐《お》う(鎌倉大草紙・正木文書)。**5・12** 播磨守護山名教豊《はりまのしゅごやまなのりとよ》、備前《びぜん》に赤松《あかまつ》則尚《のりなお》を滅《ほろぼ》す(斎藤基恒日記)。**6・16** 駿河守護今川範忠《するがのしゅごいまがわのりただ》、鎌倉《かまくら》に進駐《しんちゅう》(鎌倉大草紙)・成氏《しげうじ》、下総古河《しもうさこが》に移座《いざ》(古河公方《こがくぼう》)(赤堀文書)。**7-** 畠山義夏《はたけやまよしなつ》、同弥三郎《どうやさぶろう》と大和《やまと》で戦《たたか》う(大乗院日記目録・康富記)。**9・18** 幕府政所《ばくふまんどころ》、酒《さか》屋役条々《ややくじょうじょう》を定《さだ》める(蜷川家文書)。**10・2** 幕府《ばくふ》、借銭《しゃくせん》一〇分《ぶん》の一未納者《みのうしゃ》で、去年《きょねん》一〇月《がつ》二九日徳政奉書《にちとくせいほうしょ》の提出後《ていしゅつご》、政所執事《まんどころしつじ》の加判《かはん》がない場合《ばあい》、銭主《せんしゅ》の債権《さいけん》を認《みと》め、五分《ぶん》の一の幕府進納《ばくふしんのう》を定《さだ》める(蜷川家文書)。**10・28** 幕《ばく》府《ふ》、去年《きょねん》一二月《がつ》一八日令《にちれい》の弐文子祠堂銭《にもんししどうせん》の徳政適用除外《とくせいてきようじょがい》を重《かさ》ねて定《さだ》める(建武以来追加)。**この年** 建仁寺勧進船《けんにんじかんじんせん》を朝鮮《ちょうせん》に派遣《はけん》(海東諸国紀)。

【社会・文化】

9・- 金春禅竹《こんぱるぜんちく》『六輪一露之記《ろくりんいちろのき》』成《な》る。**この頃《ころ》** 『鶴岡八幡宮寺供僧次第《つるがおかはちまんぐうじぐそうしだい》』成《な》るか。

【死没】

1・16 高山宗砌《たかやまそうぜい》(連歌師《れんがし》)。**1・21** 上杉憲顕《うえすぎのりあき》(武将《ぶしょう》)。**1・-** 上杉顕房《うえすぎあきふさ》(21、武将《ぶしょう》)。**3・26** 畠山持国《はたけやまもちくに》(58、武将《ぶしょう》)。**7・5** 尭孝《ぎょうこう》(65、歌人《かじん》)。

《月の大小/朔日の干支・ユリウス暦》

大日本史料	琉球	朝鮮	明
(未刊)	尚泰久王 2	世祖《せいそ》	⑥ 景泰 6

一丁未(1・18)・二丁丑(2・17)・三丙午(3・18)・四丙子(4・17)・閏四丙午(5・17)・五乙亥(6・15)・六乙巳(7・15)・七甲戌(8・13)・八甲辰(9・12)・九癸酉(10・11)・一〇癸卯(11・10)・一一壬申(12・9)・一二壬寅(56・1・8)(太字は大の月)

〔世界〕
イギリス、ばら戦争《せんそう》(～一四八五年《ねん》)。

西暦	◀一四五六
年号・干支	二 丙子《ひのえね》
天皇	
将軍	
管領	
記事	【政治・経済】 **4・2** 幕府《ばくふ》、内裏造営《だいりぞうえい》のため、洛中洛外《らくちゅうらくがい》に棟別銭《むねべつせん》、諸国《しょこく》に段銭《たんせん》・国役《こくやく》を賦課《ふか》(康正二年造内裏段銭幷国役引付)。 **7・20** 後花園天皇《ごはなぞのてんのう》、新造《しんぞう》の土御門《つちみかどの》内裏《だいり》に移《うつ》る(実遠公記)。 **9・17** 足利成氏《あしかがしげうじ》、関東管領上杉房顕《かんとうかんれいうえすぎふさあき》らと武蔵国《むさしのくに》岡部原《おかべはら》で戦《たたか》う(中条文書)。 **9・19** 近江《おうみ》の土一揆《つちいっき》、徳政《とくせい》を訴《うった》え日吉八王子社《ひよしはちおうじしゃ》に拠《よ》る(祇園社記)。 **この年** 幕府《ばくふ》、朝鮮《ちょうせん》に使《つかい》を送《おく》り、建仁寺修造《けんにんじしゅうぞう》の資《し》を求《もと》める(善隣国宝記)。 【社会・文化】 **1・-** 金春禅竹《こんぱるぜんちく》『歌舞髄脳記《かぶずいのうき》』成《な》る。 **4・-** 彗星出現《すいせいしゅつげん》(雑事記)。 **6・17** 天隠竜沢《てんいんりゅうたく》、『錦繡段《きんしゅうだん》』を編集《へんしゅう》。 **この頃《ころ》** 東常縁《とうつねより》『東野州聞書《とうやしゅうききがき》』成《な》るか。 **康正年間《こうしょうねんかん》** 一条兼良《いちじょうかねよし》『日本書紀纂疏《にほんしょきさんそ》』成《な》るか。 【死没】 **8・29** 後崇光院《ごすこういん》(85)。
大日本史料	
琉球	3
朝鮮	2
明	7

西暦	一四五六 ▶	一四五七
年号・干支	康正 二 丙子《ひのえね》	長禄《ちょうろく》 元 9・28 丁丑《ひのとのうし》
天皇	(後花園)	
将軍	(足利義政)	
管領	(細川勝元)	
記事	《月の大小／朔日の干支・ユリウス暦》一辛未(2・6)・二辛丑(3・7)・三庚午(4・5)・四庚子(5・5)・五己巳(6・3)・六己亥(7・3)・七己巳(8・2)・八戊戌(8・31)・九戊辰(9・30)・一〇丁酉(10・29)・一一丁卯(11・28)・一二丙申(12・27)(太字は大の月)	【政治・経済】 **2・11** 東九条《ひがしくじょう》の民《たみ》、伏見宮領《ふしみのみやりょう》の民《たみ》と争闘《そうとう》(東寺百合文書)。 **4・8** 太田《おおた》資長《すけなが》(道灌《どうかん》)、武蔵江戸《むさしえど》城《じょう》を築《きず》く(永享記)。 **5・14** 蝦夷島南部《えぞがしまなんぶ》でアイヌの蜂起《ほうき》・首長《しゅちょう》胡奢魔尹《こしゃまいん》を射殺《しゃさつ》(コシャマインの乱《らん》)(新羅之記録)。 **6・23** 幕府《ばくふ》、渋川義鏡《しぶかわよしかね》を足利成氏追討《あしかがしげうじついとう》の大将《たいしょう》として関東《かんとう》に派遣《はけん》(鎌倉大草紙)。 **6・26** 和泉日根郡国人《いずみひねぐんこくじん》、一揆契諾状《いっきけいだくじょう》を結《むす》ぶ(日根文書)。 **10・−〜11・−** 山城《やましろ》の土一揆《つちいっき》、徳政《とくせい》を訴《うった》え東寺等《とうじなど》を占拠《せんきょ》(山科家礼記)。 **12・2** 赤松氏遺《あかまつしい》臣《しん》、旧南朝《きゅうなんちょう》の宮兄弟《みやきょうだい》を討《う》ち、神璽《しんじ》を奪還《だっかん》(大乗院日記目録)。 **12・5** 幕《ばく》府《ふ》、徳政禁制《とくせいきんぜい》を出《だ》し、銭主《せんしゅ》・借主《かりぬし》の分一銭納入《ぶいちせんのうにゅう》の規定等《きていなど》を定《さだ》める(蜷川家文書)。 **12・19** 足利義政《あしかがよしまさ》、弟《おとうと》政知《まさとも》を還俗《げんぞく》させ、関東《かんとう》に派遣《はけん》(堀越公方《ほりごえくぼう》)(山科家礼記)。 【社会・文化】 **7・20** 諸国寺社《しょこくじしゃ》に彗星《すいせい》・炎旱《えんかん》・疾病《しっぺい》について祈《いの》らせる(宗賢卿記)。 【死没】 **2・16** 中原康富《なかはらやすとみ》(官人《かんじん》)。 **6・18** 存如《ぞんにょ》(62、浄土真宗《じょうどしんしゅう》僧侶《そうりょ》)。 **11・20** 万里小《までのこう》
大日本史料	(未刊)	
琉球	尚泰久王 **3**	**4**
朝鮮	世祖 **2**	**3**
明	景泰 **7**	天順《てんじゅん》(1.21) 英宗《えいそう》(復位)

路時房《じときふさ》(64、公卿《くぎょう》)。**12・2か** 北山宮《きたやまのみや》(後南朝皇族《ごなんちょうこうぞく》)。**12・2** 忠義王《ちゅうぎおう》(後南《ごなん》朝皇族《ちょうこうぞく》)。

《月の大小/朔日の干支・ユリウス暦》
一丙寅(1・26)・二乙未(2・24)・三乙丑(3・26)・四甲午(4・24)・五甲子(5・24)・六癸巳(6・22)・七癸亥(7・22)・八壬辰(8・20)・九壬戌(9・19)・一〇壬辰(10・19)・一一辛酉(11・17)・一二辛卯(12・17)(太字は大の月)

〖世界〗
明《みん》、正統帝《せいとうてい》、復位《ふくい》。于謙《うけん》、処刑《しょけい》される。

西暦：◀ 一四五八

年号・干支：二 戊寅《つちのえとら》 ①

天皇：

将軍：

管領：

記事：

【政治・経済】
閏《うるう》**1・1** 幕府《ばくふ》、永享《えいきょう》八年《ねん》の旧規《きゅうき》を再公布《さいこうふ》し、五山住持《ござんじゅうじ》等《ら》の官挙停止《かんきょちょうじ》と僧録推挙《そうろくすいきょ》を定《さだ》める(蔭凉軒)。**2・21** 幕府《ばくふ》、朝鮮《ちょうせん》の奉加《ほうが》による建仁寺造営開始《けんにんじぞうえいかいし》を命《めい》じる(蔭凉軒)。**3・1** 幕府《ばくふ》、禅宗尼寺《ぜんしゅうあまでら》に関《かん》する禁制《きんぜい》を定《さだ》める(蔭凉軒)。**3・28** 幕府《ばくふ》、造内宮地口銭《ぞうないくうじぐちせん》を、五山《ござん》とその塔頭《たっちゅう》に賦課《ふか》(蔭凉軒)。**4・19** 足利義政《あしかがよしまさ》、弟《おとうと》義永《よしなが》を赦《ゆる》し隠岐《おき》より召還《しょうかん》(在盛卿記)。**6・21** 美濃《みのの》守護《しゅご》土岐持益《ときもちます》、一宮奉納《いちのみやほうのう》の大蔵経《だいぞうきょう》を朝鮮《ちょうせん》に求《もと》めるため、幕府《ばくふ》に勘合《かんごう》を申請《しんせい》(蔭凉軒)。**7・29** 幕府《ばくふ》、信濃《しなの》の小笠原光康《おがさわらみつやす》に足利成氏《あしかがしげうじ》追討《ついとう》への合力《ごうりき》を催促《さいそく》(諸家文書)。**8・4** 義政《よしまさ》、琉球使節《りゅうきゅうしせつ》を引見《いんけん》(在盛卿記)。**8・30** 赤《あか》松遺臣《まついしん》が奪回《だっかい》した神璽《しんじ》、禁裏《きんり》に献上《けんじょう》される(雑事記)・幕府《ばくふ》、赤松政則《あかまつまさのり》を加賀半国守護《かがのはんごくしゅご》に補任《ぶにん》(赤松記)。**9・28** 幕府《ばくふ》、相国寺《しょうこくじ》に門前《もんぜん》の柳原散所《やなぎはらさんじょ》

大日本史料：

琉球：5

朝鮮：4

明：② 2

西暦	▶一四五八	一四五九
年号・干支	長禄 二 ① 戊寅《つちのえとら》	三 己卯《つちのとのう》
天皇	(後花園)	
将軍	(足利義政)	
管領	(細川勝元)	
記事	を管轄《かんかつ》させる(蔭涼軒)。**12・14** 幕府《ばくふ》、琉球国宛《りゅうきゅうこくあて》の返書《へんしょ》を作成《さくせい》(蔭涼軒)。 【社会・文化】 **2・13** 鞍馬寺《くらまでら》火事《かじ》(雑事記)。**この年** 賀茂在盛《かものあきもり》、『吉日考秘伝《きちにちこうひでん》』を撰《せん》する。 【死没】 **2・22** 物外性応《もつがいしょうおう》(曹洞宗僧侶《そうとうしゅうそうりょ》)。**4・22** 日実《にちじつ》(日蓮宗僧侶《にちれんしゅうそうりょ》)。**5・20** 飯尾《いのお》為種《ためたね》(武士《ぶし》)。**6・27** 養叟宗頤《ようそうそうい》(83、臨済宗僧侶《りんざいしゅうそうりょ》)。**この年** 阿摩和利《あまわり》(琉球《りゅうきゅう》按司《あじ》)。 《月の大小/朔日の干支・ユリウス暦》 一辛酉(1・16)・閏一庚寅(2・14)・二己未(3・15)・三己丑(4・14)・四戊午(5・13)・五丁亥(6・11)・六丁巳(7・11)・七丙戌(8・9)・八丙辰(9・8)・九丙戌(10・8)・一〇丙辰(11・7)・一一乙酉(12・6)・一二乙卯(59・1・5)(太字は大の月) 《世界》 ハンガリー、マーチャーシュ一世即位《せいそくい》(~一四九〇年《ねん》)・ハンガリーのルネサンス。	【政治・経済】 **1・18** 足利義政《あしかがよしまさ》、女子死産《じょししざん》の呪詛《じゅそ》の罪《つみ》で乳人今参局《めのといままいりのつぼね》を近江《おうみ》に配流《はいる》・今《いま》参局《まいりのつぼね》自害《じがい》(碧山日録)。**4・20** 斯波義敏《しばよしとし》、足利成氏追討《あしかがしげうじついとう》を命《めい》じられるも、甲斐常治《かいじょうち》を越前敦賀《えちぜんつるが》に攻撃《こうげき》(雑事記・碧山日録)。**6・1** この頃《ころ》、畠山弥三郎《はたけやまやさぶろう》没《ぼつ》し、弟《おとうと》弥次郎《やじろう》(政長《まさなが》)が跡目《あとめ》を相続《そうぞく》(大乗院日記目録)。**8・21** 幕《ばく》
大日本史料	(未刊)	
琉球	尚泰久王 5	6
朝鮮	世祖 4	5
明	② 天順 2	3

西暦	
年号・干支	
天皇	
将軍	
管領	
記事	府《ふ》、旧関《きゅうせき》を廃《はい》し、京都七口《きょうとななくち》に新関《しんせき》を設《もう》け、関銭《せきせん》を大神宮造営料《だいじんぐうぞうえいりょう》に充《あ》てる(碧山日録)。**8・27** 幕府《ばくふ》、大蔵経《だいぞうきょう》入手《にゅうしゅ》の朝鮮渡船《ちょうせんとせん》を申請《しんせい》する相国寺《しょうこくじ》に勘合《かんごう》を付与《ふよ》(蔭涼軒)。**9・30** 京都西郊《きょうとせいこう》で土一揆蜂起《つちいっきほうき》・上下久世荘《かみしもくぜのしょう》民《みん》ら、不参加《ふさんか》を幕府《ばくふ》に誓《ちか》う(東寺百合文書)。**10・14・15** 足利成氏方《あしかがしげうじがた》、武蔵《むさし》・上野《こうずけ》で上杉房顕《うえすぎふさあき》・房定《ふささだ》と戦《たたか》う(御内書案・山崎文書)。**11・9** 京都《きょうと》で土一揆《つちいっき》蜂起《ほうき》し、徳政《とくせい》を求《もと》める・幕府《ばくふ》、一揆張本人《いっきちょうぼんにん》を斬《き》る(碧山日録)。**11・10** 幕府《ばくふ》、洛中洛外《らくちゅうらくがい》の土倉質物《どそうしちもつ》の利子《りし》・質流《しちながれ》期限《きげん》を定《さだ》める(建武以来追加)。**11・16** 義政《よしまさ》、室町新第《むろまちしんてい》に移《うつ》る(蔭涼軒)。 【社会・文化】 **1・4** 円覚寺火事《えんがくじかじ》(鎌倉大日記)。**1・―** 太極蔵主《たいぎょくぞうす》、『碧山日録《へきざんにちろく》』を記《しる》す(～応仁《おうにん》二年《ねん》一二月《がつ》)。**4・―** 『東大寺法華堂要録《とうだいじほっけどうようろく》』記《しる》される(～文明《ぶんめい》一五年《ねん》六月《がつ》)。**9・10** 近畿大風雨《きんきだいふうう》(碧山日録)。 【死没】 **1・18** 今参局《いままいりのつぼね》(足利義政乳人《あしかがよしまさめのと》)。**4・9** 日出《にっしゅつ》(79、日蓮宗僧侶《にちれんしゅうそうりょ》)。**4・14** 山名勝豊《やまなかつとよ》(武将《ぶしょう》)。**5・9** 正徹《しょうてつ》(79、禅僧《ぜんそう》)。**8・12** 甲斐常治《かいじょうち》(武将《ぶしょう》)。**9・15** 西仰《ゆうこう》(42、浄土宗僧侶《じょうどしゅうそうりょ》)。**9・17** 中山定親《なかやまさだちか》(59、公卿《くぎょう》)。 《月の大小／朔日の干支・ユリウス暦》 一乙酉(2・4)・二甲寅(3・5)・三癸未(4・3)・四癸丑(5・3)・五壬午(6・1)・六辛亥(6・30)・七辛巳(7・30)・八庚戌(8・28)・九庚辰(9・27)・一〇庚戌(10・27)・一一己卯(11・25)・一二己酉(12・25)(太字は大の月)
大日本史料	
琉球	
朝鮮	
明	

西暦	年号・干支	天皇	将軍	管領
一四六〇	寛正《かんしょう》元 12・21 庚辰《かのえたつ》 ⑨	(後花園)	(足利義政)	(細川勝元)

記事

【政治・経済】

3・10 幕府《ばくふ》の使《つかい》、朝鮮《ちょうせん》より帰国《きこく》・船《ふね》が難破《なんぱ》し、返書等紛失《へんしょなどふんしつ》(蔭涼軒)。**3・28** 幕府《ばくふ》、旧南朝《きゅうなんちょう》の楠木氏《くすのきし》を斬首《ざんしゅ》(碧山日録)。**5・8** 幕府《ばくふ》、在京中《ざいきょうちゅう》の肥《ひ》前松浦義《ぜんまつらよし》に渡明船《とみんせん》の勘合《かんごう》を与《あた》える(蔭涼軒)。**6・17** 幕府《ばくふ》、天与清啓《てんよせいけい》を遣《けん》明正使《みんせいし》とする(蔭涼軒)。**7・26** 幕府《ばくふ》、観世弥五郎《かんぜやごろう》を捕《とら》える(長禄四年記)。**8・24** 幕府《ばくふ》、東海道《とうかいどう》の諸関《しょせき》を撤廃《てっぱい》(長禄四年記)。**9・5** 幕府《ばくふ》、闕所地《けっしょち》について、証人《しょうにん》が本主《ほんしゅ》の罪科《ざいか》を捏造《ねつぞう》して注進《ちゅうしん》する事《こと》の禁止等《きんしなど》を定《さだ》める(建武以来追加)。**9・16** 足利義政《あしかがよしまさ》、畠山邸《はたけやまてい》から畠山義就《はたけやまよしなり》を退去《たいきょ》させ、畠山《はたけやま》政長《まさなが》を入《い》れる(雑事記)。**9・20** 義就《よしなり》、河内《かわち》に下向《げこう》(雑事記)。**10・21** 幕府《ばくふ》、関東奥羽《かんとうおうう》の諸将《しょしょう》に足利成氏追討《あしかがしげうじついとう》を命《めい》じる(御内書案)。

【社会・文化】

2・9 畿内地震《きないじしん》(碧山日録)。**7・1** 皆既日食《かいきにっしょく》(碧山日録)。**この年** 炎旱《えんかん》、虫損《ちゅうそん》・大風雨《だいふうう》のため諸国大飢饉《しょこくだいききん》(大乗院日記目録)。

【死没】

1・28 三条西公保《さんじょうにしきんやす》(63、公卿《くぎょう》)。**6・5** 尚泰久《しょうたいきゅう》(46、琉球国王《りゅうきゅうこくおう》)。

《月の大小/朔日の干支・ユリウス暦》

一己卯(1・24)・二己酉(2・23)・三戊寅(3・23)・四丁未(4・21)・五丁丑(5・21)・六丙午(6・19)・七乙亥(7・18)・八乙巳(8・17)・九甲戌(9・15)・閏九甲辰(10・15)・一〇癸酉(11・13)・一一癸卯(12・13)・一二癸酉(61・1・12)(太字は大の月)

【世界】

大日本史料	琉球	朝鮮	明
(未刊)	尚泰久王 7	世祖 6	⑪ 天順 4

西暦 ◀一四六一

年号・干支 二　辛巳《かのとのみ》

天皇

将軍

管領

記事

【政治・経済】

1・24 足利義政《あしかがよしまさ》、管領細川勝元邸《かんれいほそかわかつもとてい》で畠山義就追討《はたけやまよしなりついとう》を議《ぎ》す(雑事記)。**7・13** 近江菅浦荘《おうみすがうらのしょう》、惣庄置文《そうしょうおきぶみ》を定《さだ》める(菅浦文書)。**8・28** 幕府《ばくふ》、春日社《かすがしゃ》・興《こう》福寺造営料兵庫南関《ふくじぞうえいりょうひょうごみなみのせき》に関《かん》し、公方船等《くぼうせんなど》以外《いがい》の過書《かしょ》に基《もと》づく関銭免除《せきせんめんじょ》を停止《ちょうじ》(雑事記)。**9・2** 義政《よしまさ》、斯波義敏《しばよしとし》の子松王丸《こまつおうまる》を廃《はい》し、渋川義鏡《しぶかわよしかね》の子義廉《こよしかど》を家督《かとく》とする(雑事記)。**11・26** 幕府《ばくふ》、天竜寺《てんりゅうじ》に勘合《かんごう》を与《あた》え、僧堂造営《そうどうぞうえい》の勧進船《かんじんせん》の朝鮮派遣《ちょうせんはけん》を許《ゆる》す(蔭凉軒)。**12・19** 幕府《ばくふ》、駿河守護今川義忠《するがのしゅごいまがわよしただ》に足利政知救援《あしかがまさともきゅうえん》を命《めい》じる(御内書案)。

【社会・文化】

2・- 前年来《ぜんねんらい》の飢饉《ききん》で、京都《きょうと》の死者《ししゃ》八万二〇〇〇人《にん》に及《およ》ぶ(寛正《かんしょう》の大飢饉《だいききん》)(碧山日録)。**3・5** 京都真如寺火事《きょうとしんにょじかじ》(蔭凉軒)。**11・2** 一条兼良《いちじょうかねよし》、内裏《だいり》で『源氏物語《げんじものがたり》』を後花園天皇《ごはなぞのてんのう》・足利義政《あしかがよしまさ》に進講《しんこう》(雑事記)。**この年**《とし》 蓮如《れんにょ》、最初《さいしょ》の御文《おふみ》。

【死没】

この年《とし》 上杉教朝《うえすぎのりとも》(54、武将《ぶしょう》)。

《月の大小/朔日の干支・ユリウス暦》

一癸卯(2・11)・二壬申(3・12)・三壬寅(4・11)・四辛未(5・10)・五辛丑(6・9)・六庚午(7・8)・七己亥(8・6)・八己巳(9・5)・九戊戌(10・4)・一〇戊辰(11・3)・一一丁

ポルトガル、エンリケ航海王子《こうかいおうじ》没《ぼつ》。

大日本史料

琉球 尚徳王《しょうとくおう》

朝鮮 7

明 5

西暦	一四六一 ▶	一四六二
年号・干支	寛正 二 辛巳《かのとのみ》	三 壬午《みずのえうま》
天皇	(後花園)	
将軍	(足利義政)	
管領	(細川勝元)	
記事	酉(12・2)・一二丁卯(62・1・1)(太字は大の月) 〖世界〗 明《みん》、『大明一統志《だいみんいっとうし》』成《な》る。イギリス、ヨーク朝始《ちょうはじ》まる(~一四八五年《ねん》)。	【政治・経済】 **5・12** 畠山政長《はたけやままさなが》ら、同義就方《どうよしなりがた》の河内金胎寺城《かわちこんたいじじょう》を攻略《こうりゃく》(雑事記)。**5・16** 加賀国《かがのくに》幕府《ばくふ》、内宮造営料《ないくうぞうえいりょう》伊勢山田関《いせやまだのせき》を停廃《ていはい》(氏経卿神事日次記)。**6・8** 洪水《こうずい》・幕府《ばくふ》、半国守護富樫成春《はんごくしゅごとがししげはる》に河川修復《かせんしゅうふく》を命《めい》じる(蔭涼軒)。**9・18** 陸奥《む》《つ》の伊達成宗《だてなりむね》、上洛《じょうらく》して足利義政《あしかがよしまさ》に謁見《えっけん》(長禄寛正記)。**10・28** 幕府《ばくふ》、赤松政則《あかまつまさのり》らに京都《きょうと》の土一揆《つちいっき》を鎮圧《ちんあつ》させる(蔭涼軒)。**この頃《ころ》** 東国《とうごく》に「延徳《えんとく》」の私年号《しねんごう》(香取神宮文書)。 【社会・文化】 **6・21** 幕府《ばくふ》、宗湛《そうたん》に日野重子《ひのじゅうし》の高倉御所《たかくらごしょ》の障子絵《しょうじえ》を描《えが》かせる(蔭涼軒)。 **12・27** 内宮正遷宮《ないくうしょうせんぐう》(氏経卿神事日次記)。 【死没】 **3・18** 義天玄詔《ぎてんげんしょう》(70、臨済宗僧侶《りんざいしゅうそうりょ》)。**3・29** 総一検校《そういちけんぎょう》(琵琶法師《びわほっし》)。**6・11** 等煕《とうき》(67、浄土宗僧侶《じょうどしゅうそうりょ》)。 《月の大小/朔日の干支・ユリウス暦》 一丁酉(1・31)・二丙寅(3・1)・三丙申(3・31)・四丙寅(4・30)・五乙未(5・29)・六乙丑(6・28)・七甲午(7・27)・八癸亥(8・25)・九癸巳(9・24)・一〇壬戌(10・23)・一一壬
大日本史料	(未刊)	
琉球	尚徳王	2
朝鮮	世祖 7	8
明	天順 5	6

西暦	一四六三 ◀
年号・干支	四 癸未《みずのとひつじ》 ⑥
天皇	
将軍	
管領	
記事	【政治・経済】 **4・15** 畠山政長《はたけやままさなが》、同義就《どうよしなり》の河内《かわち》嶽山城《たけやまじょう》を攻略《こうりゃく》、義就《よしなり》、高野山《こうやさん》に逃《のが》れる(碧山日録)。 **4・27** 幕府《ばくふ》、守護《しゅご》による在国奉公衆《ざいこくほうこうしゅう》の私的処罰《してきしょばつ》を禁《きん》じ、幕府《ばくふ》への罪科注進《ざいかちゅうしん》を定《さだ》める(建武以来追加)。 **5・2** 畠山義就《はたけやまよしなり》、金剛峯寺衆徒《こんごうぶじしゅと》に入山《にゅうざん》を拒否《きょひ》され、粉河寺《こかわでら》に陣《じん》す(長禄寛正記)。 **8・6** 義就《よしなり》、紀伊《きい》より吉野《よしの》に退《しりぞ》く(雑事記)。 **8・25** 東寺領備中新見荘代官祐清《とうじりょうびっちゅうにいみのしょうだいかんゆうせい》、荘民《しょうみん》に殺《ころ》される(東寺百合文書)。 **9・28** 幕府《ばくふ》、京都《きょうと》に蜂起《ほうき》した土一揆《つちいっき》を鎮圧《ちんあつ》(蔭凉軒)。 **10・4** 出羽《でわ》の大宝寺成秀《だいほうじなりひで》、足利義政《あしかがよしまさ》に謁見《えっけん》(蔭凉軒)。 **11・13** 義政《よしまさ》、斯波義敏《しばよしとし》を赦免《しゃめん》(蔭凉軒)。 **12・24** 幕府《ばくふ》、畠山義就《はたけやまよしなり》を赦《ゆる》し、政長《まさなが》を召還《しょうかん》・政長《まさなが》、河内若江城《かわちわかえじょう》に入《はい》る(雑事記・長禄寛正記)。 **この年**《とし》 斯波義廉《しばよしかど》、朝鮮《ちょうせん》に遣使《けんし》(海東諸国紀)。 【社会・文化】 **5・-** 心敬《しんけい》、『ささめごと』を著《あらわ》す。 【死没】 **1・22** 月江正文《げつこうしょうぶん》(曹洞宗僧侶《そうとうしゅうそうりょ》)。 **1・23** 雲章一慶《うんしょういっけい》(78、臨済宗僧侶《りんざいしゅうそうりょ》)。 **7・19** 朝倉教景《あさくらのりかげ》(84、武将《ぶしょう》)。 **8・8** 日野重子《ひのじゅうし》(53、足利義教室《あしかがよしのりしつ》)。 **8・25** 祐清《ゆうせい》(律《りつ》
大日本史料	
琉球	3
朝鮮	9
明	⑦ 7

辰(11・22)・一二辛酉(12・21)(太字は大の月)

《世界》 モスクワ大公《たいこう》イヴァン三世即位《せいそくい》。

西暦	▶一四六三	一四六四
年号・干支	寛正四 癸未《みずのとのひつじ》 ⑥	五 甲申《きのえさる》
天皇	(後花園)	7・19 後土御門《ごつちみかど》
将軍	(足利義政)	
管領	(細川勝元)	9・9 ／ 9・23 畠山政長《はたけやままさなが》
記事	僧《そう》)。8・26 長尾景仲《ながおかげなか》(76、武将《ぶしょう》)。9・6 志玉《しぎょく》(81、戒壇院長老《かいだんいんちょうろう》)。この年《とし》 南江宗沅《なんこうそうげん》(77、臨済宗僧侶《りんざいしゅうそうりょ》)。 《月の大小/朔日の干支・ユリウス暦》 一辛卯(1・20)・二庚申(2・18)・三庚寅(3・20)・四庚申(4・19)・五庚寅(5・19)・六己未(6・17)・閏六己丑(7・17)・七戊午(8・15)・八丁亥(9・13)・九丁巳(10・13)・一〇丙戌(11・11)・一一丙辰(12・11)・一二乙酉(64・1・9)(太字は大の月)	【政治・経済】 1・14 畠山政長《はたけやままさなが》、河内《かわち》より上洛《じょうらく》(大乗院日記目録)。3・28 幕府《ばくふ》、譲位《じょうい》段銭《たんせん》を諸国《しょこく》に賦課《ふか》(蔭凉軒)。7・19 後花園天皇《ごはなぞのてんのう》、譲位《じょうい》(雑事記)。11・13 細《ほそ》川勝元《かわかつもと》の兵《へい》、伊予《いよ》で河野通春《こうのみちはる》と戦《たたか》う。幕府《ばくふ》、通春追討《みちはるついとう》を大内教弘《おおうちのりひろ》に命《めい》じる(蔭凉軒)。11・26 足利義政弟《あしかがよしまさおとうと》の浄土寺義尋《じょうどじぎじん》、今出川第《いまでがわてい》に入《はい》る(蔭凉軒)。11・28 義政《よしまさ》、准三后《じゅさんごう》となる(蔭凉軒)。12・2 義尋《ぎじん》、還俗《げんぞく》して足利義視《あしかがよしみ》と改名《かいめい》(大乗院日記目録)。 【社会・文化】 4・5・7・10 足利義政夫妻《あしかがよしまさふさい》・相伴衆《しょうばんしゅう》等、糺河原《ただすがわら》の勧進猿楽《かんじんさるがく》を見物《けんぶつ》・音《おん》阿弥父子《あみふし》出演《しゅつえん》(糺河原勧進猿楽日記)。この年《とし》 天佑梵嘏《てんゆうぼんか》、『京城万寿禅寺《けいじょうまんじゅぜんじ》記《き》』を著《あらわ》す。 【死没】 2・25 日隆《にちりゅう》(80、日蓮宗僧侶《にちれんしゅうそうりょ》)。6・28 伊勢貞仲《いせさだなか》(58、武将《ぶしょう》)。
大日本史料	(未刊)	
琉球	尚徳王 3	4
朝鮮	世祖 9	10
明	⑦ 天順 7	憲宗《けんそう》 8

	(前頁より)	
西暦		◀一四六五
年号・干支		六 乙酉《きのとのとり》
天皇		
将軍		
管領		
記事	《月の大小/朔日の干支・ユリウス暦》一乙卯(2・8)・二甲申(3・8)・三甲寅(4・7)・四甲申(5・7)・五癸丑(6・5)・六癸未(7・5)・七壬子(8・3)・八壬午(9・2)・九辛亥(10・1)・一〇辛巳(10・31)・一一庚戌(11・29)・一二庚辰(12・29)(太字は大の月) 【世界】 明《みん》、荊襄《けいじよう》の乱《らん》(第《だい》一次《じ》)起《おこ》る。イタリア、コージモ゠デ゠メディチ没《ぼつ》。	【政治・経済】 **1・10** 延暦寺衆徒《えんりやくじしゆと》、蓮如《れんによ》の東山大谷坊舎《ひがしやまおおたにぼうしや》を襲《おそ》う(本福寺跡書)。**5・26** 幕府《ばくふ》、遣明船費用《けんみんせんひよう》の不足《ふそく》一〇万疋《びき》を大内教弘《おおうちのりひろ》に借《か》りる(蜷川親元日記)。**6・25** 幕府《ばくふ》、河野通春追討《こうのみちはるついとう》を近国諸将《きんごくしよしよう》に命《めい》じる(古証文)。**9・13** 多武峯大織冠像破裂《とうのみねたいしよくかんぞうはれつ》(大織冠神像破裂記附録)。**9・21~29** 足利義政《あしかがよしまさ》、奈良《なら》に下向《げこう》(雑事記)。**11・11** 山城西岡《やましろにしおか》の土一揆《つちいつき》、徳政《とくせい》と号《ごう》し東寺《とうじ》に閉籠《へいろう》(蔭凉軒)。**11・23** 義政《よしまさ》の妻日野富子《つまひのとみこ》、義尚《よしひさ》を生《う》む(蜷川親元日記)。**この年** 幕府《ばくふ》、天与清啓《てんよせいけい》を明《みん》に派遣《はけん》(善隣国宝記)。 【社会・文化】 **2・22** 後花園上皇《ごはなぞのじようこう》、飛鳥井雅親《あすかいまさちか》に和歌《わか》の撰進《せんしん》を命《めい》じる(公卿補任)。**8・15** 近畿《きんき》、暴風雨《ぼうふうう》・洪水《こうずい》(斎藤親基日記)。**8・-** 斎藤親基《さいとうちかもと》、『斎藤親基日記《さいとうちかもとにつき》』を記《しる》す(~応仁元年五月《おうにんがんねんがつ》)。**9・14** 大流星《だいりゆうせい》(蔭凉軒)。**この年** 蜷川親元《にながわちかもと》、『蜷川《にながわ》親元日記《ちかもとにつき》』を記《しる》す(~文明《ぶんめい》一七年《ねん》)。
大日本史料		
琉球		5
朝鮮		11
明		成化《せいか》(1.1)

西暦	年号・干支	天皇	将軍	管領	記事	大日本史料	琉球	朝鮮	明
▶一四六五	寛正 六 乙酉《きのとのとり》	(後土御門)	(足利義政)	(畠山政長)	【死没】 **9・3** 大内教弘《おおうちのりひろ》(46、武将《ぶしょう》)。 《月の大小/朔日の干支・ユリウス暦》 一己酉(1・27)・二己卯(2・26)・三戊申(3・27)・四戊寅(4・26)・五丁未(5・25)・六丁丑(6・24)・七丙午(7・23)・八丙子(8・22)・九丙午(9・21)・一〇乙亥(10・20)・一一乙巳(11・19)・一二甲戌(12・18)(太字は大の月)	(未刊)	尚徳王 5	世祖 11	成化(1.1)
一四六六	文正《ぶんしょう》 元 2・28 丙戌《ひのえいぬ》 ②				【政治・経済】 **2・12** 上杉房顕《うえすぎふさあき》、錦《にしき》の御旗《みはた》を奉《ほう》じ武蔵五十子陣《むさしいかこのじん》に足利成氏《あしかがしげうじ》と対陣中《たいじんちゅう》に没《ぼっ》す(鎌倉大草紙)。**閏《うるう》2・19** 遣明船《けんみんせん》、肥前国呼子浦《ひぜんのくによぶこのうら》で暴風《ぼうふう》に遭《あ》う(蔭凉軒)。**閏《うるう》2・21** 幕府《ばくふ》、大嘗会段銭《だいじょうえたんせん》を賦課《ふか》(斎藤親基日記)。**3・20** 足利義政《あしかがよしまさ》夫妻《ふさい》、伊勢参宮《いせさんぐう》(斎藤親基日記)。**5・26** 幕府《ばくふ》、不当《ふとう》な借書破棄《しゃくしょはき》の法《ほう》を定《さだ》め、政所《まんどころ》の賦《くばり》未受《みじゅ》の借物方訴訟《しゃくもつかたそしょう》の受理禁止《じゅりきんし》を奉行人《ぶぎょうにん》に命《めい》じる(政所壁書)。**6・3** 幕府《ばくふ》、越後守護上杉房定《えちごのしゅごうえすぎふささだ》に、その息《そく》を房顕後継《ふさあきこうけい》の関東管領《かんとうかんれい》とするよう命《めい》じる(御内書案)。**6・19** 幕府《ばくふ》、松浦党《まつらとう》に渡唐船《ととうせん》の警固《けいご》を命《めい》じる(来島文書)。**7・23** 義政《よしまさ》、斯波義敏《しばよしとし》を家督《かとく》とする。細川勝元《ほそかわかつもと》・山名宗全《やまなそうぜん》ら、斯波義廉《しばよしかど》を援《たす》ける(後法興院政家記)。**7・28** 義政《よしまさ》、琉球使節《りゅうきゅうしせつ》を引見《いんけん》(蔭凉軒)。**8・25** 幕府《ばくふ》、斯波義敏《しばよしとし》を越前《えちぜん》・尾張《おわり》・遠江守護《とおとうみのしゅご》に再任《さいにん》(蔭凉軒)。**9・5** 足利義視《あしかがよしみ》、義政《よしまさ》が伊勢貞親《いせさだちか》の讒言《ざんげん》を容《い》れ殺害《さつがい》を企《くわだ》てると聞《き》き、細川勝元《ほそかわかつもと》邸《てい》に避難《ひなん》(後法興院政家記)。**9・6** 伊勢貞親《いせさだちか》・斯波義敏《しばよしとし》、逐電《ちくてん》(後法興院政		6	12	③ 2

西暦

図40

年号・干支

天皇

将軍

管領

記事

家記)。**12・12** 侍所《さむらいどころ》所司代《しょしだい》多賀高忠《たがたかただ》、延暦寺衆徒《えんりゃくじしゅと》の訴《うった》えにより没落《ぼつらく》、ついで近江坂本《おうみさかもと》の馬借《ばしゃく》、同頭人京極持清邸《どうとうにんきょうごくもちきよてい》を撃《う》つ(後法興院政家記)。**12・18** 大嘗会《だいじょうえ》(以後《いご》、貞享《じょうきょう》四年《ねん》まで中絶《ちゅうぜつ》)(後法興院政家記)。**12・25** 畠山義就《はたけやまよしなり》、河内《かわち》より上洛《じょうらく》(雑事記)。

【社会・文化】

1・1 近衛政家《このえまさいえ》、『後法興院政家記《ごほうこういんまさいえき》』を記《しる》す(～永正《えいしょう》二年《ねん》六月《がつ》四日《か》)。**2・23** 足利義政《あしかがよしまさ》、女猿楽《おんなさるがく》を観覧《かんらん》(蔭凉軒)。**9・29** 『文正記《ぶんしょうき》』成《な》る。

【死没】

閏《うるう》**2・1** 上杉憲実《うえすぎのりざね》(57、武将《ぶしょう》)。

《月の大小／朔日の干支・ユリウス暦》

一甲辰(1・17)・二癸酉(2・15)・閏二癸卯(3・17)・三壬申(4・15)・四壬寅(5・15)・五辛未(6・13)・六辛丑(7・13)・七庚午(8・11)・八庚子(9・10)・九庚午(10・10)・一〇己亥(11・8)・一一己巳(12・8)・一二戊戌(67・1・6)(太字は大の月)

図40
上杉憲実花押

大日本史料

琉球

朝鮮

明

西暦	一四六七
年号・干支	応仁《おうにん》元 3・5 丁亥《ひのとのい》
天皇	(後土御門)
将軍	(足利義政)
管領	(畠山政長) 1・8 斯波義廉《しばよしかど》
記事	【政治・経済】 1・2 足利義政《あしかがよしまさ》、管領畠山政長邸御成《かんれいはたけやままさながていおなり》を止《とど》め、畠山義就《はたけやまよしなり》の出仕《しゅっし》を許《ゆる》す(斎藤親基日記)。1・6 義政《よしまさ》、管領畠山政長《かんれいはたけやままさなが》を罷免《ひめん》し、屋形明渡《やかたあけわた》しを命《めい》じる(雑事記)。1・18 政長《まさなが》、屋形《やかた》を自焼《じしょう》し、上御霊社《かみごりょうしゃ》に布陣《ふじん》・義就《よしなり》、政長《まさなが》を破《やぶ》る(後法興院政家記)。2・― 足利義視《あしかがよしみ》、細川勝元《ほそかわかつもと》と山名宗全《やまなそうぜん》の間《あいだ》を調停《ちょうてい》(後法興院政家記)。5・17 この頃《ころ》、細川勝元《ほそかわかつもと》・山名宗全《やまなそうぜん》、その与党《よとう》を招集《しょうしゅう》(雑事記)。5・26 細川勝元《ほそかわかつもと》・畠山政長《はたけやままさなが》ら(東軍《とうぐん》)、山名宗全《やまなそうぜん》・畠山義就《はたけやまよしなり》・斯波義廉《しばよしかど》ら(西軍《せいぐん》)と戦《たたか》う(応仁《おうにん》の乱始《らんはじ》まる)(後法興院政家記)。6・4 義政《よしまさ》、牙旗《がき》を勝元《かつもと》に下賜《かし》(雑事記)。6・11 合戦《かっせん》で京中《きょうちゅう》の公武邸宅《こうぶていたく》・寺社《じしゃ》が多数焼亡《たすうしょうぼう》(雑事記)。7・― 備中新見荘《びっちゅうにいみのしょう》で守護細川氏《しゅごほそかわし》の代官排斥《だいかんはいせき》を訴《うった》える土一揆蜂起《つちいっきほうき》(東寺百合文書)。8・23 天皇《てんのう》・上皇《じょうこう》、室町第《むろまちてい》に臨幸《りんこう》(後法興院政家記)。足利義視《あしかがよしみ》、伊勢国司北畠教具《いせこくしきたばたけのりとも》の許《もと》へ逃《のが》れる(公卿補任)。大内政弘《おおうちまさひろ》、入京《にゅうきょう》(宗賢卿記)。10・3 畠山義就《はたけやまよしなり》ら、相国寺《しょうこくじ》を焼《や》き、将軍《しょうぐん》近習《きんじゅう》と戦《たたか》う・室町第《むろまちてい》も半焼《はんしょう》(経覚私要鈔)。**この年《とし》** 雪舟等楊《せっしゅうとうよう》・桂庵玄樹《けいあんげんじゅ》、遣明使天与清啓《けんみんしてんよせいけい》と共《とも》に入明《にゅうみん》(戊子入明記・徐璉送雪舟詩)。一休宗純《いっきゅうそうじゅん》・瑞渓周鳳《ずいけいしゅうほう》・横川景三《おうせんけいさん》、乱《らん》を避《さ》けて離京《りきょう》(一休和尚年譜・興宗明教禅師行状・横川和尚伝)。 【社会・文化】 1・1 『宗祇独吟名所百韻《そうぎどくぎんめいしょひゃくいん》』成《な》る。3・23 宗祇《そうぎ》、『吾妻問答《あずまもんどう》』を著《あらわ》す(一説《いっせつ》に文明《ぶんめい》二年《ねん》三月《がつ》二三日《にち》とも)。**この年《とし》** 長尾景人《ながおかげひと》、下野足利学校《しもつけあしかががっこう》を移建《いけん》(鎌
大日本史料	8編1 1・―
琉球	尚徳王 7
朝鮮	世祖 13
明	成化 3

倉大草紙)。**この頃**《ころ》 金春禅竹《こんぱるぜんちく》『至道要抄《しどうようしょう》』成《な》るか。

【死没】

1・2 音阿弥《おんあみ》(70、能役者《のうやくしゃ》)。**4・28** 清原業忠《きよはらのなりただ》(59、儒学者《じゅがくしゃ》)。**9・6** 上杉《うえすぎ》持朝《もちとも》(50、武将《ぶしょう》)。**12・24** 佐竹義人《さたけよしひと》(68、武将《ぶしょう》)。

《月の大小/朔日の干支・ユリウス暦》

一戊辰(2・5)・二丁酉(3・6)・三丁卯(4・5)・四丙申(5・4)・五乙丑(6・2)・六乙未(7・2)・七甲子(7・31)・八甲午(8・30)・九甲子(9・29)・一〇癸巳(10・28)・一一癸亥(11・27)・一二癸巳(12・27)(太字は大の月)

西暦 一四六八 ◀

年号・干支 二 戊子《つちのえね》 ⑩

天皇

将軍

管領

記事

【政治・経済】

4・9 足利義政《あしかがよしまさ》、伊勢《いせ》の足利義視《あしかがよしみ》に帰京《ききょう》を促《うなが》す勅書《ちょくしょ》を拝領《はいりょう》(応仁別記)。**5・20** 幕府《ばくふ》、山城《やましろ》・近江《おうみ》・伊勢《いせ》の寺社本所領《じしゃほんじょりょう》の半済地《はんぜいち》を義視《よしみ》の料所《りょうしょ》とする(後法興院政家記)。**8・13〜16** 東西両軍《とうざいりょうぐん》、藤森《ふじのもり》・深草等所々《ふかくさなどしょしょ》で合戦《かっせん》(後法興院政家記)。**9・6** 美濃守護代斎藤妙椿《みののしゅごだいさいとうみょうちん》、関東出陣中《かんとうしゅつじんちゅう》の幕府奉公衆《ばくふほうこうしゅう》東常縁《とうつねより》の郡上城《ぐじょうじょう》を攻略《こうりゃく》(鎌倉大草紙)。**9・11** 足利義視《あしかがよしみ》、上洛《じょうらく》し、東軍《とうぐん》に入《はい》る(碧山日録)。**9・26** 前関白一条教房《さきのかんぱくいちじょうのりふさ》、土佐国《とさのくに》に下向《げこう》(雑事記)。**10・28** 幕府《ばくふ》、九州諸将《きゅうしゅうしょしょう》に大内政弘方《おおうちまさひろがた》への攻撃《こうげき》を命《めい》じる(相良家文書)。**閏《うるう》10・14** 斯波義廉《しばよしかど》、同義敏方攻撃《どうよしとしがたこうげき》のため朝倉孝景《あさくらたかかげ》を越前《えちぜん》に派遣《はけん》(雑事記)。**11・13** 義視《よし》、義政《よしまさ》と不和《ふわ》になり比叡山《ひえいざん》に奔《はし》り、ついで西軍《せいぐん》の陣《じん》に入《はい》る(後法興院政家記)。**12・5** 室町第《むろまちてい》の天皇《てんのう》に不出仕《ふしゅっし》の公家《くげ》の官爵《かんしゃく》を削《けず》り、義視治罰《よしみじばつ》の

大日本史料

琉球 8

朝鮮 14

明 4

西暦	一四六八	一四六九
年号・干支	応仁 二 ⑩ 戊子《つちのえね》	文明《ぶんめい》 元 4・28 己丑《つちのとのうし》
天皇	（後土御門）	
将軍	（足利義政）	
管領	7・10 細川勝元《ほそかわかつもと》	
記事	院宣発給《いんぜんはっきゅう》（公卿補任・雑事記）。 【社会・文化】**3・-** 金春禅竹《こんぱるぜんちく》、『申楽縁起《さるがくえんぎ》』を著《あらわ》す。**4・-** 心敬《しんけい》、『ひとりごと』を著《あらわ》す。**7・-～9・-** 吉田社《よしだしゃ》・青蓮院《しょうれんいん》・天竜寺《てんりゅうじ》等《など》の諸寺社《しょじしゃ》、兵火《へいか》で焼亡《しょうぼう》（碧山日録）。**8・4** 鎌倉大風《かまくらおおかぜ》（鎌倉大日記）。**8・19** 一条兼良《いちじょうかねよし》、相伝《そうでん》の家記《かき》等《など》を奈良《なら》大乗院《だいじょういん》に移《うつ》し奈良《なら》に下向《げこう》（大乗院日記目録）。**9・-** 彗星出現《すいせいしゅつげん》（大乗院日記目録）。**10・22** 宗祇《そうぎ》、白河関《しらかわのせき》で連歌《れんが》を催《もよお》す（白河紀行）。**この年**《とし》 山田大路元長《ようだおおじもとなが》『二所大神宮神祇百首和歌《にしょだいじんぐうじんぎひゃくしゅわか》』成《な》る。 《月の大小／朔日の干支・ユリウス暦》 一壬戌（1・25）・二壬辰（2・24）・三辛酉（3・24）・四辛卯（4・23）・五庚申（5・22）・六己丑（6・20）・七己未（7・20）・八戊子（8・18）・九戊午（9・17）・一〇丁亥（10・16）・閏一〇丁巳（11・15）・一一丙戌（12・14）・一二丙辰（69・1・13）（太字は大の月）	【政治・経済】**4・-** 足利義視《あしかがよしみ》、御内書《ごないしょ》を九州《きゅうしゅう》・四国《しこく》の諸将《しょしょう》に下《くだ》し、東上《とうじょう》を催促《さいそく》（経覚私要鈔）。**5・12** 斎藤妙椿《さいとうみょうちん》、東常縁《とうつねより》の詠歌《えいか》に感《かん》じ、美濃《みの》の所領《しょりょう》を返付《へんぷ》（鎌倉大草紙）。**5・-** 大友親繁《おおともちかしげ》・少弐頼忠《しょうによりただ》、細川勝元《ほそかわかつもと》の求《もと》めに応《おう》じて大内《おおうち》政弘《まさひろ》と戦《たたか》う（雑事記）。**8・-** 遣明船帰国《けんみんせんきこく》。大内氏《おおうちし》を恐《おそ》れて土佐《とさ》に碇泊《ていはく》（雑事記）。**10・9** 幕府《ばくふ》、土佐光信《とさみつのぶ》を絵所預《えどころのあずかり》とする（遠碧軒記）。**10・16** 東軍《とうぐん》山名是豊《やまなこれとよ》ら、大内政弘《おおうちまさひろ》の軍《ぐん》を兵庫《ひょうご》に破《やぶ》る（雑事記）。**10・-** 醍醐《だいご》十保郷《ぼごう》
大日本史料	8・- 8編2	
琉球	尚徳王 8	9
朝鮮	世祖 14	睿宗《えいそう》
明	成化 4	② 5

西暦	一四七〇 ◀
年号・干支	二 庚寅《かのえとら》
天皇	
将軍	
管領	

記事

民《みん》、半済《はんぜい》と号《ごう》して蜂起《ほうき》(醍醐寺文書)。

【社会・文化】
7・10 清水寺《きよみずでら》・建仁寺《けんにんじ》等《など》、兵火《へいか》により焼亡《しょうぼう》(雑事記)。**この年《とし》** 太田資清《おおたすけきよ》、宗祇《そうぎ》・心敬《しんけい》らを招《まね》き、連歌会《れんがかい》を催《もよお》す(河越千句)。

【死没】
1・8 伊達持宗《だてもちむね》(77、武将《ぶしょう》)。**3・24** 行助《ぎょうじょ》(65、連歌師《れんがし》)。**8・11** 季瓊真蘂《きけいしんずい》(69、臨済宗僧侶《りんざいしゅうそうりょ》)。

《月の大小/朔日の干支・ユリウス暦》
一丙戌(2・12)・二丙辰(3・14)・三乙酉(4・12)・四乙卯(5・12)・五甲申(6・10)・六癸丑(7・9)・七癸未(8・8)・八壬子(9・6)・九壬午(10・6)・一〇辛亥(11・4)・一一辛巳(12・4)・一二辛亥(70・1・3)(太字は大の月)

〔世界〕
この頃《ころ》 オスマン帝国《ていこく》、バルカン半島支配《はんとうしはい》を確立《かくりつ》。

【政治・経済】
2・4 足利義政《あしかがよしまさ》、豊後守護《ぶんごのしゅご》大友親繁《おおともちかしげ》らに大内教幸《おおうちのりゆき》への合力《ごうりき》を命《めい》じる(大友文書)。**二月末《がつまつ》** 南朝遺臣《なんちょういしん》、小倉宮王子《おぐらのみやおうじ》を奉《ほう》じて紀伊《きい》に挙兵《きょへい》(雑事記)。**この春《はる》** 大内教幸《おおうちのりゆき》、東軍《とうぐん》に応《おう》じ長門《ながと》赤間関《あかまがせき》に挙兵《きょへい》(相良家文書)。**5・19** 山名政豊《やまなまさとよ》ら、東軍《とうぐん》に応《おう》じる(萩藩閥閲録)。**9・-** 朝鮮《ちょうせん》の使者《ししゃ》、対馬《つしま》に来《く》る(朝鮮王朝実録)。**12・23** 興福寺衆徒《こうふくじしゅと》、奈良《なら》の法華宗徒《ほっけしゅうと》を襲撃《しゅうげき》(雑事記)。

大日本史料	8編3　10・-
琉球	尚円王《しょうえんおう》
朝鮮	成宗《せいそう》
明	6

西暦	年号・干支	天皇	将軍	管領	記事	大日本史料	琉球	朝鮮	明
▶一四七〇	文明 二 庚寅《かのえとら》	(後土御門)	(足利義政)	(細川勝元)	【社会・文化】**3・26** 足利義政《あしかがよしまさ》、諸大名《しょだいみょう》を室町第《むろまちてい》に召《め》し猿楽《さるがく》を催《もよお》す(雑事記)。**7・19** 勧《かん》修寺《じゅじ》、翌日《よくじつ》、醍醐寺《だいごじ》が兵火《へいか》に遭《あ》う(東寺私用集)。**10・3** 相国寺《しょうこくじ》七重塔《じゅうのとう》、落雷《らくらい》で焼失《しょうしつ》(親長卿記)。**12・23** 瑞渓周鳳《ずいけいしゅうほう》、『善隣国宝記《ぜんりんこくほうき》』を著《あらわ》す。 【死没】**1・20** 島津忠国《しまづただくに》(68、武将《ぶしょう》)。**8・4** 京極持清《きょうごくもちきよ》(64、武将《ぶしょう》)。**12・27** 後花園法皇《ごはなぞのほうおう》(52)。 《月の大小/朔日の干支・ユリウス暦》一辛巳(2・2)・**二**庚戌(3・3)・三庚辰(4・2)・**四**己酉(5・1)・五己卯(5・31)・六戊申(6・29)・**七**丁丑(7・28)・八丁未(8・27)・九丙子(9・25)・一〇乙巳(10・24)・一一乙亥(11・23)・一二乙巳(12・23)(太字は大の月) 【世界】明《みん》、荊襄《けいじょう》の乱《らん》(第《だい》二次《じ》、〜一四七一年《ねん》)。朝鮮《ちょうせん》、『経国大典《けいこくたいてん》』成《な》る。	(8編3)	尚円王	成宗	成化 6
一四七一	三 辛卯《かのとのう》 ⑧				【政治・経済】**1・25** 馬切衛門五郎《まぎりえもんごろう》、東寺領《とうじりょう》に足軽《あしがる》を募集《ぼしゅう》(東寺百合文書)。**2・-** 朝倉孝景《あさくらたかかげ》、斯波義廉《しばよしかど》に背《そむ》き、東軍《とうぐん》に加《くわ》わる(雑事記)。**3・-** 足利成氏《あしかがしげうじ》、伊豆三島《いずみしま》で足利政知《あしかがまさとも》と戦《たたか》う(鎌倉大草紙)。**5・21** 幕府《ばくふ》、朝倉孝景《あさくらたかかげ》を越前守護《えちぜんのしゅご》とする・この頃《ころ》、東軍優勢《とうぐんゆうせい》(古証文)。**6・24** 成氏《しげうじ》、古河城《こがじょう》を退《しりぞ》き、下総《しもうさ》の千葉孝胤《ちばたかたね》の許《もと》に逃《のが》れる(鎌倉大草紙)。**8・26** 西軍擁立《せいぐんようりつ》の小倉宮王子《おぐらのみやおうじ》入《にゅう》	8編4 雑載	2	2	⑨ 7

西暦	◀一四七二
年号・干支	壬辰《みずのえたつ》 四
天皇	
将軍	
管領	
記事	京《きょう》(雑事記)。11・5 幕府《ばくふ》、島津立久《しまづたつひさ》に堺《さかい》の琉球渡海船《りゅうきゅうとかいせん》を取締《とりしま》らせる(薩藩旧記)。11・12 六角政堯《ろっかくまさたか》、同高頼《どうたかより》に近江《おうみ》で敗死《はいし》(山科家礼記)。12・26 大内教幸《おおうちのりゆき》、陶弘護《すえひろもり》に敗《やぶ》れ豊前《ぶぜん》に逃《のが》れる。翌年《よくねん》、自殺《じさつ》(益田文書)。 【社会・文化】7・27 蓮如《れんにょ》、越前吉崎《えちぜんよしざき》に坊舎《ぼうしゃ》を建立《こんりゅう》(御文)。9・12 桜島噴火《さくらじまふんか》(薩藩旧記)。**この秋以降《あきいこう》** 心敬《しんけい》、『老《おい》のくりごと』を著《あらわ》す。 【死没】1・7 竺雲等連《じくうんとうれん》(89、臨済宗禅僧《りんざいしゅうぜんそう》)。3・19 斎藤基恒《さいとうもとつね》(78、奉行人《ぶぎょうにん》)。6・2 武田信賢《たけだのぶかた》(52、武将《ぶしょう》)。8・- 真能《しんのう》(75、水墨画家《すいぼくがか》)。9・11 大館持房《おおだちもちふさ》(71、武将《しょう》)。 《月の大小/朔日の干支・ユリウス暦》 一甲戌(1・21)・二甲辰(2・20)・三甲戌(3・22)・四甲辰(4・21)・五癸酉(5・20)・六己卯(6・19)・七壬申(7・18)・八辛丑(8・16)・閏八辛未(9・15)・九庚子(10・14)・一〇己巳(11・12)・一一己亥(12・12)・一二己巳(72・1・11)(太字は大の月) 【世界】朝鮮《ちょうせん》、申叔舟《しんしゅくしゅう》、『海東諸国紀《かいとうしょこくき》』を記《しる》す。ヴェトナム軍《ぐん》、チャンパーの大半《たいはん》を征服《せいふく》。ドイツ、トマス＝ア＝ケンピス没《ぼつ》。 【政治・経済】1・15 山名宗全《やまなそうぜん》、細川勝元《ほそかわかつもと》に和議《わぎ》を申入《もうしい》れるが不調《ふちょう》(親長卿記)。2・23
大日本史料	8編5 12・-
琉球	3
朝鮮	3
明	8

西暦	▶一四七二	一四七三
年号・干支	文明 四 壬辰《みずのえたつ》	五 癸巳《みずのとのみ》
天皇	(後土御門)	
将軍	(足利義政)	
管領	(細川勝元)	
記事	島津立久《しまづたつひさ》、琉球王《りゅうきゅうおう》の遣使《けんし》を受《う》け、返書《へんしょ》(薩藩旧記)。**2・-** 足利成氏《あしかがしげうじ》弟《おとうと》尊倣《そんしん》、古河城《こがじょう》に向《む》け進発《しんぱつ》し、ついで成氏《しげうじ》、古河城《こがじょう》に復帰《ふっき》(遠藤白川文書)。**8・-** 幕府使節《ばくふしせつ》、朝鮮《ちょうせん》から帰国《きこく》(善隣国宝記)。**9・-** 坂本《さかもと》の馬借《ばしゃく》、蜂起《ほうき》(雑事記)。多賀高忠《たがたかただ》、近江《おうみ》を制圧《せいあつ》するが、美濃守護代斎藤妙椿《みののしゅごだいさいとうみょうちん》に敗《やぶ》れて越前《えちぜん》に没落《ぼつらく》(雑事記)。**10・3** 足利義政《あしかがよしまさ》、使《つかい》を朝鮮《ちょうせん》に派遣《はけん》(善隣国宝記)。 【社会・文化】 **5・3** 東常縁《とうつねより》、宗祇《そうぎ》に古今伝授《こきんでんじゅ》の証判《しょうはん》を与《あた》える(宗祇法師集)。**12・-** 細川勝元《ほそかわかつもと》、医書《いしょ》『霊蘭集《れいらんしゅう》』を編纂《へんさん》(補庵京華集)。一条兼良《いちじょうかねよし》、『花鳥余情《かちょうよせい》』を著《あらわ》す。 【死没】 **2・22** 綿谷周瓞《めんこくしゅうてつ》(68、臨済宗僧侶《りんざいしゅうそうりょ》)。**12・26** 大内教幸《おおうちのりゆき》(42、武将《ぶしょう》)。 《月の大小／朔日の干支・ユリウス暦》 一戊戌(2・9)・二戊辰(3・10)・三戊戌(4・9)・四丁卯(5・8)・五丁酉(6・7)・六丙寅(7・6)・七丙申(8・5)・八乙丑(9・3)・九乙未(10・3)・一〇甲子(11・1)・一一甲午(12・1)・一二癸亥(12・30)(太字は大の月) 《世界》 ロシア、イヴァン三世《せい》、ビザンツ帝国最後《ていこくさいご》の皇帝《こうてい》の姪《めい》と結婚《けっこん》。	【政治・経済】 **3・18** 山名宗全《やまなそうぜん》(持豊《もちとよ》)没《ぼつ》(親長卿記)。**5・11** 細川勝元没《ほそかわかつもとぼつ》(親長卿記)。**8・8**
大日本史料	(8編5)	12・- 8編6
琉球	尚円王 3	4
朝鮮	成宗 3	4
明	成化 8	9

西暦		◀一四七四
年号・干支		六 甲午《きのえうま》 ⑤
天皇		
将軍		12・19 足利義尚《あしかがよしひさ》
管領	5・11	12・19 畠山政長《はたけやままさなが》 12・26
大日本史料		9・ 8編7
琉球		5
朝鮮		5
明		10 ⑥

越前《えちぜん》の朝倉孝景《あさくらたかかげ》、甲斐氏《かいし》と合戦《かっせん》（雑事記）。**8・26** 西軍《せいぐん》、足利義視《あしかがよしみ》を大内《おおうち》政弘邸《まさひろてい》に迎《むか》える（大乗院日記目録）。**10・8** 山城賀茂《やましろかも》の郷民《ごうみん》ら、京都諸口《きょうとしょくち》の関所撤廃《せきしょてっぱい》を請《こ》う（親長卿記）。**10・23** 大内政弘《おおうちまさひろ》、細川政元《ほそかわまさもと》の分国摂津《ぶんこくせっつ》に進出《しんしゅつ》、畠山義就《はたけやまよしなり》ら、政弘《まさひろ》を支援《しえん》（東寺執行日記）。**11・24** 上杉政真《うえすぎまさざね》、足利《あしかが》成氏《しげうじ》と武蔵五十子《むさしいかこ》で戦《たたか》い敗死《はいし》（鎌倉大草紙）。**12・19** 足利義尚《あしかがよしひさ》、元服《げんぷく》し、将軍宣下《しょうぐんせんげ》を受《う》ける（親長卿記）。

【社会・文化】
この年 吉田兼致《よしだかねむね》、『兼致朝臣記《かねむねあそんき》』を記《しる》す（～文明《ぶんめい》一八年《ねん》）。

【死没】
1・21 伊勢貞親《いせさだちか》（57、政所執事《まんどころしつじ》）。**3・18** 山名持豊《やまなもちとよ》（70、武将《ぶしょう》）。**5・8** 瑞《ずい》渓周鳳《けいしゅうほう》（83、臨済宗僧侶《りんざいしゅうそうりょ》）。**5・11** 細川勝元《ほそかわかつもと》（44、管領《かんれい》）。**8・27** 経覚《きょうがく》（79、法相宗僧侶《ほっそうしゅうそうりょ》）。**11・1** 桃林安栄《とうりんあんえい》（墨渓《ぼっけい》）（禅僧画家《ぜんそうがか》）。

《月の大小／朔日の干支・ユリウス暦》
一癸巳（1・29）・二壬戌（2・27）・三壬辰（3・29）・四辛酉（4・27）・五辛卯（5・27）・六辛酉（6・26）・七辛卯（7・26）・八庚申（8・24）・九己丑（9・22）・一〇己未（10・22）・一一戊子（11・20）・一二戊午（12・20）（太字は大の月）

【政治・経済】
3・3 足利義政《あしかがよしまさ》、小川新第《おがわしんてい》に移《うつ》る（言国卿記）。**4・3** 山名政豊《やまなまさとよ》と細川政《ほそかわまさ》元《もと》が和睦《わぼく》・畠山義就《はたけやまよしなり》らは不参加《ふさんか》（東寺執行日記）。**閏《うるう》5・–** 畠山義就《はたけやまよしなり》、日《ひ》

西暦	年号・干支	天皇	将軍	管領	記事	大日本史料	琉球	朝鮮	明
▶一四七四	文明 六 甲午《きのえうま》 ⑤	(後土御門)	(足利義尚)		野勝光《のかつみつ》に礼銭《れいせん》を贈《おく》り、幕府《ばくふ》へのとりなしを求《もと》める(雑事記)。**6・10** 斎藤《さいとう》妙椿《みょうちん》、越前《えちぜん》に入《はい》り、朝倉孝景《あさくらたかかげ》と甲斐《かい》氏《し》を和解《わかい》させる(雑事記)。**7・26** 山《やま》名政豊《なまさとよ》、大内政弘《おおうちまさひろ》・畠山義就《はたけやまよしなり》らと京《きょう》都《と》北野《きたの》に戦《たたか》う(親長卿記)。**9・20** 大《おお》内政弘《うちまさひろ》、日野勝光《ひのかつみつ》を通《つう》じて幕府《ばくふ》に降伏《こうふく》を請《こ》う(雑事記)。**9・―** 足利義政《あしかがよしまさ》、書《しょ》を朝鮮王《ちょうせんおう》に送《おく》り、明《みん》の勘合《かんごう》を求《もと》める(補庵京華集)。**10・―** 加賀《かが》で一向一《いっこういっ》揆《き》が蜂起《ほうき》(雑事記)。**12・―** 朝鮮王《ちょうせんおう》、幕府《ばくふ》に勘合《かんごう》を送《おく》る(続善隣国宝記)。 【社会・文化】 **1・―** 三条西実隆《さんじょうにしさねたか》、『実隆公記《さねたかこうき》』を記《しる》す(〜天文《てんぶん》五年《ねん》二月《がつ》)。**2・16** 一休《いっきゅう》宗純《そうじゅん》、大徳寺《だいとくじ》住持《じゅうじ》となる(酬恩庵文書)。**2・―** 宗祇《そうぎ》撰《せん》『萱草《わすれぐさ》』成《な》る。**6・17** 太田道灌《おおたどうかん》、心敬《しんけい》を招《まね》き「武州《ぶしゅう》江戸《えど》歌合《うたあわせ》」を催《もよお》す。**この年** 山科言国《やましなときくに》、『言《とき》国卿記《くにきょうき》』を記《しる》す(文亀《ぶんき》二年《ねん》までのものが現存《げんそん》)。 【死没】 **4・1** 島津立久《しまづたつひさ》(43、武将《ぶしょう》)。 《月の大小/朔日の干支・ユリウス暦》 一丁亥(1・18)・二丁巳(2・17)・三丙戌(3・18)・四丙辰(4・17)・五乙酉(5・16)・閏五乙卯(6・15)・六甲申(7・14)・七甲寅(8・13)・八甲申(9・12)・九癸丑(10・11)・一〇癸未(11・10)・一一壬子(12・9)・一二壬午(75・1・8)(太字は大の月)	(8編7)	尚円王 5	成宗 5	⑥ 成化 10
一四七五	七 乙未《きのとのひつじ》				【政治・経済】 **2・―** 山名政豊《やまなまさとよ》被官《ひかん》、東軍《とうぐん》に加《くわ》わる(雑事記)。**5・14** 大和《やまと》の国衆《くにしゅう》、十市《とおち》	1・―	6	6	11

西暦	
年号・干支	
天皇	
将軍	
管領	

記事

遠清《とおきよ》ら東軍《とうぐん》と古市胤栄《ふるいちたねよし》・越智家栄《おちいえひで》ら西軍《せいぐん》に分《わか》かれて戦《たたか》う(雑事記)。**9・7** 京極政経《きょうごくまさつね》・多賀高忠《たがたかただ》と延暦寺衆徒《えんりゃくじしゅと》、六角高頼《ろっかくたかより》を近江《おうみ》で破《やぶ》る(長興宿禰記)。**9・-** 朝鮮王《ちょうせんおう》、幕府《ばくふ》に復書《ふくしょ》(続善隣国宝記)。**10・8** 幕府《ばくふ》、松浦党《まつらとう》に渡唐船《ととうせん》の警固《けいご》を命《めい》じる(来島文書)。**10・23** 安芸東西条《あきとうざいじょう》で徳政一揆《とくせいいっき》が蜂起《ほうき》・大内政弘《おおうちまさひろ》、その成敗《せいばい》を命《めい》じる(毛利家文書)。**10・28** 土岐成頼《ときなりより》ら、六角高頼《ろっかくたかより》を援《たす》け、近江《おうみ》で多賀高忠《たがたかただ》を破《やぶ》る(長興宿禰記)。**11・6** 幕府《ばくふ》、延暦寺衆徒《えんりゃくじしゅと》に六角高頼追討《ろっかくたかよりついとう》を命《めい》じる(華頂要略)。

【社会・文化】

2・22 松平親忠《まつだいらちかただ》、三河大樹寺《みかわだいじゅじ》を創建《そうこん》(大樹寺記録)。**8・6** 近畿《きんき》に暴風雨《ぼうふうう》・堺《さかい》などで高波《たかなみ》(雑事記)。**8・21** 蓮如《れんにょ》、越前吉崎《えちぜんよしざき》を退去《たいきょ》(鷺森旧事記)。**8・28** 幕府《ばくふ》、竺芳妙茂《じくほうみょうも》らを明《みん》に遣《つか》わし、銅銭《どうせん》・書籍《しょせき》を求《もと》める(補庵京華集)。**11・-** 仁和寺本《にんなじぼん》『論語抄《ろんごしょう》』成《な》る。**この年** 大宮長興《おおみやながおき》、『長興宿禰記《ながおきすくねき》』を記《しる》す(長享《ちょうきょう》元年《がんねん》までのものが現存《げんそん》)。壬生雅久《みぶまさひさ》、『雅久宿禰記《まさひさすくねき》』を記《しる》す(文明《ぶんめい》七・八・一一年《ねん》、延徳《えんとく》二年《ねん》が残《のこ》る)。

【死没】

4・16 心敬《しんけい》(70、歌人《かじん》)。

《月の大小／朔日の干支・ユリウス暦》

一辛亥(2・6)・二辛巳(3・8)・三庚戌(4・6)・四己卯(5・5)・五己酉(6・4)・六戊寅(7・3)・七戊申(8・2)・八戊寅(9・1)・九丁未(9・30)・一〇丁丑(10・30)・一一丁未(11・29)・一二丙子(12・28)(太字は大の月)

大日本史料	8編8
琉球	
朝鮮	
明	

西暦	年号・干支	天皇	将軍	管領
一四七六	文明 八 丙申《ひのえさる》	(後土御門)	(足利義尚)	

記事

【政治・経済】

4・11 遣明使《けんみんし》竺芳妙茂《じくほうみようも》ら、堺《さかい》を出航《しゅっこう》(雑事記)。**4・14** 尼子清定《あまこきよさだ》、出雲《いずも》能義郡《のぎぐん》の土一揆《つちいっき》と戦《たたか》う(佐々木文書)。**6・-** 足利政知《あしかがまさとも》が派《は》した太田道灌《おおたどうかん》と今川竜王丸《いまがわりゅうおうまる》(氏親《うじちか》)伯父《おじ》伊勢新九郎《いせしんくろう》、今川氏《いまがわし》の家督争《かとくあらそ》いを調停《ちょうてい》(今川記)。**8・24** 幕府《ばくふ》、訴訟《そしょう》・当知行安堵《とうちぎょうあんど》・意見《いけん》について奉行人《ぶぎょうにん》の不正《ふせい》を禁《きん》じる(建武以来追加)。**9・14** 足利義政《あしかがよしまさ》、大内政弘《おおうちまさひろ》に東西両軍《とうざいりょうぐん》の和平《わへい》を計《はか》らせる(蜷川家文書)。**11・13** 室町第焼失《むろまちていしょうしつ》(親長卿記)。

【社会・文化】

1・- 広橋兼顕《ひろはしかねあき》、『兼顕卿記《かねあききょうき》』を記《しる》す(~文明《ぶんめい》一一年《ねん》四月《がつ》)。**5・23** 宗祇《そうぎ》、『竹林抄《ちくりんしょう》』を編《あ》む(雑事記)。**8・-** 太田道灌《おおたどうかん》、正宗竜統《しょうじゅうりゅうとう》らに江戸《えど》城静《じょうせい》勝軒《しょうけん》の記《き》、また暮樵得么《ぼしょうとくよう》に『江亭記《こうていき》』の作成《さくせい》を依頼《いらい》(禿尾長柄帚)。**9・12** 桜島噴火《さくらじまふんか》(薩藩地理拾遺集)。

【死没】

2・9 今川義忠《いまがわよしただ》(41、武将《ぶしょう》)。**3・20** 専順《せんじゅん》(66、連歌作者《れんがさくしゃ》)。**4・5** 筒井順永《つついじゅんえい》(58、武将《ぶしょう》)。**6・15** 日野勝光《ひのかつみつ》(48、公卿《くぎょう》)。**7・28** 尚円《しょうえん》(62、琉球国王《りゅうきゅうこくおう》)。

《月の大小/朔日の干支・ユリウス暦》

一丙午(1・27)・二乙亥(2・25)・三乙巳(3・26)・四甲戌(4・24)・五癸卯(5・23)・六癸酉(6・22)・七壬寅(7・21)・八壬申(8・20)・九辛丑(9・18)・一〇辛未(10・18)・一一辛丑(11・17)・一二辛未(12・17)(太字は大の月)

大日本史料	(8編8)　7・- 8編9
琉球	尚円王 7
朝鮮	成宗 7
明	成化 12

西暦	一四七七 ◀
年号・干支	九 丁酉《ひのとのとり》 ①
天皇	
将軍	
管領	
記事	【政治・経済】 **1・18** 長尾景春《ながおかげはる》、上杉顕定《うえすぎあきさだ》・定正《さだまさ》らを武蔵五十子《むさしいかこ》に攻撃《こうげき》・顕定《あきさだ》ら、上野《こうずけ》に走《はし》る（松陰私語）。 **5・14** 太田道灌《おおたどうかん》ら上杉勢《うえすぎぜい》、長尾景春《ながおかげはる》を武蔵用土原《むさしようどはら》で破《やぶ》る（太田道灌状）。 **7・-** 足利成氏《あしかがしげうじ》、上野《こうずけ》に出陣《しゅつじん》し長尾景春《ながおかげはる》を救援《きゅうえん》・上杉《うえすぎ》顕定《あきさだ》・定正《さだまさ》、上野白井《こうずけしろい》に退《しりぞ》く（鎌倉大草紙）。 **9・22** 畠山義就《はたけやまよしなり》、河内《かわち》に下《げ》向《こう》（親長卿記）。 **9・29** 義就追討《よしなりついとう》の綸旨《りんじ》と足利義政《あしかがよしまさ》の御内書《ごないしょ》が、北畠政郷《きたばたけまささと》らに発給《はっきゅう》される（兼顕卿記）。 **10・-** 義就《よしなり》、河内《かわち》・大和《やまと》を制圧《せいあつ》（雑事記）。 **11・3** 大和高山《やまとたかやま》の馬借蜂起《ばしゃくほうき》（雑事記）。 **11・11** 大内政弘《おおうちまさひろ》・畠山義統《はたけやまよしむね》ら西軍諸将《せいぐんしょしょう》、分国《ぶんこく》に下向《げこう》・土岐成頼《ときなりより》、足利義視《あしかがよしみ》を伴《ともな》い美濃《みの》に下向《げこう》（応仁《おうにん》・文明《ぶんめい》の乱《らん》終《お》わる）（長興宿禰記）。 **12・9** 幕府《ばくふ》、東福寺《とうふくじ》被官《ひかん》・門前住人《もんぜんじゅうにん》の足軽《あしがる》と号《ごう》した悪《あく》行《ぎょう》の禁止等《きんしなど》を定《さだ》める（東福寺文書）。 【社会・文化】 **2・9** 肥後《ひご》の菊池重朝《きくちしげとも》、釈奠《せきてん》を行《おこな》う・桂庵玄樹《けいあんげんじゅ》、詩《し》を献《けん》じる（島隠漁唱）。 **2・-** 一条兼良《いちじょうかねよし》、『源語秘訣《げんごひけつ》』を著《あらわ》し、冬良《ふゆよし》に与《あた》える（源語秘訣抄）。 **11・27** 柏舟宗趙《はくしゅうそうちょう》、『周易抄《しゅうえきしょう》』を著《あらわ》す。 **12・17** 桃源瑞仙《とうげんずいせん》『史記抄《しきしょう》』成《な》る。**この年《とし》** 中院通秀《なかのいんみちひで》、『十輪院内府記《じゅうりんいんだいふき》』を記《しる》す（～長享《ちょうきょう》二年《ねん》）。『御湯殿上日記《おゆどののうえのにっき》』記《しる》される（～文政《ぶんせい》九年《ねん》）。 【死没】 **2・14** 広橋綱光《ひろはしつなみつ》（47、公卿《くぎょう》）。
大日本史料	
琉球	尚宣威王《しょうせんいおう》 尚真王《しょうしんおう》
朝鮮	8
明	13 ②

西暦	▶一四七七	一四七八
年号・干支	文明 九 ① 丁酉《ひのとのとり》	一〇 戊戌《つちのえいぬ》
天皇	(後土御門)	
将軍	(足利義尚)	
管領	12・25 畠山政長《はたけやままさなが》	
記事	《月の大小/朔日の干支・ユリウス暦》 一庚子(1・15)・閏一庚午(2・14)・二己亥(3・15)・三己巳(4・14)・四戊戌(5・13)・五丁卯(6・11)・六丁酉(7・11)・七丙寅(8・9)・八丙申(9・8)・九乙丑(10・7)・一〇乙未(11・6)・一一乙丑(12・6)・一二甲午(78・1・4)(太字は大の月) 〘世界〙 明《みん》、汪直《おうちょく》、西廠《せいしょう》を管轄《かんかつ》し、専権始《せんけんはじ》まる。	【政治・経済】 **1・5** 足利成氏《あしかがしげうじ》、上杉顕定《うえすぎあきさだ》・定正《さだまさ》と和睦《わぼく》(松陰私語)。上杉方《うえすぎがた》、成氏《しげうじ》と幕府《ばくふ》の和睦斡旋《わぼくあっせん》を約《やく》す(蜷川家文書)。**1・11** 幕府《ばくふ》、内裏修理《だいりしゅうり》のため京都七口《きょうとななくち》に新関《しんせき》を設置《せっち》(雑事記)。**7・10** 足利義政《あしかがよしまさ》、足利義視《あしかがよしみ》・土岐成頼《ときなりより》・畠山義統《はたけやまよしむね》に御免《ごめん》・和与《わよ》の御内書《ごないしょ》を下《くだ》す(雑事記)。**7・17** 太田道灌《おおたどうかん》、長尾景春《ながおかげはる》を武蔵《むさし》鉢形城《はちがたじょう》で破《やぶ》る(鎌倉大草紙)。**7・23** 成氏《しげうじ》、武蔵成田《むさしなりた》を発《はっ》し古河《こが》に戻《もど》る(松陰私語)。**9・16** 大内政弘《おおうちまさひろ》、少弐政資《しょうにまさすけ》と戦《たたか》い、豊前《ぶぜん》・筑前《ちくぜん》に進出《しんしゅつ》(蜷川親元日記)。**10・6** 大内政弘《おおうちまさひろ》、筑前《ちくぜん》に徳政令《とくせいれい》を発布《はっぷ》(大内家壁書)。**10・-** 阿蘇《あそ》・菊池《きくち》・大友氏《おおともし》ら、大内政弘《おおうちまさひろ》に応《おう》じて筑後《ちくご》に出兵《しゅっぺい》(正任記)。**12・4** 斎藤妙椿《さいとうみょうちん》、尾張清洲城《おわりきよすじょう》の織田敏定《おだとしさだ》を攻囲《こうい》(晴富宿禰記)。**12・7** 山城土一揆《やましろつちいっき》、京都七口《きょうとななくち》の新関停廃《しんせきていはい》を求《もと》め通路《つうろ》を塞《ふさ》ぐ(雑事記)。**12・16** 幕府《ばくふ》、室町第造営《むろまちていぞうえい》のため、京中《きょうちゅう》に棟別銭《むねべつせん》、諸国《しょこく》に段銭《たんせん》を賦課《ふか》(晴富宿禰記)。 【社会・文化】
大日本史料	是歳 8編10	
琉球	尚真王　尚宣威王	2
朝鮮	成宗 8	9
明	② 成化 13	14

2・21 桂庵玄樹《けいあんげんじゅ》、島津忠昌《しまづただまさ》に招《まね》かれて薩摩《さつま》に赴《おもむ》く(島隠漁唱)。2・1 一《いち》条兼良《じょうかねよし》、『代始和抄《だいはじめわしょう》』を著《あらわ》す。10・1 相良正任《さがらまさとう》、『正任記《まさとうき》』を記《しる》す(~同《どう》月《げつ》二〇日《にち》)。この年《とし》 日朝撰《にっちょうせん》『元祖化導記《がんそけどうき》』成《な》る(同書奥書)。多聞院英俊《たもんいんえいしゅん》、『多聞院日記《たもんいんにっき》』を記《しる》す(~元和《げんな》四年《ねん》)。

【死没】

9・27 飯尾為信《いのおためのぶ》(45、政所寄人《まんどころよりうど》)。

《月の大小/朔日の干支・ユリウス暦》

一甲子(2・3)・二甲午(3・5)・三癸亥(4・3)・四癸巳(5・3)・五壬戌(6・1)・六辛卯(6・30)・七辛酉(7・30)・八庚寅(8・28)・九己未(9・26)・一〇己丑(10・26)・一一己未(11・25)・一二戊子(12・24)(太字は大の月)

〘世界〙

朝鮮《ちょうせん》、鄭麟《ていりん》趾《し》没《ぼっ》。

大日本史料: 是歳 8編11

西暦: 一四七九 ◀

年号・干支: 一一 己亥《つちのとい》 ⑨

天皇:

将軍:

管領:

記事:

【政治・経済】

1・18 太田道灌《おおたどうかん》の兵《へい》、下総白井城《しもうさしろいじょう》の千葉孝胤《ちばたかたね》を攻囲《こうい》(鎌倉大草紙)。1・19 斎藤妙椿《さいとうみょうちん》、織田敏定《おだとしさだ》と和《わ》す(和漢合符)。3・11 幕府《ばくふ》、内裏修造棟別銭《だいりしゅうぞうむねべつせん》を洛中洛外《らくちゅうらくがい》に課《か》し、越前《えちぜん》に段銭《たんせん》を賦課《ふか》(晴富宿禰記)。5・19 幕府《ばくふ》、京都《きょうと》南方《なんぽう》の新関《しんせき》を撤廃《てっぱい》(晴富宿禰記)。5・27 蘆名盛高《あしなもりたか》、陸奥高田城《むつたかだじょう》に渋川義《しぶかわよし》基《もと》を滅《ほろ》ぼす(会津塔寺八幡宮長帳)。11・4 斯波義敏《しばよしとし》・義良《よしすけ》および甲斐氏《かいし》、越前《えちぜん》に入部《にゅうぶ》し朝倉孝景《あさくらたかかげ》と戦《たたか》う(雑事記)。12・7 天皇《てんのう》、土御門内裏《つちみかどのだいり》に還《かん》

琉球: 3

朝鮮: 10

明: ⑩ 15

西暦	年号・干支	天皇	将軍	管領	記事	大日本史料	琉球	朝鮮	明
▶一四七九	文明一一 己亥《つちのとい》 ⑨	(後土御門)	(足利義尚)	(畠山政長)	幸《こう》(長興宿禰記)。 【社会・文化】 1・29 蓮如《れんによ》、山城山科《やましろやましな》に本願寺《ほんがんじ》の建立《こんりゅう》を開始《かいし》(御文)。 3・- 宗祇《そうぎ》『老《おい》のすさみ』成《な》る。 【死没】 5・14 広橋兼顕《ひろはしかねあき》(31、公卿《くぎょう》)。 5・22 渋川教直《しぶかわのりなお》(56、九州探題《きゅうしゅうたんだい》)。 《月の大小／朔日の干支・ユリウス暦》 一戊午(1・23)・二戊子(2・22)・三戊午(3・24)・四丁亥(4・22)・五丁巳(5・22)・六丙戌(6・20)・七乙卯(7・19)・八乙酉(8・18)・九甲寅(9・16)・閏九癸未(10・15)・一〇癸丑(11・14)・一一壬午(12・13)・一二壬子(80・1・12)(太字は大の月) 〔世界〕 アラゴン・カスティリャ、合邦《がっぽう》してスペイン王国成立《おうこくせいりつ》。	(8編11)	尚真王 3	成宗 10	⑩ 成化 15
一四八〇	一二 庚子《かのえね》				【政治・経済】 2・11 幕府《ばくふ》、島津忠昌《しまづただまさ》に琉球《りゅうきゅう》の入貢《にゅうこう》を催促《さいそく》させる(薩藩旧記)。 2・25 足利成氏《あしかがしげうじ》、細川政元《ほそかわまさもと》に和睦斡旋《わぼくあっせん》を依頼《いらい》(蜷川家文書)。 5・2 足利義尚《あしかがよしひさ》、遁世《とんせ》を望《のぞ》むが、伊勢貞宗《いせさだむね》が諫止《かんし》(長興宿禰記)。 7・11 斯波義良《しばよしすけ》・甲斐氏《かいし》、朝倉孝景《あさくらたかかげ》方の越前長崎城《えちぜんながさきじょう》を攻略《こうりゃく》(雑事記)。 9・11 京都《きょうと》で徳政一揆蜂起《とくせいいっきほうき》、翌月《よくげつ》にも土一揆蜂起《つちいっきほうき》し、内裏修理料《だいりしゅうりりょう》の七口新関《ななくちしんせき》を破却《はきゃく》(宣胤卿記)。 11・19 京都《きょうと》の土一揆《つちいっき》が奈良《なら》に波及《はきゅう》・興福寺《こうふくじ》十三重塔《じゅうのとう》焼亡《しょうぼう》(雑事記)。 12・2	1・- 8編12	4	11	16

幕府《ばくふ》、徳政禁制《とくせいきんぜい》を出《だ》し銭主《せんしゅ》が分一銭《ぶいちせん》を納入《のうにゅう》した債権《さいけん》を徳政免除《とくせいめんじょ》とする（蜷川家文書）。

【社会・文化】

4・- 一条兼良《いちじょうかねよし》、『桃華蘂葉《とうかずいよう》』を著《あらわ》す。**7・28** 一条兼良《いちじょうかねよし》、『樵談治要《しょうだんちよう》』を足利義尚《あしかがよしひさ》に贈呈《ぞうてい》。この頃《ころ》、『文明一統記《ぶんめいいっとうき》』も贈呈《ぞうてい》。**この年《とし》** 宗祇《そうぎ》『筑紫道記《つくしみちのき》』成《な》る。中御門宣胤《なかみかどのぶたね》、『宣胤卿記《のぶたねきょうき》』を記《しる》す（～大永《だいえい》二年《ねん》）。

【死没】

2・21 斎藤妙椿《さいとうみょうちん》（70、美濃守護代《みののしゅごだい》）。**5・-** 桃井直詮《もものいなおあき》（78、文明《ぶんめい》二年《ねん》とも、幸若舞始祖《こうわかまいしそ》）。**10・5** 一条教房《いちじょうのりふさ》（58、公卿《くぎょう》）。

《月の大小／朔日の干支・ユリウス暦》

一壬午（2・11）・二壬子（3・12）・三辛巳（4・10）・**四**辛亥（5・10）・五辛巳（6・9）・六庚戌（7・8）・**七**己卯（8・6）・八己酉（9・5）・九戊寅（10・4）・一〇丁未（11・2）・一一丁丑（12・2）・一二丁未（81・1・1）（太字は大の月）

〔世界〕

モスクワ大公国《たいこうこく》、自立《じりつ》。

西暦	一四八一 ◀
年号・干支	一三 辛丑《かのとのうし》
天皇	
将軍	
管領	

【政治・経済】

1・6 足利義政《あしかがよしまさ》、室日野富子《しつひのとみこ》との不和《ふわ》、守護《しゅご》等の不従《ふじゅう》により閑居《へいきょ》（宣胤卿記）。**1・20** 義政夫妻《よしまさふさい》・義尚《よしひさ》、赤松政則第《あかまつまさのりてい》に御成《おなり》（蜷川親元日記）。**5・-** 義《よし》政《まさ》、朝鮮《ちょうせん》に船《ふね》を派遣《はけん》し、大和円成寺《やまとえんじょうじ》のための大蔵経等《だいぞうきょうなど》を求《もと》める（東山

大日本史料	8編13	1・-
琉球	5	
朝鮮	12	
明	17	

西暦	一四八一 ▶
年号・干支	文明一三 辛丑《かのとのうし》
天皇	(後土御門)
将軍	(足利義尚)
管領	(畠山政長)

記事

殿高麗国へ被誂遣土産注文)。**7・10** 幕府《ばくふ》、同月《どうげつ》二七日迄《にちまで》に銭主《せんしゅ》が分一銭《ぶいちせん》を納入《のうにゅう》せず奉行人奉書《ぶぎょうにんほうしょ》の発給《はっきゅう》を受《う》けなかった債権《さいけん》の徳政適用《とくせいてきよう》を定《さだ》める(蜷川家文書)。**7・26** 朝倉孝景没《あさくらたかかげぼつ》・生前《せいぜん》、家訓《かくん》『朝倉孝景十七箇条《あさくらたかかげじゅうしちかじょう》』を制《せい》定《てい》。**9・15** 斯波義良《しばよしすけ》ら、朝倉氏景《あさくらうじかげ》に越前《えちぜん》で敗《やぶ》れ加賀《かが》に退去《たいきょ》(雑事記)。**9・18** 興福寺衆徒《こうふくじしゅと》、大和辰市《やまとたつのいち》の一向宗徒《いっこうしゅうと》を襲撃《しゅうげき》(雑事記)。**10・20** 義政《よしまさ》、小川《おがわ》第《てい》を出《で》て山城長谷《やましろながたに》の聖護院山荘《しょうごいんさんそう》に出奔《しゅっぽん》(親元日記)。

【社会・文化】

3・28 鞍馬寺本堂造立供養《くらまでらほんどうぞうりゅうくよう》(長興宿禰記)。**4・2** 一条兼良没《いちじょうかねよしぼつ》・生前《せいぜん》『東《とう》斎随筆《さいずいひつ》』を著《あらわ》す。**6・-** 伊地知重貞《いじちしげさだ》、桂庵玄樹《けいあんげんじゅ》の教《おし》えを受《う》け、鹿児島《かごしま》で『大学章句《だいがくしょうく》』を刊行《かんこう》。**八月頃《がつごろ》** 宗祇撰《そうぎせん》『老葉《わくらば》』初編刊《しょへんかん》。**11・21** 一休宗純没《いっきゅうそうじゅんぼつ》・生前《せいぜん》『一休和尚仮名法語《いっきゅうおしょうかなほうご》』『狂雲集《きょううんしゅう》』を著《あらわ》す。

【死没】

3・9 宗湛《そうたん》(69、画家《がか》)。**4・2** 一条兼良《いちじょうかねよし》(80、公卿《くぎょう》)。**7・26** 朝倉孝景《あさくらたかかげ》(54、武将《ぶしょう》)。**11・21** 一休宗純《いっきゅうそうじゅん》(88、臨済宗僧侶《りんざいしゅうそうりょ》)。

《月の大小/朔日の干支・ユリウス暦》

一丙子(1・30)・二丙午(3・1)・三乙亥(3・30)・四乙巳(4・29)・五乙亥(5・29)・六甲辰(6・27)・七甲戌(7・27)・八癸卯(8・25)・九癸酉(9・24)・一〇壬寅(10・23)・一一壬申(11・22)・一二辛丑(12・21)(太字は大の月)

【世界】

朝鮮《ちょうせん》、『東国輿地勝覧《とうごくよちしょうらん》』成《な》る。

大日本史料	(8編13)
琉球	尚真王 5
朝鮮	成宗 12
明	成化 17

西暦	一四八二
年号・干支	一四　壬寅《みずのえとら》　⑦
天皇	
将軍	
管領	
記事	【政治・経済】 **3・8** 畠山政長《はたけやままさなが》・細川政元《ほそかわまさもと》、畠山義就討伐《はたけやまよしなりとうばつ》のため河内《かわち》・摂津《せっつ》に出陣《しゅつじん》(長興宿禰記)。 **5・27** 陶弘護《すえひろもり》、大内政弘《おおうちまさひろ》の催《もよお》す宴席上《えんせきじょう》で吉見信頼《よしみのぶより》と争《あらそ》い、共《とも》に死《し》ぬ(萩藩閥閲録)。 **7・13** 足利義政《あしかがよしまさ》、義尚《よしひさ》に政務《せいむ》を執《と》らせる(雑事記)。 **7・16** 細川政元《ほそかわまさもと》、畠山義就《はたけやまよしなり》と和睦《わぼく》(雑事記)。 **11・27** 義政《よしまさ》、上杉房定《うえすぎふささだ》の注《ちゅう》進《しん》を受《う》け足利成氏《あしかがしげうじ》と和睦《わぼく》(喜連川文書)。 **12・3** 幕府《ばくふ》、義就討伐《よしなりとうばつ》に不参《ふさん》の吉《きっ》川経基《かわつねもと》に参陣《さんじん》を督促《とくそく》(吉川家文書)。 【社会・文化】 **2・4** 足利義政《あしかがよしまさ》、東山山荘《ひがしやまさんそう》の造営《ぞうえい》を開始《かいし》(後法興院政家記)。 **5・25** 信濃《しなの》で大雨《おおあめ》・閏《うるう》七月《がつ》にかけて、洪水頻発《こうずいひんぱつ》(守矢満実書留)。 【死没】 **1・26** 飯尾任連《いのおとうつら》(48、恩賞奉行《おんしょうぶぎょう》)。 **4・6** 簗田持助《やなだもちすけ》(61、武将《ぶしょう》)。 **5・27** 陶《すえ》弘護《ひろもり》(28、武将《ぶしょう》)。 **閏《うるう》7・14** 河野通春《こうのみちはる》(武将《ぶしょう》)。 **12・16** 烏丸資任《からすまるすけとう》(66、公卿《くぎょう》)。 《月の大小/朔日の干支・ユリウス暦》 一辛未(1・20)・二庚子(2・18)・三庚午(3・20)・四己亥(4・18)・五己巳(5・18)・六戊戌(6・16)・七戊辰(7・16)・閏七戊戌(8・15)・八丁卯(9・13)・九丁酉(10・13)・一〇丙寅(11・11)・一一丙申(12・11)・一二乙丑(83・1・9)(太字は大の月) 〔世界〕 イタリア、トスカネリ没《ぼっ》(医師《いし》、地理学者《ちりがくしゃ》)。
大日本史料	8編14　1・i
琉球	6
朝鮮	13
明	⑧　18

西暦	一四八三
年号・干支	文明一五 癸卯《みずのとのう》
天皇	（後土御門）
将軍	（足利義尚）
管領	（畠山政長）

記事

【政治・経済】

3・19 斯波義良《しばよしすけ》、越前《えちぜん》より尾張《おわり》に移《うつ》る・翌《よく》四月《がつ》、越前《えちぜん》の朝倉氏《あさくらし》と甲斐氏《かいし》和睦《わぼく》・斯波義廉《しばよしかど》を家督《かとく》とし分国《ぶんこく》の守護代《しゅごだい》を定《さだ》める（雑事記）。**3・-** 足利義政《あしかがよしまさ》、子璞周瑋《しはくしゅうい》を明《みん》に派遣《はけん》し、銅銭《どうせん》を求《もと》める（補庵京華集）。**4・9** 幕府《ばくふ》、日向守護島津忠昌一族《ひゅうがのしゅごしまづただまさいちぞく》に、沿岸《えんがん》での遣明船警固《けんみんせんけいご》を命《めい》じる（島津家文書）。**6・19** 足利義尚《あしかがよしひさ》、日野富子《ひのとみこ》と不和《ふわ》になり、伊勢貞宗邸《いせさだむねてい》に移《うつ》る（親元日記）。**6・27** 義政《よしまさ》、東山山荘《ひがしやまさんそう》に移《うつ》る（親元日記）。**8・1** 大内政弘《おおうちまさひろ》、九州出征《きゅうしゅうしゅっせい》の兵《へい》船《せん》の仕立《したて》を長門赤間関役《ながとあかまがせきやく》とする（大内家壁書）。**8・13** 畠山義就《はたけやまよしなり》、同政長《どうまさなが》と河内《かわち》で戦《たたか》う（雑事記）。**10・9** 大和布留郷民《やまとふるごうみん》、古市澄胤《ふるいちちょういん》・興福寺《こうふくじ》に攻《せ》められて布留社《ふるしゃ》に閉籠《へいろう》し没落《ぼつらく》（雑事記）。**10・10** 陸奥伊達成宗《むつだてなりむね》上洛《じょうらく》、翌日《よくじつ》、義政《よしまさ》・義尚《よしひさ》に謁見《えっけん》（伊達家文書）。**12・25** 山名政豊《やまなまさとよ》、赤松政則《あかまつまさのり》を播磨真弓峠《はりままゆみとうげ》で破《やぶ》る（雑事記）。

【社会・文化】

10・24 足利義尚《あしかがよしひさ》、『新百人一首《しんひやくにんいっしゅ》』を撰《せん》する（実隆公記）。**この年《とし》** 大乗院政《だいじょういんせい》覚大僧正《かくだいそうじょう》、『政覚大僧正記《せいかくだいそうじょうき》』を記《しる》す（〜明応《めいおう》三年《ねん》）。尊通《そんつう》『三井続燈記《みいぞくとうき》』成《な》る。

【死没】

5・29 順如《じゅんにょ》（42、浄土真宗僧侶《じょうどしんしゅうそうりょ》）。**8・28** 清貞秀《せいさだひで》（65、政所寄人《まんどころよりうど》）。**12・19** 三条実量《さんじょうさねかず》（69、公卿《くぎょう》）。

《月の大小／朔日の干支・ユリウス暦》

大日本史料	8編15　1・-
琉球	尚真王　7
朝鮮	成宗　14
明	成化　19

西暦		◀一四八四
年号・干支		一六 甲辰《きのえたつ》
天皇		
将軍		
管領		
記事	一乙未(2・8)・二甲子(3・9)・三癸巳(4・7)・四癸亥(5・7)・五癸巳(6・6)・六壬戌(7・5)・七壬辰(8・4)・八辛酉(9・2)・九辛卯(10・2)・一〇辛酉(11・1)・一一庚寅(11・30)・一二庚申(12・30)(太字は大の月) 〔世界〕 明《みん》、汪直《おうちょく》・王越《おうえつ》失脚《しっきゃく》。ヴェトナム、『洪徳律例《こうとくりつれい》』成《な》る。	【政治・経済】 **2・5** 浦上則宗《うらがみのりむね》ら、赤松政則《あかまつまさのり》を逐《お》い一族《いちぞく》有馬《ありま》慶寿丸《けいじゅまる》の家督《かとく》相続《そうぞく》を幕府《ばくふ》に申請《しんせい》(蜷川家文書)。足利義尚《あしかがよしひさ》、慶寿丸《けいじゅまる》(赤松澄則《あかまつすみのり》)を播磨《はりま》等《とう》の守護《しゅご》に補任《ぶにん》(雑事記)。**5・-** 大内政弘《おおうちまさひろ》、分国内《ぶんこくない》の金《きん》・銀《ぎん》・銭《ぜに》の交換《こうかん》比率《ひりつ》を定《さだ》める(大内家壁書)。**6・-** 義尚《よしひさ》、日野富子《ひのとみこ》と和《わ》し小川第《おがわてい》に還《かえ》る(雑事記)。侍所《さむらいどころ》頭人《のとうにん》等不在《らふざい》により、洛中《らくちゅう》に盗賊《とうぞく》横行《おうこう》(親長卿記)。**11・3** 京都《きょうと》に土一揆《つちいっき》蜂起《ほうき》・幕府《ばくふ》、細川政元《ほそかわまさもと》に鎮圧《ちんあつ》させる(蔭涼軒)。**12・24** 足利義政《あしかがよしまさ》、五山派《ござんは》寺院《じいん》が堂舎《どうしゃ》を破棄《はきゃく》して売却《ばいきゃく》することを禁《きん》じる(蔭涼軒)。 【社会・文化】 **6・27** 清水寺《きよみずでら》本堂《ほんどう》の勧進《かんじん》造営《ぞうえい》成《な》る(親長卿記)。**11・24** 吉田兼倶《よしだかねとも》、斎場所《さいじょうしょ》太元宮《たいげんきゅう》を再興《さいこう》(宣秀卿御教書案)。**この年** 大伴広公《おおとものひろこう》『温故知新書《おんこちしんしょ》』成《な》る。季弘大叔《こうだいしゅく》、『蔗軒日録《しゃけんにちろく》』を記《しる》す(～文明《ぶんめい》一八年《ねん》)。五条為学《ごじょうためふみ》、『拾芥記《しゅうがいき》』を記《しる》す(～大永元年《だいえいがんねん》)。
大日本史料		8編16 1・-
琉球		8
朝鮮		15
明		20

西暦	▶一四八四	一四八五
年号・干支	文明一六 甲辰《きのえたつ》	一七 乙巳《きのとのみ》 ③
天皇	(後土御門)	
将軍	(足利義尚)	
管領	(畠山政長)	
記事	【死没】9・6 泉《いずみ》屋《や》道栄《どうえい》(73、豪商《ごうしょう》)。《月の大小/朔日の干支・ユリウス暦》一己丑(1・28)・二己未(2・27)・三戊子(3・27)・四丁巳(4・25)・五丁亥(5・25)・六丙辰(6・23)・七丙戌(7・23)・八乙卯(8・21)・九乙酉(9・20)・一〇乙卯(10・20)・一一乙酉(11・19)・一二甲寅(12・18)(太字は大の月)〖世界〗朝鮮《ちょうせん》、『東国通鑑《とうごくつがん》』成《な》る。	【政治・経済】4・15 大内政弘《おおうちまさひろ》、撰銭等《えりぜになど》について禁制制札《きんぜいせいさつ》を定《さだ》める(大内氏実録)。5・2 侍所《さむらいどころ》所司代《しょしだい》多賀高忠《たがたかただ》、京都七口《きょうとななくち》に新関設置《しんせきせっち》・翌《よく》六月《がつ》、細川政元《ほそかわまさもと》が破却《はきゃく》(雑事記)。5・23 幕府奉公衆《ばくふほうこうしゅう》、奉行衆《ぶぎょうしゅう》と争《あらそ》い飯尾元連《いのおもとつら》らを襲《おそ》う・奉行衆剃髪《ぶぎょうしゅうていはつ》(蔭涼軒)。6・15 足利義政出家《あしかがよしまさしゅっけ》(蔭涼軒)。6・21 伊東祐国《いとうすけくに》、日向《ひゅうが》で島津忠昌軍《しまづただまさぐん》に敗死《はいし》(文明記)。6・30 遣明使子璞周瑋《けんみんししはくしゅうい》、寧波《ニンポー》で没《ぼつ》(蔭涼軒)。7・― 幕府《ばくふ》、納銭条々《のうせんじょうじょう》を定《さだ》める(蜷川家文書)。8・― 山城《やましろ》・大和《やまと》・河内《かわち》で徳政土一揆蜂起《とくせいつちいっきほうき》(雑事記)。12・11 南山城《みなみやましろ》の国人《こくじん》ら、畠山義就《はたけやまよしなり》・同政長軍《どうまさながぐん》の撤兵《てっぺい》を求《もと》め、両軍《りょうぐん》の入国禁止等《にゅうこくきんしなど》を定《さだ》める(山城《やましろ》の国一揆《くにいっき》)(雑事記)。
大日本史料	(8編16)	2・― 8編17
琉球	尚真王 8	9
朝鮮	成宗 15	16
明	成化 20	21 ④

西暦　◀一四八六

年号・干支　一八　丙午《ひのえうま》

天皇

将軍

管領

記事

【社会・文化】
3・2 真正極楽寺本堂立柱《しんしょうごくらくじほんどうりっちゅう》（真如堂縁起）。**12・12** 東山山荘《ひがしやまさんそう》に持仏堂《じぶつどう》成《な》り、額字《がくじ》を東求《とうぐ》とする（蔭涼軒）。

【死没】
5・23 益田兼堯《ますだかねたか》（武将《ぶしょう》）。**5・15** 細川成春《ほそかわしげはる》（53、武将《ぶしょう》）。**11・2** 真芸《しんげい》（55、水墨画家《すいぼくがか》）。**11・28** 宗伊《そうい》（68、連歌作者《れんがさくしゃ》）。

《月の大小／朔日の干支・ユリウス暦》
一甲申（1・17）・二癸丑（2・15）・三癸未（3・17）・閏三壬子（4・15）・四辛巳（5・14）・五辛亥（6・13）・六庚辰（7・12）・七庚戌（8・11）・八己卯（9・9）・九己酉（10・9）・一〇己卯（11・8）・一一戊申（12・7）・一二戊寅（86・1・6）（太字は大の月）

〔世界〕
イギリス、ばら戦争終《せんそうお》わり、テューダー朝成立《ちょうせいりつ》。

【政治・経済】
2・13 南山城《みなみやましろ》の国人《こくじん》ら、宇治平等院《うじびょうどういん》に会《かい》し、国中《こくちゅう》の掟《おきて》を定《さだ》める（雑事記）。**5・12** 遣明船《けんみんせん》、肥前五島奈留浦《ひぜんごとうなるうら》に帰着《きちゃく》し、その後平戸《ごひらど》を発《はっ》する（蔭涼軒）。**7・4** 遣明船《けんみんせん》、堺《さかい》に帰着《きちゃく》（蔭涼軒）。**7・26** 上杉定正《うえすぎさだまさ》、太田道灌《おおたどうかん》を相模《さがみ》で誘殺《ゆうさつ》（梅花無尽蔵）。**8・24** 京都《きょうと》に徳政一揆蜂起《とくせいいっきほうき》・東寺《とうじ》に籠《こも》り、ついで放火《ほうか》（長興宿禰記）。**12・22** 伊勢宇治《いせうじ》・山田《やまだ》の神人《じにん》が争《あらそ》い、外宮焼失《げくうしょうしっ》（内宮子良館記）。

大日本史料　8編18　1・

琉球　10

朝鮮　17

明　22

西暦	年号・干支	天皇	将軍	管領
▶一四八六	文明一八 丙午《ひのえうま》	(後土御門)	(足利義尚)	7・19 (?) 細川政元《ほそかわまさもと》 7・29
一四八七	長享元《ちょうきょう》 7・20 丁未《ひのとのひつじ》 ⑪			

一四八六

記事

【社会・文化】

五月末 尭恵《ぎょうえ》、東国巡歴《とうごくじゅんれき》に出発《しゅっぱつ》・『北国紀行《ほっこくきこう》』を著《あらわ》す。**6・16** 道興《どうこう》、東国巡歴《とうごくじゅんれき》に出発《しゅっぱつ》(廻国雑記)。**8・4** 足利義政《あしかがよしまさ》、使《つかい》を朝鮮《ちょうせん》に派遣《はけん》し、越後安国寺《えちごあんこくじ》のため大蔵経《だいぞうきょう》を求《もと》める(補庵京華集)。**この年以前**《としいぜん》『消息往来《しょうそくおうらい》』成《な》る。

【死没】

2・14 楠葉西忍《くすばさいにん》(92、貿易家《ぼうえきか》)。**6・2** 雪江宗深《せっこうそうしん》(79、臨済宗僧侶《りんざいしゅうそうりょ》)。**7・26** 太田道灌《おおたどうかん》(55、武将《ぶしょう》)。**8・17** 多賀高忠《たがたかただ》(62、武将《ぶしょう》)。

《月の大小/朔日の干支・ユリウス暦》

一戊申(2・5)・二丁丑(3・6)・三丁未(4・5)・四丙子(5・4)・五乙巳(6・2)・六乙亥(7・2)・七甲辰(7・31)・八癸酉(8・29)・九癸卯(9・28)・一〇癸酉(10・28)・一一壬寅(11・26)・一二壬申(12・26)(太字は大の月)

【世界】

タタールのダヤン＝ハン、臨洮《りんとう》に拠《よ》る。

一四八七

【政治・経済】

3・10 赤松政則《あかまつまさのり》、山名政豊《やまなまさとよ》を播磨坂本城《はりまさかもとじょう》で攻略《こうりゃく》(蔭凉軒)。**5・1** 京極《きょうごく》高清《たかきよ》、多賀宗直《たがむねなお》を近江国国友河原《おうみのくにくにともがわら》で破《やぶ》る(江北記)。**6・-** 足利義尚《あしかがよしひさ》、近江《おうみ》葛川明王院《かつらがわみょうおういん》に参籠《さんろう》(蔭凉軒)。**9・12** 義尚《よしひさ》、六角高頼討伐《ろっかくたかよりとうばつ》のため、近江《おうみ》坂本《さかもと》に出陣《しゅつじん》(長興宿禰記)。**9・24** 高頼《たかより》、甲賀《こうが》に退《しりぞ》く(長興宿禰記)。**11・3**

	一四八六	一四八六	一四八七
大日本史料	(8編18)	9・- 8編19	2・- 8編20

	一四八六	一四八七
琉球	尚真王 10	11
朝鮮	成宗 17	18
明	成化 22	孝宗《こうそう》 23

管領：細川政元《ほそかわまさもと》 8・9(即日辞職)

山内上杉顕定《やまのうちうえすぎあきさだ》と扇谷上杉定正《おうぎがやつうえすぎさだまさ》敵対《てきたい》し、相模《さがみ》で対陣《たいじん》(鎌倉管領九代記・梅花無尽蔵)。**11・4** 足利義政《あしかがよしまさ》、東山山荘《ひがしやまさんそう》の会所《かいしょ》に移《うつ》る(後法興院政家記)。**12・－** 加賀《かが》に一向一揆《いっこういっき》蜂起《ほうき》し、近江出陣中《おうみしゅつじんちゅう》の守護《しゅご》富樫政親《とがしまさちか》帰国《きこく》する(官地論)。

【社会・文化】

3・20 近畿《きんき》に大雨《おおあめ》・鴨川《かもがわ》で溺死者《できししゃ》(蔭涼軒)。**この年** 土佐光信《とさみつのぶ》絵《え》・三条西《さんじょうにし》実隆《さねたか》詞書《ことばがき》『星光寺縁起《せいこうじえんぎ》』成《な》る(実隆公記)。

【死没】

1・12 荒木田氏経《あらきだうじつね》(86、神宮祠官《じんぐうしかん》)。**8・7** 季弘大叔《きこうだいしゅく》(67、臨済宗僧侶《りんざいしゅうそうりょ》)。**11・16** 益之宗箴《えきしそうしん》(78、臨済宗僧侶《りんざいしゅうそうりょ》)。

《月の大小／朔日の干支・ユリウス暦》

一壬寅(1・25)・二壬申(2・24)・三辛丑(3・25)・四辛未(4・24)・五庚子(5・23)・六己巳(6・21)・七己亥(7・21)・八戊辰(8・19)・九丁酉(9・17)・一〇丁卯(10・17)・一一丁酉(11・16)・閏一一丙寅(12・15)・一二丙申(88・1・14)(太字は大の月)

〔世界〕

明《みん》、丘濬《きゅうしゅん》、『大学衍義補《だいがくえんぎほ》』を献《けん》じる。

大日本史料：8編21 ⑪－

西暦：◀一四八八

年号・干支：二 戊申《つちのえさる》

【政治・経済】

1・2 足利義尚《あしかがよしひさ》、畠山義就《はたけやまよしなり》追討《ついとう》の御内書《ごないしょ》を畠山政長《はたけやままさなが》に下《くだ》す(蔭涼軒)。**2・5** 上杉定正《うえすぎさだまさ》、相模実蒔原《さがみさねまきはら》で上杉顕定《うえすぎあきさだ》を破《やぶ》る(上杉定正長状)。**5・6** 幕府《ばくふ》、訴論人《そろんにん》の女《おんな》・僧《そう》への口入《くにゅう》依頼《いらい》と、その訴訟《そしょう》受理《じゅり》を禁《きん》じる(建武以来追加)。

琉球：12

朝鮮：19

明：① 弘治《こうじ》(1.1)

西暦	▶一四八八
年号・干支	長享 二 戊申《つちのえさる》
天皇	（後土御門）
将軍	（足利義尚）　6・－ 足利義熙《あしかがよしひろ》（改名）
管領	

記事

6・9 一向一揆《いっこういっき》、富樫政親《とがしまさちか》の加賀高尾城《かがたかおじょう》を攻略《こうりゃく》、政親自殺《まさちかじさつ》（蔭涼軒）。**7・18** 赤松政則《あかまつまさのり》、山名政豊《やまなまさとよ》を播磨《はりま》より逐《お》い、播磨《はりま》・備前《びぜん》・美作《みまさか》を回復《かいふく》（蔭涼軒）。**8・4** 京極政経《きょうごくまさつね》、同高清《どうたかきよ》に近江《おうみ》で敗《やぶ》れ、伊勢《いせ》に奔《はし》る（蔭涼軒）。**9・2** 京都《きょうと》に土一揆蜂起《つちいっきほうき》し、徳政《とくせい》を要求《ようきゅう》（蔭涼軒）。**11・15** 上杉定正《うえすぎさだまさ》、顕定《あきさだ》・足利成氏《あしかがしげうじ》と武蔵高見原《むさしたかみはら》で戦《たたか》う（相州文書・中条文書）。

【社会・文化】

1・22 宗祇《そうぎ》・肖柏《しょうはく》・宗長《そうちょう》詠《えい》『水無瀬三吟何人百韻《みなせさんぎんなにびとひゃくいん》』奉納《ほうのう》。**3・28** 足利義《あしかがよし》尚《ひさ》、宗祇《そうぎ》を北野社連歌会所奉行《きたのしゃれんがかいしょぶぎょう》とする（北野神社引付）。**この年**《とし》『浪合記《なみあいき》』成《な》る。

【死没】

5・25 蜷川親元《にながわちかもと》（56、幕府吏僚《ばくふりりょう》）。**6・9** 富樫政親《とがしまさちか》（56、加賀半国守護《かがのはんごくしゅご》）。**6・26** 希世霊彦《きせいれいげん》（86、五山僧《ござんそう》）。**9・17** 日親《にっしん》（82、日蓮宗僧侶《にちれんしゅうそうりょ》）。**10・23** 菊池為邦《きくちためくに》（59、武将《ぶしょう》）。

《月の大小／朔日の干支・ユリウス暦》

一丙寅（2・13）・二丙申（3・14）・三乙丑（4・12）・四乙未（5・12）・五甲子（6・10）・六癸巳（7・9）・七癸亥（8・8）・八壬辰（9・6）・九辛酉（10・5）・一〇辛卯（11・4）・一一庚申（12・3）・一二庚寅（89・1・2）（太字は大の月）

〔世界〕

ポルトガル人《じん》、バルトロメウ＝ディアス、喜望峰《きぼうほう》に到達《とうたつ》。

大日本史料	（8編21）　5・－ 8編22　7・－ 8編23　12・－ 8編24～26
琉球	尚真王 12
朝鮮	成宗 19
明	① 弘治（1.1）

西暦	一四八九	一四九〇 ◀
年号・干支	延徳《えんとく》元 8・21 己酉《つちのととり》	二 庚戌《かのえいぬ》 ⑧
天皇		
将軍	3・26	
管領		
記事	【政治・経済】 **3・26** 足利義熙《あしかがよしひろ》(義尚《よしひさ》)、近江《おうみ》鈎《まがり》で陣没《じんぼつ》(蔭凉軒)。**4・14** 足利義視《あしかがよしみ》・義材《よしき》父子《ふし》、美濃《みの》より上洛《じょうらく》(宣胤卿記)。**6・22** 伊勢山田《いせやまだ》の神人《じにん》、宇治《うじ》を襲撃《しゅうげき》(雑事記)。**10・22** 足利義視《あしかがよしみ》・義材《よしき》、足利義政《あしかがよしまさ》と対面《たいめん》(蔭凉軒)。**11・-** 山名豊時《やまなとよとき》、因幡守護山名政実《いなばのしゅごやまなまさざね》の私部城《きさいちじょう》を攻略《こうりゃく》、政実自殺《まさざねじさつ》(蔭凉軒)。**この年** 佐竹義治《さたけよしはる》、伊達尚宗《だてなおむね》・蘆名盛高《あしなもりたか》・結城政朝《ゆうきまさとも》らの常陸侵攻《ひたちしんこう》を撃退《げきたい》(常陸三家譜)。 【社会・文化】 **5・8** 京都大火《きょうとたいか》・二〇〇〇戸《こ》が焼失《しょうしつ》(宣胤卿記)。**この年** 宗祇《そうぎ》、山口《やまぐち》で『伊勢物語《いせものがたり》』を講釈《こうしゃく》(伊勢物語山口抄)。『花上集《かじょうしゅう》』成《な》る。 【死没】 **3・26** 足利義熙《あしかがよしひろ》(義尚《よしひさ》)(25、室町将軍《むろまちしょうぐん》)。**10・28** 桃源瑞仙《とうげんずいせん》(60、臨済宗僧侶《りんざいしゅうそうりょ》)。 《月の大小／朔日の干支・ユリウス暦》 一庚申(2・1)・二庚寅(3・3)・三己未(4・1)・四己丑(5・1)・五戊午(5・30)・六戊子(6・29)・七丁巳(7・28)・八丁亥(8・27)・九丙辰(9・25)・一〇乙酉(10・24)・一一乙卯(11・23)・一二甲申(12・22)(太字は大の月)	【政治・経済】 **1・1** 小朝拝《こちょうはい》・元日節会《がんじつのせちえ》、再興《さいこう》(実隆公記)。**1・7** 足利義政没《あしかがよしまさぼつ》(蔭凉軒)。**1・13** 足利義材《あしかがよしき》、家督《かとく》を継《つ》ぎ、足利義視《あしかがよしみ》が後見《こうけん》(後法興院政家記)。**3・21** 土一揆《つちいっき》、徳政《とくせい》を求《もと》めて北野社《きたのしゃ》に閉籠《へいろう》し放火《ほうか》(北野神社引付)。**7・12** 畠山《はたけやま》
大日本史料	8編27～33 3・-	8編34～38 1・-
琉球	13	14
朝鮮	20	21
明	2	⑨ 3

西暦	▶一四九〇	一四九一
年号・干支	延徳 二 庚戌《かのえいぬ》 ⑧	三 辛亥《かのとのい》
天皇	（後土御門）	
将軍	7・5 足利義材《あしかがよしき》	
管領	7・5 細川政元《ほそかわまさもと》 7・6	
記事	政長方《まさながかた》、同義就《どうよしなり》を紀伊《きい》に破《やぶ》る（雑事記）。**閏《うるう》8・14** 京都《きょうと》に細川政元被官《ほそかわまさもとひかん》を大将《たいしょう》とする土一揆蜂起《つちいっきほうき》し、徳政《とくせい》を求《もと》める（蔭凉軒）。**10・―** 幕府《ばくふ》、朝鮮《ちょうせん》に使《つかい》を派遣《はけん》し、義材将軍襲職《よしきしょうぐんしゅうしょく》を伝《つた》え大蔵経《だいぞうきょう》を求《もと》める（朝鮮王朝実録）。 **【社会・文化】** **11・24** 彗星出現《すいせいしゅつげん》（親長卿記）。**12・16** 伊勢山田大火《いせやまだたいか》、千余戸焼亡《よこしょうぼう》（内宮子良館記）。**この年《とし》** 甘露寺元長《かんろじもとなが》、『元長卿記《もとながきょうき》』を記《しる》す（大永《だいえい》五年《ねん》にかけて現《げん》存《そん》）。 **【死没】** **1・7** 足利義政《あしかがよしまさ》（56、室町将軍《むろまちしょうぐん》）。**2・10** 上杉持房《うえすぎもちふさ》（武将《ぶしょう》）。**8・23** 豊田頼《とよだらい》英《えい》（88、大和国人《やまとこくじん》）。**12・12** 畠山義就《はたけやまよしなり》（54、武将《ぶしょう》）。**12・22** 飛鳥井雅親《あすかいまさちか》（74、歌鞠家《かきくか》）。 《月の大小／朔日の干支・ユリウス暦》 一甲寅（1・21）・**二**甲申（2・20）・**三**癸丑（3・21）・**四**癸未（4・20）・**五**癸丑（5・20）・**六**壬午（6・18）・七壬子（7・18）・八辛巳（8・16）・閏八辛亥（9・15）・九庚辰（10・14）・**一〇**庚戌（11・13）・一一己卯（12・12）・**一二**戊申（91・1・10）（太字は大の月	**【政治・経済】** **8・27** 足利義材《あしかがよしき》、六角高頼《ろっかくたかより》治罰《じばつ》の綸旨《りんじ》・錦御旗《にしきのみはた》を受《う》け、近江《おうみ》に出陣《しゅつじん》（後法興院政家記）。**8・―** 細川政元《ほそかわまさもと》、前年《ぜんねん》八月補任《がつぶにん》の近江守護《おうみのしゅご》に就《つ》き、守護代《しゅごだい》・郡代《ぐんだい》を配《はい》す（蔭凉軒・雑事記）。**10・11** 幕府《ばくふ》、斯波義寛《しばよしひろ》に朝倉貞景追討《あさくらさだかげついとう》を命《めい》
大日本史料	（8編34～38） 9・― 39 12・― 40 12・―	（未刊）
琉球	尚真王 14	15
朝鮮	成宗 21	22
明	⑨ 弘治 3	4

西暦 図41

年号・干支

天皇

将軍

管領

記事

じる（蔭凉軒）。**10・－** 朝鮮国王李娎《ちょうせんこくおうりけつ》、義材《よしき》に大蔵経《だいぞうきょう》等《など》を贈《おく》る（続善隣国宝記）。**11・18** 織田敏定《おだとしさだ》・浦上則宗《うらがみのりむね》、幕府陣中《ばくふじんちゅう》に赴《おもむ》いた六角政綱《ろっかくまさつな》を討《う》つ（後法興院政家記）。**12・25** 大内義興《おおうちよしおき》入京《にゅうきょう》・ついで近江《おうみ》に参陣《さんじん》（蔭凉軒）。**この年**《とし》 東国《とうごく》で私年号《しねんごう》「福徳《ふくとく》」が用《もち》いられる（会津塔寺八幡宮長帳）。

【社会・文化】

10・20 肖柏《しょうはく》・宗祇《そうぎ》・宗長《そうちょう》、『湯山三吟百韻《ゆやまさんぎんひゃくいん》』を詠《よ》む。**この年**《とし》 美濃《みの》・尾張《おわり》・甲斐《かい》で飢饉《ききん》（妙法寺記）。**嘉吉《かきつ》・延徳年間《えんとくねんかん》**『武政軌範《ぶせいきはん》』成《な》る・著者《ちょしゃ》は松田貞頼《まつださだより》か。

【死没】

1・7 足利義視《あしかがよしみ》（53、武将《ぶしょう》）。**4・3** 足利政知《あしかがまさとも》（57、武将《ぶしょう》）。**6・3** 彦竜周興《げんりゅうしゅうこう》（34、臨済宗僧侶《りんざいしゅうそうりょ》）。

《月の大小／朔日の干支・ユリウス暦》

一戊寅（2・9）・二戊申（3・11）・三丁丑（4・9）・四丁未（5・9）・五丙子（6・7）・六丙午（7・7）・七丙子（8・6）・八乙巳（9・4）・九乙亥（10・4）・一〇甲辰（11・2）・一一甲戌（12・2）・一二癸卯（12・31）（太字は大の月）

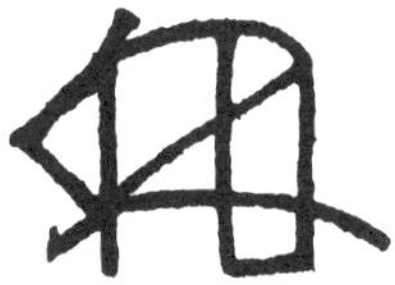

図41
足利政知花押

大日本史料

琉球

朝鮮

明

西暦 一四九二

図42 図43

年号・干支 明応《めいおう》元 7・19 壬子《みずのえね》

天皇 (後土御門)

将軍 (足利義材)

管領

記事

【政治・経済】

3・29 織田敏定《おだとしさだ》・浦上則宗《うらがみのりむね》、近江守護代《おうみのしゅごだい》安富元家《やすとみもといえ》に合力《ごうりき》し、六角勢《ろっかくぜい》を愛知《えち》川《がわ》に破《やぶ》る(蔭涼軒)。**5・2** 少弐政資《しょうにまさすけ》、大内政弘勢《おおうちまさひろぜい》と筑前《ちくぜん》で戦《たたか》う・筥崎《はこざき》宮焼失《ぐうしょうしつ》(北肥戦誌)。**8・-** 幕府《ばくふ》、朝鮮国王《ちょうせんこくおう》に宛《あ》て返書《へんしょ》を作成《さくせい》(蔭涼軒)。**9・12** 足利義材《あしかがよしき》、近江《おうみ》の寺社本所領《じしゃほんじょりょう》を兵粮料所《ひょうろうりょうしょ》とし、奉公衆《ほうこうしゅう》に分与《ぶんよ》(後法興院政家記)。**9・16** 幕府《ばくふ》、江北《ごうほく》に六角高頼勢《ろっかくたかよりぜい》を破《やぶ》る・百済寺《ひゃくさいじ》、兵火《へいか》に罹《かか》る(雑事記)。**10・22** 細川政元《ほそかわまさもと》、安富元家《やすとみもといえ》に近江守護代《おうみのしゅごだい》を辞《じ》させ、帰京《ききょう》させる(蔭涼軒)。**11・15** 高頼《たかより》、伊勢《いせ》に逃《のが》れる(蔭涼軒)。**12・14** 義材《よしき》、近江《おうみ》より帰京《ききょう》・政元《まさもと》の近江守護職《おうみのしゅごしき》を罷免《ひめん》し、六角虎千代《ろっかくとらちよ》を補任《ぶにん》(雑事記)。

【社会・文化】

2・22 播磨書写山円教寺火事《はりましょしゃざんえんきょうじかじ》(蔭涼軒)。**5・21** 疫病流行《えきびょうりゅうこう》・諸寺社《しょじしゃ》に祈禱《きとう》を宣下《せんげ》(和長卿記)。**5・29** 近畿《きんき》・東海《とうかい》で大雨洪水《おおあめこうずい》(親長卿記)。**10・-** 伊地《いじ》知重貞《ちしげさだ》、『大学章句《だいがくしょうく》』を覆刻《ふっこく》(『延徳版大学《えんとくばんだいがく》』)。

【死没】

2・2 太田資清《おおたすけきよ》(82、武将《ぶしょう》)。**5・2** 蓮教《れんきょう》(42、真宗僧侶《しんしゅうそうりょ》)。**5・10** 飯尾《いのお》元連《もとつら》(62、奉行人《ぶぎょうにん》)。**5・16** 没倫紹等《もつりんしょうとう》(禅僧画家《ぜんそうがか》)。

《月の大小/朔日の干支・ユリウス暦》

一癸酉(1・30)・二壬寅(2・28)・三辛未(3・28)・四辛丑(4・27)・五庚午(5・26)・六庚子(6・25)・七庚午(7・25)・八己亥(8・23)・九己巳(9・22)・一〇己亥(10・22)・一一戊辰(11・20)・一二戊戌(12・20)(太字は大の月)

大日本史料 (未刊)

琉球 尚真王 16

朝鮮 成宗 23

明 弘治 5

西暦	
年号・干支	
天皇	
将軍	
管領	
記事	〔世界〕コロンブス、バハマ諸島《しょとう》に到達《とうたつ》。グラナダ陥落《かんらく》(レコンキスタ完了《かんりょう》)。イタリア、ロレンツォ＝デ＝メディチ没《ぼっ》。ペルシアのジャーミー没《ぼっ》(神秘主《しんぴしゅ》義詩人《ぎしじん》)。
大日本史料	
琉球	
朝鮮	
明	

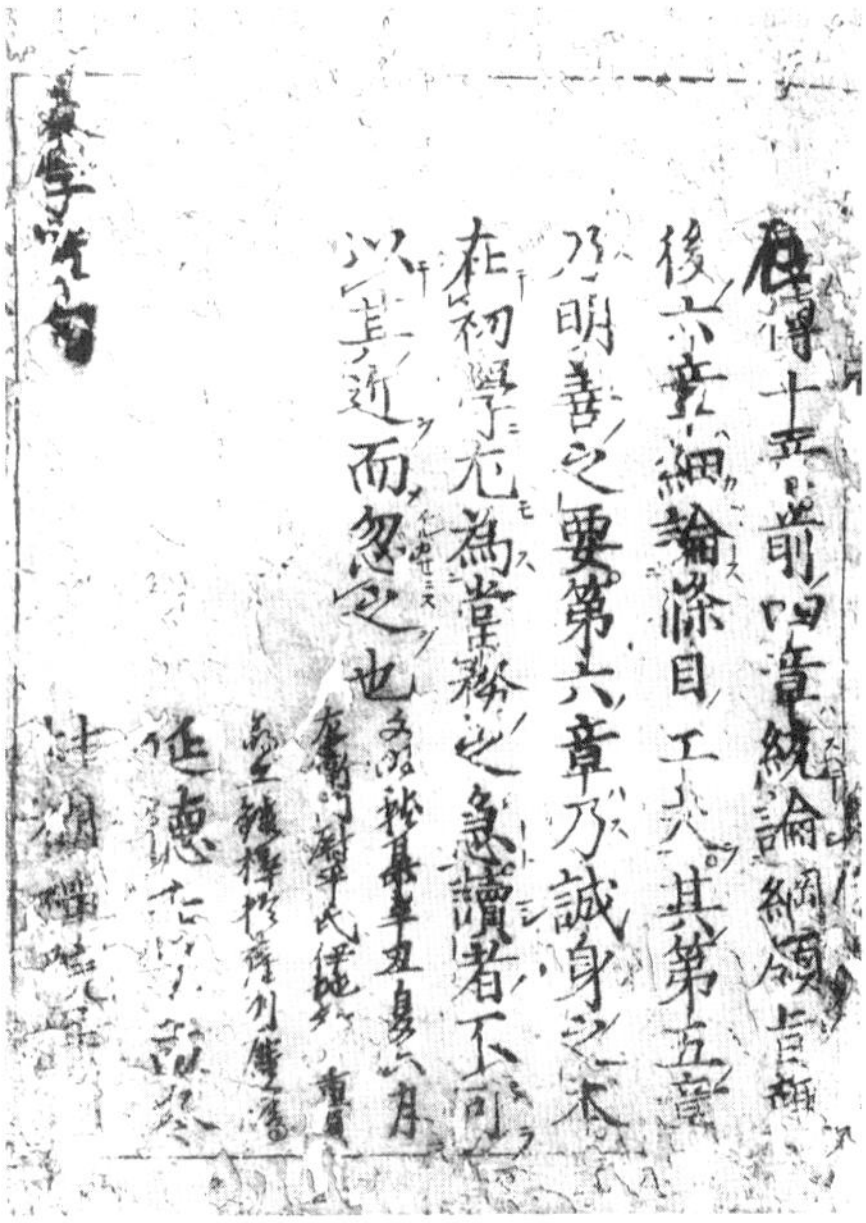

図42
大学章句(延徳版．大阪大学附属図書館)

図43
飯尾元連花押

西暦　一四九三

年号・干支　明応　二　癸丑《みずのとうし》　④

天皇　(後土御門)

将軍　(足利義材)　6・-

管領

記事

【政治・経済】 **2・15** 足利義材《あしかがよしき》、畠山政長《はたけやままさなが》・尚順《ひさのぶ》父子《ふし》や斯波義寛《しばよしひろ》らを率《ひき》い、畠山基家《はたけやまもといえ》追討《ついとう》のため河内《かわち》へ出陣《しゅつじん》(雑事記)。**2・24** 政長《まさなが》、義材《よしき》に銭《ぜに》一〇万疋《びき》を進上《しんじょう》(蔭凉軒)。**4・22** 細川政元《ほそかわまさもと》、足利政知《あしかがまさとも》の息清晃《そくせいこう》を擁立《ようりつ》・清晃《せいこう》、義遐《よしとお》と還俗改名《げんぞくかいめい》し叙爵《じょしゃく》(親長卿記)。肥後《ひご》の相良為続《さがらためつぐ》、壁書《かべがき》を定《さだ》める(相良家文書)。**閏**《うるう》**4・25** 政元《まさもと》、河内正覚寺《かわちしょうがくじ》を攻撃《こうげき》・政長《まさなが》は自殺《じさつ》、義材《よしき》は上原元秀《うえはらもとひで》に投降《とうこう》(蔭凉軒)。**5・2** 上原元秀《うえはらもとひで》、義材《よしき》を竜安寺《りょうあんじ》に幽閉《ゆうへい》(後法興院政家記)。**6・26** 政元《まさもと》、義材《よしき》の小豆島配流《しょうどしまはいる》を企《くわだ》てる(蔭凉軒)。**6・28** 義材《よしき》、越中《えっちゅう》に逃《のが》れる(蔭凉軒)。**7・-** 畠山尚順《はたけやまひさのぶ》、紀伊《きい》に入《はい》る(蔭凉軒)。**11・15** 近江《おうみ》に徳政一揆《とくせいいっき》蜂起《ほうき》し、日吉社《ひよししゃ》に籠《こも》り放火《ほうか》(親長卿記)。**この年** 伊勢宗瑞《いせそうずい》(北条早雲《ほうじょうそううん》)、伊豆堀越《いずほりごえ》に足利茶々丸《あしかがちゃちゃまる》を攻《せ》める(勝山記)・茶々丸《ちゃちゃまる》、明応《めいおう》七年《ねん》八月《がつ》に自殺《じさつ》(王代記)。

【死没】 **閏**《うるう》**4・25** 畠山政長《はたけやままさなが》(52、管領《かんれい》)。**9・27** 亀泉集証《きせんしゅうしょう》(70、臨済宗僧侶《りんざいしゅうそうりょ》)。**10・29** 菊池重朝《きくちしげとも》(45、武将《ぶしょう》)。**11・17** 横川景三《おうせんけいさん》(65、臨済宗僧侶《りんざいしゅうそうりょ》)。

《月の大小/朔日の干支・ユリウス暦》

一丁卯(1・18)・二丁酉(2・17)・三丙寅(3・18)・**四**乙未(4・16)・閏四乙丑(5・16)・**五**甲午(6・14)・六甲子(7・14)・**七**癸巳(8・12)・八癸亥(9・11)・九癸巳(10・11)・一〇壬戌(11・9)・一一壬辰(12・9)・一二壬戌(94・1・8)(太字は大の月)

〖世界〗

大日本史料　(未刊)

琉球　尚真王 **17**

朝鮮　成宗 **24**

明　⑤　弘治 **6**

	1493	1494
西暦	図 44	一四九四 ◀
年号・干支		甲寅《きのえとら》 三
天皇		
将軍		足利義高《あしかがよしたか》 12・27
管領		細川政元《ほそかわまさもと》 12・20
記事	インカ帝国《ていこく》、ワイナ＝カパック王即位《おうそくい》。	【政治・経済】 8・23 後鳥羽天皇《ごとばてんのう》に水無瀬神《みなせのかみ》の号《ごう》を追贈《ついぞう》(水無瀬神宮文書)。 9・21 足利《あしかが》義材《よしき》、越中《えっちゅう》で挙兵《きょへい》(雑事記)。 9・23 三浦義同《みうらよしあつ》、養父《ようふ》時高《ときたか》を相模《さがみ》新井《あらい》城《じょう》で滅《ほろ》ぼす(鎌倉九代後記)。 10・5 上杉定正《うえすぎさだまさ》、武蔵《むさし》高見原《たかみはら》に上杉顕定《うえすぎあきさだ》と対陣《たいじん》中《ちゅう》に没《ぼっ》(相州兵乱記)。 12・27 足利義高《あしかがよしたか》元服《げんぷく》・将軍宣下《しょうぐんせんげ》(公卿補任)。 【社会・文化】 5・7 京都《きょうと》・大和《やまと》で大地震《おおじしん》(雑事記)。 この年 厳助《げんじょ》、『厳助往年記《げんじょおうねんき》』を記《しる》す(～永禄《えいろく》六年《ねん》)。 【死没】 4・18 東常縁《とうつねより》(94、歌人《かじん》)。 5・20 武田信広《たけだのぶひろ》(64、武将《ぶしょう》)。 6・22 中院通秀《なかのいんみちひで》(67、公卿《くぎょう》)。 8・26 大森氏頼《おおもりうじより》(77、武将《ぶしょう》)。 9・23 三浦時高《みうらときたか》(79、豪族《ごうぞく》)。 10・5 上杉定正《うえすぎさだまさ》(52、武将《ぶしょう》)。 10・17 上杉房定《うえすぎふささだ》(武将)。 《月の大小／朔日の干支・ユリウス暦》 一辛卯(2・6)・二辛酉(3・8)・三庚寅(4・6)・四己未(5・5)・五己丑(6・4)・六戊午(7・3)・七丁亥(8・1)・八丁巳(8・31)・九丁亥(9・30)・一〇丙辰(10・29)・一一丙戌(11・28)・一二丙辰(12・28)(太字は大の月) 【世界】 スペイン、ポルトガル、トネデシリャス条約《じょうやく》。イタリア戦争《せんそう》始《はじ》まる(～
大日本史料		
琉球		18
朝鮮		25
明		7

西暦	一四九四	一四九五
年号・干支	明応 三 甲寅《きのえとら》	四 乙卯《きのとのう》
天皇	(後土御門)	
将軍	(足利義高)	
管領	(細川政元)	
記事	一五五九年《ねん》)。  図44 東常縁花押	【政治・経済】 3・- 幕府《ばくふ》、寿蓂《じゅめい》を明《みん》に派遣《はけん》し朝貢《ちょうこう》(明実録)。 6・14 斎藤妙純《さいとうみょうじゅん》(利国《としくに》)、美濃《みの》正法寺《しょうぼうじ》で石丸利光《いしまるとしみつ》らを破《やぶ》る(船田乱記)。 8・26 細川政元《ほそかわまさもと》入京《にゅうきょう》(後法興院政家記)。 9・- 伊勢宗瑞《いせそうずい》(北条早雲《ほうじょうそううん》)、大森藤頼《おおもりふじより》を相模《さがみ》小田原城《おだわらじょう》より逐《お》う(鎌倉大日記)。 10・20 京都《きょうと》で徳政《とくせい》を求《もと》める土一揆《つちいっき》蜂起《ほうき》し、土倉衆《どそうしゅう》と戦《たたか》う(雑事記)。 【社会・文化】 8・15 鎌倉大地震《かまくらおおじしん》・津波《つなみ》で溺死者《できししゃ》多数《たすう》(鎌倉大日記)。 9・26 宗祇《そうぎ》ら編《へん》の『新撰菟玖波集《しんせんつくばしゅう》』を奏覧《そうらん》(御湯殿上日記)。 11・22 大和《やまと》長谷寺《はせでら》焼失《しょうしつ》(雑事記)。 **この年** 淳岩《じゅんがん》『船田乱記《ふなだらんき》』前記成《ぜんきな》る(後記《こうき》は明応《めいおう》五年《ねん》に成《な》るとされる)。 **この年以後間《としいごま》もなく** 『大内家壁書《おおうちけかべがき》』成《な》る。
大日本史料	(未刊)	
琉球	尚真王 18	19
朝鮮	成宗 25	燕山君《えんざんくん》
明	弘治 7	8

西暦	◀ 一四九六	
年号・干支	五 丙辰《ひのえたつ》 ②	
天皇		
将軍		
管領		
記事	【政治・経済】 **1・-** 少弐政資《しょうにまさすけ》、筑前《ちくぜん》の諸城《しょじょう》を攻略《こうりゃく》し、大宰府《だざいふ》に移《うつ》る(歴代鎮西要略)。 **4・-** 越中《えっちゅう》の足利義材《あしかがよしき》、帰国遣明船《きこくけんみんせん》一艘宛《そうずつ》を大内《おおうち》・大友《おおとも》・島津氏《しまづし》に分与《ぶんよ》することを約《やく》す(雑事記)。 **5・27** 大友政親《おおともまさちか》、子豊後守護《こぶんごのしゅご》大友義右《おおともよしすけ》を義材《よしき》与同《よ どう》の廉《かど》で毒殺《どくさつ》、翌月《よくげつ》一〇日、大内義興《おおうちよしおき》に敗《やぶ》れ自害《じがい》(大友家文書録)。 **5・-** 石丸利光《いしまるとしみつ》、土岐成頼《ときなりより》らを擁《よう》し美濃《みの》で挙兵《きょへい》・斎藤妙純《さいとうみょうじゅん》、守護《しゅご》土岐成房《ときなりふさ》を擁《よう》して対抗《たいこう》(船田乱記)。京都《きょうと》で印地打《いんじうち》流行《りゅうこう》し、死者多数《ししゃたすう》(実隆公記)。 **12・1** 山城宇治《やましろうじ》に土一揆《つちいっき》蜂起《ほうき》(後法興院政家記)。 **12・7** 斎藤妙純《さいとうみょうじゅん》、近江《おうみ》で六角高頼《ろっかくたかより》と戦《たたか》い敗死《はいし》(雑事記)。 【社会・文化】 **この年以前《としいぜん》** 桂庵玄樹《けいあんげんじゅ》『島隠漁唱《とういんぎょしょう》』成《な》る。	【死没】 **2・30** 真盛《しんせい》(53、天台僧《てんだいそう》)。 **9・18** 大内政弘《おおうちまさひろ》(50、武将《ぶしょう》)。 《月の大小／朔日の干支・ユリウス暦》 一丙戌(1・27)・二乙卯(2・25)・三乙酉(3・27)・四甲寅(4・25)・五癸未(5・24)・六癸丑(6・23)・七壬午(7・22)・八辛亥(8・20)・九辛巳(9・19)・一〇庚戌(10・18)・一一庚辰(11・17)・一二庚戌(12・17)(太字は大の月) 【世界】 ヴォルムスの帝国議会《ていこくぎかい》、ドイツの永久平和令等《えいきゅうへいわれいなど》を布告《ふこく》。明《みん》、ハミを攻略《こうりゃく》。
大日本史料		
琉球	20	
朝鮮	2	
明	③ 9	

西暦	年号・干支	天皇	将軍	管領	記事	大日本史料	琉球	朝鮮	明
▶一四九六	明応五 丙辰《ひのえたつ》 ②	(後土御門)	(足利義高)	(細川政元)	【死没】 4・25 赤松政則《あかまつまさのり》(42、武将《ぶしよう》)。 5・20 日野富子《ひのとみこ》(57、足利義政室《あしかがよしまさしつ》)。 《月の大小/朔日の干支・ユリウス暦》 一庚辰(1・16)・二庚戌(2・15)・閏二己卯(3・15)・三己酉(4・14)・四戊寅(5・13)・五丁未(6・11)・六丁丑(7・11)・七丙午(8・9)・八乙亥(9・7)・九乙巳(10・7)・一〇甲戌(11・5)・一一甲辰(12・5)・一二甲戌(97・1・4)(太字は大の月)	(未刊)	尚真王 20	燕山君 2	③ 弘治 9
一四九七	六 丁巳《ひのとのみ》				【政治・経済】 1・7 足利義高《あしかがよしたか》、六角高頼《ろっかくたかより》を赦免《しやめん》(忠富王記)。 3・15 大内義興《おおうちよしおき》、少弐政資《しようにまさすけ》を筑前《ちくぜん》で破《やぶ》る(三浦家文書)。 4・19 少弐政資《しようにまさすけ》、大内義興《おおうちよしおき》のため肥前多久城《ひぜんたくじよう》へ逐《お》われ自殺《じさつ》(三浦家文書)。 4・- 幕府《ばくふ》、納銭方《のうせんかた》の条規《じようき》を定《さだ》める(蜷川家文書)。 10・7 畠山尚順《はたけやまひさのぶ》、河内高屋城《かわちたかやじよう》で畠山義豊《はたけやまよしとよ》を攻《せ》めて逐《お》う(雑事記)。 11・14 古市澄胤《ふるいちちよういん》、大和白毫寺《やまとびやくごうじ》で筒井氏《つついし》らに敗《やぶ》れ、山城笠置寺《やましろかさぎでら》に没落《ぼつらく》(雑事記)。 12・22 大和《やまと》で徳政一揆蜂起《とくせいいっきほうき》(大乗院日記目録)。 【社会・文化】 2・9 吉田兼倶《よしだかねとも》、三十番神勧請《さんじゆうばんじんかんじよう》に関《かん》して本圀《ほんこく》・妙蓮《みようれん》・妙本寺《みようほんじ》に詰問《きつもん》(妙顕寺文書)。 10・- 大内義興《おおうちよしおき》、朝鮮《ちようせん》に書《しよ》を送《おく》り鷹匠《たかじよう》を求《もと》め、翌《よく》一一月銅銭等《がつどうせんなど》を求《もと》める(続善隣国宝記)。 【死没】 4・19 少弐政資《しようにまさすけ》(57、武将《ぶしよう》)。 8・20 畠山義統《はたけやまよしむね》(武将《ぶしよう》)。 9・30 足利成《あしかがしげ》		21	3	10

氏《うじ》(60、古河公方《こがくぼう》)。**10・10** 二条尚基《にじょうひさもと》(27、公卿《くぎょう》)。**この年**《とし》 壬生晴富《みぶはれとみ》(76、官人《かんじん》)。

《月の大小／朔日の干支・ユリウス暦》

一甲辰(2・3)・二癸酉(3・4)・三癸卯(4・3)・四癸酉(5・3)・五壬寅(6・1)・六辛未(6・30)・七辛丑(7・30)・八庚午(8・28)・九己亥(9・26)・一〇己巳(10・26)・一一戊戌(11・24)・一二戊辰(12・24)(太字は大の月)

〔世界〕

カボット、ブリストルから北米沿岸《ほくべいえんがん》に到達《とうたつ》。この頃《ころ》、レオナルド＝ダ＝ヴィンチ、「最後《さいご》の晩餐《ばんさん》」を描《えが》く。

西暦 ◀一四九八

年号・干支 七 戊午《つちのえうま》 ⑩

天皇

将軍

管領

記事

【政治・経済】

5・29 丹後守護《たんごのしゅご》一色義秀《いっしきよしひで》、国衆《くにしゅう》に攻《せ》められ自殺《じさつ》(東寺過去帳)。**9・2** 足利義尹《あしかがよしただ》(義材改名《よしきかいめい》)、上洛《じょうらく》をはかり、越前一乗谷《えちぜんいちじょうがたに》の朝倉貞景館《あさくらさだかげやかた》に入《はい》る(後法興院政家記)。**この年**《とし》 幕府遣明使帰国《ばくふけんみんしきこく》(後法興院政家記)。

【社会・文化】

2・5 宗祇《そうぎ》、近衛尚通《このえひさみち》に古今伝授《こきんでんじゅ》を行《おこな》う(後法興院政家記)。**8・9** 近江《おうみ》百済寺炎上《ひゃくさいじえんじょう》(御湯殿上日記)。**8・25** 東海地方等《とうかいちほうなど》で大地震《おおじしん》・津波《つなみ》のため、浜名湖《はまなこ》が遠州灘《えんしゅうなだ》とつながる(後法興院政家記)。

【死没】

1・23 正宗竜統《しょうじゅうりゅうとう》(71、臨済宗僧侶《りんざいしゅうそうりょ》)。**8・1** 足利茶々丸《あしかがちゃちゃまる》(武将《ぶしょう》)。

大日本史料

琉球 22

朝鮮 4

明 ⑪ 11

西暦	年号・干支	天皇	将軍	管領	記事	大日本史料	琉球	朝鮮	明
▶一四九八	明応 七 ⑩ 戊午《つちのえうま》	(後土御門)	(足利義高)	(細川政元)	《月の大小/朔日の干支・ユリウス暦》 一戊戌(1・23)・二丁卯(2・21)・三丁酉(3・23)・四丁卯(4・22)・五丙申(5・21)・六丙寅(6・20)・七乙未(7・19)・八乙丑(8・18)・九甲午(9・16)・一〇癸亥(10・15)・閏一〇癸巳(11・14)・一一壬戌(12・13)・一二壬辰(99・1・12)(太字は大の月) 【世界】 ヴァスコ=ダ=ガマ、カリカットに到達《とうたつ》(インド航路発見《こうろはっけん》)。朝鮮《ちょうせん》、戊午《ぼご》の士禍《しかおこ》起る。	(未刊)	尚真王 **22**	燕山君 **4**	⑪ 弘治 **11**
一四九九	八 己未《つちのとひつじ》				【政治・経済】 **1・30** 畠山基家《はたけやまもといえ》、同尚順《どうひさのぶ》と河内《かわち》で戦《たたか》い敗死《はいし》(雑事記)。**3・19** 肥後守護《ひごのしゅご》菊池能運《きくちよしかず》、相良為続《さがらためつぐ》を八代城《やつしろじょう》より逐《お》う(八代日記)。**7・20** 細川政元《ほそかわまさもと》、足《あし》利義尹《かがよしただ》に与《くみ》する延暦寺衆徒《えんりやくじしゅと》を攻《せ》め、根本中堂等《こんぽんちゅうどうなど》を焼《や》く(雑事記)。**11・22** 周防大《すおうお》内義興《うちよしおき》を頼《たよ》る(後法興院政家記)。義尹《よしただ》、近江坂本《おうみさかもと》に到《いた》るが、六角高頼《ろっかくたかより》に敗《やぶ》れて河内《かわち》に逃《のが》れ、ついで周防大内義興を頼る(後法興院政家記)。**12・18** 政元《まさもと》の被官赤沢宗益《ひかんあかざわそうえき》、奈良《なら》に乱入《らんにゅう》し諸寺《しょじ》を焼《や》く(雑事記)。**12・20** 政元《まさもと》、畠山尚順《はたけやまひさのぶ》を摂津《せっつ》で破《やぶ》る・尚順《ひさのぶ》、紀伊《きい》に没落《ぼつらく》(後法興院政家記)。 【社会・文化】 **5・22** 京都大雨洪水《きょうとおおあめこうずい》(実隆公記)。**この年** 諸国飢饉《としょこくききん》(後法興院政家記)。幕府《ばくふ》、使《つかい》を朝鮮《ちょうせん》に派遣《はけん》し、大蔵経《だいぞうきょう》を求《もと》める(続善隣国宝記)。飛鳥井雅康《あすかいまさやす》『富士歴覧記《ふじれきらんき》』成《な》る。		**23**	**5**	**12**

【死没】
1・23 山名政豊《やまなまさとよ》(59、武将《ぶしょう》)。3・25 蓮如《れんにょ》(85、真宗僧侶《しんしゅうそうりょ》)。7・24 吉田兼致《よしだかねむね》(42、神道家《しんとうか》)。10・24 大宮長興《おおみやながおき》(88、官人《かんじん》)。

《月の大小／朔日の干支・ユリウス暦》
一辛酉(2・10)・二辛卯(3・12)・三辛酉(4・11)・四庚寅(5・10)・五庚申(6・9)・六庚寅(7・9)・七己未(8・7)・八己丑(9・6)・九戊午(10・5)・一〇丁亥(11・3)・一一丁巳(12・3)・一二丙戌(00・1・1)(太字は大の月)

【世界】
スイス、神聖《しんせい》ローマ帝国《ていこく》より独立《どくりつ》。

西暦	年号・干支	琉球	朝鮮	明
◀一五〇〇	九 庚申《かのえさる》	24	6	13

【政治・経済】
5・9 古市澄胤《ふるいちちょういん》、奈良郊外《ならこうがい》での徳政《とくせい》を許可《きょか》(雑事記)。9・2 畠山尚順《はたけやまひさのぶ》、同義英《どうよしひで》を河内誉田城《かわちこんだじょう》で攻囲《こうい》するが、細川政元《ほそかわまさもと》に敗《やぶ》れて紀伊《きい》に退《しりぞ》く(後法興院政家記)。9・16 畠山尚順《はたけやまひさのぶ》、和泉半国守護《いずみのはんごくしゅご》細川元有《ほそかわもとあり》を討滅《とうめつ》(後法興院政家記)。9・‐ 幕府《ばくふ》、洛中洛外酒屋《らくちゅうらくがいさかや》・土倉役《どそうやく》の法《ほう》を定《さだ》める(管領幷政所壁書)。10・‐ 幕府《ばくふ》、撰銭令《えりぜにれい》を発布《はっぷ》(建武以来追加)。この年 周防《すおう》の足利義尹《あしかがよしただ》、九州《きゅうしゅう》・四国《しこく》の諸将《しょしょう》に助勢《じょせい》を依頼《いらい》(相良家文書)。

【社会・文化】
6・7 祇園会再興《ぎおんえさいこう》(後法興院政家記)。7・28 京都大火《きょうとたいか》、二万戸焼失《こしょうしつ》(拾芥記)。この年《とし》 桂庵玄樹《けいあんげんじゅ》『桂庵和尚家法倭点《けいあんおしょうかほうわてん》』成《な》る。

西暦	▶一五〇〇	一五〇一
年号・干支	明応 九 庚申《かのえさる》	文亀《ぶんき》 元 2・29 辛酉《かのとのとり》 ⑥
天皇	(後土御門) 9・28 後柏原《ごかしわばら》 10・25	
将軍	(足利義高)	
管領	(細川政元)	
記事	【死没】 2・27 越智家栄《おちいえひで》(武将《ぶしょう》)。 3・1 景川宗隆《けいせんそうりゅう》(76、臨済宗僧侶《りんざいしゅうそうりょ》)。 6・4 相良為続《さがらためつぐ》(54、武将《ぶしょう》)。 6・25 日朝《にっちょう》(79、日蓮宗僧侶《にちれんしゅうそうりょ》)。 8・7 甘露寺親長《かんろじちかなが》(77、公卿《くぎょう》)。 9・6 悟渓宗頓《ごけいそうとん》(86、臨済宗僧侶《りんざいしゅうそうりょ》)。 9・23 天隠竜沢《てんいんりゅうたく》(79、臨済宗僧侶《りんざいしゅうそうりょ》)。 9・26 月翁周鏡《げつおうしゅうきょう》(禅僧《ぜんそう》)。 9・28 後土御門天皇《ごつちみかどてんのう》(59)。 《月の大小／朔日の干支・ユリウス暦》 一丙辰(1・31)・二乙酉(2・29)・三乙卯(3・30)・四乙酉(4・29)・五甲寅(5・28)・六甲申(6・27)・七癸丑(7・26)・八癸未(8・25)・九癸丑(9・24)・一〇壬午(10・23)・一一壬子(11・22)・一二辛巳(12・21)(太字は大の月) 【世界】 カブラル、ブラジルに漂着《ひょうちゃく》。中央《ちゅうおう》アジア、シャイバーニー朝成立《ちょうせいりつ》。	【政治・経済】 5・20 肥後守護《ひごのしゅご》菊池能運《きくちよしかず》、隈部忠直《くまべただなお》に敗北《はいぼく》・相良長毎《さがらながつね》、旧領《きゅうりょう》八代《やつしろ》に復帰《ふっき》(相良家文書)。 5・24 細川政元《ほそかわまさもと》、日蓮宗本圀寺《にちれんしゅうほんこくじ》と浄土宗妙講寺《じょうどしゅうみょうこうじ》に宗論《しゅうろん》をさせる(後法興院政家記)。 6・13 周防《すおう》の足利義尹《あしかがよしただ》、上洛《じょうらく》をはかり、諸将《しょしょう》に合力《ごうりき》を催促《さいそく》(小笠原文書)。 閏《うるう》6・9 大内義興《おおうちよしおき》治罰《じばつ》の綸旨《りんじ》が幕府《ばくふ》に下《くだ》される(忠富王記)。 7・23 大内義興軍《おおうちよしおきぐん》、豊前馬ケ岳城《ぶぜんうまがたけじょう》で大友《おおとも》・少弐軍《しょうにぐん》を破《やぶ》る(萩藩閥閲録)。 8・10 幕府《ばくふ》、安芸《あき》・石見《いわみ》の諸将《しょしょう》に大内義興追討《おおうちよしおきついとう》を命《めい》じる(御内書案)。 11・13 幕府《ばくふ》、後柏原天皇即位料《ごかしわばらてんのうそくいりょう》を諸国《しょこく》に賦課《ふか》(忠富王
大日本史料	(未刊)	
琉球	尚真王 24	25
朝鮮	燕山君 6	7
明	弘治 13	14 ⑦

西暦: ◀ 一五〇二

年号・干支: 二 壬戌《みずのえいぬ》

天皇:

将軍:

管領:

記事:

記)。この年《とし》 東国《とうごく》で私年号《しねんごう》「徳応《とくおう》」が用《もち》いられる(中野区歴史民俗資料館蔵板碑)。

【社会・文化】
3・28 九条政基《くじょうまさもと》、『政基公旅引付《まさもとこうたびひきつけ》』を記《しる》す(～永正元年《えいしょうがんねん》一二月《がつ》)。9・15 宗祇《そうぎ》、三条西実隆《さんじょうにしさねたか》に古今伝授《こきんでんじゅ》を行《おこな》う(実隆公記)。

【死没】
2・12 日具《にちぐ》(79、日蓮宗僧侶《にちれんしゅうそうりょ》)。2・28 蘭坡景茝《らんぱけいし》(83、臨済宗僧侶《りんざいしゅうそうりょ》)。8・10 松平親忠《まつだいらちかただ》(71、三河国人《みかわこくじん》)。9・23 道興《どうこう》(僧侶《そうりょ》)。

《月の大小／朔日の干支・ユリウス暦》
一庚戌(1・19)・二庚辰(2・18)・三己酉(3・19)・四己卯(4・18)・五戊申(5・17)・六戊寅(6・16)・閏六丁未(7・15)・七丁丑(8・14)・八丁未(9・13)・九丙子(10・12)・一〇丙午(11・11)・一一丙子(12・11)・一二乙巳(02・1・9)(太字は大の月)

《世界》
イラン、サファヴィー朝成立《ちょうせいりつ》。ウズベク、詩人《しじん》ナヴァーイー没《ぼつ》。

【政治・経済】
2・17 細川政元《ほそかわまさもと》、足利義高《あしかがよしたか》と不和《ふわ》になり隠居《いんきょ》、翌月《よくげつ》八日、丹波《たんば》に下向《げこう》(宣胤卿記)。4・25 政元《まさもと》、帰京《ききょう》(後法興院政家記)。7・18 赤沢宗益《あかざわそうえき》、大和寺《やまとじ》社領《しゃりょう》を乱《みだ》す・大和《やまと》の五社《しゃ》七大寺《だいじ》が閉門《へいもん》(雑事記)。8・4 足利義澄《あしかがよしずみ》(義高《よしたか》改《あらた》め)、政元《まさもと》と不和《ふわ》(後法興院政家記)。

大日本史料:

琉球: 26

朝鮮: 8

明: 15

西暦	年号・干支	天皇	将軍	管領	記事	大日本史料	琉球	朝鮮	明
▶一五〇二	文亀 二 壬戌《みずのえいぬ》	(後柏原)	(足利義高) 7・21 足利義澄《あしかがよしずみ》(改名)	(細川政元)	【社会・文化】5・7 大和《やまと》西大寺《さいだいじ》焼失《しょうしつ》(雑事記)。6・23 三条西実隆《さんじょうにしさねたか》、『本朝皇胤紹運録《ほんちょうこういんじょううんろく》』を書写《しょしゃ》・加筆《かひつ》し進上《しんじょう》(実隆公記)。 【死没】5・15 村田珠光《むらたじゅこう》(80、茶匠《ちゃしょう》)。6・4 細川勝益《ほそかわかつます》(武将《ぶしょう》)。6・11 浦上則宗《うらがみのりむね》(74、武将《ぶしょう》)。7・30 宗祇《そうぎ》(82、連歌師《れんがし》)。この年《とし》 日置弾正《へきだんじょう》(59、弓術家《きゅうじゅつか》)。 《月の大小/朔日の干支・ユリウス暦》一乙亥(2・8)・二甲辰(3・9)・三癸酉(4・7)・四癸卯(5・7)・五壬申(6・5)・六壬寅(7・5)・七辛未(8・3)・八辛丑(9・2)・九庚午(10・1)・一〇庚子(10・31)・一一庚午(11・30)・一二庚子(12・30)(太字は大の月) 【世界】明《みん》、『大明会典《だいみんかいてん》』成《な》る。黒人奴隷《こくじんどれい》、初《はじ》めてイスパニオラ島《とう》に導入《どうにゅう》される。キプチャク＝ハン国滅《こくほろ》ぶ。	(未刊)	尚真王 26	燕山君 8	弘治 15
一五〇三	三 癸亥《みずのとのい》				【政治・経済】3・24 赤沢宗益《あかざわそうえき》、近江《おうみ》の六角高頼《ろっかくたかより》攻《ぜ》めに出陣《しゅつじん》(後法興院政家記)。3・- 幕府《ばくふ》、通信符《つうしんふ》を朝鮮《ちょうせん》に求《もと》める(続善隣国宝記)。4・2 朝倉貞景《あさくらさだかげ》、甥景豊《おいかげとよ》を越前敦賀《えちぜんつるが》で滅《ほろ》ぼす(後法興院政家記)。8・- 奈良《なら》の諸寺《しょじ》、徳政《とくせい》を実施《じっし》(実隆公記)。 【社会・文化】		27	9	16

西暦	◀一五〇四	
年号・干支	永正《えいしょう》元 2・30 甲子《きのえね》 ③	
天皇		
将軍		
管領		
記事	【政治・経済】 3・9 細川政元《ほそかわまさもと》、赤沢朝経《あかざわともつね》(宗益《そうえき》)の山城槇島城《やましろまきしまじょう》に派兵《はへい》、朝経没落《ともつねぼつらく》(後法興院政家記)。6・27 政元《まさもと》、朝経《ともつね》を宥免《ゆうめん》(後法興院政家記)。9・4 摂津守護代薬師寺元一《せっつのしゅごだいやくしじもとかず》、政元《まさもと》を廃《はい》して、養子澄元《ようしすみもと》の擁立《ようりつ》を図《はか》り、淀城《よどじょう》に拠《よ》る(宣胤卿記)。9・11 京都《きょうと》に土一揆蜂起《つちいっきほうき》・幕府《ばくふ》、徳政《とくせい》を行《おこな》う(宣胤卿記)。9・19 政元《まさもと》、淀城《よどじょう》を攻略《こうりゃく》・翌日《よくじつ》、元一《もとかず》は切腹《せっぷく》(宣胤卿記)。9・27 上杉朝良《うえすぎともよし》、今川氏親《いまがわうじちか》・伊勢宗瑞《いせそうずい》(北条早雲《ほうじょうそううん》)の援《たす》けを受《う》け、上杉顕定《うえすぎあきさだ》を破《やぶ》る(宗長日記)。10・2 幕府《ばくふ》、徳政条々《とくせいじょうじょう》を定《さだ》める(蜷川家文書)。12・18 畠山尚《はたけやまひさ》	2・- 景徐周麟《けいじょしゅうりん》『大館持房行状《おおだちもちふさぎょうじょう》』成《な》る。4・3 近江百済寺《おうみひゃくさいじ》、兵火《へいか》に罹《かか》る(後法興院政家記)。この年《とし》 旱魃《かんばつ》により飢饉《ききん》(政基公旅引付)。土佐光信《とさみつのぶ》、『北野天神縁起《きたのてんじんえんぎ》』を描《えが》く。 【死没】 2・28 山科言国《やましなときくに》(52、公卿《くぎょう》)。 《月の大小／朔日の干支・ユリウス暦》 **一**己巳(1・28)・二己亥(2・27)・三戊辰(3・28)・**四**丁酉(4・26)・五丁卯(5・26)・六丙申(6・24)・**七**乙丑(7・23)・**八**乙未(8・22)・九乙丑(9・21)・**一〇**甲午(10・20)・**一一**甲子(11・19)・一二甲午(12・19)(太字は大の月) 〘世界〙 この頃《ころ》、スペイン、新大陸《しんたいりく》でエンコミエンダ制《せい》を採用《さいよう》。
大日本史料		
琉球	28	
朝鮮	10	
明	④ 17	

西暦	▶一五〇四	一五〇五
年号・干支	永正 元 2・30 甲子《きのえね》 ③	二 乙丑《きのとのうし》
天皇	（後柏原）	
将軍	（足利義澄）	
管領	（細川政元）	
記事	順《のぶ》と同義英《どうよしひで》が和睦《わぼく》（雑事記）。 【社会・文化】 **1・4** 京都《きょうと》大雪《おおゆき》（宣胤卿記）。**この年**《とし》 疫病流行《えきびょうりゅうこう》し、京都《きょうと》で盗賊出没《とうぞくしゅつぼつ》（後法興院政家記）。東国《とうごく》で飢饉《ききん》、死者多数《ししゃたすう》（妙法寺記）。鷲尾隆康《わしのおたかやす》、『二水記《にすいき》』を記《しる》す（〜天文《てんぶん》二年《ねん》）。印融《いんゆう》『文筆問答鈔《ぶんぴつもんどうしょう》』成《な》るか。**この頃**《ころ》 三条西実隆《さんじょうにしさねたか》『弄花抄《ろうかしょう》』を著《あらわ》す（永正《えいしょう》七年《ねん》、増補訂正成《ぞうほていせいな》る）。 【死没】 **2・15** 菊池能運《きくちよしかず》（23、武将《ぶしょう》）。**8・24** 東陽英朝《とうようえいちょう》（77、臨済宗僧侶《りんざいしゅうそうりょ》）。**11・22** 壬生雅久《みぶまさひさ》（官人《かんじん》）。 《月の大小／朔日の干支・ユリウス暦》 一甲子（1・18）・二癸巳（2・16）・三癸亥（3・17）・閏三壬辰（4・15）・四辛酉（5・14）・五辛卯（6・13）・六庚申（7・12）・七己丑（8・10）・八己未（9・9）・九戊子（10・8）・一〇戊午（11・7）・一一戊子（12・7）・一二戊午（05・1・6）（太字は大の月） 【世界】 バーブル、カーブルを占拠《せんきょ》。	【政治・経済】 **3・-** 上杉顕定《うえすぎあきさだ》、同朝良《どうともよし》を武蔵河越城《むさしかわごえじょう》に攻囲《こうい》、朝良《ともよし》は和《わ》を請《こ》い江戸城《えどじょう》に隠遁《いんとん》（鎌倉九代後記）。肥後《ひご》の菊池政朝《きくちまさとも》、周防《すおう》の足利義尹《あしかがよしただ》に合力《ごうりき》し、豊後《ぶんご》の大友義長《おおともよしなが》と戦《たたか》う（歴代鎮西志）。**10・10** 幕府《ばくふ》、撰銭令《えりぜにれい》を出《だ》す（蜷川家文書）。
大日本史料	（未刊）	
琉球	尚真王 28	29
朝鮮	燕山君 10	11
明	④ 弘治 17	武宗《ぶそう》 18

西暦	◀ 一五〇六	
年号・干支	三 丙寅《ひのえとら》 ⑪	
天皇		
将軍		
管領		
記事	【政治・経済】**1・26** 赤沢朝経《あかざわともつね》、畠山義英《はたけやまよしひで》の誉田城《こんだじょう》を、二八日《にち》に尚順《ひさのぶ》の高屋城《たかやじょう》を攻略《こうりゃく》(多聞院日記)。**2・10** 大内義興《おおうちよしおき》、朝鮮《ちょうせん》に長門《ながと》亀山八幡宮《かめやまはちまんぐう》修理《しゅうり》の助援《じょえん》を求《もと》める(続善隣国宝記)。**3・4** 幕府《ばくふ》、守護《しゅご》が押領《おうりょう》する寺社本所領《じしゃほんじょりょう》を注進《ちゅうしん》させる(宣胤卿記)。**3・―** 大友親治《おおともちかはる》・少弐資元《しょうにすけもと》、豊前《ぶぜん》・筑前《ちくぜん》の大内義興方《おおうちよしおきがた》	**11・27** 細川政元《ほそかわまさもと》、義尹《よしただ》与同《よどう》の河内《かわち》の畠山義英《はたけやまよしひで》・尚順《ひさのぶ》を赤沢朝経《あかざわともつね》に攻《せ》めさせる(多聞院日記)。**この年《とし》** 守悦《しゅえつ》、勧進《かんじん》により伊勢宇治橋《いせうじばし》を架《か》ける(河崎年代記)。 【社会・文化】**7・18** 幕府《ばくふ》、洛中《らくちゅう》の盆踊《ぼんおど》りを禁《きん》じる(実隆公記)。**この年《とし》** 陸奥《むつ》飢饉《ききん》(会津塔寺八幡宮長帳)。 【死没】**6・19** 近衛政家《このえまさいえ》(62、公卿《くぎょう》)。 《月の大小/朔日の干支・ユリウス暦》一丁亥(2・4)・二丁巳(3・6)・三丁亥(4・5)・四丙辰(5・4)・五乙酉(6・2)・六乙卯(7・2)・七甲申(7・31)・八癸丑(8・29)・九癸未(9・28)・一〇壬子(10・27)・一一壬午(11・26)・一二壬子(12・26)(太字は大の月) 〖世界〗ポーランド、ラドムの憲法《けんぽう》。
大日本史料		
琉球	30	
朝鮮	中宗《ちゅうそう》	
明	正徳《せいとく》(1.1)	

西暦	▶一五〇六	一五〇七
年号・干支	永正 三 ⑪ 丙寅《ひのえとら》	四 丁卯《ひのとのう》
天皇	（後柏原）	
将軍	（足利義澄）	
管領	（細川政元）	
記事	諸城《しょじょう》を攻撃《こうげき》（萩藩閥閲録）。**4・21** 細川澄元《ほそかわすみもと》、阿波《あわ》より上洛《じょうらく》（宣胤卿記）。**4・23** 古河公方足利政氏《こがくぼうあしかがまさうじ》と子高基《たかもと》が不和《ふわ》・高基《たかもと》、下総関宿《しもうさせきやど》ついで下野《しもつけ》宇都宮《うつのみや》に移《うつ》る（喜連川判鑑）。**4・-** 和泉堺《いずみさかい》の住民《じゅうみん》、細川政元《ほそかわまさもと》に銭《ぜに》六〇〇〇貫《がん》を贈《おく》る（尚通公記）。**7・11** 幕府《ばくふ》、撰銭《えりぜに》・踊《おど》りなど八項目《こうもく》を禁止《きんし》（実隆公記）。**7・15** 越前《えちぜん》で一向一揆《いっこういっき》蜂起《ほうき》し、加賀等《かがなど》の一揆《いっき》も越前《えちぜん》に入《はい》る（賀越闘諍記）。**8・-** 越前《えちぜん》の朝倉貞景《あさくらさだかげ》、一向一揆《いっこういっき》を破《やぶ》り、吉崎道場等《よしざきどうじょうなど》を破却《はきゃく》（賀越闘諍記）。**9・19** 越後守護代長尾能景《えちごのしゅごだいながおよしかげ》、越中般若野《えっちゅうはんにゃの》で一向一揆《いっこういっき》に敗死《はいし》（本土寺過去帳）。**永正《えいしょう》三～四年《ねん》** 東国《とうごく》で私年号《しねんごう》「弥勒《みろく》」使用《しよう》される（宝蔵院蔵板碑）。 【社会・文化】 **この年《とし》** 近衛尚通《このえひさみち》、『尚通公記《ひさみちこうき》』を記《しる》す（～天文《てんぶん》五年《ねん》）。 【死没】 **9・19** 長尾能景《ながおよしかげ》（武将《ぶしょう》）。**この年《とし》か** 雪舟等楊《せっしゅうとうよう》（87、禅僧画家《ぜんそうがか》）。 《月の大小／朔日の干支・ユリウス暦》 一辛巳（1・24）・二辛亥（2・23）・三辛巳（3・25）・四庚戌（4・23）・五庚辰（5・23）・六己酉（6・21）・七己卯（7・21）・八戊申（8・19）・九丁丑（9・17）・一〇丁未（10・17）・一一丙子（11・15）・閏一一丙午（12・15）・一二乙亥（07・1・13）（太字は大の月）	【政治・経済】 **2・14** 甲斐武田信直《かいたけだのぶなお》（信虎《のぶとら》）、信縄《のぶつな》の跡《あと》を嗣《つ》ぐ（武田系図）。**6・23** 細川澄之《ほそかわすみゆき》、養父政元《ようふまさもと》を殺《ころ》し、翌《よく》二四日《か》、澄元《すみもと》・三好之長《みよしゆきなが》を近江《おうみ》に逐《お》う（宣胤卿記）。
大日本史料	（未刊）	
琉球	尚真王 30	31
朝鮮	中宗	2
明	正徳（1.1）	① 2

西暦	
年号・干支	
天皇	
将軍	
管領	6・23

記事

6・26 赤沢朝経《あかざわともつね》、丹後《たんご》で国人一揆《こくじんいっき》に敗死《はいし》(多聞院日記)。8・1 細川高国《ほそかわたかくに》ら、澄之《すみゆき》を滅《ほろ》ぼす(宣胤卿記)。8・2 細川澄元《ほそかわすみもと》、帰京《ききょう》(宣胤卿記)。8・7 越後守護代長尾為景《えちごのしゅごだいながおためかげ》、守護上杉房能《しゅごうえすぎふさよし》を滅《ほろ》ぼす(東寺過去帳)。12・15 大内義興《おおうちよしおき》、足利義尹《あしかがよしただ》を奉《ほう》じて上洛《じょうらく》を図《はか》る・足利義澄《あしかがよしずみ》、義尹《よしただ》・義興《よしおき》との和《わ》を澄元《すみもと》に諮《はか》らせる(御内書案)。

【社会・文化】

7・18 彗星出現《すいせいしゅつげん》(宣胤卿記)。12・- 中山康親《なかやまやすちか》、『康親卿記《やすちかきょうき》』を記《しる》す(～永《えい》正《しょう》八年《ねん》九月《がつ》)。

【死没】

6・23 細川政元《ほそかわまさもと》(42、武将《ぶしょう》)。6・26 赤沢朝経《あかざわともつね》(武将《ぶしょう》)。8・1 香西元長《こうざいもとなが》(武将《ぶしょう》)。細川澄之《ほそかわすみゆき》(19、武将《ぶしょう》)。8・7 上杉房能《うえすぎふさよし》(武将《ぶしょう》)。

《月の大小／朔日の干支・ユリウス暦》

一乙巳(2・12)・二乙亥(3・14)・三乙巳(4・13)・四甲戌(5・12)・五甲辰(6・11)・六癸酉(7・10)・七癸卯(8・9)・八壬申(9・7)・九辛丑(10・6)・一〇辛未(11・5)・一一庚子(12・4)・一二庚午(08・1・3)(太字は大の月)

【世界】

ドイツ、ヴァルトゼーミューラー、新大陸《しんたいりく》をアメリカと命名《めいめい》。イタリア、チェザーレ＝ボルジャ没《ぼっ》。

大日本史料	
琉球	
朝鮮	
明	

西暦	年号・干支	天皇	将軍	管領
一五〇八	永正 五 戊辰《つちのえたつ》	（後柏原）	（足利義澄） 4・16 7・1 足利義尹《あしかがよしただ》（義材《よしき》改名）	この年 細川高国《ほそかわたかくに》

記事

【政治・経済】

2・20 幕府《ばくふ》、足利義尹《あしかがよしただ》上洛阻止《じょうらくそし》と大内氏《おおうちし》分国《ぶんこく》の攻撃《こうげき》及《およ》び参洛《さんらく》を西国諸将《さいごくしょしょう》に命《めい》じる（御内書案）。3・17 細川高国《ほそかわたかくに》、同澄元《どうすみもと》と不和《ふわ》になり伊賀《いが》に逃《のが》れる（尚通公記）。4・9 高国《たかくに》が挙兵《きょへい》し、澄元《すみもと》・三好之長《みよしゆきなが》の近江《おうみ》退避後《たいひご》、入京《にゅうきょう》（実隆公記）。4・16 足利義澄《あしかがよしずみ》、同義尹《どうよしただ》上洛《じょうらく》を恐《おそ》れて近江《おうみ》に逃《のが》れる（実隆公記）。6・8 足利義尹《あしかがよしただ》について大内義興《おおうちよしおき》入京《にゅうきょう》（和長卿記）。7・1 義尹《よしただ》に将軍宣下《しょうぐんせんげ》（実隆公記）。8・7 幕府《ばくふ》、撰銭令《えりぜにれい》を洛中《らくちゅう》・大山崎《おおやまざき》・堺北荘《さかいきたのしょう》等《など》に出《だ》し、守護《しゅご》や寺社《じしゃ》に通達《つうたつ》（建武以来追加）。10・i 伊勢宗瑞《いせそうずい》（北条早雲《ほうじょうそううん》）、今川氏親《いまがわうじちか》の命《めい》により三河《みかわ》に侵攻《しんこう》（駿河伊達文書）。

【社会・文化】

2・13 和泉《いずみ》堺《さかい》南荘《みなみのしょう》で千余戸《よこ》焼失《しょうしつ》（実隆公記）。2・23 石清水八幡宮《いわしみずはちまんぐう》火事《かじ》（宣胤卿記）。3・18 東大寺講堂《とうだいじこうどう》など焼失《しょうしつ》（宣胤卿記）。4・29 経師《きょうじ》良椿《りょうちん》、三島暦《みしまこよみ》を管《かん》することを許《ゆる》される（実隆公記）。

【死没】

2・15 島津忠昌《しまづただまさ》（46、武将《ぶしょう》）。5・2 尋尊《じんそん》（79、法相宗僧侶《ほっそうしゅうそうりょ》）。6・15 桂庵玄樹《けいあんげんじゅ》（82、臨済宗僧侶《りんざいしゅうそうりょ》）。7・25 古市澄胤《ふるいちちょういん》（57、興福寺衆徒《こうふくじしゅと》）。11・16 斯波義敏《しばよしとし》（74、武将《ぶしょう》）。

《月の大小／朔日の干支・ユリウス暦》

一己亥（2・1）・二己巳（3・2）・三己亥（4・1）・四戊辰（4・30）・五戊戌（5・30）・六丁卯（6・28）・七丁酉（7・28）・八丁卯（8・27）・九丙申（9・25）・一〇乙丑（10・24）・一一乙

大日本史料	琉球	朝鮮	明
（未刊） 6・i 9編1	尚真王 32	中宗 3	正徳 3

未(11・23)・一二甲子(12・22)(太字は大の月)

《世界》
カンブレー同盟《どうめい》成立《せいりつ》。

西暦 ◀一五〇九

年号・干支 六 己巳《つちのとのみ》 ⑧

【政治・経済】
2・19 山城《やましろ》で土一揆蜂起《つちいっきほうき》(実隆公記)。 **5・9** 幕府《ばくふ》、訴訟《そしょう》の法《ほう》を定《さだ》める(建武以来追加)。 **6・17** 細川高国《ほそかわたかくに》・大内義興《おおうちよしおき》、三好之長《みよしゆきなが》を山城如意ケ岳《やましろにょいがだけ》で破《やぶ》る(拾芥記)。 **7・28** 上杉顕定《うえすぎあきさだ》ら、長尾為景《ながおためかげ》を越後《えちご》に攻撃《こうげき》・為景《ためかげ》、守護《しゅご》上杉定実《うえすぎさだざね》を奉《ほう》じ越中《えっちゅう》に退避《たいひ》(実隆公記)。 **8・2** 北畠材親《きたばたけきちか》、伊勢山田《いせやまだ》で三好長秀《みよしながひで》を滅《ほろ》ぼす(禁忌集唾)。 **この年《とし》** 朝鮮《ちょうせん》、日本人三浦居住戸数《にほんじんさんぽきょじゅうこすう》の規《き》定超過分《ていちょうかぶん》の送還等《そうかんなど》を要請《ようせい》(異称日本伝)。

【社会・文化】
7・16 連歌師宗長《れんがしそうちょう》、駿河丸子《するがまりこ》より関東周遊《かんとうしゅうゆう》に出発《しゅっぱつ》(東路の津登)。 **9・|** 大内義興問《おおうちよしおきとい》・伊勢貞久答《いせさだひさこたえ》『大内問答《おおうちもんどう》』成《な》る。 **この年《とし》** 遣明使佐々木永春《けんみんしささきながはる》、孔子《こうし》を祀《まつ》る礼法《れいほう》を修《おさ》めて帰国《きこく》(漱芳閣書画銘心録)。

【死没】
10・28 伊勢貞宗《いせさだむね》(66、政所執事《まんどころしつじ》)。

《月の大小／朔日の干支・ユリウス暦》
一甲午(1・21)・二癸亥(2・19)・三癸巳(3・21)・四壬戌(4・19)・五壬辰(5・19)・六壬戌(6・18)・七辛卯(7・17)・八辛酉(8・16)・閏八庚寅(9・14)・九庚申(10・14)・一〇己

大日本史料 9編2 10・|

琉球 33

朝鮮 4

明 ⑨ 4

西暦	▶一五〇九	一五一〇
年号・干支	永正 六 己巳《つちのとみ》 ⑧	七 庚午《かのえうま》
天皇	(後柏原)	
将軍	(足利義尹)	
管領	(細川高国)	
記事	丑(11・12)・一一己未(12・12)・一二戊子(10・1・10)(太字は大の月) 【世界】明《みん》、『正徳会典《せいとくかいてん》』成《な》る。イギリス、ヘンリ八世即位《せいそくい》。	【政治・経済】**1・11** 遣明使《けんみんし》了庵桂悟《りょうあんけいご》、長門赤間関《ながとあかまがせき》を発《た》つが、逆風《ぎゃくふう》のため渡明中止《とみんちゅうし》(実隆公記)。**2・28** 細川高国《ほそかわたかくに》・大内義興《おおうちよしおき》ら、近江《おうみ》で足利義澄《あしかがよしずみ》を攻《せ》めるが敗北《はいぼく》(実隆公記)。**4・4** 対馬《つしま》の宗氏《そうし》・朝鮮三浦《ちょうせんさんぽ》の恒居倭人《こうきょわじん》、一斉《いっせい》に蜂起《ほうき》(三浦《さんぽ》の乱《らん》)(朝鮮王朝実録)。**4・15** 長尾為景《ながおためかげ》、上杉顕定《うえすぎあきさだ》に敗《やぶ》れて佐渡《さど》に逃《のが》れる(榊原家所蔵文書)。**6・20** 顕定《あきさだ》、為景《ためかげ》と越後長森原《えちごながもりはら》に戦《たたか》い敗死《はいし》(相州兵乱記)。**9・9** 陸奥《むつ》の結城政朝《ゆうきまさとも》、小峰政重《こみねまさしげ》に敗《やぶ》れて下野《しもつけ》に逃《のが》れる(会津塔寺八幡宮長帳)。**12・17** 幕府《ばくふ》、撰銭罪科追加《えりぜにざいかついか》を定《さだ》める(政所方引付)。**この年** 義澄《よしずみ》の使《つかい》宋素卿《そうそけい》、明《みん》に赴《おもむ》く(明実録)。 【社会・文化】**2・18** 三条西実隆《さんじょうにしさねたか》、徳大寺実淳《とくだいじさねあつ》に古今伝授《こきんでんじゅ》を行《おこな》う(実隆公記)。**3・-～4・-** 三条西実隆《さんじょうにしさねたか》、将軍家同朋衆真相《しょうぐんけどうぼうしゅうしんそう》(相阿弥《そうあみ》)に孔子《こうし》・老子像《ろうしぞう》を描《えが》かせる(実隆公記)。**8・8** 近畿《きんき》に大地震《おおじしん》(実隆公記)。**8・27** 津波《つなみ》で遠江今切《とおとうみいまぎれ》崩壊《ほうかい》し、浜名湖《はまなこ》に海水満《かいすいみ》ち、橋本等水没《はしもとなどすいぼつ》(皇年代略記)。**12・-** 柴屋軒宗長《さいおくけんそうちょう》『東路《あずまじ》の津登《つと》』成《な》る。 【死没】
大日本史料	(9編2)	
琉球	尚真王 33	34
朝鮮	中宗 4	5
明	⑨ 正徳 4	5

西暦		◀一五一一
年号・干支		八 辛未《かのとひつじ》
天皇		
将軍		
管領		
記事	6・6 猪苗代兼載《いなわしろけんさい》（59、連歌師《れんがし》）。6・20 上杉顕定《うえすぎあきさだ》（57、関東管領《かんとうかんれい》）。 《月の大小／朔日の干支・ユリウス暦》 一戊午（2・9）・二丁亥（3・10）・三丁巳（4・9）・四丙戌（5・8）・五丙辰（6・7）・六乙酉（7・6）・七乙卯（8・5）・八乙酉（9・4）・九甲寅（10・3）・一〇甲申（11・2）・一一癸丑（12・1）・一二癸未（12・31）（太字は大の月） 〔世界〕 ポルトガル、インドのゴアを占領《せんりょう》。イタリア、ボッティチェリ没《ぼっ》。	【政治・経済】 3・23 幕府《ばくふ》、洛中《らくちゅう》の味噌役等《みそやくなど》について条規《じょうき》を定《さだ》める（蜷川家文書）。この夏《なつ》 幕府《ばくふ》、僧弸中《そうほうちゅう》を朝鮮《ちょうせん》に遣《つか》わし、旧好回復《きゅうこうかいふく》を求《もと》める（朝鮮王朝実録）。7・- 阿波《あわ》の細川澄元《ほそかわすみもと》、挙兵《きょへい》して摂津等《せっつなど》で細川高国方《ほそかわたかくにがた》と戦《たたか》う（実隆公記）。8・14 足利義澄《あしかがよしずみ》、近江岡山《おうみおかやま》で没《ぼっ》（足利家官位記）。8・16 足利義尹《あしかがよしただ》・細川高国《ほそかわたかくに》・大内義興《おおうちよしおき》ら丹波《たんば》に逃《のが》れ、細川政賢《ほそかわまさかた》ら澄元勢入京《すみもとぜいにゅうきょう》（尚通公記）。8・24 高国《たかくに》・義興《よしおき》ら、山城船岡山《やましろふなおかやま》で澄元勢《すみもとぜい》を破《やぶ》る。政賢敗死《まさかたはいし》（尚通公記）。9・1 義尹入京《よしただにゅうきょう》（尚通公記）。9・20 山城《やましろ》で徳政一揆蜂起《とくせいいっきほうき》（実隆公記）。9・- 遣《けん》明使《みんし》了庵桂悟《りょうあんけいご》、明《みん》の鄞江《ぎんこう》に着《つ》く（異国出契）。12・6 幕府《ばくふ》、伺事条々《うかがいごとじょうじょう》を定《さだ》める（建武以来追加）。 【社会・文化】 2・19 吉田兼倶没《よしだかねともぼっ》・生前《せいぜん》『神道大意《しんとうたいい》』『唯一神道名法要集《ゆいいつしんとうみょうぼうようしゅう》』を著《あらわ》す。7・-
大日本史料	是歳	9編3
琉球		35
朝鮮		6
明		6

西暦	年号・干支	天皇	将軍	管領	記事	大日本史料	琉球	朝鮮	明
▶一五一一	永正 八 辛未《かのとのひつじ》	（後柏原）	（足利義尹）	（細川高国）	島津忠治《しまづただはる》、『識鷹秘訣集《しきようひけつしゅう》』を編《あ》む（薩藩旧記）。**8・19** 諸国《しょこく》で暴風雨《ぼうふうう》（実隆公記）。 【死没】**2・19** 吉田兼倶《よしだかねとも》（77、神道家《しんとうか》）。**8・14** 足利義澄《あしかがよしずみ》（32、室町将軍《むろまちしょうぐん》）。**8・24** 細《ほそ》川政賢《かわまさかた》（武将《ぶしょう》）。 《月の大小／朔日の干支・ユリウス暦》一癸丑（1・30）・二壬午（2・28）・三辛亥（3・29）・四辛巳（4・28）・五庚戌（5・27）・六己卯（6・25）・七己酉（7・25）・八己卯（8・24）・九戊申（9・22）・一〇戊寅（10・22）・一一戊申（11・21）・一二丁丑（12・20）（太字は大の月） 〘世界〙ポルトガル、マラッカを占領《せんりょう》。ディエゴ＝デ＝ベラスケス、キューバ征《せい》服《ふく》を開始《かいし》。	（9編3）	尚真王 35	中宗 6	正徳 6
一五一二	九 壬申《みずのえさる》 ④				【政治・経済】**3・3** 安芸国国人《あきのくにこくじん》、一揆契諾状《いっきけいだくじょう》を結《むす》ぶ（平賀家文書）。**閏《うるう》4・2** 今川氏《いまがわうじ》親勢《ちかぜい》、遠江《とおとうみ》で斯波義達《しばよしみち》と戦《たたか》う（駿河伊達文書）。**5・15** 幕府《ばくふ》、越中太田《えっちゅうおおたの》保内《ほない》での徳政実施《とくせいじっし》を領主細川高国《りょうしゅほそかわたかくに》に命《めい》じる（蜷川家文書）。**6・17** 足利政《あしかがまさ》氏《うじ》と子高基《こたかもと》が不和《ふわ》。高基方《たかもとがた》の上杉憲房勢《うえすぎのりふさぜい》、政氏息《まさうじそく》の上杉顕実《うえすぎあきざね》の武蔵鉢形《むさしはちがた》城《じょう》を攻略《こうりゃく》（由良文書・堀内文書）。**6・18** 政氏《まさうじ》、古河《こが》を退《しりぞ》き下野《しもつけ》の小山政《おやままさ》長《なが》を頼る。ついで高基《たかもと》、古河《こが》に入《はい》る（秋田藩採集文書）。**8・13** 伊勢宗瑞《いせそうずい》	9編4 [illegible]	36	7	⑤ 7

西暦

年号・干支

天皇

将軍

管領

記事

(北条早雲《ほうじょうそううん》)、三浦義同《みうらよしあつ》の相模《さがみ》岡崎城《おかざきじょう》を攻落《こうらく》(相州兵乱記)。**8・30** 幕府《ばくふ》、撰銭令《えりぜにれい》を下《くだ》し、町人《ちょうにん》による私検断《しけんだん》の注進等《ちゅうしんなど》を定《さだ》める(東寺百合文書)。**この年《とし》** 朝鮮《ちょうせん》、対馬島主宗氏《つしまとうしゅそうし》の歳遣船半減等《さいけんせんはんげんなど》を定《さだ》める(壬申約条《じんしんやくじょう》)(朝鮮王朝実録)。

【社会・文化】

6・- 豊原統秋《とよはらのむねあき》、『體源抄《たいげんしょう》』を撰了《せんりょう》。**この年《とし》** 広橋守光《ひろはしもりみつ》、『守光公記《もりみつこうき》』を記《しる》す(～大永元年春《だいえいがんねんはる》にかけて現存《げんそん》)。

【死没】

3・25 朝倉貞景《あさくらさだかげ》(40、武将《ぶしょう》)。**5・7** 後藤祐乗《ごとうゆうじょう》(73、金工家《きんこうか》)。**10・22** 真慧《しんね》(79、真宗僧侶《しんしゅうそうりょ》)。

《月の大小／朔日の干支・ユリウス暦》

一丁未(1・19)・二丁丑(2・18)・三丙午(3・18)・四乙亥(4・16)・閏四乙巳(5・16)・五甲戌(6・14)・六癸卯(7・13)・七癸酉(8・12)・八壬寅(9・10)・九壬申(10・10)・一〇壬寅(11・9)・一一壬申(12・9)・一二辛丑(13・1・7)(太字は大の月)

〖世界〗

スペイン、ブルゴス法制定《ほうせいてい》される。ポルトガルのピレス、マラッカに到《とう》着《ちゃく》。

大日本史料

琉球

朝鮮

明

西暦	一五一三
年号・干支	永正一〇 癸酉《みずのととり》
天皇	(後柏原)
将軍	(足利義尹)　11・9 足利義植《あしかがよしたね》(改名)
管領	(細川高国)
記事	【政治・経済】 2・14 足利義尹《あしかがよしただ》、同義澄《どうよしずみ》の子義晴《こよしはる》と和《わ》す(伊勢貞助記)。3・17 義尹《よしただ》、大内《おおうち》義興《よしおき》・細川高国《ほそかわたかくに》の専横《せんおう》に怒《いか》り、近江《おうみ》に出奔《しゅっぽん》(尚通公記)。5・3 義尹《よしただ》、帰《き》京《きょう》(尚通公記)。6・27 アイヌ蜂起《ほうき》し、蠣崎光広《かきざきみつひろ》の松前大館《まつまえおおだて》を攻略《こうりゃく》(新羅之記録)。8・24 畠山尚順《はたけやまひさのぶ》、同義英《どうよしひで》を河内《かわち》で破《やぶ》る(拾芥記)。10・13 長尾《ながお》為景《ためかげ》、越後守護《えちごのしゅご》上杉定実《うえすぎさだざね》を幽閉《ゆうへい》し、その将《しょう》宇佐美房忠《うさみふささだ》を破《やぶ》る(上杉家文書)。11・9 義尹《よしただ》、義植《よしたね》と改名《かいめい》(拾芥記)。この年《とし》 遣明使《けんみんし》了庵桂悟《りょうあんけいご》ら帰国《きこく》(本朝高僧伝)。 【社会・文化】 2・- 荒木田守晨《あらきだもりとき》『永正記《えいしょうき》』成《な》る(同書)。6・- 細川高国《ほそかわたかくに》、『鞍馬蓋寺縁起《くらまがいじえんぎ》』(狩野元信《かのうもとのぶ》画《が》)を寄進《きしん》。 【死没】 4・12 日祝《にっしゅう》(87、日蓮宗《にちれんしゅう》僧侶《そうりょ》)。 《月の大小/朔日の干支・ユリウス暦》 一辛未(2・6)・二辛丑(3・8)・三庚午(4・6)・四己亥(5・5)・五己巳(6・4)・六戊戌(7・3)・七丁卯(8・1)・八丁酉(8・31)・九丙寅(9・29)・一〇丙申(10・29)・一一丙寅(11・28)・一二乙未(12・27)(太字は大の月) 【世界】 スペインのバルボア、パナマ地峡《ちきょう》を横断《おうだん》して太平洋《たいへいよう》に到達《とうたつ》。マキャヴェリ、『君主論《くんしゅろん》』を著《あらわ》す。ポルトガルのアルブケルケ、紅海《こうかい》に遠征《えんせい》。
大日本史料	(9編4)
琉球	尚真王 37
朝鮮	中宗 8
明	正徳 8

西暦	一五一四
年号・干支	一一 甲戌《きのえいぬ》
天皇	
将軍	
管領	

記事

【政治・経済】

2・13 幕府《ばくふ》、播磨《はりま》の一向宗《いっこうしゅう》を禁《きん》じ、鵤荘政所《いかるがのしょうまんどころ》が荘内《しょうない》の念仏道場《ねんぶつどうじょう》等《など》を検断《けんだん》(古代取集記録)。**4・10** 幕府《ばくふ》、私闘《しとう》を禁《きん》じ、しかけた者《もの》を死罪《しざい》とする(建武以来追加)。**5・26** 長尾為景《ながおためかげ》、宇佐美房忠《うさみふさただ》を越後岩手《えちごいわで》に討滅《とうめつ》(伊勢古文集)。**8・16** 足利政氏方《あしかがまさうじがた》の佐竹義舜《さたけよしきよ》・岩城由隆《いわきよしたか》ら、古河《こが》の足利高基《あしかがたかもと》を攻《せ》め、宇都宮忠綱《うつのみやただつな》と戦《たたか》う(秋田藩採集文書)。**この年《とし》** 幕府《ばくふ》、南湖西堂《なんこせいどう》らを朝鮮《ちょうせん》に派遣《はけん》(朝鮮王朝実録)。

【社会・文化】

この年《とし》 相良長毎《さがらながつね》、肥後蓮花寺《ひごれんげじ》を再興《さいこう》し、七十二道本尊《しちじゅうにどうほんぞん》の霊符《れいふ》を版行《はんこう》(歴代私鑑前書)。『余目氏旧記《あまるめしきゅうき》』成《な》る。

【死没】

3・27 一条冬良《いちじょうふゆよし》(51、公卿《くぎょう》)。**8・24** 長尾景春《ながおかげはる》(72、武将《ぶしょう》)。**9・15** 了庵桂悟《りょうあんけいご》(90、臨済宗僧侶《りんざいしゅうそうりょ》)。

《月の大小／朔日の干支・ユリウス暦》

一乙丑(1・26)・二乙未(2・25)・三甲子(3・26)・四甲午(4・25)・五癸亥(5・24)・六癸巳(6・23)・七壬戌(7・22)・八辛卯(8・20)・九辛酉(9・19)・一〇庚寅(10・18)・一一庚申(11・17)・一二己丑(12・16)(太字は大の月)

【世界】

ハンガリー、ジェルジュ＝ドージャ率《ひき》いる農民反乱《のうみんはんらん》。オスマン朝《ちょう》、サファヴィー朝《ちょう》と戦《たたか》う。

大日本史料	9編5 1-
琉球	38
朝鮮	9
明	9

西暦 一五一五

年号・干支 永正一二 ② 乙亥《きのとのい》

天皇 （後柏原）

将軍 （足利義稙）

管領 （細川高国）

記事

【政治・経済】

2・29 朝廷《ちょうてい》、足利義稙《あしかがよしたね》に即位《そくい》用途《ようど》調達《ちょうたつ》を催促《さいそく》（守光公記）。**3・16** 能登《のとの》守護《しゅご》畠山義元《はたけやまよしもと》らの奉加《ほうが》により、越後白山神社遷宮《えちごはくさんじんじゃせんぐう》（越後白山神社棟札）。**6・22** アイヌ蜂起《ほうき》・蠣崎光広《かきざきみつひろ》、首長《しゅちょう》を誘殺《ゆうさつ》（新羅之記録）。**7・5** 義稙《よしたね》、三条《さんじょう》高倉《たかくら》に新第造営《しんていぞうえい》を開始《かいし》（守光公記）。**10・17** 甲斐《かい》の武田信虎《たけだのぶとら》、大井信達《おおいのぶさと》に敗北《はいぼく》（妙法寺記）。**12・2** 義稙《よしたね》、三条高倉新第《さんじょうたかくらしんてい》に移《うつ》る（益田文書）。**この年《とし》** 武田元繁《たけだもとしげ》、大内義興《おおうちよしおき》方《がた》の安芸己斐城《あきこいじょう》を攻撃《こうげき》（毛利家文書）。

【社会・文化】

1・- 尼子経久《あまこつねひさ》、法華経《ほけきょう》を開板《かいはん》。**2・-** 上杉憲房《うえすぎのりふさ》、『孔子家語句解《こうしけごくかい》』を足利《あしかが》学校《がっこう》に寄進《きしん》。**この年《とし》** 『釈迦堂縁起《しゃかどうえんぎ》』成《な》る。東坊城和長《ひがしぼうじょうかずなが》『桂林遺芳抄《けいりんいほうしょう》』成《な》る。壬生于恒《みぶゆきつね》、『于恒宿禰記《ゆきつねすくねき》』を記《しる》す（〜天文《てんぶん》一〇年《ねん》）。

《月の大小／朔日の干支・ユリウス暦》

一己未（1・15）・二己丑（2・14）・閏二己未（3・16）・三戊子（4・14）・四戊午（5・14）・五丁亥（6・12）・六丁巳（7・12）・七丙戌（8・10）・八乙卯（9・8）・九乙酉（10・8）・一〇甲寅（11・6）・一一甲申（12・6）・一二癸丑（16・1・4）（太字は大の月）

【世界】

フランス、フランソワ一世即位《せいそくい》。ポルトガル、ホルムズを占領《せんりょう》・またヴェトナムのフェフォに至《いた》る。

大日本史料 （9編5） 是歳 9編6

琉球 尚真王 39

朝鮮 中宗 10

明 ④ 正徳 10

西暦	◀一五一六
年号・干支	一三 丙子《ひのえね》
天皇	
将軍	
管領	

記事

【政治・経済】

4・19 幕府《ばくふ》、渡唐船《ととうせん》の事《こと》を大内義興《おおうちよしおき》に管掌《かんしょう》させる(御内書案)。**4・25** 琉《りゅう》球《きゅう》の使節《しせつ》、薩摩《さつま》に来《く》る(薩藩旧記)。**6・1** 島津忠隆《しまづただたか》、琉球渡航《りゅうきゅうとこう》のため薩摩坊津《さつまぼうのつ》に到《いた》る三宅国秀《みやけくにひで》を殺害《さつがい》(西行雑録・古案写)。**7・11** 伊勢宗瑞《いせそうずい》(北条早雲《ほうじょうそううん》)、三浦義同《みうらよしあつ》・義意《よしおき》父子《ふし》を相模新井城《さがみあらいじょう》で滅《ほろ》ぼす(秋田藩採集文書)。**8・-** 大内義興《おおうちよしおき》、豊後万寿寺再建《ぶんごまんじゅじさいこん》の資《し》を朝鮮《ちょうせん》に募《つの》る(続善隣国宝記)。**12・20** 琉球《りゅうきゅう》の使節《しせつ》、薩摩《さつま》に来《く》る(薩藩旧記)。**12・27** 足利政氏《あしかがまさうじ》、小山政長《おやままさなが》の異心《いしん》を知《し》り、上杉朝良《うえすぎともよし》を頼《たよ》り武蔵岩槻《むさしいわつき》に移《うつ》る(円福寺記録)。

【社会・文化】

3・10~14 近江《おうみ》の中江員継《なかえかずつぐ》、三条西実隆《さんじょうにしさねたか》・宗長《そうちょう》らと宗碩《そうせき》の宿所《しゅくしょ》で千句《せんく》連歌会《れんがかい》を興行《こうぎょう》(尚通公記)。**4・-** 東大寺大勧進聖《とうだいじだいかんじんひじり》、大仏殿内女人禁制《だいぶつでんないにょにんきんぜい》を一〇〇日間《にちかん》解《と》き、その散銭《さんせん》の講堂本尊等再造費《こうどうほんぞんなどさいぞうひ》への充当《じゅうとう》を申請《しんせい》(京都御所東山御文庫記録)。**この年**《とし》 蜷川親孝《にながわちかたか》、『蜷川親孝日記《にながわちかたかにっき》』を記《しる》す(~大永《だいえい》二年《ねん》)。

【死没】

4・4 九条政基《くじょうまさもと》(72、公卿《くぎょう》)。**5・15** 雲岡舜徳《うんこうしゅんとく》(79、曹洞宗僧侶《そうとうしゅうそうりょ》)。**7・7** 観世信光《かんぜのぶみつ》(82、能作者《のうさくしゃ》)。**7・11** 三浦義同《みうらよしあつ》(武将《ぶしょう》)。**8・25** 毛利興元《もうりおきもと》(24、安芸国人《あきのこくじん》)。**11・17** 荒木田守晨《あらきだもりとき》(51、内宮禰宜《ないくうねぎ》)。**この年**《とし》 道宗《どうしゅう》(真宗篤信者《しんしゅうとくしんしゃ》)。

《月の大小/朔日の干支・ユリウス暦》
一癸未(2・3)・二癸丑(3・4)・三壬午(4・2)・四壬子(5・2)・五壬午(6・1)・六辛

大日本史料	
琉球	40
朝鮮	11
明	11

西暦	年号・干支	天皇	将軍	管領	記事	大日本史料	琉球	朝鮮	明
▶一五一六	永正一三 丙子《ひのえね》	(後柏原)	(足利義稙)	(細川高国)	亥(6・30)・七辛巳(7・30)・八庚戌(8・28)・九己卯(9・26)・一〇己酉(10・26)・一一戊寅(11・24)・一二戊申(12・24)(太字は大の月) 〔世界〕イギリスのトマス＝モア、『ユートピア』発表《はっぴょう》。	(9編6)	尚真王 40	中宗 11	正徳 11
一五一七	一四 丁丑《ひのとのうし》 ⑩				【政治・経済】**1・1** 幕府《ばくふ》の献金《けんきん》により、文亀以来《ぶんきいらい》中絶《ちゅうぜつ》の小朝拝《こちょうはい》・節会等《せちえなど》を再興《さいこう》(宣胤卿記)。**8・19** 今川氏親《いまがわうじちか》、斯波義達《しばよしみち》・大河内貞綱《おおこうちさだつな》の遠江引間城《とおとうみひくまじょう》を攻略《こうりゃく》(宗長手記・宣胤卿記)。**10・15** 上総真里谷《かずさまりやつ》の武田氏《たけだし》、原行朝《はらゆきとも》の小弓城《おゆみじょう》を攻略《こうりゃく》・その後《ご》、足利義明《あしかがよしあき》、小弓城《おゆみじょう》に入部《にゅうぶ》(快元僧都記)。**10・22** 毛利幸松丸《もうりこうまつまる》の叔父《おじ》元就《もとなり》、安芸有田《あきありだ》で武田元繁《たけだもとしげ》を討《う》つ(萩藩閥閲録)。**閏《うるう》10・2** 足利義稙《あしかがよしたね》、摂津有馬《せっつありま》で湯治《とうじ》(守光公記)。 【社会・文化】**5・-** 諸国洪水《しょこくこうずい》(宇津山記)。**7・-** 諸国《しょこく》で暴雨洪水《ぼううこうずい》(会津塔寺八幡宮長帳)。**この年《とし》** 土佐光信《とさみつのぶ》絵《え》の『清水寺縁起《きよみずでらえんぎ》』が作成《さくせい》される(宣胤卿記)。 【死没】**3・13** 佐竹義舜《さたけよしきよ》(48、武将《ぶしょう》)。**12・13** 北畠材親《きたばたけきちか》(50、武将《ぶしょう》)。 《月の大小/朔日の干支・ユリウス暦》 一丁丑(1・22)・二丁未(2・21)・三丙子(3・22)・四丙午(4・21)・五丙子(5・21)・六乙巳(6・19)・七乙亥(7・19)・八甲辰(8・17)・九甲戌(9・16)・一〇癸卯(10・15)・閏一〇	7・- 9編7	41	12	⑫ 12

西暦	一五一八 ◀	
年号・干支	一五 戊寅《つちのえとら》	
天皇		
将軍		
管領		
記事	【政治・経済】 7・- 備前《びぜん》の浦上村宗《うらがみむらむね》、赤松義村《あかまつよしむら》に背《そむ》く(備前軍記)。 8・10 美濃守護土岐《みののしゅごとき》政房《まさふさ》の次子《じし》頼芸《よりなり》、兄政頼《あにまさより》・斎藤利良《さいとうとしよし》らを越前《えちぜん》に逐《お》う(宣胤卿記)。 8・27 足利義稙《あしかがよしたね》、大内義興《おおうちよしおき》の周防帰国《すおうきこく》を許《ゆる》す。・義興帰国《よしおききこく》(相良家文書)。 10・8 伊豆《いず》伊勢氏綱《せうじつな》(北条氏綱《ほうじょううじつな》)、虎《とら》の印判状《いんばんじょう》による竹木等課役《ちくぼくなどかやく》の催徴《さいちょう》を定《さだ》め、木負百姓中《きしょうひゃくしょうちゅう》に触《ふ》れる(大川文書)。 10・14 義興《よしおき》、再《ふたた》び撰銭令《えりぜにれい》を定《さだ》め、領内《りょうない》に制札《せいさつ》を掲《かか》げる(大内氏実録)。 【社会・文化】 3・2 景徐周麟《けいじょしゅうりん》没《ぼつ》・生前《せいぜん》『翰林葫蘆集《かんりんころしゅう》』を著《あらわ》す。 4・4 延暦寺根本中堂供養《えんりゃくじこんぽんちゅうどうくよう》、足利義稙臨席《あしかがよしたねりんせき》(永正十五年中堂供養記)。 8・- 『閑吟集《かんぎんしゅう》』成《な》る(同書序)。 この年《とし》 経尋《きょうじん》、『経尋記《きょうじんき》』を記《しる》す(～天文五年《てんぶんねん》)。 【死没】 1・9 細川政春《ほそかわまさはる》(63、武将《ぶしょう》)。 3・2 景徐周麟《けいじょしゅうりん》(79、臨済宗僧侶《りんざいしゅうそうりょ》)。 4・21 上杉朝良《うえすぎともよし》(武将《ぶしょう》)。	癸酉(11・14)・一一壬寅(12・13)・一二壬申(18・1・12)(太字は大の月) 〔世界〕 ドイツ、マルティン＝ルター、『九十五ヵ条《じょう》の論題《ろんだい》』を発表《はっぴょう》。オスマン帝国《ていこく》、マムルーク朝《ちょう》を滅《ほろ》ぼす。ポルトガル人《じん》、広州《こうしゅう》に来航《らいこう》。
大日本史料	9編8 6・-	
琉球	42	
朝鮮	13	
明	13	

西暦	▶一五一八	一五一九
年号・干支	永正一五 戊寅《つちのえとら》	一六 己卯《つちのとのう》
天皇	（後柏原）	
将軍	（足利義稙）	
管領	（細川高国）	
記事	《月の大小／朔日の干支・ユリウス暦》 一辛丑（2・10）・二辛未（3・12）・三庚子（4・10）・四庚午（5・10）・五己亥（6・8）・六己巳（7・8）・七己亥（8・7）・八戊辰（9・5）・九戊戌（10・5）・一〇丁卯（11・3）・一一丁酉（12・3）・一二丙寅（19・1・1）（太字は大の月）	**【政治・経済】** **5・11** 細川澄元《ほそかわすみもと》の将《しよう》三好之長《みよしゆきなが》、淡路守護《あわじのしゆご》細川尚春《ほそかわひさはる》を討《う》つ（永源師檀紀年録）。**8・15** 伊勢宗瑞《いせそうずい》（北条早雲《ほうじようそううん》）没《ぼつ》・生前《せいぜん》に『早雲寺殿廿一箇条《そううんじでんにじゆういつかじよう》』を定《さだ》める。**11・3** 足利義稙《あしかがよしたね》、赤松義村《あかまつよしむら》に細川高国《ほそかわたかくに》との和睦《わぼく》と上洛《じようらく》を催促《さいそく》（御内書案）。**11・6** 細川澄元《ほそかわすみもと》、四国《しこく》より兵庫《ひようご》に進出《しんしゆつ》（尚通公記）。**11・21～23** 高国《たかくに》、摂津《せつつ》に出陣《しゆつじん》（尚通公記）。**12・30** 義村《よしむら》、備前三石城《びぜんみついしじよう》で浦上村宗《うらがみむらむね》を攻囲《こうい》するが敗《やぶ》れて撤退《てつたい》（古代取集記録）。 **【社会・文化】** **この年《とし》** 神戸直滋《かんべなおしげ》『往昔抄《おうじやくしよう》』成《な》る。 **【死没】** **8・15** 印融《いんゆう》（85、真言宗僧侶《しんごんしゆうそうりよ》）。北条早雲《ほうじようそううん》（88、武将《ぶしよう》）。 《月の大小／朔日の干支・ユリウス暦》 一丙申（1・31）・二乙丑（3・1）・三乙未（3・31）・四甲子（4・29）・五甲午（5・29）・六癸亥（6・27）・七癸巳（7・27）・八壬戌（8・25）・九壬辰（9・24）・一〇壬戌（10・24）・一一辛卯（11・22）・一二辛酉（12・22）（太字は大の月）
大日本史料	（**9編8**）	1⋮ **9編9** 10⋮ **9編10**
琉球	尚真王 **42**	**43**
朝鮮	中宗 **13**	**14**
明	正徳 **13**	**14**

西暦	◀ 一五二〇
年号・干支	一七 庚辰《かのえたつ》 ⑥
天皇	
将軍	
管領	

記事

【政治・経済】

1・12 京都《きようと》に土一揆蜂起《つちいっきほうき》、廬山寺《ろざんじ》ついで足利義稙第《あしかがよしたねてい》を焼《や》く(二水記)。**2・3** 細川澄元《ほそかわすみもと》・三好之長《みよしゆきなが》ら、細川高国方《ほそかわたかくにがた》の摂津越水城《せっつこしみずじょう》を攻略《こうりやく》(実隆公記)。**2・12** 幕府《ばくふ》、徳政条々《とくせいじようじよう》と徳政制札《とくせいせいさつ》を定《さだ》め、二四日、上下京《かみしもぎよう》に制札《せいさつ》を立《た》てる(蜷川家文書・二水記)。**2・17** 澄元《すみもと》ら、摂津池田城等《せっついけだじようなど》を攻略《こうりやく》、高国《たかくに》は近江《おうみ》に逃《のが》れ、翌月《よくげつ》、之長入京《ゆきながにゆうきよう》(拾芥記・二水記)。**5・5** 高国《たかくに》、之長《ゆきなが》を京都《きようと》で破《やぶ》る・澄元《すみもと》ら、摂津《せっつ》より播磨《はりま》に退《しりぞ》く(二水記)。**5・11** 之長《ゆきなが》、捕《とら》えられて知恩寺《ちおんじ》で自殺《じさつ》(二水記)。

【社会・文化】

1・- 半井保房《なからいやすふさ》、『盲聾記《もうろうき》』を記《しる》す(～同年六月《どうねんがつ》までが現存《げんそん》)。

【死没】

6・10 細川澄元《ほそかわすみもと》(32、武将《ぶしよう》)。**12・6** 宗義盛《そうよしもり》(45、武将《ぶしよう》)。**この年《とし》(8・21、10・21とも)** 六角高頼《ろっかくたかより》(守護大名《しゆごだいみよう》)。

《月の大小／朔日の干支・ユリウス暦》

一辛卯(1・21)・二庚申(2・19)・三己丑(3・19)・四己未(4・18)・五戊子(5・17)・六丁巳(6・15)・閏六丁亥(7・15)・七丙辰(8・13)・八丙戌(9・12)・九丙辰(10・12)・一〇丙戌(11・11)・一一乙卯(12・10)・一二乙酉(21・1・9)(太字は大の月)

〔世界〕

マガリャンイス(マゼラン)、世界周航《せかいしゅうこう》に出発《しゅっぱつ》。

大日本史料	9編11 4・-
琉球	44
朝鮮	15
明	⑧ 15

西暦	年号・干支	天皇	将軍	管領	記事	大日本史料	琉球	朝鮮	明
▶一五二〇	永正一七 ⑥ 庚辰《かのえたつ》	（後柏原）	（足利義稙）	（細川高国）	【世界】神聖《しんせい》ローマ帝国皇帝《ていこくこうてい》カール五世即位《せいそくい》。韃靼《だったん》（タタール）、大同《だいどう》へ侵攻《しんこう》。オスマン帝国皇帝《ていこくこうてい》スレイマン一世即位《せいそくい》。	雑載 9編12	尚真王 44	中宗 15	⑧ 正徳 15
一五二一	大永《だいえい》 元 8・23 辛巳《かのとのみ》				【政治・経済】2・- 越後《えちご》の長尾為景《ながおためかげ》、一向宗《いっこうしゅう》を禁《きん》じる。国人《こくじん》ら、その旨《むね》を連署誓約《れんしょせいやく》（上杉家文書）。3・7 足利義稙《あしかがよしたね》、細川高国《ほそかわたかくに》に憤《いきどお》り出奔《しゅっぽん》、堺《さかい》を経《へ》て淡路《あわじ》に行《ゆ》く（二水記）。3・22 後柏原天皇《ごかしわばらてんのう》、践祚後《せんそご》二二年目《ねんめ》に即位礼《そくいのれい》を行《おこな》う（二水記）。6・15 琉球王尚真《りゅうきゅうおうしょうしん》、種子島忠時《たねがしまただとき》に交易《こうえき》を許可《きょか》（種子島文書）。7・6 赤松義村《あかまつよしむら》に養育《よういく》された足利義澄《あしかがよしずみ》遺児《いじ》（義晴《よしはる》）、高国《たかくに》に擁《よう》されて播磨《はりま》より上洛《じょうらく》（二水記）。8・28 上杉憲房《うえすぎのりふさ》、同朝興《どうともおき》を武蔵河越《むさしかわごえ》に攻《せ》める（妙法寺記）。9・17 播磨守護代《はりまのしゅごだい》浦上村宗《うらがみむらむね》、播磨《はりま》等《など》の守護《しゅご》義村《よしむら》を攻《せ》めて自殺《じさつ》させる（書写山十地坊過去帳）。10・23 義稙《よしたね》、淡路《あわじ》より堺《さかい》に進《すす》むが上洛《じょうらく》できず（春日社司祐維記）。12・25 義晴《よしはる》に将軍宣下《しょうぐんせんげ》（公卿補任）。 【社会・文化】2・12 高野山《こうやさん》で諸堂塔《しょどうとう》・坊舎焼亡《ぼうしゃしょうぼう》（永正十三年八月日次記）。10・19 近畿大《きんきおお》地震《じしん》（春日社司祐維記）。12・23 伊勢氏綱《いせうじつな》、相模《さがみ》に早雲寺《そううんじ》を建立《こんりゅう》（会津塔寺八幡宮長帳）。蓮如《れんにょ》の消息《しょうそく》八〇通《つう》を孫円如《まごえんにょ》が五帖《じょう》に編集《へんしゅう》（帖内御文《じょうないおふみ》）。	5・- 9編13	45	16	世宗《せいそう》 16

	（前年続き）	1522
西暦		◀一五二二
年号・干支		二 壬午《みずのえうま》
天皇		
将軍	12・25	足利義晴《あしかがよしはる》 12・25
管領		
大日本史料	是歳 9編14	1・- 9編15 ／ 4・- 9編16
琉球		46
朝鮮		17
明		嘉靖《かせい》(1.1)

記事

【死没】

8・7 伊勢貞陸《いせさだみち》(59、幕府吏僚《ばくふりりょう》)。 **9・17** 赤松義村《あかまつよしむら》(50、武将《ぶしょう》)。 **12・3** 武田元信《たけだもとのぶ》(武将《ぶしょう》)。

《月の大小／朔日の干支・ユリウス暦》

一乙卯(2・8)・二甲申(3・9)・三癸丑(4・7)・四癸未(5・7)・五壬子(6・5)・六辛巳(7・4)・七辛亥(8・3)・八庚辰(9・1)・九庚戌(10・1)・一〇庚辰(10・31)・一一己酉(11・29)・一二己卯(12・29)(太字は大の月)

《世界》

ドイツ、マルティン＝ルター、ヴォルムス帝国議会《ていこくぎかい》に出頭《しゅっとう》。明《みん》、大礼《たいれい》の議起《ぎお》こる。コルテス、アステカを征服《せいふく》。

【政治・経済】

3・26 明応《めいおう》六年《ねん》以来中絶《いらいちゅうぜつ》の県召除目《あがためしのじもく》が行《おこな》われる(二水記)。 **3・-** 大内義興《おおうちよしおき》勢《ぜい》、安芸《あき》で尼子経久方《あまこつねひさがた》と戦《たたか》う(萩藩閥閲録)。 **7・20** 六角定頼《ろっかくさだより》、蒲生秀紀《がもうひでのり》を近江日野城《おうみひのじょう》に攻囲《こうい》(経尋記)。 **9・24** 浦上村国《うらがみむらくに》、赤松晴政《あかまつはるまさ》を擁《よう》して淡路《あわじ》より播磨《はりま》に渡《わた》り、浦上村宗《うらがみむらむね》と戦《たたか》う(鵤荘引付)。 **11・11** 但馬守護山名《たじまのしゅごやまな》致豊《むねとよ》の弟《おとうと》誠豊《さねとよ》、播磨《はりま》に侵入《しんにゅう》・浦上村国《うらがみむらくに》・村宗《むらむね》、これに応戦《おうせん》(鵤荘引付)。 **12・19** 幕府賦奉行《ばくふくばりぶぎょう》、魚類商売座衆《ぎょるいしょうばいざしゅう》の営業安堵《えいぎょうあんど》の訴《うった》えを受理《じゅり》(賦引付)。

【社会・文化】

9・5 大内氏《おおうちし》の部将《ぶしょう》陶弘詮《すえひろあき》、『吾妻鏡《あずまかがみ》』(吉川本《きっかわぼん》)を編成《へんせい》。

西暦	▶一五二二	一五二三
年号・干支	大永 二 壬午《みずのえうま》	三 癸未《みずのとひつじ》 ③
天皇	(後柏原)	
将軍	(足利義晴)	
管領	(細川高国)	
記事	【死没】 **7・17** 畠山尚順《はたけやまひさのぶ》(49、武将《ぶしょう》)。 《月の大小/朔日の干支・ユリウス暦》 一己酉(1・28)・二戊寅(2・26)・三戊申(3・28)・四丁丑(4・26)・五丁未(5・26)・六丙子(6・24)・七乙巳(7・23)・八乙亥(8・22)・九甲辰(9・20)・一〇甲戌(10・20)・一一癸卯(11・18)・一二癸酉(12・18)(太字は大の月) 〘世界〙 オスマン帝国《ていこく》、ロドス島《とう》を占領《せんりょう》。イスパニョーラ島《とう》で黒人《こくじん》奴隷《どれい》が反乱《はんらん》。	【政治・経済】 **3・2** 阿蘇惟豊《あそこれとよ》、肥後《ひご》小代城《しょうだいじょう》の菊池武包《きくちたけかね》を攻略《こうりゃく》(菊池伝記)。**3・8** 六《ろっ》角定頼《かくさだより》、近江《おうみ》日野城《ひのじょう》を攻略《こうりゃく》・領内《りょうない》の城郭禁止《じょうかくきんし》により日野城《ひのじょう》を破却《はきゃく》(経尋記)。**閏《うるう》3・–** 京極高清《きょうごくたかきよ》、近江《おうみ》より美濃《みの》に出奔《しゅっぽん》(江北記)。**4・9** 足《あし》利義稙《かがよしたね》、阿波《あわ》撫養《むや》で没《ぼつ》(公卿補任)。**5・1** 大内義興《おおうちよしおき》の使《つかい》謙道宗設《けんどうそうせつ》ら、寧《ニン》波《ポー》で細川高国《ほそかわたかくに》の使《つかい》鸞岡瑞佐《らんこうずいさ》を殺《ころ》し、明《みん》の指揮使《しきし》を襲《おそ》う(明史)。**6・13** 尼《あま》子経久《こつねひさ》、安芸《あき》に侵入《しんにゅう》・毛利氏《もうりし》、大内方《おおうちがた》の鏡山城《かがみやまじょう》を攻撃《こうげき》(毛利家日記)。**7・25** 毛利元就《もうりもとなり》、一族老臣《いちぞくろうしん》に擁立《ようりつ》され家督継承《かとくけいしょう》(毛利家文書)。**8・5** 六角《ろっかく》定頼《さだより》、近江枝村商人本座衆中《おうみえだむらしょうにんほんざしゅうちゅう》に比丘尼御所宝慈院領《びくにごしょほうじいんりょう》の紙荷役《かみにやく》を安堵《あんど》(今堀日吉神社文書)。**8・10** 元就《もとなり》、安芸郡山城《あきこおりやまじょう》に入《はい》る(毛利家文書)。**11・5** 高国《たかくに》、苧《からむし》公事《くじ》一万疋《びき》を三条西実隆《さんじょうにしさねたか》に送付《そうふ》(実隆公記)。**11・19** 浦上《うらがみ》
大日本史料	10・– 9編17 雑載 9編18	1・– 9編19 4・– 9編20
琉球	尚真王 46	47
朝鮮	中宗 17	18
明	嘉靖(1.1)	④ 2

西暦	◀一五二四	
年号・干支	四 甲申《きのえさる》	
天皇		
将軍		
管領		

記事

氏《し》、山名誠豊《やまなさねとよ》を破《やぶ》り播磨《はりま》より逐《お》う(尚通公記)。

【社会・文化】

4・18 知恩院《ちおんいん》と知恩寺《ちおんじ》、浄土宗総本寺《じょうどしゅうそうほんじ》を争《あらそ》い、知恩院《ちおんいん》に本寺《ほんじ》の宣下《せんげ》(華頂要略)。**6・12** 伊勢氏綱《いせうじつな》(北条氏綱《ほうじょううじつな》)、相模箱根社《さがみはこねしゃ》を再建《さいこん》(箱根神社棟札)。

【死没】

4・9 足利義稙《あしかがよしたね》(58、室町将軍《むろまちしょうぐん》)。**8・1** 志野宗信《しのそうしん》(79、志野流祖《しのりゅうそ》)。**9・21** 冷泉政為《れいぜいまさため》(79、公卿《くぎょう》)。**10・24** 陶弘詮《すえひろあき》(武将《ぶしょう》)。

《月の大小／朔日の干支・ユリウス暦》

一癸卯(1・17)・二癸酉(2・16)・三壬寅(3・17)・閏三壬申(4・16)・四辛丑(5・15)・五辛未(6・14)・六庚子(7・13)・七己巳(8・11)・八己亥(9・10)・九戊辰(10・9)・一〇戊戌(11・8)・一一丁卯(12・7)・一二丁酉(24・1・6)(太字は大の月)

《世界》

明《みん》、薛俊編《せつしゅんへん》『日本考略《にほんこうりゃく》』成《な》る。スウェーデン独立《どくりつ》。

【政治・経済】

1・13 上杉朝興《うえすぎともおき》、北条氏綱《ほうじょううじつな》に敗《やぶ》れ、江戸城《えどじょう》より武蔵河越城《むさしかわごえじょう》に退《しりぞ》く(相州兵乱記)。**2・11** 武田信虎《たけだのぶとら》、関東管領上杉憲房《かんとうかんれいうえすぎのりふさ》と甲斐猿橋《かいさるはし》に戦《たたか》う(妙法寺記)。**4・10** 氏綱《うじつな》、相模当麻宿《さがみたいまじゅく》に伝馬制札《てんませいさつ》を定《さだ》める(関山文書)。**5・12** 大内義興《おおうちよしおき》の将陶興房《しょうすえおきふさ》、尼子方《あまこがた》の安芸大野城《あきおおのじょう》を攻略《こうりゃく》(棚守房顕手記)。**7・**

大日本史料	雑載 9編21～24 10・i	(未刊)
琉球		48
朝鮮		19
明		3

西暦	一五二四
年号・干支	大永 四 甲申《きのえさる》
天皇	（後柏原）
将軍	（足利義晴）
管領	（細川高国）
記事	3 義興《よしおき》、安芸《あき》厳島《いつくしま》に進《すす》み、尼子方《あまこがた》の桜尾城《さくらおじよう》を攻囲《こうい》（棚守房顕手記）。12・6 畠山稙長《はたけやまたねなが》、同義英《どうよしひで》を河内《かわち》に破《やぶ》り、紀伊高野山《きいこうやさん》に逐《お》う（春日社司祐維記）。**この年** 今川氏親《いまがわうじちか》の一族《いちぞく》瀬名氏貞《せなうじさだ》、遠江《とおとうみ》で検地《けんち》を実施《じつし》（竜泉寺文書）。 【社会・文化】 4・–～5・– 三条西実隆《さんじようにしさねたか》、『高野参詣日記《こうやさんけいにつき》』を記《しる》す。7・23 延暦寺衆徒《えんりやくじしゆと》、日蓮宗僧《にちれんしゆうそう》の僧官宣下《そうかんせんげ》の改易要求《かいえきようきゆう》を群議《ぐんぎ》（叡山旧記）。8・15 『真如堂縁起《しんによどうえんぎ》』成《な》る（同書奥書）。12・– 小槻伊治《おづきのこれはる》、『御成敗式目《ごせいばいしきもく》』（大永版本《だいえいはんぽん》）を刊行《かんこう》。 【死没】 8・20 豊原統秋《とよはらのむねあき》（75、雅楽家《ががくか》）。 《月の大小／朔日の干支・ユリウス暦》 一丁卯（2・5）・二丙申（3・5）・三丙寅（4・4）・四丙申（5・4）・五乙丑（6・2）・六乙未（7・2）・七甲子（7・31）・八癸巳（8・29）・九癸亥（9・28）・一〇壬辰（10・27）・一一壬戌（11・26）・一二辛卯（12・25）（太字は大の月） 【世界】 明《みん》、大礼《たいれい》の議《ぎ》終《お》わる。ドイツ農民戦争《のうみんせんそう》（～一五二五年《ねん》）。
大日本史料	（未刊）
琉球	尚真王 48
朝鮮	中宗 19
明	嘉靖 3

図45（→1525年）
上杉憲房花押

西暦	一五二五 図45 図46
年号・干支	五 乙酉《きのとのとり》 ⑪
天皇	
将軍	
管領	細川稙国《ほそかわたねくに》 4・21 ～ 10・23

記事

【政治・経済】

2・6 北条氏綱《ほうじょううじつな》、武蔵岩槻城《むさしいわつきじょう》の太田資頼《おおたすけより》を攻略《こうりゃく》(上杉家文書)。**4・14** 細《ほそ》川高国《かわたかくに》の子《こ》稙国《たねくに》、家督《かとく》を嗣《つ》ぐ・二一日《にち》に高国《たかくに》は入道《にゅうどう》し道永《どうえい》と号《ごう》する(上杉家文書・厳助往年記)。**5・24** 浅井亮政《あさいすけまさ》、京極高清《きょうごくたかきよ》を近江《おうみ》に迎《むか》える・六《ろっ》角定頼《かくさだより》、浅井氏《あさいし》らを攻撃《こうげき》(上杉家文書)。**9・18** 亮政《すけまさ》・高清《たかきよ》、定頼《さだより》に敗《やぶ》れて美濃《みの》に逃《のが》れる(二水記)。**12・13** 足利義晴《あしかがよしはる》、新第《しんてい》に移《うつ》る(二水記)。

【社会・文化】

9・15 笑雲清三《しょううんせいさん》『古文真宝抄《こぶんしんぽうしょう》』を編《へん》する。

【死没】

2・2 実如《じつにょ》(68、真宗僧侶《しんしゅうそうりょ》)。**3・25** 上杉憲房《うえすぎのりふさ》(59、武将《ぶしょう》)。**5・20** 土佐光《とさみつ》信《のぶ》(92、画家《がか》)。**10・27** 真相《しんそう》(水墨画家《すいぼくがか》)。**11・17** 中御門宣胤《なかみかどのぶたね》(84、公卿《くぎょう》)。

《月の大小/朔日の干支・ユリウス暦》

一辛酉(1・24)・二庚寅(2・22)・三庚申(3・24)・四庚寅(4・23)・五己未(5・22)・六己丑(6・21)・七戊午(7・20)・八戊子(8・19)・九丁巳(9・17)・一〇丁亥(10・17)・一一丙辰(11・15)・閏一一丙戌(12・15)・一二乙卯(26・1・13)(太字は大の月)

図46
真相花押

大日本史料	
琉球	49
朝鮮	20
明	4 ⑫

西暦	年号・干支	天皇	将軍
一五二六	大永 六 丙戌《ひのえいぬ》	(後柏原) 4・7 | 4・29 後奈良《ごなら》	(足利義晴)

記事

【政治・経済】

3・- 博多《はかた》商人《しようにん》神谷寿禎《かみやじゆてい》、石見《いわみ》銀峯山《ぎんぽうさん》で銀鉱《ぎんこう》を発見《はつけん》し採掘《さいくつ》(銀山旧記)。**4・14** 今川氏親《いまがわうじちか》、『今川仮名目録《いまがわかなもくろく》』を制定《せいてい》(尚通公記)。**10・21** 柳本賢治《やなぎもとかたはる》・波多野稙通《はたのたねみち》、高国《たかくに》に背《そむ》き、細川晴元《ほそかわはるもと》と通《つう》じて丹波《たんば》で挙兵《きよへい》(実隆公記)。**11・30** 細川尹賢《ほそかわこれかた》ら高国勢《たかくにぜい》、丹波《たんば》で賢治《かたはる》を攻《せ》めて敗《やぶ》れる(二水記)。**11・-** 足利義晴《あしかがよしはる》、京都騒擾《きようとそうじよう》により、朝倉孝景《あさくらたかかげ》・武田元光《たけだもとみつ》らに上洛《じようらく》を催促《さいそく》(御内書記録)。**12・2** 徳政一揆《とくせいいつき》蜂起《ほうき》し、幕府《ばくふ》、徳政制札《とくせいせいさつ》を立《た》てる(二水記)。**12・13** 細川澄賢《ほそかわすみかた》・三好政長《みよしまさなが》ら、阿波《あわ》より堺《さかい》に到《いた》る(二水記)。**12・15** 小弓御所《おゆみごしよ》足利義明《あしかがよしあき》、里見実堯《さとみさねたか》に鎌倉《かまくら》を攻《せ》めさせる・北条氏綱《ほうじようじつな》、応戦《おうせん》(鎌倉九代後記)。

【社会・文化】

1・- 押小路師象《おしこうじもろかた》、『師象記《もろかたき》』を記《しる》す(~同年《どうねん》九月《がつ》までが現存《げんそん》)。**この春《はる》** 漂泊《ひようはく》隠士《いんし》『鹿島治乱記《かしまちらんき》』成《な》る。**12・15** 鶴岡八幡宮《つるがおかはちまんぐう》に兵火《へいか》及《およ》ぶ(鎌倉九代後記)。

【死没】

4・7 後柏原天皇《ごかしわばらてんのう》(63)。**6・23** 今川氏親《いまがわうじちか》(54、武将《ぶしよう》)。**7・28** 経尋《きようじん》(29、大乗院門跡《だいじよういんもんぜき》)。**12・11** 尚真《しようしん》(62、琉球国王《りゆうきゆうこくおう》)。

《月の大小/朔日の干支・ユリウス暦》

一乙酉(2・12)・二甲寅(3・13)・三甲申(4・12)・四甲寅(5・12)・五癸未(6・10)・六癸丑(7・10)・七壬午(8・8)・八壬子(9・7)・九辛巳(10・6)・一〇辛亥(11・5)・一一庚辰(12・4)・一二庚戌(27・1・3)(太字は大の月)

大日本史料	琉球	朝鮮	明
(未刊)	尚真王 **50**	中宗 **21**	嘉靖 **5**

項目	1527
西暦	◀一五二七
年号・干支	七 丁亥《ひのとのい》
天皇	
将軍	
大日本史料	
琉球	尚清王《しょうせいおう》
朝鮮	22
明	6

記事

【政治・経済】

2・5 柳本賢治《やなぎもとかたはる》ら、山城山崎城《やましろやまざきじょう》を攻略《こうりゃく》(二水記)。**2・12** 足利義晴《あしかがよしはる》、本圀寺《ほんこくじ》に出陣《しゅつじん》・翌日《よくじつ》、細川高国《ほそかわたかくに》、賢治《かたはる》らと桂川《かつらがわ》等《など》で戦《たたか》う(二水記)。**2・14** 義晴《よしはる》・高国《たかくに》、近江《おうみ》に逃《のが》れる(二水記)。**2・16** 賢治《かたはる》ら入京《にゅうきょう》(実隆公記)。**3・22** 三好元長《みよしもとなが》、足利義維《あしかがよしつな》・細川晴元《ほそかわはるもと》を奉《ほう》じて阿波《あわ》より堺《さかい》に進出《しんしゅつ》(二水記)。**4・15** 近江坂本《おうみさかもと》に徳政一揆蜂起《とくせいいっきほうき》(言継卿記)。**7・13** 義維《よしつな》、左馬頭《さまのかみ》に任官《にんかん》、叙爵《じょしゃく》(二水記)。**8・29** 義晴《よしはる》の兵《へい》、入京《にゅうきょう》(二水記)。**8・－** 幕府《ばくふ》、明《みん》に勘合《かんごう》・金印《きんいん》を求《もと》める(続善隣国宝記)。**10・13** 義晴《よしはる》、高国《たかくに》・六角定頼《ろっかくさだより》・朝倉教景《あさくらのりかげ》らと共《とも》に入京《にゅうきょう》(二水記)。**この年《とし》** 関東《かんとう》・東北《とうほく》で私年号《しねんごう》「永喜《えいき》」用《もち》いられる(香取神宮文書)。

【社会・文化】

2・24 相国寺鹿苑院《しょうこくじろくおんいん》焼失《しょうしつ》(二水記)。**12・23** 北野天満宮松梅院《きたのてんまんぐうしょうばいいん》炎上《えんじょう》(実隆公記)。**この年《とし》** 山科言継《やましなときつぐ》、『言継卿記《ときつぐきょうき》』を記《しる》す(～天正《てんしょう》四年《ねん》が現存《げんそん》)。

【死没】

2・13 日野内光《ひのうちみつ》(39、公卿《くぎょう》)。**4・4** 肖柏《しょうはく》(85、連歌師《れんがし》)。**6・7** 伊地知重貞《いじちしげさだ》(武将《ぶしょう》)。

〔世界〕

ドイツ、第《だい》一回《かい》シュパイエル帝国議会《ていこくぎかい》。オスマン帝国《ていこく》、モハーチの戦《たたか》いでハンガリーを破《やぶ》り支配《しはい》。パーニーパットの戦《たたか》い・バーブル、ムガル帝国《ていこく》を建国《けんこく》。

西暦	年号・干支	天皇	将軍	記事	大日本史料	琉球	朝鮮	明
▶一五二七	大永 七 丁亥《ひのとのい》	(後奈良)	(足利義晴)	《月の大小/朔日の干支・ユリウス暦》 一己卯(2・1)・二己酉(3・3)・三戊寅(4・1)・四戊申(5・1)・五丁丑(5・30)・六丁未(6・29)・七丙子(7・28)・八丙午(8・27)・九丙子(9・26)・一〇乙巳(10・25)・一一乙亥(11・24)・一二甲辰(12・23)(**太字は大の月**) 〖世界〗 神聖《しんせい》ローマ帝国軍《ていこくぐん》、ローマ劫掠《きょうりゃく》。ヴェトナム、莫登庸《ばくとうよう》、黎帝《れいてい》から帝位《ていい》を奪《うば》う。	(未刊)	尚清王	中宗 22	嘉靖 6
一五二八	享禄《きょうろく》 元 8・20 戊子《つちのえね》 ⑨			**【政治・経済】** **1・28** 三好元長《みよしもとなが》と細川高国《ほそかわたかくに》、和睦《わぼく》を図《はか》るが、柳本賢治《やなぎもとかたはる》らこれを防《ふせ》ぐ(二水記)。**5・14** 高国《たかくに》、和睦不調《わぼくふちょう》のため近江《おうみ》に没落《ぼつらく》(二水記)。**5・23** 蠣崎義広《かきざきよしひろ》、蜂起《ほうき》したアイヌを撃退《げきたい》(新羅之記録)。**5・28** 足利義晴《あしかがよしはる》・六角定頼《ろっかくさだより》、近江坂本《おうみさかもと》に移《うつ》る(二水記)。**9・8** 義晴《よしはる》、近江《おうみ》の朽木稙綱《くつきたねつな》を頼《たよ》る(厳助往年記)。**11・11** 柳本賢治《やなぎもとかたはる》、河内高屋城《かわちたかやじょう》に攻囲《こうい》する畠山稙長《はたけやまたねなが》と和睦《わぼく》・稙長《たねなが》、金胎寺城《こんたいじじょう》に退《しりぞ》く(厳助往年記)。**11・16** 高国《たかくに》、伊賀《いが》の仁木義広《にっきよしひろ》を頼《たよ》る(実隆公記)。**12・30** 賢治《かたはる》、入京《にゅうきょう》を図《はか》るが、山崎《やまざき》で三好元長《みよしもとなが》に敗北《はいぼく》(二水記)。 **【社会・文化】** **7・-** 堺《さかい》の医師阿佐井野宗瑞《いしあさいのそうずい》、『医書大全《いしょたいぜん》』を翻刻刊行《ほんこくかんこう》。諸国炎旱《しょこくえんかん》(実隆公記)。**9・7** 薬師寺金堂《やくしじこんどう》・西塔等《さいとうなど》、兵火《へいか》で焼失《しょうしつ》(薬師寺志)。**10・1** 堺《さかい》の宗仲《そうちゅう》、『韻鏡《いんきょう》』を出版《しゅっぱん》。**11・16** 三条西実隆《さんじょうにしさねたか》・公条《きんえだ》、後奈良天皇《ごならてんのう》に古今伝授《こきんでんじゅ》を行《おこな》う(実隆公記)。**この年《とし》** 伊勢貞頼《いせさだより》『宗五大草紙《そうごおおぞうし》』成《な》る。		2	23	⑩ 7

西暦	◀一五二九	
年号・干支	二 己丑《つちのとうし》	
天皇		
将軍		
記事	【政治・経済】 **1・23** 細川高国《ほそかわたかくに》、伊勢《いせ》国司《こくし》北畠晴具《きたばたけはるとも》を頼《たよ》る(実隆公記)。 **1・26** 柳本賢治《やなぎもとかたはる》、大和《やまと》に侵入《しんにゅう》し、赤沢幸純《あかざわゆきずみ》を滅《ほろ》ぼす(厳助往年記)。 **3・26** 蠣崎義広《かきざきよしひろ》、蜂起《ほうき》したアイヌの首長《しゅちょう》を謀殺《ぼうさつ》(新羅之記録)。 **4・21** 賢治《かたはる》、奈良《なら》より兵《へい》を撤退《てったい》させ、大和《やまと》各所《かくしょ》に乱入《らんにゅう》(後鑑所収春日社司祐維記)。 **5・28** 三河《みかわ》の松平清康《まつだいらきよやす》、牧野信成《まきののぶしげ》を討《う》ち吉田城《よしだじょう》に入《はい》り、翌日《よくじつ》、田原城《たはらじょう》の戸田宗光《とだむねみつ》を帰服《きふく》させる(家忠日記増補追加)。 **5・―** 高国《たかくに》、伊勢《いせ》より越前敦賀《えちぜんつるが》に到《いた》る(実隆公記)。 **7・17** 清康《きよやす》、尾張岩崎《おわりいわさき》・品野《しなの》両城《りょうじょう》を攻略《こうりゃく》(家忠日記増補追加)。 **8・10** 三好元長《みよしもとなが》、堺《さかい》より阿波《あわ》に帰《かえ》る(細川両家記)。 **9・16** 高国《たかくに》、出雲《いずも》に移《うつ》り、尼子経久《あまこつねひさ》の援《たすけ》により備前《びぜん》の浦上村宗《うらがみむらむね》を頼《たよ》る(実隆公記)。 **11・21** 賢治《かたはる》、元長方《もとながかた》の摂津伊丹城《せっついたみじょう》を攻略《こうりゃく》(厳助往	【死没】 **1・15** 長尾景長《ながおかげなが》(60、武将《ぶしょう》)。 **3・29** 日真《にっしん》(85、日蓮宗僧侶《にちれんしゅうそうりょ》)。 **12・20** 大内義興《おおうちよしおき》(52、武将《ぶしょう》)。 《月の大小／朔日の干支・ユリウス暦》 一甲戌(1・22)・二癸卯(2・20)・三癸酉(3・21)・四壬寅(4・19)・五辛未(5・18)・六辛丑(6・17)・七辛未(7・17)・八庚子(8・15)・九庚午(9・14)・閏九庚子(10・14)・一〇己巳(11・12)・一一己亥(12・12)・一二戊辰(29・1・10)(太字は大の月) 【世界】 ナルバエス、アメリカ南西部探検《なんせいぶたんけん》。明《みん》でトルファン王入寇《おうにゅうこう》。
大日本史料		
琉球	3	
朝鮮	24	
明	8	

西暦	年号・干支	天皇	将軍	記事	大日本史料	琉球	朝鮮	明
▶一五二九	享禄 二 己丑《つちのとうし》	（後奈良）	（足利義晴）	年記）。**12・14** 幕府《ばくふ》、粟津橋本供御人《あわづはしもとくごにん》ら座中《ざちゅう》に洛中洛外《らくちゅうらくがい》の魚類専売権《ぎょるいせんばいけん》を免許《めんきょ》（出納文書）。 【社会・文化】 **8・-** 小槻伊治《おづきのこれはる》、『御成敗式目《ごせいばいしきもく》』（享禄版本《きょうろくはんぽん》）を刊行《かんこう》。 【死没】 **12・20** 東坊城和長《ひがしぼうじょうかずなが》（70、公卿《くぎょう》）。 《月の大小／朔日の干支・ユリウス暦》 一戊戌（2・9）・二丁卯（3・10）・三丁酉（4・9）・四丙寅（5・8）・五乙未（6・6）・六乙丑（7・6）・七甲午（8・4）・八甲子（9・3）・九甲午（10・3）・一〇癸亥（11・1）・一一癸巳（12・1）・一二癸亥（12・31）（太字は大の月） 〖世界〗 ドイツ、第《だい》二回《かい》シュパイエル帝国議会《ていこくぎかい》。オスマン帝国軍《ていこくぐん》、ウィーンを包囲《ほうい》。フランス、コレージュ＝ド＝フランス創設《そうせつ》。明《みん》、王陽明没《おうようめいぼつ》。	（未刊）	尚清王 3	中宗 24	嘉靖 8
一五三〇	三 庚寅《かのえとら》			【政治・経済】 **3・9** 幕府《ばくふ》、大内義隆《おおうちよしたか》の遣明船再開《けんみんせんさいかい》の要請《ようせい》を許可《きょか》（後鑑所収伊勢家書）。**4・7** 北条氏綱《ほうじょううじつな》、伊豆田方《いずたがた》・相模狩野《さがみかの》の藍瓶銭《あいがめせん》を津田藤兵衛《つだとうべえ》に充行《あておこな》う（新編相模国風土記稿）。**4・-** 大内義隆《おおうちよしたか》の筑前守護代杉興運《ちくぜんのしゅごだいすぎおきかず》、少弐資元《しょにすけもと》を攻撃《こうげき》（北肥戦誌）。**5・10** 柳本賢治《やなぎもとかたはる》、和議《わぎ》と足利義晴上洛《あしかがよしはるじょうらく》を堺《さかい》の足利義維《あしかがよしつな》・三好元長《みよしもとなが》に諮《はか》るが拒《こば》まれて出家《しゅっけ》（二水記）。**6・12** 氏綱《うじつな》の子氏康《こうじやす》、上杉朝興《うえすぎともおき》を武蔵小沢原《むさしおざわはら》に破《やぶ》る		4	25	9

西暦	
年号・干支	
天皇	
将軍	

記事

（相州兵乱記）。**6・29** 賢治《かたはる》、細川高国方《ほそかわたかくにがた》の浦上村宗《うらがみむらむね》により播磨《はりま》の陣中《じんちゅう》で殺《ころ》される（二水記）。**7・27** 浦上村宗《うらがみむらむね》、別所就治《べっしょなりはる》の播磨小寺城《はりまこでらじょう》を攻略《こうりゃく》（二水記）。**8・15** 少弐資元《しょうにすけもと》の将竜造寺家兼《りゅうぞうじいえかね》、杉興運《すぎおきかず》を肥前《ひぜん》で破《やぶ》る（北肥戦誌）。**8・27** 高《たか》国《くに》・村宗勢《むらむねぜい》、摂津《せっつ》に進出《しんしゅつ》（二水記）。**12・19** 近江《おうみ》の義晴方幕府《よしはるがたばくふ》、分一徳政令《ぶいちとくせいれい》を出《だ》し、流質期限等《ながれじちきげんなど》を定《さだ》める（鳩拙抄）。

【社会・文化】
2・21 柳本賢治《やなぎもとかたはる》、京都二条《きょうとにじょう》で勧進猿楽《かんじんさるがく》を催《もよお》す（二水記）。

【死没】
6・29 柳本賢治《やなぎもとかたはる》（武将《ぶしょう》）。**7・9** 狩野正信《かのうまさのぶ》（97、画家《がか》）。**7・8** 九条尚経《くじょうひさつね》（63、公卿《くぎょう》）。

《月の大小／朔日の干支・ユリウス暦》
一壬辰（1・29）・二壬戌（2・28）・三辛卯（3・29）・四辛酉（4・28）・五庚寅（5・27）・六己未（6・25）・七己丑（7・25）・八戊午（8・23）・九戊子（9・22）・一〇丁巳（10・21）・一一丁亥（11・20）・一二丁巳（12・20）（太字は大の月）

【世界】
ドイツ、シュマルカルデン同盟結成《どうめいけっせい》。ドイツ、『アウクスブルクの信仰告白《しんこうこくはく》』、国会《こっかい》に提出《ていしゅつ》される。

大日本史料	
琉球	
朝鮮	
明	

西暦 一五三一

年号・干支 享禄 四 辛卯《かのとのう》 ⑤

天皇 （後奈良）

将軍 （足利義晴）

記事

【政治・経済】

1・11 木沢長政《きざわながまさ》ら、京都《きょうと》で細川高国方《ほそかわたかくにがた》と戦《たたか》う（宣秀卿記）。**1・-** 越後衆連《えちごしゅうれん》判軍陣壁書《ばんぐんじんかべがき》（上杉家文書）。**閏《うるう》5・-** 加賀《かが》の一向宗《いっこうしゅう》、大一揆《おおいっき》と小一揆《こいっき》に分裂《ぶんれつ》し対立《たいりつ》（白山宮荘厳講中記録）。**6・4** 三好元長《みよしもとなが》・赤松晴政《あかまつはるまさ》、高国《たかくに》・浦上村宗《うらがみむらむね》を摂津《せっつ》天王寺《てんのうじ》で破《やぶ》る。村宗敗死《むらむねはいし》（二水記）。**6・8** 高国《たかくに》、摂津尼崎《せっつあまがさき》で三好勢《みよしぜい》に捕《とら》えられ自害《じがい》（二水記）。**10・26** 越前《えちぜん》の朝倉教景《あさくらのりかげ》と能登守護畠山義総《のとのしゅごはたけやまよしふさ》、加賀一向一揆《かがのいっこういっき》と湊川《みなとがわ》（手取川《てどりがわ》）で戦《たたか》う（朝倉宗滴話記）。**11・2** 加賀一向宗大一揆《かがいっこうしゅうおおいっき》、太田合《おおたかっ》戦《せん》に勝利《しょうり》。翌日《よくじつ》、教景《のりかげ》は越前《えちぜん》に撤退《てったい》（白山宮荘厳講中記録）。

【社会・文化】

この年《とし》『当麻寺縁起《たいまでらえんぎ》』成《な》る（実隆公記）。第《だい》一回目《かいめ》の結集《けつしゅう》により『おもろさうし』一巻成《かんな》る（慶長《けいちょう》一八年第《ねんだい》二回目結集《かいめけつしゅう》で二巻《かん》、元和《げんな》九年第《ねんだい》三回目結集《かいめけつしゅう》で二二巻《かん》まで成《な》る）。

【死没】

5・17 阿佐井野宗瑞《あさいのそうずい》（60、医師《いし》）。**6・8** 細川高国《ほそかわたかくに》（48、武将《ぶしょう》）。**7・9** 中御門《なかみかど》宣秀《のぶひで》（63、公卿《くぎょう》）。**7・18** 足利政氏《あしかがまさうじ》（66、古河公方《こがくぼう》）。

《月の大小／朔日の干支・ユリウス暦》

一丁亥（1・19）・二丙辰（2・17）・三丙戌（3・19）・四乙卯（4・17）・五乙酉（5・17）・閏五甲寅（6・15）・六癸未（7・14）・七癸丑（8・13）・八壬午（9・11）・九壬子（10・11）・一〇辛巳（11・9）・一一辛亥（12・9）・一二辛巳（32・1・8）（太字は大の月）

大日本史料 （未刊）

琉球 尚清王 5

朝鮮 中宗 26

明 ⑥ 嘉靖 10

西暦	◀ 一五三二
年号・干支	天文《てんぶん》元 7・29 壬辰《みずのえたつ》
天皇	
将軍	
記事	【政治・経済】 5・19 畠山義堯《はたけやまよしたか》、木沢長政《きざわながまさ》を河内《かわち》飯盛山城《いいもりやまじょう》に攻囲《こうい》(細川両家記)。 6・15 本願寺《ほんがんじ》証如《しょうにょ》、細川晴元《ほそかわはるもと》の要請《ようせい》を受《う》け、一向一揆《いっこういっき》に義堯《よしたか》を撃退《げきたい》させる。義堯《よしたか》、一八日に誉田城《こんだじょう》で自害《じがい》(言継卿記)。 6・20 晴元《はるもと》・一向一揆《いっこういっき》、堺《さかい》で三好元長《みよしもとなが》を攻撃《こうげき》・元長自害《もとながじがい》(言継卿記)。 7・17 大和《やまと》の一向一揆《いっこういっき》、興福寺《こうふくじ》を焼《や》く(二水記)。 8・2 晴元《はるもと》と証如《しょうにょ》不和《ふわ》・一向一揆《いっこういっき》、晴元《はるもと》を堺《さかい》で攻撃《こうげき》(二水記)。 8・5 一向一揆《いっこういっき》、摂津《せっつ》池田城《いけだじょう》を攻撃《こうげき》(細川両家記)。 8・24 六角定頼《ろっかくさだより》・法華宗徒《ほっけしゅうと》、山科本願寺《やましなほんがんじ》を焼《や》く・証如《しょうにょ》、のちに石山坊舎《いしやまぼうしゃ》に移《うつ》る(二水記)。 12・10 京都土倉衆《きょうとどそうしゅう》ら、徳政《とくせい》一揆《いっき》張本《ちょうぼん》の在所《ざいしょ》を放火《ほうか》(二水記)。 12・23 晴元方摂津国人《はるもとがたせっつこくじん》、一向宗《いっこうしゅう》の教行寺《きょうぎょうじ》を焼《や》く(二水記)。 【社会・文化】 2・3 『塵添壒囊鈔《じんてんあいのうしょう》』成《な》る。 3・6 宗長没《そうちょうぼつ》・生前《せいぜん》『宗長日記《そうちょうにっき》』を書《か》く。 5・18 快元《かいげん》、『快元僧都記《かいげんそうずき》』を記《しる》す(～天文《てんぶん》一一年《ねん》五月《がつ》一四日《か》)。 8・4 実従《じつじゅう》、『私心記《ししんき》』を記《しる》す(～永禄《えいろく》四年《ねん》一二月《がつ》三〇日《にち》)。 8・17 足利義晴《あしかがよしはる》、『桑実寺縁起《くわのみでらえんぎ》』(絵土佐光茂《えとさみつしげ》・詞《ことば》尊鎮入道親王《そんちんにゅうどうしんのう》ら)を寄進《きしん》。 10・9 吉田兼右《よしだかねみぎ》、『兼右卿記《かねみぎきょうき》』を記《しる》す(～元亀《げんき》三年《ねん》三月《がつ》二三日《にち》)。 【死没】 3・6 宗長《そうちょう》(85、連歌師《れんがし》)。 《月の大小／朔日の干支・ユリウス暦》 一庚戌(2・6)・二庚辰(3・7)・三庚戌(4・6)・四己卯(5・5)・五己酉(6・4)・六戊寅(7・
大日本史料	
琉球	6
朝鮮	27
明	11

西暦	年号・干支	天皇	将軍	記事	大日本史料	琉球	朝鮮	明
▶一五三二	天文 元 7・29 壬辰《みずのえたつ》	(後奈良)	(足利義晴)	3)・七丁未(8・1)・八丁丑(8・31)・九丙午(9・29)・一〇乙亥(10・28)・一一乙巳(11・27)・一二乙亥(12・27)(太字は大の月) 【世界】 フランス、ラブレー、『ガルガンチュアとパンタグリュエルの物語《ものがたり》』を著《あらわ》す。	(未刊)	尚清王 6	中宗 27	嘉靖 11
一五三三	二 癸巳《みずのとのみ》			【政治・経済】 **2・10** 一向一揆《いっこういっき》、細川晴元《ほそかわはるもと》を堺《さかい》に攻《せ》めて淡路《あわじ》に逐《お》う(細川両家記)。**3・29** 木沢長政《きざわながまさ》、法華宗徒《ほっけしゅうと》を率《ひき》い、摂津伊丹城《せっついたみじょう》を囲《かこ》む一向一揆《いっこういっき》を破《やぶ》る(細川両家記)。**4・6** 晴元《はるもと》、摂津池田《せっついけだ》入城《にゅうじょう》(細川両家記)。**4・26** 京都《きょうと》法華宗徒《ほっけしゅうと》・晴元勢《はるもとぜい》、大坂《おおさか》の一向一揆《いっこういっき》を攻《せ》める(祇園執行日記)。**6・18** 薬師寺国長《やくしじくになが》ら晴元勢《はるもとぜい》と法華宗徒《ほっけしゅうと》、細川高国《ほそかわたかくに》の弟《おとうと》晴国《はるくに》と山城高雄《やましろたかお》で戦《たたか》い敗北《はいぼく》・国長敗死《くにながはいし》(祇園執行日記)。**6・20** 晴元《はるもと》、証如《しょうにょ》と和睦《わぼく》(実隆公記)。**7・27** 安房《あわ》の里見義通《さとみよしみち》の遺子義豊《いしよしとよ》、叔父《おじ》実堯《さねたか》・正木時綱《まさきときつな》を討《う》つ(快元僧都記)。**12・-** 大内義隆《おおうちよしたか》の将陶興房《しょうすえおきふさ》、肥前等《ひぜんなど》に出陣《しゅつじん》し、筑前武蔵城《ちくぜんむさしじょう》で筑紫惟門《ちくしこれかど》を降《くだ》す(歴代鎮西要略)。**この年《とし》** 神谷寿禎《かみやじゅてい》、石見大森銀山《いわみおおもりぎんざん》で灰吹法《はいふきほう》による銀精錬《ぎんせいれん》に成功《せいこう》(銀山要集)。**この頃《ころ》** 上《かみ》・下京《しもぎょう》の法華宗徒《ほっけしゅうと》、法華一揆《ほっけいっき》をなし、自治自衛《じちじえい》の活動《かつどう》を展開《てんかい》(祇園執行日記)。 【社会・文化】 **8・-** 阿佐井野版《あさいのばん》『論語《ろんご》』刊行《かんこう》。**10・24** 仁和寺尊海《にんなじそんかい》、駿河《するが》に向《む》け出京《しゅっきょう》(あつまの道の記)。**この年《とし》**『松屋会記《まつやかいき》』記《しる》し始《はじ》める(〜慶安《けいあん》三年《ねん》)。 【死没】		7	28	12

西暦	◀一五三四	
年号・干支	三 甲午《きのえうま》 ①	
天皇		
将軍		
記事	【政治・経済】 4・6 里見実堯《さとみさねたか》の遺児義堯《いじよしたか》、北条氏綱《ほうじょううじつな》の援《たす》けにより里見義豊《さとみよしとよ》を討《う》つ(快元僧都記)。四月《がつ》以降《いこう》 大内義隆《おおうちよしたか》、即位用途進上《そくいようどしんじょう》の綸旨《りんじ》により、金襴等《きんらんなど》を献上《けんじょう》(御湯殿上日記)。6・30 浦上氏《うらがみし》の将《しょう》島村盛実《しまむらもりざね》、宇喜多能家《うきたよしいえ》を備前砥石城《びぜんといしじょう》で滅《ほろ》ぼす(備前軍記)。8・3 細川晴元勢《ほそかわはるもとぜい》、一向一揆《いっこういっき》・細川晴国与党《ほそかわはるくによとう》を山城谷山城《やましろたにやまじょう》で攻略《こうりゃく》(言継卿記)。9・3 足利義晴《あしかがよしはる》、近江《おうみ》より入京《にゅうきょう》(御湯殿上日記)。10・- 義隆《よしたか》、肥前《ひぜん》の竜造寺家兼《りゅうぞうじいえかね》を介《かい》して少弐資元《しょうにすけもと》と和睦《わぼく》(北肥戦誌)。12・- 義晴《よしはる》、大友義鑑《おおともよしあき》と義隆《よしたか》に和睦《わぼく》を催促《さいそく》(大友家文書録)。この冬《ふゆ》 義隆《よしたか》、即位惣用《そくいそうよう》二〇万疋《びき》を進上《しんじょう》(後奈良天皇宸記)。この年《とし》 紀伊《きい》の一向宗徒《いっこうしゅうと》と湯河氏《ゆかわし》ら和睦《わぼく》し、惣国《そうこく》一揆《いっき》成立《せいりつ》(天文日記・私心記)。	4・24 宗碩《そうせき》(60、連歌師《れんがし》)。7・27 正木時綱《まさきときつな》(武将《ぶしょう》)。8・24 徳大寺実淳《とくだいじさねあつ》(89、歌人《かじん》)。12・8 月舟寿桂《げっしゅうじゅけい》(禅僧《ぜんそう》、五山僧《ござんそう》)。 《月の大小/朔日の干支・ユリウス暦》 一甲辰(1・25)・二甲戌(2・24)・三甲辰(3・26)・四甲戌(4・25)・五癸卯(5・24)・六癸酉(6・23)・七壬寅(7・22)・八辛未(8・20)・九辛丑(9・19)・一〇庚午(10・18)・一一己亥(11・16)・一二己巳(12・16)(太字は大の月) 【世界】 阮淦《げんかん》、黎朝《れいちょう》を回復《かいふく》。明《みん》、大国《たいこく》の兵乱《へいらん》。インカ帝国滅亡《ていこくめつぼう》。ポルトガル、ブラジルにカピタニア制《せい》をしく。
大日本史料		
琉球	8	
朝鮮	29	
明	② 13	

西暦	年号・干支	天皇	将軍
▶一五三四	天文 三 甲午《きのえうま》 ①	(後奈良)	(足利義晴)
一五三五	四 乙未《きのとのひつじ》		

一五三四

【社会・文化】

この春《はる》 大内義隆《おおうちよしたか》、朝鮮《ちょうせん》に大蔵経《だいぞうきょう》を求《もと》める(芸藩通志)。**7・5** 笑雲清三編《しょううんせいさんへん》『四河入海《しかじっかいな》』成る。

【死没】

6・30 宇喜多能家《うきたよしいえ》(武将《ぶしょう》)。

《月の大小/朔日の干支・ユリウス暦》

一己亥(1・15)・閏一戊辰(2・13)・二戊戌(3・15)・三戊辰(4・14)・四丁酉(5・13)・五丁卯(6・12)・六丙申(7・11)・七丙寅(8・10)・八乙未(9・8)・九乙丑(10・8)・一〇甲午(11・6)・一一甲子(12・6)・一二癸巳(35・1・4)(太字は大の月)

〖世界〗

イエズス会設立《かいせつりつ》。イギリス国教会成立《こっきょうかいせいりつ》。オスマン帝国《ていこく》、サファヴィー朝《ちょう》イラクを併合《へいごう》。

一五三五

【政治・経済】

6・12 細川晴元勢《ほそかわはるもとぜい》、一向一揆《いっこういっき》を大坂《おおさか》に破《やぶ》る(後奈良天皇宸記)。**8・22** 北条氏《ほうじょううじ》綱《つな》と今川氏輝《いまがわうじてる》、武田信虎《たけだのぶとら》を甲斐《かい》に破《やぶ》る(快元僧都記)。**9・3** 大内義隆《おおうちよしたか》、日華門《にっかもん》修理料《しゅうりりょう》を進上《しんじょう》(後奈良天皇宸記)。**11・1** 朝倉孝景《あさくらたかかげ》、即位料《そくいりょう》一万疋《びき》を進上《しんじょう》(御湯殿上日記)。**12・5** 松平清康《まつだいらきよやす》、織田信秀攻撃《おだのぶひでこうげき》のため尾張守山《おわりもりやま》に在陣中《ざいじんちゅう》、殺害《さつがい》される(三河物語)。**12・27** 信秀《のぶひで》、三河井田野《みかわいだの》で松平勢《まつだいらぜい》に敗北《はいぼく》(三河物語)。**12・29** 陶興房《すえおきふさ》、肥前《ひぜん》の少弐資元《しょうにすけもと》・冬尚《ふゆひさ》の所領《しょりょう》を没収《ぼっしゅう》(北肥戦誌)。**この年**《とし》 晴《はる》

	一五三四	一五三五
大日本史料	(未刊)	
琉球	尚清王 8	9
朝鮮	中宗 29	30
明	② 嘉靖 13	14

西暦	一五三六
年号・干支	五 丙申《ひのえさる》 ⑩
天皇	
将軍	
記事	元《もと》と証如《しょうにょ》が和睦《わぼく》(天文日記)。 【社会・文化】 11・7 狩野元信《かのうもとのぶ》、唐絵屏風《からえびょうぶ》を内裏《だいり》に進上《しんじょう》(後奈良天皇宸記)。 【死没】 6・8 足利高基《あしかがたかもと》(古河公方《こがくぼう》)。7・26 持明院基春《じみょういんもとはる》(83、書家《しょか》)。7・5 筒井順興《つついじゅんこう》(52、武将《ぶしょう》)。12・5 松平清康《まつだいらきよやす》(25、武将《ぶしょう》)。 《月の大小／朔日の干支・ユリウス暦》 一癸亥(2・3)・二壬辰(3・4)・三壬戌(4・3)・四辛卯(5・2)・五辛酉(6・1)・六辛卯(7・1)・七庚申(7・30)・八庚寅(8・29)・九己未(9・27)・一〇己丑(10・27)・一一戊午(11・25)・一二戊子(12・25)(太字は大の月) 【世界】 スペイン、メキシコに副王《ふくおう》を置《お》く。 【政治・経済】 2・26 後奈良天皇即位礼《ごならてんのうそくいのれい》(後奈良天皇宸記)。4・14 伊達稙宗《だてたねむね》、『塵芥集《じんかいしゅう》』を定《さだ》め、被官《ひかん》が起請文《きしょうもん》を提出《ていしゅつ》。7・27 延暦寺衆徒《えんりやくじしゅと》・六角定頼勢《ろっかくさだよりぜい》、洛中《らくちゅう》の法華宗《ほっけしゅう》二十一本山《ほんざん》を焼《や》き、上《かみ》・下京《しもぎょう》炎上《えんじょう》(天文法華《てんぶんほっけ》の乱《らん》)(厳助往年記)。7・29 木沢《きざわ》長政《ながまさ》ら、摂津中島《せっつなかじま》で一向一揆《いっこういっき》を破《やぶ》る(細川両家記)。8・19 足利義晴《あしかがよしはる》、和《わ》を乞《こ》う証如《しょうにょ》を赦《ゆる》す(後鑑所収御内書案)。9・4 陶興房《すえおきふさ》、肥前多久城《ひぜんたくじょう》で少弐資元《しょうにすけもと》を攻囲《こうい》・資元《すけもと》自殺《じさつ》(歴代鎮西要略)。9・24 細川晴元《ほそかわはるもと》入京《にゅうきょう》(厳助往年記)。閏《うるう》10・
大日本史料	
琉球	10
朝鮮	31
明	⑫ 15

西暦	一五三六 ▶	一五三七
年号・干支	天文 五 丙申《ひのえさる》 ⑩	六 丁酉《ひのとのとり》
天皇	(後奈良)	
将軍	(足利義晴)	
記事	**7** 幕府《ばくふ》、法華宗徒《ほっけしゅうと》の洛中洛外《らくちゅうらくがい》徘徊《はいかい》や寺院《じいん》再興《さいこう》の禁止《きんし》等《など》を定《さだ》める(本能寺文書)。**11・22** 肥後《ひご》の相良《さがら》洞然《どうねん》(長国《ながくに》)、宗家《そうけ》の後嗣《こうし》晴広《はるひろ》に旧事《きゅうじ》を記《しる》して呈《てい》する(相良家文書)。 【社会・文化】 **1・4** 証如《しょうにょ》、山科《やましな》に道場《どうじょう》を再興《さいこう》(天文日記)。**この年《とし》** 三条西実隆《さんじょうにしさねたか》『再昌草《さいしょうそう》』成《な》る。後奈良天皇《ごならてんのう》・芝琳賢《しばりんけん》ら『東大寺大仏縁起《とうだいじだいぶつえんぎ》』成《な》る(同書奥書)。 【死没】 **3・17** 今川氏輝《いまがわうじてる》(24、武将《ぶしょう》)。**7・3** 山名致豊《やまなむねとよ》(65、武将《ぶしょう》)。**7・27** 卜部兼永《うらべのかねなが》(70、神道家《しんとうか》)。 《月の大小/朔日の干支・ユリウス暦》 一丁巳(1・23)・二丁亥(2・22)・三丙辰(3・22)・四丙戌(4・21)・五乙卯(5・20)・六乙酉(6・19)・七甲寅(7・18)・八甲申(8・17)・九甲寅(9・16)・一〇癸未(10・15)・閏一〇癸丑(11・14)・一一壬午(12・13)・一二壬子(37・1・12)(太字は大の月) 《世界》 イギリス、恩寵《おんちょう》の巡礼勃発《じゅんれいぼっぱつ》。カルヴァン、『キリスト教綱要《きょうこうよう》』を著《あらわ》す。オスマン帝国《ていこく》、フランスにカピチュレーションを与《あた》える。	【政治・経済】 **2・10** 今川義元《いまがわよしもと》、武田信虎《たけだのぶとら》の娘《むすめ》を娶《めと》る。北条氏綱《ほうじょううじつな》、駿河《するが》に侵入《しんにゅう》(妙法寺記)。**3・7** 毛利元就《もうりもとなり》、尼子経久《あまこつねひさ》方《がた》の安芸《あき》生田《いけだ》城《じょう》を攻落《こうらく》(萩藩閥閲録)。**6・25** 松平《まつだいら》
大日本史料	(未刊)	
琉球	尚清王 10	11
朝鮮	中宗 31	32
明	嘉靖 15 ⑫	16

千松丸《せんまつまる》(広忠《ひろただ》)、駿河《するが》より三河岡崎城《みかわおかざきじょう》に還住《げんじゅう》(阿部定次記・信光明寺文書)。**7・15** 上杉朝定《うえすぎともさだ》、北条氏綱《ほうじょううじつな》に敗《やぶ》れ武蔵河越城《むさしかわごえじょう》より松山城《まつやまじょう》に退去《たいきょ》(快元僧都記)。**8・16** 尼子経久《あまこつねひさ》、大内義隆《おおうちよしたか》の石見大森銀山《いわみおおもりぎんざん》を攻略《こうりゃく》(銀山旧記)。**10・3** 細川晴元《ほそかわはるもと》、北野《きたの》・西京《さいきょう》の地下人《じげにん》が北野経王堂《きたのきょうおうどう》を毀《こわ》し取《と》ることを禁止《きんし》(大報恩寺文書)。**12・1** 元就《もとなり》、嫡子隆元《ちゃくしたかもと》を義隆《よしたか》の人質《ひとじち》とする(毛利家文書)。

【社会・文化】

10・3 三条西実隆没《さんじょうにしさねたかぼつ》、生前《せいぜん》『実隆公記《さねたかこうき》』を書《か》く。**この年** 山科言継編《やましなときつぐへん》『歴名土代《れきめいどだい》』成《な》る(書《か》き継《つ》ぎは慶長年間《けいちょうねんかん》に及《およ》ぶ)。

【死没】

4・27 上杉朝興《うえすぎともおき》(50、武将《ぶしょう》)。**10・3** 三条西実隆《さんじょうにしさねたか》(83、公卿《くぎょう》)。

《月の大小／朔日の干支・ユリウス暦》

一辛巳(2・10)・二辛亥(3・12)・三庚辰(4・10)・四己酉(5・9)・五己卯(6・8)・六戊申(7・7)・七戊寅(8・6)・八戊申(9・5)・九丁丑(10・4)・一〇丁未(11・3)・一一丁丑(12・3)・一二丙午(38・1・1)(太字は大の月)

西暦 ▶一五三八

年号・干支 七 戊戌《つちのえいぬ》

天皇

将軍

記事

【政治・経済】

2・2 北条氏綱《ほうじょううじつな》、下総葛西城《しもうさかさいじょう》を攻略《こうりゃく》(快元僧都記)。**3・5** 細川晴元《ほそかわはるもと》、山城《やましろ》山崎《やまざき》に築城《ちくじょう》(蜷川親俊日記)。**7・17** 尼子詮久《あまこあきひさ》(晴久《はるひさ》)、赤松政村《あかまつまさむら》(晴政《はるまさ》)を破《やぶ》り、播磨《はりま》より淡路《あわじ》に逐《お》う(蜷川親俊日記)。**7・-** 大内義隆《おおうちよしたか》、備後神辺城《びんごかんなべじょう》で山名忠勝《やまなただかつ》を滅《ほろ》ぼす(三備史略)。**9・21** 浅井亮政《あさいすけまさ》、近江北部《おうみほくぶ》に徳政令《とくせいれい》を出《だ》す(菅浦文書)。

大日本史料

琉球 12

朝鮮 33

明 17

西暦	▶一五三八	一五三九
年号・干支	天文 七 戊戌《つちのえいぬ》	八 己亥《つちのとのい》 ⑥
天皇	(後奈良)	
将軍	(足利義晴)	
記事	10・7 氏綱《うじつな》・足利晴氏《あしかがはるうじ》、下総国府台《しもうさこうのだい》で足利義明《あしかがよしあき》・里見義堯《さとみよしたか》を破《やぶ》る・ 義明敗死《よしあきはいし》(快元僧都記)。**この頃《ころ》より** 日本銀《にほんぎん》の輸出《ゆしゅつ》始《はじ》まる(籌海図編)。 【社会・文化】 7・1 大内義隆《おおうちよしたか》、尊海《そんかい》を朝鮮《ちょうせん》に派《は》し大蔵経《だいぞうきょう》を求《もと》める(尊海渡海日記)。10・－ 義隆《よしたか》、朝鮮《ちょうせん》に朱氏新註《しゅししんちゅう》五経《ごきょう》・刻漏器《こくろうき》を求《もと》める(大内氏実録)。**この年《とし》** 蜷川親俊《にながわちかとし》、『蜷川親俊日記《にながわちかとしにっき》』を記《しる》す(～天文《てんぶん》二一年《ねん》)。 【死没】 10・7 足利義明《あしかがよしあき》(武将《ぶしょう》)。 《月の大小／朔日の干支・ユリウス暦》 一丙子(1・31)・**二**乙巳(3・1)・三乙亥(3・31)・四甲辰(4・29)・**五**癸酉(5・28)・六癸卯(6・27)・**七**壬申(7・26)・八壬寅(8・25)・**九**辛未(9・23)・一〇辛丑(10・23)・一一辛未(11・22)・一二辛丑(12・22)(太字は大の月) 【世界】 プレヴェザ海戦《かいせん》・ オスマン海軍《かいぐん》が、スペイン・ヴェネツィア・教皇連合艦隊《きょうこうれんごうかんたい》を破《やぶ》り、地中海域《ちちゅうかいいき》を制圧《せいあつ》。	【政治・経済】 1・14 三好範長《みよしのりなが》(長慶《ながよし》)、入京《にゅうきょう》(蜷川親俊日記)。4・8 赤松政村《あかまつまさむら》(晴政《はるまさ》)、播磨《はりま》に復帰《ふっき》(赤松記)。4・19 幕府《ばくふ》の遣明使《けんみんし》湖心碩鼎《こしんせきてい》・策彦周良《さくげんしゅうりょう》ら、五島《ごとう》を発《た》ち、明《みん》に勘合《かんごう》を求《もと》める・ 吉田宗桂《よしだそうけい》、同行《どうこう》(策彦入明記)。5・－ 大内義隆《おおうちよしたか》、尼子詮久《あまこあきひさ》
大日本史料	(未刊)	
琉球	尚清王 12	13
朝鮮	中宗 33	34
明	嘉靖 17	18 ⑦

西暦		◀一五四〇
年号・干支		庚子《かのえね》 九
天皇		
将軍		
記事	（晴久《はるひさ》）の石見大森銀山《いわみおおもりぎんざん》を攻略《こうりゃく》（銀山旧記）。**閏《うるう》6・13** 足利義晴《あしかがよしはる》、細川晴元《ほそかわはるもと》・三好政長《みよしまさなが》と対立《たいりつ》する三好範長《みよしのりなが》に合戦延引《かっせんえんいん》を諭《さと》す（大館常興日記）。**7・23** 晴元《はるもと》、山城西岡《やましろにしおか》での徳政《とくせい》を幕府《ばくふ》に求《もと》める（蜷川親俊日記）。**7・25** 幕府《ばくふ》、土倉《どそう》の求《もと》めにより徳政停止《とくせいちょうじ》（蜷川親俊日記）。**8・5** 陸奥会津《むつあいづ》で百姓蜂起《ひゃくしょうほうき》（会津塔寺八幡宮長帳）。**10・28** 阿波《あわ》の細川持隆《ほそかわもちたか》、赤松晴政《あかまつはるまさ》を援《たす》けて備中《びっちゅう》で詮久《あきひさ》と戦《たたか》い敗北《はいぼく》（蜷川親俊日記）。**この頃《ころ》** 多《おお》くの公家《くげ》等《ら》が、周防山口《すおうやまぐち》・駿河府中《するがふちゅう》等《など》に下向《げこう》（公卿補任）。**この頃《ころ》より** 明船《みんせん》の渡来増加《とらいぞうか》（続本朝通鑑・八代日記）。 **【社会・文化】** **3・30** 相良長唯《さがらながただ》、渡唐船《ととうせん》を造《つく》る（八代日記）。**3・－** 大内義隆《おおうちよしたか》、『聚分韻略《しゅうぶんいんりゃく》』を出版《しゅっぱん》。**8・17** 諸国《しょこく》で大雨《おおあめ》・洪水《こうずい》（快元僧都記）。 **【死没】** **4・18** 陶興房《すえおきふさ》（武将《ぶしょう》）。 《月の大小／朔日の干支・ユリウス暦》 一庚午（1・20）・二庚子（2・19）・三己巳（3・20）・四己亥（4・19）・五戊辰（5・18）・六丁酉（6・16）・閏六丁卯（7・16）・七丙申（8・14）・八丙寅（9・13）・九乙未（10・12）・一〇乙丑（11・11）・一一乙未（12・11）・一二甲子（40・1・9）（太字は大の月）	**【政治・経済】** **5・－** 武田信虎《たけだのぶとら》、信濃佐久郡《しなのさくぐん》の諸城《しょじょう》を攻略《こうりゃく》（妙法寺記）。**6・6** 織田信秀《おだのぶひで》、三河安祥城《みかわあんしょうじょう》を攻略《こうりゃく》（大樹寺過去帳）。**8・16** 尼子詮久《あまこあきひさ》、大内義隆《おおうちよしたか》の石見大森銀《いわみおおもりぎん》
大日本史料		
琉球		14
朝鮮		35
明		19

西暦	年号・干支	天皇	将軍
▶一五四〇	天文 九 庚子《かのえね》	(後奈良)	(足利義晴)
一五四一	一〇 辛丑《かのとのうし》		

記事

一五四〇（天文九）

山《ざん》を攻《せ》めるが敗北《はいぼく》(銀山旧記)。**9・4** 詮久《あきひさ》、毛利元就《もうりもとなり》の安芸《あき》郡山城《こおりやまじょう》を攻囲《こうい》(毛利家文書)。**10・9** 詮久《あきひさ》、山名祐豊《やまなすけとよ》を伯耆《ほうき》で破《やぶ》る(陰徳太平記)。**10・11** 元就《もとなり》、安芸相合口等《あきあいおうぐちなど》で詮久軍《あきひさぐん》を破《やぶ》る(毛利家文書)。**この年《とし》より** 東国《とうごく》で私年号《しねんごう》「命禄《みょうろく》」が使用《しよう》される(妙賢寺板碑)。

【社会・文化】

6・17 後奈良天皇《ごならてんのう》、悪疫流行平癒《あくえきりゅうこうへいゆ》のため般若心経《はんにゃしんぎょう》を書写《しょしゃ》して諸国一宮《しょこくいちのみや》に納《おさ》める(京都御所東山御文庫記録)。**8・11** 諸国大風雨《しょこくだいふうう》(快元僧都記)。**10・1** 荒木田《あらきだ》守武《もりたけ》『守武千句《もりたけせんく》』成《な》る。

《月の大小／朔日の干支・ユリウス暦》

一甲午(2・8)・二甲子(3・9)・三癸巳(4・7)・四癸亥(5・7)・五壬辰(6・5)・六辛酉(7・4)・七辛卯(8・3)・八庚申(9・1)・九己丑(9・30)・一〇己未(10・30)・一一己丑(11・29)・一二戊午(12・28)(太字は大の月)

【世界】

メキシコ、チチメカ族大反乱《ぞくだいはんらん》。

一五四一（天文一〇）

【政治・経済】

1・13 毛利元就《もうりもとなり》・陶隆房《すえたかふさ》ら大内義隆勢《おおうちよしたかぜい》、安芸宮崎等《あきみやざきなど》で尼子詮久《あまこあきひさ》を破《やぶ》る(毛利家文書)。**4・5** 義隆《よしたか》、安芸桜尾城《あきさくらおじょう》を攻略《こうりゃく》(棚守房顕手記)。**6・14** 武田晴信《たけだはるのぶ》、父信虎《ちちのぶとら》を駿河《するが》の今川義元《いまがわよしもと》の許《もと》に追放《ついほう》(妙法寺記)。**6・26** 幕府遣明使湖心碩鼎《ばくふけんみんしこしんせきてい》ら、五島《ごとう》に帰着《きちゃく》(策彦入明記)。**10・29** 木沢長政《きざわながまさ》、京都《きょうと》に迫《せま》り、細川晴元《ほそかわはるもと》は岩《いわ》

	一五四〇	一五四一
大日本史料	(未刊)	
琉球	尚清王 14	15
朝鮮	中宗 35	36
明	嘉靖 19	20

西暦

年号・干支

天皇

将軍

記事

倉《くら》に退《しりぞ》く(大館常興日記)。**11・1** 足利義晴《あしかがよしはる》、近江坂本《おうみさかもと》に退《しりぞ》く(大館常興日記)。**11・12** 幕府《ばくふ》、晴元《はるもと》の遣明船《けんみんせん》の堺出航延引《さかいしゅっこうえんいん》を義隆《よしたか》に請《こ》われて審議《しんぎ》(大館常興日記)。

【社会・文化】

5・- 朝鮮《ちょうせん》、大内義隆《おおうちよしたか》に詩経《しきょう》・書経《しょきょう》・漏刻器等《ろうこくきなど》を贈《おく》る(朝鮮国王中宗国書)。**7・5** 義隆《よしたか》、厳島神社《いつくしまじんじゃ》の祭礼再興《さいれいさいこう》を命《めい》じ、祭礼領《さいれいりょう》の寄進等《きしんなど》を行《おこな》う(厳島神社文書)。**9・-** 織田信秀《おだのぶひで》、伊勢外宮仮殿《いせげくうかりどの》の造替費《ぞうたいひ》を寄進《きしん》(外宮引付)。

【死没】

2・9 月渚永乗《げっしょえいじょう》(77、臨済宗僧侶《りんざいしゅうそうりょ》)。**7・19** 北条氏綱《ほうじょううじつな》(55、武将《ぶしょう》)。**11・6** 一《いち》条房冬《じょうふさふゆ》(44、公卿《くぎょう》)。**11・13** 尼子経久《あまこつねひさ》(84、武将《ぶしょう》)。**この年** 観世長俊《かんぜながとし》(能作者《のうさくしゃ》)。

《月の大小／朔日の干支・ユリウス暦》

一戊子(1・27)・二戊午(2・26)・三戊子(3・28)・四丁巳(4・26)・五丁亥(5・26)・六丙辰(6・24)・七乙酉(7・23)・八乙卯(8・22)・九甲申(9・20)・一〇癸丑(10・19)・一一癸未(11・18)・一二癸丑(12・18)(太字は大の月)

【世界】

ヴェトナム、莫登庸《ばくとうよう》、明《みん》に降《くだ》り安南都統使《あんなんとうし》の官《かん》を受《う》ける。ハンガリー、トランシルヴァニア侯国成立《こうこくせいりつ》。カルヴァン、ジュネーヴで神政政治《しんせいせいじ》を樹立《じゅりつ》。

大日本史料

琉球

朝鮮

明

西暦	年号・干支	天皇	将軍
一五四二	天文一一 壬寅《みずのえとら》 ③	(後奈良)	(足利義晴)

記事

【政治・経済】

3・17 三好範長《みよしのりなが》ら、河内太平寺《かわちたいへいじ》で木沢長政《きざわながまさ》を破《やぶ》る。長政敗死《ながまさはいし》(言継卿記)。**3・28** 足利義晴《あしかがよしはる》帰京《ききょう》(大館常興日記)。**3・―** 但馬生野銀山発見《たじまいくのぎんざんはっけん》(銀山旧記)。**閏《うるう》3・30** 大内義隆《おおうちよしたか》・毛利元就《もうりもとなり》、出雲《いずも》の尼子晴久《あまこはるひさ》を攻撃《こうげき》(新裁軍記)。**4・8** 幕府《ばくふ》、撰銭令《えりぜにれい》を公布《こうふ》(室町家御内書案)。**6・20** 伊達晴宗《だてはるむね》、父稙宗《ちちたねむね》を幽閉《ゆうへい》。伊達氏洞《だてしうつろ》の乱《らん》おこる(伊達正統世次考)。**7・20** 武田晴信《たけだはるのぶ》、諏訪頼重《すわよりしげ》を甲斐《かい》に幽閉《ゆうへい》し自殺《じさつ》させる(守矢氏旧記)。**8・10** 今川義元《いまがわよしもと》、織田信秀《おだのぶひで》と三河小豆坂《みかわあずきざか》で戦《たたか》う(信長公記)。**8・23** 斎藤利政《さいとうとしまさ》、美濃大桑城《みのおおがじょう》の土岐頼芸《ときよりなり》を尾張《おわり》に逐《お》う(仁岫語録)。**9・25** 晴信《はるのぶ》、諏訪頼継《すわよりつぐ》を破《やぶ》り、諏訪氏所領《すわししょりょう》を支配《しはい》(守矢氏旧記)。**11・14** 法華宗《ほっけしゅう》二一カ寺《じ》に洛内還住《らくないげんじゅう》の勅許《ちょっきょ》(両山歴譜)。**この年《とし》** 佐渡鶴子銀山発見《さどつるしぎんざんはっけん》(佐渡年代記)。**この年《とし》から翌年《よくねん》にかけて** 北条氏康《ほうじょううじやす》、相模《さがみ》・武蔵《むさし》・伊豆《いず》に代替《だいがわ》り検地《けんち》を実施《じっし》(大川文書)。**天文年間半《てんぶんねんかんなか》ば以降《いこう》** 唐木綿《とうもめん》の輸入増加《ゆにゅうぞうか》(言継卿記)。

【社会・文化】

10・1 『池坊専応口伝《いけのぼうせんのうくでん》』成《な》る。

【死没】

1・6 浅井亮政《あさいすけまさ》(大名《だいみょう》)。**3・17** 木沢長政《きざわながまさ》(武将《ぶしょう》)。**7・20** 諏訪頼重《すわよりしげ》(27、武将《ぶしょう》)。**この年《とし》** 長尾為景《ながおためかげ》(武将《ぶしょう》)。

《月の大小/朔日の干支・ユリウス暦》

一壬午(1・16)・二壬子(2・15)・三壬午(3・17)・閏三辛亥(4・15)・四辛巳(5・15)・五庚戌(6・13)・六庚辰(7・13)・七己酉(8・11)・八己卯(9・10)・九戊申(10・9)・一〇丁丑(11・7)・

大日本史料	琉球	朝鮮	明
(未刊)	尚清王 16	中宗 37	嘉靖 21 ⑤

一一丁未(12・7)・一二丁丑(43・1・6)(太字は大の月)

【世界】
明《みん》、アルタン＝ハン、山西《さんせい》に侵入《しんにゅう》。フランシスコ＝シャビエル、インドに至《いた》る。スペイン国王《こくおう》、エンコミエンダ制廃止《せいはいし》を企図《きと》して新法《しんぽう》を公布《こうふ》。

西暦：一五四三 ◀

年号・干支：一二 癸卯《みずのとのう》

天皇：

将軍：

記事：

【政治・経済】
2・- 織田信秀《おだのぶひで》、内裏築地修理料《だいりついじしゅうりりょう》を献上《けんじょう》(多聞院日記)。**3・12** 大内義隆《おおうちよしたか》・毛《もう》利元就《りもとなり》、出雲富田城《いずもとだじょう》(月山城《がっさんじょう》)で尼子晴久《あまこはるひさ》を攻撃《こうげき》(新裁軍記)。**5・7** 義隆《よしたか》ら、敗《やぶ》れて撤退《てったい》(毛利家文書)。**6・-** 佐竹義篤《さたけよしあつ》、伊達晴宗《だてはるむね》を援《たす》け、相馬顕胤《そうまあきたね》と陸奥《むつ》で戦《たたか》う(常陸誌料)。**7・21** 細川氏綱《ほそかわうじつな》が挙兵《きょへい》・細川晴元《ほそかわはるもと》、摂津《せっつ》芥川城《あくたがわじょう》に入《はい》る(多聞院日記)。**7・25** 氏綱勢《うじつなぜい》、堺《さかい》で晴元勢《はるもとぜい》と戦《たたか》う(多聞院日記)。**8・25** ポルトガル人《じん》、種子島《たねがしま》に漂着《ひょうちゃく》し、鉄砲《てっぽう》を伝《つた》える(鉄炮記)。**10・26** 一条房通《いちじょうふさみち》、土《と》佐《さ》に下向《げこう》(天文日記)。

【社会・文化】
この頃《ころ》 狩野元信《かのうもとのぶ》、妙心寺霊雲院《みょうしんじれいうんいん》の旧方丈《きゅうほうじょう》襖絵《ふすまえ》「山水花鳥図《さんすいかちょうず》」を制作《せいさく》。

【死没】
2・- 久我通言《こがみちとき》(57、公卿《くぎょう》)。**4・3** 吉田重賢《よしだしげかた》(81、弓術家《きゅうじゅつか》)。

《月の大小／朔日の干支・ユリウス暦》
一丙午(2・4)・二丙子(3・6)・三乙巳(4・4)・四乙亥(5・4)・五乙巳(6・3)・六甲戌(7・2)・七甲辰(8・1)・八癸酉(8・30)・九癸卯(9・29)・一〇壬申(10・28)・一一壬寅(11・27)・

大日本史料：

琉球：17

朝鮮：38

明：22

西暦	年号・干支	天皇	将軍	記事	大日本史料	琉球	朝鮮	明
▶一五四三	天文一二 癸卯《みずのとのう》	(後奈良)	(足利義晴)	一二辛未(12・26)(太字は大の月) 【世界】コペルニクス『天球回転論《てんきゅうかいてんろん》』刊《かん》。コペルニクス没《ぼつ》。	(未刊)	尚清王 17	中宗 38	嘉靖 22
一五四四	一三 甲辰《きのえたつ》 ⑪			【政治・経済】4・- 倭船《わせん》二〇余隻《よせき》、朝鮮慶尚道蛇梁鎮《ちょうせんけいしょうどうだりょうちん》を襲撃《しゅうげき》・朝鮮《ちょうせん》との通交断絶《つうこうだんぜつ》(朝鮮王朝実録)。7・6 足利義晴《あしかがよしはる》、細川晴元《ほそかわはるもと》と和睦《わぼく》(言継卿記)。7・28 尼子晴久《あまこはるひさ》勢《ぜい》、備後三吉《びんごみよし》城《じょう》を攻めて敗北《はいぼく》(新裁軍記)。9・23 織田信秀《おだのぶひで》・土岐頼芸《ときよりなり》と朝倉教景《あさくらのりかげ》・土岐政頼《ときまさより》、美濃稲葉山《みのいなばやま》城《じょう》で斎藤利政《さいとうとしまさ》を攻撃《こうげき》(士林証文)。9・- 水野信元《みずののぶもと》が織田方《おだがた》に転《てん》じ、松平広忠《まつだいらひろただ》、於大《おだい》と離縁《りえん》(松平記)。11・6 谷宗牧《たにそうぼく》、内裏築地修《だいりついじしゅう》理料《りりょう》を進納《しんのう》した信秀《のぶひで》に女房奉書《にょうぼうほうしょ》を伝《つた》える(東国紀行)。11・- 毛利元就《もうりもとなり》の子隆《こたか》景《かげ》、竹原小早川氏《たけはらこばやかわし》を嗣《つ》ぐ(小早川家文書)。 【社会・文化】7・9 京畿《けいき》・東海《とうかい》で大雨《おおあめ》・洪水《こうずい》(厳助往年記)。 【死没】4・15 田代三喜《たしろさんき》(72、医家《いか》)。 《月の大小/朔日の干支・ユリウス暦》 一庚子(1・24)・二庚午(2・23)・三庚子(3・24)・四己巳(4・22)・五己亥(5・22)・六戊辰(6・20)・七戊戌(7・20)・八戊辰(8・19)・九丁酉(9・17)・一〇丁卯(10・17)・一一丙申(11・15)・閏一一丙寅(12・15)・一二乙未(45・1・13)(太字は大の月)		18	39	23

西暦　一五四五

年号・干支　一四　乙巳《きのとのみ》

天皇

将軍

記事

【政治・経済】

1・22 竜造寺家兼《りゅうぞうじいえかね》、少弐冬尚《しょうにふゆひさ》方《がた》に謀《はか》られ、肥前水ヶ江城《ひぜんみずがえじょう》を失《うしな》う(北肥戦誌)。**3・18** 北郷忠相《ほんごうただまさ》ら、島津貴久《しまづたかひさ》の家督《かとく》・守護職継承《しゅごしきけいしょう》を承認《しょうにん》(薩藩旧記)。**3・-** 家兼《いえかね》、肥前水ヶ江城《ひぜんみずがえじょう》に復帰《ふっき》(北肥戦誌)。**5・25** 細川晴元《ほそかわはるもと》・三好範長《みよしのりなが》ら、宇治田原《うじたわら》で細川氏綱《ほそかわうじつな》を攻撃《こうげき》(言継卿記)。**8・16** 今川義元《いまがわよしもと》、北条氏康《ほうじょううじやす》と駿河狐橋《するがきつねばし》で戦《たたか》う・武田晴信《たけだはるのぶ》、義元《よしもと》を救援《きゅうえん》(天野文書)。**9・20** 織田信秀《おだのぶひで》、三河安祥城《みかわあんしょうじょう》を攻囲《こうい》する松平広忠《まつだいらひろただ》を破《やぶ》る(家忠日記増補追加)。**10・27** 上杉憲政《うえすぎのりまさ》・足利晴氏《あしかがはるうじ》、氏康方《うじやすがた》の武蔵河越城《むさしかわごえじょう》を攻囲《こうい》(鎌倉九代後記)。

【社会・文化】

3・7 谷宗牧《たにそうぼく》、浅草観音堂《あさくさかんのうどう》に参詣《さんけい》・この年《とし》、『東国紀行《とうごくきこう》』成《な》る。**8・29** 吉田兼右《よしだかねみぎ》、越前《えちぜん》の朝倉孝景《あさくらたかかげ》に神道《しんとう》を伝授《でんじゅ》(天文十四年日記)。

【死没】

7・12 畠山義総《はたけやまよしふさ》(55、武将《ぶしょう》)。**9・22** 谷宗牧《たにそうぼく》(連歌師《れんがし》)。

《月の大小／朔日の干支・ユリウス暦》

一乙丑(2・12)・二甲午(3・13)・三癸亥(4・11)・四癸巳(5・11)・五壬戌(6・9)・六壬辰(7・9)・七壬戌(8・8)・八辛卯(9・6)・九辛酉(10・6)・一〇辛卯(11・5)・一一庚申(12・4)・一二庚寅(46・1・3)(太字は大の月)

【世界】

トリエント公会議《こうかいぎ》(～一五六三年《ねん》)。南米《なんべい》、ポトシ銀山《ぎんざん》、採掘開始《さいくつかいし》。

大日本史料

琉球　19

朝鮮　仁宗《じんそう》

明　① 24

西暦	一五四六
年号・干支	天文一五 丙午《ひのえうま》
天皇	(後奈良)
将軍	(足利義晴) 12・20 ／ 12・20 足利義藤《あしかがよしふじ》

記事

【政治・経済】 **4・20** 北条氏康《ほうじょううじやす》、河越城《かわごえじょう》に来援《らいえん》し、上杉憲政《うえすぎのりまさ》・足利晴氏《あしかがはるうじ》を破《やぶ》る・上杉朝定《うえすぎともさだ》敗死《はいし》(喜連川判鑑)。 **7・6** 肥後《ひご》宮原銀山発見《みやのはらぎんざんはっけん》(相良家文書)。 **8・20** 細川氏綱《ほそかわうじつな》・畠山政国《はたけやままさくに》勢《ぜい》が堺《さかい》に入《はい》り、三好範長《みよしのりなが》ら細川晴元《ほそかわはるもと》勢《ぜい》と対陣《たいじん》・堺会合衆《さかいえごうしゅう》の仲介《ちゅうかい》で撤兵《てっぺい》(天文日記)。 **9・-** 晴元方《はるもとがた》と氏綱方《うじつながた》、摂津《せっつ》で戦《たたか》う(多聞院日記)。 **10・5** 京《きょう》都《と》に土一揆《つちいっき》蜂起《ほうき》し、徳政《とくせい》を要求《ようきゅう》(後奈良天皇宸記)。 **10・30** 幕府《ばくふ》、質置期限《しちおききげん》・質《しち》物取戻《もつとりもど》し手続《てつづ》き等《など》を定《さだ》め徳政令《とくせいれい》を出《だ》す・土倉《どそう》ら銭主《せんしゅ》、拒否《きょひ》(蜷川家文書・徳政雑々記)。 **12・20** 足利義藤《あしかがよしふじ》、近江坂本《おうみさかもと》に赴《おもむ》き元服《げんぷく》し、将軍拝任《しょうぐんはいにん》・ついで還京《かんきょう》(光源院殿元服記)。

【社会・文化】 **8・-** 明人《みんじん》、山城《やましろ》清浄花院《しょうじょうけいいん》に宿泊《しゅくはく》し、商売《しょうばい》する(後奈良天皇宸記)。北条《ほうじょう》氏康《うじやす》、『武蔵野紀行《むさしのきこう》』を著《あらわ》す。

【死没】 **3・10** 竜造寺家兼《りゅうぞうじいえかね》(93、武将《ぶしょう》)。 **4・20** 上杉朝定《うえすぎともさだ》(22、武将《ぶしょう》)。 **8・25** 相良義滋《さがらよししげ》(長唯《ながただ》)(58、武将《ぶしょう》)。

《月の大小／朔日の干支・ユリウス暦》
一己未(2・1)・二己丑(3・3)・三戊午(4・1)・四丁亥(4・30)・五丁巳(5・30)・六丙戌(6・28)・七丙辰(7・28)・八乙酉(8・26)・九乙卯(9・25)・一〇乙酉(10・25)・一一乙卯(11・24)・一二甲申(12・23)(太字は大の月)

【世界】

大日本史料	(未刊)
琉球	尚清王 **20**
朝鮮	明宗《めいそう》
明	嘉靖 **25**

西暦	◀ 一五四七	
年号・干支	一六 丁未《ひのとひつじ》 ⑦	
天皇将軍		
記事	【政治・経済】 2・― 丁未約条《ていびやくじょう》成《な》る・朝鮮《ちょうせん》、対馬島主宗氏《つしまとうしゅそうし》の歳遣船《さいけんせん》を二五隻《せき》とする(朝鮮王朝実録)。3・22 三好範長《みよしのりなが》ら細川晴元《ほそかわはるもと》勢《ぜい》、細川氏綱《ほそかわうじつな》方《がた》の摂津《せっつ》三宅《みやけ》城《じょう》を攻略《こうりゃく》(細川両家記)。3・29 足利義晴《あしかがよしはる》・義藤《よしふじ》、氏綱《うじつな》と結《むす》び、山城北白川《やましろきたしらかわ》城《じょう》に入《はい》る(公卿補任)。5・20 幕府遣明使策彦周良《ばくふけんみんしさくげんしゅうりょう》ら、肥前五島《ひぜんごとう》を発《た》つ・以後《いご》、勘合貿易《かんごうぼうえき》途絶《とぜつ》(策彦入明記)。6・1 武田晴信《たけだはるのぶ》、『甲州法度之次第《こうしゅうはっとのしだい》』(二六ヵ条本《じょうぼん》)を制定《せいてい》(保阪潤治氏所蔵甲州法度之次第)。7・12 晴元《はるもと》・六角定頼《ろっかくさだより》、義晴《よしはる》・義藤《よしふじ》を北白川《きたしらかわ》城《じょう》に攻囲《こうい》・義晴《よしはる》ら、近江坂本《おうみさかもと》へ出奔《しゅっぽん》(公卿補任)。7・29 晴元《はるもと》・定頼《さだより》、坂本《さかもと》の義藤《よしふじ》に出仕《しゅっし》(厳助往年記)。閏《うるう》7・5 晴元《はるもと》、細川国慶《ほそかわくによし》を山城高雄《やましろたかお》城《じょう》に攻略《こうりゃく》・高山寺《こうざんじ》・神護寺《じんごじ》に放火《ほうか》する(厳助往年記)。8・6 武田晴信《たけだはるのぶ》、上杉憲政《うえすぎのりまさ》の軍《ぐん》を信濃《しなの》小田井原《おたいはら》で破《やぶ》る(赤見文書)。8・― 戸田康光《とだやすみつ》、遠江汐見坂《とおとうみしおみざか》で松平広忠《まつだいらひろただ》の子《こ》竹千代《たけちよ》を奪《うば》い、織田信秀《おだのぶひで》に送《おく》る(松平記)。9・5 太原崇孚《たいげんそうふ》ら今川義元《いまがわよしもと》勢《ぜい》と広忠《ひろただ》、三河田原《みかわたはら》城《じょう》に康光《やすみつ》を攻略《こうりゃく》(岡崎領主古記)。10・6 晴元《はるもと》、国慶《くによし》を山城内野《やましろうちの》西京《にしのきょう》で敗死《はいし》させる(細川両家記)。 【社会・文化】 6・17 京都《きょうと》の日蓮宗寺院《にちれんしゅうじいん》、袈裟《けさ》・乗輿《じょうよ》等《など》条目《じょうもく》を定《さだ》め、六角定頼《ろくかくさだより》を介《かい》し延暦寺《えんりゃくじ》と和《わ》す(本能寺文書)。	メキシコ、サカテカス銀山発見《ぎんざんはっけん》。
大日本史料		
琉球	21	
朝鮮	2	
明	⑨ 26	

西暦	▶一五四七	一五四八
年号・干支	天文一六 ⑦ 丁未《ひのとのひつじ》	一七 戊申《つちのえさる》
天皇	(後奈良)	
将軍	(足利義藤)	
記事	【死没】 **7・24** 太田資高《おおたすけたか》(武将《ぶしょう》)。**9・5** 戸田康光《とだやすみつ》(武将《ぶしょう》)。 《月の大小/朔日の干支・ユリウス暦》 一甲寅(1・22)・二癸未(2・20)・三癸丑(3・22)・四壬午(4・20)・五辛亥(5・19)・六辛巳(6・18)・七庚戌(7・17)・閏七庚辰(8・16)・八己酉(9・14)・九己卯(10・14)・一〇己酉(11・13)・一一戊寅(12・12)・一二戊申(48・1・11)(太字は大の月) 〔世界〕 朝鮮《ちょうせん》、壁書《へきしょ》の獄《ごく》起《お》こる。ロシア、イヴァン四世《せい》、ツァーリを称《しょう》す。	【政治・経済】 **2・14** 武田晴信《たけだはるのぶ》、信濃上田原《しなのうえだはら》で村上義清《むらかみよしきよ》と戦《たたか》い、敗北《はいぼく》(妙法寺記)。**3・19** 太《たい》原崇孚《げんそうふ》ら今川義元《いまがわよしもと》・松平勢《まつだいらぜい》、三河小豆坂《みかわあずきざか》で織田信秀《おだのぶひで》と戦《たたか》う(三河古文書)。**4・10** 下総結城政勝《しもうさゆうきまさかつ》・下野日光山満願寺《しもつけにっこうさんまんがんじ》、禁裏修理料《きんりしゅうりりょう》を献上《けんじょう》(言継卿記)。**7・19** 晴信《はるのぶ》、小笠原長時《おがさわらながとき》を信濃塩尻峠《しなのしおじりとうげ》に破《やぶ》る(妙法寺記)。**8・12** 三好長慶《みよしながよし》(範長《のりなが》)、三好政長《みよしまさなが》の成敗《せいばい》を細川晴元《ほそかわはるもと》に要求《ようきゅう》(後鑑所収古文書)。**10・28** 長慶《ながよし》、細川氏綱《ほそかわうじつな》らと結《むす》び、晴元《はるもと》と敵対《てきたい》(細川両家記)。**12・30** 長尾景虎《ながおかげとら》(謙信《けんしん》)、家督《かとく》を嗣《つ》ぎ、越《えち》後春日山城《ごかすがやまじょう》に入《はい》る(歴代古案)。**この年《とし》** 斎藤利政《さいとうとしまさ》(道三《どうさん》)、織田信秀《おだのぶひで》と和《わ》し、娘濃姫《むすめのうひめ》を信秀《のぶひで》の子信長《このぶなが》に嫁《か》す(信長公記)。 【社会・文化】 **この年《とし》**『運歩色葉集《うんぽいろはしゅう》』成《な》る。**この年《とし》より** 津田宗達《つだそうたつ》・宗及《そうぎゅう》・宗凡《そうぼん》、三代《だい》にわた
大日本史料	(未刊)	
琉球	尚清王 **21**	**22**
朝鮮	明宗 **2**	**3**
明	⑨ 嘉靖 **26**	**27**

り『天王寺屋会記《てんのうじやかいき》』を記《しる》す。

【死没】

3・22 朝倉孝景《あさくらたかかげ》(56、武将《ぶしょう》)。**6・24** 古岳宗亘《こがくそうこう》(84、臨済宗僧侶《りんざいしゅうそうりょ》)。

《月の大小/朔日の干支・ユリウス暦》

一戊寅(2・10)・二丁未(3・10)・三丁丑(4・9)・四丙午(5・8)・五乙亥(6・6)・六乙巳(7・6)・七甲戌(8・4)・八癸卯(9・2)・九癸酉(10・2)・一〇癸卯(11・1)・一一壬申(11・30)・一二壬寅(12・30)(太字は大の月)

〖世界〗

明《みん》、浙江巡撫《せっこうじゅんぶ》朱紈《しゅがん》、倭寇《わこう》を撃破《げきは》。

西暦 ◀一五四九

年号・干支 一八 己酉《つちのととり》

天皇・将軍

記事

【政治・経済】

3・6 松平広忠《まつだいらひろただ》、刺殺《しさつ》される(岡崎領主古記)。**4・24** 幕府遣明使策彦周良《ばくふけんみんしさくげんしゅうりょう》、明都《みんと》に入《はい》り世宗《せいそう》に謁見《えつけん》(策彦入明記)。**5・-** 相良晴広《さがらはるひろ》、為続《ためつぐ》・長毎《ながつね》二代《だい》にわたる法度《はっと》の壁書《かべがき》を確認《かくにん》(相良家文書)。**6・24** 三好長慶《みよしながよし》、三好政長《みよしまさなが》を摂津江口《せっつえぐち》で討《う》つ(細川両家記)。**6・28** 足利義晴《あしかがよしはる》・義藤《よしふじ》・細川晴元《ほそかわはるもと》、近江坂本《おうみさかもと》に退避《たいひ》(御湯殿上日記)。**7・9** 三好長慶《みよしながよし》、一時入京《いちじにゅうきょう》(公卿補任)。**11・9** 太原崇孚《たいげんそうふ》ら今川勢《いまがわぜい》、三河安祥城《みかわあんしょうじょう》で織田信広《おだのぶひろ》を捕《とら》え、松平竹千代《まつだいらたけちよ》と交換《こうかん》(三川古文書)。**12・11** 六角定頼《ろっかくさだより》、近江石寺新市《おうみいしでらしんいち》を楽市《らくいち》とし、座衆《ざしゅう》以外《いがい》の紙商売《かみしょうばい》を禁《きん》じる(今堀日吉神社文書)。

【社会・文化】

1・20 後奈良天皇《ごならてんのう》、証如《しょうにょ》に『三十六人家集《さんじゅうろくにんかしゅう》』を賜与《しよ》(天文日記)。**7・22** シャ

大日本史料

琉球 23

朝鮮 4

明 28

西暦	一五四九 ▶	一五五〇 ◀ 図47
年号・干支	天文一八 己酉《つちのととり》	一九 庚戌《かのえいぬ》 ⑤
天皇	(後奈良)	
将軍	(足利義藤)	
記事	ビエル、鹿児島《かごしま》に上陸《じょうりく》(キリスト教《きょう》の伝来《でんらい》)(イエスズ会士日本通信)。 【死没】 **3・6** 松平広忠《まつだいらひろただ》(24、武将《ぶしょう》)。**7・10** 冷泉為和《れいぜいためかず》(64、歌人《かじん》)。**8・8** 荒木田守武《あらきだもりたけ》(77、内宮神官《ないくうしんかん》)。**8・24** 大休宗休《だいきゅうそうきゅう》(82、臨済宗僧侶《りんざいしゅうそうりょ》)。 《月の大小/朔日の干支・ユリウス暦》 一壬申(1・29)・二壬寅(2・28)・三辛未(3・29)・四辛丑(4・28)・五庚午(5・27)・六己亥(6・25)・七己巳(7・25)・八戊戌(8・23)・九丁卯(9・21)・一〇丁酉(10・21)・一一丙寅(11・19)・一二丙申(12・19)(太字は大の月) 《世界》 イギリス国教会《こっきょうかい》、礼拝統一法《れいはいとういつほう》を制定《せいてい》。倭寇《わこう》、浙江《せっこう》を侵寇《しんこう》。イギリス、ケットの乱起《らんおこ》る。ポルトガル、ブラジル総督《そうとく》を置《お》く。	【政治・経済】 **2・12** 大友義鑑《おおともよしあき》、子義鎮《こよししげ》の廃嫡《はいちゃく》を企《くわだ》て家臣《かしん》に殺《ころ》される(八代日記)。**4・1** 北《ほう》条氏康《じょううじやす》、領国《りょうごく》の所々退転《しょしょたいてん》のため、役銭減免《やくせんげんめん》・還住百姓《げんじゅうひゃくしょう》の債務免除等《さいむめんじょなど》を定《さだ》める(大川文書)。**6・9** 遣明使策彦周良《けんみんしさくげんしゅうりょう》ら、山口《やまぐち》に帰着《きちゃく》(策彦和尚略伝)。足《あし》利義藤《かがよしふじ》、山城中尾城《やましろなかおじょう》に入《はい》る(後鑑所収古文書)。**6・-** この頃《ころ》、ポルトガル船《せん》、肥前平戸《ひぜんひらど》に初入港《はつにゅうこう》(フロイス日本史)。**7・15** 武田晴信《たけだはるのぶ》、小笠原長時《おがさわらながとき》を信濃林《しなのはやし》城《じょう》で破《やぶ》る(高白斎記)。**9・1** 晴信《はるのぶ》、村上義清《むらかみよしきよ》の属城《ぞくじょう》砥石城《といしじょう》を攻囲《こうい》して敗北《はいぼく》(妙法寺記)。**9・15** 陶隆房《すえたかふさ》による大内義隆襲撃《おおうちよしたかしゅうげき》の風聞流《ふうぶんなが》れる(大内義隆記)。**11・**
大日本史料	(未刊)	
琉球	尚清王 **23**	**24**
朝鮮	明宗 **4**	**5**
明	嘉靖 **28**	⑥ **29**

西暦	
年号・干支	
天皇将軍	
記事	**19** 三好長慶《みよしながよし》が入京《にゆうきよう》・義藤《よしふじ》は中尾城《なかおじよう》を焼《や》き近江堅田《おうみかただ》に退《しりぞ》く(言継卿記)。**11・27** 陶隆房《すえたかふさ》、周防富田《すおうとんだ》に退去《たいきよ》(相良家文書)。**この年《とし》** 氏康《うじやす》、領内《りようない》に永楽銭《えいらくせん》使用《しよう》の高札《こうさつ》を掲《かか》げる(北条五代記)。**この頃《ころ》より** 鉄砲《てつぽう》が畿内《きない》で実戦《じつせん》に使用《しよう》され、築《ちく》城法《じようほう》も変化《へんか》(万松院殿穴太記)。 【社会・文化】 **4・20** 武田晴信《たけだはるのぶ》、後奈良天皇筆《ごならてんのうひつ》『般若心経《はんにやしんぎよう》』を甲斐浅間神社《かいあさまじんじや》に奉納《ほうのう》(浅間神社文書)。**4・－** 生島宗竹《いくしまそうちく》『細川両家記《ほそかわりようけき》』上巻《じようかん》成《な》る(元亀《げんき》四年《ねん》三月《がつ》、下巻《げかん》成《な》る)。**8・－** シャビエル、平戸《ひらど》に移動《いどう》(イエズス会士日本通信)。**9・－** シャビエル、山口《やまぐち》で布教《ふきよう》(イエズス会士日本通信)。**12・17** シャビエル、山口《やまぐち》を発《た》つ・翌年正月《よくねんしようがつ》、入京《にゆうきよう》するが将軍《しようぐん》・天皇《てんのう》に会《あ》えず(フロイス日本史)。**この頃《ころ》** カピタン＝モール制開始《せいかいし》(異国往復書翰集)。 【死没】 **2・12** 大友義鑑《おおともよしあき》(49、武将《ぶしよう》)。**2・26** 上杉定実《うえすぎさだざね》(武将《ぶしよう》)。**5・4** 足利義晴《あしかがよしはる》(40、室町将軍《むろまちしようぐん》)。**7・12** 清原宣賢《きよはらののぶかた》(76、儒学者《じゆがくしや》)。**8・17** 蓮淳《れんじゆん》(87、真宗僧侶《しんしゆうそうりよ》)。 《月の大小／朔日の干支・ユリウス暦》 一丙寅(1・18)・二丙申(2・17)・三乙丑(3・18)・四乙未(4・17)・五乙丑(5・17)・閏五甲午(6・15)・六癸亥(7・14)・七癸巳(8・13)・八壬戌(9・11)・九辛卯(10・10)・一〇辛酉(11・9)・一一庚寅(12・8)・一二庚申(51・1・7)(太字は大の月) 【世界】 明《みん》、アルタン＝ハン、北京《ペキン》を包囲《ほうい》(庚戌《こうじゆつ》の変《へん》)。**この頃《ころ》** アフリカより黒人奴《こくじんど》
大日本史料	
琉球	
朝鮮	
明	

西暦	年号・干支	天皇	将軍	記事	大日本史料	琉球	朝鮮	明
▶一五五〇	天文一九 庚戌《かのえいぬ》 ⑤	（後奈良）	（足利義藤）	隷《れい》がブラジルに送《おく》り込《こ》まれる。  図47 策彦周良像（妙智院）	（未刊）	尚清王 24	明宗 5	嘉靖 29 ⑥
一五五一	二〇 辛亥《かのとのい》			【政治・経済】7・14 三好長慶《みよしながよし》の将《しょう》松永久秀《まつながひさひで》、三好政勝《みよしまさかつ》ら細川晴元《ほそかわはるもと》勢《ぜい》を相国寺《しょうこくじ》に破《やぶ》る（厳助往年記）。7・− ポルトガル船《せん》、豊後《ぶんご》日出《ひじ》に来航《らいこう》（イエズス会士日本通信）。8・29 陶隆房《すえたかふさ》、大内義隆《おおうちよしたか》に背《そむ》く。義隆、山口《やまぐち》を逃《のが》れる（棚守房顕手記）。9・1 義隆《よしたか》、長門《ながと》大寧寺《だいねいじ》で自殺《じさつ》（大内義隆記）。 【社会・文化】6・− 肥後《ひご》で虫害《ちゅうがい》・人身売買《じんしんばいばい》が横行《おうこう》（八代日記）。11・16 シャビエル、豊後《ぶんご》を発《た》ちインドに向《む》かう（聖フランシスコ＝ザビエル書翰集）。この年《とし》『大内義隆記《おおうちよしたかき》』		25	6	30

西暦

年号・干支

天皇

将軍

記事

成《な》る。

【死没】

2・24 上杉憲寛《うえすぎのりひろ》(武将《ぶしょう》)。 8・5 井上光兼《いのうえみつかね》(89、武将《ぶしょう》)。 8・29 二条尹房《にじょうただふさ》(56、公卿《くぎょう》)。 9・1 大内義隆《おおうちよしたか》(45、武将《ぶしょう》)。図48

《月の大小／朔日の干支・ユリウス暦》

一庚寅(2・6)・二庚申(3・8)・三己丑(4・6)・四己未(5・6)・五戊子(6・4)・六戊午(7・4)・七丁亥(8・2)・八丁巳(9・1)・九丙戌(9・30)・一〇乙卯(10・29)・一一乙酉(11・28)・一二甲寅(12・27)(太字は大の月)

【世界】

フランス、シャトーブリアン王令《おうれい》。ペルー、リマにサン＝マルコス大学設置《だいがくせっち》。

図48
大内義隆像(大寧寺)

大日本史料

琉球

朝鮮

明

西暦	年号・干支	天皇	将軍	記事	大日本史料	琉球	朝鮮	明
一五五二 図49 図50	天文二一 壬子《みずのえね》	(後奈良)	(足利義藤)	【政治・経済】 **1・10** 上杉憲政《うえすぎのりまさ》、上野平井城《こうずけひらいじょう》を逃《のが》れ、越後《えちご》の長尾景虎《ながおかげとら》を頼《たよ》る(竜淵寺年代記)。 **1・28** 足利義藤《あしかがよしふじ》、三好長慶《みよしながよし》と和《わ》し帰京《ききょう》・細川晴元《ほそかわはるもと》、若狭《わかさ》に出奔《しゅっぽん》(言継卿記)。 **2・19** 三条西実澄《さんじょうにしさねずみ》、皇居修理費《こうきょしゅうりひ》を募《つの》るため東国《とうごく》に下向《げこう》(集古文書)。 **2・26** 長慶《ながよし》、入京《にゅうきょう》し、幕府御供衆《ばくふおともしゅう》に列《れつ》する(言継卿記)。 **3・1** 陶隆房《すえたかふさ》、大友義鎮《おおともよししげ》の弟晴英《おとうとはるひで》(義長《よしなが》)を大内氏家督《おおうちしかとく》に迎立《げいりつ》(熊谷家文書)。 **3・-** 毛利元就《もうりもとなり》ら、安芸槌山城《あきつちやまじょう》を攻略《こうりゃく》(新裁軍記)。 **4・26** 今川義元《いまがわよしもと》、山伏《やまぶし》らの富士山参詣道者《ふじさんさんけいどうしゃ》に対《たい》する袈裟等商売《けさとうしょうばい》を禁《きん》じ、駿府浅間社榊大夫《すんぷあさましゃさかきだゆう》に商売役《しょうばいやく》を安堵《あんど》(大井文書)。 **10・27** 義藤《よしふじ》、東山《ひがしやま》に霊山城《りょうぜんじょう》を築《きず》く(後鑑所収異本年代記)。 **11・28** 細川晴元勢《ほそかわはるもとぜい》、義藤《よしふじ》を霊山城《りょうぜんじょう》に攻《せ》め、清水坂《きよみずざか》で合戦《かっせん》・建仁寺《けんにんじ》焼ける(言継卿記)。 **12・12** 古河公方足利晴氏《こがくぼうあしかがはるうじ》、義氏《よしうじ》に家督《かとく》を譲渡《じょうと》(喜連川文書)。 【社会・文化】 **2・22** 上《かみ》・下京《しもぎょう》の町衆《ちょうしゅう》、土御門法華堂跡《つちみかどほっけどうあと》で勧進猿楽《かんじんさるがく》を行《おこな》う(言継卿記)。 **8・20** 司祭《しさい》ガーゴ、豊後府内《ぶんごふない》で大友義鎮《おおともよししげ》に会《あ》う(イエズス会士日本通信)。 **8・28** 大内義長《おおうちよしなが》、トルレスに山口《やまぐち》での大道寺《だいどうじ》(教会《きょうかい》)建設《けんせつ》を許可《きょか》(大内氏実録土代)。 **この頃《ころ》**『塵塚物語《ちりづかものがたり》』成《な》るか(同書奥書)。 【死没】 **1・2** 六角定頼《ろっかくさだより》(58、守護大名《しゅごだいみょう》)。 **3・3** 織田信秀《おだのぶひで》(42、武将《ぶしょう》)。 **4・-** 十四屋宗伍《じゅうしやそうご》(茶匠《ちゃしょう》)。 **9・9** 鷹司兼輔《たかつかさかねすけ》(73、公卿《くぎょう》)。 《月の大小/朔日の干支・ユリウス暦》	(未刊)	尚清王 **26**	明宗 **7**	嘉靖 **31**

西暦

年号・干支

天皇

将軍

記事

一甲申（1・26）・二甲寅（2・25）・三癸未（3・25）・四癸丑（4・24）・五癸未（5・24）・六壬子（6・22）・七壬午（7・22）・八辛亥（8・20）・九辛巳（9・19）・一〇庚戌（10・18）・一一己卯（11・16）・一二己酉（12・16）（太字は大の月）

〔世界〕

ロシア、カザン＝ハン国《こく》を併合《へいごう》。朝鮮《ちょうせん》、軍籍都監《ぐんせきとかん》を設置《せっち》。

図49
毛利元就像（豊栄神社）

図50
六角定頼花押

大日本史料

琉球

朝鮮

明

西暦：一五五三 図51

年号・干支：天文二二 癸丑《みずのとうし》 ①

天皇：（後奈良）

将軍：（足利義藤）

記事：

【政治・経済】

1・6 小笠原長時《おがさわらながとき》、越後《えちご》の長尾景虎《ながおかげとら》を頼《たよ》る（寿斎記）。**閏《うるう》1・13** 織田信長《おだのぶなが》の家《か》臣平手政秀《しんひらてまさひで》、諫死《かんし》（信長公記）。**2・26** 今川義元《いまがわよしもと》、『仮名目録追加《かなもくろくついか》』を制定《せいてい》（今川記）。**3・8** 足利義藤《あしかがよしふじ》、三好長慶《みよしながよし》との和睦《わぼく》が破《やぶ》れ、霊山城《りょうぜんじょう》に入《はい》る（言継卿記）。**6・17** 阿波《あわ》の細川持隆《ほそかわもちたか》、足利義栄《あしかがよしひで》を奉《ほう》じて上洛《じょうらく》を企《くわだ》てるが、三好之康《みよしゆきやす》に殺《ころ》される（東寺過去帳）。**8・1** 長慶《ながよし》、霊山城《りょうぜんじょう》を攻略《こうりゃく》、義藤《よしふじ》は近江朽木《おうみくつき》に退去《たいきょ》（言継卿記）。**8・-** 長尾景虎《ながおかげとら》、武田晴信《たけだはるのぶ》と信濃川中島《しなのかわなかじま》に戦《たたか》う（大須賀文書）。**この秋《あき》** 景虎《かげとら》、参内《さんだい》（上杉家文書）。

【社会・文化】

2・22 山科言継《やましなときつぐ》、『源氏物語注《げんじものがたりちゅう》』を書写《しょしゃ》（言継卿記）。**2・23～3・14** 三条西公条《さんじょうにしきんえだ》、奈良《なら》・高野山《こうやさん》・吉野山《よしのやま》を巡《めぐ》る・のち『吉野詣記《よしのもうでのき》』を著《あらわ》す。**4・2** 言継《ときつぐ》、三好長慶《みよしながよし》の請《こい》で『玉葉和歌集《ぎょくようわかしゅう》』の書写《しょしゃ》を開始《かいし》・一二月《がつ》に送《おく》る（言継卿記）。**12・2** 言継《ときつぐ》、勅命《ちょくめい》で『古文真宝聞書《こぶんしんぽうききがき》』を書写《しょしゃ》（言継卿記）。

【死没】

閏《うるう》1・13 平手政秀《ひらてまさひで》（62、武将《ぶしょう》）。**2・10** 長尾晴景《ながおはるかげ》（45、武将《ぶしょう》）。**6・17** 細川持隆《ほそかわもちたか》（武将《ぶしょう》）。**8・21** 蘆名盛舜《あしなもりきよ》（武将《ぶしょう》）。**10・-** 山崎宗鑑《やまざきそうかん》（89、天文《てんぶん》八年《ねん》また同《どう》九年《ねん》没《ぼっ》とも、連歌師《れんがし》）。

《月の大小／朔日の干支・ユリウス暦》

一戊寅（1・14）・閏一戊申（2・13）・二丁丑（3・14）・三丁未（4・13）・四丁丑（5・13）・五丙午（6・11）・六丙子（7・11）・七乙巳（8・9）・八乙亥（9・8）・九乙巳（10・8）・一〇甲戌（11・6）・

大日本史料：（未刊）

琉球：尚清王 **27**

朝鮮：明宗 **8**

明：嘉靖 **32** ③

一二甲辰(12・6)・一二癸酉(54・1・4)(太字は大の月)

図51
山崎宗鑑花押

西暦 ◀一五五四

年号・干支 二三 甲寅《きのえとら》

天皇

将軍 2・12 足利義輝《あしかがよしてる》(改名)

記事

【政治・経済】

3・- 北条氏康《ほうじょううじやす》、今川義元《いまがわよしもと》・武田晴信《たけだはるのぶ》と駿河《するが》で戦《たたか》う・三者間《しゃかん》に婚姻《こんいん》成《な》り和睦《わぼく》(相州兵乱記・大川文書)。**5・12** 毛利元就《もうりもとなり》、陶晴賢《すえはるかた》(隆房《たかふさ》改《あらた》め)に応《おう》じず挙兵《きょへい》し、安芸諸城《あきしょじょう》を攻略《こうりゃく》(棚守房顕手記)。**11・1** 尼子晴久《あまこはるひさ》、同国久《どうくにひさ》・誠久《まさひさ》父子《ふし》を討《う》つ(芸陽記)。**11・7** 氏康《うじやす》、足利晴氏《あしかがはるうじ》・藤氏《ふじうじ》を下総古河城《しもうさこがじょう》に攻略《こうりゃく》し、相模波多野《さがみはだの》に幽閉《ゆうへい》(相州兵乱記・簗田文書)。

【社会・文化】

8・- 太原崇孚《たいげんそうふ》、『歴代序略《れきだいじょりゃく》』(駿河版《するがばん》)を出版《しゅっぱん》。**この頃**《ころ》『蒙求臂鷹往来《もうぎゅうひようおうらい》』成《な》る。

【死没】

1・19 以天宗清《いてんそうせい》(83、臨済宗僧侶《りんざいしゅうそうりょ》)。**7・12** 斯波義統《しばよしむね》(42、武将《ぶしょう》)。**8・13** 証如《しょうにょ》(39、浄土真宗僧侶《じょうどしんしゅうそうりょ》)。**11・1** 尼子国久《あまこくにひさ》(武将《ぶしょう》)。

《月の大小/朔日の干支・ユリウス暦》

一壬寅(2・2)・二壬申(3・4)・三辛丑(4・2)・四辛未(5・2)・五庚子(5・31)・六庚午(6・

大日本史料

琉球 28

朝鮮 9

明 33

西暦	▶一五五四	一五五五
年号・干支	天文二三 甲寅《きのえとら》	弘治《こうじ》元 10・23 乙卯《きのとのう》 ⑩
天皇	(後奈良)	
将軍	(足利義輝)	
記事	30)・七庚子(7・30)・八己巳(8・28)・九己亥(9・27)・一〇己巳(10・27)・一一戊戌(11・25)・一二戊辰(12・25)(太字は大の月) 【世界】 朝鮮《ちようせん》、魚叔権《ぎよしゆくけん》編《へん》『攷事撮要《こうじさつよう》』成《な》る。イギリス、メアリ一世《せい》、スペイン皇太子《こうたいし》フェリペと結婚《けっこん》。	【政治・経済】 **2・7** 相良晴広《さがらはるひろ》、二一ヵ条《じよう》の法度《はっと》を定《さだ》める(相良氏法度《さがらしはっと》)(相良家文書)。**4・20** 織田信長《おだのぶなが》、尾張清洲城《おわりきよすじよう》の織田信友《おだのぶとも》を滅《ほろ》ぼし、同城《どうじよう》に移《うつ》る(信長公記)。**7・19** 長尾景虎《ながおかげとら》、武田晴信《たけだはるのぶ》と信濃川中島《しなのかわなかじま》で戦《たたか》う(歴代古案)。**7・23** 朝倉教景《あさくらのりかげ》、加賀《かが》の一向一揆方諸城《いっこういっきがたしよじよう》を攻略《こうりやく》(朝倉宗滴話記)。**8・13** 加賀《かが》の一向一揆《いっこういっき》、浜手等《はまのてなど》で教景《のりかげ》と戦《たたか》う(朝倉宗滴話記)。**10・1** 毛利元就《もうりもとなり》、陶晴賢《すえはるかた》を安芸厳島《あきいつくしま》で破《やぶ》る・晴賢自害《はるかたじがい》(毛利家文書)。**閏《うるう》10・15** 景虎《かげとら》・晴信《はるのぶ》、今川義元《いまがわよしもと》の斡旋《あっせん》で信濃《しなの》より撤兵《てっぺい》(妙法寺記)。 【社会・文化】 **5・―** 明人王直《みんじんおうちよく》ら倭船《わせん》七〇余隻《よせき》、朝鮮全羅道達梁浦等《ちようせんぜんらどうたつりようほなど》を襲《おそ》う(乙卯達梁《いっぼうたつりよう》の倭変《わへん》)(朝鮮王朝実録)。**8・14** 三条西公条《さんじようにしきんえだ》ら、近江石山寺《おうみいしやまでら》に赴《おもむ》き連歌《れんが》を催《もよお》す(石山月見記)。**8・19** 会津《あいづ》で地震《じしん》(異本会津塔寺八幡宮長帳)。**この年《とし》** 倭寇《わこう》、明《みん》の内陸部《ないりくぶ》を侵《おか》し、南京安定門《ナンキンあんていもん》を焼《や》く・前後《ぜんご》一〇年間《ねんかん》、倭寇《わこう》の活動盛《かつどうさか》ん(明史・
大日本史料	(未刊)	
琉球	尚清王 **28**	**29**
朝鮮	明宗 **9**	**10**
明	嘉靖 **33**	⑪ **34**

西暦 ◀一五五六

年号・干支 二 丙辰《ひのえたつ》

天皇

将軍

記事

明実録)。ガーゴ、平戸《ひらど》で布教《ふきょう》(イエズス会士日本通信)。

【死没】

6・25 尚清《しょうせい》(59、琉球国王《りゅうきゅうこくおう》)。 **9・8** 朝倉教景《あさくらのりかげ》(82、武将《ぶしょう》)。 **10・1** 陶晴賢《すえはるかた》(35、武将《ぶしょう》)。 **10・10** 太原崇孚《たいげんそうふ》(60、臨済宗僧侶《りんざいしゅうそうりょ》)。 **10・12** 彭叔守仙《ほうしゅくしゅせん》(66、臨済宗僧《りんざいしゅうそう》侶《りょ》)。 **閏《うるう》10・29** 武野紹鷗《たけのじょうおう》(54、茶湯者《ちゃのゆしゃ》)。

《月の大小／朔日の干支・ユリウス暦》

一丁酉(1・23)・二丁卯(2・22)・三丙申(3・23)・四乙丑(4・21)・五乙未(5・21)・六甲子(6・19)・七甲午(7・19)・八癸亥(8・17)・九癸巳(9・16)・一〇癸亥(10・16)・閏一〇壬辰(11・14)・一一辛酉(12・13)・一二辛卯(56・1・12)(太字は大の月)

《世界》

オスマン朝《ちょう》・サファヴィー朝《ちょう》、アマスヤ条約締結《じょうやくていけつ》。明《みん》、倭寇《わこう》、南京《ナンキン》に侵寇《しんこう》。ドイツ、アウグスブルクの宗教和議《しゅうきょうわぎ》。

【政治・経済】

3・1 大内義長《おおうちよしなが》の将内藤隆世《しょうないとうたかよ》、周防山口《すおうやまぐち》に放火《ほうか》(八代日記)。 **3・-** 里見義弘《さとみよしひろ》、相模三浦《さがみみうら》に渡《わた》り、北条氏康《ほうじょううじやす》に敗北《はいぼく》(相州兵乱記)。 **4・20** 斎藤道三《さいとうどうさん》、子義竜《こよしたつ》と美濃長良河畔《みのながらかはん》で戦《たたか》い敗死《はいし》(信長公記)。 **4・21** 朝倉義景《あさくらよしかげ》、足利義輝《あしかがよしてる》(義藤《よしふじ》改《あらた》め)の調停《ちょうてい》で加賀一向一揆《かがのいっこういっき》と和睦《わぼく》(朝倉始末記)。 **4・-** 明《みん》の浙江総督胡宗憲《せっこうそうとくこそうけん》の使《つかい》蔣洲《しょうしゅう》、将軍《しょうぐん》への倭寇禁止《わこうきんし》の要請等《ようせいなど》のため豊後《ぶんご》に到《いた》る(南雷文約)。 **5・-** 毛《もう》利元就《りもとなり》・吉川元春《きっかわもとはる》、尼子晴久《あまこはるひさ》を石見銀山《いわみぎんざん》に破《やぶ》る(新裁軍記)。 **7・-** 明使鄭舜功《みんしていしゅんこう》、

大日本史料

琉球 尚元王《しょうげんおう》

朝鮮 11

明 35

西暦	▶一五五六	一五五七
年号・干支	弘治 二 丙辰《ひのえたつ》	三 丁巳《ひのとのみ》
天皇	(後奈良)	
将軍	(足利義輝)	
記事	豊後《ぶんご》に到《いた》り、倭寇鎮圧《わこうちんあつ》を幕府《ばくふ》に要請《ようせい》(日本一鑑)。**11・25** 結城政勝《ゆうきまさかつ》、『結城氏新法度《ゆうきししんはっと》』を制定《せいてい》(松平基則氏所蔵文書)。 【社会・文化】 **3・1** この頃《ころ》、山口《やまぐち》の教会堂《きょうかいどう》が兵火《へいか》に罹《かか》り、トルレスら豊後《ぶんご》に移《うつ》る(イエズス会士日本通信)。**この年《とし》** 宣教医《せんきょうい》アルメイダ、豊後府内《ぶんごふない》に病院《びょういん》を建設《けんせつ》(イエズス会士日本通信)。 【死没】 **4・20** 斎藤道三《さいとうどうさん》(戦国大名《せんごくだいみょう》)。 《月の大小/朔日の干支・ユリウス暦》 一辛酉(2・11)・二辛卯(3・12)・三庚申(4・10)・四己丑(5・9)・五己未(6・8)・六戊子(7・7)・七丁巳(8・5)・八丁亥(9・4)・九丁巳(10・4)・一〇丙戌(11・2)・一一丙辰(12・2)・一二丙戌(57・1・1)(太字は大の月) 【世界】 神聖《しんせい》ローマ皇帝《こうてい》カール五世《せい》、帝位《ていい》をフェルディナント一世《せい》に譲《ゆず》り、スペインをフェリペ二世《せい》に譲《ゆず》る。ムガル帝国《ていこく》、アクバル即位《そくい》。ロシア、アストラハン=ハン国《こく》を征服《せいふく》。徐海《じょかい》没《ぼつ》(明《みん》の倭寇《わこう》の頭目《とうもく》)。**この年以降《としいこう》** 明《みん》、鄭舜功《ていしゅんこう》、『日本一鑑《にほんいっかん》』を著《あらわ》す。	【政治・経済】 **4・3** 大内義長《おおうちよしなが》、毛利元就《もうりもとなり》に攻《せ》められ、長門《ながと》長福寺《ちょうふくじ》で自刃《じじん》(新裁軍記)。**4・**
大日本史料	(未刊)	
琉球	尚元王	2
朝鮮	明宗 11	12
明	嘉靖 35	36

西暦	
年号・干支	
天皇	正親町《おおぎまち》 10・27 ｜ 9・5
将軍	

記事

朝鮮《ちょうせん》、丁巳約条《ていしやくじょう》を定《さだ》め、宗氏《そうし》の歳遣船《さいけんせん》を年《ねん》三〇隻《せき》とする(朝鮮王朝実録)。**10・21** 朝倉義景《あさくらよしかげ》、橘屋三郎五郎《たちばなやさぶろうごろう》に、調合薬売買《ちょうごうやくばいばい》の門験《もんけん》・薬銘《やくめい》について橘字《たちばなじ》の使用《しよう》を免許《めんきょ》(橘栄一郎家文書)。**11・2** 織田信長《おだのぶなが》、弟《おとうと》信行《のぶゆき》を誘殺《ゆうさつ》(信長公記)。**11・25** 毛利元就《もうりもとなり》、息隆元《そくたかもと》・吉川元春《きつかわもとはる》・小早川隆景《こばやかわたかかげ》に訓戒《くんかい》を書《か》く(毛利家文書)。**12・2** 元就《もとなり》、軍中法度《ぐんちゅうはっと》を定《さだ》め、安芸国人《あきこくじん》と契状《けいじょう》を連署《れんしょ》し、家人《けにん》ら連署《れんしょ》の起請文《きしょうもん》をとる(毛利家文書)。

【社会・文化】

4・- 明使蔣洲《みんししょうしゅう》、肥前五島《ひぜんごとう》の倭寇頭目王直《わこうとうもくおうちょく》や大友義鎮《おおともよししげ》の使《つかい》と共《とも》に五島《ごとう》を発《た》つ(南雷文約)。**8・26** 近畿《きんき》で大風《おおかぜ》(御湯殿上日記)。

【死没】

4・3 大内義長《おおうちよしなが》(武将《ぶしょう》)。**9・5** 後奈良天皇《ごならてんのう》(62)。**11・2** 織田信行《おだのぶゆき》(織田信長《おだのぶなが》 弟《おとうと》)。

《月の大小／朔日の干支・ユリウス暦》

一丙辰(1・31)・二乙酉(3・1)・三乙卯(3・31)・四甲申(4・29)・五癸丑(5・28)・六癸未(6・27)・七壬子(7・26)・八辛巳(8・24)・九辛亥(9・23)・一〇庚辰(10・22)・一一庚戌(11・21)・一二庚辰(12・21)(太字は大の月)

【世界】

明《みん》、倭寇《わこう》の首魁王直《しゅかいおうちょく》、浙江総督胡宗憲《せっこうそうとくこそうけん》に投降《とうこう》(一五五九年《ねん》、斬首《ざんしゅ》)。明《みん》、ポルトガル人《じん》のマカオ居住《きょじゅう》と通商《つうしょう》を許可《きょか》。

大日本史料	
琉球	
朝鮮	
明	

西暦	一五五八
年号・干支	永禄《えいろく》元 2・28 戊午《つちのえうま》 ⑥
天皇	（正親町）
将軍	（足利義輝）

記事

【政治・経済】

2・27 北条氏康《ほうじょううじやす》、伊豆長岡《いずながおか》の革作七郎右衛門《かわづくりしちろうえもん》に、伊豆革作《いずかわづくり》二一人《にん》の課役徴収《かやくちょうしゅう》の定《さだめ》を示《しめ》す（宮本文書）。**4・11** 氏康《うじやす》、簗田晴助《やなだはるすけ》に、足利義氏《あしかがよしうじ》への関宿城《せきやどじょう》進上《しんじょう》と晴助《はるすけ》の古河移城《こがいじょう》を約《やく》す（集古文書）。**5・3** 足利義輝《あしかがよしてる》・細川晴元《ほそかわはるもと》、近江《おうみ》坂本《さかもと》に進出《しんしゅつ》（惟房公記）。**5・19** 三好長慶《みよしながよし》・松永長秀《まつながながひで》らの兵《へい》、京中《きょうちゅう》を巡廻《じゅんかい》（惟房公記）。**6・9** 三好長逸《みよしながゆき》ら、山城勝軍山城《やましろしょうぐんさんじょう》を出《で》、義輝《よしてる》と白川口《しらかわぐち》で戦《たたか》う（惟房公記）。**7・14** 長慶《ながよし》、京中《きょうちゅう》の地子銭《じしせん》を徴収《ちょうしゅう》（言継卿記）。**9・1** 木下藤吉郎《きのしたとうきちろう》、織田信長《おだのぶなが》に仕官《しかん》（太閤記）。**10・27** 幕府《ばくふ》、無縁所《むえんじょ》である阿弥陀寺《あみだじ》に、境内《けいだい》での立墓《りつぼ》・檀那《だんな》土葬《どそう》を許《ゆる》す（阿弥陀寺文書）。**11・27** 義輝《よしてる》、六角承禎《ろっかくじょうてい》（義賢《よしかた》）の周旋《しゅうせん》で長慶《ながよし》と和睦《わぼく》、入京《にゅうきょう》（御湯殿上日記）。**この年** 義輝《よしてる》、長尾景虎《ながおかげとら》と武田晴信《たけだはるのぶ》に和議《わぎ》を催促《さいそく》（上杉家文書）。

【社会・文化】

この夏 近畿《きんき》で旱魃《かんばつ》（惟房公記）。**10・20** 讃岐善通寺《さぬきぜんつうじ》、兵火《へいか》に罹《かか》る（讃岐国大日記）。

《月の大小／朔日の干支・ユリウス暦》

一庚戌（1・20）・二庚辰（2・19）・三己酉（3・20）・四己卯（4・19）・五戊申（5・18）・六丁丑（6・16）・閏六丁未（7・16）・七丙子（8・14）・八乙巳（9・12）・九乙亥（10・12）・一〇甲辰（11・10）・一一甲戌（12・10）・一二甲辰（59・1・9）（太字は大の月）

【世界】

朝鮮《ちょうせん》、黄海道《こうかいどう》で林巨正《りんきょせい》の乱《らん》。イギリス、エリザベス一世即位《せいそくい》。ロシア、グリゴーリー＝ストローガノフ、シベリア開発開始《かいはつかいし》。イギリス、グレシャムの法《ほう》

大日本史料	（未刊）
琉球	尚元王 3
朝鮮	明宗 13
明	⑦ 嘉靖 37

西暦：◀一五五九

年号・干支：二 己未《つちのとのひつじ》

天皇 将軍：

記事：

則《そく》の提唱《ていしょう》。

【政治・経済】

1・11 竜造寺隆信《りゅうぞうじたかのぶ》、少弐冬尚《しょうにふゆひさ》を肥前勢福寺《ひぜんせいふくじ》城《じょう》で滅《ほろ》ぼす(北肥戦誌)。**2・2** 織田信長《おだのぶなが》、上洛《じょうらく》して足利義輝《あしかがよしてる》に謁見《えっけん》(言継卿記)。**2・12** 北条氏康《ほうじょううじやす》、一門《いちもん》・家《か》臣《しん》の役高帳簿《やくだかちょうぼ》を作成《さくせい》(小田原衆所領役帳)。**この春**《はる》 信長《のぶなが》、織田信賢《おだのぶかた》を尾張岩倉《おわりいわくら》城《じょう》で攻略《こうりゃく》(信長公記)。**4・14** 武田信玄《たけだしんげん》(晴信改《はるのぶあらた》め)、富士参詣者《ふじさんけいしゃ》による悪銭《あくせん》・新銭《しんせん》の使用《しよう》を禁止《きんし》(諸国古文書抄)。**4・21** 義輝《よしてる》、坂本《さかもと》に着《つ》いた長尾景虎《ながおかげとら》に参洛《さんらく》を催促《さいそく》・ついで景虎《かげとら》、義輝《よしてる》に謁見《えっけん》(上杉家文書)。**5・1** 景虎《かげとら》、参内《さんだい》(上杉家文書)。**この秋**《あき》 大友義鎮《おおともよししげ》、外国商人《がいこくしょうにん》に豊後府内《ぶんごふない》を開港《かいこう》し、交易《こうえき》を許可《きょか》する(九州記)。**この年**《とし》 北条氏康《ほうじょううじやす》、諸年貢納入《しょねんぐのうにゅう》の銭《ぜに》について精銭《せいせん》・地悪銭《じあくせん》の比率《ひりつ》を定《さだ》める(相州文書)。

【社会・文化】

8・- ビレラら、豊後《ぶんご》より上洛《じょうらく》(フロイス日本史)。**12・27** 顕如《けんにょ》、門跡《もんぜき》に列《れっ》し、礼銭《れいせん》を進上《しんじょう》(御湯殿上日記)。

【死没】

1・11 少弐冬尚《しょうにふゆひさ》(武将《ぶしょう》)。**8・1** 結城政勝《ゆうきまさかつ》(56、武将《ぶしょう》)。**10・6** 狩野元信《かのうもとのぶ》(84、画家《がか》)。

《月の大小／朔日の干支・ユリウス暦》

一甲戌(2・8)・二癸卯(3・9)・三癸酉(4・8)・四壬寅(5・7)・五壬申(6・6)・六辛丑(7・

大日本史料：

琉球：4

朝鮮：14

明：38

西暦	▶一五五九	一五六〇
年号・干支	永禄 二 己未《つちのとひつじ》	三 庚申《かのえさる》
天皇	(正親町)	
将軍	(足利義輝)	
記事	5)・七辛未(8・4)・八庚子(9・2)・九己巳(10・1)・一〇己亥(10・31)・一一戊辰(11・29)・一二戊戌(12・29)(太字は大の月) 〖世界〗 カトー＝カンブレジ条約《じょうやく》・仏《ふつ》、英《えい》・スペインと和《わ》し、イタリア戦争終結《せんそうしゅうけつ》。イギリス、首長法《しゅちょうほう》(国王至上法《こくおうしじょうほう》)制定《せいてい》。	【政治・経済】 **1・17** 三好長慶《みよしながよし》、幕府御相伴衆《ばくふごしょうばんしゅう》に列《れつ》する(伊勢貞助記)。**1・—** 幕府《ばくふ》、ビレラに布教《ふきょう》を許《ゆる》す(フロイス日本史・室町家御内書案)。**2・15** 毛利元就《もうりもとなり》・隆元《たかもと》、即位《そくい》料献上《りょうけんじょう》の賞《しょう》として官位《かんい》を受《う》ける(毛利家文書)。**3・—** 畠山高政《はたけやまたかまさ》、河内《かわち》の寺《じ》内町富田林《ないまちとんだばやし》に、諸公事免除《しょくじめんじょ》・徳政免許等《とくせいめんきょなど》を定《さだ》める(興正寺文書)。**5・19** 織田《おだ》信長《のぶなが》、尾張桶狭間《おわりおけはざま》で今川義元《いまがわよしもと》を破《やぶ》る・義元敗死《よしもとはいし》(三河物語)。**5・23** 松平元康《まつだいらもとやす》、岡崎《おかざき》に戻《もど》る(三河物語)。**8・29** 長尾景虎《ながおかげとら》、上野《こうずけ》に出陣《しゅつじん》(竜淵寺年代記)。**9・19** 近衛前嗣《このえさきつぐ》(前久《さきひさ》)、景虎《かげとら》を頼《たよ》り越後《えちご》に下向《げこう》(公卿補任)。**10・24** 長慶《ながよし》、河内飯盛《かわちいいもり》・高屋《たかや》両城《りょうじょう》を攻略《こうりゃく》し、翌月《よくげつ》一三日《にち》、飯盛城《いいもりじょう》に入《はい》る(細川両家記)。 【社会・文化】 **3・—～6・—** 近畿旱魃《きんきかんばつ》(御湯殿上日記)。**6・7** 北条氏政《ほうじょううじまさ》、金沢文庫《かねざわぶんこ》旧蔵《きゅうぞう》の宋《そう》版《はん》『文選《もんぜん》』を足利学校《あしかががっこう》に寄進《きしん》。 【死没】 **5・19** 今川義元《いまがわよしもと》(42、武将《ぶしょう》)。**5・27** 足利晴氏《あしかがはるうじ》(武将《ぶしょう》)。**6・15** 長宗我部国親《ちょうそがべくにちか》
大日本史料	(未刊)	
琉球	尚元王 **4**	**5**
朝鮮	明宗 **14**	**15**
明	嘉靖 **38**	**39**

西暦		一五六一 ◀
年号・干支		四 辛酉《かのととり》 ③
天皇		
将軍		
記事	(57、武将《ぶしょう》)。**7・13** 前田利春《まえだとしはる》(武将《ぶしょう》)。**12・24** 尼子晴久《あまこはるひさ》(47、武将《ぶしょう》)。 《月の大小／朔日の干支・ユリウス暦》 一戊辰(1・28)・二丁酉(2・26)・三丁卯(3・27)・四丁酉(4・26)・五丙寅(5・25)・六丙申(6・24)・七乙丑(7・23)・八乙未(8・22)・九甲子(9・20)・一〇癸巳(10・19)・一一癸亥(11・18)・一二壬辰(12・17)(太字は大の月) 《世界》 **この頃《ころ》** 明《みん》、戚継光《せきけいこう》『紀效新書《きこうしんしょ》』成《な》る。	【政治・経済】 **1・24** 三好義長《みよしよしなが》(義興《よしおき》)・松永久秀《まつながひさひで》、入京《にゅうきょう》し、幕府《ばくふ》に出仕《しゅっし》(後鑑所収伊勢貞助記)。**2・-** 松平元康《まつだいらもとやす》、織田信長《おだのぶなが》と和睦《わぼく》(松平記)。**3・7** 長尾景虎《ながおかげとら》、北条氏康《ほうじょううじやす》・氏政《うじまさ》を小田原城《おだわらじょう》に攻囲《こうい》(相州兵乱記)。**閏《うるう》3・16** 景虎《かげとら》、関東管領上杉氏《かんとうかんれいうえすぎし》を嗣《つ》ぎ政虎《まさとら》と改名《かいめい》(集古文書)。**7・15** この日以前《ひいぜん》、足利義氏《あしかがよしうじ》、下総関宿城《しもうさせきやどじょう》を退《しりぞ》き小金城《こがねじょう》に移《うつ》る(野田家文書)。**7・28** 六角承禎《ろっかくじょうてい》、細川晴之《ほそかわはるゆき》を擁《よう》し勝軍山城《しょうぐんさんじょう》に入《はい》り、畠山高政《はたけやまたかまさ》と結《むす》び長慶《ながよし》と対立《たいりつ》(公卿補任)。**8・-** この頃《ころ》、足利藤氏《あしかがふじうじ》・近衛《このえ》前久《さきひさ》ら、古河城《こがじょう》に入《はい》る(鑁阿寺文書・集古文書)。**9・10** 上杉政虎《うえすぎまさとら》、武田信玄《たけだしんげん》と信濃川中島《しなのかわなかじま》で戦《たたか》う・信玄《しんげん》の弟《おとうと》信繁《のぶしげ》戦死《せんし》(色部文書・妙法寺記)。**10・10** 大友義鎮《おおともよししげ》の軍《ぐん》、豊前門司城《ぶぜんもじじょう》を攻《せ》めて、毛利隆元《もうりたかもと》・小早川隆景《こばやかわたかかげ》らに敗《やぶ》れる(浦家文書)。 【社会・文化】 **6・29** 近畿《きんき》で大雨《おおあめ》・雷《かみなり》(御湯殿上日記)。
大日本史料		
琉球		6
朝鮮		16
明		⑤ 40

西暦	年号・干支	天皇	将軍	記事	大日本史料	琉球	朝鮮	明
▶一五六一	永禄 四 ③ 辛酉《かのととり》	(正親町)	(足利義輝)	【死没】 **1・17** 玉堂宗条《ぎょくどうそうじょう》(82、臨済宗僧侶《りんざいしゅうそうりょ》)。 **3・18** 十河一存《そごうかずまさ》(武将《ぶしょう》)。 **5・11** 斎藤義《さいとうよし》竜《たつ》(35、戦国大名《せんごくだいみょう》)。 **6・21** 長野業政《ながのなりまさ》(63、武将《ぶしょう》)。 **7・21** 日現《にちげん》(66、日蓮宗僧侶《にちれんしゅうそうりょ》)。 **9・10** 武田信繁《たけだのぶしげ》(37、武将《ぶしょう》)。山本勘助《やまもとかんすけ》(武将《ぶしょう》)。 《月の大小/朔日の干支・ユリウス暦》一壬戌(1・16)・**二**辛卯(2・14)・**三**辛酉(3・16)・閏**三**辛卯(4・15)・**四**庚申(5・14)・**五**庚寅(6・13)・六庚申(7・13)・**七**己丑(8・11)・**八**己未(9・10)・九戊子(10・9)・**一〇**丁巳(11・7)・一一丁亥(12・7)・**一二**丙辰(62・1・5)(太字は大の月) 【世界】 明《みん》、鄭若曾《ていじゃくそう》編《へん》『日本図纂《にほんずさん》』成《な》る。	(未刊)	尚元王 6	明宗 16	⑤ 嘉靖 40
一五六二	五 壬戌《みずのえいぬ》			【政治・経済】 **1・-** 織田信長《おだのぶなが》・松平元康《まつだいらもとやす》、尾張清洲城《おわりきよすじょう》で同盟《どうめい》する(岡崎領主古記)。 **3・5** 三《み》好長慶《よしながよし》の弟実休《おとうとじっきゅう》(義賢《よしかた》)、和泉久米田《いずみくめだ》で畠山高政《はたけやまたかまさ》・根来寺衆《ねごろじしゅう》と戦《たたか》い敗死《はいし》(厳助往年記)。 **3・6** 足利義輝《あしかがよしてる》・三好義興《みよしよしおき》・松永久秀《まつながひさひで》、京都《きょうと》を退《しりぞ》き、六角義賢《ろっかくよしかた》入京《にゅうきょう》。ついで義輝《よしてる》、西岡諸郷《にしおかしょごう》に徳政《とくせい》を約《やく》す(厳助往年記・蜷川家文書)。 **3・18** 義賢《よしかた》、京都《きょうと》に徳政令《とくせいれい》を出《だ》し、ついで町家《まちや》からの不当《ふとう》な礼銭徴収《れいせんちょうしゅう》の禁止等《きんしなど》を定《さだ》める(鳩拙抄)。 **4・11** 義輝《よしてる》、山城嵯峨《やましろさが》に徳政高札《とくせいこうさつ》を立《た》てるが、一揆《いっき》が破棄《はき》・ついで義賢《よしかた》が洛中《らくちゅう》に徳政実施《とくせいじっし》(長享年後畿内兵乱記)。 **5・20** 長慶《ながよし》、河内教興寺《かわちきょうこうじ》で根来衆《ねごろしゅう》を破《やぶ》り、畠山高政《はたけやまたかまさ》は高屋城《たかやじょう》を退《しりぞ》く(細川両家記)。 **6・2** 長慶《ながよし》		7	17	41

西暦	
年号・干支	
天皇	
将軍	
記事	と義賢和睦《よしかたわぼく》(御湯殿上日記)。**6・15** 大村純忠《おおむらすみただ》、肥前横瀬浦《ひぜんよこせうら》をポルトガル人《じん》に開港《かいこう》し、同所半分《どうしょはんぶん》を与《あた》える(イエズス会士日本通信)。**7・－** 毛利元就《もうりもとなり》、出雲《いずも》の尼子方諸城《あまこがたしょじょう》を攻略《こうりゃく》(千家文書・坪内家文書)。**9・11** 義興《よしおき》・久秀《ひさひで》、丹波《たんば》で伊勢貞孝《いせさだたか》父子《ふし》を討滅《とうめつ》(御湯殿上日記)。**12・－** 上杉輝虎《うえすぎてるとら》、古河城《こがじょう》を逐《お》われて安房《あわ》里見義堯《さとみよしたか》を頼《たよ》る足利藤氏《あしかがふじうじ》らの要請《ようせい》で関東《かんとう》に出陣《しゅつじん》(小山文書)。 【社会・文化】 **1・23** 石山本願寺《いしやまほんがんじ》の寺内大火《じないたいか》(厳助往年記)。**12・16** 北条長綱《ほうじょうちょうこう》『北条幻庵覚書《ほうじょうげんあんおぼえがき》』成《な》る。 【死没】 **1・18** 北向道陳《きたむきどうちん》(59、茶人《ちゃじん》)。**3・5** 三好義賢《みよしよしかた》(37、武将《ぶしょう》)。 《月の大小／朔日の干支・ユリウス暦》 一丙戌(2・4)・二乙卯(3・5)・三乙酉(4・4)・四甲寅(5・3)・五甲申(6・2)・六甲寅(7・2)・七癸未(7・31)・八癸丑(8・30)・九壬午(9・28)・一〇壬子(10・28)・一一壬午(11・27)・一二辛亥(12・26)(太字は大の月) 〖世界〗 モンゴルのトゥメン、遼東《りょうとう》に侵入《しんにゅう》。明《みん》、鄭若曾《ていじゃくそう》『籌海図編《ちゅうかいずへん》』成《な》る。フランス、ユグノー戦争起《せんそうお》こる(～一五九八年《ねん》)。
大日本史料	
琉球	
朝鮮	
明	

西暦	年号・干支	天皇	将軍
一五六三	永禄 六 癸亥《みずのとのい》 ⑫	(正親町)	(足利義輝)

記事

【政治・経済】

1・27 毛利元就《もうりもとなり》、安芸佐東銀山《あきさとうぎんざん》を禁裏《きんり》・幕府御料所《ばくふごりょうしょ》に寄進《きしん》(御湯殿上日記)。**2・4** 北条氏康《ほうじょううじやす》・武田信玄《たけだしんげん》、武蔵松山城《むさしまつやまじょう》を攻略《こうりゃく》・上杉輝虎《うえすぎてるとら》、救援《きゅうえん》できず岩槻《いわつき》城《じょう》に退《しりぞ》く(国分文書)。**3・24** 元就《もとなり》、足利義輝《あしかがよしてる》の周旋《しゅうせん》で大友宗麟《おおともそうりん》(義鎮《よししげ》)との和睦《わぼく》を承諾《しょうだく》(新裁軍記)。**3・30** 義輝《よしてる》、宗麟《そうりん》に和睦《わぼく》を催促《さいそく》(大友家文書録)。**7・6** 松平元康《まつだいらもとやす》、今川氏真《いまがわうじざね》と絶《た》ち家康《いえやす》と改名《かいめい》(徳川幕府家譜)。**この秋** 三河《みかわ》で一《いつ》向一揆《こういっき》蜂起《ほうき》(松平記)。**10・-** 信玄《しんげん》、甲斐恵林寺《かいえりんじ》領《りょう》で検地《けんち》を行《おこな》い、検地帳《けんちちょう》・納《のう》物帳《もっちょう》を作成《さくせい》(恵林寺領御検地日記・恵林寺領穀米并公事諸納物帳)。**11・-** 近江坂《おうみさか》本《もと》で徳政《とくせい》(厳助往年記)。**12・-** 毛利元就《もうりもとなり》、石見銀山《いわみぎんざん》を禁裏御料所《きんりごりょうしょ》に進献《しんけん》し、代《だい》官職《かんしき》を請《こ》う(防長古文書誌)。

【社会・文化】

4・2 東寺《とうじ》の塔《とう》に落雷《らくらい》(東寺執行日記)。**8・-** 吉川元春《きっかわもとはる》、出雲富田城《いずもとだじょう》攻囲中《こういちゅう》に『太平記《たいへいき》』を書写《しょしゃ》。**12・27** 円覚寺火事《えんがくじかじ》(新編相模国風土記稿)。**この年** 大村純《おおむらすみ》忠《ただ》受洗《じゅせん》(イエズス会士日本通信)。

【死没】

3・1 細川晴元《ほそかわはるもと》(50、武将《ぶしょう》)。**8・4** 毛利隆元《もうりたかもと》(41、武将《ぶしょう》)。**11・18** 谷宗養《たにそうよう》(38、連歌師《れんがし》)。**12・2** 三条西公条《さんじょうにしきんえだ》(77、公卿《くぎょう》)。**12・20** 細川氏綱《ほそかわうじつな》(武将《ぶしょう》)。

《月の大小/朔日の干支・ユリウス暦》

一庚辰(1・24)・二庚戌(2・23)・三己卯(3・24)・四己酉(4・23)・五戊寅(5・22)・六戊申(6・21)・七丁丑(7・20)・八丁未(8・19)・九丁丑(9・18)・一〇丙午(10・17)・一一丙子(11・16)・

大日本史料	琉球	朝鮮	明
(未刊)	尚元王 8	明宗 18	嘉靖 42

一二丙午（12・16）・閏一二乙亥（64・1・14）（太字は大の月）

〔世界〕明《みん》、倭寇《わこう》を平海衛《へいかいえい》で破《やぶ》る・福建以南《ふっけんいなん》の倭寇衰退《わこうすいたい》。倭寇《わこう》、広東《カントン》・福建《ふっけん》に侵寇《しんこう》。アルタン＝ハン、宣府等《せんぷなど》に侵入《しんにゅう》。

西暦	◀一五六四
年号・干支	七 甲子《きのえね》
天皇	
将軍	
大日本史料	
琉球	9
朝鮮	19
明	② 43

記事

【政治・経済】**1・8** 北条氏康《ほうじょううじやす》・氏政《うじまさ》、里見義弘《さとみよしひろ》を下総国府台《しもうさこうのだい》で破《やぶ》る（国府台《こうのだい》の戦《たたかい》）（相州兵乱記）。**1・29** 上杉輝虎《うえすぎてるとら》・佐竹義昭《さたけよしあき》、小田氏治《おだうじはる》の常陸小田城《ひたちおだじょう》を攻略《こうりゃく》（白河証古文書）。**2・28** 松平家康《まつだいらいえやす》、三河一向一揆方《みかわのいっこういっきがた》に起請文《きしょうもん》を提出《ていしゅつ》・一揆降伏《いっきこうふく》（参州一向宗乱記・無量寿寺文書）。**3・10** 足利義輝《あしかがよしてる》、輝虎《てるとら》と氏康《うじやす》・武田信玄《たけだしんげん》の和平《わへい》を促《うなが》す（歴代古案）。**5・9** 三好長慶《みよしながよし》、松永久秀《まつながひさひで》の讒言《ざんげん》により、弟《おとうと》安宅冬康《あたぎふゆやす》を飯盛城《いいもりじょう》で誘殺《ゆうさつ》（言継卿記）。**8・20** 京都日蓮宗《きょうとにちれんしゅう》の一致《いっち》・勝劣両派《しょうれつりょうは》、和睦《わぼく》（妙顕寺文書）。**9・20** 氏政《うじまさ》、武蔵関戸《むさしせきど》に伝馬役等《てんまやくなど》の市掟《いちおきて》を掲《かか》げる（武州文書）。**9・28** 禁裏御倉職立入宗継《きんりみくらしきたてりむねつぐ》、御料所回復《ごりょうしょかいふく》を織田信長《おだのぶなが》に求《もと》める旨《むね》を命《めい》じられる（立入家文書）。**12・27** 幕府《ばくふ》、禁裏供御人粟津座商人《きんりくごにんあわづざしょうにん》に関津料《せきつりょう》・所質等《ところじちなど》を免除《めんじょ》し、摂津今宮供御人《せっついまみやくごにん》の洛中商売《らくちゅうしょうばい》を禁《きん》じる（京都大学文学部所蔵文書）。

【社会・文化】**12・26** 石山本願寺《いしやまほんがんじ》焼亡《しょうぼう》（言継卿記）。

【死没】**1・11** 渡辺高綱《わたなべたかつな》（武将《ぶしょう》）。**7・4** 三好長慶《みよしながよし》（43、武将《ぶしょう》）。**7・5** 長尾政景《ながおまさかげ》（武将《ぶしょう》）。

西暦	▶一五六四	一五六五
年号・干支	永禄 七 甲子《きのえね》	八 乙丑《きのとのうし》
天皇	(正親町)	
将軍	(足利義輝)	5・19
記事	《月の大小／朔日の干支・ユリウス暦》 一乙巳(2・13)・二甲戌(3・13)・三癸卯(4・11)・四癸酉(5・11)・五壬寅(6・9)・六壬申(7・9)・七辛丑(8・7)・八辛未(9・6)・九庚子(10・5)・一〇庚午(11・4)・一一庚子(12・4)・一二庚午(65・1・3)(太字は大の月) 【世界】 イタリア、ミケランジェロ没《ぼっ》。	【政治・経済】 **1・1** フロイス、足利義輝《あしかがよしてる》に拝謁《はいえつ》(フロイス日本史)。**3・2** 北条氏政《ほうじょううじまさ》、簗田《やなだ》晴助《はるすけ》を下総関宿城《しもうさせきやどじょう》で攻撃《こうげき》(豊前氏古文書抄)。**5・19** 三好義継《みよしよしつぐ》・松永久秀《まつながひさひで》の子久《ひさ》通《みち》、義輝《よしてる》を二条御所《にじょうごしょ》に襲撃《しゅうげき》・義輝《よしてる》自殺《じさつ》(言継卿記)。**7・5** 義継《よしつぐ》の奏請《そうせい》により、ビレラ・フロイスの京都追放《きょうとついほう》の女房奉書《にょうぼうほうしょ》が出《で》る(言継卿記)。**7・28** 義輝《よしてる》の弟一乗院覚慶《おとういちじょういんかくけい》、近江《おうみ》に逃《のが》れる(多聞院日記)。**11・15** 三好長逸《みよしながゆき》・同政康《どうまさやす》・岩《いわ》成友通《なりともみち》(三好三人衆《みよしさんにんしゅう》)、義継《よしつぐ》を擁《よう》して久秀《ひさひで》と絶《た》つ(多聞院日記)。**11・18** 久秀《ひさひで》、筒井藤勝丸《つついふじかつまる》(順慶《じゅんけい》)を大和筒井城《やまとつついじょう》で攻略《こうりゃく》(多聞院日記)。 【社会・文化】 **9・3** 一説《いっせつ》に、狩野永徳《かのうえいとく》、「洛中洛外図屛風《らくちゅうらくがいずびょうぶ》」を成《な》す(御書集)。**この年《とし》** 義哲《ぎてつ》、『長楽寺永禄日記《ちょうらくじえいろくにっき》』を記《しる》す。勧修寺晴右《かじゅうじはれみぎ》、『晴右公記《はれみぎこうき》』を記《しる》す(永禄《えいろく》一三年《ねん》(元《げん》亀《き》元年《がんねん》)までのものが現存《げんそん》)。中院通勝《なかのいんみちかつ》、『継芥記《けいかいき》』を記《しる》す(～天正《てんしょう》七年《ねん》)。 【死没】
大日本史料	(未刊)	
琉球	尚元王 **9**	**10**
朝鮮	明宗 **19**	**20**
明	② 嘉靖 **43**	**44**

西暦		◀ 一五六六
年号・干支		九 丙寅《ひのえとら》 ⑧
天皇		
将軍		
記事	**5・19** 足利義輝《あしかがよしてる》(30、室町将軍《むろまちしょうぐん》)。**6・19** 伊達稙宗《だてたねむね》(78、武将《ぶしょう》)。**11・3** 佐竹義昭《さたけよしあき》(武将《ぶしょう》)。 《月の大小／朔日の干支・ユリウス暦》 一己亥(2・1)・二己巳(3・3)・三戊戌(4・1)・四丁卯(4・30)・五丁酉(5・30)・六丙寅(6・28)・七乙未(7・27)・八乙丑(8・26)・九甲午(9・24)・一〇甲子(10・24)・一一甲午(11・23)・一二甲子(12・23)(太字は大の月) 〖世界〗 インド、ターリコータの戦《たたかい》。明《みん》、一条鞭法《いちじょうべんぽう》を浙江《せっこう》で行《おこな》う。スペイン、フィリピン征服《せいふく》を開始《かいし》。	**【政治・経済】** **2・17** 覚慶《かくけい》、還俗《げんぞく》(足利義秋《あしかがよしあき》)し、御馬代等《おうまだいなど》を朝廷《ちょうてい》に献《けん》じる(御湯殿上日記)。**4・3** 今川氏真《いまがわうじざね》、駿河《するが》富士大宮《ふじおおみや》に楽市令《らくいちれい》を出《だ》す(大宮司富士家文書)。**5・30** 三好義継《みよしよしつぐ》・三人衆《さんにんしゅう》、堺《さかい》に松永久秀《まつながひさひで》を破《やぶ》る(多聞院日記)。**8・29** 足利義秋《あしかがよしあき》、若狭《わかさ》の武田義統《たけだよしむね》を、ついで越前《えちぜん》の朝倉義景《あさくらよしかげ》を頼《たよ》る(多聞院日記)。**9・23** 足利義親《あしかがよしちか》(義栄《よしひで》)、阿波《あわ》より摂津国越水城《せっつのくにこしみずじょう》に入《はい》る(言継卿記)。**11・19** 毛利元就《もうりもとなり》、尼子義久《あまこよしひさ》を出雲国富田城《いずものくにとだじょう》に降伏《こうふく》させる(佐々木文書)。**12・29** 松平家康《まつだいらいえやす》、徳川改姓《とくがわかいせい》の勅許《ちょっきょ》を得《え》る(日光東照宮文書)。 **【社会・文化】** **この年**《とし》 狩野永徳《かのうえいとく》、聚光院《じゅこういん》の襖絵《ふすまえ》を描《えが》く。
大日本史料		
琉球		11
朝鮮		21
明		⑩ 穆宗《ぼくそう》 45

西暦	一五六六 ▶	一五六七
年号・干支	永禄 九 ⑧ 丙寅《ひのえとら》	一〇 丁卯《ひのとのう》
天皇	(正親町)	
将軍		
記事	【死没】 2・28 有馬晴純《ありまはるずみ》(84、武将《ぶしよう》)。 4・3 慶光院清順《けいこういんせいじゆん》(尼僧《にそう》)。 7・10 近衛稙家《このえたねいえ》(64、公卿《くぎよう》)。 8・2 津田宗達《つだそうたつ》(63、堺豪商《さかいごうしよう》)。 9・29 長野業盛《ながのなりもり》(19、武将《ぶしよう》)。 《月の大小／朔日の干支・ユリウス暦》一甲午(1・22)・二癸亥(2・20)・三癸巳(3・22)・四壬戌(4・20)・五辛卯(5・19)・六辛酉(6・18)・七庚寅(7・17)・八己未(8・15)・閏八己丑(9・14)・九戊午(10・13)・一〇戊子(11・12)・一一戊午(12・12)・一二戊子(67・1・11)(太字は大の月) 【世界】明《みん》、アルタン＝ハン、遼東《りようとう》に侵入《しんにゆう》。	【政治・経済】 **この春** 織田信長《おだのぶなが》、滝川一益《たきがわかずます》を伊勢北部《いせほくぶ》に侵入《しんにゆう》させる(勢州四家記)。島津忠良《しまづただよし》と伊東義祐《いとうよしすけ》、講和《こうわ》(日向記)。 **4・18** 六角義治《ろつかくよしはる》と父承禎《ちちじようてい》、二〇人《にん》の重臣《じゆうしん》起草《きそう》の国中法度《こくちゆうはつと》を承認《しようにん》し、起請文《きしようもん》を交《かわ》す(六角氏式目)。 **5・4** 義治《よしはる》・承禎《じようてい》、分国《ぶんこく》に徳政令《とくせいれい》を出《だ》す(御上神社文書)。 **6・-** 朝鮮王明宗《ちようせんおうめいそう》、日本国王《にほんこくおう》(将軍《しようぐん》)宛《あ》てに復書《ふくしよ》(続善隣国宝記)。 **8・12** 三好長逸《みよしながゆき》ら、フロイスらの京都還住《きようとげんじゆう》を奏請《そうせい》するも、勅許《ちよつきよ》されず(御湯殿上日記)。 **8・15** 織田信長《おだのぶなが》、斎藤竜興《さいとうたつおき》の美濃国稲葉山城《みののくにいなばやまじよう》を攻略《こうりやく》、岐阜《ぎふ》と改《あらた》めて同城《どうじよう》に移《うつ》る(信長公記)。 **10・10** 松永久秀《まつながひさひで》、三好三人衆《みよしさんにんしゆう》を東大寺《とうだいじ》に破《やぶ》る・大仏殿炎上《だいぶつでんえんじよう》(多聞院日記)。 **10・-** 信長《のぶなが》、美濃加《みのか》
大日本史料	(未刊)	
琉球	尚元王 11	12
朝鮮	明宗 21	22
明	⑩ 穆宗 嘉靖 45	隆慶《りゆうけい》(1.1)

西暦	◀ 一五六八	
年号・干支	一一 戊辰《つちのえたつ》	
天皇		
将軍		
記事	【政治・経済】2・8 足利義栄《あしかがよしひで》に将軍宣下《しょうぐんせんげ》(御湯殿上日記)。2・- 織田信長《おだのぶなが》、北伊勢《きたいせ》を制圧《せいあつ》し、子信孝《このぶたか》を神戸氏養子《かんべしようし》とする(勢州四家記)。4・15 足利義秋《あしかがよしあき》、越前一乗谷《えちぜんいちじょうがたに》で元《げん》	納《のう》に楽市《らくいち》の制札《せいさつ》を掲《かか》げる(円徳寺所蔵)。11・16 足利義栄《あしかがよしひで》、将軍宣下《しょうぐんせんげ》の奏請《そうせい》を却下《きゃっか》される(晴右公記)。11・21 朝倉義景《あさくらよしかげ》と加賀一向一揆《かがのいっこういっき》、足利義秋《あしかがよしあき》の調停《ちょうてい》で和睦《わぼく》(多聞院日記)。この年《とし》 アルメイダ、長崎《ながさき》で布教《ふきょう》(イエズス会士日本通信)。 【社会・文化】2・10 紹巴《じょうは》、富士山観勝《ふじさんかんしょう》のため出京《しゅっきょう》(紹巴富士見道記)。8・27 紹巴帰京《じょうはききょう》・道中《どうちゅう》の見聞等《けんぶんなど》を記《しる》す(紹巴富士見道記)。 【死没】5・20 フェルナンデス(41、イエズス会修道士《かいしゅうどうし》)。8・23 太田氏資《おおたうじすけ》(武将《ぶしょう》)。12・23 津田監物《つだけんもつ》(砲術家《ほうじゅつか》)。 《月の大小／朔日の干支・ユリウス暦》一丁巳(2・9)・二丁亥(3・11)・三丁巳(4・10)・四丙戌(5・9)・五乙卯(6・7)・六乙酉(7・7)・七甲寅(8・5)・八癸未(9・3)・九癸丑(10・3)・一〇壬午(11・1)・一一壬子(12・1)・一二壬午(12・31)(太字は大の月) 【世界】明《みん》、アルタン＝ハン、大同《だいどう》に侵入《しんにゅう》。
大日本史料		
琉球	13	
朝鮮	宣祖《せんそ》	
明	2	

西暦	▶一五六八
年号・干支	永禄一一 戊辰《つちのえたつ》
天皇	(正親町)
将軍	足利義栄《あしかがよしひで》 2・8 ／ 9・― ／ 足利義昭《あしかがよしあき》 10・18
記事	服《ぶく》、義昭《よしあき》と改名《かいめい》(言継卿記)。7・22 義昭《よしあき》、信長《のぶなが》に迎《むか》えられ、美濃《みの》立政寺《りゅうしょうじ》に入《はい》る(多聞院日記)。8・7 信長《のぶなが》、近江国佐和山《おうみのくにさわやま》に入《はい》り、六角承禎《ろっかくじょうてい》に協力要請《きょうりょくようせい》(信長公記)。9・3 三好康長《みよしやすなが》ら、信長《のぶなが》に通《つう》ずる松永久秀《まつながひさひで》を大和国多聞山城《やまとのくにたもんやまじょう》に攻囲《こうい》(多聞院日記)。9・7 信長《のぶなが》、近江《おうみ》の六角承禎《ろっかくじょうてい》を攻《せ》める(蕪木文書)。9・13 承禎《じょうてい》、観音寺城《かんのんじじょう》を自焼《じしょう》し没落《ぼつらく》(言継卿記)。9・26 信長《のぶなが》、義昭《よしあき》を奉《ほう》じて入京《にゅうきょう》・三好三人衆《みよしさんにんしゅう》は京都《きょうと》を退《しりぞ》く(言継卿記)。10・1 信長《のぶなが》、摂津国芥川城《せっつのくにあくたがわじょう》に入《はい》り、石山本願寺《いしやまほんがんじ》・堺《さかい》等《など》に矢銭《やせん》を課《か》す(細川両家記)。10・4 義昭《よしあき》・信長《のぶなが》、松《まつ》永久秀《ながひさひで》に大和《やまと》を安堵《あんど》し、ついで河内国飯盛城《かわちのくにいいもりじょう》に三好義継《みよしよしつぐ》を入《い》れる(多聞院日記)。10・8 信長《のぶなが》、禁裏《きんり》に献金《けんきん》(言継卿記)。10・14 義昭《よしあき》・信長《のぶなが》、帰京《ききょう》(言継卿記)。10・18 義昭《よしあき》に将軍宣下《しょうぐんせんげ》(公卿補任)。10・28 信長《のぶなが》、岐阜《ぎふ》に帰《かえ》る(信長公記)。10・― 信長《のぶなが》、分国中《ぶんこくちゅう》の諸関諸役《しょせきしょやく》を廃止《はいし》(信長公記)。12・12 武田信玄《たけだしんげん》、駿河《するが》に侵入《しんにゅう》し、今川氏真《いまがわうじざね》軍勢《ぐんぜい》を薩埵山《さったやま》に破《やぶ》る(赤見文書)。北条氏政《ほうじょううじまさ》、氏真救援《うじざねきゅうえん》のため駿河《するが》に出陣《しゅつじん》(上杉家文書)。12・13 信玄《しんげん》、駿河府中《するがふちゅう》に侵入《しんにゅう》し、氏真《うじざね》は遠江国懸川城《とおとうみのくにかけがわじょう》に退却《たいきゃく》(歴代古案)。12・28 三好三人衆《みよしさんにんしゅう》、阿波《あわ》より和泉《いずみ》に進出《しんしゅつ》(多聞院日記)。12・― 徳川家康《とくがわいえやす》、遠江《とおとうみ》に侵入《しんにゅう》(恵林寺文書)。 【社会・文化】3・27 東大寺大仏殿再興《とうだいじだいぶつでんさいこう》の綸旨《りんじ》が出《だ》される(御湯殿上日記)。10・― 堺商人今井宗久《さかいしょうにんいまいそうきゅう》、摂津国芥川城《せっつのくにあくたがわじょう》で織田信長《おだのぶなが》に謁《えつ》す・宗久《そうきゅう》・松永久秀《まつながひさひで》、名物茶器《めいぶつちゃき》を進献《しんけん》(信長公記)。11・12 大村純忠《おおむらすみただ》、大村《おおむら》にヤソ会堂《かいどう》を建立《こんりゅう》・長崎《ながさき》にも建《た》てる(イエズス会日本年報)。
大日本史料	(未刊) ／ 8・― 10編1
琉球	尚元王 13
朝鮮	宣祖
明	隆慶 2

西暦	▲一五六九	
年号・干支	一二 己巳《つちのとのみ》 ⑤	
天皇		
将軍		
記事	【政治・経済】 1・5 三好三人衆《みよしさんにんしゅう》、入京《にゅうきょう》して足利義昭《あしかがよしあき》を本圀寺《ほんこくじ》に囲《かこ》む(言継卿記)。 1・6 三好義継《みよしよしつぐ》・奉公衆《ほうこうしゅう》、三人衆《さんにんしゅう》を破《やぶ》る(言継卿記)。 1・10 織田信長入京《おだのぶながにゅうきょう》(言継卿記)。 1・14 信長《のぶなが》、幕府殿中掟《ばくふでんちゅうおきて》を定《さだ》め、ついで七ヵ条《じょう》を追加《ついか》(仁和寺文書)。 2・2 信長《のぶなが》、二条城《にじょうじょう》の造営開始《ぞうえいかいし》(言継卿記)。 2・- 信長《のぶなが》、三好三人衆方《みよしさんにんしゅうがた》につく堺《さかい》を威嚇《いかく》・会合衆《えごうしゅう》、詫《わ》びて銀《ぎん》二万貫目《かんめ》を上納《じょうのう》(上杉家文書・重編応仁記)。 3・1 信長《のぶなが》、京都《きょうと》・奈良《なら》・天王寺境内《てんのうじけいだい》に撰銭令《えりぜにれい》を発布《はっぷ》(四天王寺文書)。 3・16 信長《のぶなが》、撰銭令《えりぜにれい》の追加《ついか》を公布《こうふ》し、一町《ちょう》・惣町《そうちょう》による違反者成敗《いはんしゃせいばい》を定《さだ》める(京都上京文書)。 4・8 フロイス、二条城造営現場《にじょうじょうぞうえいげんば》で信長《のぶなが》に謁《えつ》し、京都滞在《きょうとたいざい》を許《ゆる》	【死没】 1・27 大林宗套《だいりんそうとう》(89、臨済宗僧侶《りんざいしゅうそうりょ》)。 9・- 足利義栄《あしかがよしひで》(31、室町将軍《むろまちしょうぐん》)。 12・13 島《しま》津忠良《づただよし》(77、武将《ぶしょう》)。 《月の大小/朔日の干支・ユリウス暦》 一辛亥(1・29)・二辛巳(2・28)・三辛亥(3・29)・四庚辰(4・27)・五庚戌(5・27)・六己卯(6・25)・七己酉(7・25)・八戊寅(8・23)・九丁未(9・21)・一〇丁丑(10・21)・一一丙午(11・19)・一二丙子(12・19)(太字は大の月) 【世界】 明《みん》、宣府総兵官馬芳《せんぷそうへいかんばほう》、タタールを攻撃《こうげき》。朝鮮《ちょうせん》、柳希春《りゅうきしゅん》、『眉巌日記草《びがんにっきそう》』を記《しる》す(～宣祖《せんそ》一〇年《ねん》)。オランダ独立戦争《どくりつせんそう》(～一六〇九年《ねん》)。
大日本史料	10編2	3・-
琉球	14	
朝鮮	2	
明	⑥ 3	

西暦	年号・干支	天皇	将軍
▶一五六九	永禄一二 己巳《つちのとみ》 ⑤	（正親町）	（足利義昭）

記事

される（フロイス日本史）。**4・14** 義昭《よしあき》、二条城《にじょうじょう》に移《うつ》る（言継卿記）。**4・―** 日《にち》乗《じょう》とフロイスら、信長《のぶなが》の面前《めんぜん》で宗論《しゅうろん》（フロイス日本史）。**5・15** 今川氏真《いまがわうじざね》、徳《とく》川家康《がわいえやす》に降伏《こうふく》し懸川城《かけがわじょう》を退去《たいきょ》・一七日《にち》、駿河蒲原《するがかんばら》で北条氏政《ほうじょううじまさ》に保護《ほご》される（歴代古案・色々証文）。**5・23** 氏真《うじざね》、氏政《うじまさ》の子国王丸《こくにおうまる》を養子《ようし》とし駿河《するが》を譲《ゆず》る（安得虎子・大宮司富士家文書）。**6・―** 北条氏康《ほうじょううじやす》・氏政《うじまさ》と上杉輝虎《うえすぎてるとら》が和睦《わぼく》・氏政《うじまさ》子息《しそく》の輝虎養子《てるとらようし》、足利義氏《あしかがよしうじ》の公方承認《くぼうしょうにん》と古河帰座等《こがきざなど》を約《やく》す（上杉家文書・伊佐早文書）。**7・―** 尼子勝久《あまこかつひさ》、出雲《いずも》に侵入《しんにゅう》（萩藩閥閲録）。**8・20** 信長《のぶなが》、伊勢《いせ》の北畠具教《きたばたけとものり》を攻撃《こうげき》（多聞院日記）。**10・3** 具教《とものり》、信長《のぶなが》の子茶筅丸《こちゃせんまる》に家督《かとく》を譲《ゆず》り降伏《こうふく》（多聞院日記）。**10・6** 武田信玄《たけだしんげん》、相模国小田原城《さがみのくにおだわらじょう》を攻撃後《こうげきご》、三増峠《みませとうげ》で北条氏照《ほうじょううじてる》らを破《やぶ》る（上杉家文書）。**10・12** 大内輝弘《おおうちてるひろ》、大友宗麟《おおともそうりん》の援《たすけ》を受《う》け、周防山口《すおうやまぐち》に侵入《しんにゅう》（萩藩閥閲録）。**10・15** 吉川元春《きっかわもとはる》・小早川隆景《こばやかわたかかげ》、筑前国立花城《ちくぜんのくにたちばなじょう》より軍《ぐん》を返《かえ》し、ついで大内輝弘《おおうちてるひろ》を討滅《とうめつ》（萩藩閥閲録）。

【社会・文化】

4・16 織田信長《おだのぶなが》、村井貞勝《むらいさだかつ》・日乗《にちじょう》らを禁裏修理《きんりしゅうり》に当《あ》たらせる（言継卿記）。**この年《とし》** 二条宴乗《にじょうえんじょう》、『二条宴乗日記《にじょうえんじょうにっき》』を記《しる》す（〜天正《てんしょう》二年八月《ねんがつ》）。**永禄年中《えいろくねんじゅう》** 琉《りゅう》球《きゅう》より三味線伝来《しゃみせんでんらい》（大怒佐）。

【死没】

8・― 土佐光元《とさみつもと》（40、画家《がか》）。**10・―** 大内輝弘《おおうちてるひろ》（武将《ぶしょう》）。

《月の大小／朔日の干支・ユリウス暦》

一乙巳（1・17）・二乙亥（2・16）・三乙巳（3・18）・四乙亥（4・17）・五甲辰（5・16）・閏五甲戌

大日本史料		
（10編 2）	7・―	10編 3

琉球	尚元王 14
朝鮮	宣祖 2
明	⑥ 隆慶 3

西暦	◀一五七〇
年号・干支	元亀《げんき》元 4・23 庚午《かのえうま》
天皇	
将軍	

（6・15）・六癸卯（7・14）・七癸酉（8・13）・八壬寅（9・11）・九辛未（10・10）・一〇辛丑（11・9）・一一庚午（12・8）・一二庚子（70・1・7）（太字は大の月）

〖世界〗明《みん》、海瑞《かいずい》、応天巡撫《おうてんじゅんぶ》となる。ビルマ、トゥングー朝《ちょう》、アユタヤを占領《せんりょう》。オスマン軍《ぐん》、ヴォルガ河口《かこう》にロシアと戦《たたか》う・イエメンにも遠征《えんせい》。ポーランド王《おう》国《こく》とリトアニア大公国《たいこうこく》の「ルブリンの連合《れんごう》」成立《せいりつ》。メキシコ市《し》とリマに異端審《いたんしん》問所設置《もんしょせっち》の勅令《ちょくれい》。

記事

【政治・経済】**1・23** 足利義昭《あしかがよしあき》と織田信長《おだのぶなが》が不和《ふわ》・信長《のぶなが》、信長添状《のぶながそえじょう》のない義昭《よしあき》の御内書発給《ごないしょはっきゅう》禁止等《きんしなど》の条書《じょうしょ》を承認《しょうにん》させる（成簣堂文庫所蔵文書）。**4・20** 信長《のぶなが》・徳川家康《とくがわいえやす》、越前《えちぜん》の朝倉義景攻撃《あさくらよしかげこうげき》のため出京《しゅっきょう》（言継卿記）。**4・30** 信長《のぶなが》・家康《いえやす》ら、浅井長政《あさいながまさ》らの挙兵《きょへい》を知《し》り京都《きょうと》に撤退《てったい》（言継卿記）。**6・28** 信長《のぶなが》・家康《いえやす》、近江姉川《おうみあねがわ》に浅井《あさい》長政《ながまさ》・朝倉義景《あさくらよしかげ》を破《やぶ》る（姉川《あねがわ》の戦《たたかい》）（津田文書）。**6・-** 家康《いえやす》、遠江国浜松城《とおとうみのくにはままつじょう》に移《うつ》る（当代記）。**7・21** 三好三人衆《みよしさんにんしゅう》、阿波《あわ》より摂津《せっつ》に進出《しんしゅつ》（言継卿記）。**8・25** 信長《のぶなが》・奉公衆《ほうこうしゅう》、摂津天王寺《せっつてんのうじ》に出陣《しゅつじん》・ついで義昭出陣《よしあきしゅつじん》（言継卿記）。**9・12** 石山本願寺《いしやまほんがんじ》、天満森《てんまがもり》の信長陣所《のぶながじんしょ》を夜襲《やしゅう》・顕如《けんにょ》、諸国門徒《しょこくもんと》に檄文《げきぶん》を発《はっ》す（尋憲記・本願寺文書）。**9・20** 浅井長政《あさいながまさ》・朝倉義景《あさくらよしかげ》と一向一揆《いっこういっき》、近江国宇佐山城《おうみのくにうさやまじょう》を攻《せ》めて織田信治《おだのぶはる》・森可成《もりよしなり》を討《う》つ（言継卿記）。**9・23** 信長《のぶなが》・義昭《よしあき》、帰京《ききょう》・翌日《よくじつ》、信《のぶ》長《なが》は近江坂本《おうみさかもと》に出陣《しゅつじん》し、比叡山《ひえいざん》の浅井《あさい》・朝倉軍《あさくらぐん》と対陣《たいじん》・ついで家康《いえやす》も合流《ごうりゅう》

大日本史料	10編4　2－
琉球	15
朝鮮	3
明	4

西暦	▶一五七〇
年号・干支	元亀 元 4・23 庚午《かのえうま》
天皇	(正親町)
将軍	(足利義昭)
記事	(言継卿記)。**10・4** 山城西岡《やましろにしおか》に徳政一揆《とくせいいっき》起《おこ》り、幕府《ばくふ》、徳政《とくせい》を行《おこな》う(言継卿記・等持院文書)。**10・21** 三好三人衆《みよしさんにんしゅう》、河内《かわち》・山城《やましろ》に進出《しんしゅつ》し、山城御牧城《やましろみまきじょう》を攻略《こうりゃく》・ついで木下藤吉郎《きのしたとうきちろう》らが奪還《だっかん》(言継卿記)。**11・21** 伊勢長島《いせながしま》の一向一揆《いっこういっき》、尾張小木江城《おわりこきえじょう》に織田信興《おだのぶおき》を滅《ほろ》ぼす(信長公記)。信長《のぶなが》、六角承禎《ろっかくじょうてい》と和睦《わぼく》(言継卿記)。**12・14** 信長《のぶなが》と浅井《あさい》・朝倉《あさくら》、勅命及《ちょくめいおよ》び義昭《よしあき》の斡旋《あっせん》で和睦《わぼく》(小早川家文書)。**12・i** カブラルとオルガンティーノ入京《にゅうきょう》(フロイス日本史)。**この年**《とし》 ポルトガル船《せん》、長崎《ながさき》に初入港《はつにゅうこう》(大村家覚書)。 【社会・文化】 **3・17** 三条西実澄《さんじょうにしさねずみ》(実枝《さねき》)、天皇《てんのう》に『源氏物語《げんじものがたり》』を進講《しんこう》(御湯殿上日記)。**8・15** 東大寺大仏殿再興《とうだいじだいぶつでんさいこう》のため、京都阿弥陀寺《きょうとあみだじ》の住持清玉《じゅうじせいぎょく》に諸国助縁《しょこくじょえん》を勧進《かんじん》するよう綸旨《りんじ》が出《だ》される(山城名勝志)。**この年**《とし》 吉田兼見《よしだかねみ》、『兼見卿記《かねみきょうき》』を記《しる》す(〜慶長《けいちょう》一五年《ねん》)。 【死没】 **9・20** 森可成《もりよしなり》(48、武将《ぶしょう》)。 《月の大小/朔日の干支・ユリウス暦》 一己巳(2・5)・二己亥(3・7)・三己巳(4・6)・四戊戌(5・5)・五戊辰(6・4)・六丁酉(7・3)・七丁卯(8・2)・八丙申(8・31)・九丙寅(9・30)・一〇乙未(10・29)・一一乙丑(11・28)・一二甲午(12・27)(太字は大の月) 〖世界〗 明《みん》、アルタン＝ハンと和議成《わぎな》り、翌年《よくねん》、順義王《じゅんぎおう》とする。**この頃**《ころ》 新大陸《しんたいりく》から
大日本史料	(10編4) 10・i 10編5
琉球	尚元王 15
朝鮮	宣祖 3
明	隆慶 4

西暦	◀ 一五七一	
年号・干支	二 辛未《かのとのひつじ》	
天皇		
将軍		
記事	【政治・経済】 **3・5** 武田信玄《たけだしんげん》、徳川家康方《とくがわいえやすがた》の遠江国高天神城《とおとうみのくにたかてんじんじょう》を攻撃《こうげき》(武徳編年集成)。**4・29** 信玄《しんげん》、三河国吉田城《みかわのくによしだじょう》に入《はい》る家康《いえやす》と戦《たたか》う(孕石文書)。**5・12** 織田信長《おだのぶなが》、伊《い》勢長島《せながしま》の一向一揆《いっこういっき》と戦《たたか》う。氏家卜全《うじいえぼくぜん》戦死《せんし》(信長公記)。**6・10** 北条氏《ほうじょうし》、武蔵《むさし》松山本郷《まつやまほんごう》に市場法《いちばほう》を定《さだ》める(新編武蔵風土記稿)。**8・21** 吉川元春《きっかわもとはる》、尼子勝久《あまこかつひさ》を出雲国新山城《いずものくにしんやまじょう》に攻略《こうりゃく》・勝久《かつひさ》、信長《のぶなが》を頼《たよ》る(萩藩閥閲録)。**8・28** 和田惟政《わだこれまさ》、摂《せっ》津《つ》に池田知正《いけだともまさ》と戦《たたか》い敗死《はいし》(言継卿記)。**9・12** 信長《のぶなが》、延暦寺《えんりゃくじ》を焼討《やきう》ち(言継卿記)。**9・30** 信長《のぶなが》、幕府《ばくふ》・禁裏用途《きんりようど》のため、洛中洛外《らくちゅうらくがい》に段別《たんべつ》一升《しょう》の米《こめ》を賦課《ふか》(言継卿記)。**10・15** 信長《のぶなが》、上《かみ》・下京《しもぎょう》の各町毎《かくちょうごと》に米《こめ》五石《こく》を貸《か》し、利息《りそく》を禁裏《きんり》に上納《じょうのう》させる(京都上京文書)。**この冬**《ふゆ》 北条氏政《ほうじょううじまさ》、上杉謙信《うえすぎけんしん》と絶《た》ち、武田信玄《たけだしんげん》と和睦《わぼく》(由良文書)。**この年**《とし》 大村純忠《おおむらすみただ》が長崎港《ながさきこう》を整備《せいび》し、ポルトガル船《せん》の寄港《きこう》地《ち》となる(イエズス会日本年報)。 【社会・文化】 **2・5** 細川藤孝《ほそかわふじたか》、山城西岡大原野《やましろにしおかおおはらの》に千句連歌会《せんくれんがかい》を興行《こうぎょう》(勝持寺文書)。**7・16** 武《たけ》田信玄《だしんげん》に東大寺大仏殿再興勧進《とうだいじだいぶつでんさいこうかんじん》への奉加《ほうが》を求《もと》める綸旨《りんじ》が出《で》る・翌月《よくげつ》、徳川家《とくがわいえ》康《やす》にも発給《はっきゅう》(言継・晴豊公記)。**12・27** 毛利輝元《もうりてるもと》造替《ぞうたい》の厳島神社遷宮《いつくしまじんじゃせんぐう》(兼右卿記)。**この年**《とし》 曲直瀬道三《まなせどうさん》『啓迪集《けいてきしゅう》』成《な》る。	欧州《おうしゅう》にジャガイモ伝播《でんぱ》。
大日本史料	10編 6	3︙
琉球	16	
朝鮮	4	
明	5	

西暦	▶一五七一	一五七二
年号・干支	元亀 二 辛未《かのとのひつじ》	三 壬申《みずのえさる》 ①
天皇	(正親町)	
将軍	(足利義昭)	
記事	【死没】 **2・11** 塚原卜伝《つかはらぼくでん》(83、剣客《けんかく》)。**5・12** 氏家卜全《うじいえぼくぜん》(武将《ぶしょう》)。**6・14** 毛利元就《もうりもとなり》(75、武《ぶ》将《しょう》)。**6・23** 島津貴久《しまづたかひさ》(58、武将《ぶしょう》)。**8・28** 和田惟政《わだこれまさ》(武将《ぶしょう》)。**10・3** 北条氏康《ほうじょううじやす》(57、武将《ぶしょう》)。 《月の大小/朔日の干支・ユリウス暦》 一甲子(1・26)・二癸巳(2・24)・三癸亥(3・26)・四壬辰(4・24)・五壬戌(5・24)・六壬辰(6・23)・七辛酉(7・22)・八辛卯(8・21)・九庚申(9・19)・一〇庚寅(10・19)・一一己未(11・17)・一二己丑(12・17)(太字は大の月) 【世界】 レパントの海戦《かいせん》・スペイン等《など》の連合艦隊《れんごうかんたい》、オスマン海軍《かいぐん》を破《やぶ》る。スペイン、マニラを占領《せんりょう》、市街《しがい》を建設《けんせつ》。オスマン軍《ぐん》、キプロス島《とう》を占領《せんりょう》。	【政治・経済】 閏《うるう》**1・3** 上杉謙信《うえすぎけんしん》、上野国厩橋城《こうずけのくにうまやばしじょう》に入《はい》り、武田信玄《たけだしんげん》と利根川《とねがわ》を挟《はさ》み対峙《たいじ》(越沢太助氏所蔵文書)。**7・19** 織田信長《おだのぶなが》、近江国小谷城《おうみのくにおだにじょう》の浅井長政《あさいながまさ》・朝倉義景《あさくらよしかげ》と対峙《たいじ》(信長公記)。**8・18** 上杉謙信《うえすぎけんしん》、越中《えっちゅう》に入《はい》り一向一揆《いっこういっき》を攻撃《こうげき》(寸金雑録)。**9・–** 信長《のぶなが》、足利義昭《あしかがよしあき》に異見《いけん》一七ヵ条《じょう》を呈《てい》し諫言《かんげん》(尋憲記)。信長《のぶなが》、近江金森《おうみかなもり》に楽市《らくいち》・楽座令《らくざれい》を出《だ》す(善立寺文書)。**10・10** 武田信玄《たけだしんげん》、遠江《とおとうみ》に侵入《しんにゅう》し徳川家康《とくがわいえやす》を攻《せ》め、美濃《みの》・三河《みかわ》にも派兵《はへい》(古今消息集)。**11・14** 信玄《しんげん》の将《しょう》秋山信友《あきやまのぶとも》、美濃国岩村城《みののくにいわむらじょう》を攻略《こうりゃく》(古今消息集)。**11・–** 信長《のぶなが》と上杉謙信《うえすぎけんしん》、同盟《どうめい》(上杉家文書)。**12・**
大日本史料	10編 7 10・– / 雑載 10編 8	10編 9 4・–
琉球	尚元王 16	17
朝鮮	宣祖 4	5
明	隆慶 5	② 神宗《しんそう》 6

西暦

年号・干支

天皇

将軍

記事

3 朝倉義景《あさくらよしかげ》、近江《おうみ》より越前《えちぜん》に撤兵《てっぺい》(伊能文書)。**12・22** 信玄《しんげん》、遠江《とおとうみ》三方原《みかたがはら》に家康《いえやす》を破《やぶ》る(伊能文書)。**永禄・元亀年中**《えいろくげんきねんじゅう》 三好長治《みよしながはる》、『新加制式《しんかせいしき》』を定《さだ》める(新加制式・三好別記)。

【社会・文化】

6・- 織田信長《おだのぶなが》、大仏殿再興《だいぶつでんさいこう》のため、分国《ぶんこく》での一人《り》毎月《まいつき》一銭宛《せんずつ》の勧進《かんじん》を清玉《せいぎょく》に認《みと》める(東大寺文書)。**7・25** 狩野松栄《かのうしょうえい》(直信《ただのぶ》)、瀟湘八景《しょうしょうはっけい》の屏風絵《びょうぶえ》を描《えが》く(御湯殿上日記)。**この年** 長谷川等伯《はせがわとうはく》、「日堯上人像《にちぎょうしょうにんぞう》」(本法寺蔵《ほんぽうじぞう》)を描《えが》く。禁中《きんちゅう》で度々立花《たびたびりっか》あり(御湯殿上日記)。

【死没】

4・1 尚元《しょうげん》(45、琉球国王《りゅうきゅうこくおう》)。**8・26** 河野通直《こうのみちなお》(24、武将《ぶしょう》)。**10・20** 吉田宗桂《よしだそうけい》(61、医師《いし》)。

《月の大小/朔日の干支・ユリウス暦》

一戊午(1・15)・閏一戊子(2・14)・二丁巳(3・14)・三丁亥(4・13)・四丙辰(5・12)・五丙戌(6・11)・六乙卯(7・10)・七乙酉(8・9)・八乙卯(9・8)・九甲申(10・7)・一〇甲寅(11・6)・一一癸未(12・5)・一二癸丑(73・1・4)(太字は大の月)

〘世界〙

フランス、聖《せい》バルテルミーの虐殺《ぎゃくさつ》。

大日本史料: 10編10 8・- | 10編11 12・- | 10編12 雑載

琉球

朝鮮

明

西暦	一五七三
年号・干支	天正《てんしょう》 元 7・28 癸酉《みずのととり》
天皇	（正親町）
将軍	（足利義昭） 7・
記事	【政治・経済】 3・7 織田信長《おだのぶなが》、実子《じつし》の人質進上《ひとじちしんじょう》を足利義昭《あしかがよしあき》に申込《もうしこ》み和議《わぎ》を図《はか》る・義昭《よしあき》は拒否《きょひ》（細川家文書・兼見卿記）。 4・4 信長《のぶなが》、二条城《にじょうじょう》に義昭《よしあき》を囲《かこ》み、上京《かみぎょう》に放火《ほうか》（兼見卿記）。 4・7 義昭《よしあき》、禁裏《きんり》に信長《のぶなが》との和平仲介《わへいちゅうかい》を頼《たの》む・信長《のぶなが》がこれを容《い》れ和睦《わぼく》（兼見卿記・古文書纂）。 4・12 武田信玄《たけだしんげん》、三河《みかわ》より信濃《しなの》に転《てん》じ、病没《びょうぼつ》（天正玄公仏事法語・武家事紀）。 7・3 義昭《よしあき》、二条城《にじょうじょう》を出《で》て宇治槇島城《うじまきしまじょう》に入《はい》り挙兵《きょへい》（兼見卿記）。 7・18 信長《のぶなが》、義昭《よしあき》を槇島城《まきしまじょう》に降伏《こうふく》させ、河内国若江城《かわちのくにわかえじょう》に逐《お》う（兼見卿記）。 8・10 信長《のぶなが》、近江国小谷城《おうみのくにおだにじょう》に浅井長政《あさいながまさ》を攻撃《こうげき》・朝倉義景《あさくらよしかげ》も近江《おうみ》に出陣《しゅつじん》（本願寺文書）。 8・13 信長《のぶなが》、越前《えちぜん》に退却《たいきゃく》する朝倉軍《あさくらぐん》を追撃《ついげき》（小川文書）。 8・20 義景《よしかげ》、越前《えちぜん》で自殺《じさつ》（小川文書）。 8・27 信長《のぶなが》、小谷城《おだにじょう》を攻撃《こうげき》・浅井久政《あさいひさまさ》・長政《ながまさ》、自殺《じさつ》（乃美文書正写）。 9・26 信長《のぶなが》、伊勢長島《いせながしま》の一向一揆《いっこういっき》を攻撃《こうげき》（信長公記）。 10・- 吉川元春《きっかわもとはる》、伯耆《ほうき》・因幡《いなば》を攻《せ》め、鳥取城《とっとりじょう》に山名豊国《やまなとよくに》を降伏《こうふく》させる（萩藩閥閲録）。 11・16 信長《のぶなが》の将佐久間信盛《しょうさくまのぶもり》ら、河内国若江城《かわちのくにわかえじょう》に三好義継《みよしよしつぐ》を滅《ほろ》ぼす（公卿補任）。 11・- 本願寺顕如《ほんがんじけんにょ》、信長《のぶなが》と和睦《わぼく》し、白天目《しろてんもく》を進上《しんじょう》（本願寺文書）。 12・26 松永久秀《まつながひさひで》・久通《ひさみち》、信長《のぶなが》に降伏《こうふく》し、大和国多聞山城《やまとのくにたもんやまじょう》を明渡《あけわた》す（尋憲記）。 【社会・文化】 11・23・24 織田信長《おだのぶなが》、千宗易《せんのそうえき》（利休《りきゅう》）ら堺衆《さかいしゅう》と京都妙覚寺《きょうとみょうかくじ》で茶会《ちゃかい》を催《もよお》す（今井宗久茶湯書抜）。 【死没】
大日本史料	10編13 1・ / 10編14 2・ / 10編15 4・ / 10編16 4・ / 10編17 8・
琉球	尚永王《しょうえいおう》
朝鮮	宣祖 6
明	万暦《ばんれき》（1.1）

西暦

図52

年号・干支

天皇

将軍

記事

1・1 村上義清《むらかみよしきよ》（武将《ぶしょう》）。**1・10** 吉田兼右《よしだかねみぎ》（58、神道家《しんとうか》）。**4・12** 武田信玄《たけだしんげん》（53、武将《ぶしょう》）。**5・–** 篠原長房《しのはらながふさ》（武将《ぶしょう》）。**8・14** 斎藤竜興《さいとうたつおき》（26、武将《ぶしょう》）。**8・20** 朝倉義景《あさくらよしかげ》（41、武将《ぶしょう》）。**8・28** 浅井久政《あさいひさまさ》（武将《ぶしょう》）。浅井長政《あさいながまさ》（29、武将《ぶしょう》）。**10・8** 足利義維《あしかがよしつな》（65、武将《ぶしょう》）。**11・16** 三好義継《みよしよしつぐ》（武将《ぶしょう》）。**この年** 上泉信綱《かみいずみのぶつな》（剣術家《けんじゅつか》）。

《月の大小／朔日の干支・ユリウス暦》

一癸未（2・3）・二壬子（3・4）・三辛巳（4・2）・四辛亥（5・2）・五庚辰（5・31）・六己酉（6・29）・七己卯（7・29）・八己酉（8・28）・九戊寅（9・26）・一〇戊申（10・26）・一一戊寅（11・25）・一二丁未（12・24）（太字は大の月）

〖世界〗

明《みん》、張居正《ちょうきょせい》、『帝鑑図説《ていかんずせつ》』を上梓《じょうし》。

図52

浅井長政像（持明院）

大日本史料：9・– 10編18　12・– 10編19　雑載 10編20

琉球

朝鮮

明

西暦	年号・干支	天皇
一五七四	天正 二 甲戌《きのえいぬ》 ⑪	（正親町）

記事

【政治・経済】 **1・-** 越前《えちぜん》に一向一揆《いっこういっき》起《お》こる（尋憲記）。 **2・-** 武田勝頼《たけだかつより》、織田信長方《おだのぶながかた》の美濃国明智城《みののくにあけちじょう》を攻略《こうりゃく》（尋憲記）。 **3・19** 羽柴秀吉《はしばひでよし》、近江国長浜城《おうみのくにながはまじょう》に入《は》いり、指出等《さしだしなど》の条規《じょうき》を百姓《ひゃくしょう》に触《ふ》れる（雨森文書）。 **4・2** 本願寺顕如《ほんがんじけんにょ》、挙兵《きょへい》（年代記抄節）。 **5・12** 武田《たけだ》勝頼《かつより》、遠江国高天神城《とおとうみのくにたかてんじんじょう》を囲《かこ》み、翌月《よくげつ》、攻略《こうりゃく》（武州文書）。 **7・28** 上杉謙信《うえすぎけんしん》、越中《えっちゅう》を平定《へいてい》し、加賀《かが》に進出《しんしゅつ》（上杉古文書）。 **9・29** 信長《のぶなが》、伊勢長島一向一揆《いせながしまいっこういっき》を鎮圧《ちんあつ》（細川家文書）。 **11・-** 北条氏政《ほうじょううじまさ》、簗田持助《やなだもちすけ》を関宿城《せきやどじょう》に攻囲《こうい》、上杉謙信《うえすぎけんしん》・佐竹義重《さたけよししげ》、持助救援《もちすけきゅうえん》のため出陣《しゅつじん》（上杉家文書）。 **閏《うるう》11・19** 持助《もちすけ》、降伏《こうふく》し関宿城《せきやどじょう》を退去《たいきょ》（安得虎子）。 **閏《うるう》11・25** 信長《のぶなが》、分国中《ぶんこくちゅう》の道路《どうろ》・橋《はし》の修築等《しゅうちくなど》を命《めい》じる（酒井文書）。

【社会・文化】 **1・12** 織田信長《おだのぶなが》、尾張国瀬戸《おわりのくにせと》に瀬戸焼物釜《せとやきものがま》を免許《めんきょ》し、他所《たしょ》は禁止《きんし》（加藤彦四郎氏所蔵文書）。 **3・24** 信長《のぶなが》、相国寺《しょうこくじ》で茶会《ちゃかい》を催《もよお》す（今井宗久茶湯書抜）。 **3・28** 信長《のぶなが》、勅封《ちょくふう》の正倉院宝物《しょうそういんほうもつ》の蘭奢待《らんじゃたい》を截香《せっこう》（天正二年截香記）。 **6・-** 信長《のぶなが》、「洛中洛外図《らくちゅうらくがいず》屏風《びょうぶ》」を上杉謙信《うえすぎけんしん》に贈《おく》る（御書集）。 **11・17** 曲直瀬道三《まなせどうさん》、『啓迪集《けいてきしゅう》』を天皇《てんのう》に進覧《しんらん》。 **この年** 上井覚兼《うわいかつけん》、『上井覚兼日記《うわいかつけんにっき》』を記《しる》す（〜天正《てんしょう》一四年《ねん》）。

【死没】 **1・3** 覚恕《かくじょ》（54、天台宗僧侶《てんだいしゅうそうりょ》）。 **3・5** 武田信虎《たけだのぶとら》（81、武将《ぶしょう》）。 **6・1** 里見義堯《さとみよしたか》（68、武将《ぶしょう》）。 **7・28** 仁如集堯《にんじょしゅうぎょう》（92、臨済宗僧侶《りんざいしゅうそうりょ》）。 **11・15** 伊丹親興《いたみちかおき》（武将《ぶしょう》）。 **12・7** 貞把《じょうは》（60、浄土宗僧侶《じょうどしゅうそうりょ》）。

《月の大小／朔日の干支・ユリウス暦》

大日本史料	
（10編20）	
10編21	2・-
10編22	4・-
10編23	6・-
10編24	8・-
10編25	10・1

琉球	尚永王 2
朝鮮	宣祖 7
明	⑫ 万暦 2

一丁丑(1・23)・二丁未(2・22)・三丙子(3・23)・四乙巳(4・21)・五乙亥(5・21)・六甲辰(6・19)・七癸酉(7・18)・八癸卯(8・17)・九壬申(9・15)・一〇壬寅(10・15)・一一壬申(11・14)・閏一一壬寅(12・14)・一二辛未(75・1・12)(太字は大の月)

【世界】

オスマン軍《ぐん》、テュニス を占領《せんりょう》。

是歳

西暦	◀ 一五七五
年号・干支	乙亥《きのとのい》 三
天皇	

記事

【政治・経済】

3・14 織田信長《おだのぶなが》、徳政令《とくせいれい》を発《はっ》して、門跡《もんぜき》・公家《くげ》の借物《しゃくもつ》を破棄《はき》す(中山家記)。3・23 信長《のぶなが》、塙《ばん》(原田《はらだ》)直政《なおまさ》を大和守護《やまとのしゅご》に任《にん》じる(多聞院日記)。3・27 琉球使船《りゅうきゅうしせん》(紋船《あやぶね》)、鹿児島《かごしま》に着《つ》く。翌四月《よくがつ》、使者島津義久《ししゃしまづよしひさ》に謁《えつ》する(上井覚兼日記)。4・21 武田勝頼《たけだかつより》、三河国長篠城《みかわのくにながしのじょう》を攻囲《こうい》(古文書纂)。5・21 信長《のぶなが》・徳川家康《とくがわいえやす》、長篠《ながしの》に勝頼《かつより》を大破《たいは》(長篠《ながしの》の戦《たたかい》)(細川家文書)。5・22 小早川隆景《こばやかわたかかげ》、備中国松山城《びっちゅうのくにまつやまじょう》に三村政親《みむらまさちか》を滅《ほろ》ぼす(吉川家文書)。7・12 信長《のぶなが》、近江勢多橋《おうみせたばし》を修築《しゅうちく》(信長公記)。7・17 長宗我部元親《ちょうそがべもとちか》、土佐《とさ》を平定《へいてい》(元親記)。8・14 信長《のぶなが》、越前《えちぜん》に入《はい》り、一向一揆《いっこういっき》を鎮圧《ちんあつ》(泉文書)。8・29 吉川元春《きっかわもとはる》、尼子勝久《あまこかつひさ》・山中幸盛《やまなかゆきもり》を因幡国鬼ヶ城《いなばのくにおにがじょう》に攻撃《こうげき》(萩藩閥閲録)。9・20 近衛《このえ》前久《さきひさ》、薩摩《さつま》に下向《げこう》(公卿補任)。9・- 信長《のぶなが》、柴田勝家《しばたかついえ》らを越前《えちぜん》に配《はい》す(信長公記)。10・21 信長《のぶなが》、本願寺顕如《ほんがんじけんにょ》の請《こい》を容《い》れ和睦《わぼく》(信長公記・南行雑録)。

【社会・文化】

1・- 中御門宣教《なかみかどのぶのり》、『宣教記《のぶのりき》』を記《しる》す(～天正四年一二月《てんしょうねんがつ》)。6・- 近衛前久《このえさきひさ》、『詠歌《えいが》大概序《たいがいじょ》』を書写《しょしゃ》、島津義久《しまづよしひさ》に与《あた》える。7・- 九条稙通《くじょうたねみち》『孟津抄《もうしんしょう》』成《な》る。8・11 『国《こ》

大日本史料	(未刊)
琉球	3
朝鮮	8
明	3

西暦	年号・干支	天皇	記事	大日本史料	琉球	朝鮮	明
▶一五七五	天正 三 乙亥《きのとのい》	（正親町）	府台戦記《うのだいせんき》』成《な》る。**10・14** 三好康長《みよしやすなが》が三日月《みかづき》の葉茶壺《はちゃつぼ》を、顕如《けんにょ》が円座肩衝等《えんざかたつきなど》を信長《のぶなが》に進上《しんじょう》（慶応義塾大学図書館所蔵文書）。**10・28** 織田信長《おだのぶなが》、京都妙覚寺《きょうとみょうかくじ》で茶会《ちゃかい》・白天目《しろてんもく》・つくも茄子《なす》・三日月壺等《みかづきのつぼなど》で座敷《ざしき》を飾《かざ》る（信長公記）。**10・―** 三好長治《みよしながはる》、分国《ぶんこく》に日蓮宗《にちれんしゅう》を許可《きょか》・日珖《にちこう》、浄土《じょうど》・真言宗僧《しんごんしゅうそう》と宗論《しゅうろん》（己行記）。**11・―** 大友宗麟《おおともそうりん》の次男親家《じなんちかいえ》、受洗《じゅせん》（イエズス会日本年報）。**この年** 出羽湯口内銀山発見《でわゆくちないぎんざんはっけん》（秋田領内諸金山箇所年数帳）。 【死没】 **3・28** 上杉憲盛《うえすぎのりもり》（武将《ぶしょう》）。**5・―** 鳥居強右衛門《とりいすねえもん》（武将《ぶしょう》）。 《月の大小／朔日の干支・ユリウス暦》 一辛丑（2・11）・二辛未（3・13）・三庚子（4・11）・四己巳（5・10）・五己亥（6・9）・六戊辰（7・8）・七丁酉（8・6）・八丁卯（9・5）・九丙申（10・4）・一〇丙寅（11・3）・一一丙申（12・3）・一二乙丑（76・1・1）（太字は大の月） 〔世界〕 **この頃《ころ》** 朝鮮《ちょうせん》で党争始《とうそうはじ》まる。ジャワ、マタラムのイスラム王国始《おうこくはじ》まる。	（未刊）	尚永王 3	宣祖 8	万暦 3
一五七六	四 丙子《ひのえね》		【政治・経済】 **2・8** 足利義昭《あしかがよしあき》、備後鞆《びんごとも》に移《うつ》り、毛利輝元《もうりてるもと》に援助《えんじょ》を要請《ようせい》（小早川家文書）。**2・23** 織田信長《おだのぶなが》、安土城《あづちじょう》を築《きず》き、ここに移《うつ》る（信長公記）。**2・―** 織田信忠《おだのぶただ》、父信長《ちちのぶなが》より美濃《みの》・尾張《おわり》を譲《ゆず》られ、尾張《おわり》の道幅《みちはば》や並木《なみき》・橋等《はしなど》の管理《かんり》について定《さだ》める（坂井遺芳）。**4・14** 顕如《けんにょ》が再挙《さいきょ》し、信長《のぶなが》、石山本願寺《いしやまほんがんじ》を攻囲《こうい》（信長公記）。**5・3** 原田直政《はらだなおまさ》、本願寺《ほんがんじ》		4	9	4

西暦	
年号・干支	
天皇	

記事

と戦《たたか》い敗死《はいし》・一〇日《か》、信長《のぶなが》は直政《なおまさ》の大和《やまと》管轄《かんかつ》を筒井順慶《つついじゅんけい》に交替《こうたい》(多聞院日記)。**5・6** 松浦隆信《まつらたかのぶ》・鎮信《しげのぶ》、竜造寺隆信《りゅうぞうじたかのぶ》に屈服《くっぷく》(竜造寺文書)。**5・−** 上杉謙信《うえすぎけんしん》、顕如《けんにょ》と同盟《どうめい》(河田文書)。**7・13** 毛利輝元《もうりてるもと》の水軍《すいぐん》、摂津木津川口《せっつきづがわぐち》に信長水軍《のぶながすいぐん》を破《やぶ》り、本願寺《ほんがんじ》に兵粮《ひょうろう》を搬入《はんにゅう》(上杉家文書)。**11・17** 上杉謙信《うえすぎけんしん》、越中《えっちゅう》飛州口《ひしゅうぐち》を押《おさ》えた後《のち》、加賀《かが》・能《の》登《と》に進出《しんしゅつ》(越登賀三州志)。

【社会・文化】

4・27 紹巴《じょうは》ら、祇園社《ぎおんしゃ》で万句連歌会《まんくれんがかい》を催《もよお》す(兼見卿記)。**7・21** 京都《きょうと》の南蛮寺《なんばんじ》、献堂式《けんどうしき》(イエズス会士日本通信)。**この年** 南京芋《ナンキンいも》(じゃが芋《いも》)が長崎《ながさき》に渡来《とらい》。この頃《ころ》、とうもろこし・すいか・かぼちゃの種子《しゅし》、渡来《とらい》。山科言経《やましなときつね》、『言経卿記《ときつねきょうき》』を記《しる》す(〜慶長《けいちょう》一三年《ねん》が現存《げんそん》)。

【死没】

6・6 酒井正親《さかいまさちか》(56、武将《ぶしょう》)。**7・下旬《げじゅん》** 清水里安《しみずりあん》(51、キリシタン)。**10・15** 畠山高政《はたけやまたかまさ》(50、武将《ぶしょう》)。**11・25** 北畠具教《きたばたけとものり》(49、武将《ぶしょう》)。**12・15** 日辰《にっしん》(69、日蓮宗僧侶《にちれんしゅうそうりょ》)。**12・27** 有馬義貞《ありまよしさだ》(56、武将《ぶしょう》)。

《月の大小/朔日の干支・ユリウス暦》

一乙未(1・31)・二乙丑(3・1)・三甲午(3・30)・四甲子(4・29)・五癸巳(5・28)・六癸亥(6・27)・七壬辰(7・26)・八辛酉(8・24)・九辛卯(9・23)・一〇庚申(10・22)・一一庚寅(11・21)・一二己未(12・20)(太字は大の月)

【世界】

ネーデルランド一七州《しゅう》、ガンの盟約《めいやく》。フランス、ボーダン、『国家論六書《こっかろんろくしょ》』。

大日本史料	
琉球	
朝鮮	
明	

西暦	年号・干支	天皇
一五七七	天正 五 丁丑《ひのとのうし》 ⑦	（正親町）

記事

【政治・経済】

2・13 織田信長《おだのぶなが》、京都《きょうと》を発《はつ》し、紀伊雑賀一揆《きいさいかいっき》を攻撃《こうげき》（多聞院日記）。**3・21** 鈴木孫《すずきまご》一《いち》ら雑賀衆《さいかしゅう》が信長《のぶなが》に降伏《こうふく》・信長《のぶなが》、赦免《しゃめん》し安土《あづち》に帰還《きかん》（土橋文書・多聞院日記）。**6・－** 信長《のぶなが》、安土山下町中《あづちさんげまちちゅう》に、楽市《らくいち》・楽座《らくざ》を含《ふく》む町掟《まちおきて》を出《だ》す（近江八幡市共有文書）。**7・－** 京都四条大橋《きょうとしじょうおおはし》の修復成《しゅうふくな》る（兼見卿記）。**閏《うるう》7・5** 武田勝頼《たけだかつより》、分国内《ぶんこくない》の軍役《ぐんやく》を定《さだ》める（市谷八幡神社文書）。**8・8** 信長《のぶなが》、柴田勝家《しばたかついえ》らを加賀《かが》に派遣《はけん》（信長公記）。**8・17** 松永久秀《まつながひさひで》、信長《のぶなが》に叛《そむ》き、大和信貴山城《やまとしぎさんじょう》に籠《こも》る（信長公記）。**9・15** 上杉謙信《うえすぎけんしん》、能登《のとの》国七尾城《くにななおじょう》を攻略《こうりやく》（歴代古案）。**9・23** 謙信《けんしん》、加賀湊川《かがみなとがわ》（手取川《てどりがわ》）に柴田勝家《しばたかついえ》らを破《やぶ》る（歴代古案）。**10・10** 織田信忠《おだのぶただ》、松永久秀《まつながひさひで》・同久通《どうひさみち》を信貴山城《しぎさんじょう》に滅《ほろ》ぼす（多聞院日記）。**10・23** 信長《のぶなが》、羽柴秀吉《はしばひでよし》を播磨《はりま》に進発《しんぱつ》させる（兼見卿記）。**11・20** 信長《のぶなが》、右大臣《うだいじん》に任官《にんかん》（公卿補任）。**12・3** 羽柴秀吉《はしばひでよし》、宇喜多直家方《うきたなおいえがた》の播磨上月城《はりまこうづきじょう》を攻略《こうりやく》し、尼《あま》子勝久《こかつひさ》・山中幸盛《やまなかゆきもり》を同城《どうじょう》に入《い》れる（下村文書・信長公記）。**この頃《ころ》** 京枡《きょうます》普及《ふきゅう》。甲斐《かい》黒川金山《くろかわきんざん》の採掘量減少《さいくつりょうげんしょう》（風間家文書）

【社会・文化】

3・12 村井貞勝《むらいさだかつ》、織田信長《おだのぶなが》の命《めい》により禁裏築地《きんりついじ》を修理《しゅうり》（信長公記）。**10・30** 千宗《せんのそう》易《えき》、今井宗久《いまいそうきゅう》らを招《まね》き茶会《ちゃかい》を催《もよお》す（天王寺屋会記宗及他会記）。**この年《とし》** 松平家忠《まつだいらいえただ》、『家忠日記《いえただにっき》』を記《しる》す（～文禄《ぶんろく》三年《ねん》）。

【死没】

8・25 半井驢庵《なからいろあん》（77、医師《いし》）。**10・10** 松永久秀《まつながひさひで》（68、武将《ぶしょう》）。**11・12** 日秀《にっしゅう》（83、真言《しんごん》宗僧侶《しゅうそうりょ》）。**12・5** 伊達晴宗《だてはるむね》（59、武将《ぶしょう》）。**この年《とし》** 日乗《にちじょう》（僧侶《そうりょ》）。

大日本史料	（未刊）
琉球	尚永王 5
朝鮮	宣祖 10
明	⑧ 万暦 5

《月の大小／朔日の干支・ユリウス暦》

一己丑(1・19)・二己未(2・18)・三己丑(3・20)・四戊午(4・18)・五戊子(5・18)・六丁巳(6・16)・七丁亥(7・16)・閏七丙辰(8・14)・八乙酉(9・12)・九乙卯(10・12)・一〇甲申(11・10)・一一甲寅(12・10)・一二癸未(78・1・8)(太字は大の月)

〔世界〕

明《みん》、章潢撰《しょうこうせん》『図書編《としょへん》』成《な》る。当初《とうしょ》「論世編《ろんせいへん》」といったが万暦《ばんれき》一三年頃《ねんころ》に改名《かいめい》。イギリス、ドレーク、世界周航《せかいしゅうこう》に出発《しゅっぱつ》(～一五八〇年《ねん》)。

西暦 ◀一五七八

年号・干支 六 戊寅《つちのえとら》

天皇

記事

【政治・経済】

2・1 別所長治《べっしょながはる》、播磨国《はりまのくに》三木城《みきじょう》に挙兵《きょへい》(信長公記)。**4・18** 吉川元春《きっかわもとはる》・小早川隆景《こばやかわたかかげ》、上月城《こうづきじょう》を攻囲《こうい》し、羽柴秀吉《はしばひでよし》と対峙《たいじ》(吉川家文書別集)。**5・13** 上杉景虎《うえすぎかげとら》、越後《えちご》春日《かすが》山城《やまじょう》より御館《おたて》に移《うつ》り、上杉景勝《うえすぎかげかつ》と争《あらそ》う(歴代古案)。**7・3** 毛利勢《もうりぜい》、上月城《こうづきじょう》を攻《こう》略《りゃく》・尼子勝久《あまこかつひさ》は自害《じがい》(吉川家文書)。**9・29** 北条氏政《ほうじょううじまさ》、武蔵国世田谷新宿《むさしのくにせたがやしんじゅく》を楽市《らくいち》とし、国質等《くにじちなど》の禁止《きんし》や市日《いちび》を定《さだ》める(大場文書)。**10・17** 荒木村重《あらきむらしげ》、顕如《けんにょ》と結《むす》び織田信長《おだのぶなが》に叛《そむ》いて、摂津国有岡城《せっつのくにありおかじょう》に籠《こも》る(古文書集)。**11・2** 武田勝頼《たけだかつより》、遠江《とおとうみ》に侵入《しんにゅう》し、徳川家康出陣後《とくがわいえやすしゅつじんご》、撤退《てったい》(家忠日記)。**11・6** 九鬼嘉隆《くきよしたか》ら織田水軍《おだすいぐん》、鉄装甲《てつそうこう》・大砲搭載大船《たいほうとうさいおおぶね》で毛利水軍《もうりすいぐん》を木津川口《きづがわぐち》に破《やぶ》る(信長公記)。**11・9** 信長《のぶなが》、荒木村重《あらきむらしげ》を有岡城《ありおかじょう》に攻囲《こうい》し、高山友祥《たかやまともなが》(右近《うこん》)・中川清秀《なかがわきよひで》を降伏《こうふく》させる(信長公記)。**11・12** 島津義久《しまづよしひさ》、大友宗麟《おおともそうりん》の軍《ぐん》を日向耳川《ひゅうがみみかわ》に破《やぶ》る(薩藩旧記)。**この年** 越中亀谷銀山発見《えっちゅうかめがいぎんざんはっけん》(越中鉱山雑誌)。

大日本史料

琉球 6

朝鮮 11

明 6

西暦	年号・干支	天皇	記事	大日本史料	琉球	朝鮮	明
▶一五七八	天正 六 戊寅《つちのえとら》	(正親町)	【社会・文化】 10・3 織田信長《おだのぶなが》、禁裏《きんり》で相撲《すもう》を興行《こうぎょう》(多聞院日記)。10・28 遠 江《とおとうみ》・三河等《みかわなど》で地震《じしん》(家忠日記)。この年《とし》 勧修寺晴豊《かじゅうじはれとよ》、『晴豊公記《はれとよこうき》』を記《しる》す(~文禄《ぶんろく》三年《ねん》までのものが現存《げんそん》)。 【死没】 3・13 上杉謙信《うえすぎけんしん》(49、武将《ぶしょう》)。5・7 高坂虎綱《こうさかとらつな》(52、武将《ぶしょう》)。5・20 里見義弘《さとみよしひろ》(54、武《ぶ》将《しょう》)。6・13 北条氏繁《ほうじょううじしげ》(43、武将《ぶしょう》)。6・30 由良成繁《ゆらなりしげ》(73、武将《ぶしょう》)。7・3 尼子勝《あまこかつ》久《ひさ》(26、武将《ぶしょう》)。7・17 山中幸盛《やまなかゆきもり》(尼子氏家臣《あまこしかしん》)。8・10 玉崗瑞璵《ぎょっこうずいよ》(79、足利学校庠主《あしかががっこうしょうしゅ》)。 《月の大小/朔日の干支・ユリウス暦》 一癸丑(2・7)・二癸未(3・9)・三壬子(4・7)・四壬午(5・7)・五壬子(6・6)・六辛巳(7・5)・七辛亥(8・4)・八庚辰(9・2)・九己酉(10・1)・一〇己卯(10・31)・一一戊申(11・29)・一二戊寅(12・29)(太字は大の月) 〖世界〗 明《みん》、張居正《ちょうきょせい》、全国《ぜんこく》で土地測量《とちそくりょう》を開始《かいし》。ポルトガルに広東貿易《カントンぼうえき》を許可《きょか》。李時珍《りじちん》『本《ほん》草綱目《ぞうこうもく》』成《な》る。	(未刊)	尚永王 6	宣祖 11	万暦 6
◀一五七九	七 己卯《つちのとのう》		【政治・経済】 3・17 上杉景勝《うえすぎかげかつ》、上杉景虎《うえすぎかげとら》の越後御館《えちごおたて》を攻略《こうりゃく》し、二四日《か》、鮫尾城《さめがおじょう》に景虎《かげとら》を自殺《じさつ》させる(歴代古案)。5・11 織田信長《おだのぶなが》、安土城天主閣《あづちじょうてんしゅかく》に移居《いきょ》(信長公記)。6・2 信《のぶ》長《なが》、明智光秀《あけちみつひで》が安土《あづち》に送還《そうかん》した丹波八上城《たんばやかみじょう》の波多野秀治《はたのひではる》を磔刑《たっけい》に処《しょ》す(信長公記)。8・3 徳川家康《とくがわいえやす》、岡崎《おかざき》に入《はい》り、子信康《このぶやす》を大浜《おおはま》、ついで遠 江堀江 城《とおとうみほりえじょう》に移《うつ》す(家忠日		7	12	7

西暦	
年号・干支	
天皇	
記事	記)。**8・24** 明智光秀《あけちみつひで》、丹波《たんば》を平定《へいてい》し、町人《ちょうにん》・百姓《ひゃくしょう》らに還住《げんじゅう》を促《うなが》す(富永文書)。**8・29** 家康《いえやす》、室築山殿《しつつきやまどの》を殺害《さつがい》し、翌月《よくげつ》一五日《にち》に信康《のぶやす》を遠江国二俣城《とおとうみのくにふたまたじょう》に自刃《じじん》させる(松平記)。**9・2** 荒木村重《あらきむらしげ》、有岡城《ありおかじょう》より尼崎城《あまがさきじょう》に移《うつ》る(信長公記)。**9・25** 里見義頼《さとみよしより》、領内《りょうない》の商船《しょうせん》の諸役《しょやく》を免除《めんじょ》(安房古文書)。**10・30** 宇喜多直家《うきたなおいえ》、毛利氏《もうりし》と絶《た》ち、信長方《のぶながかた》に転《てん》じる(信長公記)。**この年** オルガンティーノ、安土《あづち》に教会建設《きょうかいけんせつ》(日本西教史)。 【社会・文化】 **3・2** 山科言継没《やましなときつぐぼつ》・生前《せいぜん》、日記《にっき》『言継卿記《ときつぐきょうき》』を記《しる》す。**5・27** 織田信長《おだのぶなが》、安土《あづち》で宗論《しゅうろん》を行《おこな》い、日蓮宗僧《にちれんしゅうそう》に他宗《たしゅう》への法難禁止等《ほうなんきんしなど》を誓約《せいやく》させ、宗徒《しゅうと》を処分《しょぶん》(言経卿記)。 **12・10**『イエズス会日本年報《かいにほんねんぽう》』始まる。 【死没】 **1・24** 三条西実枝《さんじょうにしさねき》(69、公家《くげ》、歌人《かじん》)。**3・2** 山科言継《やましなときつぐ》(73、公家《くげ》)。**3・17** 上杉憲政《うえすぎのりまさ》(武将《ぶしょう》)。**3・24** 上杉景虎《うえすぎかげとら》(武将《ぶしょう》)。**4・27** 烏丸光康《からすまるみつやす》(67、公家《くげ》)。**4・29** 二条晴良《にじょうはれよし》(54、公家《くげ》)。**6・2** 波多野秀治《はたのひではる》(武将《ぶしょう》)。**6・13** 竹中重治《たけなかしげはる》(36、武将《ぶしょう》)。**6・30** 策彦周良《さくげんしゅうりょう》(79、禅僧《ぜんそう》)。**7・4** 油屋常祐《あぶらやじょうゆう》(堺商人《さかいしょうにん》)。**8・29** 築山殿《つきやまどの》(徳川家康正室《とくがわいえやすせいしつ》)。**9・15** 松平信康《まつだいらのぶやす》(21、武将《ぶしょう》)。**10・2** 種子島時尭《たねがしまときたか》(52、武将《ぶしょう》)。**この年** 高橋鑑種《たかはしあきたね》(武将《ぶしょう》)。 《月の大小／朔日の干支・ユリウス暦》 一丁未(1・27)・二丁丑(2・26)・三丙午(3・27)・四丙子(4・26)・五丙午(5・26)・六乙亥(6・24)・七乙巳(7・24)・八甲戌(8・22)・九甲辰(9・21)・一〇癸酉(10・20)・一一癸卯(11・19)・一二壬申
大日本史料	
琉球	
朝鮮	
明	

西暦	年号・干支	天皇	記事	大日本史料	琉球	朝鮮	明
▶一五七九	天正 七 己卯《つちのとのう》	（正親町）	（12・18）（太字は大の月） 【世界】ネーデルランド北部《ほくぶ》七州《しゅう》、ユトレヒト同盟《どうめい》を結成《けっせい》。	（未刊）	尚永王 7	宣祖 12	万暦 7
一五八〇	八 庚辰《かのえたつ》 ③		【政治・経済】**1・17** 羽柴秀吉《はしばひでよし》、別所長治《べっしょながはる》らを自刃《じじん》させ、播磨国三木城《はりまのくにみきじょう》を攻落《こうらく》（信長公記）。**3・17** 織田信長《おだのぶなが》、勅命《ちょくめい》を奉《ほう》じ、本願寺顕如《ほんがんじけんにょ》に赦免《しゃめん》、石山退去《いしやまたいきょ》を含《ふく》む誓書《せいしょ》を送《おく》る（本願寺文書）。**閏《うるう》3・5** 顕如《けんにょ》、坊官《ぼうかん》と共《とも》に誓書《せいしょ》を出《だ》し、信長《のぶなが》との和議《わぎ》成《な》る（本願寺文書・陰徳太平記）。**閏《うるう》3・17** 筒井順慶《つついじゅんけい》、大和諸寺《やまとしょじ》の梵鐘《ぼんしょう》を徴発《ちょうはつ》し、鉄砲《てっぽう》を鋳造《ちゅうぞう》（多聞院日記）。**4・9** 顕如《けんにょ》、石山本願寺《いしやまほんがんじ》より紀伊鷺森《きいさぎのもり》に退去《たいきょ》（鷺森別院文書）。**6・-** イギリス商船《しょうせん》、平戸《ひらど》に来航《らいこう》（松浦家世伝）。**8・-** 信長《のぶなが》、摂津《せっつ》・河内《かわち》等《など》に城割《しろわり》を命《めい》じ、筒井順慶《つついじゅんけい》は郡山以外《こおりやまいがい》の大和諸城《やまとしょじょう》を破却《はきゃく》（多聞院日記）。**9・26** 信長《のぶなが》、滝川一益《たきがわかずます》・明智光秀《あけちみつひで》を大和《やまと》に派《は》し、寺社等《じしゃなど》に指出提出《さしだしていしゅつ》を命《めい》じる（多聞院日記）。**11・-** 柴田勝家《しばたかついえ》、加賀一向一揆《かがのいっこういっき》を平定《へいてい》（信長公記）。 【社会・文化】**一月以降間《がついこうま》もなく** 来野弥一右衛門《きのやいちえもん》『別所長治記《べっしょながはるき》』成《な》るか。**この春《はる》・夏《なつ》** 諸国《しょこく》で疫病《えきびょう》流行《りゅうこう》（異本会津塔寺八幡宮長帳）。**8・2** 石山本願寺《いしやまほんがんじ》、顕如《けんにょ》の嗣子《しし》教如《きょうにょ》の退去後《たいきょご》、焼失《しょうしつ》（多聞院日記）。**8・-** 実悟《じつご》、『蓮如上人一期記《れんにょしょうにんいちごき》』を著《あらわ》す。**11・-** 実悟《じつご》、『蓮如上人和歌縁起《れんにょしょうにんわかえんぎ》』を著《あらわ》す。**この年《とし》** 安土《あづち》と肥前国有馬《ひぜんのくにありま》にセミナリヨ開設《かいせつ》（一六・七世紀イエズス会日本報告集）。実悟《じつご》、『実悟記《じつごき》』を著《あらわ》す。**この年以降天正一六年頃の間《としいこうてんしょうねんころあいだ》** 大《おお》		8	13	④ 8

村由己《むらゆうこ》『天正記《てんしょうき》』成《な》る。

【死没】

1・17 別所長治《べつしょながはる》(武将《ぶしょう》)。 6・17 蘆名盛氏《あしなもりうじ》(60、武将《ぶしょう》)。 この年《とし》 似我与左衛門《じがよざえもん》(75、能役者《のうやくしゃ》)。

《月の大小/朔日の干支・ユリウス暦》

一壬寅(1・17)・二辛未(2・15)・三辛丑(3・16)・閏三庚午(4・14)・四庚子(5・14)・五己巳(6・12)・六己亥(7・12)・七己巳(8・11)・八戊戌(9・9)・九戊辰(10・9)・一〇丁酉(11・7)・一一丁卯(12・7)・一二丙申(81・1・5)(太字は大の月)

《世界》

フランス、モンテーニュ『随想録《ずいそうろく》』(～一五八八年《ねん》)。スペイン、ポルトガルを併合《へいごう》。

西暦 一五八一 ◀

年号・干支 九 辛巳《かのとのみ》

天皇

記事

【政治・経済】

2・23 バリニァーノ、織田信長《おだのぶなが》に謁見《えっけん》(日本巡察記)。 2・- 長宗我部元親《ちょうそがべもとちか》、一条内政《いちじょううちまさ》を伊予法華津《いよほけづ》に放逐《ほうちく》(元親記)。 3・9 上杉景勝《うえすぎかげかつ》、佐々成政《さっさなりまさ》留守《るす》の越中小出城《えっちゅうこいでじょう》を攻撃《こうげき》(信長公記)。 信長《のぶなが》、和泉《いずみ》での指出徴収《さしだしちょうしゅう》を堀秀政《ほりひでまさ》に命《めい》じる(信長公記)。 3・22 徳川家康《とくがわいえやす》、遠江高天神城《とおとうみたかてんじんじょう》を攻略《こうりゃく》(家忠日記)。 8・- 信長《のぶなが》、高野聖《こうやひじり》千余人《よにん》を捕《とら》え、処刑《しょけい》(多聞院日記)。 9・3 信長《のぶなが》、子信雄《こ のぶお》らに伊賀惣国一揆《いがそうこくいっき》を平定《へいてい》させる(多聞院日記)。 10・2 信長《のぶなが》、前田利家《まえだとしいえ》に能登《のと》を支配《しはい》させる(信長公記)。 10・25 羽柴秀吉《はしばひでよし》、因幡国鳥取城《いなばのくにとっとりじょう》を攻略《こうりゃく》・吉川経家《きっかわつねいえ》自殺《じさつ》(吉川家文書)。 11・17 秀吉《ひでよし》、淡路《あわじ》を平定《へいてい》(信長公記)。 11・- 朝鮮国王《ちょうせんこくおう》、日本国王《にほんこくおう》の請《こい》により、京極晴広《きょうごくはるひろ》に勘合銅印《かんごうどういん》を与《あた》え

大日本史料

琉球 9

朝鮮 14

明 9

西暦	年号・干支	天皇	記事	大日本史料	琉球	朝鮮	明
一五八一 ▶	天正 九 辛巳《かのとのみ》	(正親町)	12・24 武田勝頼《たけだかつより》、甲斐新府城《かいしんぷじょう》に移《うつ》る(信長公記)。この年《とし》 藤堂《とうどう》高虎《たかとら》、但馬《たじま》の一揆《いっき》を鎮圧《ちんあつ》(寛政重修諸家譜)。 【社会・文化】 3・29 羽柴秀吉《はしばひでよし》・松井友閑《まついゆうかん》・村井貞勝《むらいさだかつ》ら、清水寺《きよみずでら》で猿楽《さるがく》を観《み》る(兼見卿記)。5・20 京《きょう》都洪水《とこうずい》・四条大橋流失《しじょうおおはしりゅうしつ》(兼見卿記)。 【死没】 1・25 京極高吉《きょうごくたかよし》(78、武将《ぶしょう》)。2・14 宇喜多直家《うきたなおいえ》(53、武将《ぶしょう》)。7・11 饅頭屋宗二《まんじゅうやそうじ》(84、歌学者《かがくしゃ》)。7・22 佐久間信盛《さくまのぶもり》(55、武将《ぶしょう》)。9・- 正木憲時《まさきのりとき》(武将《ぶしょう》)。10・25 吉《きっ》川経家《かわつねいえ》(35、武将《ぶしょう》)。 《月の大小/朔日の干支・ユリウス暦》 一丙寅(2・4)・二乙未(3・5)・三乙丑(4・4)・四甲午(5・3)・五甲子(6・2)・六癸巳(7・1)・七癸亥(7・31)・八壬辰(8・29)・九壬戌(9・28)・一〇壬辰(10・28)・一一辛酉(11・26)・一二辛卯(12・26)(太字は大の月) 〔世界〕 イギリス、レヴァント通商会社《つうしょうがいしゃ》を設立《せつりつ》。ロシア、イェルマーク、シベリア遠征《えんせい》・農民権縮小《のうみんけんしゅくしょう》、農奴制強化《のうどせいきょうか》。オランダ、独立宣言《どくりつせんげん》。	(未刊)	尚永王 9	宣祖 14	万暦 9
一五八二 ◀	一〇 壬午《みずのえうま》		【政治・経済】 1・28 大友《おおとも》・大村《おおむら》・有馬《ありま》三氏《し》、ローマ教皇《きょうこう》に少年使節《しょうねんしせつ》を派遣《はけん》(天正遣欧使節《てんしょうけんおうしせつ》)(イエズス会日本年報)。2・2 武田勝頼《たけだかつより》、信濃《しなの》の木曾義昌《きそよしまさ》攻めに出陣《しゅつじん》(信長公記)。2・		10	15	10

西暦	
年号・干支	
天皇	
記事	12 織田信忠《おだのぶただ》、武田《たけだ》攻《ぜ》めに出陣《しゅつじん》(信長公記)。3・1 徳川家康《とくがわいえやす》、駿河《するが》に出陣《しゅつじん》し、武《たけ》田方穴山梅雪《だがたあなやまばいせつ》を誘降《ゆうこう》(家忠日記)。3・11 武田勝頼《たけだかつより》・信勝《のぶかつ》、滝川一益《たきがわかずます》・河尻秀隆《かわじりひでたか》らに攻《せ》められ甲斐国田野《かいのくにたの》で自刃《じじん》(信長公記)。3・19 織田信長《おだのぶなが》、信濃上諏訪《しなのかみすわ》に至《いた》り、ついで信濃《しなの》・甲斐国《かいのくに》に国掟《くにおきて》を出《だ》す(信長公記)。5・4 勧修寺晴豊《かじゅうじはれとよ》、村井貞勝《むらいさだかつ》より信《のぶ》長《なが》の関白等推任《かんぱくとうすいにん》を申渡《もうしわた》され、安土《あづち》に下向《げこう》して将軍《しょうぐん》に推《お》すも、信長《のぶなが》は拒否《きょひ》(日々記所収天正十年夏記)。5・7 信長《のぶなが》、子信孝《このぶたか》に四国出陣《しこくしゅつじん》を命《めい》じる(寺尾菊子氏所蔵文書)。羽柴秀吉《はしばひでよし》、備中国高松城《びっちゅうのくにたかまつじょう》に清水宗治《しみずむねはる》を攻囲《こうい》(浅野家文書)。6・2 明智光秀《あけちみつひで》、本《ほん》能寺《のうじ》に信長《のぶなが》を、二条城《にじょうじょう》に信忠《のぶただ》を囲《かこ》み自殺《じさつ》させる(兼見卿記)。6・4 秀吉《ひでよし》、毛利《もうり》輝元《てるもと》と和睦《わぼく》して、清水宗治《しみずむねはる》を自刃《じじん》させ、六日に高松《たかまつ》を発《はっ》す(浅野家文書)。家康《いえやす》、堺《さかい》より三河国《みかわのくに》に戻《もど》る(家忠日記)。6・8 秀吉《ひでよし》、亀井茲矩《かめいこれのり》に全国統一後《ぜんこくとういつご》の琉球《りゅうきゅう》給与《よ》を約《やく》し、琉球守《りゅうきゅうのかみ》と呼称《こしょう》させる(寛永諸家系図伝・状啓)。6・13 秀吉《ひでよし》・織田信孝《おだのぶたか》、山崎《やまざき》に明智光秀《あけちみつひで》を破《やぶ》る。光秀《みつひで》、農民《のうみん》に討《う》たれる(兼見卿記)。6・18 滝川一益《たきがわかずます》、上《こう》野《ずけ》神流川《かんながわ》で北条氏直《ほうじょううじなお》に敗《やぶ》れ、厩橋城《うまやばしじょう》より伊勢国長島《いせのくにながしま》に還《かえ》る(武州文書)。6・27 秀吉《ひでよし》ら織田氏宿老《おだししゅくろう》、清洲《きよす》に議《ぎ》し、三法師《さんぼうし》を信長継嗣《のぶながけいし》とし、遺領《いりょう》を分配《ぶんぱい》(浅野家文書・塚本文書)。7・3 家康《いえやす》、浜松《はままつ》を発《はっ》し、甲斐《かい》・信濃《しなの》に進出《しんしゅつ》(家忠日記)。秀吉《ひでよし》・織《お》田信孝《だのぶたか》、本能寺《ほんのうじ》を信長墓所《のぶながぼしょ》とする(本能寺文書)。7・8 秀吉《ひでよし》、山城《やましろ》で指出検地《さしだしけんち》を行《おこな》う(多聞院日記)。8・10 家康《いえやす》、甲斐新府城《かいしんぷじょう》に移《うつ》り、若神子《わかみこ》の北条氏直《ほうじょううじなお》と対峙《たいじ》(家忠日記)。9・13 筒井順慶《つついじゅんけい》、撰銭令《えりぜにれい》を出《だ》す(多聞院日記)。10・15 秀吉《ひでよし》、大徳寺《だいとくじ》で信《のぶ》長葬儀《ながそうぎ》を主催《しゅさい》(晴豊公記)。10・29 家康《いえやす》、北条氏直《ほうじょううじなお》と和睦《わぼく》(家忠日記)。12・9 秀吉《ひでよし》、織田信孝《おだのぶたか》を岐阜城《ぎふじょう》に攻《せ》めて降伏《こうふく》させる(小早川家文書)。
大日本史料	11編1 6・ ／ 11編2 7・
琉球	
朝鮮	
明	

西暦	年号・干支	天皇
▶一五八二	天正一〇 壬午《みずのえうま》	(正親町)

記事

【社会・文化】

1・25 織田信長《おだのぶなが》、伊勢両宮《いせりょうくう》の造替費《ぞうたいひ》を寄進《きしん》(外宮引付)。**5・27** 明智光秀《あけちみつひで》、山城愛宕山《やましろあたごやま》に連歌会《れんがかい》を催《もよお》す(明智光秀張行百韻)。**6・15** 安土城《あづちじょう》焼失《しょうしつ》(兼見卿記)。**この年**《とし》 京都《きょうと》・奈良《なら》でややこ踊《おどり》の興行《こうぎょう》(多聞院日記)。**この年**《とし》**以降**《いこう》**慶長**《けいちょう》**三年頃**《ねんころ》**の間**《あいだ》 太田牛一《おおたぎゅういち》、『信長公記《のぶながこうき》』を著《あらわ》す。

【死没】

3・11 武田勝頼《たけだかつより》(37、武将《ぶしょう》)。**3・-** 長坂長閑《ながさかちょうかん》(武将《ぶしょう》)。**4・3** 快川紹喜《かいせんじょうき》(臨済宗僧侶《りんざいしゅうそうりょ》)。**6・2** 織田信長《おだのぶなが》(49、武将《ぶしょう》)。織田信忠《おだのぶただ》(26、武将《ぶしょう》)。森蘭丸《もりらんまる》(18、織田信長近習《おだのぶながきんじゅう》)。穴山梅雪《あなやまばいせつ》(42、武将《ぶしょう》)。村井貞勝《むらいさだかつ》(武将《ぶしょう》)。**6・4** 清水宗治《しみずむねはる》(46、武将《ぶしょう》)。**6・13** 明智光秀《あけちみつひで》(武将《ぶしょう》)。**6・15** 明智秀満《あけちひでみつ》(武将《ぶしょう》)。**6・17** 斎藤利三《さいとうとしみつ》(武将《ぶしょう》)。**6・18** 河尻秀隆《かわじりひでたか》(56、武将《ぶしょう》)。**7・19** 武田元明《たけだもとあき》(31、武将《ぶしょう》)。**10・16** 松平家忠《まつだいらいえただ》(36、武将《ぶしょう》)。**12・4** 土岐頼芸《ときよりなり》(82、武将《ぶしょう》)。**この年**《とし》 籠手田安経《こてだやすつね》(武将《ぶしょう》)。

《月の大小/朔日の干支・グレゴリオ暦》

一庚申(2・3)・二庚寅(3・5)・三己未(4・3)・四己丑(5・3)・五戊午(6・1)・六丁亥(6・30)・七丁巳(7・30)・八丙戌(8・28)・九丙辰(9・27)・一〇丙戌(10・27)・一一丙辰(11・26)・一二乙酉(12・25)(**太字**は大の月)〔ユリウス暦で一五八二年一〇月四日(天正一〇年九月一八日)の翌日を一〇月一五日としてグレゴリオ暦に改暦した。本表では、便宜、一月朔日から対応するグレゴリオ暦の日付を示した〕

【世界】

教皇《きょうこう》グレゴリウス一三世《せい》、グレゴリオ暦《れき》を制定《せいてい》。マテオ＝リッチ、マカオに至《いた》る。

大日本史料	(11編2)	12・- 11編3
琉球	尚永王10	
朝鮮	宣祖15	
明	万暦10	

西暦	一五八三 ◀
年号・干支	一一 癸未《みずのとひつじ》 ①
天皇	

記事

【政治・経済】

2・12 羽柴秀吉《はしばひでよし》、伊勢《いせ》の滝川一益《たきがわかずます》を攻撃《こうげき》(武家事紀・近藤文書)。**3・5** 島津義久《しまづよしひさ》、宣教師《せんきょうし》を追放《ついほう》(上井覚兼日記)。**3・9** 柴田勝家《しばたかついえ》、近江国柳ヶ瀬《おうみのくにやながせ》に出陣《しゅつじん》(古証文)。**3・17** 秀吉《ひでよし》、近江国賤ヶ岳《おうみのくにしずがたけ》・木《き》ノ本《もと》に布陣《ふじん》し、勝家《かついえ》と対峙《たいじ》(木村文書)。**4・16** 秀吉《ひでよし》、織田信孝攻撃《おだのぶたかこうげき》のため美濃大垣城《みのおおがきじょう》に入《はい》る(亀井文書)。**4・21** 秀吉《ひでよし》、近江国木《おうみのくにき》ノ本《もと》に戻《もど》り、賤ヶ岳《しずがたけ》に勝家《かついえ》を破《やぶ》る(毛利家文書)。**4・24** 勝家《かついえ》、越前国北《えちぜんのくにきた》ノ庄城《しょうじょう》で自殺《じさつ》(毛利家文書)。**4・25** 秀吉《ひでよし》、加賀《かが》に進《すす》み、前田利家《まえだとしいえ》・佐々成政《さっさなりまさ》を服属《ふくぞく》させ、北陸平定《ほくりくへいてい》(毛利家文書)。**5・2** 織田信雄《おだのぶお》、信孝《のぶたか》を尾張国内海《おわりのくにうつみ》に自殺《じさつ》させる(家忠日記)。**5・4** 丹羽長秀《にわながひで》、越前三国湊問丸《えちぜんみくにみなといまる》に諸国《しょこく》の商人《しょうにん》・商船《しょうせん》を招《まね》かせる(森田文書)。**6・2** 秀吉《ひでよし》、大坂城《おおさかじょう》に入《はい》る(多聞院日記)。**7・7** 秀吉《ひでよし》、近江《おうみ》で検地《けんち》を実施《じっし》(八日市市今崎町共有文書)。**7・－** 上杉景勝《うえすぎかげかつ》、分国《ぶんこく》に徳政《とくせい》を行《おこな》う(歴代古案)。**8・1** 秀吉《ひでよし》、諸将《しょしょう》に所領《しょりょう》を分与《ぶんよ》(浅野家文書など)。**10・5** 徳川家康《とくがわいえやす》、分国中《ぶんこくちゅう》に守随《しゅずい》の秤《はかり》を使用《しよう》させる(守随文書)。**12・30** 家康《いえやす》、分国中《ぶんこくちゅう》の一向宗徒《いっこうしゅうと》を赦免《しゃめん》(本願寺文書)。

【社会・文化】

7・－ 諸国《しょこく》で大雨《おおあめ》・洪水《こうずい》(家忠日記)。**8・－** 北野経王堂千部経会《きたのきょうおうどうせんぶきょうえ》の期間《きかん》、曲馬乗《きょくばのり》の見世物《みせもの》がでる(言経卿記)。**9・1** 大坂城《おおさかじょう》の普請開始《ふしんかいし》(兼見卿記)。**この年** 梵舜《ぼんしゅん》、『梵舜日記《ぼんしゅんにっき》』を記《しる》す(～寛永《かんえい》九年《ねん》一一月《がつ》)。

【死没】

1・21 足利義氏《あしかがよしうじ》(武将《ぶしょう》)。**2・11** 那須資胤《なすすけたね》(武将《ぶしょう》)。**2・23** 依田信蕃《よだのぶしげ》(36、武将《ぶしょう》)。**2・25** 小笠原長時《おがさわらながとき》(70、武将《ぶしょう》)。**4・20** 中川清秀《なかがわきよひで》(42、武将《ぶしょう》)。**4・24** 柴田勝家《しばたかついえ》(武将《ぶしょう》)。

大日本史料	11編 5 8・－	11編 4 4・－	
琉球			11
朝鮮			16
明			② 11

西暦	▶一五八三	一五八四
年号・干支	天正一一 癸未《みずのとひつじ》 ①	一二 甲申《きのえさる》
天皇	(正親町)	
記事	小谷《おたに》の方《かた》(織田信長《おだのぶなが》の妹《いもうと》)。**5・2** 織田信孝《おだのぶたか》(26、武将《ぶしょう》)。**5・12** 佐久間盛政《さくまもりまさ》(30、武将《ぶしょう》)。**6・17** 松平康親《まつだいらやすちか》(63、武将《ぶしょう》)。**12・5** 観世元忠《かんぜもとただ》(75、能役者《のうやくしゃ》)。 《月の大小/朔日の干支・グレゴリオ暦》 一乙卯(1・24)・閏一乙酉(2・23)・二甲寅(3・24)・三癸未(4・22)・四癸丑(5・22)・五壬午(6・20)・六辛亥(7・19)・七辛巳(8・18)・八庚戌(9・16)・九庚辰(10・16)・一〇庚戌(11・15)・一一己卯(12・14)・一二己酉(84・1・13)(太字は大の月) 〖世界〗 イギリス人《じん》ギルバート、ニューファンドランドに到着《とうちゃく》。建州女真《けんしゅうじょしん》ヌルハチ挙兵《きょへい》。	【政治・経済】 **3・6** 織田信雄《おだのぶお》、家老《かろう》三人《にん》を斬《き》り秀吉《ひでよし》と絶《た》つ(吉村文書)。**3・13** 徳川家康《とくがわいえやす》、尾張《おわり》清洲城《きよすじょう》に着陣《ちゃくじん》し、信雄《のぶお》と会見《かいけん》(吉村文書)。**3・21** 雑賀一揆《さいかいっき》と根来衆《ねごろしゅう》、堺《さかい》を襲《おそ》うが、岸和田城《きしわだじょう》の秀吉勢《ひでよしぜい》に撃退《げきたい》される(宇野主水日記)。**3・24** 竜造寺隆信《りゅうぞうじたかのぶ》、肥前国《ひぜんのくに》沖田畷《おきたなわて》で島津家久《しまづいえひさ》・有馬鎮貴《ありましげたか》と戦《たたか》い敗死《はいし》(上井覚兼日記)。**3・28** 羽柴秀吉《はしばひでよし》、尾張国《おわりのくに》楽田城《がくでんじょう》に入《はい》り、小牧山《こまきやま》の家康《いえやす》と対峙《たいじ》(生駒家宝簡集)。**4・9** 家康《いえやす》、三好秀次《みよしひでつぐ》ら秀吉勢《ひでよしぜい》を尾張国長久手《おわりのくにながくて》で破《やぶ》る(小牧《こまき》・長久手《ながくて》の戦《たたかい》)(皆川文書)。**5・1** 秀吉《ひでよし》、比《ひ》叡山再興《えいざんさいこう》を許《ゆる》す(延暦寺文書)。**6・28** イスパニア人《じん》、平戸《ひらど》に来着《らいちゃく》・松浦鎮信《まつらしげのぶ》、フィリピン総督《そうとく》に書《しょ》を贈《おく》る(セビリア市インド文書館文書)。**7・18** 秀吉《ひでよし》、遁世《とんせ》と称《しょう》す犯科人《はんかにん》の寺中走入《じちゅうはしりい》りの不許可《ふきょか》を大徳寺《だいとくじ》に命《めい》じる(大徳寺文書)。**9・11** 佐々成政《さっさなりまさ》、家康《いえやす》らと結《むす》び能登国末森城《のとのくにすえもりじょう》に前田利家《まえだとしいえ》を攻《せ》めるも敗北《はいぼく》(多聞院日記)。**11・15** 秀吉《ひでよし》、
大日本史料	(11編 5)	11編 6 3・ / 11編 7 4・
琉球	尚永王 11	12
朝鮮	宣祖 16	17
明	② 万暦 11	12

西暦：一五八五 ◀ 図53 図54

年号・干支：天正一三 乙酉《きのとのとり》 ⑧

天皇：

記事：

信雄《のぶお》と会《あ》い和睦《わぼく》(宗国史)。12・12 家康《いえやす》、秀吉《ひでよし》と和睦《わぼく》し、子於義丸《こおぎまる》を秀吉養子《ひでよしようし》とする(家忠日記)。

【社会・文化】
この夏 畿内旱魃《きないかんばつ》(多聞院日記)。10・― 伊達成実《だてしげざね》、『伊達日記《だてにっき》』を記《しる》す(～慶長五年《けいちょうねん》)。

【死没】
3・24 竜造寺隆信《りゅうぞうじたかのぶ》(56、武将《ぶしょう》)。4・9 池田恒興《いけだつねおき》(49、武将《ぶしょう》)。森長可《もりながよし》(27、武将《ぶしょう》)。4・17 蒲生賢秀《がもうかたひで》(51、武将《ぶしょう》)。8・11 筒井順慶《つついじゅんけい》(36、武将《ぶしょう》)。8・17 頼玄《らいげん》(79、真言《しんごん》宗僧侶《しゅうそうりょ》)。10・6 蘆名盛隆《あしなもりたか》(24、武将《ぶしょう》)。

《月の大小／朔日の干支・グレゴリオ暦》
一己卯(2・12)・二戊申(3・12)・三戊寅(4・11)・四丁未(5・10)・五丁丑(6・9)・六丙午(7・8)・七乙亥(8・6)・八乙巳(9・5)・九甲戌(10・4)・一〇甲辰(11・3)・一一癸酉(12・2)・一二癸卯(85・1・1)(太字は大の月)

〖世界〗
英人《えいじん》ドレーク、新旧両大陸《しんきゅうりょうたいりく》のイスパニア領《りょう》を侵《おか》す。

【政治・経済】
3・21 羽柴秀吉《はしばひでよし》、雑賀一揆《さいかいっき》・根来寺衆《ねごろじしゅう》の和泉諸城《いずみしょじょう》を攻略《こうりゃく》(宇野主水日記)。3・23 秀吉《ひでよし》、紀伊根来寺《きいねごろじ》・雑賀一揆《さいかいっき》を攻撃《こうげき》・根来寺《ねごろじ》・粉河寺《こかわでら》焼亡《しょうぼう》(宇野主水日記)。4・10 秀吉《ひでよし》、高野山《こうやさん》を帰服《きふく》させ、僧《そう》の武装解除等《ぶそうかいじょなど》を誓約《せいやく》させる(高野山文書)。4・22 秀吉《ひでよし》、紀伊国大田城《きいのくにおおたじょう》を攻略《こうりゃく》し、雑賀一揆《さいかいっき》を鎮圧《ちんあつ》(大田文書・宇野主水日記)。4・28 秀吉《ひでよし》、

大日本史料：11編8 8・ ／ 11編9 9・ ／ 11編10 10・ ／ 11編11～12 雑載 ／ 11編13 1・

琉球：13

朝鮮：18

明：⑨ 万暦13

西暦	年号・干支	天皇
▶一五八五	天正一三 乙酉《きのとのとり》 ⑧	(正親町)

記事

本願寺《ほんがんじ》に大坂渡辺《おおさかわたなべ》の在所《ざいしょ》に寺内屋敷《じないやしき》を与《あた》える(宇野主水日記)。**6・16** 秀吉《ひでよし》の弟《おとうと》秀《ひで》長《なが》、四国《しこく》の長宗我部元親《ちょうそがべもとちか》攻《ぜ》めに出陣《しゅつじん》(多聞院日記)。**7・11** 秀吉《ひでよし》、近衛前久《このえさきひさ》の猶子《ゆうし》となり(藤原改姓《ふじわらかいせい》)、関白叙任《かんぱくじょにん》(木下家文書・近衛家文書)。**7・25** 長宗我部元親《ちょうそがべもとちか》、秀《ひで》吉《よし》に降伏《こうふく》(土佐国蠧簡集)。**8・26** 秀吉《ひでよし》、佐々成政《さっさなりまさ》を越中《えっちゅう》に攻《せ》め、降伏《こうふく》させる(三村文書)。**閏《うるう》8・23** 徳川家康《とくがわいえやす》、駿府城《すんぷじょう》を修理《しゅうり》する(家忠日記)。**閏《うるう》8・25** 羽柴秀長《はしばひでなが》、大和多武峯衆徒《やまととうのみねしゅと》の武器《ぶき》を没収《ぼっしゅう》(多聞院日記)。**9・3** 秀吉《ひでよし》、大陸侵略《たいりくしんりゃく》の意図《いと》を示《しめ》す(一柳文書)。**9・9** 秀吉《ひでよし》、豊臣改姓《とよとみかいせい》を勅許《ちょっきょ》される(押小路家文書)(天正《てんしょう》一四年《ねん》一二月説《がっせつ》あり)。**10・2** 秀吉《ひでよし》、九州《きゅうしゅう》の停戦《ていせん》を島津義久《しまづよしひさ》らに命《めい》じる(島津家文書)。**10・8** 陸奥国二本松城《むつのくににほんまつじょう》の畠山義継《はたけやまよしつぐ》、伊達輝宗《だててるむね》を拉致《らち》し伊達勢《だてぜい》に討《う》たれる・輝宗《てるむね》も討死《うちじに》(伊達日記)。**11・29** 近畿《きんき》・東海《とうかい》に大地震《おおじしん》・三十三間堂《さんじゅうさんげんどう》の仏像《ぶつぞう》が転倒《てんとう》(宇野主水記)。

【社会・文化】

2・17 羽柴秀吉《はしばひでよし》、上《かみ》・下京《しもぎょう》の町人《ちょうにん》に仙洞御所《せんとうごしょ》の築地《ついじ》を築《きず》かせる(兼見卿記)。**3・8** 秀吉《ひでよし》、大徳寺《だいとくじ》に大茶会《おおちゃかい》を興行《こうぎょう》(天王寺屋会記宗及他会記)。**6・14** ルイス゠フロイス『日欧風習対照覚書《にちおうふうしゅうたいしょうおぼえがき》』成《な》る。**10・6** 秀吉《ひでよし》、羽柴秀長《はしばひでなが》らと昇殿《しょうでん》・ついで任諸《にんしょ》大夫《たいふ》の武家衆《ぶけしゅう》と参内《さんだい》し、禁中《きんちゅう》で茶会《ちゃかい》を催《もよお》す(兼見卿記)。

【死没】

1・14 山岡景隆《やまおかかげたか》(61、武将《ぶしょう》)。**4・16** 丹羽長秀《にわながひで》(51、武将《ぶしょう》)。**7・1** 一条兼定《いちじょうかねさだ》(43、武将《ぶしょう》)。**8・5** 伊東義祐《いとうよしすけ》(74、武将《ぶしょう》)。**9・11** 戸次鑑連《べつきあきつら》(70、大友氏年寄《おおともしとしより》)。**10・8** 伊《だ》達《て》輝宗《てるむね》(42、武将《ぶしょう》)。二本松義継《にほんまつよしつぐ》(武将《ぶしょう》)。**12・10** 羽柴秀勝《はしばひでかつ》(18、武将《ぶしょう》)。

《月の大小／朔日の干支・グレゴリオ暦》

大日本史料												
3・―	11編14	4・―	11編15	5・―	11編16	7・―	11編17	8・―	11編18	⑧・―	11編19	9・―

琉球	朝鮮	明
尚永王 13	宣祖 18	⑨ 万暦 13

西暦

年号・干支

天皇

記事

一癸酉（1・31）・二癸卯（3・2）・三壬申（3・31）・四壬寅（4・30）・五辛未（5・29）・六辛丑（6・28）・七庚午（7・27）・八己亥（8・25）・閏八己巳（9・24）・九戊戌（10・23）・一〇戊辰（11・22）・一一丁酉（12・21）・一二丁卯（86・1・20）（太字は大の月）

〖世界〗スペイン軍《ぐん》、アントワープを占領《せんりょう》。イギリス人《じん》、ヴァージニアに植民地建設《しょくみんちけんせつ》を開始《かいし》。

図53 根来寺多宝塔（天文一六年）

図54 粉河寺本堂（享保五年）

大日本史料			
	11編20	10・1 雑載 11編21～24	（未刊）

琉球

朝鮮

明

西暦	年号・干支	天皇	記事	大日本史料	琉球	朝鮮	明
一五八六	天正一四 丙戌《ひのえいぬ》	(正親町)	【政治・経済】 **3・16** 豊臣秀吉《とよとみひでよし》、コエリゥに会《あ》い、明《みん》・朝鮮征服《ちょうせんせいふく》の意図《いと》を告《つ》げる(イエズス会日本年報)。**3・-** この頃《ころ》、武蔵品川等《むさししながわなど》の後北条氏領内《ごほうじょうしりょうない》で百姓《ひゃくしょう》の逃散等《ちょうさんなど》が頻発《ひんぱつ》(立石知満氏所蔵文書)。この頃《ころ》、大坂《おおさか》に千人切《せんにんぎり》が出没《しゅつぼつ》(宇野主水日記)。**4・22** 秀吉《ひでよし》、方広寺大仏殿《ほうこうじだいぶつでん》の建材《けんざい》を諸国《しょこく》に賦課《ふか》(高山公実録)。**5・14** 秀吉《ひでよし》の妹《いもうと》朝日姫《あさひひめ》、徳川家康《とくがわいえやす》に嫁《か》す(家忠日記)。**6・14** 上杉景勝《うえすぎかげかつ》、大坂《おおさか》で秀吉《ひでよし》と会見《かいけん》(天正十四年上洛日記)。**6・-** 羽柴秀次《はしばひでつぐ》、近江八幡山下町中《おうみはちまんさんげまちちゅう》に楽市《らくいち》を含《ふく》む一三ヵ条《じょう》の掟《おきて》を出《だ》す(近江八幡市共有文書)。**7・27** 島津忠長《しまづただなが》ら、大友氏《おおともし》の将高橋紹運《しょうたかはしじょううん》の筑前国岩屋城《ちくぜんのくにいわやじょう》を攻略《こうりゃく》(上井覚兼日記)。**8・3** 秀吉《ひでよし》、黒田孝高《くろだよしたか》・小早川隆景《こばやかわたかかげ》らに九州出陣《きゅうしゅうしゅつじん》を命《めい》じる(小早川家文書)。**10・12** 羽柴秀長《はしばひでなが》、大和国内《やまとこくない》での京升使用《きょうますしよう》を定《さだ》める(多聞院日記)。**10・13** 秀吉《ひでよし》、母大政所《ははおおまんどころ》を家康《いえやす》の人質《ひとじち》に出《だ》す(多聞院日記)。**10・18** 島津義久《しまづよしひさ》、大友氏攻撃《おおともしこうげき》のため日向《ひゅうが》に出陣《しゅつじん》(薩藩旧記)。**10・27** 家康《いえやす》、大坂城《おおさかじょう》で秀吉《ひでよし》と会見《かいけん》(宇野主水日記)。**12・3** 秀吉《ひでよし》、関東《かんとう》・奥羽《おうう》の諸大名《しょだいみょう》に惣無事令《そうぶじれい》を出《だ》す(秋田藩採集文書)。**12・4** 家康《いえやす》、浜松城《はままつじょう》より駿府城《すんぷじょう》に移《うつ》る(家忠日記)。**12・13** 島津家久《しまづいえひさ》、豊後戸次川《ぶんごへつぎがわ》で仙石秀久《せんごくひでひさ》・長宗我部信親《ちょうそがべのぶちか》らを破《やぶ》る(薩藩旧記)。**12・15** 大友義統《おおともよしむね》、豊後《ぶんご》より豊前竜王城《ぶぜんりゅうおうじょう》に逃《のが》れる(吉川家文書)。**12・19** 秀吉《ひでよし》、太政大臣《だじょうだいじん》に任官《にんかん》(公卿補任)。 【社会・文化】 **4・6** 大友宗麟《おおともそうりん》『大坂城内見聞録《おおさかじょうないけんぶんろく》』成《な》る。**6・8** 豊臣秀吉《とよとみひでよし》、大坂城中《おおさかじょうちゅう》で茶会《ちゃかい》(榊原家文書)。**10・28** 神屋宗湛《かみやそうたん》、『神屋宗湛日記《かみやそうたんにっき》』を記《しる》す(〜慶長《けいちょう》一八年《ねん》一二月《がつ》九日《か》)。**この年《とし》** 天荊《てんけい》、『朝鮮国往還日記《ちょうせんこくおうかんにっき》』を記《しる》す(〜天正《てんしょう》一六年《ねん》)。紹巴《じょうは》『連歌至宝抄《れんがしほうしょう》』成《な》	(未刊)	尚永王 14	宣祖 19	万暦 14

西暦 図55

年号・干支

天皇 後陽成《ごようぜい》 11・7

記事

る（天正《てんしょう》一三年説《ねんせつ》あり）。

【死没】

5・22 蜂須賀正勝《はちすかまさかつ》（61、武将《ぶしょう》）。 **7・24** 誠仁親王《さねひとしんのう》（陽光太上天皇《ようこうだじょうてんのう》）（35、後陽成天皇《ごようぜいてんのう》の父《ちち》）。 **7・27** 高橋紹運《たかはしじょううん》（武将《ぶしょう》）。 **9・9** 滝川一益《たきがわかずます》（62、武将《ぶしょう》）。 **10・9** 田村清顕《たむらきよあき》（武《ぶ》将《しょう》）。 **11・15** 吉川元春《きっかわもとはる》（57、武将《ぶしょう》）。 **この年**《とし》 荒木村重《あらきむらしげ》（52、武将《ぶしょう》）。

《月の大小／朔日の干支・グレゴリオ暦》

一丁酉（2・19）・二丙寅（3・20）・三丙申（4・19）・四丙寅（5・19）・五乙未（6・17）・六乙丑（7・17）・七甲午（8・15）・八癸亥（9・13）・九癸巳（10・13）・一〇壬戌（11・11）・一一壬辰（12・11）・一二辛酉（87・1・9）（太字は大の月）

〔世界〕

ロシア、チュメニにシベリア植民《しょくみん》の拠点《きょてん》をつくる。ギド＝グヮルチェリ『日本遣《にほんけん》欧使者記《おうししゃき》』刊《かん》（ローマ）。

図55
蜂須賀正勝像（徳島城博物館）

大日本史料

琉球

朝鮮

明

西暦	年号・干支	天皇
一五八七	天正一五 丁亥《ひのとい》	（後陽成）

図56

記事

【政治・経済】

1・16 羽柴秀長《はしばひでなが》、奈良《なら》・郡山《こおりやま》の座《ざ》・諸公事《しょくじ》を廃《はい》し、四月《がつ》、奈良《なら》の鉄《てつ》・塩《しお》・魚《さかな》を除《のぞ》き諸公事《しょくじ》を復《ふく》す（多聞院日記）。**3・1** 豊臣秀吉《とよとみひでよし》、島津氏《しまづし》攻《ぜ》めのため、大坂《おおさか》を出立《しゅったつ》（多聞院日記）。**4・17** 秀長《ひでなが》、日向国《ひゅうがのくに》根白坂《ねじろざか》で島津義久《しまづよしひさ》らを破《やぶ》る（薩藩旧記）。**5・8** 島津義久《しまづよしひさ》、秀吉《ひでよし》に降伏《こうふく》（九州御動座記）。**6・7** 秀吉《ひでよし》、筑前国《ちくぜんのくに》筥崎《はこざき》で九州《きゅうしゅう》の国分《くにわ》けを行《おこな》う（兼見卿記）。**6・15** 秀吉《ひでよし》、朝鮮国王《ちょうせんこくおう》の来日参洛《らいにちさんらく》の催促《さいそく》を対馬《つしま》の宗氏《そうし》に命《めい》じる（宗家文書）。**6・19** 秀吉《ひでよし》、キリスト教宣教師《きょうせんきょうし》の国外退去等《こくがいたいきょなど》を命《めい》じる（松浦文書）。この日以後《ひいご》、秀吉《ひでよし》、京都《きょうと》の南蛮寺《なんばんじ》、豊後府内《ぶんごふない》のコレジョ等《など》を破却《はきゃく》させる（イエズス会日本年報）。**6・-** 秀吉《ひでよし》、筑前国博多《ちくぜんのくにはかた》に座廃止等《ざはいしなど》九ヵ条《じょう》の定《さだめ》を公布《こうふ》（毛利家文書）。**7・14** 秀吉《ひでよし》、大坂《おおさか》に帰陣《きじん》（多聞院日記）。**8・21** 秀長《ひでなが》、奈良《なら》での酒《さけ》・味噌《みそ》等《など》の商売《しょうばい》を禁《きん》じ、郡山《こおりやま》で売買《ばいばい》させる（多聞院日記）。**9・7** 肥後国《ひごのくに》で佐々成政《さっさなりまさ》の検地等《けんちなど》に対《たい》して国人一揆《こくじんいっき》が起《お》こる・秀吉《ひでよし》、諸将《しょしょう》を派兵《はへい》（小早川家文書）。**この年** 秀吉《ひでよし》、天正通宝《てんしょうつうほう》を鋳造《ちゅうぞう》させる（貨幣博物館所蔵品）。

【社会・文化】

1・-『天正日記《てんしょうにっき》』（伊達天正日記《だててんしょうにっき》）記《しる》される（～天正《てんしょう》一八年《ねん》四月《がつ》二〇日《か》）。**7・9** 楠長諳《くすのきちょうあん》（大饗正虎《おおあえまさとら》）『九州陣道之記《きゅうしゅうじんみちのき》』成《な》る。**9・13** 豊臣秀吉《とよとみひでよし》、聚楽第《じゅらくてい》に入《はい》る（言経卿記）。**10・1** 秀吉《ひでよし》、北野大茶会《きたのおおちゃかい》を催《もよお》すも、一日《にち》で中止《ちゅうし》（多聞院日記）。**この年**『九州御動座記《きゅうしゅうごどうざき》』成《な》る。西洞院時慶《にしのとういんときよし》、『時慶卿記《ときよしきょうき》』を記《しる》す（～寛永《かんえい》一六年《ねん》）。

【死没】

3・13 久松俊勝《ひさまつとしかつ》（62、武将《ぶしょう》）。**4・18** 大村純忠《おおむらすみただ》（55、武将《ぶしょう》）。**4・-** 姉小路自綱《あねがこうじよりつな》（48、

大日本史料	琉球	朝鮮	明
（未刊）	尚永王 15	宣祖 20	万暦 15

西暦	
年号・干支	
天皇	
記事	武将《ぶしょう》）。**5・6** 北条綱成《ほうじょうつななり》（73、武将《ぶしょう》）。**5・23** 大友宗麟《おおともそうりん》（58、武将《ぶしょう》）。**6・5** 島津《しまづ》家久《いえひさ》（41、武将《ぶしょう》）。吉川元長《きつかわもとなが》（40、武将《ぶしょう》）。**10・26** 里見義頼《さとみよしより》（武将《ぶしょう》）。**10・－** 大宝寺義《だいほうじよし》興《おき》（武将《ぶしょう》）。**この年** 新発田重家《しばたしげいえ》（武将《ぶしょう》）。 《月の大小／朔日の干支・グレゴリオ暦》 一辛卯（2・8）・二庚申（3・9）・三庚寅（4・8）・四庚申（5・8）・五己丑（6・6）・六己未（7・6）・七戊子（8・4）・八戊午（9・3）・九丁亥（10・2）・一〇丁巳（11・1）・一一丙戌（11・30）・一二丙辰（12・30）（太字は大の月） 〖世界〗 朝鮮《ちょうせん》、柳成竜《りゅうせいりゅう》、『懲毖録《ちょうひろく》』を記《しる》す（～宣祖《せんそ》三一年《ねん》）。イギリス、メアリ＝ステュアート、処刑《しょけい》される。サファヴィー朝《ちょう》アッバース一世《せい》が即位《そくい》（～一六二九年《ねん》）。  図56 天正通宝　(右)金銭　(左)銀銭
大日本史料	
琉球	
朝鮮	
明	

西暦	一五八八
年号・干支	天正一六 戊子《つちのえね》 ⑤
天皇	（後陽成）
記事	【政治・経済】 **4・2** 豊臣秀吉《とよとみひでよし》、長崎《ながさき》の教会領《きょうかいりょう》を収公《しゅうこう》し、鍋島直茂《なべしまなおしげ》を代官《だいかん》とする（鍋島家文書）。**閏《うるう》5・14** 肥後《ひご》の国人一揆《こくじんいっき》が鎮圧《ちんあつ》され、秀吉《ひでよし》、佐々成政《さっさなりまさ》を切腹《せっぷく》させる（小早川家文書）。**7・8** 秀吉《ひでよし》、刀狩令《かたながりれい》・海賊取締令《かいぞくとりしまりれい》を発布《はっぷ》（小早川家文書）。**8・12** 島津義久《しまづよしひさ》、秀吉《ひでよし》の命《めい》により琉球王《りゅうきゅうおう》に服属《ふくぞく》を督促《とくそく》（島津家文書）。**8・22** 北条氏直《ほうじょううじなお》の弟《おとうと》氏規《うじのり》、上洛《じょうらく》し秀吉《ひでよし》に謁見《えっけん》（家忠日記）。**9・9** これより先《さき》、秀吉《ひでよし》、鍛冶等職人《かじなどしょくにん》の座《ざ》を廃《はい》止《し》（浄福寺文書）。**この年** 秀吉《ひでよし》、天正大判等《てんしょうおおばんなど》を鋳造《ちゅうぞう》させる（貨幣博物館所蔵品）。 【社会・文化】 **4・14** 天皇《てんのう》、聚楽第《じゅらくてい》に行幸《ぎょうこう》（聚楽行幸記）。**4・－** 大村由己《おおむらゆうこ》、『聚楽行幸記《じゅらくぎょうこうき》』を著《あらわ》す。**5・15** 豊臣秀吉《とよとみひでよし》、方広寺大仏殿《ほうこうじだいぶつでん》の建造《けんぞう》を開始《かいし》（言経卿記）。**この年** 定阿《じょうあ》『赤松《あかまつ》記《き》』成《な》る。 【死没】 **5・－** 隈部親永《くまべちかなが》（肥後国人衆《ひごこくじんしゅう》）。**閏《うるう》5・14** 佐々成政《さっさなりまさ》（50、武将《ぶしょう》）。**6・5** 多忠宗《おおのただむね》（83、雅楽家《ががくか》）。**11・19** 稲葉一鉄《いなばいってつ》（73、武将《ぶしょう》）。**12・12** 宗義調《そうよししげ》（57、対馬守護《つしまのしゅご》）。 《月の大小／朔日の干支・グレゴリオ暦》 一乙酉（1・28）・二乙卯（2・27）・三甲申（3・27）・四甲寅（4・26）・五癸未（5・25）・閏五癸丑（6・24）・六癸未（7・24）・七壬子（8・22）・八壬午（9・21）・九辛亥（10・20）・一〇辛巳（11・19）・一一庚戌（12・18）・一二庚辰（89・1・17）（太字は大の月） 〔世界〕 イギリス、スペイン無敵艦隊《むてきかんたい》を破《やぶ》る。ヌルハチ、建州諸部《けんしゅうしょぶ》を統一《とういつ》。
大日本史料	（未刊）
琉球	尚永王 **16**
朝鮮	宣祖 **21**
明	⑥ 万暦 **16**

西暦	◀一五八九
年号・干支	一七　己丑《つちのとうし》
天皇	

記事

【政治・経済】

3・9 豊臣秀吉《とよとみひでよし》、聚楽第《じゅらくてい》の壁《かべ》の落書《らくがき》につき、科人《とがにん》を匿《かくま》う本願寺《ほんがんじ》等《など》に起請文《きしょうもん》を提《てい》出《しゅつ》させ、番衆《ばんしゅう》等《ら》を磔刑《たっけい》に処《しょ》する(鹿苑日録)。**4・28** 秀吉《ひでよし》、日蓮宗《にちれんしゅう》の不受不施義《ふじゅふせぎ》を公許《こうきょ》(万代亀鏡録)。**6・5** 伊達政宗《だてまさむね》、蘆名義広《あしなよしひろ》(盛重《もりしげ》)を陸奥国摺上原《むつのくにすりあげはら》に破《やぶ》る(伊達日記)。**6・-** 秀吉《ひでよし》、佐渡《さど》に一国一城令《いっこくいちじょうれい》を布《し》く(佐渡風土記)。**7・4** 秀吉《ひでよし》、上杉《うえすぎ》景勝《かげかつ》・佐竹義重《さたけよししげ》に政宗討伐《まさむねとうばつ》の用意《ようい》を命《めい》じる(佐竹文書)。**7・7** 徳川家康《とくがわいえやす》、貢租《こうそ》・夫《ぶ》役《やく》など七ヵ条《じょう》を定《さだ》める(仁藤文書)。**7・-** 秀吉《ひでよし》、真田昌幸《さなだまさゆき》の上野沼田《こうずけぬまた》領《りょう》の三分《ぶん》の一を北条氏《ほうじょうし》に引渡《ひきわた》す等《など》の裁定《さいてい》を下《くだ》す(市谷八幡神社文書)。**8・28** 宗義智《そうよしとし》・景轍玄蘇《けいてつげんそ》、朝鮮国王《ちょうせんこくおう》に拝謁《はいえつ》し、通信使《つうしんし》派遣《はけん》を要請《ようせい》(朝鮮王朝実録)。**9・1** 秀吉《ひでよし》、諸大名《しょだいみょう》に妻《さい》子《し》の在京《ざいきょう》を命《めい》じる(多聞院日記)。**9・24** 琉球国王尚寧《りゅうきゅうこくおうしょうねい》の使《つかい》、島津義久《しまづよしひさ》と上京《じょうきょう》(武家事紀・続善隣国宝記)。**11・24** 秀吉《ひでよし》、北条氏《ほうじょうし》の上野国名胡桃城奪取《こうずけのくになぐるみじょうだっしゅ》を裁定違《さいていい》反《はん》と責《せ》め、北条氏《ほうじょうし》に誅伐《ちゅうばつ》を通告《つうこく》(伊達家文書)。**この年《とし》** 秀吉《ひでよし》、九州等《きゅうしゅうなど》で検地《けんち》を行《おこな》う(熊本県立図書館所蔵文書)・また、徳川《とくがわ》・毛利《もうり》・長宗我部氏《ちょうそがべし》も領内《りょうない》で検地《けんち》(天恩寺文書・萩藩閥閲録・古文叢)。

【社会・文化】

この夏《なつ》 英甫永雄《えいほえいゆう》、『雄長老百首《ゆうちょうろうひやくしゅ》』を詠《よ》む。**この年《とし》および慶長《けいちょう》二年《ねん》** 西笑承兌《せいしょうじょうたい》、『日用集《にちようしゅう》』を記《しる》す。

【死没】

6・12 上井覚兼《うわいかつけん》(45、武将《ぶしょう》)。**11・-** 鈴木主水《すずきもんど》(42、武将《ぶしょう》)。**11・1** 北条幻庵《ほうじょうげんあん》(箱根権《はこねごん》現別当《げんべっとう》)。**この年《とし》** 天草種元《あまくさたねもと》(武将《ぶしょう》)。

大日本史料	
琉球	尚寧王《しょうねいおう》
朝鮮	22
明	17

西暦	▶一五八九	一五九〇
年号・干支	天正一七 己丑《つちのとうし》	一八 庚寅《かのえとら》
天皇	(後陽成)	
記事	《月の大小／朔日の干支・グレゴリオ暦》 一己酉(2・15)・二己卯(3・17)・三戊申(4・15)・四戊寅(5・15)・五丁未(6・13)・六丁丑(7・13)・七丙午(8・11)・八丙子(9・10)・九丙午(10・10)・一〇乙亥(11・8)・一一乙巳(12・8)・一二甲戌(90・1・6)(太字は大の月) 【世界】 明《みん》、李円朗《りえんろう》の乱《らん》。フランス、ヴァロワ朝断絶《ちようだんぜつ》し、ブルボン朝《ちよう》はじまる。	【政治・経済】 **1・20** 豊臣秀吉《とよとみひでよし》、伊達政宗《だてまさむね》に小田原参陣《おだわらさんじん》を催促《さいそく》(伊達家文書)。 **3・1** 秀吉《ひでよし》、京都《きようと》を出陣《しゆつじん》(晴豊公記)。 **4・3** 秀吉《ひでよし》、小田原城《おだわらじよう》を包囲《ほうい》(家忠日記)。 **6・9** 秀吉《ひでよし》、小田原陣中《おだわらじんちゆう》で政宗《まさむね》を引見《いんけん》(伊達治家記録)。 **7・5** 北条氏直《ほうじようじなお》、秀吉《ひでよし》に降伏《こうふく》。秀吉《ひでよし》、氏直《うじなお》を助命《じよめい》し、氏政《うじまさ》・氏照《うじてる》に自害《じがい》を命《めい》じる(小早川家文書)。 **7・13** 秀吉《ひでよし》、小田原城《おだわらじよう》に入《はい》り、徳川家康《とくがわいえやす》を北条氏《ほうじようし》旧領《きゆうりよう》に移封《いふう》(家忠日記)。 **7・17** 秀吉《ひでよし》、陸奥《むつ》に向《むか》う(兼見卿記)。 **8・1** 家康《いえやす》、江戸城《えどじよう》に入《はい》る(実紀)。 **8・9** 秀吉《ひでよし》、会津黒川城《あいづくろかわじよう》に入《はい》り、豊臣《とよとみ》秀次《ひでつぐ》らに奥羽《おうう》の検地《けんち》を命《めい》じる(浅野家文書)。 **9・1** 秀吉《ひでよし》、帰京《ききよう》(晴豊公記)。 **10・16** 大崎《おおさき》・葛西《かさい》で一揆蜂起《いつきほうき》(伊達日記)。 **11・7** 秀吉《ひでよし》、聚楽第《じゆらくてい》に朝鮮通信使《ちようせんつうしんし》を引見《いんけん》(晴豊公記)。 **この年《とし》** 秀吉《ひでよし》、洛中町割《らくちゆうまちわり》を行《おこな》う(京都町家旧事記)。 【社会・文化】 **1・-** 堺《さかい》で伊勢本《いせぼん》『節用集《せつようしゆう》』刊行《かんこう》。 **5・18** 内藤清成《ないとうきよなり》、『天正日記《てんしようにつき》』を記《しる》す(〜同年《どうねん》一二月《がつ》)。 **6・20** バリニァーノ・遣欧使節《けんおうしせつ》、長崎《ながさき》に帰着《きちやく》・印刷機伝来《いんさつきでんらい》(ベネツィア市《し》マ
大日本史料	(未刊)	
琉球	尚寧王	2
朝鮮	宣祖 22	23
明	万暦 17	18

西暦	一五九一 ◀
年号・干支	一九　辛卯《かのとのう》　①
天皇	

記事

ルコ図書館文書）。**9・23** 豊臣秀吉《とよとみひでよし》、聚楽第《じゅらくてい》で茶会《ちゃかい》を催《もよお》す（天王寺屋会記）。**この年**《とし》 北条氏直《ほうじょううじなお》、黒田孝高《くろだよしたか》に『吾妻鏡《あずまかがみ》』を贈《おく》る（黒田家譜）。

【死没】

3・29 一柳直末《ひとつやなぎなおすえ》（38、武将《ぶしょう》）。**4・11** 山上宗二《やまのうえそうじ》（47、茶人《ちゃじん》）。**4・26** 依田康国《よだやすくに》（21、武将《ぶしょう》）。**5・7** コエリゥ（イエズス会司祭《かいしさい》）。**5・21** 鳳山等膳《ほうざんとうぜん》（曹洞宗僧侶《そうとうしゅうそうりょ》）。**5・27** 堀秀政《ほりひでまさ》（38、武将《ぶしょう》）。**7・1** 松田憲秀《まつだのりひで》（武将《ぶしょう》）。**7・11** 北条氏照《ほうじょううじてる》（武将《ぶしょう》）。北条氏政《ほうじょううじまさ》（53、武将《ぶしょう》）。**7・19** 大道寺政繁《だいどうじまさしげ》（58、武将《ぶしょう》）。**9・14** 狩野永徳《かのうえいとく》（48、画家《がか》）。**9・21** 建部賢文《たけべかたぶん》（69、武将《ぶしょう》）。**11・11** 吉田雪荷《よしだせっか》（77、弓術家《きゅうじゅつか》）。**11・15** 清原枝賢《きよはらのえだかた》（71、儒学者《じゅがくしゃ》）。**この年**《とし》 銭屋宗訥《ぜにやそうとつ》（堺富商《さかいふしょう》）。

《月の大小／朔日の干支・グレゴリオ暦》

一甲辰（2・5）・二癸酉（3・6）・三癸卯（4・5）・四壬申（5・4）・五辛丑（6・2）・六辛未（7・2）・七庚子（7・31）・八庚午（8・30）・九庚子（9・29）・一〇庚午（10・29）・一一己亥（11・27）・一二己巳（12・27）（太字は大の月）

〔世界〕

イエズス会《かい》『サンデ天正遣欧使節記《てんしょうけんおうしせつき》』刊《かん》（マカオ）。**この頃**《ころ》 ルール地方《ちほう》で石炭《せきたん》の採《さい》掘《くつ》を開始《かいし》。

【政治・経済】

1・20 豊臣秀吉《とよとみひでよし》、沿海諸国《えんかいしょこく》に兵船建造《へいせんけんぞう》を命《めい》じる（高山公実録）。**閏**《うるう》**1・5** 秀吉《ひでよし》、本《ほん》願寺顕如《がんじけんにょ》に六条堀川《ろくじょうほりかわ》の地《ち》を寄進《きしん》（本願寺文書）。**閏**《うるう》**1・8** バリニァーノ、秀吉《ひでよし》に

大日本史料	
琉球	3
朝鮮	24
明	③　19

西暦	年号・干支	天皇
▶一五九一	天正一九 辛卯《かのとのう》 ①	（後陽成）

記事

謁見《えっけん》し、インド副王《ふくおう》の書《しょ》を呈《てい》する（フロイス日本史）。**閏《うるう》1・-** 秀吉《ひでよし》、洛中周囲《らくちゅうしゅうい》に土居《どい》を築造《ちくぞう》（三藐院記）。**6・-** 宗義智《そうよしとし》、朝鮮釜山辺将《ちょうせんふざんへんしょう》に仮途入明要求《かとにゅうみんようきゅう》を通知《つうち》（朝鮮王朝実録）。**7・25** 秀吉《ひでよし》、ポルトガル領《りょう》インド副王《ふくおう》にヤソ教禁止《きょうきんし》、貿易希望《ぼうえききぼう》の返書《へんしょ》を送《おく》る（富岡文書）。**8・21** 秀吉《ひでよし》、武家奉公人《ぶけほうこうにん》の町人《ちょうにん》・百姓化《ひゃくしょうか》、百姓《ひゃくしょう》の離村商売《りそんしょうばい》の禁止等《きんしなど》を定《さだ》める（浅野家文書）。**8・23** 秀吉《ひでよし》、来年《らいねん》三月《がつ》の征明出兵《せいみんしゅっぺい》を表明《ひょうめい》し、肥前名護屋築城普請《ひぜんなごやちくじょうぶしん》を諸将《しょしょう》に命《めい》じる（相良家文書）。**9・4** 蒲生氏郷《がもううじさと》ら、九戸政実《くのへまさざね》の陸奥国九戸城《むつのくにくのへじょう》を攻略《こうりゃく》（九戸《くのへ》の乱《らん》）（浅野家文書）。**9・15** 秀吉《ひでよし》、フィリピン諸島長官《しょとうちょうかん》に入貢《にゅうこう》を促《うなが》す（異国往復書翰集）。**10・24** 島津義久《しまづよしひさ》、琉球王尚寧《りゅうきゅうおうしょうねい》に征明《せいみん》の兵糧米等《ひょうろうまいなど》の負担《ふたん》を催促《さいそく》（薩藩旧記）。**12・28** 豊臣秀次《とよとみひでつぐ》、関白《かんぱく》となる（木下家文書）。**この年《とし》** 毛利輝元《もうりてるもと》、広島城《ひろしまじょう》に移《うつ》る（厳島野坂文書）。秀吉《ひでよし》、諸国《しょこく》の御前帳《ごぜんちょう》・郡図《ぐんず》を徴収《ちょうしゅう》（吉川家文書・多聞院日記）。

【社会・文化】

2・28 千利休《せんのりきゅう》、豊臣秀吉《とよとみひでよし》の怒《いか》りにふれ自刃《じじん》（多聞院日記）。**この年《とし》** 肥前国加津佐《ひぜんのくにかづさ》で『サントスの御作業《ごさぎょう》の内抜書《うちぬきがき》』が刊行《かんこう》され、キリシタン版《ばん》の印刷始《いんさつはじ》まる。

【死没】

1・22 羽柴秀長《はしばひでなが》（武将《ぶしょう》）。**2・28** 千利休《せんのりきゅう》（70、茶湯大成者《ちゃのゆたいせいしゃ》）。**4・20** 津田宗及《つだそうぎゅう》（豪商《ごうしょう》）。**5・25** 茶屋明延《ちゃやあきのぶ》（豪商《ごうしょう》）。**9・8** 太田資正《おおたすけまさ》（70、武将《ぶしょう》）。**11・4** 北条氏直《ほうじょううじなお》（30、武将《ぶしょう》）。**この年《とし》** 九戸政実《くのへまさざね》（武将《ぶしょう》）。

《月の大小／朔日の干支・グレゴリオ暦》

一戊戌（1・25）・閏一戊辰（2・24）・二丁酉（3・25）・三丁卯（4・24）・四丙申（5・23）・五乙丑（6・

大日本史料	（未刊）
琉球	尚寧王 3
朝鮮	宣祖 24
明	③ 万暦 19

21)・六乙未(7・21)・七甲子(8・19)・八甲午(9・18)・九甲子(10・18)・一〇癸巳(11・16)・一一癸亥(12・16)・一二癸巳(92・1・15)(太字は大の月)

【世界】
朝鮮《ちょうせん》、東人《とうじん》、南人《なんじん》と北人《ほくじん》に分裂《ぶんれつ》。

一五九二 ◀

文禄《ぶんろく》 元 12・8
壬辰《みずのえたつ》

【政治・経済】
1・5 豊臣秀吉《とよとみひでよし》、諸大名《しょだいみょう》に三月一日《がっついたち》からの朝鮮渡海《ちょうせんとかい》の出陣《しゅつじん》を命《めい》じる(黒田文書)。**1・19** 秀吉《ひでよし》、琉球《りゅうきゅう》を島津《しまづ》氏《し》の与力《よりき》とし、亀井茲矩《かめいこれのり》に琉球《りゅうきゅう》の替地《かえち》として明国台《みんこくたい》州給与《しゅうきゅうよ》を約《やく》し、台州守《たいしゅうのかみ》と呼《よ》ぶ(薩藩旧記・島津家文書)。**3・26** 秀吉《ひでよし》、名護屋《なごや》に向《む》け出京《しゅつきょう》(文禄《ぶんろく》の役始《えきはじ》まる)(鹿苑日録)。**3・1** 豊臣秀次《とよとみひでつぐ》、人掃令《ひとばらいれい》を出《だ》す(吉川家文書)。**4・12** 小西行長《こにしゆきなが》ら第《だい》一軍《ぐん》、釜山浦《ふざんほ》に到着《とうちゃく》(西征日記)。**4・25** 秀吉《ひでよし》、名護屋《なごや》に着陣《ちゃくじん》(黒田文書)。**5・3** 小西行長《こにしゆきなが》・加藤清正《かとうきよまさ》ら、漢城《かんじょう》を攻略《こうりゃく》(西征日記)。**6・3** 秀吉《ひでよし》、朝鮮在陣諸大名《ちょうせんざいじんしょだいみょう》に征明《せいみん》の兵力再編等《へいりょくさいへんなど》を命《めい》じる(毛利家文書)。**6・15** 小西《こにし》行長《ゆきなが》・黒田長政《くろだながまさ》ら、平壌《へいじょう》を攻略《こうりゃく》(乱中雑録)。**8・20** 秀吉《ひでよし》、伏見《ふしみ》に屋敷《やしき》の築造開始《ちくぞうかいし》(兼見卿記)。**9・1** 小西行長《こにしゆきなが》、明《みん》の将沈惟敬《しょうしんいけい》と会《あ》い、五〇日間《にちかん》の休戦《きゅうせん》を約《やく》す(朝鮮王朝実録)。**この年**《とし》 一説《いっせつ》に、秀吉《ひでよし》、長崎等《ながさきなど》の商人《しょうにん》に異国渡海《いこくとかい》の朱印状《しゅいんじょう》を発給《はっきゅう》(長崎志)。

【社会・文化】
1・27 豊臣秀吉《とよとみひでよし》、「海路諸法度《かいろしょはっと》」発布《はっぷ》。**3・12** 天荊《てんけい》、『西征日記《せいせいにっき》』を記《しる》す(～同年《どうねん》八月《がつ》一〇日《か》)。**この年**《とし》 天草《あまくさ》で『ドチリナ＝キリシタン』『平家物語《へいけものがたり》』刊行《かんこう》される。

琉球	4
朝鮮	25
明	20

西暦	年号・干支	天皇	記事	大日本史料	琉球	朝鮮	明
▶一五九二	文禄 元 12・8 壬辰《みずのえたつ》	(後陽成)	【死没】 3・5 芳賀高継《はがたかつぐ》(武将《ぶしょう》)。 4・12 北条氏房《ほうじょううじふさ》(28、武将《ぶしょう》)。 6・17 梅北国兼《うめきたくにかね》(武将《ぶしょう》)。 7・22 天瑞院《てんずいいん》(豊臣秀吉生母《とよとみひでよしせいぼ》)。 7・26 川端道喜《かわばたどうき》(京都富商《きょうとふしょう》)。 7・- 石井与次兵衛《いしいよじべえ》(66、武将《ぶしょう》)。 8・5 神保氏張《じんぼうじはる》(65、武将《ぶしょう》)。 9・9 羽柴秀勝《はしばひでかつ》(24、武将《ぶしょう》)。 10・20 狩野松栄《かのうしょうえい》(74、画家《がか》)。 11・24 顕如《けんにょ》(50、本願寺法主《ほんがんじほっす》)。 この年《とし》 石川数正《いしかわかずまさ》(武将《ぶしょう》)。 小西立佐《こにしりゅうさ》(豊臣秀吉重臣《とよとみひでよしじゅうしん》)。 《月の大小/朔日の干支・グレゴリオ暦》 一壬戌(2・13)・二壬辰(3・14)・三辛酉(4・12)・四辛卯(5・12)・五庚申(6・10)・六己丑(7・9)・七己未(8・8)・八戊子(9・6)・九戊午(10・6)・一〇丁亥(11・4)・一一丁巳(12・4)・一二丁亥(93・1・3)(太字は大の月) 〖世界〗 明《みん》、ボバイの乱《らん》。朝鮮《ちょうせん》、李舜臣《りしゅんしん》、『乱中日記《らんちゅうにっき》』を記《しる》す(~宣祖《せんそ》三一年《ねん》一一月《がつ》一七日《にち》)。明《みん》、朝鮮《ちょうせん》に援軍《えんぐん》を派遣《はけん》。この頃《ころ》、明《みん》、侯継高編《こうけいこうへん》『日本風土記《にほんふどき》』刊《かん》。	(未刊)	尚寧王 4	宣祖 25	万暦 20
◀一五九三	二 癸巳《みずのとのみ》 ⑨		【政治・経済】 1・5 豊臣秀吉《とよとみひでよし》、蠣崎慶広《かきざきよしひろ》にアイヌと交易《こうえき》する商人《しょうにん》からの船役徴収権等《ふなやくちょうしゅうけんなど》を付与《ふよ》(福山秘府)。 1・7 小西行長《こにしゆきなが》ら、明提督李如松《みんていとくりじょしょう》の攻撃《こうげき》を受《う》け平壌《へいじょう》を脱出《だつしゅつ》(朝鮮王朝実録)。 1・26 小早川隆景《こばやかわたかかげ》・立花統虎《たちばなむねとら》(宗茂《むねしげ》)ら、碧蹄館《へきていかん》に李如松《りじょしょう》を破《やぶ》る(立花文書)。 4・初旬《しょじゅん》 小西行長《こにしゆきなが》ら、沈惟敬《しんいけい》と会談《かいだん》し、明《みん》による講和使節派遣等《こうわしせつはけんなど》を約定《やくじょう》(朝鮮王		5	26	⑪ 21

西暦

年号・干支

天皇

記事

朝実録)。**4・18** 行長《ゆきなが》ら、漢城《かんじょう》を撤退《てったい》(毛利家文書)。**5・15** 石田三成《いしだみつなり》ら奉行《ぶぎょう》と行《ゆき》長《なが》、謝用梓《しゃようし》・徐一貫《じょいつかん》を伴《とも》い名護屋《なごや》に戻《もど》る(時慶卿記)。**6・28** 秀吉《ひでよし》、謝用梓《しゃようし》らに日明和平《にちみんわへい》七ヵ条《じょう》を示《しめ》す(南禅旧記)。**6・-** フィリピン総督《そうとく》の使《つかい》フランシスコ会士《かいし》ペドロ＝バウティスタ＝ブラスケス、名護屋《なごや》で秀吉《ひでよし》に謁見《えっけん》(フィリピン史)。**7・27** 秀《ひで》吉《よし》、朝鮮南部《ちょうせんなんぶ》の倭城普請《わじょうふしん》を諸将《しょしょう》に命《めい》じる(小早川家文書)。**11・5** 秀吉《ひでよし》、高山国《こうざんこく》(台湾《たいわん》)に入貢《にゅうこう》を催促《さいそく》(前田家所蔵文書)。**この年**《とし》 小笠原諸島発見《おがさわらしょとうはっけん》されるという(小笠原島新誌)。

【社会・文化】

9・24 方広寺大仏殿《ほうこうじだいぶつでん》、上棟《じょうとう》(多聞院日記)。**10・5** 豊臣秀吉《とよとみひでよし》、禁中《きんちゅう》で能楽《のうがく》を興行《こうぎょう》(駒井日記)。**11・16** 六条有広《ろくじょうありひろ》・西洞院時慶《にしのとういんときよし》らの『古文孝経《こぶんこうきょう》』勅版《ちょくはん》される(時慶卿記)。**12・-** 藤原惺窩《ひじわらせいか》、徳川家康《とくがわいえやす》に『貞観政要《じょうがんせいよう》』を講《こう》じる(惺窩文集)。**この年**《とし》 天草《あまくさ》で『伊《イ》曾《ソ》保《ホ》物語《ものがたり》』『金句集《きんくしゅう》』刊行《かんこう》される。

【死没】

1・5 正親町上皇《おおぎまちじょうこう》(77)。**2・4** 雲潮《うんちょう》(55、浄土宗学僧《じょうどしゅうがくそう》)。**7・10** 牧村政治《まきむらまさはる》(49、キリシタン武将《ぶしょう》)。**8・5** 今井宗久《いまいそうきゅう》(74、茶人《ちゃじん》)。**8・29** 加藤光泰《かとうみつやす》(57、武将《ぶしょう》)。**12・21** 畠山義綱《はたけやまよしつな》(武将《ぶしょう》)。**この年**《とし》 中川秀政《なかがわひでまさ》(25、武将《ぶしょう》)。

《月の大小／朔日の干支・グレゴリオ暦》

一丁巳(2・2)・二丙戌(3・3)・三丙辰(4・2)・四乙酉(5・1)・五乙卯(5・31)・六甲申(6・29)・七癸丑(7・28)・八癸未(8・27)・九壬子(9・25)・閏九辛巳(10・24)・一〇辛亥(11・23)・一一辛巳(12・23)・一二辛亥(94・1・22)(太字は大の月)

大日本史料

琉球

朝鮮

明

西暦	年号・干支	天皇	記事	大日本史料	琉球	朝鮮	明
▶一五九三	文禄 二 ⑨ 癸巳《みずのとのみ》	(後陽成)	〔世界〕タイのビルマ攻撃《こうげき》に日本人従軍《にほんじんじゅうぐん》・一七世紀初頭《せいきしょとう》にかけ、タイの日本町発展《にほんまちはってん》。オスマン朝《ちょう》、オーストリアと開戦《かいせん》(～一六〇六年《ねん》)。	(未刊)	尚寧王 5	宣祖 26	⑪ 万暦 21
一五九四	三 甲午《きのえうま》		【政治・経済】 **3・20** 豊臣秀吉《とよとみひでよし》、山城淀城《やましろよどじょう》を壊《こわ》す(駒井日記)。 **4・14** 明将《みんしょう》劉綎《りゅうてい》、講和条件《こうわじょうけん》の確認《かくにん》を加藤清正《かとうきよまさ》にはかるが、和議条件《わぎじょうけん》で決裂《けつれつ》(朝鮮王朝実録)。 **4・-** 朝鮮王李昖《ちょうせんおうりえん》、投降《とうこう》した日本人《にほんじん》の殺害《さつがい》を戒《いまし》め、給糧《きゅうりょう》や授職《じゅしょく》による優遇方針《ゆうぐうほうしん》をとる(朝鮮王朝実録)。 **5・12** 近衛信輔《このえのぶすけ》(信尹《のぶただ》)、薩摩国坊津《さつまのくにぼうのつ》に配流《はいる》され、三味線《しゃみせん》を聞《き》く(三藐院記)。 **7・20** 堺《さかい》の商人納屋助左衛門《しょうにんなやすけざえもん》、ルソンより帰《かえ》り、秀吉《ひでよし》に真壺等《まつぼなど》を進上《しんじょう》(太閤記)。 **8・1** 秀吉《ひでよし》、伏見城《ふしみじょう》に移《うつ》る(三壺記)。 **9・14** 秀吉《ひでよし》、石田三成《いしだみつなり》に薩摩等島津氏領《さつまなどしまづしりょう》国《ごく》の検地《けんち》を行《おこな》わせる(薩藩旧記)。 **10・-** 前田利家《まえだとしいえ》、宇治川《うじがわ》の堤防《ていぼう》を築《きず》く(村井重頼覚書)。 **12・14** 内藤如安《ないとうじょあん》、明皇帝《みんこうてい》に謁《えつ》し、冊封等《さくほうなど》の和議条件《わぎじょうけん》を約《やく》す(経略復国要編)。 **この年** 豊臣秀吉《とよとみひでよし》、キリシタンを長崎《ながさき》で処刑《しょけい》(長崎志)。 【社会・文化】 **2・27** 豊臣秀吉《とよとみひでよし》、秀次《ひでつぐ》らと大和国吉野《やまとのくによしの》で花見《はなみ》(駒井日記)。 **3・7** 伏見城普請開始《ふしみじょうふしんかいし》(家忠日記)。 **3・28** 秀吉《ひでよし》、亀屋栄任《かめやえいにん》・茶屋四郎次郎《ちゃやしろうじろう》を菓子奉行《かしぶぎょう》とする(御用達町人由緒)。 【死没】 **1・4** 曲直瀬正盛《まなせしょうせい》(88、医師《いし》)。 **1・5** 九条稙通《くじょうたねみち》(88、公家《くげ》)。 **2・1** 勧修寺尹豊《かじゅうじただとよ》		6	27	22

(92、公家《くげ》)。**2・―** 長谷川秀一《はせがわひでかず》(武将《ぶしょう》)。**7・28** 五島純玄《ごとうすみはる》(33、武将《ぶしょう》)。**この年** 万代《もず》屋宗安《やそうあん》(茶人《ちゃじん》)。

《月の大小／朔日の干支・グレゴリオ暦》

一庚辰(2・20)・二庚戌(3・22)・三庚辰(4・21)・四己酉(5・20)・五己卯(6・19)・六戊申(7・18)・七丁丑(8・16)・八丁未(9・15)・九丙子(10・14)・一〇乙巳(11・12)・一一乙亥(12・12)・一二乙巳(95・1・11)(太字は大の月)

〘世界〙

フランス、アンリ四世《せい》、戴冠式《たいかんしき》。

西暦	◀ 一五九五
年号・干支	四 乙未《きのとのひつじ》
天皇	

記事

【政治・経済】

1・13 明将《みんしょう》陳雲《ちんうん》ら、小西行長《こにしゆきなが》と講和《こうわ》を議《ぎ》するが決裂《けつれつ》(朝鮮王朝実録)。**1・30** 李宗《りそう》城《じょう》ら明冊封使《みんさくほうし》、北京《ペキン》を出発《しゅっぱつ》(明実録)。**4・12** 豊臣秀吉《とよとみひでよし》、島津義弘《しまづよしひろ》に薩摩《さつま》他《ほか》の検《けん》地終了《ちしゅうりょう》につき、帰国《きこく》を下命《かめい》(島津家文書)。**5・5** 秀吉《ひでよし》、判金《はんきん》小判座《こばんざ》二七名《めい》を定《さだ》める(後藤文書)。**7・8** 秀吉《ひでよし》、豊臣秀次《とよとみひでつぐ》を高野山《こうやさん》に追放《ついほう》(言経卿記)。**7・15** 秀次《ひでつぐ》、自殺《じさつ》(言経卿記)。**7・―** 家康《いえやす》ら三名《めい》が、また前田利家《まえだとしいえ》ら二八名《めい》が秀吉《ひでよし》に連署起請《れんしょきしょう》文《もん》を提出《ていしゅつ》し、拾《ひろい》(秀頼《ひでより》)への忠誠《ちゅうせい》を誓《ちか》う(毛利家文書)。**8・3** 秀吉《ひでよし》、徳川家康《とくがわいえやす》ら有力大名《ゆうりょくだいみょう》の連署《れんしょ》で御掟《おさだめ》と御掟追加《おさだめついか》を制定《せいてい》(浅野家文書)。**文禄年間《ぶんろくねんかん》** 秀吉《ひでよし》、文禄《ぶんろく》通宝《つうほう》を鋳造《ちゅうぞう》させる。

【社会・文化】

10・1 水無瀬兼成《みなせかねなり》、徳川家康《とくがわいえやす》・秀忠《ひでただ》に『伊勢物語《いせものがたり》』を講《こう》じる(言経卿記)。**この年《とし》** オ

大日本史料	
琉球	7
朝鮮	28
明	23

西暦 一五九五 ▶図57

年号・干支 文禄 四 乙未《きのとのひつじ》

天皇 （後陽成）

記事

ルガンティーノら、京都《きょうと》・肥前国《ひぜんのくに》大村《おおむら》・有馬《ありま》等《など》で布教《ふきょう》（フロイス日本史）。天草《あまくさ》で『羅葡日辞典《らほにちじてん》』刊行《かんこう》される。

【死没】

2・7 蒲生氏郷《がもううじさと》（40、武将《ぶしょう》）。**3・13** 木曾義昌《きそよしまさ》（武将《ぶしょう》）。**4・16** 羽柴秀保《はしばひでやす》（17、武将《ぶしょう》）。**5・10** 小笠原貞慶《おがさわらさだよし》（50、武将《ぶしょう》）。**6・30** 竹内久盛《たけうちひさもり》（93、武術家《ぶじゅつか》）。**7・15** 木村常陸介《きむらひたちのすけ》（武将《ぶしょう》）。豊臣秀次《とよとみひでつぐ》（28、武将《ぶしょう》）。**12・11** 成田氏長《なりたうじなが》（武将《ぶしょう》）。**この年** 山岡宗無《やまおかそうむ》（堺富《さかいふ》商《しょう》）。養方軒《ようほうけん》パウロ（キリシタン文学者《ぶんがくしゃ》）。

《月の大小／朔日の干支・グレゴリオ暦》

一甲戌（2・9）・二甲辰（3・11）・三甲戌（4・10）・四甲辰（5・10）・五癸酉（6・8）・六壬寅（7・7）・七壬申（8・6）・八辛丑（9・4）・九辛未（10・4）・一〇庚子（11・2）・一一己巳（12・1）・一二己亥（12・31）（太字は大の月）

〔世界〕 オランダ船《せん》、初《はじ》めてジャワ等《など》に到《いた》り、インド航路《こうろ》を開発《かいはつ》。

DE INCIPIENTI
BVS A LITERA.
A

図57
羅葡日辞典（本文冒頭．オックスフォード大学）

大日本史料 （未刊）

琉球 尚寧王 **7**

朝鮮 宣祖 **28**

明 万暦 **23**

西暦	一五九六 ◀ 図58
年号・干支	慶長《けいちょう》元 10・27 丙申《ひのえさる》 ⑦
天皇	

記事

【政治・経済】

1・3 小西行長《こにしゆきなが》、沈惟敬《しんいけい》を伴《ともな》い釜山《ふざん》を発《た》ち名護屋《なごや》に向《む》かう（朝鮮王朝実録）。**1・-** 豊臣秀吉《とよとみひでよし》、毛利《もうり》・小早川《こばやかわ》ら諸大名《しょだいみよう》に淀川築堤《よどがわちくてい》を命《めい》じる（毛利家文書）。**4・2** 明冊《みんさく》封正使《ほうせいし》李宗城《りそうじょう》、釜山《ふざん》より逃亡《とうぼう》し、金印《きんいん》・誥命《こうめい》を破棄《はき》（朝鮮王朝実録）。**6・25** 明冊《みんさく》封副使《ほうふくし》沈惟敬《しんいけい》、伏見城《ふしみじょう》で秀吉《ひでよし》に謁見《えつけん》（義演准后日記）。**8・-** スペイン船《せん》サン＝フェリペ号《ごう》、土佐浦戸《とさうらど》に漂着《ひょうちゃく》（土佐国蠹簡集）。**9・1** 明冊封正使《みんさくほうせいし》楊方亨《ようほうこう》ら、大坂城《おおさかじょう》で秀吉《ひでよし》に謁見《えつけん》し、誥命《こうめい》・金印《きんいん》・冠服《かんふく》を進呈《しんてい》（梵舜日記）。**9・2** 秀吉《ひでよし》、誥命《こうめい》に怒《いか》り、徳川家康《とくがわいえやす》の諫止《かんし》を斥《しりぞ》け朝鮮再派兵《ちょうせんさいはへい》を決《き》める（武家事紀・大阪市立博物館所蔵文書）。**9・16** 上杉景勝《うえすぎかげかつ》の家老直江兼続《かろうなおえかねつぐ》、越後本堂山城将丸田俊次《えちごほんどうさんじょうしょうまるたとしつぐ》へ蔵入地等《くらいりちなど》に関《かん》する条書《じょうしょ》を下《くだ》す（志賀槇太郎氏所蔵文書）。**11・15** 秀吉《ひでよし》、キリスト教徒《きょうと》の耳《みみ》・鼻《はな》を削《そ》ぎ、洛中等《らくちゅうなど》で引廻《ひきまわ》し、長崎《ながさき》に送《おく》る（言経卿記）。**11・-** 秀吉《ひでよし》、大坂城《おおさかじょう》に移《うつ》る（夢想記）。**12・19** 秀吉《ひでよし》、キリスト教徒《きょうと》二六人《にん》を長崎《ながさき》で処刑《しょけい》（アジュダ図書館所蔵文書）。

【社会・文化】

1・29 豊臣秀吉《とよとみひでよし》、方広寺大仏殿《ほうこうじだいぶつでん》で千僧供養《せんそうくよう》を営《いとな》む（義演准后日記）。**6・8** 秀吉《ひでよし》、伏見城《ふしみじょう》で能《のう》を興行《こうぎょう》（言経卿記）。**閏《うるう》7・13** 畿内大地震《きないおおじしん》・伏見城天守《ふしみじょうてんしゅ》など倒壊《とうかい》（言経卿記）。**閏《うるう》7・-** 日奥《にちおう》、不受不施《ふじゅふせ》を唱《とな》え、方広寺千僧供養出仕《ほうこうじせんそうくようしゅっし》の日蓮宗僧《にちれんしゅうそう》を批《ひ》難《なん》（本能寺文書）。**10・-** 小瀬甫庵《おぜほあん》、『補注蒙求《ほちゅうもうぎゅう》』を刊行《かんこう》。**この年《とし》** 義演《ぎえん》、『義演准后日記《ぎえんじゅごうにっき》』を記《しる》す（～寛永《かんえい》三年《ねん》四月《がつ》）。天草《あまくさ》で『こんてむつすむん地《じ》』刊行《かんこう》される。

【死没】

1・11 大饗正虎《おおあえまさとら》（77、武将《ぶしょう》）。**4・7** 一色藤長《いっしきふじなが》（武将《ぶしょう》）。**7・26** 本多重次《ほんだしげつぐ》（68、武将《ぶしょう》）。

大日本史料	
琉球	8
朝鮮	29
明	⑧ 24

西暦	年号・干支	天皇	記事	大日本史料	琉球	朝鮮	明
▶一五九六	慶長 元 10・27 丙申《ひのえさる》 ⑦	(後陽成)	閏《うるう》**7・27** 茶屋四郎次郎《ちゃやしろうじろう》(55、京都町人《きょうとちょうにん》)。**9・26** 秋月種実《あきづきたねざね》(52、武将《ぶしょう》)。**10・28** 酒井忠次《さかいただつぐ》(70、武将《ぶしょう》)。**11・4** 服部正成《はっとりまさなり》(55、武将《ぶしょう》)。**12・19** ガルシア(40、フランシスコ会修道士《かいしゅうどうし》)。フェリーペ゠デ゠ヘスース(フランシスコ会士《かいし》)。ペドロ゠バウティスタ゠ブラスケス(フランシスコ会士《かいし》)。三木《みき》パウロ(イエズス会修士《かいしゅうし》)。**この年**《とし》 大村由己《おおむらゆうこ》(豊臣氏御伽衆《とよとみしおとぎしゅう》)。高山図書《たかやまずしょ》(キリシタン大名《だいみょう》)。 《月の大小/朔日の干支・グレゴリオ暦》 一己巳(1・30)・二戊戌(2・28)・三戊辰(3・29)・四戊戌(4・28)・五丁卯(5・27)・六丁酉(6・26)・七丙寅(7・25)・閏七丙申(8・24)・八乙丑(9・22)・九乙未(10・22)・一〇甲子(11・20)・一一甲午(12・20)・一二癸亥(97・1・18)(太字は大の月) 〖世界〗 朝鮮《ちょうせん》、黄慎《こうしん》、『日本国往還日記《にほんこくおうかんにっき》』を記《しる》す(~同年《どうねん》九月《がつ》九日《か》)。明《みん》、李時珍《りじちん》『本草綱目《ほんぞうこうもく》』初版《しょはん》(金陵本《きんりょうほん》)刊《かん》。	(未刊)	尚寧王 **8**	宣祖 **29**	⑧ 万暦 **24**

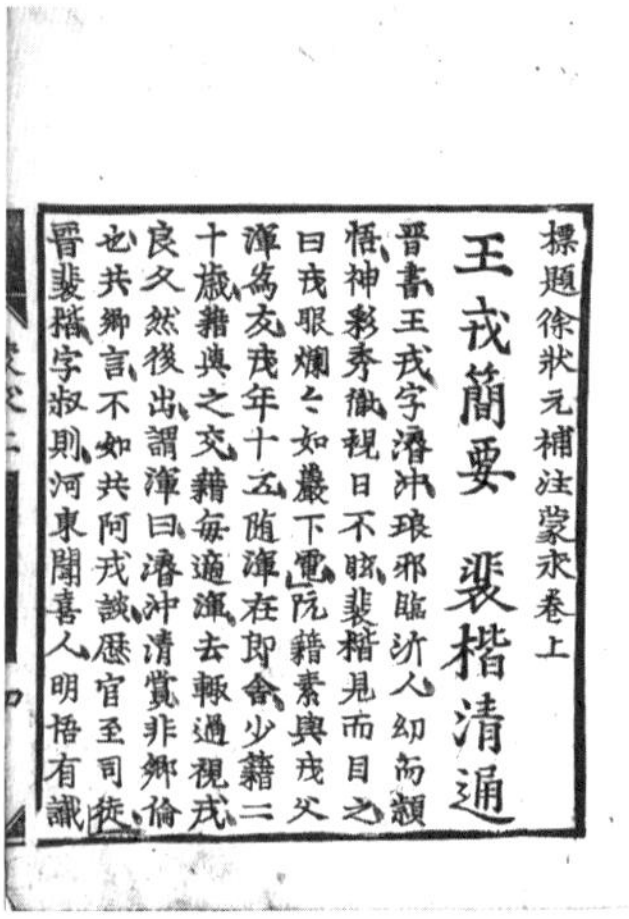
標題徐狀元補注蒙求卷上
王戎簡要　裴楷清通
晉書王戎字濬沖琅邪臨沂人幼而穎
悟神彩秀徹視日不眩裴楷見而目之
曰戎眼爛〻如巖下電阮籍素與戎父
渾爲友戎年十五隨渾在郎舍少籍二
十歳籍與之交籍每適渾去輙過視戎
良久然後出謂渾曰濬沖清賞非卿倫
也共卿言不如共阿戎談歴官至司徒
晉裴楷字叔則河東聞喜人明悟有識

図58
補注蒙求(東洋文庫)

西暦	◀一五九七
年号・干支	二 丁酉《ひのとのとり》
天皇	
記事	【政治・経済】 2・21 豊臣秀吉《とよとみひでよし》、朝鮮再派兵《ちょうせんさいはへい》の部署《ぶしょ》を定《さだ》める(浅野家文書)。3・1 長宗我部元《ちょうそがべもと》親《ちか》、二二ヵ条《じょう》の掟書《おきてがき》を定《さだ》める(長宗我部元親式目)。3・7 秀吉《ひでよし》、五人組《ごにんぐみ》・十人組《じゅうにんぐみ》の制《せい》を定《さだ》める(吉田文書)。3・24 長宗我部元親《ちょうそがべもとちか》、分国法《ぶんこくほう》を定《さだ》める(長宗我部元親百箇条)。3・- 黒田長政《くろだながまさ》・加藤清正《かとうきよまさ》ら、朝鮮梁山《ちょうせんりょうざん》・西生浦《せいせいほ》等《など》に倭城《わじょう》を普請《ふしん》(浅野家文書・黒田家譜)。4・12 秀吉《ひでよし》、田麦《たむぎ》の年貢《ねんぐ》を三分《ぶん》の一と定《さだ》める(松尾神社文書)。4・28 秀吉《ひでよし》、伏見城中《ふしみじょうちゅう》の掟《おきて》を定《さだ》める(生駒家宝簡集)。5・22 琉球王尚寧《りゅうきゅうおうしょうねい》、島津忠恒《しまづただつね》(家久《いえひさ》)に方物《ほうぶつ》を贈《おく》る(島津国史)。5・30 加藤清正《かとうきよまさ》、明将沈惟敬《みんしょうしんいけい》に会見《かいけん》を要求《ようきゅう》(文英清韓長老記録)。6・- 秀吉《ひでよし》、朝鮮王子《ちょうせんおうじ》が来朝《らいちょう》しないのを怒《いか》り、小西行長《こにしゆきなが》・加藤《かとう》清正《きよまさ》に攻撃開始《こうげきかいし》を命《めい》じる(慶長《けいちょう》の役始《えきはじ》まる)(清正高麗陣覚書)。7・15 小西行長《こにしゆきなが》・藤《とう》堂高虎《どうたかとら》ら、元均《げんきん》ら朝鮮水軍《ちょうせんすいぐん》を巨済島《きょさいとう》に破《やぶ》る・元均敗死《げんきんはいし》(征韓録)。7・24 フィリピン総督使節《そうとくしせつ》、秀吉《ひでよし》に謁見《えっけん》(鹿苑日録)。8・4 パタニ国《こく》、秀吉《ひでよし》に物《もの》を贈《おく》る(鹿苑日録)。8・15 宇喜多秀家《うきたひでいえ》・島津義弘《しまづよしひろ》ら、朝鮮南原城《ちょうせんなんげんじょう》を攻略《こうりゃく》・鼻切《はなき》りが行《おこな》われ、日本《にっぽん》に送《おく》られる(藤堂文書)。島津義弘《しまづよしひろ》、朝鮮人陶工《ちょうせんじんとうこう》らを捕《とら》え、薩摩《さつま》に連行《れんこう》(沈寿官氏所蔵文書)。9・15 朝鮮《ちょうせん》の将李舜臣《しょうりしゅんしん》、鳴梁《めいりょう》で日本水軍《にほんすいぐん》を破《やぶ》る・来島通総敗死《くるしまみちふさはいし》(乱中日記)。9・28 秀吉《ひでよし》、朝鮮人鼻塚《ちょうせんじんはなづか》の施餓鬼《せがき》を行《おこな》う(鹿苑日録)。12・22 明《みん》・朝鮮軍《ちょうせんぐん》、蔚山城《ウルサンじょう》の加藤清正《かとうきよまさ》・浅野幸長《あさのよしなが》らを囲《かこ》む(浅野家文書)。 【社会・文化】 3・上旬《じょうじゅん》 紹巴《じょうは》、『匠材集《しょうざいしゅう》』を編《あ》む。4・- 小瀬甫庵《おぜほあん》、『新編医学正伝《しんぺんいがくしょうでん》』を刊行《かんこう》。6・24 従軍医僧慶念《じゅうぐんいそうけいねん》、『朝鮮日々記《ちょうせんひにっき》』を記《しる》す(～慶長《けいちょう》三年《ねん》二月《がつ》二日《か》)。7・18 豊《とよ》
大日本史料	
琉球	9
朝鮮	30
明	25

西暦	年号・干支	天皇	記事	大日本史料	琉球	朝鮮	明
▶一五九七	慶長 二 丁酉《ひのとのとり》	（後陽成）	臣秀吉《とみひでよし》、信濃善光寺《しなのぜんこうじ》の阿弥陀如来像《あみだにょらいぞう》を方広寺《ほうこうじ》に遷《うつ》す（言経卿記）。**7・-** 勅版《ちょくはん》『錦繡段《きんしゅうだん》』刊行《かんこう》。**8・-** 勅版《ちょくはん》『勧学文《かんがくぶん》』刊行《かんこう》。**この年《とし》** 易林本《えきりんぼん》『節用集《せつようしゅう》』刊行《かんこう》。阿蘇惟賢《あそこれかた》『玄与日記《げんよにっき》』成《な》るか。大島忠泰《おおしまただやす》『高麗道記《こうらいみちのき》』成《な》る。 【死没】 **1・17** 古渓宗陳《こけいそうちん》（66、臨済宗僧侶《りんざいしゅうそうりょ》）。**2・13** 尊朝法親王《そんちょうほっしんのう》（46、青蓮院門跡《しょうれんいんもんぜき》）。**3・3** 土岐定政《ときさだまさ》（47、武将《ぶしょう》）。**6・12** 小早川隆景《こばやかわたかかげ》（65、武将《ぶしょう》）。**6・23** 戸田忠次《とだただつぐ》（67、武将《ぶしょう》）。**8・8** 北条氏邦《ほうじょううじくに》（武将《ぶしょう》）。**8・28** 足利義昭《あしかがよしあき》（61、室町将軍《むろまちしょうぐん》）。**9・16** 来島通総《くるしまみちふさ》（37、武将《ぶしょう》）。 《月の大小／朔日の干支・グレゴリオ暦》 一癸巳（2・17）・**二**壬戌（3・18）・**三**壬辰（4・17）・**四**辛酉（5・16）・**五**辛卯（6・15）・六辛酉（7・15）・七庚寅（8・13）・八庚申（9・12）・**九**己丑（10・11）・一〇己未（11・10）・一一戊子（12・9）・一二戊午（98・1・8）（太字は大の月） 《世界》 明《みん》、楊応竜《ようおうりゅう》の乱《らん》（～一六〇〇年《ねん》）。	（未刊）	尚寧王 9	宣祖 30	万暦 25
◀一五九八	三 戊戌《つちのえいぬ》		【政治・経済】 **1・4** 蔚山城《ウルサンじょう》を囲《かこ》む明《みん》・朝鮮軍《ちょうせんぐん》、撤退《てったい》（浅野家文書）。**1・10** 豊臣秀吉《とよとみひでよし》、蒲生秀行《がもうひでゆき》を家臣対立《かしんたいりつ》の廉《かど》で会津《あいづ》より宇都宮《うつのみや》に移《うつ》し、上杉景勝《うえすぎかげかつ》を会津《あいづ》に移《うつ》す（伊達日記・上杉家文書）。**2・-** 加藤清正《かとうきよまさ》、蔚山城《ウルサンじょう》を修築《しゅうちく》（吉川家文書）。**3・-** 小西行長《こにしゆきなが》、明軍《みんぐん》に和《わ》		10	31	26

西暦	
年号・干支	
天皇	
記事	平《へい》を求《もと》める(乱中雑録)。5・- 宇喜多秀家《うきたひでいえ》・毛利秀元《もうりひでもと》・蜂須賀家政《はちすかいえまさ》・藤堂高虎《とうどうたかとら》ら、朝鮮《ちょうせん》より帰国《きこく》(萩藩閥閲録)。7・15 秀吉《ひでよし》、諸大名《しょだいみょう》に命《めい》じ、秀頼《ひでより》に忠誠《ちゅうせい》を誓《ちか》う起請文《きしょうもん》を徳川家康《とくがわいえやす》・前田利家《まえだとしいえ》に提出《ていしゅつ》させる(毛利家文書)。8・5 秀吉《ひでよし》、五大老《ごたいろう》と五奉行《ごぶぎょう》に誓書《せいしょ》を交換《こうかん》させ、遺書《いしょ》を記《しる》す(毛利家文書)。8・17 秀吉危篤《ひでよしきとく》の風聞《ふうぶん》が広《ひろ》まり、伏見《ふしみ》で騒擾《そうじょう》(中田文書)。8・18 秀吉没《ひでよしぼつ》(義演准后日記)。8・22 豊臣氏五奉行《とよとみしごぶぎょう》、朝鮮在陣諸将《ちょうせんざいじんしょしょう》に撤兵等《てっぺいなど》を告《つ》げる使者《ししゃ》を派遣《はけん》(島津家文書)。9・20 明提督麻貴《みんていとくまき》、蔚山《ウルサン》城《じょう》の加藤清正《かとうきよまさ》を攻撃《こうげき》(乱中雑録)。10・1 明提督劉綎《みんていとくりゅうてい》や李舜臣《りしゅんしん》ら、順天城《じゅんてんじょう》の小《こ》西行長《にしゆきなが》を攻撃《こうげき》(乱中日記)。島津義弘《しまづよしひろ》、慶尚道泗川《けいしょうどうしせん》で明《みん》・朝鮮軍《ちょうせんぐん》を破《やぶ》る(征韓録)。11・17 島津《しまづ》義弘《よしひろ》ら、露梁津《ろりょうしん》で明《みん》・朝鮮水軍《ちょうせんすいぐん》を破《やぶ》る。李舜臣戦死《りしゅんしんせんし》(征韓録)。11・20 島津《しまづ》義弘《よしひろ》ら、巨済島《きょさいとう》より対馬《つしま》に向《む》かい、日本軍《にほんぐん》の撤退完了《てったいかんりょう》(征韓録)。 【社会・文化】 3・4 徳川家康《とくがわいえやす》、公用《こうよう》の料紙《りょうし》を伊豆修善寺《いずしゅぜんじ》・立野紙《たちのがみ》とする(三須文書)。3・5 醍醐寺《だいごじ》、五重塔改修等《じゅうのとうかいしゅうなど》、寺観《じかん》の整備《せいび》がなされる(義演准后日記)。3・15 豊臣秀吉《とよとみひでよし》、醍醐寺《だいごじ》で花見《はなみ》(義演准后日記)。6・- 中院通勝《なかのいんみちかつ》『岷江入楚《みんごうにっそ》』成《な》る。8・4 細川幽斎述《ほそかわゆうさいじゅつ》・烏丸光広記《からすまるみつひろき》『耳底記《にていき》』(〜慶長《けいちょう》七年《ねん》一二月晦日《がつみそか》)。8・17 北政所《きたのまんどころ》、方広寺大仏殿《ほうこうじだいぶつでん》の善光寺如来《ぜんこうじにょらい》を信濃《しなの》に返送《へんそう》(梵舜日記)。この年《とし》 応其編《おうごへん》『無言抄《むごんしょう》』成《な》る(同書奥書)。長崎《ながさき》で『落葉集《らくようしゅう》』刊行《かんこう》される。 【死没】 3・14 六角義賢《ろっかくよしかた》(78、武将《ぶしょう》)。4・4 松屋久政《まつやひさまさ》(78、富商《ふしょう》)。8・18 豊臣秀吉《とよとみひでよし》(62、武将《ぶしょう》)。8・27 日珖《にちこう》(67、日蓮宗僧侶《にちれんしゅうそうりょ》)。
大日本史料	
琉球	
朝鮮	
明	

西暦	年号・干支	天皇	記事	大日本史料	琉球	朝鮮	明
▶一五九八	慶長 三 戊戌《つちのえいぬ》	(後陽成)	《月の大小／朔日の干支・グレゴリオ暦》一丁亥(2・6)・二丁巳(3・8)・三丙戌(4・6)・四丙辰(5・6)・五乙酉(6・4)・六乙卯(7・4)・七甲申(8・2)・八甲寅(9・1)・九甲申(10・1)・一〇癸丑(10・30)・一一癸未(11・29)・一二壬子(12・28)(太字は大の月) 〔世界〕クチュム＝ハン敗《やぶ》れ、シビル＝ハン国解体《こくかいたい》。タイのアユタヤ朝《ちょう》、スペインと条約締結《じょうやくていけつ》。フランス、ナント勅令《ちょくれい》。	(未刊)	尚寧王 10	宣祖 31	万暦 26
一五九九	四 己亥《つちのとのい》 ③		【政治・経済】1・10 豊臣秀頼《とよとみひでより》、伏見城《ふしみじょう》より大坂城《おおさかじょう》に移《うつ》る(義演准后日記)。1・19 前田利家《まえだとしいえ》ら豊臣氏大老《とよとみしたいろう》・五奉行《ごぶぎょう》、徳川家康《とくがわいえやす》の伊達政宗《だてまさむね》らとの縁組《えんぐみ》を責《せ》める(言経卿記)。1・29 石田三成《いしだみつなり》、家康襲撃《いえやすしゅうげき》を図《はか》る(義演准后日記)。2・12 徳川家康《とくがわいえやす》、豊臣氏大老《とよとみしたいろう》・五奉行《ごぶぎょう》と誓書《せいしょ》を交《か》わし和睦《わぼく》(毛利家文書)。3・9 島津忠恒《しまづただつね》(家久《いえひさ》)、家老伊集院忠棟《かろういじゅういんただむね》を斬殺《ざんさつ》(義演准后日記)。閏《うるう》3・4 石田三成《いしだみつなり》、加藤清正《かとうきよまさ》らの襲撃《しゅうげき》を逃《のが》れて家康《いえやす》を頼《たよ》る(梵舜日記)。閏《うるう》3・9 家康《いえやす》、三成《みつなり》を近江佐和山《おうみさわやま》に蟄居《ちっきょ》させる(浅野家文書)。4・1 家康《いえやす》ら豊臣氏大老衆《とよとみしたいろうしゅう》、私貿易《しぼうえき》・海賊等《かいぞくなど》のバハン船《ぶね》を禁《きん》じる(立花家文書)。6・- 島《しま》津義弘《づよしひろ》・忠恒《ただつね》(家久《いえひさ》)、高野山《こうやさん》に朝鮮陣戦没者供養碑《ちょうせんのじんせんぼつしゃくようひ》を建《た》てる(高野春秋)。7・- パタニ国王《こくおう》、方物《ほうぶつ》を秀頼《ひでより》に、書《しょ》を家康《いえやす》に送《おく》る(異国日記)。8・2 家康《いえやす》、島津氏《しまづし》の伊《い》集院忠真《じゅういんただざね》攻撃加勢《こうげきかせい》を九州諸大名《きゅうしゅうしょだいみょう》に命《めい》じる(島津家文書)。8・20 豊臣氏大老衆《とよとみしたいろうしゅう》、八幡船《ばはんぶね》(バハン船《ぶね》)を禁止《きんし》(松浦家文書)。8・- 越後上杉遺民《えちごうえすぎいみん》、堀氏《ほりし》の新政《しんせい》に抵抗《ていこう》し、		11	32	④ 27

A User-Friendly Timeline
of
Medieval Japanese History
(with furigana)
1156 — 1599

Edited by the Editorial Division of
Yoshikawa Kōbunkan

誰でも読める日本中世史年表 ふりがな付き

2007年(平成19)10月1日 第1刷発行

編 者 吉川弘文館編集部
発行者 前田求恭
発行所 株式会社 吉川弘文館
東京都文京区本郷7丁目2番8号
郵便番号 113-0033
電話 03-3813-9151(代表)
振替口座 00100-5-244
http://www.yoshikawa-k.co.jp/

印刷 株式会社 東京印書館
製本 誠製本株式会社
装幀 山崎 登

ISBN978-4-642-01439-7

索　　引

1　この索引は,本年表に記載された人名および典籍・史料名と重要事項について採録し,読みの五十音順に配列したものである.

2　数字は,西暦年・月・日を示す.

3　索引語が『国史大辞典』に立項するものには★印を付した.なお,同辞典の項目が別名で立項する場合およびその関連項目が立項する場合についても,〘　〙内に★印を付してそれを示した.

4　人名索引語には,小見出しをたてた.

5　世界欄の項目は原則として対象外とした.

あ

『壒嚢鈔』〔★塵添壒嚢鈔〕
1446.5.25
★赤坂城　1331.9.11　1333.2.-
1360.5.9
★赤沢朝経
自刃　1507.6.26
★明石覚一
没　1371.6.29
★県召除目　1522.3.26
★茜部荘　1336.5.-
赤橋登子
没　1365.5.4
★赤橋英時
自刃　1333.5.25
★赤橋守時
執権就任　1326.4.24
自刃　1333.5.18
赤松氏範
討死　1386.9.2
★『赤松記』　1588.この年
★赤松貞村
没　1447.この年
赤松性準
配流　1373.11.13
赦免　1375.1.17
赤松澄則
播磨等の守護に補任
1484.2.5
★赤松則祐
没　1371.11.29
★赤松範資
没　1351.4.8
★赤松則村〔円心〕
苔縄城で挙兵　1333.1.21
没　1350.1.11
★赤松政則
没　1496.4.25
★赤松満祐
降伏する　1427.11.25
播磨へ下向　1429.1.29
義教を誘殺　1441.6.24
播磨へ下向　1441.6.24
自刃　1441.9.10
★赤松光範
没　1381.10.3
赤松持貞
切腹　1427.11.13
★赤松義則
没　1427.9.21
★赤松義村
殺害　1521.9.17
秋月城　1433.8.19
★秋月種実
没　1596.9.26
安居院行知
配流　1374.11.5
赦免　1375.1.17
★悪党　1245.12.17　1258.9.21
1262.5.23　1284.5.27
1286.2.5　1291.10.5
1296.5.-　1315.11.23
★明智秀満
自刃　1582.6.15
★明智光秀
信長・信忠を囲み自殺させる
1582.6.2
殺害　1582.6.13
★浅井亮政
没　1542.1.6
★浅井長政
自刃　1573.8.28
★阿佐井野宗瑞
没　1531.5.17
★浅井久政
自刃　1573.8.28
★朝倉貞景
没　1512.3.25
★朝倉孝景
越前守護となる　1471.5.21
没　1481.7.26
★朝倉孝景
没　1548.3.22
★朝倉高景
没　1372.5.2
★『朝倉孝景十七箇条』　1481.7.26
★朝倉教景
没　1463.7.19
★朝倉教景
加賀一向一揆と戦う
1531.10.26
没　1555.9.8
★朝倉義景
加賀一向一揆と和睦
1556.4.21　1567.11.21
自刃　1573.8.20
★『阿娑縛抄』　1275.この年
★浅原為頼
自刃　1290.3.10
朝日姫
家康に嫁す　1586.5.14
★足利氏満
鎌倉公方となる　1367.5.29
没　1398.11.4
★足利学校　1439.閏1.-
1467.この年　1560.6.7
1599.5.-
★足利貞氏
没　1331.9.5
★足利成氏〔永寿王丸〕
鎌倉公方として認められる
1447.7.4
代始めの徳政令を発布
1450.9.-
上杉憲忠を謀殺　1454.12.27
足利義政と和睦　1482.11.27
没　1497.9.30
★足利尊氏〔高氏〕
諸国豪族に密書を送る
1333.4.27
尊氏と改名　1333.8.5
征東将軍となる　1335.8.9
時行軍を破り鎌倉に入る
1335.8.19
西上する　1335.12.13
入京　1336.1.11
丹波国に走る　1336.1.27
光厳上皇を奉じて入京
1336.6.14
征夷大将軍となる　1338.8.11
直義と和睦　1351.2.20
関東に進発　1351.11.4
足利直義を降し，鎌倉に入る
1352.1.5
鎌倉を回復　1352.3.12
後光厳天皇を奉じて入京
1353.9.21
没　1358.4.30
★足利高基
没　1535.6.8
★足利直冬
長門探題となる　1349.4.11
鎮西探題となる　1351.3.3
没　1400.3.11
★足利直義
成良親王を奉じ鎌倉へ赴く
1333.12.14
鎌倉を脱出　1335.7.22

西上する　1335.12.13
出家　1349.12.8
北陸に逃れる　1351.7.30
謀殺　1352.2.26
★足利茶々丸
自刃　1498.8.-
★足利俊綱
討死　1183.9.-
★足利晴氏
義氏に家督を譲渡
1552.12.12
没　1560.5.27
★足利春王〔春王丸〕
挙兵　1440.3.3
斬死　1441.5.16
★足利政氏
没　1531.7.18
★足利政知
還俗して関東へ向かう
1457.12.19
没　1491.4.3
足利満詮
九州派遣を決定　1376.8.4
没　1418.5.14
★足利満兼
没　1409.7.22
★足利満貞（稲村御所）
陸奥に派遣される
1399.この春
自刃　1439.2.10
★足利満隆
鎌倉を襲撃　1416.10.2
持氏方に敗れ，鎌倉に退く
1417.1.9
自刃　1417.1.10
足利満直（篠川御所）
陸奥に派遣される
1399.この春
自刃　1440.6.10
足利持氏
鎌倉公方を継ぐ　1409.7.22
駿河に逃れる　1416.10.2
憲実討伐のため出陣
1438.8.16
出家　1438.11.5
自刃　1439.2.10
★足利持仲
自刃　1417.1.10
★足利基氏
鎌倉に下る　1349.9.9
没　1367.4.26
足利泰氏
没　1270.5.10
★足利安王〔安王丸〕
挙兵　1440.3.3
斬死　1441.5.16
★足利義明
敗死　1538.10.7
★足利義昭〔義秋〕
越前にて元服，義昭と改名
1568.4.15
信長に迎えられ，美濃立政寺に入る　1568.7.22
帰京　1568.10.14
将軍宣下　1568.10.18
信長と不和　1570.1.23
天王寺に出陣　1570.8.25
帰京　1570.9.23
信長との和議を拒否
1573.3.7
信長と和睦　1573.4.7
挙兵　1573.7.3
没　1597.8.28
★足利義詮
入京　1349.10.22
京都を回復　1352.3.15
後光厳天皇を奉じて入京
1353.9.21
京都を回復　1361.12.27
政務を足利義満に譲る
1367.11.25
没　1367.12.7
★足利義氏
没　1254.11.21
★足利義氏
没　1583.1.21
★足利義量
元服　1417.12.1
将軍宣下　1423.3.18
没　1425.2.27
★足利義勝
没　1443.7.21
★足利義兼
没　1199.3.8
★足利義澄
清晃より還俗改名し叙爵
1493.4.22
元服・将軍宣下　1494.12.27
没　1511.8.14
足利義尊
没　1442.3.-
★足利義稙〔義尹・義材〕
上洛.4.14
足利義政と対面　1489.10.22
家督を継ぐ　1490.1.13
近江より帰京　1492.12.14
将軍宣下　1508.7.1
義晴と和す　1513.2.14
近江に出奔　1513.3.17
帰京　1513.5.3
義稙と改名　1513.11.9
没　1523.4.9
★足利義嗣
元服　1408.4.25
誅殺　1418.1.24
★足利義維
左馬頭に任官，叙爵
1527.7.13
没　1573.10.8
★足利義輝〔義藤〕
近江にて将軍拝任，還京
1546.12.20
長尾景虎に参洛を催促
1559.4.21
自刃　1565.5.19
★足利義教〔義円〕
将軍後嗣となる　1428.1.19
将軍宣下を受ける　1429.3.15
判始　1429.4.15
琉球を島津忠国の属国とする
1441.4.13
暗殺　1441.6.24
★足利義晴
将軍宣下　1521.12.25
出陣　1527.2.12
近江に逃れる　1527.2.14
細川高国・六角定頼・朝倉教景と共に入京　1527.10.13
入京　1534.9.3
証如の和を入れる　1536.8.19
坂本に退く　1541.11.1
帰京　1542.3.28
細川晴元と和睦　1544.7.6
坂本へ出奔　1547.7.12
没　1550.5.4
足利義久
元服　1438.6.-
自害　1439.2.28
★足利義尚〔義熙〕
元服，将軍宣下　1473.12.19

没　1489.3.26
★足利義栄
将軍宣下の奏請を却下される　1567.11.16
将軍宣下　1568.2.8
没　1568.9.-
★足利義政〔義成〕
征夷大将軍宣下　1449.4.29
学問所を新造　1451.10.29
弟義永を赦し隠岐より召還　1458.4.19
准三后となる　1464.11.28
斯波義敏を斯波家督とする　1466.7.23
牙旗を勝元に下賜　1467.6.4
義尚に政務を執らせる　1482.7.13
足利成氏と和睦　1482.11.27
出家　1485.6.15
使を朝鮮に派遣　1486.8.4
没　1490.1.7
足利義将
没　1441.7.21
★足利義視〔義尋〕
今出川第に入る　1464.11.26
還俗して義尋を義視と改名　1464.12.2
細川勝元邸に避難　1466.9.5
細川勝元と山名宗全の間を調停　1467.2.-
上洛し，東軍に入る　1468.9.11
比叡山に奔る　1468.11.13
西軍の陣に入る　1468.11.13
上洛　1489.4.14
足利義政と対面　1489.10.22
義材を後見　1490.1.13
没　1491.1.7
★足利義満
公卿に列する　1373.11.25
観阿弥・世阿弥の猿楽を覧る　1374.この年
源氏長者，奨学・淳和両院別当となる　1383.1.14・16
准三后となる　1383.6.26
義持に将軍職を譲る　1394.12.17
太政大臣となる　1394.12.25
太政大臣を辞し出家　1395.6.20
朝鮮に使を派遣　1407.2.-
没　1408.5.6
恭献の諡号を贈られる　1409.7.5
★足利義持
義満より将軍職を譲られる　1394.12.17
朝鮮に物を贈る　1411.この年
使を朝鮮に送る　1414.6.-
征夷大将軍を辞す　1423.3.18
出家　1423.4.25
朝鮮に返書する　1423.7.-
持氏と和睦　1424.2.5
山名時熙・一色義貫に満祐征討を命じる　1427.10.28
満祐を赦免　1427.11.25
後嗣人選を管領らに指示　1428.1.17
没　1428.1.18
★足利義康
没　1157.5.29
★蘆名盛氏
没　1580.6.17
★蘆名盛隆
謀殺　1584.10.6
蘆名盛舜
没　1553.8.21
★飛鳥井教定
没　1266.4.8
★飛鳥井雅親
没　1490.12.22
★飛鳥井雅経
没　1221.3.11
★飛鳥井雅世
没　1452.2.-
小豆坂　1542.8.10　1548.3.19
★足助重範
敗死　1332.5.3
★『吾妻鏡』　1180.この年　1522.9.5
★『東路の津登』　1510.12.-
★『吾妻問答』　1467.3.23
★阿蘇惟澄
没　1364.9.29
★阿蘇惟武
討死　1377.8.-
★阿蘇惟時
没　1353.この年
阿蘇惟直
没　1336.3.-
阿蘇惟成
没　1336.3.-
阿蘇社〔★阿蘇神社〕　1360.3.13
安宅冬康
誘殺　1564.5.9
★安達景盛
没　1248.5.18
★安達時顕
自刃　1333.5.22
★安達盛長
没　1200.4.26
★安達盛宗
敗死　1285.この年
★安達泰盛
敗死　1285.11.17
★安達義景
没　1253.6.3
熱田社〔★熱田神宮〕　1291.2.2
★安土城　1576.2.23　1579.5.11　1582.6.15
★阿氐河荘　1275.10.28
★穴山梅雪
殺害　1582.6.2
★姉小路自綱
没　1587.4.-
★姉川の戦　1570.6.28
★阿野全成
捕えられる　1203.5.19
配流　1203.5.25
誅殺　1203.6.23
★阿野時元
討死　1219.2.22
★阿仏尼
鎌倉へ下向　1279.10.-
没　1283.4.8
★油屋常祐
没　1579.7.4
★安倍泰親
没　1183.この年
★天草種元
自刃　1589.この年
★尼子勝久
自刃　1578.7.3
★尼子国久
討死　1554.11.1
★尼子経久
没　1541.11.13
★尼子晴久
没　1560.12.24

★『余目氏旧記』 1514. この年
★阿摩和利
　没 1458. この年
★阿弥陀寺（山城） 1558.10.27
★阿弥陀寺（周防） 1187. この年
綾小路敦有
　没 1400.2.15
★新井城（相模） 1494.9.23
　1516.7.11
★荒川荘 1291.10.5
★荒木田氏経
　没 1487.1.12
★荒木田守武
　没 1549.8.8
★荒木田守晨
　没 1516.11.17
★荒木村重
　没 1586. この年
有岡城 1578.10.17
★有馬晴純
　没 1566.2.28
★有馬義貞
　没 1576.12.27
★アルメイダ
　豊後府内に病院を建設
　1556. この年
　長崎で布教 1567. この年
安元の大火 1177.4.28
★安国寺 1345.2.6
安聖院 1383.9.14・16
★安祥城 1540.6.6 1549.11.9
★安東蓮聖
　没 1329.6.19
★安徳天皇
　受禅 1180.2.21
　即位 1180.4.22
　入水 1185.3.24 →言仁親王
★安楽
　没 1207.2.-

い

★『イエズス会日本年報』
　1579.12.10
★『家忠日記』 1577. この年
五十子〔★五十子の陣〕
　1477.1.18
★伊賀光季
　討死 1221.5.15
★伊賀光宗
　配流 1224.8.29
　没 1257.1.25
★生野銀山（但馬） 1889.4.-
　1542.3.-
池田城〔★大西城〕 1520.2.17
★池田恒興
　討死 1584.4.9
★『池坊専応口伝』 1542.10.1
意見封事〔★封事〕 1187.5.23
異国警固 1271.9.13 1293.3.7
★異国警固番役 1275.2.4
　1304.1.11
異国降伏 1301.12.- 1310.2.29
★『十六夜日記』 1279.10.-
★石井与次兵衛
　自刃 1592.7.-
★石川数正
　没 1592. この年
★石田三成
　謝用梓・徐一貫を伴い名護屋に戻る 1593.5.15
★伊地知重貞
　誅殺 1527.6.7
★『石山寺縁起』 1326. この頃
★石山本願寺 1562.1.23
　1564.12.26 1576.4.14
　1580.8.2
★伊集院忠棟
　誅殺 1599.3.9
★惟肖得巌
　没 1437.4.20
★『医書大全』 1528.7.-
★泉親衡〔★泉親衡の乱〕
　乱を謀るも露顕 1213.2.16
★泉屋道栄
　没 1484.9.6
★出雲大社 1270.1.2
★『異制庭訓往来』
　1374. 延文～応安年間
伊勢宇治橋 1505. この年
遺跡相論 →ゆいせき…
★伊勢貞親
　没 1473.1.21
★伊勢貞継
　政所執事に任じられる
　1379.7.22
　没 1391.3.29
伊勢貞仲
　没 1464.6.28
★伊勢貞陸
　没 1521.8.7
★伊勢貞宗
　没 1509.10.28
★伊勢神宮 1168.12.21
★『伊勢太神宮参詣記』 1342.10.-
★『伊勢二所太神宮神名秘書』
　1285.12.3
『伊曾保物語』〔★天草本イソポ物語〕 1593. この年
★板碑 1227. この年
伊丹城 1529.11.21 1533.3.29
★伊丹親興
　自刃 1574.11.15
一庵一如
　義満に引見される 1402.9.5
★一翁院豪
　没 1281.8.21
★一期分 1274.6.1
一乗院実玄
　還俗の上，遠流 1372.1.22
★一条内経
　没 1325.10.1
★一条兼定
　没 1585.7.1
★一条兼良
　『源氏物語』を天皇・義政に進講 1461.11.2
　没 1481.4.2
★一条実経
　摂政を罷免 1247.1.19
　没 1284.7.18
★一条高能
　没 1198.9.17
★一条経嗣
　没 1418.11.17
★一条教房
　没 1480.10.5
一条房冬
　没 1541.11.6
★一条冬良
　没 1514.3.27
★一条能保
　没 1197.10.13
★一谷の戦 1184.2.7
★『一枚起請文』 1212.1.13
★『一休和尚仮名法語』
　1481.11.21
★一休宗純
　離京 1467. この年
　大徳寺住持となる 1474.2.16

没　1481.11.21
★厳島神社　1270.1.2　1207.7.3
★一向一揆　1532.6.15　1533.2.10
1535.6.12　1536.7.29
一向一揆（大和）　1532.7.17
1532.8.2
一向一揆（伊勢長島）
1570.11.21　1571.5.12
1573.9.26　1574.9.29
一向一揆（三河）　1563.この秋
1564.2.28
一向一揆（越前）　1506.7.15
1506.8.-　1574.1.-
1575.8.14
一向一揆（加賀）　1474.10.-
1487.12.-　1488.6.9
1555.7.23　1555.8.13
1580.11.-
一向一揆（越中）　1506.9.19
1572.8.18
一向宗徒　1481.9.18
一国一城令（佐渡）　1589.6.-
★一山一寧
鎌倉に来る　1299.10.8
没　1317.10.24
★一色詮範
没　1406.6.7
★一色範氏
没　1369.2.18
★一色範光
没　1388.1.25
★一色藤長
没　1596.4.7
★一色義貫
謀殺　1440.5.15
一色義秀
自殺　1498.5.29
★一鎮
没　1355.この年
★一遍
没　1289.8.23
★『一遍上人絵伝』　1299.8.23
1307.4.-
★乙卯達梁の倭変　1555.5.-
一峯通玄
帰国　1332.この年
★以天宗清
没　1554.1.19
伊東祐国
敗死　1485.6.21
★伊東祐親
自刃　1182.2.14
★伊東義祐
没　1585.8.5
★稲毛重成
没　1205.6.23
★稲葉一鉄
没　1588.11.19
★因幡堂　1159.11.26
★稲葉山城　1544.9.23　1567.8.15
★猪苗代兼載
没　1510.6.6
★井上光兼
没　1551.8.5
飯尾宗祇　→宗祇
★飯尾為種
没　1458.5.20
飯尾為信
没　1478.9.27
飯尾任連
没　1482.1.26
★飯尾元連
没　1492.5.10
★『猪熊関白記』　1197.この年
★今井兼平
討死　1184.1.20
★今井宗久
没　1593.8.5
★『今鏡』　1172.この秋以降
★今川氏親
没　1526.6.23
★今川氏輝
没　1536.3.17
★『今川仮名目録』　1526.4.14
★今川貞世
九州探題に補任　1370.6.23
大宰府を攻略　1372.8.12
大隅・薩摩守護に補任
1376.8.12
京都へ召還　1395.8.10
遠江半国守護に補任
1395.8.10
駿河半国守護に補任
1395.11.14
没　1418.応永19年以降この年
今川範氏
没　1365.4.30
★今川範国
没　1384.5.19
★今川範政
没　1433.5.27
今川泰範
没　1409.9.26
★今川義忠
没　1476.2.9
★今川義元
討死　1560.5.19
★『今川了俊書札礼』
1379.この頃から応永2年
★今熊野神社〔今熊野社〕
1160.10.16
★今出川兼季
没　1339.1.16
★今出川公直
没　1396.5.-
★新日吉社〔新日吉神宮〕
1160.10.16
★今参局
配流　1459.1.18
自刃　1459.1.18
★『色葉字類抄』
1180.天養年間より治承年間
岩倉城　1559.この春
★石清水八幡宮　1338.7.5
1508.2.23
★『石清水八幡宮寺略補任』
1279.4.-
石清水八幡護国寺　1326.9.17
★岩門合戦　1285.この年
★岩松経家
戦死　1335.7.22
★岩松満純
斬死　1417.閏5.13
★石見銀山　1526.3.-　→大森銀山
★岩屋城　1586.7.27
★『韻鏡』　1528.10.1
★印地打　1496.5.-
★尹仁甫
義教に謁見　1439.12.26
★院尊
没　1198.10.29
★院西面　1221.7.2
院評定制　1246.11.3
★殷富門院
没　1216.4.2
尹銘
来日　1406.2.-
★印融
没　1519.8.15
★『蔭凉軒日録』　1435.この年

う

★上真葛
没　1288.5.20
★上杉顕定
没　1510.6.20
★上杉顕房
討死　1455.1.-
★上杉氏憲
関東管領を辞す　1415.5.2
鎌倉を襲撃　1416.10.2
持氏方に敗れ，鎌倉に退く　1417.1.9
没　1417.1.10
★上杉景虎
没　1579.3.24
★上杉清方
自刃　1446.この年
★上杉謙信
織田信長と同盟　1572.11.-
顕如と同盟　1576.5.-
没　1578.3.13　→長尾景虎
★上杉定実
没　1550.2.26
★上杉定正
没　1494.10.5
★上杉重能
誅殺　1349.12.20
★上杉清子
没　1342.12.23
★上杉禅秀の乱　1417.1.10
★上杉朝興
没　1537.4.27
★上杉朝定
没　1352.3.9
★上杉朝定
敗死　1546.4.20
★上杉朝房
没　1391.この年
★上杉朝宗
没　1414.8.25
★上杉朝良
没　1518.4.21
★上杉憲顕
没　1368.9.19
★上杉憲顕
討死　1455.1.21
★上杉憲方
没　1394.10.24
★上杉憲定
没　1412.12.18
★上杉憲実
関東管領に留まる　1437.8.13
持氏の赦免を幕府に度々乞う　1438.12.-
出家，関東管領を上杉清方に譲る　1439.6.28
没　1466.閏2.-
★上杉憲忠
関東管領職に補任　1447.7.4
謀殺　1454.12.27
★上杉教朝
没　1461.この年
★上杉憲春
自刃　1379.3.8
上杉憲英
没　1404.8.2
★上杉憲寛
没　1551.2.24
★上杉憲房
自刃　1336.1.27
★上杉憲房
没　1525.3.25
★上杉憲政
没　1579.3.17
★上杉憲基
没　1418.1.4
上杉憲盛
没　1575.3.28
上杉房顕
没　1466.2.12
上杉房定
没　1494.10.17
★上杉房能
敗死　1507.8.7
上杉政真
敗死　1473.11.24
★上杉持朝
没　1467.9.6
★上杉持房
没　1490.2.10
★上杉能憲
没　1378.4.17
★宇喜多直家
没　1581.2.14
★宇喜多秀家
朝鮮より帰国　1598.5.-
★宇喜多能家
自刃　1534.6.30
★有厳
没　1275.11.11
宇佐宮〔★宇佐神宮〕　1309.1.21
宇佐宮弥勒寺〔★宇佐八幡弥勒寺〕　1309.1.21
宇佐山城　1570.9.20
★氏家卜全
戦死　1571.5.12
★宇治橋　1286.11.19　1311.11.11　1413.この年
★内御書所　1157.10.26
★有智山城　1336.2.29
★宇都宮氏綱
没　1370.7.5
★宇都宮公綱
没　1356.10.20
★宇都宮城　1368.9.6
宇都宮高貞〔★芳賀高貞〕
蝦夷追討使として奥州に派遣　1327.6.-
帰還　1328.10.-
宇都宮朝綱
配流　1194.7.20
★宇都宮信房
没　1234.8.2
★宇都宮泰綱
没　1261.11.1
★宇都宮頼綱
謀叛発覚　1205.8.5
出家　1205.8.16
没　1259.11.12
★宇津峰城　1353.5.4
★『馬医草子』　1267.1.26
★馬ヶ岳城　1501.7.23
★梅北国兼
殺害　1592.6.17
★浦上則宗
没　1502.6.11
★卜部兼永
没　1536.7.27
★瓜生保
没　1337.1.12
蔚山城　1597.12.22　1598.1.4　1598.9.20
★上井覚兼
没　1589.6.12
★『上井覚兼日記』　1574.この年
★運慶
没　1223.12.11

★雲渓支山
　没　1391.11.14
★雲岡舜徳
　没　1516.5.15
★雲章一慶
　没　1463.1.23
★雲潮
　没　1593.2.4
★『運歩色葉集』 1548.この年
『雲峯空和尚語録』 1349.8.-

え

★『詠歌大概』 1241.8.2.-
『詠歌大概序』 1575.6.-
★永享の乱　1438.8.16
★叡空
　没　1179.4.2
★永源寺　1361.1.18
栄西〔★明庵栄西〕
　入宋　1168.4.-
　帰国　1168.9.-
　入宋　1187.3.-
　帰国　1191.7.-
　『喫茶養生記』を実朝に献じる　1214.2.4
　没　1215.7.5
★『永正記』 1513.2.-
★英祖
　没　1299.8.5
★叡尊
　鎌倉に入る　1262.2.27
　没　1290.8.25
　興正菩薩の号を贈る　1300.閏7.3
★栄朝
　没　1247.9.26
★永仁の徳政令　1297.3.6
★永福寺　1189.12.9　1192.11.25　1249.11.23
★永福門院
　没　1342.5.7
★『絵因果経』 1254.2.-
★『荏柄天神縁起』 1319.12.1
★益之宗箴
　没　1487.11.16
★慧春尼
　没　1408.5.25
恵信
　伊豆に配流　1167.5.15
　没　1171.9.25
蝦夷代官　1325.6.6
★海老名の南阿弥
　没　1381.この年
★撰銭　1510.12.17
★撰銭令　1500.10.-　1505.10.10　1508.8.7　1512.8.30　1518.10.14　1542.4.8　1569.3.1　1582.9.13
円恵法親王
　討死　1183.11.19
★円覚寺　1283.7.16　1287.12.24　1308.12.22　1374.11.23　1407.11.6　1421.11.21　1459.1.4　1563.12.27
円覚寺舎利殿　1285.この年
★円観
　捕えられる　1331.5.5
　没　1356.3.1
★円教寺　1492.2.22
延慶法　1309.3.8
★『宴曲集』 1296.この年以前
遠渓祖雄
　元より帰国　1315.この年
円座肩衝　1575.10.14
★円照
　没　1277.10.22
延勝寺阿弥陀堂　1163.12.26
円成寺大日如来坐像　1176.10.19
『円照上人行状』 1302.3.6
★『園太暦』 1360.4.6
★『遠島御歌合』 1236.7.-
★円爾
　入宋　1235.この年
　帰国　1241.7.-
　東福寺住持　1243.8.-
　寿福寺に住す　1254.この年
　建仁寺住持となる　1257.この年
　没　1280.10.17
　聖一国師と勅謚される　1311.12.26
★円福寺　1394.この年
★塩冶高貞
　自刃　1341.3.-
★延暦寺　1205.10.2　1332.4.13　1499.7.20
★延暦寺の焼討ち　1571.9.12

お

★『老のくりごと』　1471.この秋以降
★『老のすさみ』 1479.3.-
★『応安新式』 1372.12.-
応安の半済令　1368.6.17
★応永の外寇　1419.6.20
★応永の乱　1399.12.21
★『往昔抄』 1519.この年
奥州合戦　1328.10.-
王進
　入京を許されず　1411.9.9
　帰国　1411.9.9
王積翁
　元使として対馬に至る　1284.7.-
★横川景三
　離京　1467.この年
　没　1493.11.17
★『王沢不渇鈔』 1276.7.-
★王直
　朝鮮全羅道達梁浦等を襲う　1555.5.-
　五島を発つ　1557.4.-
★応仁・文明の乱（応仁の乱）　1467.5.26　1477.11.11
鸚鵡　1408.6.22
★大饗正虎
　没　1596.1.11
大分宮　1314.1.24
★『大内家壁書』　1495.この年以後間もなく
★大内輝弘
　自刃　1569.10.-
★大内教弘
　没　1465.9.3
大内教幸
　豊前に逃がれる　1471.12.26
　自殺　1471.12.26
大内弘茂
　防長守護に補任　1399.12.-
★大内弘世
　没　1380.11.15
★大内政弘
　分国に下向　1477.11.11
　没　1495.9.18
★大内持世
　大友持直を筑前で破る

1431.11.3
大友持直に敗れる　1435.6.29
九州を平定　1437.1.-
没　1441.7.28
大内盛見
朝鮮に使を派遣　1407.4.-
朝鮮に物を贈る　1411.この年
敗死　1431.6.28
★『大内問答』 1509.9.-
★大内義興
足利義尹を奉じて上洛を図る
1507.12.15
没　1528.12.20
★大内義隆
切腹　1551.9.1
★『大内義隆記』 1551.この年
★大内義長
教会建設を許可　1552.8.28
自刃　1557.4.3
★大内義弘
和泉・河内守護となる
1392.1.4
叛意を表す　1399.10.13
敗死　1399.12.21
★大江広元
公文所別当とする　1184.10.6
没　1225.6.10
★大河兼任
足利義兼らに破れる
1190.2.12
討死　1190.3.10
★正親町天皇
没　1593.1.5
★大坂城　1583.9.1
★「大坂城内見聞録」 1586.4.6
★大崎・葛西一揆　1590.10.16
★大住荘　1235.6.3
太田氏資
没　1567.8.23
大高重成
没　1362.4.20
★太田資清
宗祇らと連歌会を催す
1469.この年
没　1492.2.2
太田資高
没　1547.7.24
★太田資正
没　1591.9.8
★大館氏明
討死　1342.9.3
大館持房
没　1471.9.11
★『大館持房行状』 1503.2.-
★太田道灌〔資長〕
江戸城を築く　1457.4.8
長尾景春を武蔵用土原で破る
1477.5.14
謀殺　1486.7.26
★太田時連
没　1345.2.9
★大谷廟堂　1272.この冬
★大田文　1197.4.15
1197.6.-以降　1211.12.27
1223.4.30　1249.6.5
1285.2.20　1285.10・12月
大田文（武蔵） 1210.3.14
★太田康有
没　1290.5.11
★太田康宗
没　1265.3.22
大友氏継
没　1400.12.21
★大友氏時
没　1368.3.21
★大友氏泰
没　1362.11.3
★大友貞載
殺害　1336.1.12
★大友貞宗
没　1333.12.3
★大友宗麟
没　1587.5.23
大友親家
受洗　1575.11.-
★大友親世
没　1418.2.15
大友政親
自害　1496.6.10
★大友義鑑
暗殺　1550.2.12
大友義右
毒殺さる　1496.5.27
★大友能直
没　1223.11.27
★大友頼泰
没　1300.9.17
大野城（安芸） 1524.5.12
多忠右
舞曲を久我通行に伝授
1437.6.14
★多忠宗
没　1588.6.5
★大庭景親
斬首　1180.10.26
★大庭景義
没　1210.4.9
★大姫
没　1197.7.14
★大宮院
没　1292.9.9
★大宮長興
没　1499.10.24
★大村純忠
横瀬浦をポルトガル人に開港
1562.6.15
受洗　1563.この年
大村にヤソ会堂を建立
1568.11.12
没　1587.4.18
★大村由己
没　1596.この年
★大森氏頼
没　1494.8.26
大森銀山　1540.8.16　→石見銀山
★大山荘　1318.6.14
★大輪田泊　1180.2.20
★岡崎城　1512.8.13　1537.6.25
★岡崎義実
没　1200.6.21
★小笠原貞宗
没　1347.5.26
★小笠原貞慶
没　1595.5.10
★小笠原諸島　1593.この年
★小笠原長時
謀殺　1583.2.25
小笠原光康
成氏追討を催促される
1458.7.29
★小倉宮
没　1443.5.7
小倉宮王子〔★小倉宮〕
入京　1471.8.26
★小栗城　1423.8.2　1455.閏4.-
★大仏維貞
没　1327.9.7
大仏朝直
没　1264.5.3
★大仏宗宣

没　1312.6.12　→北条宗宣
★小田城　1341.6.23　1564.1.29
★小田孝朝
没　1414.6.16
小田高知
蝦夷追討使として奥州に派遣　1327.6.-
御館〔★御館の乱〕　1578.5.13　1579.3.17
★小谷城　1572.7.19　1573.8.27
★小谷の方
自刃　1583.4.24
★織田信孝
山崎に明智光秀を破る　1582.6.13
自刃　1583.5.2
★織田信忠
自刃　1582.6.2
★織田信長
織田信友を滅ぼす　1555.4.20
足利義輝に謁見　1559.2.2
桶狭間で今川義元を破る　1560.5.19
松平元康と和睦　1561.2.-
義昭を奉じて入京　1568.9.26
義昭と不和　1570.1.23
越前へ出陣　1570.4.20
京都に撤退　1570.4.30
浅井長政・朝倉義景を破る　1570.6.28
天王寺に出陣　1570.8.25
帰京　1570.9.23
坂本に出陣　1570.9.23
足利義昭に諫言　1572.9.-
上杉謙信と同盟　1572.11.-
義昭と和議を図る　1573.3.7
二条城に義昭を囲み，上京を放火　1573.4.4
義昭を槇島城に降伏させる　1573.7.18
塙（原田）直政を大和守護に任じる　1575.3.23
顕如と和睦　1575.10.21
右大臣に任官　1577.11.20
顕如との和議成る　1580.閏3.5
自刃　1582.6.2
★織田信秀
没　1552.3.3
織田信行
謀殺　1557.11.2
★小田治久
没　1352.12.11
★小田原城　1495.9.-　1561.3.7　1590.7.13
★越智家栄
没　1500.2.27
★小槻季継
没　1244.9.27
★小槻隆職
没　1198.10.29
★小槻広房
没　1202.この年
★越訴奉行　1264.10.25　1267.4.-
鬼ヶ城　1575.8.29
小野義成
捕えらる　1199.2.14
★御文　1461.この年
★『おもろさうし』　1531.この年
★小山朝郷
没　1346.4.13
★小山朝政
没　1238.3.30
★小山秀朝
戦死　1335.7.22
★小山政光
没　1199.10月以前
★小山義政
没　1382.4.13
★小山若犬丸
自刃　1397.1.15
★『御湯殿上日記』　1477.この年
★小弓城　1517.10.15
★オルガンティーノ
入京　1570.12.-
安土に教会建設　1579.この年
京都・肥前国大村・有馬等で布教　1595.この年
★音阿弥
糺河原勧進猿楽出演　1464.4.5・7・10
没　1467.1.2
★『御義口伝』　1278.この年
★『温故知新書』　1484.この年
温沙道
朝鮮に逃れる　1398.2.-
★恩賞方　1333.6.-
★女猿楽　1466.2.23
★『陰陽博士安倍孝重勘進記』　1210.この年

か

★ガーゴ
府内で義鎮に会う　1552.8.20
平戸で布教　1555.この年
可菴円慧
入元　1296.この年
帰国　1308.この年
★『快元僧都記』　1532.5.18
戒光寺　1228.2.-
★『改邪鈔』　1337.9.-
★甲斐常治
没　1459.8.12
★快川紹喜
殺害　1582.4.3
海賊取締令　1588.7,8
『誡太子書』〔★花園天皇〕　1330.2.-
★『海道記』　1223.4.4.
★『開目鈔』　1272.2.-
海竜王寺鍍金舎利塔　1290.7.-
★「海路諸法度」　1592.1.27
★『臥雲日件録』　1446.この年
★雅縁
没　1223.2.21
★可翁宗然
没　1345.4.25
★『河海抄』　1362.貞治年間
加賀一向宗　1531.閏5.-　1531.11.2
★『下学集』　1444.この年
★加賀一向一揆　1567.11.21
★篝屋（京都）　1238.6.19
★篝屋（鎌倉）　1240.11.21
蠣崎光広
アイヌ首長を誘殺　1515.6.22
蠣崎義広
アイヌを撃退　1528.5.23
アイヌの首長を謀殺　1529.3.26
★嘉吉の乱　1441.6.24
★『柿本朝臣人麻呂勘文』　1184.2.7
★覚阿
入宋　1171.この年
★鄂隠慧奯
没　1425.2.18
★覚恵
没　1307.4.12

★覚園寺　1296.この年
★覚海
　没　1223.8.17
★覚憲
　没　1212.12.-
★覚山
　没　1306.10.9
★覚恕
　没　1574.1.3
★楽所　1194.2.27
★覚盛
　没　1249.5.19
　大悲菩薩の諡号を追贈
　　1330.8.7
★覚性入道親王
　没　1169.12.11
★覚信尼
　親鸞の遺骨を改葬
　　1272.この冬
　没　1283.この年
★覚如
　存覚を勘当　1322.6.25
　没　1351.1.19
★葛西清重
　没　1238.9.14
葛西城　1538.2.2
★花山院忠雅
　没　1193.8.26
★花山院長親
　没　1429.7.10
★花山院師賢
　没　1332.10.-
★花山院師信
　没　1321.11.1
★峨山韶碩
　没　1366.10.20
★香椎宮　1313.この年
鹿島社〔★鹿島神宮〕
　　1241.2.12
★『鹿島治乱記』　1526.この春
★勧修寺尹豊
　没　1594.2.1
★勧修寺経顕
　没　1373.1.5
勧修寺経成
　没　1437.3.24
★『花上集』　1489.この年
★梶原景季
　討死　1200.1.20
★梶原景時
　追放　1199.12.18
　討死　1200.1.20
★梶原性全
　没　1337.1.22
糟尾城　1382.3.23
★春日顕国
　斬首　1344.3.9
★『春日権現霊験記』　1309.3.-
春日社〔★春日大社〕
　　1382.閏1.24
★春日山城　1548.12.30
★上総本一揆　1418.5.28
　　1419.5.6
量仁親王
　立太子　1326.7.24　→光厳天皇
★葛山景倫
　没　1276.4.23
★堅田　1397.11.24
★刀狩令　1588.7,8
★『花鳥余情』　1472.12.-
★覚快法親王
　没　1181.11.6
★月山城　1543.3.12
★加藤景廉
　没　1221.8.3
加藤景正〔★加藤四郎左衛門景正〕
　瀬戸焼を始める　1227.この年
★加藤光泰
　没　1593.8.29
「仮名目録追加」　1553.2.26
★『兼顕卿記』　1476.1.-
★金崎城　1337.1.1　1337.3.6
★金沢顕時
　配流　1285.11.17
　称名寺の鐘を改鋳　1301.2.9
　没　1301.3.28
★金沢貞顕
　執権就任　1326.3.16
　出家　1326.4.24
　自刃　1333.5.22
★金沢実時
　没　1276.10.23
★金沢実政
　鎮西に派遣　1275.11.-
　鎮西探題に任命　1296.4.-
　没　1302.12.7
★『兼宣公記』　1387.この年
★『兼右卿記』　1532.10.9
★『兼見卿記』　1570.この年
★『兼致朝臣記』　1473.この年
★懐良親王
　征西将軍に任ぜらる
　　1338.9.-
　高良山へ逃れる　1372.8.12
　如瑶を明に派遣　1381.この年
　没　1383.3.27
★狩野永徳
　聚光院の襖絵を描く
　　1566.この年
　没　1590.9.14
★狩野松栄
　没　1592.10.20
狩野直信
　瀟湘八景の屏風絵を描く
　　1572.7.25
★狩野正信
　没　1530.7.9
★狩野元信
　唐絵屏風を内裏に進上
　　1535.11.7
　没　1559.10.6
★『歌舞髄脳記』　1456.1.-
★カブラル
　入京　1570.12.-
かぼちゃ　1576.この年
鎌倉大番〔★鎌倉番役〕
　　1225.12.21
★鎌倉公方　1349.9.9　1447.3.23
鎌倉五山〔★五山〕　1373.10.9
鎌倉大仏〔★高徳院〕
　　1252.8.17
★鎌田正清
　謀殺　1160.1.4
★上泉信綱
　没　1573.この年
★神谷神社本殿（讃岐）
　　1219.2.10
★神谷寿禎
　銀精錬に成功　1533.この年
★『神屋宗湛日記』　1586.10.28
亀谷銀山（越中）　1578.この年
★亀山天皇
　出家　1289.9.7
　没　1305.9.15
★亀山殿　1339.10.5
★蒲生氏郷
　没　1595.2.7
★蒲生賢秀
　没　1584.4.17
★鴨長明

没　1216.閏6.-
★賀茂能久
没　1223.6.10
『通小町』　1384.5.19
烏丸資任
没　1482.12.16
★烏丸豊光
没　1429.2.18
★烏丸光康
没　1579.4.27
★ガルシア
刑死　1596.12.19
★河越重頼
誅殺　1185.この年
河越城　1505.3.-　1545.10.27
1546.4.20
★河尻秀隆
戦死　1582.6.18
河津祐泰
工藤祐経に殺される
1176.10.-
★川中島　1553.8.-　1555.7.19
1561.9.10
★川端道喜
没　1592.7.26
★河原院　1159.11.26
★観阿弥
足利義満に猿楽を演じる
1374.この年
没　1384.5.19
『勧学文』　1597.8.-
★寒巌義尹
宋より帰国　1257.
宋より帰国　1267.この年
没　1300.8.21
★『閑居友』　1222.3.中旬
★『閑吟集』　1518.8.-
★『管絃音義』　1185.この年
★勘合　1458.6.21　1459.8.27
1461.11.26　1474.9.-
1474.12.-　1527.8.-
1539.4.19
勘合貿易途絶〔★勘合貿易〕
1547.5.20
関山慧玄
没　1360.12.12
★元日節会　1490.1.1
★勧修寺　1470.7.19
★願成就院　1189.6.6
寛正の大飢饉　1461.2.-
勧進女猿楽　1436.閏5.24
★『関城書』　1342.この年
★『感身学正記』　1286.3.-
★勧進猿楽　1412.5.26
1433.4.21・23・27
1464.4.5・7・10　1530.2.21
1552.2.22
★『観心本尊抄』　1273.4.25
★観世長俊
没　1541.この年
★観世信光
没　1516.7.7
観世元忠
没　1583.12.5
★観世元雅
没　1432.8.1
観世弥五郎
捕えらる　1460.7.26
★『元祖化導記』　1478.この年
★『勘仲記』　1274.この年
関東新制　1253.9.16
1261.2.29・30
神辺城　1538.7.-
★観応の擾乱　1350.11.-
★観音寺城　1568.9.13
★寛遍
没　1166.6.30
★『看聞御記』　1416.1.-
★『翰林葫蘆集』　1518.3.2
★甘露寺親長
没　1500.8.7

き

★規庵祖円
没　1313.4.2
★徽安門院
没　1358.4.2
給黎城　1414.8.6
★義雲
没　1333.10.12
★義円
没　1181.3.10
★『義演准后日記』　1596.この年
祇園会〔★祇園祭〕　1500.6.7
祇園社〔★八坂神社〕
1220.4.13
祇園社綿神人　1343.11.8
★祇園城　1382.3.23　1386.5.27
★喜海
没　1250.12.20
★癸亥約条　1443.この年
★菊池氏置文　1338.7.25
★菊池重朝
没　1493.10.29
菊池武澄
没　1356.6.29
★菊池武時
討死　1333.3.13
★菊池武朝
没　1407.3.18
★菊池武房
没　1285.3.26
★菊池武政
没　1374.5.26
★菊池武光
没　1373.11.16
菊池武吉
没　1336.5.25
★菊池為邦
没　1488.10.23
★菊池能運
没　1504.2.15
★季瓊真蘂
没　1469.8.11
★季弘大叔
没　1487.8.7
★木沢長政
討死　1542.3.17
★希世霊彦
没　1488.6.26
★亀泉集証
没　1493.9.27
★木曾義昌
没　1595.3.13
木曾義仲〔★源義仲〕
信濃国で挙兵　1180.9.7
平氏追討へ出立　1183.9.20
帰京　1183.閏10.15
征夷大将軍となる　1184.1.10
近江国粟津で敗死　1184.1.20
北白川城　1547.3.29　1547.7.12
★『北院御室御集』　1202.8.25
北野社〔★北野天満宮〕
1234.2.14
北野社神人　1443.9.18
北ノ庄城　1583.4.24
北野大茶会〔★北野大茶湯〕
1587.10.1
★『北野天神縁起』　1219.この頃

「北野天神縁起」 1503.この年
★北畠顕家
　義良親王を奉じ陸奥国へ赴く
　　1333.10.20
　義良親王を奉じ西上
　　1335.12.22
　義良親王を奉じ霊山より西上
　　1337.8.11
　鎌倉を攻略　1337.12.23
　鎌倉より西上　1338.1.2
　討死　1338.5.22
★北畠顕信
　鎮守府将軍となる
　　1338.閏7.26
北畠材親
　没　1517.12.13
★北畠親房
　没　1354.4.17
★北畠具教
　自刃　1576.11.25
★北畠具行
　刑死　1332.6.19
★北畠満雅
　敗死　1428.12.21
北畠師重
　没　1322.1.13
★北向道陳
　没　1562.1.18
★北山院
　没　1419.11.11　→日野康子
★北山第　1397.4.16　1408.6.7
★北山宮
　暗殺　1457.12.2
★祇陀林寺　1172.8.13　1125.4.17
★吉山明兆
　没　1431.8.20
★『吉日考秘伝』 1458.この年
★『吉続記』 1267.この年
★吉川経家
　没　1581.10.25
★吉川元長
　没　1587.6.5
★吉川元春
　没　1586.11.15
★『吉記』 1166.この年
★『喫茶養生記』 1211.1.-
★義天玄詔
　没　1462.3.18
★義堂周信
　報恩寺住持となる
　　1371.10.15
　建仁寺に入寺　1380.4.4
　没　1388.4.4
★岐阜城　1567.8.15
★木村常陸介
　切腹　1595.7.15
★『ぎやどぺかどる』 1599.この年
★『九位』 1428.この年
九州管領　1336.4.3
★『九州御動座記』 1587.この年
★『九州陣道之記』 1587.7.9
★救済
　没　1376.3.-
★『狂雲集』 1481.11.21
経覚
　没　1473.8.27
★『経覚私要鈔』 1415.この年
★行観
　没　1325.6.9
★行願寺　1166.2.26　1209.4.9
　　1242.3.5　1288.4.26
★『教機時国鈔』 1262.この年
★『行基年譜』 1175.9.1
★教行寺　1532.12.23
★『教行信証』 1224.この年
『教訓抄』 1233.10.-
堯孝
　没　1455.7.5
★京極高数
　暗殺　1441.6.24
★京極高吉
　没　1581.1.25
★京極為兼
　捕えられる　1298.1.7
　配流　1298.3.16
　召還　1303.閏4.-
　南都へ下向　1315.4.23
　拘禁される　1315.12.28
　土佐へ配流　1316.1.-
　没　1332.3.21
★京極為教
　没　1279.5.24
★京極持清
　没　1470.8.4
★行助
　没　1469.3.24
経尋
　没　1526.7.28
★『経尋記』 1518.この年
行政官院〔★禅律方〕
　　1364.この夏
教尊
　義教猶子となり勧修寺入室
　　1430.11.27
★鏡堂覚円
　来日　1279.6.-
　没　1306.9.26
★京都大番役　1192.6.20
　　1212.2.19　1232.4.4
　　1234.5.1　1234.この年か
　　1247.12.29　1275.11.-
享徳の乱　1454.12.27
京都大火　1218.4.21　1249.3.23
★京都七口　1459.8.21　1478.1.11
　　1485.5.2
★巧如
　没　1440.10.14
★凝然
　没　1321.9.5
★行遍
　没　1264.12.15
★岐陽方秀
　没　1424.2.3
★京升　1586.10.12
★『玉印鈔』 1349.この年
★『玉蘂』 1209.この年
★玉堂宗条
　没　1561.1.17
★『玉葉』 1164.この年
★『玉葉和歌集』 1312.3.28
　　1313.10月頃　1553.4.2
清洲城　1478.12.4
★玉崗瑞璵
　没　1578.8.10
★清原枝賢
　没　1590.11.15
★清原業忠
　没　1467.4.28
★清原宣賢
　没　1550.7.12
★清原教隆
　没　1265.7.18
★清原良賢
　没　1432.10.29
★清原頼業
　没　1189.閏4.14
★清水寺　1173.11.18　1349.2.27
　　1469.7.10　1484.6.27
★『清水寺縁起』 1517.この年
★吉良満貞

没　1384.9.5
★吉良満義
没　1356.9.23
★キリシタン版　1591.この年
キリスト教の伝来　1549.7.22
★切銭　1263.9.10
★記録所　1156.10.20　1187.2.28
1321.12.-　1333.6.-
金逸
足利義詮に高麗使として謁見
1367.4.18
★『金槐和歌集』　1213.12.18
★『金句集』　1593.この年
★禁闕の変　1443.9.26
★『公定公記』　1399.6.15
★『錦繡段』　1456.6.17　1597.7.-
★『近思録』　1176.この頃
金蔵主
延暦寺衆徒に討たれる
1443.9.26
★『禁秘抄』　1221.4.-
金有成
高麗使として来日　1292.10.-
銀輸出　1538.この頃より
★『近来風体抄』　1387.11.-
金竜
高麗使として来日
1366.12.16
倭寇禁圧を要請　1367.2.-

く

★空阿
延暦寺訴によって配流
1227.7.6
没　1228.1.15
★『空華集』　1388.4.4
★『空華日用工夫略集』　1388.4.4
★空谷明応
没　1407.1.16
★空性
没　1335.12.8
★久遠寺　1274.5.12
★『愚管記』　1356.この年
★『愚管抄』　1220.この頃
★公暁
鶴岡八幡宮別当となる
1217.6.20
誅殺　1219.1.27
★弘教寺　1414.7.-
★『公事根源』　1422.1.12
★九条院
没　1176.9.19
★九条兼実
内覧となる　1185.12.28
罷免　1196.11.25
没　1207.4.5
★郡上城　1468.9.6
九条忠教
没　1332.12.6
九条忠基
没　1397.12.20
★九条稙通
没　1594.1.5
★九条経教
没　1400.5.21
★九条教実
没　1235.3.28
九条尚経
没　1530.7.8
★九条政基
没　1516.4.4
★九条道家
没　1252.2.21
★九条道教
没　1349.7.6
★九条基家
没　1280.7.11
★九条良経
没　1206.3.7
公事竪義　1211.7.20
★楠木正家
戦死　1348.1.5
★楠木正成
挙兵　1331.9.11
赤坂城を逃れる　1331.10.21
千早城に拠る　1332.11.-
自刃　1336.5.25
★楠木正季
自刃　1336.5.25
★楠木正行
戦死　1348.1.5
★楠木正儀
敗死　1382.閏1.24
★楠木光正
刑死　1429.9.24
★楠葉西忍
没　1486.2.14
百済寺　→ひゃくさいじ
★愚中周及
入元　1341.この秋
帰国　1351.4.-
安芸仏通寺の開山となる
1397.8.-
没　1409.8.25
★『口伝鈔』　1331.この年
工藤祐貞
蝦夷征討に派遣される
1326.3.29
津軽より鎌倉に帰還
1326.7.26
★工藤祐経
暗殺　1193.5.28
★工藤茂光
自刃　1180.8.24
邦治親王
立太子　1298.8.10　→後二条天皇
★邦良親王
立太子　1318.3.9
没　1326.3.20
★九戸城　1591.9.4
★九戸の乱　1591.9.4
★九戸政実
斬刑　1591.この年
★窪所　1333.9.-
★『愚昧記』　1166.この年
★熊谷直実
出家　1192.11.25
没　1208.9.14
熊野海賊　1347.6.6
熊野新宮〔★熊野速玉大社〕
1241.6.8
熊野本宮〔★熊野本宮大社〕
1206.2.28　1209.9.13
1251.2.27
★隈部城　1381.6.22
★隈部親永
自刃　1588.5.-
★『愚迷発心集』　1193.この秋以降
★『愚問賢註』　1363.3.-
★公文所　1184.10.6　1185.4.27
倉橋荘　1219.3.9
★『鞍馬蓋寺縁起』　1513.6.-
★鞍馬寺　1238.閏2.16　1248.2.24
1458.2.13
鞍馬寺木造観音（聖観音）像
1226.2.-
★来島通総
戦死　1597.9.16

★黒川金山（甲斐）　1577. この頃
★『黒谷源空上人伝』　1227. この年
★黒田荘　1175.10.30　1282.10.-
　1327. この年
★『桑実寺縁起』　1532.8.17
★『群書治要』　1306.2・3月

け

★『桂庵和尚家法倭点』
　1500. この年
★桂庵玄樹
　入明　1467. この年
　没　1508.6.15
★『継芥記』　1565. この年
★『瓊玉和歌集』　1264.12.9
★慶光院清順
　没　1566.4.3
★瑩山紹瑾
　没　1325.8.15
★『京城万寿禅寺記』　1464. この年
★景徐周麟
　没　1518.3.2
★『継塵記』　1287. この年
★景川宗隆
　没　1500.3.1
慶長の役〔★文禄・慶長の役〕
　1597.6.-
圭庭用
　明に派遣される　1376.4.-
★『啓迪集』　1571. この年
　1574.11.17
★『渓嵐拾葉集』
　1311. この年より貞和4年にかけて
★『桂林遺芳抄』　1515. この年
★『下官集』　1241.8.2
★『華厳祖師伝』　1195. この年
★月翁周鏡
　没　1500.9.26
★月江正文
　没　1463.1.22
★月舟寿桂
　没　1533.12.8
★月渚永乗
　没　1541.2.9
★月庵宗光
　没　1389.3.23
★傑堂能勝
　没　1427.8.7
★月林道皎
　出京　1321.12.27
　帰国　1330. この春
　没　1351.2.25
★検非違所　1231.5.13
★気比氏治
　没　1337.3.6
★顕意
　没　1304.5.19
★玄慧
　没　1350.3.2
★元海
　没　1156.8.18
★賢覚
　没　1156.3.16
建久の新制　1191.3.28
★源空〔法然房〕
　専修念仏を唱える
　1175. この春
　配流　1207.2.18
　没　1212.1.25
★『元元集』　1337. この年か翌年頃
兼好〔★吉田兼好〕
　没　1350.4.-
★『元亨釈書』　1322.8.16
　1360.6.7　1364. この年
★元弘の乱　1331.5.5
元寇防塁〔★石築地〕
　1276.3.5・10
『源語秘訣』　1477.2.-
★乾坤通宝　1334.3.28
★『源氏物語』　1244.2.17
　1452.8.15
『源氏物語注』　1553.2.22
★賢俊
　没　1357.閏7.16
★憲淳
　没　1308.8.23
★建春門院
　没　1176.7.8　→平滋子
★『建春門院中納言日記』
　1303.2.29
★憲静
　没　1295.4.17
★源盛
　没　1358.12.13
★『厳助往年記』　1494. この年
★顕真
　没　1192.11.14
★憲深
　没　1263.9.6
『原僧』　1333.11.-
『現存三十六人詩歌』
　1276.閏3.-
『現存和歌六帖』　1249.12.27
★検地　1589. この年　1594.9.14
★源智
　没　1238.12.12
堅中圭密
　明に使する　1403.2.19
　明に使して，明国書等を拝領
　1407.5.25・26
　明に使する　1408.5.-
　明に使する　1410.4.-
★『顕注密勘』　1221.3.21
★建長寺　1253.11.25　1300.11.29
　1308.12.22　1315.7.9
　1414.12.28
建長寺造営料唐船〔★建長寺造営料船〕　1325.7.18
謙道宗設
　鸞岡瑞佐を殺し，明の指揮使を襲う　1523.5.1
★釼阿
　没　1338.11.16
★『建内記』　1414. この年
★顕如
　門跡に列す　1559.12.27
　信長と和睦　1573.11.-
　挙兵　1574.4.2
　信長と和睦　1575.10.21
　再挙　1576.4.14
　上杉謙信と同盟　1576.5.-
　没　1592.11.24
★建仁寺　1202. この年　1246.6.8
　1397.11.18　1455. この年
　1458.2.21　1469.7.10
　1552.11.28
★源翁心昭
　没　1400.1.7
絹布年貢　1239.1.11
★乾峯士曇
　没　1361.12.11
『原民』　1333.11.-
★遣明使　1498. この年　1550.6.9
★『建武式目』　1336.11.7
★『建武年中行事』　1334. この頃
★『玄与日記』　1597. この年
建暦の新制　1212.3.22
★彦竜周興

没　1491.6.3
★建礼門院
没　1213.12.13　→平徳子

こ

肥富
明に派遣　1401.5.13
小出城　1581.3.9
★『弘安源氏論議』　1280.10.-
弘安の役〔★文永・弘安の役〕
1281.閏7.1
★『弘安四年日記抄』　1281.5.-
★『弘安礼節』　1285.12.22
★公胤
没　1216.閏6.20
★『耕雲口伝』　1408.3月末
★皇嘉門院
没　1181.12.5
★広義門院
没　1357.閏7.22
弘教寺　→ぐきょうじ
★公顕
没　1193.9.17
★光厳天皇
践祚　1331.9.20
捕えられる　1333.5.9
廃される　1333.5.25
和歌の執進を命じられる
1345.4.17
帰京　1357.2.18
没　1364.7.7　→量仁親王
光済
配流　1374.11.5
★幸西
没　1247.4.14
★香西元長
敗死　1507.8.1
香西元盛
誘殺される　1526.7.12
★高坂虎綱
没　1578.5.7
★高山寺　1206.11.-　1547.閏7.5
★『高山寺縁起』　1253.3.-
★『孔子家語』　1599.5.-
『孔子家語句解』　1515.2.-
★『格子月進図』　1317.この頃
★麴座　1419.この年
★格子番　1257.12.29
公什
天台座主を罷免　1314.6.2
『甲州法度之次第』（26ヵ条本）
1547.6.1
★興正寺　1233.この春
★江西竜派
没　1446.8.5
★『興禅護国論』　1198.この年
★『皇太神宮年中行事』　1192.6.3
★「皇太子聖徳奉讃」　1255.11.30
★後宇多天皇
出家　1307.7.26
灌頂を受ける　1308.1.26
没　1324.6.25　→世仁親王
★『後宇多天皇宸記』　1324.6.25
弘長の新制　1263.8.13
★上月城　1577.12.3　1578.4.18
1578.7.3
『江亭記』　1476.8.-
高天　→たかま
★厚東武実
没　1348.11.9
高得宗
義教に謁見　1439.12.26
★興然
没　1203.11.30
★『国府台戦記』　1575.8.11
★国府台の戦　1564.1.8
★河野通有
没　1311.7.14
河野通直
伊予守護に補任　1379.7.8
伊予で敗死　1379.11.6
河野通直
没　1572.8.26
★河野通信
没　1223.5.19
★河野通春
没　1482.閏7.14
河野通久
討死　1435.6.29
★河野通盛
没　1364.11.26
★高師直
北畠顕家を破る　1338.5.22
『首楞厳義疏注経』を開版
1339.この春
真如寺を建立　1342.4.15
楠木正行を破る　1348.1.5
足利直義を囲む
1349.8.13〜15
誅殺　1351.2.26
★高師冬
自刃　1351.1.17
★高師泰
誅殺　1351.2.26
★興福寺　1181.1.4　1194.9.22
1300.12.5　1532.7.17
興福寺旧蔵弥勒菩薩像（現ボストン美術館蔵）　1189.9.15
興福寺金堂・南円堂　1188.1.29
興福寺衆徒　1305.4.4
★『興福寺奏状』　1205.10.-
興福寺北円堂弥勒仏像
1212.この年
興福寺梵天像　1202.3.10
★洪武帝
倭寇禁止と朝貢を要求
1369.3.-
琉球三山に休戦を勧告
1383.1.-
★杲宝
没　1362.7.7
★高峯顕日
没　1316.10.20
★『光明真言功徳絵巻』　1398.2.-
★光明天皇
践祚　1336.8.15
没　1380.6.24
★『光明天皇宸記』　1380.6.24
★『好夢十因』　1286.1.9
★誥命　1596.4.2　1596.9.1
★高野山　1585.4.10
★『高野参詣日記』　1524.4.-〜5.-
★高野山金剛三昧院　1223.この年
高野山大塔　1156.4.29
1238.3.19　1320.4.2
高麗使　1267.9.-　1269.9.17
★『高麗史節要』　1452.この年
★『高麗道記』　1597.この年
★康暦の政変　1379.閏4.14
★広隆寺　1165.6.13
★孤雲懐奘
没　1280.8.24
★コエリョ
没　1590.5.7
★後円融天皇
没　1393.4.26
★郡山城（安芸）　1523.8.10
1540.9.4
久我清通

没　1453.9.5
★古岳宗亘
没　1548.6.24
★古河城　1471.6.24　1472.2.-
1554.11.7
★後柏原天皇
即位礼を行う　1521.3.22
没　1526.4.7
★久我長通
没　1353.8.27
★沽価法　1249.10.8　1342.7.-
久我通言
没　1543.2.-
★久我通相
没　1371.7.14
★久我通光
没　1248.1.18
★後亀山天皇
入京　1392.閏10.2
後小松天皇に神器を渡す
1392.閏10.5
嵯峨を出奔　1410.11.27
吉野に入る　1410.11.27
大覚寺に戻る　1416.9.-
没　1424.4.12
★粉河寺　1585.3.23
★虎関師錬
没　1346.7.24
『五経注疏』 1439.閏1.-
★国阿
没　1405.9.11
★国司　1204.5.8
★国師　1311.12.26
国人一揆（丹後）　1507.6.26
国人一揆（肥後）　1587.9.7
1588.閏5.14
★『後愚昧記』 1361.この年
★古渓宗陳
没　1597.1.17
★悟渓宗頓
没　1500.9.6
苔縄城　1333.1.21
古源邵元
入元　1327.この年
★後光厳天皇
近江へ逃れる　1354.12.24
帰京　1355.3.28
百首和歌（延文百首）の詠進を命じる　1356.8.25
近江へ逃れる　1361.12.8
還京　1362.2.10
没　1374.1.29
★後小松天皇
院政を開始　1412.9.14
没　1433.10.20
★『古今著聞集』 1254.10.17
1435.10.13
★後嵯峨天皇
元服　1242.1.20
践祚　1242.1.20
『続後撰集』の撰進を命じる
1248.7.25
没　1272.2.17
五山十刹〔★五山〕　1342.4.23
1381.10.7
★『後三年合戦絵巻』 1347.この年
★五山版　1342.この頃より
★腰越状　1185.5.24
★小島法師
没　1374.4.28
★越水城　1520.2.3
コシャマインの乱〔★アイヌ（反乱）〕　1457.5.14
沽酒の禁制　1252.9.30
沽酒法　1330.6.9
★五条頼元
没　1367.5.28
★後白河天皇
譲位　1158.8.11
出家　1169.6.17
東大寺で受戒　1170.4.20
延暦寺で受戒　1176.4.27
鳥羽殿に幽閉　1179.11.20
院政再開　1180.12.18
没　1192.3.13
湖心碩鼎
五島を発ち入明　1539.4.19
帰着　1541.6.26
★後崇光院
没　1456.8.29　→貞成親王
★『御成敗式目』 1232.8.10
1524.12.-　1529.8.-
御成敗条々　1422.7.26
★古先印元
入元　1318.この年
没　1374.1.24
★後醍醐天皇
院政を停止，天皇親政とする
1321.12.9
笠置寺へ潜幸　1331.8.27
捕えられる　1331.9.28
剣璽を光厳天皇に渡す
1331.10.6
隠岐国へ配流　1332.3.7
隠岐国を脱出　1333.閏2.24
名和長年に迎えられる
1333.閏2.28
帰京　1333.6.5
光明天皇に神器を渡す
1336.11.2
神器を奉じて吉野に潜幸
1336.12.21
後村上天皇に譲位　1339.8.15
没　1339.8.16　→尊治親王
★五大堂（鎌倉）　1235.6.29
★五大老　1598.8.5
★後高倉院
没　1223.5.14
★小朝拝　1490.1.1
★兀庵普寧
帰国　1265.この年
★後土御門天皇
没　1500.9.28
小手指原　1352.閏2.28
★籠手田安経
没　1582.この年
★古幢周勝
没　1433.2.22
★五島純玄
没　1594.7.28
★後藤基清
捕えられる　1199.2.14
斬首　1221.7.2
★後藤基綱
評定衆から除く　1246.6.7
没　1256.11.28
★後藤祐乗
没　1512.5.7
★後鳥羽天皇
践祚　1183.8.20
即位　1184.7.28
譲位　1198.1.11
伊勢大神宮神剣を天皇宝剣とする　1210.12.5
源頼茂を討つ　1219.7.13
西園寺公経父子を幽閉
1221.5.14
伊賀光季を討つ　1221.5.15
隠岐へ配流　1221.7.13
没　1239.2.22

水無瀬神の号を追贈
1494.8.23
後鳥羽天皇画像（水無瀬神宮所蔵） 1221.7.8
★後奈良天皇
即位 1536.2.26
般若心経を諸国一宮に納める
1540.6.17
没 1557.9.5
★小西行長
謝用梓・徐一貫を伴い名護屋に戻る 1593.5.15
沈惟敬を伴い釜山を発ち名護屋に向かう 1596.1.3
明軍に和平を求める
1598.3.-
★後二条天皇
践祚 1301.1.21
没 1308.8.25 →邦治親王
★小西立佐
没 1592.この年
五人組・十人組の制 1597.3.7
★近衛家実
没 1242.12.27
★近衛兼経
摂政となる 1247.1.19
没 1259.5.4
★近衛稙家
没 1566.7.10
★近衛経忠
没 1352.8.13
近衛経平
没 1318.6.24
近衛政家
没 1505.6.19
★近衛道嗣
没 1387.3.17
近衛道経
没 1238.7.29
★近衛基平
没 1268.11.19
近衛基通
摂政・関白となる
1196.11.25
★後花園天皇
即位 1429.12.27
譲位 1464.7.19
飛鳥井雅親に和歌の撰進を命じる 1465.2.22
没 1470.12.27
★小早川隆景
竹原小早川氏を嗣ぐ
1544.11.-
没 1597.6.12
★小早川則平
没 1433.1.26
★後深草天皇
譲位 1259.11.26
院政を開始 1287.10.21
出家 1290.2.11
没 1304.7.16
★五奉行 1598.8.5 1598.8.22
★後伏見天皇
没 1336.4.6 →胤仁親王
『古文孝経』〔★孝経〕
1305.5.24 1593.11.16
1599.5.25
『古文真宝聞書』 1553.12.2
『古文真宝抄』 1525.9.15
個別安堵法 1333.6.15
★孤峯覚明
没 1361.5.24
五方引付 1340.4.15
★後堀河天皇
没 1234.8.6
★小牧・長久手の戦 1584.4.9
★狛近真
没 1242.1.25
★狛朝葛
没 1331.3.9
★後村上天皇
河内観心寺に移る 1357.5.-
河内観心寺に移る
1359.12.23
摂津住吉社に移る 1360.9.-
没 1368.3.11 →義良親王
★ゴメス
没 1599.12.17
★『古来風体抄』 1197.7.-
1201.5.-
★惟明親王
没 1221.5.3
★コレジョ 1587.6.19
★惟康親王〔惟康王〕
征夷大将軍に補任 1266.7.24
親王宣下 1287.10.4
帰京 1289.9.14
没 1326.10.30
衣川館 1189.4.30
★金剛寺 1360.3.17
★金光房
没 1217.3.25
★金剛輪寺本堂 1288.この年
金胎寺城 1462.5.12
1528.11.11
誉田城 1500.9.16 1506.1.26
1532.6.15
★『コンテンツスムンジ』
1596.この年
★金蓮寺 1424.8.10

さ

★西園寺公重
没 1367.9.3
★西園寺公経
勅勘により籠居 1217.11.8
没 1244.8.29
★西園寺公衡
没 1315.9.25
★西園寺公宗
刑死 1335.8.2
★西園寺実氏
没 1269.6.7
★西園寺実兼
没 1322.9.10
★西園寺実俊
没 1389.7.6
★西園寺実衡
没 1326.11.18
雑賀一揆〔★雑賀衆〕
1577.2.13 1584.3.21
1585.3.21 1585.3.23
1585.4.22
★西行
没 1190.2.16
★歳遣船 1443.この年
1512.この年 1547.2.-
1557.4.-
西光〔★藤原師光〕
斬首 1177.6.1
西国地頭 1230.11.7
★『摧邪輪』 1212.11.23
★『最須敬重絵詞』 1352.この年
『祭主補任』 1379.この年
★最勝光院 1226.6.4 1301.2.17
★最勝寺 1314.2.14
★『再昌草』 1536.この年
★西大寺 1502.5.7
西大寺舎利器 1284.8.7

★斎藤実盛
　討死　1183.5.21
★斎藤竜興
　敗死　1573.8.14
★『斎藤親基日記』　1465.8.-
★斎藤道三
　敗死　1556.4.20
★斎藤利三
　斬首　1582.6.17
★斎藤妙椿
　没　1480.2.21
★斎藤基恒
　没　1471.3.19
★『斎藤基恒日記』　1440.2.-
★斎藤義竜
　没　1561.5.11
★『裁判至要抄』　1207.8.26
★『西方寺縁起』　1400.この年
★『済北集』　1346.7.24
★『才葉抄』　1177.7.-
★『西琳寺文永注記』　1271.この年
『堺記』　1434.2.9
堺城　1399.12.21
★酒井忠次
　没　1596.10.28
★酒井正親
　没　1576.6.6
★坂士仏
　没　1415.3.3
★坂上明基
　没　1210.5.7
★『嵯峨のかよひ』
　1269.この秋から冬にかけて
相模川橋　1212.2.28
★坂本（近江）　1433.7.23
　1434.11.25
★坂本城　1487.3.10
★酒屋　1371.11.2
★相良前頼
　肥前守護に補任　1385.2.17
　没　1394.1.19
★相良氏法度　1555.2.7
★相良為続
　壁書を定める　1493.4.22
　没　1500.6.4
相良義滋
　没　1546.8.25
★『左記』
　1185.この年より翌年にかけて
前右大将家政所下文　1191.1.15
★策彦周良
　五島を発ち入明　1539.4.19
　五島を発つ　1547.5.20
　世宗に謁見　1549.4.24
　帰着　1550.6.9
　没　1579.6.30
冊封使　→明冊封使
★佐久間信盛
　没　1581.7.22
★佐久間盛政
　刑死　1583.5.12
桜尾城　1524.7.3　1541.4.5
★桜山茲俊
　挙兵　1331.9.14
　没　1332.1.21
★佐々木氏頼
　没　1370.6.7
★佐々木定綱
　流罪　1191.4.30
　没　1205.4.9
★佐々木高氏
　没　1373.8.25
★佐々木高綱
　没　1214.11.-
佐々木高信
　配流　1235.8.8
★佐々木高秀
　没　1391.10.11
★佐々木経高
　京都で騒動を起こす
　1200.7.9
　自刃　1221.6.16
★佐々木永春
　明より帰国　1509.この年
★佐々木信綱
　没　1242.3.6
★佐々木秀綱
　討死　1353.6.13
★佐々木秀義
　討死　1184.7.19
★『ささめごと』　1463.5.-
★指出検地　1582.7.8
★佐竹貞義
　没　1352.9.10
★佐竹秀義
　没　1225.12.18
佐竹義昭
　没　1565.11.3
佐竹義舜
　没　1517.3.13
★佐竹義人
　没　1467.12.24
貞成親王
　太上天皇の尊号宣下
　1447.11.27　→後崇光院
定棟
　配流　1420.10.8
★佐々成政
　自刃　1588.閏5.14
★雑訴決断所　1333.9.-
　1334.5.18　1334.10.-
察度〔★察度王〕
　中山王位に就く　1350.この年
　明に入貢　1372.この年
　没　1395.10.5
佐東銀山（安芸）　1563.1.27
★佐藤忠信
　討死　1186.9.20
★佐藤継信
　討死　1185.2.19
佐藤業時
　評定衆罷免　1241.5.20
　配流　1241.5.20
　没　1249.6.11
★里見義堯
　没　1574.6.1
★里見義弘
　没　1578.5.20
★里見義頼
　没　1587.10.26
★『実隆公記』　1474.1.-
　1537.10.3
★誠仁親王
　没　1586.7.24
★『実躬卿記』　1283.この年
★真光
　没　1333.5.8
侍所所司〔★侍所〕　1218.7.22
侍所別当〔★侍所〕　1180.11.17
★猿楽　1233.1.-　1470.3.26
　1581.3.29
『申楽縁起』　1468.3.-
★『申楽談儀』　1430.11.11
★『山家集』　1190.2.16
★三経義疏　1247.10.-
★『山家要記浅略』　1409.2.11
★『三教指帰』　1253.10.-
★『三国仏法伝通縁起』　1311.7.5
★『珊瑚秘抄』
　1388.この年以降応永9年の間

★『三十六人家集』　1549.1.20
★三条公忠
　没　1383.12.27
★三条実量
　没　1483.12.19
★三条実房
　没　1225.8.17
★三条西公条
　後奈良天皇に古今伝授を行う
　　1528.11.16
　没　1563.12.2
三条西公保
　没　1460.1.28
★三条西実枝
　天皇に『源氏物語』を進講
　　1570.3.17
　没　1579.1.24
★三条西実隆
　徳大寺実淳に古今伝授を行う
　　1510.2.18
　後奈良天皇に古今伝授を行う
　　1528.11.16
　没　1537.10.3
★山叟慧雲
　帰国　1268.この年
　没　1301.7.9
　仏智禅師号を宣下　1314.4.22
★『三大秘法稟承事』　1281.4.-
★『サンデ天正遣欧使節記』
　　1590.この年
『サントスの御作業の内抜書』
　　1591.この年
★『山王霊験記』　1288.1.22
三宝院光済
　没　1379.閏4.22
三法師〔★織田秀信〕
　織田継嗣となる　1582.6.27
三方引付　1249.12.9
★三浦の乱　1510.4.4
★『山密往来』　1373.9.30
山門使節　1435.2.4
山門条々規式　1419.10.9

し

地悪銭　1559.この年
四一半　1244.10.13
慈雲妙意
　没　1345.6.3
★慈円
　没　1225.9.25
　慈鎮の諡号を贈られる
　　1237.3.8
★『四恩抄』　1262.1.16
『四河入海』　1534.7.5
★似我与左衛門
　没　1580.この年
信貴山城　1577.10.10
★式子内親王
　没　1201.1.25
★『史記抄』　1477.12.17
色定
　没　1242.11.6
『識鷹秘訣集』　1511.7.-
★志玉
　没　1463.9.6
★竺雲等連
　没　1471.1.7
★竺仙梵僊
　来日　1329.6.-
　没　1348.7.16
竺芳妙茂
　明に遣わす　1475.8.28
　堺を出航　1476.4.11
★死刑　1156.7.28
★慈厳
　没　1359.9.28
此山妙在
　帰国　1345.7.-
★鹿ヶ谷の謀議　1177.6.1
★『私聚百因縁集』　1257.この年
慈俊
　配流　1303.8.19
四条大橋　1581.5.20
四条河原橋　1374.2.16
★四条隆蔭
　没　1364.3.14
★四条隆資
　討死　1352.5.11
★四条隆衡
　没　1254.12.18
★四条天皇
　没　1242.1.9
★『私心記』　1532.8.4
★静御前
　男子を出産　1186.閏7.29
賤ヶ岳　1583.4.21
地蔵十輪院阿弥陀像　1229.4.12
★『七箇条制誡』　1204.11.7
質債の法　1250.7.5
★七条院
　没　1228.9.16
質人の法　1254.5.1
★『侍中群要』　1306.2・3月
『歯長寺縁起』　1386.11.8
★『十訓抄』　1252.10.-
★執権　1224.6.28
★『実悟記』　1580.この年
★十刹　1380.1.-
執奏　1293.10.20
★実尊
　没　1236.2.19
★実導
　没　1388.11.11
★実如
　没　1525.2.2
★実融
　没　1339.1.19
『耳底記』　→にていき
四天王寺金堂　1365.4.26
★地頭　1185.11.29　1186.11.24
　　1188.2.2　1204.5.8
　　1211.6.26　1222.4.26
　　1223.1.23　1231.5.13
　　1238.9.9　1245.5.3
★示導
　没　1346.9.11
★祠堂銭　1455.10.28
★地頭代　1253.10.1
★『至道要抄』　1467.この頃
★私年号（延徳）　1462.この頃
私年号（福徳）　1491.この年
私年号（徳応）　1501.この年
私年号（弥勒）
　　1506.永正3～4年
私年号（永喜）　1527.この年
私年号（命禄）
　　1542.天文9年より
★『自然居士』　1384.5.19
★志野宗信
　没　1523.8.1
★篠原長房
　討死　1573.5.-
篠原の戦　1183.6.1
★斯波家兼
　没　1356.6.13
★斯波家長
　自刃　1337.12.25
子璞周瑋
　明に派遣　1483.3.-

没　1485.6.30
★柴田勝家
自刃　1583.4.24
★斯波高経
没　1367.7.13
★新発田重家
戦死　1587.この年
★斯波義淳
没　1433.12.1
★斯波義廉
東軍と戦う　1467.5.26
★斯波義敏
没　1508.11.16
★斯波義教
没　1418.8.18
★斯波義将
没　1410.5.7
★斯波義統
謀殺　1554.7.12
★渋川幸子
没　1392.6.25
渋川教直
没　1479.5.22
渋川満直
討死　1434.1.20
★渋川満頼
豊前守護に補任　1396.4.27
没　1446.3.13
渋川義廉
斯波家家督となる　1461.9.2
★渋川義鏡
足利成氏追討の大将となる
1457.6.23
★渋川義俊
没　1434.11.14
★渋川義行
九州探題就任　1365.8.25
没　1375.8.11
★紙幣　1334.1.12
★島津家久
毒殺　1587.6.5
★島津氏久
没　1387.閏5.4
★島津伊久
没　1407.5.4
★島津貞久
没　1363.7.3
★島津貴久
没　1571.6.23
★島津忠国
没　1470.1.20
★島津忠久
没　1227.6.18
★島津忠昌
自殺　1508.2.15
★島津忠良
没　1568.12.13
島津立久
没　1474.4.1
★島津久経
没　1284.閏4.21
島津宗久
没　1340.1.24
★島津元久
没　1411.8.6
★島津師久
没　1376.3.21
★島津義久
秀吉に降伏　1587.5.8
★島津義弘
朝鮮人陶工らを捕え，薩摩に連行　1597.8.15
巨済島より対馬に向かい，日本軍の撤退完了　1598.11.20
★清水宗治
自刃　1582.6.4
志水義高
殺害　1184.4.26
★清水里安
没　1576.7.下旬
★慈猛
没　1277.4.21
★持明院統　1302.8.29
★持明院基春
没　1535.7.26
『紫明抄』　1294.5.6
★霜月騒動　1285.11.17
1294.6.29
★『釈迦堂縁起』　1515.この年
★寂円
没　1299.9.13
★寂済
没　1424.2.3
★『釈氏往来』　1202.8.25
★寂室元光
入元　1320.この年
没　1367.9.1
★『釈日本紀』
1301.建治元年以降この年の間
★綽如
没　1393.4.24
借物返済の法　1430.11.6
★寂蓮
没　1202.7.20頃
★『蔗軒日録』　1484.この年
★『沙石集』　1283.8.-
★『釈家官班記』　1355.この年
★シャビエル
鹿児島に上陸　1549.7.22
平戸に移動　1550.8.-
山口で布教　1550.9.-
入京　1550.12.17
インドに向かう　1551.11.16
★三味線　1569.永禄年中
★『拾遺愚草』　1216.この年
★『拾遺古徳伝』　1301.12.-
1323.11.12
『周易抄』　1477.11.27
★『拾芥記』　1484.この年
★『拾玉集』　1328.5.-
★『拾玉得花』　1428.この年
宗源
没　1251.7.3
十七条憲法開版　1285.3.-
★十四屋宗伍
没　1552.4.-
★『十念極楽易往集』　1176.この年
周福
元使として来日　1279.6.25
★『聚分韻略』　1306.2.25
1539.3.-
★宗峯妙超
没　1337.12.22
周棠
朝鮮に物を贈る　1406.2.-
★『十問最秘抄』　1383.この年
★『十輪院内府記』　1477.この年
★住蓮
没　1207.2.18
★授翁宗弼
没　1380.3.28
★守覚法親王
没　1202.8.25
★守護　1185.11.29　1211.6.26
1222.4.26　1223.1.23
1231.5.13　1234.5.1
1245.5.3
★『守護国家論』　1259.この年
★『朱子語類』　1270.この年
姝子内親王

中宮となる　1159.2.21　→高松院
★『種々御振舞御書』　1276.3.-
★修善寺紙　1598.3.4
★寿福寺　1247.11.7　1258.1.17
★『入木抄』　1352.11.15
寿蓂
明に派遣される　1495.3.-
★修明門院
没　1264.8.29
★『聚楽行幸記』　1588.4.-
★聚楽第　1588.4.14
『首楞厳義疏注経』　1339.この春
★春屋妙葩
天竜寺住持となる　1363.11.8
南禅寺住持となる　1379.閏4.23
僧録に任じる　1379.10.10
相国寺二世となる　1383.12.13
没　1388.8.13
★俊寛
捕えられる　1177.6.3
鬼界島に配流　1177.6.-
没　1179.この年か
★俊才
没　1353.10.2
準十刹　1380.1.-
『春秋左氏伝』　1169.3.-
★俊芿
渡宋　1199.4.-
帰国　1211.4.23
建仁寺に入る　1211.4.23
没　1227.閏3.8
★俊聖
没　1287.11.18
★舜昌
没　1335.1.14
★舜天
没　1237.この年
順天城　1598.10.1
★順徳天皇
配流　1221.7.21
没　1242.9.12
★『順徳天皇宸記』　1242.9.12
★順如
没　1483.5.29
★証慧
没　1264.5.3
貞永式目〔★御成敗式目〕1232.8.10
★尚円
没　1476.7.28
★承円
没　1236.10.-
★浄音
没　1271.5.22
★聖戒
没　1323.2.15
性海霊見
入元　1342.この秋
★正嘉の飢饉　1259.この年
★承久の乱　1221.5.15
★承久没収地　1243.閏7.6
尚金福
天照大神の祠を那覇に建立　1452.この年
没　1453.4.18
★証空
没　1247.11.26
★聖冏
没　1420.9.27
★貞慶
没　1213.2.3
★昭慶門院
没　1324.3.12
★勝賢
没　1196.6.22
★証賢
没　1345.6.2
★聖憲
没　1392.5.29
尚元
没　1572.4.1
★成賢
没　1231.9.19
浄光
鎌倉大仏堂の事始を行う　1238.3.23
★成功　1238.9.27
★定豪
没　1238.9.24
★浄業
帰国　1228.2.-
没　1259.2.21
★称光天皇
初めて禁中で猿楽を催す　1427.1.12
没　1428.7.20
★相国寺　1382.11.26　1394.9.24
★『相国寺供養記』　1392.8,28
相国寺七重塔　1399.9.15
★『相国寺塔供養記』　1399.9.15
★『聖財集』　1299.この年
『匠材集』　1597.3.上旬
★上西門院
没　1189.7.20　→統子内親王
★『正治初度百首』　1200.11.22
尚思達
琉球王に即位　1444.10.-
★『正治二度百首』　1200.この冬
★聖守
没　1291.11.27
★蔣洲
豊後に到る　1556.4.-
五島を発つ　1557.4.-
★正宗竜統
没　1498.1.23
★定舜
没　1244.3.5
★貞舜
没　1422.1.-
静照
入宋　1252.この年
★清浄光寺　1325.1.-
★尚真
種子島忠時に交易を許可　1521.6.15
没　1526.12.11
★性信
没　1275.7.17
★城資永
没　1181.この年
尚清
没　1555.6.25
★乗専
没　1357.6.5
★聖聡
没　1440.7.18
★『消息往来』　1486.この年以前
★『消息耳底秘抄』　1237.この年
★尚泰久
没　1460.6.5
★『樵談治要』　1480.7.28
尚忠
没　1444.10.-
★正中の変　1324.9.19
★勝長寿院　1256.12.11　1258.6.4　1295.11.5
★正長の土一揆　1428.9.18

★正徹
　没　1459.5.9
★『正徹物語』
　　1448.この年以降宝徳2年までの間
★承天寺（筑前）　1248.10.-
★『聖徳太子伝私記』　1245.この頃
★『聖徳太子平氏伝雑勘文』
　　1314.この年
★『浄土五祖絵伝』　1305.6.15
★浄土寺（備後）　1339.6.1
★浄土寺阿弥陀三尊像（播摩）
　　1194.この頃
★浄土寺浄土堂・薬師堂（播摩）
　　1192.9.27
浄土寺重源像　1234.この年
★『浄土法門源流章』　1311.この年
「帖内御文」　1521.この年
★城長茂
　討死　1201.2.22
★少弐景資
　敗死　1285.この年
★少弐貞経
　自刃　1336.2.29
★少弐貞頼
　没　1404.6.20
少弐資元
　自殺　1536.9.4
★少弐資能
　没　1281.閏7.13
★少弐資頼
　没　1228.8.25
★少弐経資
　没　1292.8.2
少弐直資
　没　1359.8.16
少弐冬資
　没　1375.8.26
★少弐冬尚
　没　1559.1.11
★少弐政資
　没　1497.4.19
★証入
　没　1245.7.7
★証如
　畠山義堯を撃退　1532.6.15
　石山坊舎に移る　1532.8.24
　山科に道場を再興　1536.1.4
　没　1554.8.13
★少弐頼尚
　規矩高政・糸田貞義を攻めて平定　1334.7.9
　菊池武光らと筑後大保原で戦う　1359.8.6
　没　1371.12.24
貞把
　没　1574.12.7
★肖柏
　没　1527.4.4
★尚巴志
　没　1439.4.20
★聖福寺　1195.この年
★『聖福寺仏殿記』　1368.2.7
★正平一統　1351.11.7
　　1352.閏2.20
★定遍
　没　1185.12.18
★静遍
　没　1224.4.20
★『正法眼蔵』　1253.8.28
★『正法眼蔵随聞記』
　　1237，嘉禎年間
称名寺愛染明王像　1297.2.27
「称名寺絵図」　1323.2.24
★承明門院
　没　1257.7.5
『請来目録』　1277.8.-
★青蓮院　1468.7.-～9.-
★『職原抄』　1340.2.-　1599.6.-
★『続古今和歌集』　1265.12.26
★『続古今和歌集竟宴和歌』
　　1266.3.12
★『続後拾遺和歌集』　1323.7.2
　　1325.12.18　1326.6.9
★『続後撰和歌集』　1248.7.25
　　1251.10.27
★『続詞花和歌集』　1165.この頃
★『続拾遺和歌集』　1276.7.22
　　1278.12.27　1279.12.27
★『続千載和歌集』　1318.10.30
　　1320.8.4
★『続門葉和歌集』　1305.12.-
諸国平均安堵法　1333.7.23
★『諸寺略記』　1279.1.23
★『諸神本懐集』　1324.1.12
恕中中誓
　明より帰国　1436.7.2
如瑤
　明に派遣　1384.この春
汝霖良佐
　入明　1368.2.-
　帰国　1376.この春
白河千体阿弥陀堂　1159.2.22
『白河殿七百首』　1265.7.7
★白旗一揆　1381.12.12
　　1388.5.18
★『詞林采葉抄』　1366.5.-
★白井城　1479.1.18
城野城　1381.4.26
★心慧
　没　1306.4.27
★『塵芥集』　1536.4.14
★心覚
　没　1182.6.24
★『新加制式』
　　1572.永禄・元亀年中
★真観
　没　1341.6.2
★真教
　相模当麻に住す　1304.1.-
　没　1319.1.27
★『真曲抄』　1296.2.3
★信空
　没　1228.9.9
★真空
　没　1268.7.8
★心敬
　没　1475.4.16
★真芸
　没　1485.11.2
親玄
　東寺寺務となる
　　1306.11.18
★深賢
　没　1261.9.14
信弘
　高麗に派遣される　1378.6.-
★『新古今和歌集』　1205.3.26
★『神国王御書』　1275.この年
★神護寺　1547.閏7.5
神護寺愛染明王像　1275.3.21
★『新後拾遺和歌集』　1375.6.29
　　1382.3.17　1384.12.-
★『新後撰和歌集』　1301.11.23
　　1303.12.19
★神子栄尊
　入宋　1235.この年
　帰国　1238.6.-
　没　1272.12.28
新式目　1284.5.20

★信寂
没　1244.3.3
★『新拾遺和歌集』 1363.2.29
1364.4.20
★『新続古今和歌集』 1438.8.23
1439.6.27
★信瑞
没　1279.11.22
★真盛
没　1495.2.30
★新制　1156.閏9.18　1157.10.8
1178.閏6.17　1179.8.30
1187.12.2　1191.3.22
1191.3.28　1212.3.22
1225.10.29　1231.11.3
1253.7.12
新制沽価法　1179.9.19
★『新千載和歌集』 1359.4.28
★『新撰菟玖波集』 1495.9.26
★『新撰六帖』 1244.この年
★真相
没　1525.10.27　→相阿弥
★尋尊
没　1508.5.2
★『神代巻口訣』 1367.この年
★新待賢門院廉子
没　1359.4.29
新大仏寺　1202.この年
『新玉津島社歌合』 1367.3.23
★『仁智要録』 1192.7.19
★『新勅撰和歌集』 1232.10.2
★『塵添壒囊鈔』 1532.2.3
★心田清播
没　1447.この年
★『神道大意』 1511.2.19
★真如寺　1461.3.5
★『真如堂縁起』 1524.8.15
★真慧
没　1512.10.22
真能
没　1471.8.-
★『神皇正統記』 1339.この秋
『新百人一首』 1483.10.24
★真仏
没　1258.3.8
『新編医学正伝』 1597.4.-
★神保氏張
没　1592.8.5
★新補地頭　1223.6.15　1231.4.21
1232.4.7
新山城　1571.8.21
★信瑜
没　1382.8.7
辛酉の徳政　1261.5.11
★『新葉和歌集』 1381.12.3
★親鸞
配流　1207.2.18
没　1262.11.28

す

すいか　1576.この年
★瑞渓周鳳
離京　1467.この年
没　1473.5.8
★『水源抄』 1244.2.17
出挙利率　1226.1.26
★「随身庭騎絵巻」 1247.この頃
★瑞泉寺　1327.2.-
★嵩山居中
没　1345.2.6
★陶興房
没　1539.4.18
★陶隆房
晴英（義長）を大内氏家督に迎立　1552.3.1
★陶晴賢
自刃　1555.10.1
★陶弘詮
没　1523.10.24
★陶弘護
謀殺　1482.5.27
菅浦〔★菅浦荘〕 1397.11.24
★菅原為長
没　1246.3.28
★崇光天皇
河内より帰京　1357.2.18
没　1398.1.13
★鈴木主水
自刃　1589.11.-
★崇徳天皇
讃岐国に配流　1156.7.23
没　1164.8.26
崇徳院の諡号を奉られる
1177.7.29
相撲節会　1174.7.27
住吉社造営料船〔★寺社造営料唐船〕 1333.7.30
『諏訪大明神絵詞』
1356.11.28以前
★諏訪頼重
切腹　1542.7.20

せ

★世阿弥
足利義満に猿楽を演じる
1374.この年
義満祇園会見物に同席
1378.6.7
佐渡へ配流　1434.5.4
没　1443.この年か
★聖覚
没　1235.3.5
★『政覚大僧正記』 1483.この年
★誓願寺　1209.4.9　1288.4.26
★西磵子曇
来日　1271.この年
元に帰る　1278.この年
没　1306.10.28
清玉
大仏殿勧進の綸旨下る
1570.8.15
★『星光寺縁起』 1487.この年
清貞秀
没　1483.8.28
★『西征日記』 1592.3.12
★清拙正澄
来日　1326.8.-
上京　1327.1.-
建長寺に住す　1327.1.-
没　1339.1.17
★精銭　1559.この年
★清涼寺　1222.2.23
『清涼疏鈔』 1410.8.26
★『是害房絵巻』 1308.この年
★石屋真梁
没　1423.5.11
石室善玖
入元　1318.この年
没　1389.9.25
★関城　1341.11.10　1343.4.2
1343.11.11
★関宗祐
討死　1343.11.11
関宿城　1565.3.2　1574.11.-
世親像　1212.この年
世田谷新宿　1578.9.29
★絶海中津
入明　1368.2.-

帰国　1376.この春
鹿苑院院主となる
1383.9.14・16
没　1405.4.5
★雪江宗深
没　1486.6.2
★雪舟等楊
入明　1467.この年か
没　1506.この年
★雪村友梅
入元　1307.この年
帰国　1329.5.-
法雲寺住持となる　1337.7.1
没　1346.12.2
★『節用集』　1590.1.-
1597.この年
銭貨流通　1239.1.11
★銭屋宗訥
没　1590.この年
★セミナリヨ　1580.この年
禅暁
京都で誅される　1220.4.15
千句連歌会　1571.2.5
★善慶
没　1258.この年
★『仙源抄』　1381.この年
★善光寺（信濃）　1179.3.24
1246.3.14　1313.3.22
1370.4.4　1427.3.29
善光寺如来　1597.7.18
1598.8.17
★『千五百番歌合』　1202.9.-
★『千載和歌集』　1183.2.-
1187.9.20
★『撰時抄』　1275.この年
★宣旨枡　1330.5.22
★専修念仏　1205.10.-
専修念仏禁止　1224.8.5
★千手前
没　1188.4.25
★専順
没　1476.3.20
★禅助
没　1330.2.11
船上山　1333.閏2.28
★禅勝房
没　1258.10.4
★浅草寺　1300.3.18
★『選択本願念仏集』　1198.3.-
★善通寺　1558.10.20
★禅爾
没　1325.1.8
★善如
没　1389.2.29
★千利休
切腹　1591.2.28
★『蟬冕翼抄』　1322.1.-
★宣瑜
没　1325.2.29
★宣陽門院
没　1252.6.8
★『善隣国宝記』　1470.12.23

そ

★祖阿
明に派遣　1401.5.13
象　1408.6.22
相阿弥〔★真相〕
孔子・老子を描く
1510.3.-～4.-　→真相
増阿弥
勧進田楽を行う　1421.12.2
1422.10.21
★『草庵集』　1359.この頃
★宗伊
没　1485.11.28
★総一検校
没　1462.3.29
★早雲寺　1521.12.23
★『早雲寺殿廿一箇条』　1519.8.15
宗祇〔★飯尾宗祇〕
白河関に連歌を催す
1468.10.22
北野社連歌会所奉行となる
1488.3.28
山口で『伊勢物語』を講釈
1489.この年
近衛尚通に古今伝授を行う
1498.2.5
三条西実隆に古今伝授を行う
1501.9.15
没　1502.7.30
★宋希璟
義持に謁見　1420.6.16
漢城へ帰る　1420.10.25
★『宗祇独吟名所百韻』　1467.1.1
★宗金
没　1454.8.-
★『宗五大草紙』　1528.この年
惣国一揆（伊賀）　1581.9.3
惣国一揆（紀伊）　1534.この年
★宗貞茂
没　1418.4.-
★宗貞盛
没　1452.6.22
★蔵山順空
入宋　1262.この年
没　1308.5.9
★増俊
没　1165.2.11
★蔵俊
没　1180.9.27
★宗性
没　1278.6.8
造勝長寿院・建長寺船
1326.9.4
『蔵乗法数』　1410.2.-
★宗資国
戦死　1274.10.6
★宗碩
没　1533.4.24
★宋銭　1193.7.4
★宋素卿
明に赴く　1510.この年
造内裏段銭〔★造内裏役〕
1444.閏6.-
★宗湛
没　1481.3.9
★『雑談集』　1305.7.18
★宗長
没　1532.3.6
★『宗長日記』　1532.3.6
造天竜寺船　1341.12.23
宗知宗
阿比留国信を滅ぼす
1246.この年
★惣無事令　1586.12.3
★藻壁門院
没　1233.9.18
★双峯宗源
没　1335.11.22
★相馬重胤
自刃　1336.4.16
★宗義調
没　1588.12.12
★宗義智
朝鮮と和議交渉を開始
1599.この年
宗義盛

没　1520.12.6
曾我祐成〔★曾我兄弟〕
工藤祐経を討つ　1193.5.28
曾我時致〔★曾我兄弟〕
工藤祐経を討つ　1193.5.28
★『続教訓抄』　1270.この年
★『続古事談』　1219.4.23
『続正法論』　1367.9.-
1368.7.26
★十河一存
没　1561.3.18
『卒塔婆小町』　1384.5.19
染土城　1381.6.22
祖来
懐良親王使者として明に入貢
1371.この年
尊雲法親王
天台座主となる　1327.12.6
天台座主を辞する　1329.2.11
還俗して護良と改める
1332.11.-　→護良親王
★尊円入道親王
没　1356.9.23
尊海
朝鮮に使する　1538.7.1
★存覚
没　1373.2.28
★尊観
没　1316.3.14
★尊観
没　1400.10.24
★『尊号真像銘文』　1258.6.-
尊秀〔★尊秀王〕
禁裏に乱入，神璽・宝剣を奪う　1443.9.23
★尊勝寺　1314.2.14
★尊助法親王
没　1290.12.1
★尊信
没　1283.7.13
★尊信
没　1380.4.22
★尊朝法親王
没　1597.2.13
尊澄法親王
天台座主となる　1330.12.14
讃岐国へ配流　1332.3.7　→宗良親王
尊珍法親王
配流　1330.12.-
★存如
没　1457.6.18
★『尊卑分脈』　1399.6.15

た

★『大槐秘抄』　1162.この年以降
★『大学』　1599.閏3.8
大覚寺義昭
大和に挙兵　1438.7.-
自殺　1441.3.13
★大覚寺五大明王像　1176.11.16
大覚寺金堂　1321.4.-
★大覚寺統　1302.8.29
★大岳周崇
没　1423.9.14
『大学章句』　1481.6.-　1492.9.-
★大休正念
来日　1269.この年
没　1289.11.29
★大休宗休
没　1549.8.24
★太元宮　1484.11.24
★『體源抄』　1512.6.-
★太源宗真
没　1370.11.20
★太原崇孚
没　1555.10.10
★退耕行勇
没　1241.7.15
大功田　1167.8.10
★醍醐寺　1470.7.19
★退座　1235.閏6.21
大山寺　1432.4.28
★大慈寺（相模）　1212.4.18
1214.7.27
★大慈寺（肥後）　1283.この年
★『太子伝玉林抄』　1448.4.-
★大樹寺　1475.2.22
大乗院教信
還俗の上，遠流　1372.1.22
★大掾満幹
誅殺　1429.12.13
★太初啓原
入元　1351.この年
★大拙祖能
入元　1344.この秋
帰国　1358.5.-
没　1377.8.20
★『大山寺縁起』　1398.8.1
★大智
入元　1314.この年
没　1366.12.10
★大道寺政繁
自刃　1590.7.19
★大徳寺　1325.7.1　1333.10.1
1431.9.-
★『大日経疏』　1277.8.-
★『代始和抄』　1478.2.-
★『大般若経』　1353.9.22
『大悲山寺縁起』　1156.2.2
大仏寺　1244.7.18
大仏城　1413.4.18　1413.12.21
★『太平記』　1378.永和年間頃
1563.8.-
★『太平御覧』　1179.12.16
★大法寺三重塔　1333.1.26
★大宝城　1341.11.10　1343.11.11
★大宝寺義興
自刃　1587.10.-
★『当麻寺縁起』　1531.この年
★平敦盛
討死　1184.2.7
平景隆
没　1274.10.15
平清宗
斬死　1185.6.21
★平清盛
正三位となる　1160.6.20
内大臣となる　1166.11.11
太政大臣となる　1167.2.11
太政大臣を辞任　1167.5.17
出家　1168.2.11
法皇の幽閉を解く
1180.12.18
没　1181.閏2.4
★平滋子
皇太后となる　1168.3.20　→建春門院
★平重衡
南都を攻め焼く　1180.12.28
捕えられる　1184.2.7
斬死　1185.6.23
★平重盛
正三位となる　1164.12.17
権大納言となる　1170.4.21
内大臣となる　1177.3.5
没　1179.7.29
★平資盛
入水　1185.3.24

平忠貞
斬首　1156.7.28
★平忠度
討死　1184.2.7
★平忠正
斬死　1156.7.28
★平親範
没　1220.9.28
★平経高
没　1255.6.-
★平経盛
入水　1185.3.24
★平時子
入水　1185.3.24
★平時忠
解官　1161.9.15
配流　1162.6.23
召還　1165.9.14
配流　1169.12.28
召還　1170.2.6
没　1189.2.24
平徳子
入内　1171.12.14
女御となる　1171.12.26
中宮となる　1172.2.10
建礼門院となる　1181.11.25
→建礼門院
平知忠
追捕される　1196.6.25
★平知盛
入水　1185.3.24
★平成輔
刑死　1332.5.22
★平信範
配流　1169.12.28
召還　1170.2.6
没　1187.2.12
★平教盛
解官　1161.9.15
討死　1185.3.24
★平広常
誅殺　1183.12.22
★平通盛
源義仲に敗れる　1181.9.6
討死　1184.2.7
★平宗盛
内大臣となる　1182.10.3
刑死　1185.6.21
★平盛子
没　1179.6.17
★平盛俊
討死　1184.2.7
★平康頼
捕えられる　1177.6.3
鬼界島に配流　1177.6.-
鬼界島より召還　1178.7.3
★平行盛
入水　1185.3.24
★平頼綱
自刃　1293.4.22
★平頼綱の乱　1293.4.22
★平頼盛
没　1186.6.2
★平六代
斬られる　1198.2.5
★大林宗套
没　1568.1.27
高尾城　1488.6.9
高雄城　1547.閏7.5
★高倉天皇
受禅　1168.2.19
即位　1168.3.20
元服　1171.1.3
譲位　1180.2.21
没　1181.1.14　→憲仁親王
★『高砂』　1443.この年
★高階栄子
没　1216.この年
高階隆長
配流　1320.10.5
★高階泰経
没　1201.11.23
★多賀高忠
没　1486.8.17
★高田城　1479.5.27
鷹司兼輔
没　1552.9.9
★鷹司兼平
没　1294.8.8
★鷹司冬教
没　1337.1.26
★高天神城　1574.5.12
★高橋鑑種
没　1579.この年
★高橋紹運
没　1586.7.27
尊治親王
皇太子となる　1308.9.19　→後醍醐天皇
高天
配流される　1420.10.8
殺される　1420.10.8
★高松院
没　1176.6.13　→姝子内親王
★高松城　1582.5.7
高見原　1488.11.15　1494.10.5
高屋城　1506.1.26　1528.11.11
★高山図書
没　1596.この年
★高山宗砌
没　1455.1.16
★尊良親王
土佐国へ配流　1332.3.7
京都を出発　1335.11.19
自刃　1337.3.6
★滝川一益
没　1586.9.9
★薪荘　1235.6.3
★託何
没　1354.8.20
多久城　1497.4.19
★武田勝頼
長篠の戦　1575.5.21
自刃　1582.3.11
★竹田昌慶
帰国　1378.この秋
没　1380.5.25
★武田信玄
三方原に家康を破る　1572.12.22
没　1573.4.12　→武田晴信
★武田信賢
没　1471.6.2
★武田信繁
討死　1561.9.10
★武田信虎
信縄の跡を嗣ぐ　1507.2.14
没　1574.3.5
★武田信広
胡奢魔尹を射殺　1457.5.14
没　1494.5.20
武田信光
没　1248.12.5
★武田信満
没　1417.2.6
★武田信義
甲斐国で挙兵　1180.9.10
没　1186.3.9
武田晴信
宸筆写経を甲斐浅間社に奉納

1550. 4. 20
信濃より撤兵　1555. 閏10. 15　→武田信玄
★武田元明
自刃　1582. 7. 19
★武田元信
没　1521. 12. 3
★竹中重治
没　1579. 6. 13
★竹内久盛
没　1595. 6. 30
★竹御所
没　1234. 7. 27
★武野紹鷗
没　1555. 閏10. 29
★建部賢文
没　1590. 9. 21
★『竹むきが記』　1349. この年
但馬一揆　1581. この年
★多治見国長
没　1324. 9. 19
太政官文殿　1226. 8. 26
★田代三喜
没　1544. 4. 15
★忠成王
没　1280. 12. 13
多々良浜〔★多々良浜の戦〕　1336. 3. 2
★橘兼仲
流罪　1197. 3. -
★『橘逸勢伝』　1166. この年
★伊達氏洞の乱　1542. 6. 20
★伊達稙宗
没　1565. 6. 19
★伊達輝宗
戦死　1585. 10. 8
★『伊達日記』　1584. 10. -
立野紙　1598. 3. 4
★伊達晴宗
没　1577. 12. 5
★伊達政宗
没　1405. 9. 14
★伊達持宗
没　1469. 1. 8
★伊達行朝
没　1348. 5. 9
★谷宗牧
没　1545. 9. 22
★谷宗養
没　1563. 11. 18
★種子島　1543. 8. 25
★種子島時尭
没　1579. 10. 2
胤仁親王
立太子　1289. 4. 25　→後伏見天皇
憑支〔★頼母子〕　1275. 12. -
田原城　1547. 9. 5
★田村清顕
没　1586. 10. 9
★『為兼卿和歌抄』　1285. この年より弘安10年の間
★『多聞院日記』　1478. この年
★太良荘　1334. 8. 21　1356. 10. 23
★湛睿
没　1346. 11. 30
★湛快
没　1174. この年
★湛空
没　1253. 7. 27
★湛慶
没　1256. この年
★段銭　1371. 11. 2
★湛増
没　1198. 5. 8
★『歎徳文』　1366. 5. -
壇の浦　1185. 3. 24

ち

★智蘊
没　1448. 5. 12
★知恩院　1523. 4. 18
★知恩寺　1523. 4. 18
『智覚普明国師語録』　1388. 8. 13
★筑後川の戦　1359. 8. 6
★千種忠顕
討死　1336. 6. 7
『筑前国誓願寺盂蘭盆一品経縁起』　1178. 7. 15
★『竹馬抄』　1383. この春
★『竹林抄』　1476. 5. 23
★『稚児草紙』　1321. この年
★智通
没　1403. 5. 1
★千葉兼胤
没　1430. 6. 17
千葉貞胤
没　1351. 1. 1
★千葉常胤
没　1201. 3. 24
治罰の綸旨　1438. 8. 28
★千葉秀胤
配流　1246. 6. 13
没　1247. 6. 7
★千早城　1332. 11. -　1333. 2. -　1392. 1. 18
★茶屋明延
没　1591. 5. 25
★茶屋四郎次郎
没　1596. 閏7. 27
★忠快
没　1227. 3. 16
★中巌円月
入元　1325. 9. -
帰国　1332. この年
没　1375. 1. 8
★忠義王
暗殺　1457. 12. 2
★仲恭天皇
没　1234. 5. 20
★『中正子』　1334. この春
★中尊寺　1337. この年
中尊寺釈尊院五輪塔　1169. 4. 23
中殿（清涼殿）和歌管絃会　1218. 8. 13
★仲方円伊
没　1413. 8. 15
仲猷祖闡
明使として博多到着，抑留される　1372. 5. -
上洛　1373. 6. 29
★澄円
入元　1317. この年
没　1371. 7. 27
★長覚
没　1416. 11. 15
★澄覚法親王
没　1289. 4. 18
★『朝覲行幸次第』　1250. この年
★長慶天皇
吉野に退去　1373. 8. 10
没　1394. 8. 1
★澄憲
没　1203. 8. 6
★重源
入宋　1167. この年
帰国　1168. 9. -
諸国を勧進　1181. 8. -
没　1206. 6. 5

長講堂領　1304.7.8
長者原　1362.9.21
★『長秋詠藻』　1178.3.-
朝鮮回礼使　1433.1.26
★『朝鮮国往還日記』　1586.この年
朝鮮使　1429.6.19　1439.12.26
　1443.6.19
朝鮮通信使〔★通信使〕
　1590.11.7
★『朝鮮日々記』　1597.6.24
★長宗我部国親
　没　1560.6.15
★長宗我部元親
　没　1599.5.19
趙秩
　明使として懐良親王へ至る
　1370.この年
★『長福寺縁起』　1177.この年
『長楽寺永禄日記』　1565.この年
趙良弼
　大宰府に至る　1271.9.19・25
　帰国　1273.3.-
『勅修百丈清規』　1356.1.7
★『勅撰作者部類』　1337.この年
★『塵塚物語』　1552.この頃
陳雲
　小西行長と講和を議するも決裂　1595.1.13
★珍皇寺　1448.4.5
★鎮西談議所　1286.7.16
鎮西特殊合議制訴訟機関
　1284.9.10
鎮西引付衆　1299.4.10
鎮西評定衆　1299.1.27
★椿庭海寿
　帰国　1373.この年
　没　1401.閏1.12
★陳和卿
　実朝と対面　1216.6.15
陳伯寿
　鎌倉へ来着　1370.9.22
★陳孟才
　鎌倉へ来着　1370.9.22
★『椿葉記』　1434.8.27

つ

★通翁鏡円
　没　1325.閏1.27
★通幻寂霊
　没　1391.5.5
★塚原卜伝
　没　1571.2.11
★築山殿
　殺害　1579.8.29
★『筑紫道記』　1480.この年
★『菟玖波集』　1356.3.25
　1357.閏7.11
★『筑波問答』
　1357.この年より応安5年の間
　1373.延文2年以降この年までに
　1388.6.13
★津田監物
　没　1567.12.23
★津田宗及
　没　1591.4.20
★津田宗達
　没　1566.8.2
★土一揆　1480.9.11
土一揆（京都）　1441.9.3
　1454.9.8　1459.9.30
　1459.11.9　1462.10.28
　1463.9.28　1484.11.3
　1488.9.2　1490.3.21
　1490.閏8.14　1495.10.20
　1504.9.11　1520.1.12
　1546.10.5
土一揆（山城）　1454.6.11
　1457.10.-～11.-　1465.11.11
　1478.12.7　1480.11.19
　1496.12.1　1509.2.19
土一揆（大和）　1429.1.-～2.-
　1432.9.11　1432.9.24
　1451.10.14　1454.12.3
土一揆（近江）　1447.7.-
　1456.9.19
土一揆（丹波）　1429.2.5
土一揆（出雲）　1476.4.14
土丸城　1379.1.22
★土御門定通
　没　1247.9.28
★土御門内裏　1401.8.3
　1456.7.20
★土御門天皇
　譲位　1210.11.25
　配流　1221.閏10.10
　阿波国に遷流　1223.5.-
　没　1231.10.11　1231.10.11
筒井順永
　没　1476.4.5
筒井順覚
　後南朝方に敗死　1434.8.14
★筒井順慶
　大和守護に任じる　1576.5.3
　没　1584.8.11
筒井順興
　没　1535.7.5
筒井城　1565.11.18
★『綱光公記』　1446.の年
★『経俊卿記』　1237.この年
★恒良親王
　皇太子となる　1334.1.23
　捕えられる　1337.3.6
　毒殺　1338.この年
★津戸為守
　没　1243.1.15
★『妻鏡』　1300.この頃
★鶴岡八幡宮　1280.11.14
　1296.2.3　1526.12.15
★『鶴岡八幡宮寺供僧次第』
　1455.この頃
鶴岡八幡宮神宮寺　1208.12.12
鶴岡八幡宮放生会　1187.8.15
鶴子銀山（佐渡）　1542.この年
★『徒然草』　1319.この年
　1330.この年から翌年の間

て

★『帝王系図』　1426.5.14
★丁巳約条　1557.4.-
★鄭舜功
　豊後に到る　1556.7.-
鄭地
　倭寇を撃退　1388.8.-
★丁未約条　1547.2.-
★鄭夢周
　高麗使として倭寇の禁圧を求める　1377.この年
　帰国　1378.7.-
鉄牛継印
　入元　1323.元亨年間
★鉄舟徳済
　没　1366.9.15
★徹通義介
　入宋　1259.この年
　永平寺に住す　1267.4.8
　没　1309.9.14
★徹翁義亨

没　1369.5.15
★鉄砲　1543.8.25
1550.この頃より
1580.閏3.17
★寺泊　1224.2.29
熙仁親王
立太子　1275.11.5　→伏見天皇
★天隠竜沢
没　1500.9.23
★田楽　1349.6.11
★『天下南禅寺記』　1413.この頃
★天岸慧広
入元　1320.この年
没　1335.3.8
★『天狗草子』　1296.10.3
★『天子摂関御影』
1348.11月より貞和6年1月の間
★天正大判　1588.この年
★『天正記』
1580.この年以降天正16年頃の間
★天正遣欧使節　1582.1.28
1590.6.20
★天正通宝　1587.この年
★『天正日記』　1590.5.18
★『天正日記』（伊達天正日記）
1587.1.-
★天瑞院
没　1592.7.22
★『天柱集』　1348.7.16
★『天王寺屋会記』
1548.この年より
★天文法華の乱　1536.7.27
『伝法正宗記』　1287.9.-
★天与清啓
遣明正使とする　1460.6.17
明に派遣　1465.この年
入明　1467.この年
★天竜寺　1339.10.5　1341.7.22
1345.8.29　1358.1.4
1367.3.29　1373.9.28
1410.2.28　1447.7.5
1468.7.-～9.-
★『天竜寺供養記』　1345.8.29
天竜寺仏殿　1343.8.-
天倫道彝
義満に引見される　1402.9.5

と

砥石城　1550.9.1
★土居通増
没　1336.10.11
★道阿弥
没　1413.5.9
★『島隠漁唱』　1496.この年以前
★洞院公賢
没　1360.4.6
★洞院公定
没　1399.6.15
★洞院実雄
没　1273.8.16
★洞院実世
没　1358.8.19
★『東海一漚集』　1375.1.8
★『東海瓊華集』　1437.4.20
★東海道　1194.11.8
★『桃華蘂葉』　1480.4-.
★東巌慧安
没　1277.11.3
★『東関紀行』　1242.この年
★等熙
没　1462.6.11
★道教
没　1236.5.26
★道元
渡宋　1223.2.-
帰国　1227.この年
興正寺を開山　1233.この春
没　1253.8.28
★桃源瑞仙
没　1489.10.28
★道興
没　1501.9.23
★『東国紀行』　1545.3.7
★『東金堂細々要記』　1334.この年
★『東斎随筆』　1481.4.2
★等持院　1339.7.6
★『東寺塔供養記』　1086.この年
1334.9.24
統子内親王
皇后となる　1158.2.3　→上西門院
★道宗
没　1516.この年
★道昭
没　1355.12.22
★道正庵隆英
没　1248.7.24
★道助入道親王
没　1249.1.16
★『東征絵伝』　1298.8.-
銅銭通用　1226.8.1
★東大寺　1181.1.4
東大寺供養　1203.11.30
東大寺再建供養会　1195.3.12
★『東大寺衆徒参詣伊勢大神宮記』
1186.5.-
東大寺上棟　1190.10.19
★東大寺僧形八幡神像
1201.12.27
東大寺大仏　1183.5.18
★『東大寺大仏縁起』　1536.この年
東大寺大仏開眼供養　1185.8.28
★東大寺大仏殿　1567.10.10
1568.3.27　1570.8.15
1571.7.16　1572.6.-
★東大寺南大門　1199.6.-
★東大寺南大門金剛力士像
1203.10.3
★『東大寺法華堂要録』　1459.4.-
★東常縁
没　1494.4.18
★藤堂高虎
朝鮮より帰国　1598.5.-
★『多武峯略記』　1197.この年
★道範
配流　1243.1.25
没　1252.5.22
★東福寺　1243.8.-　1319.2.7
東福寺城　1347.6.6
道宝
伊勢参籠して異国降伏を祈る
1277.1.12
東北院　1171.7.11
★東北院職人歌合　1214.9.13
★東明慧日
来日　1309.この年
没　1340.10.4
東妙寺　1339.6.1
とうもろこし　1576.この年
★『東野州聞書』　1456.この頃
東洋允澎
明へ向け，京を出発
1451.10.26
明に向かう　1453.3.30
代宗に謁見　1453.10.1
没　1454.5.19
★東陽英朝
没　1504.8.24
★桃林安栄

没　1473.11.1
★東陵永璵
来日　1351.この年
没　1365.5.6
富樫成春
加賀半国守護に補任
1447.5.17
★富樫政親
近江から帰国　1487.12.-
自刃　1488.6.9
富樫満成
足利義嗣通謀発覚
1418.11.24
高野山に遁世　1418.11.24
誅殺　1419.2.-
★富樫泰高
加賀半国守護に補任
1447.5.17
★『言国卿記』 1474.この年
★土岐定政
没　1597.3.3
★土岐氏の乱　1390.閏3.25
★富木常忍
没　1299.3.20
★『言継卿記』 1527.この年
1579.3.2
★『言経卿記』 1576.この年
土岐成頼
足利義視を伴い美濃に下向
1477.11.11
言仁親王
皇太子となる　1178.12.15　→安徳天皇
★土岐持頼
没　1440.5.16
★土岐康政
没　1418.この年
★土岐康行
没　1404.10.6
★『時慶卿記』 1587.この年
★世良親王
没　1330.9.18
土岐頼有
殺害　1324.9.19
★土岐頼遠
斬首　1342.12.1
★土岐頼芸
没　1582.12.4
★土岐頼益
没　1414.4.4
★土岐頼康
没　1387.12.25
土岐頼世
美濃守護に補任　1390.閏3.-
★徳川家康
遠江に侵入　1568.12.-
越前へ出陣　1570.4.20
浜松城に移る　1570.6.-
岡崎に入る　1579.8.3
堺より三河国に戻る
1582.6.4
秀吉勢を尾張国長久手に破る
1584.4.9
秀吉と和睦　1584.12.12
大坂城で秀吉と会見
1586.10.27
駿府城に移る　1586.12.4
北条氏旧領に移封される
1590.7.13
江戸城に入る　1590.8.1　→松平家康　→松平元康
★徳政　1441.9.12
★徳政一揆　1428.11.22
1526.12.2
徳政一揆（京都）　1480.9.11
1486.8.24
徳政一揆（山城）　1511.9.20
1570.10.4
徳政一揆（大和）　1497.12.22
徳政一揆（近江）　1493.11.15
1527.4.15
徳政一揆（安芸）　1475.10.23
徳政土一揆　1485.8.-
★徳政令　1334.5.3　1441.閏9.18
「徳政論」 1441.11.5
★徳大寺公継
没　1227.1.30
★徳大寺実淳
没　1533.8.24
★徳大寺実基
没　1273.2.14
★得能通綱
没　1337.3.6
★土佐房昌俊
義経を強襲失敗　1185.10.17
捕縛される　1185.10.17
斬刑　1185.10.26
★土佐光信
絵所預となる　1469.10.9
没　1525.5.20
★土佐光元
没　1569.8.-
★『智仁親王御記』 1599.この年
★杜世忠
室津に来る　1275.4.15
斬首　1275.9.7
★土倉　1316.正和の頃　1433.10.3
土倉・酒屋役〔★土倉役〕
1371.11.2　1393.11.26
1432.7.20
富田城〔★月山城〕　1543.3.12
1566.11.19
★戸田忠次
没　1597.6.23
★戸田康光
討死　1547.9.5
★『ドチリナ=キリシタン』
1592.この年
★鳥取城　1573.10.-　1581.10.25
★礪波山の戦　1183.5.11
★鳥羽天皇
没　1156.7.2
富仁親王
立太子　1301.8.24　→花園天皇
豊国大明神〔★豊国神社〕
1599.4.17
★豊田頼英
没　1490.8.23
★豊臣秀次
関白となる　1591.12.28
切腹　1595.7.15
★豊臣秀吉
豊臣改姓を勅許される
1585.9.9
太政大臣に任官　1586.12.19
島津氏攻めのため，大坂を出立　1587.3.1
キリスト教宣教師の国外退去等を命じる　1587.6.19
小田原陣中で政宗を引見
1590.6.9
帰京　1590.9.1
インド副王にヤソ教禁止，貿易返書を送る　1591.7.25
来年3月の征明出兵を表明
1591.8.23
名護屋に向け出京　1592.3.26
名護屋着陣　1592.4.25
謝用梓らに日明和平7ヵ条を示す　1593.6.28

伏見城に移る 1594.8.1
キリシタンを長崎で処刑 1594.この年
秀次を高野山に追放 1595.7.8
朝鮮攻撃開始を命じる 1597.6.-
朝鮮人鼻塚の施餓鬼を行う 1597.9.28
没 1598.8.18 →羽柴秀吉
★豊臣秀頼
伏見城より大坂城に移る 1599.1.10
★豊原統秋
没 1524.8.20
★鳥居強右衛門
磔刑 1575.5.-
★トルレス
山口より豊後に移る 1556.3.1
★『とはずがたり』 1306.この頃
★頓阿
没 1372.3.13
★『頓医抄』 1302.この年或いは嘉元2年
★呑海
没 1327.2.18

な

★内宴 1158.1.22
★内管領 1293.4.22
内藤如安
明皇帝に謁し，冊封等の和議条件を約す 1594.12.14 →小西如庵
★『直物抄』 1165.この年
★直仁親王
帰京 1357.2.18
没 1398.5.14
★長井宗秀
没 1327.この年
★長江荘 1219.3.9
長尾景虎
義輝に謁見 1559.4.21
関東管領上杉氏を嗣ぎ政虎と改名 1561.閏3.16 →上杉謙信
★長尾景仲
没 1463.8.26
★長尾景長
没 1528.1.15
★長尾景春
没 1514.8.24
★『長興宿禰記』 1475.この年
中尾城 1550.6.9 1550.11.19
★長尾為景
没 1542.この年
長尾晴景
没 1553.2.10
長尾政景
没 1564.7.5
★長尾能景
討死 1506.9.19
★中川清秀
戦死 1583.4.20
★中川秀政
戦死 1593.この年
★長坂長閑
誅殺 1582.3.-
長崎城（越前） 1480.7.11
★長崎高貞
京都へ派遣 1331.5.5
斬死 1334.この年
★長崎高資
自刃 1333.5.22
★長崎高綱
自刃 1333.5.22
長篠城 1575.4.21
★長篠の戦 1575.5.21
★中条家長
没 1236.8.25
★中先代の乱 1335.7.22
★『中務内侍日記』 1292.4月以降
★長沼宗政
没 1240.11.19
★『中院一品記』 1336.この年
★中院親光
没 1377.4.-
★中院通重
没 1322.9.15
★中院通成
没 1286.12.23
★中院通秀
没 1494.6.22
★中院通冬
没 1363.閏1.25
★長野業政
没 1561.6.21
★長野業盛
自刃 1566.9.29
★中原季時
没 1236.4.6
★中原親能
没 1208.12.18
★中原章房
没 1330.4.1
中原政経
捕えられる 1199.2.14
★中原師員
没 1251.6.22
★中原師茂
没 1378.7.7
★中原康富
没 1457.2.16
★中御門宣明
没 1365.6.3
★中御門宣胤
没 1525.11.17
★中御門宣秀
没 1531.7.9
★中山定親
没 1459.9.17
★中山忠親
没 1195.3.12
★半井驢庵
没 1577.8.25
★『なぐさめ草』 1418.この年
★名越高家
討死 1333.4.27
★名越時章
没 1272.2.11
★名越朝時
没 1245.4.6
★名越光時
執権時頼排除を謀る 1246.5.24
配流 1246.6.13
★那須資胤
没 1583.2.11
★魚住泊 1196.6.3
★名手荘 1291.10.5
★七尾城 1577.9.15
★『浪合記』 1488.この年
★納屋助左衛門
秀吉に真壺等を進上 1594.7.20
成田氏長
没 1595.12.11
★名和長年
討死 1336.6.30

★『南海流浪記』　1258. この年
南京芋　1576. この年
★南江宗沅
没　1463. この年
南湖西堂
朝鮮に派遣　1514. この年
★南山士雲
没　1335. 10. 7
★南禅寺　1291. この年　1334. 1. 26
1386. 7. 10　1393. 8. 22
1447. 4. 2
男体城　1387. 7. 19　1388. 5. 18
★『難太平記』　1402. 2. -
★『南朝五百番歌合』　1375. この年
南蛮寺〔★切支丹寺〕
1576. 7. 21　1587. 6. 19
★南部信直
没　1599. 10. 5
★南部信光
没　1376. 1. 23
★南部政長
没　1360. 8. -
★南部師行
討死　1338. 5. 22
★南北朝の合体　1392. 閏10. 5
南北朝分裂　1336. 12. 21
★南浦紹明
入宋　1259. この年
帰国　1267. この年
没　1308. 12. 29

に

★二階堂貞藤
没　1334. 12. 28
★二階堂行方
没　1267. 6. 8
二階堂行綱
没　1281. 6. 7
二階堂行光
没　1219. 9. 8
★二階堂行盛
没　1253. 12. 8
二月騒動〔★北条教時の乱〕
1272. 2. 11・15
★日向
没　1314. 9. 3
★『二条宴乗日記』　1569. この年
★二条河原落書　1334. 8. -
★二条城　1569. 2. 2　1569. 4. 14
★二条尹房
没　1551. 8. 29
★二条為氏
没　1286. 9. 14
★二条為定
没　1360. 3. 14
二条為重
没　1385. 2. 15
★二条為藤
没　1324. 7. 17
★二条為冬
没　1335. 12. 12
★二条為世
没　1338. 8. 5
★二条天皇
受禅　1158. 8. 11
即位　1158. 12. 20
譲位　1165. 6. 25
没　1165. 7. 28
★二条晴良
没　1579. 4. 29
二条尚基
没　1497. 10. 10
★二条道平
没　1335. 2. 4
二条持基
没　1445. 11. 3
★二条師基
没　1365. 1. 26
★二条良実
没　1270. 11. 29
★二条良基
没　1388. 6. 13
★『二所大神宮神祇百首和歌』
1468. この年
★『二水記』　1504. この年
★日印
没　1328. 12. 20
★日胤
没　1180. 5. 26
★日叡
没　1400. 5. 7
『日欧風習対照覚書』〔★『フロイス日欧風習対照覚書』〕
1585. 6. 14
「日堯上人像」（本法寺蔵）
1572. この年
★日具
没　1501. 2. 12
★日現
没　1561. 7. 21
★日珖
没　1598. 8. 27
★日実
没　1458. 4. 22
★日什
没　1392. 2. 28
★日乗
没　1577. この年
★日静
没　1369. 6. 27
★日陣
没　1419. 5. 21
★日像
上洛して日蓮宗を京都に弘通
1294. この年
没　1342. 11. 13
★日伝
没　1409. 4. 1
★日弁
没　1311. 閏6. 26
★日目
没　1333. 11. 15
★日祐
没　1374. 5. 19
★『日用集』
1589. この年および慶長２年
★日隆
没　1464. 2. 25
★日輪
没　1359. 4. 4
★日蓮
法華信仰弘通を開始
1253. 4. 28
伊豆へ配流　1261. 5. 12
佐渡へ配流　1271. 9. 12
赦免　1263. 2. 22　1274. 2. 14
甲斐身延へ向かう　1274. 5. 12
没　1282. 10. 13
★日朗
没　1320. 1. 21
日華
没　1334. 8. 16
仁木満長
尾張の守護に補任
1390. 閏3. -
仁木義員
和泉守護に補任　1399. 12. -
★仁木義長
没　1376. 9. 10

★仁木頼章
没　1359.10.13
★日興
没　1333.2.7
★日秀
没　1334.1.10　1450.5.8　1577.11.12
★日祝
没　1513.4.12
★日出
没　1459.4.9
★日昭
没　1323.3.26
★日辰
没　1576.12.15
★日真
没　1528.3.29
★日親
没　1488.9.17
★仁田忠常
誅殺　1203.9.6
★新田義顕
討死　1337.3.6
★新田義興
謀殺　1358.10.10
★新田義貞
鎌倉を攻略　1333.5.21
京都を出発　1335.11.19
尊氏と賀茂河原で戦う　1336.1.27
恒良・尊良両親王を奉じて越前国に赴く　1336.10.10
敗走　1337.3.6
討死　1338.閏7.2
★新田義重
没　1202.1.14
★新田義宗
没　1368.7.-
★『日中行事』　1334.この頃
★日頂
没　1317.3.8
★日朝
没　1500.6.25
日法
没　1341.1.5
★日峯宗舜
没　1448.1.26
★『耳底記』　1598.8.4
★『蜷川親孝日記』　1516.この年
★『蜷川親俊日記』　1538.この年
★蜷川親元
没　1488.5.25
★『蜷川親元日記』　1465.この年
『日本紀歌注』　1207.5.20
『日本遣欧使者記』〔★『グヮルチェリ日本遣欧使者記』〕　1586.この年
★日本国王　1408.12.-　1567.6.-
★『日本国往還日記』　1596.8.3
日本国王使　1431.7.-
★日本国王之印　1404.5.16
★『日本書紀纂疏』　1456.康正年間
『日本書紀』神代巻　1599.閏3.3
★『日本仏法中興願文』　1204.4.22
★二本松義継
戦死　1585.10.8
★如一
没　1321.3.6
如信
没　1300.1.4
如智
元使として対馬に至る　1284.7.-
如道
没　1340.8.11
★庭田重資
没　1389.8.13
★丹羽長秀
没　1585.4.16
★忍性
三村寺清涼院に入る　1252.12.4
鎌倉に入る　1261.この年
祈雨を修する　1271.6.-
日蓮を訴える　1271.7.22
四天王寺別当に勅任　1294.この年
没　1303.7.12
菩薩号を追贈　1328.5.26
★仁如集堯
没　1574.7.28

ね

★根来寺　1585.3.23
★根来衆　1584.3.21　1585.3.21
★「涅槃図」（東福寺蔵）　1408.6.-
年紀法　1247.12.12
★『念仏往生伝』　1262.この年より弘安元年の間

の

★能楽　1593.10.5
納銭条々　1485.7.-
★『後法興院政家記』　1466.1.1
★『宣胤卿記』　1480.この年
★『信長公記』　1582.この年以降慶長3年頃の間
★『宣教記』　1575.1.-
★『野守鏡』　1295.9.-
★『教言卿記』　1405.5.-
憲仁親王
皇太子となる　1166.10.10　→高倉天皇
義良親王
元服　1336.3.10
陸奥太守として赴任す　1336.3.10
皇太子となる　1339.3.-　→後村上天皇

は

★梅山聞本
没　1417.9.7
★芳賀禅可
没　1372.この年
★芳賀高継
没　1592.3.5
★『博多日記』　1333.3.11～4.7
★波木井実長
没　1297.9.25
★白雲慧暁
入宋　1266.この年
没　1297.12.25
博奕の法〔★博奕〕　1244.10.13
★筥崎宮　923.この年　1265.2.11　1280.9.24　1310.1.22　1492.5.2
筥崎宮神人　1265.閏4.2
★『筥根山縁起』　1191.7.25
箱根社〔★箱根神社〕　1523.6.12
箸尾城　1432.11.30
★羽柴秀勝
没　1585.12.10
★羽柴秀勝
没　1592.9.9
★羽柴秀長

没　1591.1.22
★羽柴秀保
没　1595.4.16
羽柴秀吉
長浜城に入る　1574.3.19
淡路を平定　1581.11.17
毛利輝元と和睦，備中高松を出発　1582.6.4
山崎に明智光秀を破る　1582.6.13
織田信孝を降伏させる　1582.12.9
勝家と対峙　1583.3.17
北陸平定　1583.4.25
大坂城に入る　1583.6.2
家康と対峙　1584.3.28
比叡山再興を許す　1584.5.1
信雄と和睦　1584.11.15
近衛前久の猶子となり関白叙任　1585.7.11
大陸侵略の意図を示す　1585.9.3　→豊臣秀吉
★馬借　1418.6.25-　1426.6.8　1433.7.23　1447.7.14　1466.12.12　1472.9.-　1477.11.3
★『破邪顕正鈔』　1324.この年
★長谷川秀一
没　1594.2.-
★長谷寺（大和）　1226.10.22　1280.3.14　1495.11.22
★長谷部信連
没　1218.10.27
★畠山国清
関東執事に任ず　1353.7.29
没　1362.この年
★畠山重忠
誅殺　1205.6.22
★畠山高国
自刃　1351.2.12
★畠山高政
没　1576.10.15
★畠山直宗
誅殺　1349.12.-
★畠山尚順
義英と和睦　1504.12.18
没　1522.7.17
★畠山政長
跡目を相続　1459.6.1
義就の河内嶽山城を攻略　1463.4.15
召還　1463.12.24
西軍と戦う　1467.5.26
自刃　1493.閏4.25
★畠山満家
管領となる　1410.6.9
管領に再任　1421.8.18
没　1433.9.19
★畠山満慶
没　1432.6.27
★畠山持国
管領補任　1442.6.29
三春を将軍継嗣とする　1443.7.23
管領罷免　1445.3.24
没　1455.3.26
畠山基家
敗死　1499.1.30
★畠山基国
紀伊守護に補任　1399.12.-
没　1406.1.17
畠山弥三郎
没　1459.6.1
★畠山義純
没　1210.10.7
★畠山義綱
没　1593.12.21
★畠山義就
高野山に逃れる　1463.4.15
吉野に退く　1463.8.6
赦される　1463.12.24
東軍と戦う　1467.5.26
細川・山名和睦に不参加　1474.4.3
細川政元と和睦　1482.7.16
没　1490.12.12
★畠山義英
尚順と和睦　1504.12.18
★畠山義総
加賀一向一揆と戦う　1531.10.26
没　1545.7.12
★畠山義統
分国に下向　1477.11.11
没　1497.8.20
★畑時能
討死　1341.この年
★波多野秀治
没　1579.6.2
★鉢形城　1512.6.17
★八条院
没　1211.6.26
八条殿　1177.6.21
★蜂須賀家政
朝鮮より帰国　1598.5.-
没　1638.12.30
★蜂須賀正勝
没　1586.5.22
★『八幡宇佐宮御託宣集』　1313.8.-
★『八宗綱要』　1268.1.-
★抜隊得勝
没　1387.2.20
★服部正成
没　1596.11.4
★花園天皇
没　1348.11.11　→富仁親王
★『花園天皇宸記』　1310.この年
★花御所　1378.3.10
★バハン船　1599.4.1　1599.8.20
浜名湖　1498.8.25
★葉室定嗣
没　1272.6.26
葉室光親
梟首　1221.7.12
葉室頼親
配流　1278.7.27
★拝師荘　1313.12.7
原田直政
敗死　1576.5.3
針摺原　1353.2.2
★バリニァーノ
信長に謁見　1581.2.23
帰着　1590.6.20
秀吉に謁見　1591.閏1.8
★『晴富宿禰記』　1446.この年
★『晴豊公記』　1578.この年
★『晴右公記』　1565.この年
榛谷重氏
上総本一揆に屈服　1419.5.6
殺害　1419.5.6
★鑁阿
没　1207.この年
鑁阿寺大御堂　1299.7.24
潘阜
来日　1267.9.-

ひ

比叡山横川中堂　1169.2.5

東坊城和長
没　1529.12.20
東山山荘　1482.2.4　1483.6.27
★比企氏の乱　1203.9.2
★引付　1266.3.6　1269.4.27
1293.10.20
★比企能員
誅殺　1203.9.2
★樋口兼光
討死　1184.1.27
引間城　1517.8.19
★久明親王
征夷大将軍の宣下　1289.10.9
帰京　1308.8.4
没　1328.10.14
★廂番　1257.12.24
★久松俊勝
没　1587.3.13
★『尚通公記』　1506.この年
★「常陸国大田文」　1279.この年
羊病　1171.10.-
★尾藤景綱
没　1234.8.22
★一柳直末
討死　1590.3.29
人掃令〔★人掃〕　1592.3.-
人見原　1352.閏2.20
★『ひとりごと』　1468.4.-
★日野有範
没　1363.12.1
★日野有光
禁裏に乱入，神璽・宝剣を奪う　1443.9.23
誅殺　1443.9.26
★日野内光
討死　1527.2.13
★日野勝光
没　1476.6.15
★日野邦光
没　1363.この年
★日前国懸社　1164.1.28
★日野重光
没　1413.3.16
★日野重子
没　1463.8.8
★日野城　1522.7.20　1523.3.8
★日野資朝
鎌倉に派遣　1323.11.6
捕えられる　1324.9.19
配流　1325.8.-
刑死　1332.6.2
★日野資名
没　1338.5.2
★日野俊基
蔵人に補任　1323.6.16
捕えられる　1324.9.19
1331.5.5
刑死　1332.6.3
★日野富子
没　1496.5.20
日野持光
殺害　1418.2.13
日野康子
准母，准三宮となる
1406.12.27
北山院の院号宣下　1407.3.5
→北山院
★美福門院
没　1160.11.23
姫岳城　1436.6.11
★『百詠和歌』　1204.この年
百済寺〔★くだらでら〕
1492.9.16　1498.8.9
1503.4.3
『百番歌合』　1451.8.11
★『百寮訓要抄』
1381.この年より嘉慶2年の間
★『百練抄』　1304.5.15
兵庫島　1173.この年
兵庫関　1330.6.15　1423.5.7
日吉社〔★日吉大社〕
1310.12.30
「瓢鮎図」　1415.この年以前
★平賀朝雅
討死　1205.閏7.26
★平手政秀
自害　1553.閏1.13
★平野殿荘　1310.この年
★平野荘　1169.12.23
★ビレラ
豊後より上洛　1559.8.-
布教を許される　1560.1.-
『広田社二十九番歌合』〔★広田社歌合〕　1172.12.17
★広橋兼顕
没　1479.5.14
★広橋兼仲
没　1308.1.20
★広橋兼宣
没　1429.9.14
★広橋綱光
没　1477.2.14

ふ

★分一銭　1454.10.29　1480.12.2
★分一徳政令　1530.12.19
★『風雅和歌集』　1346.11.9
1349.2月頃
★『風姿花伝』　1400.この年
★『風葉和歌集』　1271.10.-
★フェリーペ＝デ＝ヘスース
刑死　1596.12.19
★フェルナンデス
没　1567.5.20
★『舞楽要録』
1194.この年以降正治2年の間
★『普勧坐禅儀』　1233.7.15
奉行人伺事規式　1429.7～8月
★『福田方』　1363.この頃
福原山荘　1170.9.20
福原別業　1174.3.16
★『袋草紙』　1157.8.9
『藤谷和歌集』　1328.7.17
『富士紀行』　1432.9.-
★伏見城　1594.3,7
★伏見天皇
勅撰集の撰進を命じる
1293.8.27
出家　1313.10.17
没　1317.9.3　→煕仁親王
『武州江戸歌合』　1474.6.17
不受不施義　1589.4.28
★『峯相記』　1348.この年の末頃
★『富士歴覧記』　1499.この年
★藤原惺窩
家康に『貞観政要』を講じる
1593.12.-
★藤原有家
没　1216.4.11
★藤原家隆
没　1237.4.9
★藤原家良
没　1264.9.10
藤原育子
中宮となる　1162.2.19
★藤原為子
没　1311.この頃
★藤原清輔
没　1177.6.20

★藤原忻子
中宮となる　1156.10.27
没　1209.8.12
★藤原公教
没　1160.7.9
★藤原公能
没　1161.8.11
★藤原邦綱
没　1181.閏2.23
★藤原国衡
討死　1189.8.10
★藤原兼子
没　1229.8.16
★藤原惟方
配流　1160.3.11
召還　1166.3.29
★藤原伊通
没　1165.2.15
★藤原定家
『万葉集』を実朝に送る
1213.11.8
没　1241.8.20
藤原実定
没　1191.閏12.16
★藤原実行
没　1162.7.28
★藤原実能
没　1157.9.2
★藤原重家
没　1180.12.21
★藤原隆季
没　1185.1.11
★藤原隆信
没　1205.2.27
★藤原多子
没　1201.12.24
★藤原忠実
知足院に幽閉　1156.7.23
没　1162.6.18
★藤原忠衡
誅殺　1189.6.26
★藤原忠通
没　1164.2.19
★藤原為家
没　1275.5.1
★藤原為継
没　1265.5.20
★藤原経光
没　1274.4.15
★藤原経宗
配流　1160.3.11
召還　1162.3.7
没　1189.2.28
★藤原俊成
没　1204.11.30
★藤原俊成女
没　1251.この頃
★藤原知家
没　1258.11.-
★藤原長方
没　1191.3.10
★藤原成親
召還　1162.3.10
備中国に配流　1169.12.24
召還　1169.12.28
解官　1170.2.6
権中納言に還任　1170.4.21
備前国に配流　1177.6.2
謀殺　1177.7.9
藤原成経
鬼界島に配流　1177.6.-
鬼界島より召還　1178.7.3
藤原任子
中宮となる　1190.4.26
★藤原信清
没　1216.3.14
★藤原信実
没　1265.12.15
★藤原信頼
斬死　1159.12.27
★藤原範季
没　1205.5.10
★藤原教長
配流　1156.8.3
召還　1162.3.10
藤原教雅
配流　1234.6.30
★藤原秀衡
鎮守府将軍となる　1170.5.25
没　1187.10.29
★藤原秀康
没　1221.10.14
藤原政友
禁獄　1169.12.24
★藤原通憲〔信西〕
斬死　1159.12.13
★藤原光親
斬首　1221.7.12
★藤原光俊
没　1276.6.9
★藤原光頼
没　1173.1.5
★藤原宗輔
没　1162.1.30
★藤原宗行
斬首　1221.7.14
★藤原宗能
没　1170.2.11
★藤原基実
関白・氏長者となる
1158.8.11
没　1166.7.26
★藤原基衡
没　1157.この年もしくは翌年
★藤原基房
太政大臣となる　1170.12.14
関白を止められる
1179.11.15
没　1230.12.28
★藤原基通
関白となる　1179.11.15
摂政を停止　1183.11.21
没　1233.5.29
★藤原師家
摂政内大臣となる
1183.11.21
没　1238.10.4
藤原師高
尾張国に配流　1177.4.20
★藤原師長
召還　1164.6.27
太政大臣となる　1177.3.5
没　1192.7.19
★藤原師光
没　1177.6.1
★藤原泰衡
義経を襲撃　1189.閏4.30
追討される　1189.7.19
討死　1189.9.3
藤原良通
没　1188.2.20
★藤原頼嗣
将軍宣下　1244.4.28
征夷大将軍を廃される
1252.2.20
鎌倉を進発　1252.4.3
没　1256.9.25
藤原頼経
伊豆国に配流　1189.3.11
★藤原頼経

征夷大将軍に補任　1226.1.27
参内　1238.2.23
検非違使別当に補任
1238.2.26
出家　1245.7.5
京都へ送られる　1246.7.11
没　1256.8.11
★藤原頼長
敗死　1156.7.14
正一位太政大臣を追贈
1177.7.29
★『武政軌範』
1491.嘉吉・延徳年間
補陀洛寺梵鐘　1350.8.-
補陀落渡海　1233.3.7
『仏果圜悟禅師心要』　1341.10.-
★仏通寺　1397.8.-
文殿雑訴法　1314.11.13
★『船田乱記』　1495.この年
★『不二遺稿』　1424.2.3
★『夫木和歌抄』　1310.この頃
★普門寺　1246.この年
★『布留』　1384.5.19
★古市澄胤
斬死　1508.7.25
★フロイス
足利義輝に拝謁　1565.1.1
信長に謁し，京都滞在を許される　1569.4.8
★『文安田楽能記』　1446.3.-
★文永の役　1274.10.20
★『文献通考』　1307.この年
★分国法　1597.3.24
★『文正記』　1466.9.29
★『文筆問答鈔』　1504.この年
★『文鳳抄』
1215.この年以降寛元4年以前
★文保の御和談　1317.4.9
★『文明一統記』　1480.7.28
★文禄通宝　1595.文禄年間
★文禄の役　1592.3.26

へ

★平一揆　1368.3.28　1368.6.11
平家滅亡　1185.3.24
★『平家物語』　1592.この年
★『平戸記』　1227.この年
★平治の乱　1159.12.9
★『平他字類抄』　1299.この頃
『僻案抄』　1226.8.-
★『碧山日録』　1459.1.-
★碧潭周皎
没　1374.1.5
★日置弾正
没　1502.この年
★戸次鑑連
没　1585.9.11
★別源円旨
入元　1320.この年
没　1364.10.10
★別所長治
自刃　1580.1.17
★『別所長治記』
1580.1月以降間もなく
★『別尊雑記』　1172.6.18
★ペドロ＝バウティスタ＝ブラスケス
名護屋で秀吉に謁見
1593.6.-
刑死　1596.12.19
★弁慶
討死　1189.この年
★辨長
没　1238.閏2.29
★「弁道話」　1231.8.15

ほ

★法雲寺　1337.7.1
報恩寺（相模）　1371.10.15
★『報恩抄』　1276.7.21
烽火　1294.3.6
★宝戒寺　1335.3.28
法界堂（日野）〔★法界寺〕
1301.4.19
★『宝慶記』　1253.8.28
★『房玄法印記』
1348.この年及び観応2年
★方広寺（京都）　1597.7.18
★方広寺（遠江）　1384.この春
方広寺大仏殿　1588.5.15
1593.9.24
方広寺大仏殿千僧供養
1596.1.29
宝山乾珍
没　1441.12.25
★鳳山等膳
没　1590.5.21
宝治合戦〔★三浦氏の乱〕
1247.6.5
★『宝治百首』　1248.この秋頃
『宝積経要品』　1344.10.8
法住寺殿　1161.4.13
★彭叔守仙
没　1555.10.12
★北条氏邦
没　1597.8.8
★北条氏繁
没　1578.6.13
★北条氏綱
没　1541.7.19
★北条氏照
自刃　1590.7.11
★北条氏直
秀吉に降伏　1590.7.5
黒田孝高に『吾妻鏡』を贈る
1590.この年
没　1591.11.4
★北条氏房
没　1592.4.12
★北条氏政
自刃　1590.7.11
★北条氏康
代替り検地を実施
1542.この年から翌年にかけて
没　1571.10.3
★北条兼時
鎮西に派遣　1293.3.7
没　1295.9.18
★『方丈記』　1212.3月末
北条幻庵
没　1589.11.1
★『北条幻庵覚書』　1562.12.16
★北条貞時
出家　1301.8.23
没　1311.10.26
北条貞房
没　1309.12.2
★北条重時
没　1261.11.3
★北条早雲
没　1519.8.15
★北条高時
出家　1326.3.13
自刃　1333.5.22
★北条綱成
没　1587.5.6
★北条経時
執権を嗣ぐ　1242.6.15

執権を弟時頼に譲る
1246.3.23
没　1246.閏4.1
北条時敦
没　1320.5.24
北条時家
鎮西に派遣　1293.3.7
★北条時国
六波羅探題を解任　1284.6.22
没　1284.10.3
★北条時定
没　1193.2.25
★北条時定
没　1290.この年
★北条時輔
誅殺　1272.2.15
北条時直
敗れる　1333.閏2.11
★北条時房
没　1240.1.24
★北条時政
地頭職を辞退　1186.3.1
比企能員を謀殺　1203.9.2
畠山重忠を討つ　1205.6.22
隠退　1205.閏7.19
没　1215.1.6
★北条時益
討死　1333.5.7
北条時光
配流　1284.8.-
★北条時宗
没　1284.4.4
★北条時村
暗殺　1305.4.23
★北条時茂
没　1270.1.27
★北条時盛
没　1277.5.2
★北条時行
挙兵　1335.7.22
足利直義を破る　1335.7.22
斬首　1353.5.20
★北条時頼
三浦泰村・千葉秀胤らを滅ぼす　1247.6.5
執権を長時に譲る
1256.11.22
出家　1256.11.23
円爾を鎌倉に招く
1257.この年
没　1263.11.22
★坊城俊実
没　1350.2.23
★北条仲時
光厳天皇を奉じて敗走
1333.5.7
自刃　1333.5.9
★北条長時
没　1264.8.21
★北条業時
没　1287.6.26
★北条宣時
没　1323.6.30
北条教時〔★北条教時の乱〕
誅殺　1272.2.11
★北条久時
没　1307.11.28
★北条熙時
没　1315.8.19
★北条政子
寿福寺造営を始める
1200.閏2.13
比企能員を謀殺　1203.9.2
没　1225.7.11
★北条政村
引付頭となる　1249.12.9
没　1273.5.27
★北条宗方
越訴頭人となる　1301.8.25
侍所所司となる　1304.12.7
誅殺　1305.5.4
北条宗宣
連署となる　1305.7.22　→大仏宗宣
★北条基時
自刃　1333.5.22
★北条師時
没　1311.9.22
★北条泰家
出家　1326.3.16
★北条泰時
侍所別当となる　1218.7.22
没　1242.6.15
★北条随時
没　1321.6.23
★北条義時
執権となる　1205.閏7.20
侍所別当を兼任　1213.5.5
没　1224.6.13
★北条義政
没　1281.11.27
★『法水分流記』　1378.この年
硼中
朝鮮に使する　1511.この夏
宝幢寺〔★天竜寺〕　1380.2.21
★「宝徳千句」　1452.2.13～15
法然　→源空
★『法然上人絵伝』（知恩院本）
1320.この頃
★『宝物集』　1178.この年以降
★坊門清忠
没　1338.3.21
★『慕帰絵』　1351.10.30
朴敦之
大内義弘に使する　1397.12.-
帰国　1398.8.-
★北陸宮
没　1230.7.8
★保元の乱　1156.7.11
★細川顕氏
没　1352.7.5
★細川氏綱
没　1563.12.20
★細川氏春
没　1387.10.19
★細川和氏
没　1342.9.23
細川賢治
入京　1527.2.16
★細川勝益
没　1502.6.4
★細川勝元
管領補任　1445.3.24
斯波義廉を援ける　1466.7.23
西軍と戦う　1467.5.26
没　1473.5.11
★細川清氏
討死　1362.7.24
細川国慶
敗死　1547.10.6
細川成春
没　1485.5.15
★細川澄元
没　1520.6.10
★細川澄之
自刃　1507.8.1
★細川高国
入道し道永と号する
1525.4.14
自刃　1531.6.8

細川稙国
　家督を嗣ぐ　1525.4.14
★細川晴元
　入京　1536.9.24
　足利義晴と和睦　1544.7.6
　没　1563.3.1
細川政賢
　没　1511.8.24
細川政春
　没　1518.1.9
★細川政元
　山名政豊と和睦　1474.4.3
　畠山義就と和睦　1482.7.16
　近江守護に就く　1491.8.-
　近江守護罷免　1492.12.14
　清晃を擁立する　1493.4.22
　入京　1495.8.26
　隠居　1502.2.17
　丹波に下向　1502.3.8
　帰京　1502.4.25
　謀殺　1507.6.23
★細川満元
　管領に補任　1412.3.16
　没　1426.10.16
細川持隆
　没　1553.6.17
細川持元
　没　1429.7.14
★細川持之
　管領罷免　1442.6.29
　没　1442.8.4
★細川頼春
　討死　1352.閏2.20
★細川頼元
　管領となる　1391.4.8
　没　1397.5.7
★細川頼之
　管領となる　1367.11.25
　没　1392.3.2
★『細川両家記』　1550.4.-
『補注蒙求』　1596.10.-
法華一揆　1533.この頃
『北国紀行』　1486.5月末
★法勝寺　1342.3.20
★『法性寺関白記』　1164.2.19
法勝寺九重塔　1213.4.26
★『発心集』　1212.この年以降
★『法体装束抄』　1396.3.18
保々奉行　1245.4.22
保々奉行人　1240.2.2
★堀口貞満
　没　1338.1.-
★堀秀政
　没　1590.5.27
★盆踊り　1505.7.18
★本圀寺　1501.5.24
★『梵舜日記』　1583.この年
★本多重次
　没　1596.7.26
★『本朝皇胤紹運録』　1426.5.14
　1502.6.23
★『本朝無題詩』
　1162.この年より長寛2年の間
★本能寺　1582.7.3
本門寺日蓮像　1288.6.8

ま

★『毎月抄』　1219.7.2
★前田利家
　没　1599.閏3.3
★前田利春
　没　1560.7.13
★牧野康成
　没　1599.3.8
★牧村政治
　没　1593.7.10
★正木時綱
　討死　1533.7.27
★正木憲時
　自刃　1581.9.-
★『正任記』　1478.10.1
★雅成親王
　没　1255.2.10
★『雅久宿禰記』　1475.この年
★『政基公旅引付』　1501.3.28
★馬島清眼
　没　1379.3.19
★『増鏡』　1376.4.15
★益田兼堯
　没　1485.5.23
町野康持
　没　1257.10.26
松王丸
　斯波家家督を廃される
　1461.9.2
松尾社〔★松尾大社〕
　1285.3.18
★『松崎天神縁起』　1311.閏6.-
★『末代念仏授手印』　1228.11.28
★松平家忠
　没　1582.10.16
松平家康
　徳川改姓の勅許を得る
　1566.12.29　→徳川家康　→松平元康
★松平清康
　謀殺　1535.12.5
★松平親忠
　没　1501.8.10
★松平信康
　切腹　1579.9.15
★松平広忠
　暗殺　1549.3.6
松平元康
　岡崎に戻る　1560.5.23
　織田信長と和睦　1561.2.-
　家康と改名　1563.7.6　→徳川家康　→松平家康
★松平康親
　没　1583.6.17
★松田憲秀
　自刃　1590.7.-
★松永久秀
　信長に降伏　1573.12.26
　多聞山城を明渡す
　1573.12.26
　自刃　1577.10.10
松永久通
　信長に降伏　1573.12.26
　敗死　1577.10.10
★『松屋会記』　1533.この年
★松屋久政
　没　1598.4.4
★松山城（備中）　1575.5.22
松山城（武蔵）　1537.7.15
　1563.2.4
松浦一族　1339.11.5
★松浦隆信
　没　1599.閏3.6
★万里小路季房
　没　1333.5.20
★万里小路時房
　没　1457.11.20
★万里小路宣房
　勅使として鎌倉に派遣
　1324.9.23
　没　1348.10.18
★曲直瀬正盛
　没　1594.1.4

★『万安方』 1316.この年
万句連歌会 1576.4.27
★満済
三宝院門跡となる 1395.11.2
醍醐寺座主となる 1395.11.2
没 1435.6.13
★饅頭屋宗二
没 1581.7.11
★万寿寺 1364.6.15 1434.2.14
★『万代和歌集』初撰本
1248.この夏頃
★政所 1185.4.27
★『万葉集』 1184.6.9 1366.5.-
★『万葉集註釈』 1269.4.2

み

★『三井続燈記』 1483.この年
★三浦胤義
自刃 1221.6.15
★三浦時高
討死 1494.9.23
★三浦光村
没 1247.6.5
★三浦泰村
没 1247.6.5
★三浦義明
討死 1180.8.27
★三浦義同
討死 1516.7.11
★三浦義澄
没 1200.1.23
★三浦義継
没 1159.この年
★三浦義村
公暁を討つ 1219.1.27
没 1239.12.5
三日月の葉茶壺 1575.10.14
★三木城 1578.2.- 1580.1.17
★三木パウロ
刑死 1596.12.19
三島社〔★三島大社〕 1296.3.8
★三島暦 1508.4.29
水島の戦 1183.閏10.1
★三隅兼連
没 1355.3.12
★『道ゆきぶり』 1371.この年
三石城 1519.12.30
水無瀬兼成
家康・秀忠に『伊勢物語』を講じる 1595.10.1
★『水無瀬三吟何人百韻』
1488.1.22
湊川 1336.5.25
★源有雅
斬首 1221.7.29
★源家長
没 1234.この年
源一幡
誅殺 1203.9.2
★源定房
没 1188.7.17
★源実朝
征夷大将軍に補任 1203.9.7
右大臣に任じる 1218.12.2
公暁に殺害される 1219.1.27
★源資賢
配流 1162.6.23
召還 1164.6.27
没 1188.2.26
★源為朝
伊豆大島に配流 1156.8.26
追補され自害 1170.4.-
★源為義
斬首 1156.7.30
★源親行
没 1277.この頃
源朝長
東国に逃亡 1159.12.26
源具房
配流 1282.12.17～21
源仲国
追放される 1206.5.20
★源範頼
京に派遣される 1183.この冬
入京 1184.1.20
三河守となる 1184.6.5
伊豆国に流される 1193.8.17
誅殺 1193.8月頃
★源雅定
没 1162.5.27
★源雅通
没 1175.2.27
★源通方
没 1238.12.28
★源通親
後院別当に補任 1198.1.5
没 1202.10.21
★源通具
没 1227.9.2
★源光行
没 1244.2.17
源師仲
召還 1166.3.29
★源行家
梟首される 1186.5.12
★源義経
京に派遣される 1183.この冬
入京 1184.1.20
検非違使・左衛門少尉となる
1184.8.6
藤原秀衡のもとに逃れる
1187.2.-
討死 1189.閏4.30
★源義朝
東国に逃亡 1159.12.26
謀殺 1160.1.4
★源義仲
討死 1184.1.20
★源義平
東国に逃亡 1159.12.26
斬首 1160.1.19
★源頼家
念仏を禁じる 1200.5.12
征夷大将軍に補任 1202.7.23
惣守護職と地頭職を子一幡，弟千幡（実朝）に譲る
1203.8.27
幽閉 1203.9.29
殺害 1204.7.18
★源頼朝
東国に逃亡 1159.12.26
捕えられる 1160.2.9
配流 1160.3.11
伊豆国で挙兵 1180.8,17
石橋山合戦で敗北 1180.8.23
安房国に逃亡 1180.8.28
鎌倉に入る 1180.10.6
従二位となる 1185.4.27
惣追捕使・同惣地頭に任じられる 1185.11.29
鎌倉を出発 1189.7.19
平泉に入る 1189.8.22
鎌倉に帰着 1189.10.24
鎌倉を出発 1190.10.3
入京 1190.11.7
法皇・天皇に拝謁 1190.11.9
権大納言となる 1190.11.9
右近衛大将となる
1190.11.24

権大納言と右近衛大将の職を辞任 1190.12.4
京を出発 1190.12.14
鎌倉に帰着 1190.12.29
征夷大将軍に任じられる 1192.7.12
没 1199.1.13
★源頼政
内昇殿を許す 1166.12.30
討死 1180.5.26
★源頼茂
没 1219.7.13
源頼行
自害 1157.7.17
★『壬二集』 1245.この冬
★壬生匡遠
没 1366.5.4
★壬生寺 1259.2.28
★壬生晴富
没 1497.この年
★壬生雅久
没 1504.11.22
御牧城 1570.10.21
三宅国秀
殺害される 1516.6.1
★『都のつと』 1351.観応年間の頃
宮原銀山（肥後） 1546.7.6
★宮部継潤
没 1599.3.25
★明雲
伊豆国に配流 1177.5.21
討死 1183.11.19
★明恵
没 1232.1.19
★妙覚寺 1293.3.5
明賢
配流 1243.1.25
妙講寺 1501.5.24
★『名語記』 1275.6.25
★妙実
没 1364.4.3
明室梵亮
明使の帰国に同行 1404.7.-
★妙心寺 1337.この頃
★明全
渡宋 1223.2.-
没 1225.5.27
★明禅
没 1242.5.2
★明遍
没 1224.6.16
★三善長衡
没 1244.3.25
★三好長慶〔範長〕
入京 1539.1.14
幕府御相伴衆に列する 1560.1.17
没 1564.7.4
三好久通
義輝を二条御所に襲撃 1565.5.19
三好元長
自害 1532.6.20
★三善康連
没 1256.10.3
★三善康信
問注所執事となる 1184.10.20
没 1221.8.9
三好之長
自殺 1520.5.11
★三好義賢
戦死 1562.3.5
★三好義継
義輝を二条御所に襲撃 1565.5.19
自刃 1573.11.16
★『弥勒如来感応抄』 1233.この年より文応元年にかけて
★明極楚俊
来日 1329.6.-
建長寺住持に任じる 1330.2.-
没 1336.9.27
★『民経記』 1226.この年
★『岷江入楚』 1598.6.-
明冊封使 1595.1.30 1596.4.2 1596.6.25 1596.9.1
明との通交中絶 1411.9.9

む

無逸克勤
明使として博多到着，抑留される 1372.5.-
上洛 1373.6.29
★無隠元晦
没 1358.10.17
★無学祖元
来日 1279.6.-
建長寺住持となる 1279.8.20
没 1286.9.3
仏光禅師の号を贈る 1298.6.13
無我省吾
入元 1348.この年 1363.この年
★無関玄悟
入宋 1251.この年
帰国 1262.この年
没 1291.12.12
★無極志玄
没 1359.2.16
★『無言抄』 1598.この年
★『武蔵野紀行』 1546.8.-
武蔵南一揆 1418.4.28
★無著妙融
没 1393.8.12
★武者所 1333.9.-
★無住道暁
没 1312.10.10
『夢窓国師語録』 1365.この年
★夢窓疎石
南禅寺に入寺 1325.8.29
浄智寺に住する 1327.2.-
円覚寺に入寺 1329.8.-
夢窓正覚国師号を特賜 1346.11.26
没 1351.9.30
相国寺開山に勧請される 1383.12.13
無著像 1212.この年
★『夢中問答集』 1342.9.20 1344.10.8
武藤景資
敗死 1285.この年
★『宗像氏事書』 1313.1.9
★『宗賢卿記』 1450.この年
★宗尊親王
京都を出発 1252.3.19
鎌倉に到着 1252.4.1
将軍宣下 1252.4.1
関東近古秀歌の撰出を命じる 1261.7.22
将軍を廃される 1266.7.4
帰京 1266.7.20
没 1274.8.1
★宗良親王
征夷大将軍に補任

1352. 閏2. 6
出家　1377. この冬　→尊澄法親王
★無本覚心
入宋　1249. この年
帰国　1254. 6. -
没　1298. 10. 13
★『無名抄』
1211. この年末以降建保4年閏6月以前
★無文元選
入元　1343. この年
没　1390. 閏3. 22
★村井貞勝
討死　1582. 6. 2
★村上義清
没　1573. 1. 1
★村上義光
敗死　1333. 閏2. 1
★村田珠光
没　1502. 5. 15
★『室生山御舎利相伝縁起』
1302. 1. -
室町院領　1302. 8. 29　1323. 7. 21
室町実藤
配流　1264. 4. 6
★室町殿　1378. 3. 10　1381. 4. 25
室町幕府成立　1336. 11. 7

め

★『明月記』　1180. 2. -
★『明徳記』　1434. 2. 9
★明徳の乱　1391. 12. 30
★明峯素哲
没　1350. 3. 28
★滅宗宗興
没　1382. 7. 11
★綿谷周瓞
没　1472. 2. 22

も

『蒙求臂鷹往来』　1554. この頃
★『蒙求和歌』　1204. この年
★『蒙古襲来絵巻』　1293. 2. 9
★『孟津抄』　1575. 7. -
★毛越寺　1226. 11. 8
★毛利興元
没　1516. 8. 25
★毛利季光
没　1247. 6. 5
★毛利隆元
没　1563. 8. 4
★毛利時親
没　1341. この年
★毛利秀元
朝鮮より帰国　1598. 5. -
★毛利元就
家督継承　1523. 7. 25
没　1571. 6. 14
★『盲聾記』　1520. 1. -
門司城　1561. 10. 10
★万代屋宗安
没　1594. この年
★以仁王
平清盛追討の令旨を下す　1180. 4. 9
敗死　1180. 5. 26
★物外可什
入元　1320. この年
没　1363. 12. 8
★物外性応
没　1458. 2. 22
★没倫紹等
没　1492. 5. 16
説成親王
幕府と北畠氏の和議仲介　1415. 8. 19
★『元長卿記』　1490. この年
★桃井直詮
没　1480. 5. -
★守邦親王
征夷大将軍の宣下　1308. 8. 10
親王宣下　1308. 9. 19
没　1333. 8. 16
★『守武千句』　1540. 10. -
★森長可
討死　1584. 4. 9
★『守光公記』　1512. この年
★護良親王
入京　1333. 6. 13
征夷大将軍となる　1333. 6. 13
拘引される　1334. 10. 22
配流　1334. 11. 15
暗殺　1335. 7. 23　→尊雲法親王
★森可成
討死　1570. 9. 20
★森蘭丸
討死　1582. 6. 2
★『師象記』　1526. 1. -
★『師郷記』　1420. この年
★『師守記』（押小路師守）　1339. この年
★文覚
捕えられる　1173. 4. 29
伊豆に配流　1173. 5. 16
源頼朝と会見　1182. 4. 26
佐渡国に配流　1199. 3. 19
召還　1202. 12. 25
没　1205. この頃
『文覚四十五箇条起請』　1185. 1. 19
★文観
捕えられる　1331. 5. 5
没　1357. 10. 9
聞渓円宣
明使に同行して渡明　1373. 8. 29
★問注所　1184. 10. 20　1199. 4. 1　1208. 1. 16　1266. 3. 6
★『文選』　1560. 6. 7
★『門葉記』　1352. 12. 下旬

や

★施薬院全宗
没　1599. 12. 10
薬師寺国長
敗死　1533. 6. 18
薬師寺元一
切腹　1504. 9. 19
★益信
本覚大師の号を贈る　1308. 2. 3
本覚大師号を停止　1308. 10. 24
本覚大師号を返付　1309. 7. 20
東寺，益信の大師号を辞退　1310. 11. 30
★『八雲御抄』　1221. この年以前　1242. 9. 12
八坂塔〔★法観寺〕　1179. 5. 14
★屋島の戦　1185. 2. 19
★安田義定
刑死　1194. 8. 19
★『康親卿記』　1507. 12. -
安富元家
近江守護代を辞し帰京　1492. 10. 22

★『康道公記』 1413.この年
★矢銭 1568.10.1
★八代城 1499.3.19
★柳川調信
朝鮮と和議交渉を開始 1599.この年
★柳本賢治
出家 1530.5.10
謀殺 1530.6.29
★柳原資明
没 1353.7.27
柳原忠光
没 1379.1.19
★簗田持助
没 1482.4.6
★矢野荘 1377.この年 1393.12.-
★山入与義
自刃 1422.閏10.13
★山岡景隆
没 1585.1.14
★山岡宗無
没 1595.この年
★山木兼隆
討死 1180.8.17
山崎城 1527.2.5
★山崎宗鑑
没 1553.10.-
★『山科家礼記』 1412.この年
★山科言国
没 1503.2.28
★山科言継
没 1579.3.2
山科教高
殺害 1418.2.13
★山科教言
没 1410.12.15
山科本願寺〔★山科別院〕 1532.8.24
★山城国一揆 1485.12.11
★山田重忠
自刃 1221.6.15
山田関（伊勢） 1462.5.16
大和守護 1236.10.5
★山名氏清
和泉守護に補任 1378.12.20
山城守護に補任 1385.12.3
幕府軍に敗北 1391.12.30
没 1391.12.30
山名氏冬
没 1370.1.5
山名氏幸
伯耆守護となる 1392.1.4
★山名勝豊
没 1459.4.14
★山中幸盛
殺害 1578.7.17
山名宗全
斯波義廉を援ける 1466.7.23
東軍と戦う 1467.5.26 →山名持豊
★山名時氏
没 1371.2.28
★山名時熙
但馬守護とする 1392.1.4
没 1435.7.4
★山名時義
没 1389.5.4
山名政実
自殺 1489.11.-
★山名政豊
細川政元と和睦 1474.4.3
没 1499.1.23
★山名満幸
幕府軍に敗北 1391.12.30
没 1395.3.10
山名致豊
没 1536.7.3
★山名持豊
播磨木山城を攻落 1441.9.10
没 1473.3.18 →山名宗全
★山名師義
没 1376.3.11
★山名義理
紀伊守護に補任 1378.12.20
★山上宗二
殺害 1590.4.11
★山内首藤経俊
没 1225.6.21
★山内首藤俊通
没 1159.この年
★山本勘助
討死 1561.9.10
★ややこ踊 1582.この年

ゆ

★『唯一神道名法要集』 1511.2.19
★『唯浄裏書』 1289.この年
★唯信
没 1284.4.3
★『唯信鈔』 1221.この年
★『唯信鈔文意』 1250.この年
遺跡相論 1290.4.18
★由阿
二条良基に『万葉集』を講じる 1366.5.-
★宥快
没 1416.7.17
★結城氏朝
没 1441.4.16
★結城合戦 1441.4.16
★『結城氏新法度』 1556.11.25
結城城 1440.3.21 1441.4.16
★結城親朝
没 1347.この頃
★結城親光
討死 1336.1.11
★結城朝光
薩摩宗資父子を京都で捕える 1195.4.1
没 1254.2.24
結城直光
没 1396.1.17
結城政勝
没 1559.8.1
★結城宗広
没 1338.12.-
★融源
没 1217.12.15
★西仰
没 1459.9.15
友山士偲
入元 1328.この年
帰国 1345.7.-
★『融通念仏縁起』 1384.8.- 1390.7.8 1414.この年
★祐清
没 1463.8.25
★『雄長老百首』 1589.この夏
★宥範
没 1352.7.1
★『于恒宿禰記』 1515.この年
湯口内銀山（出羽） 1575.この年
兪士吉
義満に引見される 1406.6.11
★『湯山三吟百韻』 1491.10.20
★由良成繁
没 1578.6.30

よ

★栄海
没 1347.8.16
★『葉黄記』 1230.この年
栄西 →えいさい
★養叟宗頤
没 1458.6.27
永福寺 →えいふくじ
★養方軒パウロ
没 1595.この年
吉崎道場 1506.8.-
★吉田兼敦
没 1408.6.26
★吉田兼倶
没 1511.2.19
★吉田兼煕
没 1402.5.3
★吉田兼右
朝倉孝景に神道を伝授
1545.8.29
没 1573.1.10
★吉田兼致
没 1499.7.24
吉田兼好 →兼好
★吉田定房
討幕の動きを密告 1331.5.5
没 1338.1.23
★吉田重賢
没 1543.4.3
吉田社〔★吉田神社〕
1468.7.-～9.-
★吉田雪荷
没 1590.11.11
★吉田宗桂
入明 1539.4.19
没 1572.10.20
★吉田経俊
没 1276.10.18
★吉田経長
没 1309.6.8
★吉田経房
没 1200.閏2.11
吉野城 1333.閏2.1
★吉野行宮 1365.8.17
★吉野水分神社玉依姫像
1251.10.16
★『吉野詣記』 1553.2.23～3.14
★栄仁親王
没 1416.11.20
吉見信頼
敗死 1482.5.27
★吉見義世
没 1296.11.20
★善統親王
没 1317.3.29
★依田信蕃
戦死 1583.2.23
★依田康国
暗殺 1590.4.26
★四辻善成
没 1402.9.3
★淀城 1504.9.4 1504.9.19
1594.3.20
世仁親王
立太子 1268.8.25 →後宇多天皇
★『頼政家集』 1178.この頃

ら

★礼阿
没 1297.8.11
★頼印
東寺二長者になる 1381.9.-
没 1392.4.26
★頼賢
没 1273.12.7
★頼玄
没 1584.8.17
★頼源
没 1183.2.24
雷春
義教と会見 1434.6.5
兵庫を発つ 1434.9.3
頼俊
配流 1303.8.19
★頼宝
没 1330.7.9
★頼瑜
没 1304.1.1
楽市 1549.12.11 1567.10.-
1586.6.-
★楽市・楽座 1577.6.-
楽市・楽座令 1572.9.-
楽市令 1566.4.3
★『落書露顕』 1412.この頃
洛中町割 1590.この年
洛中洛外酒屋土倉条々
1427.4.20 1430.9.30
洛中洛外酒屋・土倉役の法
1500.9.-
「洛中洛外図屛風」〔★洛中洛外図〕
1565.9.3 1574.6.-
★『落葉集』 1598.この年
羅興儒
高麗使として来日し倭寇禁圧を要求 1375.この年
★『羅葡日辞典』 1595.この年
★蘭渓道隆
来日 1246.この年
建長寺供養導師 1253.11.25
没 1278.7.24
★『懶室漫稿』 1413.8.15
★蘭奢待 1574.3.28
★蘭洲良芳
没 1384.12.6
★蘭坡景茝
没 1501.2.28
★『覧富士記』 1432.9.-

り

『六韜』 1599.5.-
★李舜臣
日本水軍を破る 1597.9.15
戦死 1598.11.17
利生塔〔★安国寺〕 1345.2.6
★『立正安国論』 1260.7.16
★率分関 1409.11.-
暦応雑訴法 1340.5.14
隆寛
延暦寺訴によって配流
1227.7.6
没 1227.12.13
琉球使節 1458.8.4
竜山徳見
入元 1305.この年
帰国 1350.3.25
★立信
没 1284.4.18
竜造寺家兼
没 1546.3.10
★竜造寺隆信
討死 1584.3.24
★了庵慧明
没 1411.3.27
★了庵桂悟
赤間関を発つも，渡明中止

1510.1.11
明の鄞江に着く　1511.9.-
帰国　1513.この年
没　1514.9.15
★竜安寺　1450.6.2
★良胤
没　1291.5.26
両界曼荼羅図　1156.この年
★『楞伽寺記』　1351.この年
良基　1266.6.20
了行
謀反により追捕　1251.12.26
配流　1251.12.27
★良暁
没　1328.3.1
★良空
没　1297.7.8
良賢
捕えられる　1261.6.22
★了実
没　1386.11.3
★竜湫周沢
没　1388.9.9
★『梁塵秘抄』　1179.この年
1192.3.13
★『梁塵秘抄口伝集』　1169.3.-
★霊山城　1552.10.27
★良尊
没　1349.6.13
★良忠
没　1287.7.6
★良遍
没　1252.8.28
★臨済宗　1191.7.-
★『綸旨抄』　1305.この年
★『臨川家訓』　1339.3.-
★臨川寺　1353.12.26　1361.10.27
1377.8.10　1378.11.30

る

★『類聚神祇本源』　1320.1.-

れ

霊山道隠
来日　1319.この年
★冷泉為和
没　1549.7.10
★冷泉為相
没　1328.7.17
★冷泉為守
没　1328.11.8
冷泉政為
没　1523.9.21
★『霊蘭集』　1472.12.-
『歴代序略』（駿河版）　1554.8.-
★『歴名土代』　1537.この年
★『暦林問答集』　1414.この年
★連歌　1379.5.17
★『連歌至宝抄』　1586.この年
★蓮教
没　1492.5.2
★蓮華王院　1249.3.23　1251.8.10
1266.4.27
蓮華王院五重塔　1177.12.17
★蓮華王院千手観音像　1254.1.23
蓮華寺〔★光明寺〕　1243.5.3
★蓮淳
没　1550.8.17
★連署　1224.6.28
★蓮如
越前吉崎に坊舎を建立
1471.7.27
越前吉崎を退去　1475.8.21
山科に本願寺の建立を開始
1479.1.29
没　1499.3.25
『蓮如上人一期記』　1580.8.-
『蓮如上人和歌縁起』　1580.11.-
★『連理秘抄』　1349.7月以前

ろ

★『弄花抄』　1504.この頃
★漏刻　1157.11.13
★『老松堂日本行録』　1420.10.25
鹿苑院〔★相国寺〕
1383.9.14・16　1425.8.14
1527.2.24
★『鹿苑院殿厳島詣記』
1389.3月以降
★六条有房
没　1319.7.2
六条院　1159.11.26
★六条天皇
受禅　1165.6.25
即位　1165.7.27
譲位　1168.2.19
没　1176.7.17
★六条殿　1188.12.19
六代　→平六代
★『六代御前物語』　1309.6.-
六波羅成敗法　1232.11.29
★六波羅探題　1221.6.16
1259.6.18
★六波羅蜜寺　1173.12.26
★『六輪一露之記』　1455.9.-
★廬山寺　1520.1.12
★六角定頼
没　1552.1.2
★六角高頼
斎藤妙純を破る　1496.12.7
没　1520.この年.
★六角堂　1434.3.19
六角時綱
自殺　1446.8.-
六角虎千代
近江守護補任　1492.12.14
六角政尭
敗死　1471.11.12
六角満高
流罪　1415.6.13
★六角義賢
没　1598.3.14
★『論語』　1533.8.-
『論語集解』　1364.5.-
★『論語抄』　1475.11.-

わ

★『和歌色葉』　1198.5.-
★和賀江島　1232.7.12
★若江城　1573.11.16
★『和歌現在書目録』
1168.仁安年間
★若狭忠季
討死　1221.6.14
★和歌所　1201.7.27
★『和漢兼作集』
1277.この年より弘安2年頃
★脇屋義助
没　1342.6.5
★『老葉』　1481.8.-頃
★『別雷社歌合』　1178.3.15
★倭寇　1350.2.-　1555.この年
★『萱草』　1474.2.-
★和田賢秀
戦死　1348.1.5
和田合戦〔★和田氏の乱〕

1213.5.2
★和田惟政
戦死　1571.8.28
★和田胤長
敗死　1213.5.9
★渡辺高綱
戦死　1564.1.11
★和田義盛
幕府を襲撃　1213.5.2
敗死　1213.5.3
★度会常昌
没　1339.7.27
★度会行忠
没　1305.閏12.27

典 拠 一 覧

1　この典拠一覧は,本年表の各記事末尾に示した典拠の標題を読みの五十音順に配列したものである.

2　文献名は,本文典拠欄所見の文献名によったが,本文の典拠欄で略名を使用したものは,〔　〕内に具名を注記した.

3　文献には,おおむね刊本ないし写本所蔵個所を付記した.

4　近世以前の文献は編著者名を省略した.

5　刊本ないし写本の標題が典拠文献の標題と異なる場合は,［　］内に注記した.ただし同一文献であることが容易に判断される場合は,注記を省略した.

6　＊は注記を表わす.

あ

会津塔寺八幡宮長帳　重要文化財会津塔寺八幡宮長帳（是澤恭三編）・改定史籍集覧25・続群書類従30上・歴代残闕日記65
赤堀文書　古文書集２（早稲田大学蔵資料影印叢書）・〔写〕東京大学史料編纂所所蔵
赤松記　群書類従21
赤見文書　〔写〕東京大学史料編纂所所蔵
秋田藩採集文書　〔写〕東京大学史料編纂所所蔵
秋田領内諸金山箇所年数帳　鉱山紀年録（日本鉱業史料集３期近世篇）
明智光秀張行百韻　続群書類従17上
安積文書　〔写〕東京大学史料編纂所所蔵
朝倉始末記　改定史籍集覧６・日本思想大系17
朝倉宗滴話記　続々群書類従10（国書刊行会叢書）・日本教育文庫訓戒篇中
浅野家文書　大日本古文書家わけ２
浅間神社文書（甲斐）　静岡県史料１—３・浅間文書纂
足利家官位記　群書類従４
アジュダ図書館所蔵文書
麻生文書　九州史料叢書・福岡県史資料３
阿蘇家譜　〔写〕東京大学史料編纂所所蔵
阿蘇家文書　大日本古文書家わけ13
東路の津登　群書類従18・続帝国文庫24・改訂房総叢書10
あつまの道の記　群書類従18・国文東方仏教叢書１輯７・続帝国文庫24
阿部定次記　校訂松平記下付載阿部家夢物語（文科大学史誌叢書）
安倍泰親朝臣記　改定史籍集覧24・神道大系論説編16
安保文書　阿保文書（北畠顕家卿奉賛会編）・〔写〕東京大学史料編纂所所蔵
天野文書　〔写〕東京大学史料編纂所所蔵
阿弥陀寺文書　〔写〕京都大学・東京大学史料編纂所所蔵　＊大日本史料
雨森文書　〔写〕東京大学史料編纂所所蔵
有馬文書　旧記雑録拾遺家わけ６　＊大日本史料６ノ19
在盛卿記　改定史籍集覧24・続群書類従31下・歴代残闕日記81
安房古文書　〔写〕東京大学史料編纂所所蔵
安得虎子　〔写〕東京大学史料編纂所所蔵

い

イエズス会士日本通信　新異国叢書１・２
イエズス会日本年報　新異国叢書３・４
家忠日記　文科大学史誌叢書１—６・続史料大成19・20・〔写〕国立国会図書館所蔵
家忠日記増補　〔写〕国立国会図書館・内閣文庫等所蔵　＊『大日本史料』
鵤荘引付　播磨国鵤荘資料（阿部猛・太田順三編）
異国往復書翰集　異国叢書11
異国出契　〔写〕内閣文庫所蔵
異国日記　影印本異国日記（異国日記刊行会編），史苑１ノ１・２・４—６，２ノ２・３・６，３ノ４・６，４ノ３・５，５ノ４・６，６ノ２・５，７ノ２—４，８ノ１—３・４合併号（辻善之助校訂）
生駒家宝簡集　〔写〕東京大学史料編纂所所蔵
伊佐早文書　〔写〕東京大学史料編纂所所蔵
十六夜日記　群書類従18・新日本古典文学大系51・新編日本古典文学全集48
石川文書　〔写〕東京大学史料編纂所所蔵
石山月見記　群書類従27・扶桑拾葉集下・石山寺資料叢書文学篇１
異称日本伝　改定史籍集覧20・新註皇学叢書11・異称日本伝（古典刊行会）
伊水温故　伊水温故（上野市古文献刊行会編）
泉文書　〔写〕東京大学史料編纂所所蔵
伊勢古文集　〔写〕東京大学史料編纂所所蔵
伊勢物語山口抄　続群書類従18下
市谷八幡神社文書　〔写〕東京大学史料編纂所所蔵
市河文書　新編信濃史料叢書３
一代要記　改定史籍集覧１
一休和尚年譜　改定史籍集覧12・続群書類従９下・一休和尚全集３・東洋文庫641・642
厳島神社文書　厳島文書（広島県史資料編古代中世２・３）・〔写〕東京大学史料編纂所所蔵
厳島野坂文書　野坂文書（広島県史資料編古代中世２）・〔写〕東京大学史料編纂所所蔵
伊能文書　〔写〕東京大学史料編纂所所蔵
猪隈関白記　大日本古記録
異本会津塔寺八幡宮長帳　改定史籍集覧25・続群書類従30上・歴代残闕日記65
今井宗久茶湯書抜　今井宗久茶湯書抜（渡辺書店刊）・茶道古典全集10
今川記　改定史籍集覧13・続群書類従21上
今堀日吉神社文書　今堀日吉神社文書（日吉文書刊行会）・今堀日吉神社文書集成（仲村研編）
入江文書　大分県史料10・史料纂集
入来院文書　入来文書（朝河貫一著作刊行委員会編）・〔写〕東京大学史料編纂所所蔵

色々証文　〔写〕東京大学史料編纂所所蔵
色部文書　新潟県史史料編 4 ・〔写〕東京大学史料編纂所所蔵
石清水八幡宮記録　〔写〕東京大学史料編纂所所蔵　＊大日本史料
石清水文書　大日本古文書家わけ 4
陰徳太平記　正徳二年板本陰徳太平記（松田修・笹川祥生解題）
允澎入唐記　続史籍集覧 1
蔭涼軒〔蔭涼軒日録〕　増補続史料大成21—25

う

上杉家文書　大日本史料家わけ12
上杉定正長状　日本教育文庫家訓篇
氏経卿神事日次記　続群書類従 1 下・続々群書類従 1（国書刊行会叢書）・大神宮叢書神宮年中行事大成前篇・神宮古典籍影印叢刊 4
薄草子口決　河内長野市史 4 ・大正新脩大蔵経79
宇津山記　群書類従27
宇野主水日記　改定史籍集覧25・続真宗大系16・石山本願寺日記下
浦家文書　大日本古文書家わけ11
上井覚兼日記　大日本古記録
雲頂庵文書　〔写〕東京大学史料編纂所所蔵

え

永享記　続群書類従20上・改定史籍集覧12・日本歴史文庫 7
永享大嘗会記　群書類従 7
永源師檀紀年録　永源師檀紀年録並付録（今谷明監修）
叡山旧記　＊後鑑所収
永正十五年中堂供養記　群書類従24
永正十三年八月日次記　〔写〕宮内庁書陵部・東京大学史料編纂所所蔵
永徳二年春日焼失記　続群書類従 2 上
永平開山道元和尚行録　続群書類従 9 上・曹洞宗全書19
永平広録　道元禅師全集下（筑摩書房刊）・承陽大師聖教全集 3 ・曹洞宗全書 4
永平寺三祖行業記　曹洞宗全書19・続群書類従 9 上
越後白山神社棟札　重要文化財白山神社本殿修理工事報告書（重要文化財白山神社本殿修理委員会編）・大日本史料 9 ノ 6（永正12年年末雑載，23頁）
越中鉱山雑誌　富山県郷土史会叢書 3
越登賀三州志　重訂越登賀三州志（日置謙校）
恵林寺文書　〔写〕京都大学・東京大学史料編纂所所蔵
恵林寺領穀米并公事諸納物帳　甲斐叢書 8
恵林寺領御検地日記　塩山市史文化財編・〔写〕内閣文庫・東京大学史料編纂所所蔵
円覚寺文書　鎌倉市史史料編 2 ・改訂新編相州古文書 2 ・ 3 ・神奈川県史資料編
延慶本平家物語　栃木孝惟・谷口耕一編
園太暦　園太暦（岩橋小弥太他校訂）・史料纂集
遠藤白川文書　〔写〕東京大学史料編纂所所蔵　＊大日本史料 8 ノ 5（文明 4 年 2 月 3 日条）
円徳寺所蔵制札　織田信長文書の研究上（奥野高廣編）
円福寺記録　〔写〕内閣文庫所蔵
遠碧軒記　日本随筆全集19・日本随筆大成〔新装版〕1 期10
延宝伝燈録　大日本仏教全書
延暦寺文書　〔写〕東京大学史料編纂所所蔵

お

応永記　群書類従20・日本歴史文庫 7
応永十四年暦日記　＊大日本史料 7 ノ 9（応永14年年末雑載，419頁）
応永年中楽方記　〔写〕宮内庁書陵部蔵
横川和尚伝　続群書類従 9 下
応仁別記　群書類従20・日本歴史文庫11
近江八幡市共有文書　＊織田信長文書の研究下（奥野高廣編）
大井文書　〔写〕東京大学史料編纂所所蔵
大内家壁書　群書類従22・日本経済大典 1 ・中世法制史料集 1
大内氏実録　近藤清石著
大内氏実録土代　〔写〕山口県文書館・東京大学史料編纂所所蔵
大内義隆記　群書類従21・中国地方戦国軍記集
大川文書　九州史料叢書
大国魂神社文書　府中市郷土資料集 7 ・11—13・〔写〕東京大学史料編纂所所蔵
大阪市立博物館所蔵文書　＊国史大辞典 5 別刷「誥命」（万暦帝賜豊臣秀吉封日本国王誥命）・鄰交徴書（ 2 ノ 1 ）
大島・奥津島神社木札　大嶋神社・奥津嶋神社文書（滋賀大学経済学部付属史料館編）
大須賀文書　改訂房総叢書 1 ・〔写〕東京大学史料編纂所所蔵
太田道灌状　埼玉叢書 4 ・〔写〕東京大学史料編纂所所蔵
大田文書　〔写〕東京大学史料編纂所所蔵
大友系図　続群書類従 6 上・大分県郷土史料集成上
大友家文書録　大分県史料31—34
大友文書　大分県史料26
大怒佐　音曲叢書 1 ・日本歌謡集成 6 ・糸竹大全
大場文書　＊戦国遺文後北条氏編 3

大村家覚書　〔写〕東京大学史料編纂所所蔵
岡崎領主古記　〔写〕宮内庁書陵部・東京大学史料編纂所所蔵
小笠原文書　新編信濃史料叢書12・〔写〕東京大学史料編纂所所蔵
岡屋関白記　大日本古記録・陽明叢書記録文書篇 2
小川文書　〔写〕東京大学史料編纂所所蔵
押小路家文書　〔写〕内閣文庫所蔵
小田原衆所領役帳　続群書類従25上・日本史料選書 2・戦国遺文後北条氏編別巻
御文　蓮如上人御文全集・蓮如上人遺文
小山文書　〔写〕東京大学史料編纂所所蔵
御湯殿上日記　続群書類従補遺 3

か

快元僧都記　群書類従25・戦国遺文後北条氏編補遺編・藤沢市史料集18
廻国雑記　群書類従18・甲斐志料集成 1・仙台叢書 5
海東諸国紀　岩波文庫・改定史籍集覧20
花営三代記　群書類従26
賀越闘諍記　史籍雑纂 1・加賀能登郷土図書叢刊・日本思想大系17
嘉元記　鵤叢刊 3・改定史籍集覧24
風間家文書　＊戦国遺文武田氏編 4
春日社御造替日記　〔写〕東京大学史料編纂所所蔵
春日神社文書　春日大社文書（永島福太郎編集校訂）
和長卿記　〔写〕内閣文庫・東京大学史料編纂所所蔵
華頂要略　〔写〕青蓮院（原本）・東京大学史料編纂所所蔵　＊大日本史料（分載）・大日本仏教全書［門主伝］・天台宗全書 6－8
勝尾寺文書　箕面史史料編 1－3
勝山記　勝山村史別冊・富士吉田市史資料叢書10
加藤彦四郎氏所蔵文書　織田信長文書の研究上（奥野高廣編）・大日本史料10ノ20（天正 2 年 1 月12日条）
香取神宮文書　千葉県史料中世篇香取文書
銀山旧記　近世社会経済叢書 8［石見国銀山旧記］・古事類苑金石部
銀山要集　〔写〕浜田市立図書館所蔵
兼顕卿記　〔写〕東洋文庫岩崎文庫（自筆）・内閣文庫・宮内庁書陵部所蔵　＊歴代残闕日記88
金沢文庫文書　金沢文庫古文書（金沢文庫編）
兼宣卿記　史料纂集［兼宣公記］・歴代残闕日記71・〔写〕宮内庁書陵部・東京大学史料編纂所所蔵
兼右卿記　〔写〕天理図書館（自筆）・東京大学史料編纂所所蔵
兼見卿記　史料纂集・〔写〕宮内庁書陵部・東京大学史料編纂所所蔵
蕪木文書　越佐史料 4 所収
鎌倉大日記　増補続史料大成別巻（竹内理三編）
鎌倉管領九代記　史籍集覧70・国史叢書
鎌倉九代後記　改定史籍集覧 5・国史叢書
鎌倉五山住持籍　改定史籍集覧26
上醍醐寺伽藍炎上記　〔写〕東京大学史料編纂所所蔵
亀井文書　〔写〕東京大学史料編纂所所蔵
嘉暦三年公卿勅使御参宮日記　続群書類従 1 下
河越千句　続群書類従17上
河崎年代記　〔写〕神宮文庫図書館・内閣文庫・東京大学史料編纂所所蔵
河田文書　＊上越市史別編 1
寛永諸家系図伝　寛永諸家系図伝（続群書類従完成会刊）
寒岩禅師略伝　続群書類従 9 上・曹洞宗全書史伝下
観心寺文書　大日本古文書家わけ 6・大日本仏教全書
勘仲記　〔写〕国立歴史民俗博物館（原本）・東京大学史料編纂所所蔵　＊増補史料大成34―36
官地論　改定史籍集覧13・続群書類従20上
関東往還記　校訂増補関東往還記（金沢文庫）・西大寺叡尊伝記集成
関東評定衆伝　群書類従 4
観応二年日次記　〔写〕内閣文庫・東京大学史料編纂所所蔵
看聞〔看聞日記〕　続群書類従補遺 2・図書寮叢刊・〔写〕宮内庁書陵部所蔵
管領并政所壁書　〔写〕尊経閣文庫・東京大学史料編纂所所蔵

き

義演准后日記　史料纂集
祇園執行日記　群書類従25・八坂神社記録上・八坂神社叢書 1
祇園社記　増補続史料大成45・八坂神社記録上・八坂神社叢書 2
菊池武朝申状　群書類従21
菊池伝記　天草郡史料 2・改定史籍集覧 3
己行記　〔写〕京都大学所蔵
北野宮三年一請会引付　〔写〕東京大学史料編纂所所蔵
北野神社引付　〔写〕東京大学史料編纂所所蔵　＊北野天満宮史料［目代日記］・史料纂集［北野社家日記］
北野神社文書　北野天満宮史料
北野天神縁起　群書類従 2・日本思想大系20・日本絵巻大成21
吉続記　増補史料大成30・歴代残闕日記45
吉川家文書　大日本古文書家わけ 9
吉川家文書別集　大日本古文書家わけ 9
吉記　増補史料大成29・30
吉口伝　続群書類従11下

喜連川判鑑　続群書類従５上・続史籍集覧４・改訂房総叢書５
喜連川文書　栃木県史史料編中世２・茨城県史中世編４
木下家文書　〔写〕東京大学史料編纂所所蔵
吉備津神社文書　岡山県古文書集２・〔写〕東京大学史料編纂所所蔵
木村文書　〔写〕東京大学史料編纂所所蔵
木屋文書　〔写〕東京大学史料編纂所所蔵　＊大日本史料
旧事見聞集記　〔写〕東京大学史料編纂所所蔵
九州記　天草郡史料２
九州御動座記　近世初頭九州紀行記集（九州史料叢書）・織豊政権とキリシタン（清水紘一著）
鳩拙抄　〔写〕国立国会図書館・内閣文庫所蔵
経覚私要鈔　史料纂集・〔写〕内閣文庫所蔵（原本）
経尋記　〔写〕内閣文庫所蔵（原本）
京都上京文書　〔写〕京都大学所蔵
京都御所東山御文庫記録　〔写〕東京大学史料編纂所所蔵
京都町家旧事記　〔写〕内閣文庫所蔵
玉葉　国書刊行会叢書・図書寮叢刊『九条家本玉葉』
清原宣賢式目抄　続史籍集覧２・中世法制史料集別巻
清正高麗陣覚書　続々群書類従４（国書刊行会叢書）
禁忌集唾　〔写〕内閣文庫・東京大学史料編纂所所蔵
金史　二十五史９（上海古籍出版社〔上海〕刊）・二十四史（中華書局〔北京〕刊）
金島書　世阿弥十六部集評釈下・日本思想大系24
公名公記　〔写〕宮内庁書陵部・東京大学史料編纂所所蔵
公衡公記　史料纂集

く

空華集　五山文学全集２
空華日用工夫略集　空華日用工夫略集（辻善之助編）・続史籍集覧３
愚管記　増補続史料大成１－４・陽明叢書記録文書篇３・大日本古記録［後深心院関白記］
愚管抄　新訂増補国史大系19・日本古典文学大系86
公卿補任　新訂増補国史大系53—57
公家新制　続々群書類従７（国書刊行会叢書）
草野文書　〔写〕九州大学文学部国史研究室（原本）・東京大学史料編纂所所蔵　＊福岡県史資料４
賦引付　室町幕府引付史料集成（日本史料選書）・〔写〕内閣文庫所蔵
熊谷家文書　大日本古文書家わけ14
熊野神社文書（陸前）　〔写〕東京大学史料編纂所所蔵
熊野夫須美神社記録　〔写〕早稲田大学・東京大学史料編纂所所蔵
熊本県立図書館所蔵文書
久米田寺文書　泉州久米田寺文書（岸和田市史史料１）
来島文書　松浦党諸家文書（九州史料叢書）
黒田家譜　益軒全集５・新訂黒田家譜（川添昭二校訂）
黒田文書　〔写〕東京大学史料編纂所所蔵
群書治要奥書集　〔写〕東京大学史料編纂所所蔵

け

慶応義塾大学図書館所蔵文書
系図纂要　系図纂要（名著出版刊）
芸藩通志　芸備叢書・芸藩通志（刊行会）
芸陽記　〔写〕東京大学史料編纂所所蔵
経略復国要編　明清史料彙編67—71（文海出版社〔台北〕刊）
外記日記　続史料集覧１［新抄］・〔写〕尊経閣文庫（原本）・東京大学史料編纂所所蔵
外宮引付　〔写〕神宮文庫所蔵　＊三重県史資料編中世１上
月林皎禅師行状　続群書類従９下
源威集　新選日本文庫３・東洋文庫607
元亨釈書　新訂増補国史大系31・大日本仏教全書
源語秘訣抄　群書類従17・国語国文学研究史大成源氏物語上
元史　二十五史９（上海古籍出版社〔上海〕刊）・二十四史（中華書局〔北京〕刊）
建治三年記　増補続史料大成10・群書類従23
厳助往年記　続群書類従30上・改定史籍集覧25
元史類編　掃葉山房刊
建撕記　曹洞宗全書史伝下・大日本仏教全書
建長寺年代記　〔写〕東京大学史料編纂所所蔵
建内記　大日本古記録・〔写〕宮内庁書陵部・京都大学・国立歴史民俗博物館（以上自筆）・東京大学史料編纂所所蔵
見聞私記　続群書類従30上
源平盛衰記　改定史籍集覧編外３－５・新定源平盛衰記（新人物往来社刊）
建武以来追加　群書類従22・中世法制史料集２・日本思想大系21
建武三年以来記　〔写〕宮内庁書陵部（自筆）・東京大学史料編纂所所蔵

こ

吾〔吾妻鏡〕　新訂増補国史大系32・33・日本古典全集第１期
古案写　那覇市史資料篇１ノ２［琉球薩摩往復文書案］
弘安四年春日入洛記　続群書類従２上
弘安四年日記抄　国民精神文化文献２

光源院殿御元服記　群書類従22
高山公実録　清文堂史料叢書98・99・〔写〕東京大学史料編纂所所蔵
興宗明教禅師行状　続群書類従９下
興正寺文書　〔写〕東京大学史料編纂所所蔵　＊鎌倉遺文
康正二年造内裏段銭幷国役引付　群書類従28
興禅護国論　世界大思想全集52・日本思想大系16
高祖遺文録　高祖遺文録（身延山）
皇代記　群書類従３・神道大系神宮編２
皇代暦　改定史籍集覧18・続群書類従４上
皇帝紀抄　群書類従３
皇年代略記　群書類従３
河野家譜　予陽河野家譜（景浦勉校訂）
河野通直文書　＊大日本史料６ノ26
河野文書　〔写〕東京大学史料編纂所所蔵
高白斎記　新編信濃史料叢書８
興福寺年代記　文科大学史誌叢書
興福寺別当次第　続々群書類従２（国書刊行会叢書）・大日本仏教全書
興福寺略年代記　続群書類従29下
江北記　群書類従21
光明寺文書　史料纂集
高野山文書　大日本古文書家わけ１
高野春秋　新校高野春秋編年輯録（日野西真定編集）・大日本仏教全書・興教大師伝記史料全集１
迎陽記　〔写〕宮内庁書陵部・内閣文庫・東京大学史料編纂所所蔵　＊大日本史料
高麗史　国書刊行会叢書
荒暦　改定史籍集覧24・歴代残闕日記74
興隆寺文書　防長古文書１・〔写〕東京大学史料編纂所所蔵
後京極摂政記　改定史籍集覧24・歴代残闕日記32
国分文書　〔写〕東京大学史料編纂所所蔵
国分寺文書（薩摩）　＊鎌倉遺文37（28522号）・中世法制史料集１（参考資料46－50号）
後愚昧記　大日本古記録
古源和尚伝　続群書類従９下・大日本史料６ノ26
後光厳院宸記　続群書類従33下・歴代残闕日記６
古今最要抄　〔写〕東京大学史料編纂所所蔵
古今消息集　＊大日本史料10ノ10
古今著聞集　新訂増補国史大系19・日本古典文学大系84・新潮日本古典集成
越沢太助氏所蔵文書　〔写〕東京大学史料編纂所所蔵
後日之式条　中世法制史料集１
古写本大般若経目録　〔写〕東京大学史料編纂所所蔵　＊大日本史料６ノ17
古証文　＊大日本史料
五条文書　史料纂集・〔写〕東京大学史料編纂所所蔵
御成敗式目　大日本史料５ノ８・中世法制史料集１・群書類従22・日本思想大系21
御成敗式目追加　中世法制史料集１・群書類従22
古蹟文徴〔尊経閣蔵古蹟文徴〕〔写〕東京大学史料編纂所所蔵　＊鎌倉遺文
五代帝王物語　群書類従３
古代取集記録　〔写〕東京大学史料編纂所所蔵
後藤文書　〔写〕東京大学史料編纂所所蔵
後鳥羽院御集　続群書類従15下・校註国歌大系10・私家集大成４
御内書記録　＊後鑑所収
後奈良天皇宸記（後奈良院宸記）　増補続史料大成18・改定史籍集覧24・歴代残闕日記６
近衛家本追加　中世法制史料集１　＊鎌倉遺文
近衛家文書　〔写〕陽明文庫（原本）・東京大学史料編纂所所蔵　＊鎌倉遺文
小早川家文書　大日本古文書家わけ11
後深草天皇宸記　増補史料大成１・歴代残闕日記４
古文叢　高知県史古代中世史料編［土佐国古文叢］
後法興院政家記　後法興院政家記（平泉澄校訂）・増補続史料大成５－８
駒井日記　改定史籍集覧25・増訂駒井日記（藤田恒春校訂）
古文書纂　〔写〕東京大学史料編纂所所蔵　＊大日本史料
惟房公記　続々群書類従５（国書刊行会叢書）・歴代残闕日記104
金剛三昧院文書　高野山文書５（高野山史編纂所編）
金剛寺古記　続々群書類従３（国書刊行会叢書）
金剛寺聖教類奥書集　〔写〕東京大学史料編纂所所蔵　＊大日本史料６ノ22
近藤文書　〔写〕東京大学史料編纂所所蔵　＊鎌倉遺文
金蓮寺文書　〔写〕東京大学史料編纂所所蔵

さ

西行雑録　〔写〕内閣文庫・東京大学史料編纂所所蔵
西大寺文書　大和古文書聚英・〔写〕東京大学史料編纂所所蔵　＊鎌倉遺文
斎藤親基日記　増補続史料大成10・群書類従23
才葉抄　岩波文庫（入木道三部集）・群書類従28
坂井遺芳　新修坂井遺芳（酒井利彦・名古屋市博物館編）
酒井文書　〔写〕東京大学史料編纂所所蔵
榊原家所蔵文書　〔写〕東京大学史料編纂所所蔵
榊原家文書　〔写〕東京大学史料編纂所所蔵
相良家文書　大日本古文書家わけ５
鷺森旧事記　大日本仏教全書
鷺森別院文書　和歌山県史中世史料２
策彦和尚略伝　山口県史史料編中世１・〔写〕東京大

学史料編纂所所蔵
策彦入明記　策彦入明記の研究上（牧田諦亮著）・大日本仏教全書
佐々木文書　〔写〕東京大学史料編纂所所蔵
佐竹文書　〔写〕東京大学史料編纂所所蔵
定長卿記　続群書類従10下（後鳥羽院御即位記）
佐田文書　熊本県史料中世篇２・西国武士団関係史料集27
薩戒記　大日本古記録・〔写〕内閣文庫等所蔵
薩戒記目録　〔写〕内閣文庫等所蔵
薩藩旧記〔薩藩旧記雑録〕　鹿児島県史料・九州史料叢書
薩藩地理拾遺集　〔写〕東京大学史料編纂所所蔵
佐藤家所蔵文書　〔写〕東京大学史料編纂所所蔵
佐渡年代記　佐渡年代記（佐渡郡教育会）・佐渡叢書4
佐渡風土記　＊大日本史料
讃岐国大日記　香川叢書２
実隆公記　実隆公記（高橋隆三校訂）
実遠公記　〔写〕宮内庁書陵部・東京大学史料編纂所所蔵
実衡公記　〔写〕東京大学史料編纂所等所蔵
実躬卿記　大日本古記録
侍所沙汰篇　群書類従22・中世法制史料集
申楽談儀　岩波文庫・日本思想大系24
山槐記　増補史料大成26―28
山槐記除目部類　〔写〕宮内庁書陵部・東京大学史料編纂所所蔵
参考源平盛衰記　改定史籍集覧編外３―５
三国地志　大日本地誌大系20・21
珊瑚秘抄　古代文学論叢６
参州一向宗乱記　参州一向宗乱記（国書刊行会）・日本思想大系17
三代制符　続々群書類従７（国書刊行会叢書）　＊日本思想大系22
三長記　増補史料大成31
三備史略　続備後叢書中
三藐院記　史料纂集・〔写〕陽明文庫（自筆原本）・東京大学史料編纂所所蔵
山門嗷訴記　〔写〕東京大学史料編纂所等所蔵
山門大講堂供養記　〔写〕国立国会図書館所蔵
山門堂舎記　群書類従24

し

志賀槙太郎氏所蔵文書　上越市史別編２・新潟県史資料編中世
志賀文書　熊本県史料中世篇２
式目追加条々　中世法制史料集１　＊鎌倉遺文
竺仙和尚行道記　続群書類従９下
四十五番歌合　群書類従12
私心記　新編真宗全書史伝編７
実紀〔徳川実紀〕　新訂増補国史大系38―47
実相院文書　佐賀県史料集成古文書編１
四天王寺文書　〔写〕東京大学史料編纂所所蔵
四天王法記　続群書類従26上
至徳二年記　続群書類従２上・歴代残闕日記70
島津家譜　〔写〕内閣文庫所蔵
島津家文書　大日本古文書家わけ16（未完）
島津国史　島津国史（島津家編集所校訂）・新刊島津国史（原口虎雄解題）
下村文書　〔写〕東京大学史料編纂所所蔵
寺門事条々聞書　〔写〕内閣文庫所蔵
寂室録　国訳禅学大成25・大正新脩大蔵経81
酬恩庵文書　〔写〕東京大学史料編纂所所蔵
拾芥記　改定史籍集覧24
拾芥抄　新訂増補故実叢書22・大東急記念文庫善本叢刊中古中世篇13
重編応仁記　改定史籍集覧３
16・７世紀イエズス会日本報告集　同朋舎出版刊
寿斎記　改定史籍集覧14・続群書類従21下
守随文書　〔写〕東京大学史料編纂所所蔵
聚楽行幸記　群書類従３・戦国史料叢書１期１
俊乗坊参詣記　続群書類従26上
聖一国師年譜　大日本仏教全書
松陰私語　改定史籍集覧12・続群書類従22上
松雲公採集遺編類纂　砺波図書館協会他刊
常永入道記　〔写〕内閣文庫等所蔵
貞応弘安式目　続々群書類従７（国書刊行会叢書）・中世法制史料集１
状啓　李忠武公全書２（韓国歴代文集叢書）
称光院大嘗会御記　〔写〕宮内庁書陵部所蔵
相国寺供養記　群書類従24
相国寺塔供養記　群書類従24・大日本史料７ノ４（応永６年９月15日条）
省吾禅師行実　〔写〕内閣文庫所蔵
勝持寺文書　〔写〕東京大学史料編纂所所蔵
条事定文書　〔写〕東京大学史料編纂所所蔵　＊鎌倉遺文６・大日本史料５ノ５
正伝寺文書　〔写〕東京大学史料編纂所所蔵　＊鎌倉遺文
浄土鎮流祖伝　浄土宗全書17
紹巴富士見道記　群書類従18・続帝国文庫24
浄福寺文書　〔写〕東京大学史料編纂所所蔵
正法眼蔵　道元禅師全集上・日本思想大系12・13
諸家文書　〔写〕東京大学史料編纂所所蔵
諸家文書纂　〔写〕内閣文庫所蔵
諸国古文書抄　〔写〕内閣文庫所蔵
書写山十地坊過去帳　続群書類従33下
諸祖行実　〔写〕東京大学史料編纂所所蔵

諸門跡譜　群書類従５
徐璉送雪舟詩　大日本史料８ノ１（549頁）・鄰交徵書（初ノ２）
白河紀行　続群書類従18下・名家紀行集
白河証古文書　楓軒文書纂下（内閣文庫影印叢刊）
士林証文　〔写〕東京大学史料編纂所所蔵
新加制式　続史籍集覧２・中世法制史料集３
尋憲記　〔写〕内閣文庫所蔵（自筆）
信光明寺文書　新編岡崎市史６
新裁軍記　新裁軍記（マツノ書店刊）
新式目　改定史籍集覧17・続群書類従23下・中世法制史料集１
神子禅師年譜〔神子禅師栄尊大和尚年譜〕　続群書類従９上
深心院関白記　陽明叢書記録文書篇４・大日本古記録
新撰和漢合図　〔写〕彰考館（焼失）
信長公記　→のぶながこうき
塵添壒嚢鈔　大日本仏教全書
真如堂縁起　続群書類従27上・大日本仏教全書〔詞書〕・続々日本絵巻大成伝記縁起篇５
神皇正統記　岩波文庫・日本古典文学大系87
新編相模国風土記稿　大日本地誌大系36—40
新編追加　改定史籍集覧17・続群書類従23下・中世法制史料集１
新編常陸国誌　新編常陸国誌（宮崎報恩会）
新編武蔵国風土記稿　大日本地誌大系５—15
神明記　〔写〕国立国会図書館所蔵
新葉和歌集　新編国歌大観１・校註国歌大系９・岩波文庫
新羅之記録　新撰北海道史７

す

随心院文書　〔写〕東京大学史料編纂所所蔵　＊鎌倉遺文
出納文書　京都大学文学部日本史学研究室所蔵・〔写〕東京大学史料編纂所所蔵
菅浦文書　菅浦文書（滋賀大学日本経済研究所資料館編）
駿河伊達文書　京都大学文学部博物館の古文書５
寸金雑録　〔写〕東京大学史料編纂所等所蔵

せ

清獬眼抄　群書類従７
征韓録　戦国史料叢書２期６
成簣堂文庫所蔵文書　＊織田信長文書の研究上（奥野高廣編）・大日本古文書10ノ１
勢州四家記　群書類従20
青嶂集　観中録・青嶂集（相国寺）
西征日記　続々群書類従３（国書刊行会叢書）・豊太閤征韓秘録
清拙大鑑禅師塔銘　続群書類従９下
聖フランシスコ＝ザビエル書簡集　聖フランシスコ＝ザビエル全書簡（河野純徳訳）
関山文書　〔写〕東京大学史料編纂所所蔵
雪村大和尚行道記　五山文学新集３・続群書類従９下
摂津国古文書　〔写〕内閣文庫・東京大学史料編纂所所蔵
セビリア市インド文書館文書　＊大日本史料11ノ７
千家文書　〔写〕東京大学史料編纂所所蔵
善光寺縁起　続群書類従28上・新編信濃史料叢書１・善光寺縁起集成１
千載和歌集　校註国歌大系４・新日本古典文学大系10・新編国歌大観１
専修寺文書　真宗史料集成４
善立寺文書　〔写〕東京大学史料編纂所所蔵
善隣国宝記　改定史籍集覧21・善隣国宝記新訂続善隣国宝記（田中健夫編）・続群書類従30上
禅林僧伝　〔写〕内閣文庫・東京大学史料編纂所所蔵

そ

僧官補任　群書類従４・続群書類従４上
宗祇法師集　群書類従15
宗氏世系私記　〔写〕東京大学史料編纂所所蔵
宗家文書　対馬宗家文書
宗国史　宗国史（上野市古文献刊行会）
草根集　丹鶴叢書４・５・中世文芸叢書３・ノートルダム清心女子大学古典叢書
総社文書（常陸）　茨城県史料中世編１・〔写〕東京大学史料編纂所等所蔵
相州兵乱記　群書類従21
相州文書　改訂新編相州文書・武相史料叢書２
宗長日記　岩波文庫・続群書類従18下
宋文憲公全集　四部叢刊（商務印書館〔上海〕刊）［宋学士文集］・和刻本漢籍全集12・13［新刊宋学士全集］
漱芳閣書画銘心録　日本画論集成３・大東急記念文庫善本叢刊近世編16
相馬文書　史料纂集・福島県史・相馬市史
続史愚抄　新訂増補国史大系13—15　＊革暦類所引・園太暦所引・歴代最要所引
続神皇正統記　群書類従３
続善隣国宝記　改定史籍集覧21・善隣国宝記新訂続善隣国宝記（田中健夫編）・続群書類従30上
続本朝通鑑　本朝通鑑（国書刊行会叢書）・標記本朝通鑑
尊海渡海日記　日鮮関係史の研究上（中村栄孝著）・広島県史古代中世資料編３［大願寺文書補遺２］

存覚一期記　続々群書類従３（国書刊行会叢書）・新編真宗全書史伝編６
尊道親王行状　〔写〕東京大学史料編纂所所蔵
尊卑分脈　新訂増補国史大系58―60

た

太〔太平記〕　日本古典文学大系34―36・校註日本文学大系17
大応国師塔銘　続群書類従９上［円通大応国師塔銘］
大覚寺門跡略記　続群書類従４下
大宮司富士家文書　〔写〕神宮文庫・東京大学史料編纂所所蔵
太閤記　岩波文庫・改定史籍集覧６・新日本古典文学大系60
醍醐寺新要録　醍醐寺新要録（京都府教育委員会刊）・醍醐寺新要録（法蔵館刊）
醍醐寺文書　大日本古文書家わけ19（未完）
対州編年略　対馬叢書１（東京堂出版刊）
大樹寺過去帳　〔写〕東京大学史料編纂所等所蔵
大樹寺記録　〔写〕東京国立博物館・岡崎市立図書館所蔵
大乗院寺社雑事記　大乗院寺社雑事記（辻善之助編）・増補続史料大成26―37・〔写〕内閣文庫（自筆）・東京大学史料編纂所所蔵
大乗院日記目録　大乗院寺社雑事記12（辻善之助編）・増補続史料大成37・続々群書類従３（国書刊行会叢書）
大織冠神像破裂記附録　大日本仏教全書
大拙和尚年譜　〔写〕東京大学史料編纂所所蔵
大通禅師行実　続群書類従９上
大通禅師語録　大正新脩大蔵経81
大徳寺文書　大日本古文書家わけ17
大悲山寺縁起　群書類従27上・大日本仏教全書
大夫尉義経畏申記　群書類従７
詫摩文書（豊後）　大分県史料12・熊本県史料中世篇５
武雄神社文書　佐賀県史料集成古文書編２
太宰管内志　太宰管内志（日本歴史地理学会刊）
太宰府天満宮文書　福岡県史資料７・大宰府・太宰府天満宮史料（竹内理三編）
但馬村岡山名家譜　山名家譜（「山名家譜」刊行会）・〔写〕東京大学史料編纂所所蔵
忠富王記　続史料大成21
忠光卿記　歴代残闕日記66
橘栄一郎家文書　越前若狭古文書選（牧野信之助編）
橘中村文書　佐賀県史料集成古文書編18
立花文書　福岡県史資料４
立石知満氏所蔵文書　＊戦国遺文後北条氏編４
立入家文書　立入宗継川端道喜文書（国民精神文化文献13）・〔写〕東京大学史料編纂所所蔵
伊達家文書　大日本古文書家わけ３
伊達治家記録　平重道編（宝文堂出版販売刊）
伊達正統世次考　戦国史料叢書２期11・仙台文庫叢書10
伊達日記　群書類従21・仙台叢書３・11
棚守房顕手記　続々群書類従４（国書刊行会叢書）
種子島家譜　鹿児島県史料旧記雑録拾遺家わけ４
種子島文書　〔写〕東京大学史料編纂所所蔵
多聞院日記　増補続史料大成38―42
淡輪文書　〔写〕東京大学史料編纂所所蔵
檀林飯沼弘経寺志　浄土宗全書19

ち

智覚普明国師語録　大正新脩大蔵経80
親長卿記　増補史料大成40―44・史料纂集
竹居清事　五山文学全集３・続群書類従12上
籌海図編　四庫全書珍本五集（台湾商務印書館〔台北〕刊）　＊大日本史料〔分載〕
中巌和尚自歴譜〔中巌月和尚自歴譜〕　五山文学新集４・続群書類従９下
中山世鑑　琉球史料叢書５
中山世譜　琉球史料叢書４・江戸期琉球物資料集成２
中尊寺光堂文書　大日本仏教全書
長寛勘文　群書類従26
長享年後畿内兵乱記　続群書類従20上・改定史籍集覧13
重修譜〔寛政重修諸家譜〕　新訂寛政重修諸家譜（続群書類従完成会刊）
朝鮮王朝実録　朝鮮王朝実録（韓国国史編纂委員会編）・李朝実録（学習院大学東洋文化研究所編）
朝鮮国王中宗国書　毛利博物館所蔵
長専五師記写　〔写〕内閣文庫所蔵
長宗我部元親百箇条　群書類従22・中世法制史料集３
長曾我部元親式目　改定史籍集覧17・続群書類従23下・中世法制史料集３
長禄寛正記　群書類従20
長禄四年記　〔写〕内閣文庫所蔵
沈寿官氏所蔵文書　鹿児島県日置郡東市来町美山沈寿官氏所蔵
鎮西引付記　旧典類聚13

つ

塚本文書　〔写〕東京大学史料編纂所所蔵
津田文書　＊織田信長文書の研究上（奥野高廣編）・大日本史料10ノ４
土橋文書　〔写〕静嘉堂文庫・東京大学史料編纂所所蔵

経俊卿記　図書寮叢刊・〔写〕宮内庁書陵部・陽明文庫（以上自筆）・東京大学史料編纂所所蔵
坪内家文書　〔写〕東京大学史料編纂所所蔵
鶴岡社務記録　鶴岡叢書２・改定史籍集覧25・続史料大成18
鶴岡八幡宮寺供僧次第　続群書類従４下・34・鶴岡叢書４［鶴岡八幡宮寺諸職次第］
鶴岡事書日記　改定史籍集覧25・続群書類従30上
鶴岡八幡宮文書　改訂新編相州古文書２・鶴岡叢書３・神奈川県史資料編

て

帝王編年記　新訂増補国史大系12
鉄炮記　南浦文集上（新薩藩叢書４）・古事類苑武技部
天恩寺文書
天正玄公仏事法語　甲斐志料集成８・甲斐叢書８
天正十四年上洛日記　〔写〕東京大学史料編纂所所蔵
天正二年截香記　続々群書類従16（国書刊行会叢書）
天台座主記　続群書類従４下・校訂増補天台座主記（渋谷慈鎧編）
天王寺屋会記　天王寺屋会記（永島福太郎編）・茶道古典全集７・８
天文十四年日記　〔写〕内閣文庫・東京大学史料編纂所所蔵
天文日記　石山本願寺日記上
天竜寺造営記録　〔写〕東京大学史料編纂所等所蔵

と

島隠漁唱　続群書類従12下・薩藩叢書２
東院毎日雑々記　〔写〕内閣文庫・東京大学史料編纂所所蔵
東京国立博物館所蔵文書　〔写〕東京大学史料編纂所所蔵
東国紀行　群書類従18・続帝国文庫37
東国通鑑　朝鮮群書大系続３－５（朝鮮古書刊行会〔京城〕）・古書珍書刊行会（朝鮮研究会〔京城〕）
東金堂細々要記　続史籍集覧１
等持院文書　〔写〕東京大学史料編纂所所蔵
東寺王代記　続群書類従29下
東寺過去帳　〔写〕早稲田大学・彰考館所蔵
当寺規範
東寺執行日記　〔写〕内閣文庫所蔵　＊鎌倉遺文
東寺私用集　〔写〕東京大学史料編纂所等所蔵
東寺長者補任　群書類従４・続々群書類従２（国書刊行会叢書）
東寺百合文書　大日本古文書家わけ10（未完）・東寺百合文書（京都府立総合資料館編，未完）
東寺文書　教王護国寺文書・〔写〕東京大学史料編纂所所蔵
東州雑記　佐竹旧記所収
当代記　当代記・駿府記（続群書類従完成会）・史籍雑纂２（国書刊行会叢書）
東大寺続要録　続々群書類従11（国書刊行会叢書）
東大寺別当次第　群書類従４・大日本仏教全書
東大寺文書　大日本古文書家わけ18・〔写〕東京大学史料編纂所所蔵　＊鎌倉遺文
藤堂文書　〔写〕神宮文庫・東京大学史料編纂所所蔵
多武峯略記　群書類従24・大日本仏教全書・神道大系神社編５
東福寺文書　大日本古文書家わけ20（未完）
東宝記　国宝東宝記原本影印（東宝記刊行会編）・続々群書類従12（国書刊行会叢書）
東北院職人歌合　群書類従28・新修日本絵巻物全集28
東明和尚塔銘　続群書類従９上・曹洞宗全書続10
言国卿記　史料纂集・〔写〕宮内庁書陵部・京都大学（以上自筆）・内閣文庫所蔵
言継卿記　史料纂集・〔写〕京都大学・東京大学史料編纂所（以上自筆）・宮内庁書陵部所蔵
言経卿記　大日本古記録
時慶卿記　時慶記（臨川書店）・〔写〕天理図書館・西本願寺（以上自筆）・東京大学史料編纂所等所蔵
徳川幕府家譜　徳川諸家系譜１
徳政雑々記　〔写〕内閣文庫所蔵
得田文書　〔写〕東京大学史料編纂所所蔵
禿尾長柄帚　五山文学新集４
土佐国蠹簡集　土佐国蠹簡集（横川末吉校訂）・高知県史古代中世史料編
土佐国蠹簡集残篇　〔写〕高知県立図書館・東京大学史料編纂所所蔵
鳥名木文書　茨城県史料中世編１・〔写〕東京大学史料編纂所所蔵
富岡文書　〔写〕東京大学史料編纂所所蔵
富永文書　〔写〕東京大学史料編纂所所蔵

な

内宮子良館記　〔写〕神宮文庫所蔵
長興宿禰記　改定史籍集覧24・史料纂集
長倉状　〔写〕東京大学史料編纂所等所蔵
長崎縁起略記　続々群書類従８（国書刊行会叢書）・切支丹文庫２
長崎志　長崎志正編（古賀十二郎校訂）・長崎文献叢書１集２
中条文書　新潟県史資料編４・〔写〕東京大学史料編纂所所蔵
中田文書　〔写〕東京大学史料編纂所所蔵
中臣祐時記　〔写〕東京大学史料編纂所所蔵

中臣祐春記　春日社記録 3・増補続史料大成49
中院一品記　〔写〕内閣文庫（自筆）・東京大学史料編纂所所蔵
中野区歴史民俗資料館蔵板碑　＊国史大辞典 1 別刷「板碑」182・日本私年号の研究（42頁．久保常晴著）
中村文書　＊鎌倉遺文
中山家記　〔写〕東京大学史料編纂所所蔵
鍋島家文書　佐賀県史料集成古文書編 3
南海流浪記　群書類従18・国文東方仏教叢書 1 輯 7・香川叢書 2
南狩遺文　南狩遺文（山中信古編）
南禅旧記　〔写〕内閣文庫所蔵
南朝事跡抄　〔写〕宮内庁書陵部・内閣文庫所蔵
南聘紀考　南聘紀考（沖縄歴史研究会刊）
南雷文約　梨洲遺著彙刊（明清史料彙編初集第53冊）＊中世対外関係史（314頁．田中健夫著）

に

二階堂文書　鹿児島県史料旧記雑録拾遺家わけ 1
二水記　大日本古記録・改定史籍集覧24［少将隆康私記］
二尊院文書　〔写〕東京大学史料編纂所所蔵
日々記所収天正十年夏記　〔写〕内閣文庫所蔵
日蓮上人註画讃　伝記絵巻日蓮上人註画讃（角川書店）・続群書類従 9 上
日光東照宮文書　＊徳川家康伝（中村孝也著）
仁藤文書　静岡県史料 3
蜷川家文書　大日本古文書家わけ21
蜷川親俊日記　続史料大成13・14・〔写〕内閣文庫・宮内庁書陵部所蔵
蜷川親元日記　続史料大成10—12・〔写〕内閣文庫・宮内庁書陵部所蔵
二判問答　群書類従27
日本一鑑　日本一鑑（笠間索引叢刊）
日本巡察記　東西交渉旅行記全集 5・東洋文庫229
女院記　群書類従29
如是院年代記　群書類従26
仁岫語録　〔写〕東京大学史料編纂所所蔵
忍性菩薩略行記　〔写〕東京大学史料編纂所所蔵
仁和寺諸師年譜　続群書類従 8 上

ぬ

額田小野崎文書　〔写〕東京大学史料編纂所所蔵

ね

禰寝氏正統文献雑聚　〔写〕東京大学史料編纂所所蔵
禰寝文書　鹿児島県史料旧記雑録拾遺家わけ 1

年代記残編　続群書類従29下［立川寺年代記］
年代記抄節　〔写〕内閣文庫所蔵

の

野上文書　諸家文書纂・〔写〕東京大学史料編纂所所蔵
野田家文書　〔写〕東京大学史料編纂所所蔵
後鑑　新訂増補国史大系34—37
宣胤卿記　続史料大成22
信長公記　角川文庫・改定史籍集覧19・戦国史料叢書 1 期 2
宣秀卿記　〔写〕東京大学史料編纂所等所蔵
宣秀卿御教書案　〔写〕東京大学史料編纂所等所蔵
乃美文書正写　〔写〕東京大学史料編纂所所蔵
教言卿記　史料纂集・改定史籍集覧24

は

萩藩閥閲録　萩藩閥閲録（山口県文書館刊）
白山宮荘厳講中記録　加賀能登郷土図書叢刊・白山比咩神社叢書 4
箱根神社棟札　戦国遺文後北条氏編 1（56号）・大日本史料 9 ノ20（大永 3 年 6 月12日条）
筥根山縁起　群書類従 2・箱根神社大系上・神道大系神社編21
八幡愚童訓　群書類従 1・日本思想大系20
花園天皇宸記　史料纂集・増補史料大成 2・3
孕石文書　〔写〕東京大学史料編纂所所蔵
晴富宿禰記　図書寮叢刊・歴代残闕日記88・〔写〕宮内庁書陵部（自筆）・内閣文庫所蔵
晴豊公記（晴豊記）　続史料大成 9・歴代残闕日記105・〔写〕京都大学・内閣文庫（以上自筆）・東京大学史料編纂所等所蔵
晴右公記　続史料大成 9・歴代残闕日記105・〔写〕京都大学（自筆）・内閣文庫・東京大学史料編纂所等所蔵
万松院殿穴太記　群書類従29・〔写〕東京大学史料編纂所所蔵
万代亀鏡録　万代亀鏡録（出版科学研究所）・日蓮宗史料12・13
鑁阿寺文書　栃木県史資料編中世 1

ひ

東山殿高麗国へ被誂遣土産注文〔従東山殿高麗国江被誂遣土産註文〕　大日本史料 8 ノ13（305頁）
尚通公記（後法成寺関白記）　陽明叢書記録文書篇 3・大日本古記録・〔写〕東京大学史料編纂所等所蔵
比志島文書　鹿児島県史料旧記雑録・〔写〕東京大学

史料編纂所所蔵　＊鎌倉遺文
備前軍記　吉備群書集成３・吉備叢書５・６
常陸三家譜〔写〕東京大学史料編纂所所蔵
常陸誌料〔写〕千葉県立中央図書館（自筆）・東京大学史料編纂所等所蔵
一柳文書〔写〕東京大学史料編纂所所蔵
百練抄　新訂増補国史大系11
日向記　史籍雑纂１・日向郷土史料集１・２・宮崎県史叢書３
日吉社幷叡山行幸記　群書類従３
日吉社室町殿御社参記　続群書類従２下
広田社歌合　岩波文庫（歌合集）・群書類従12・日本古典全書歌合集

ふ

フィリピン史
楓軒文書纂　内閣文庫影印叢刊
深江文書（深江家文書）　佐賀県史料集成古文書編４
深堀文書（深堀家文書）　佐賀県史料集成古文書編４
福照院関白記〔写〕東京大学史料編纂所等所蔵
福山秘府　新撰北海道史５
武家雲箋〔写〕東京大学史料編纂所所蔵　＊鎌倉遺文
武家御社参記〔写〕東京大学史料編纂所所蔵
武家事紀　山鹿素行先生全集13
武家事紀所収文書　山鹿素行先生全集
武家年代記裏書　増補続史料大成別巻
伏見天皇宸記　増補史料大成３・歴代残闕日記５
伏見宮記録文書〔写〕宮内庁書陵部・東京大学史料編纂所所蔵
武州文書　新編武州古文書・〔写〕東京大学史料編纂所所蔵
峯相記　続群書類従28上・続史籍集覧１
豊前氏古文書抄〔写〕静嘉堂文庫・東京大学史料編纂所所蔵
扶桑五山記　鎌倉市文化財資料２・扶桑五山記（玉村竹二校，臨川書店刊）
仏照禅師塔銘　続群書類従９上
仏智広照浄印翊聖国師年譜　続群書類従９下・大正新脩大蔵経80
武徳編年集成　武徳編年集成（小和田哲男解説）
船田乱記　群書類従21・岐阜県史史料編古代中世２・美濃叢書３
不二遺稿　五山文学全集３
フロイス日本史　松田毅一・川崎桃太訳
文英清韓長老記録〔写〕宮内庁書陵部所蔵
文明記〔写〕鹿児島大学玉里文庫・東京大学史料編纂所等所蔵

へ

平家納経　平安遺文題跋編（2413号）
平家物語　新日本古典文学大系44・45・新編日本古典文学全集45・46・日本古典全書
平戸記　増補史料大成32・33
平治物語　新日本古典文学大系43・新編日本古典文学全集41
兵範記　史料通覧17・18・増補史料大成18―22
別尊雑記　大正新脩大蔵経図像３
ベネツィア市マルコ図書館所蔵文書　＊大日本史料11別巻２（訳文296頁，原文242頁）

ほ

補庵京華集　五山文学新集１
報恩院文書〔写〕東京大学史料編纂所所蔵　＊鎌倉遺文
報恩抄　日本思想大系14・昭和定本日蓮聖人遺文２
保元物語　新日本古典文学大系43・新編日本古典文学全集41
方丈記　新日本古典文学大系39・新編日本古典文学全集44・新潮日本古典集成
宝蔵院蔵板碑　国史大辞典１別刷「板碑」183・日本私年号の研究（352頁．久保常晴著）
防長古文書誌
防長風土注進案　防長風土注進案（山口県文書館編）
法然上人行状画図　新修日本絵巻物全集14・続日本絵巻大成１―３
法華経寺文書　中山法華経寺史料（中尾堯編）・改訂房総叢書１
保阪潤治氏所蔵甲州法度之次第　中世法制史料集３
戊子入明記　策彦入明記の研究上（牧田締亮著）・続史料集覧１
細川家文書〔写〕東京大学史料編纂所所蔵
細川両家記　群書類従20
法華堂文書　改訂新編相州古文書・鎌倉市史史料編１
法曹至要抄　群書類従６
堀内文書〔写〕東京大学史料編纂所所蔵
本願寺上人親鸞伝絵　続群書類従９上・新修日本絵巻物全集20
本願寺文書〔写〕東京大学史料編纂所所蔵
本化別頭仏祖統紀　日蓮宗全書
梵舜日記　史料纂集
本朝高僧伝　大日本仏教全書
本朝文集　新訂増補国史大系30
本能寺文書〔写〕東京大学史料編纂所所蔵
本福寺跡書　新編真宗全書史伝編７・日本思想大系17

ま

前田家所蔵文書　〔写〕東京大学史料編纂所所蔵
正木文書　正木古文書新田岩松文書（豊田義孝校訂）
正任記　山口県史史料編中世1
政基公旅引付　図書寮叢刊・日本史史料叢刊1・2
増鏡　新訂増補国史大系21下・日本古典文学大系87
益田文書　大日本古文書家わけ22
松平記　三河文献集成中世編・文科大学史誌叢書
松平基則氏所蔵文書　〔写〕東京大学史料編纂所所蔵
松尾神社文書　松尾大社史料集
松浦家世伝　〔写〕東京大学史料編纂所所蔵
松浦山代文書　佐賀県史料集成古文書編15［山代文書］
満済〔満済准后日記〕　続群書類従補遺1
政所方引付　〔写〕神宮文庫所蔵

み

三浦家文書　大日本古文書家わけ14
三浦文書　〔写〕東京大学史料編纂所所蔵
三浦和田文書　新潟県史資料編4・中条町史資料編1・〔写〕東京大学史料編纂所所蔵
御上神社文書　〔写〕東京大学史料編纂所所蔵
三河古文書　〔写〕東京大学史料編纂所所蔵
三河物語　日本思想大系26・戦国史料叢書1期6
和田文書　〔写〕東京大学史料編纂所所蔵
三井続燈記　大日本仏教全書
三壺聞書　加賀能登郷土図書叢刊
三刀屋文書　〔写〕東京大学史料編纂所所蔵
皆川文書　〔写〕東京大学史料編纂所所蔵
水無瀬神宮文書　〔写〕東京大学史料編纂所所蔵
源家長日記　古典文庫141・続々群書類従15（国書刊行会叢書）・源家長日記校本・研究・総索引（源家長日記研究会編）
宮本文書　静岡県史料1
明王院文書　〔写〕東京大学史料編纂所所蔵
妙賢寺板碑　国史大辞典1別刷「板碑」185
妙顕寺文書　妙顕寺文書（妙顕寺編纂会編）
明照寺文書　〔写〕東京大学史料編纂所所蔵
明通寺文書　〔写〕東京大学史料編纂所所蔵
妙法寺記　続群書類従30上・続史籍集覧1
三好別記　群書類従21
民経記　大日本古記録（未完）・続群書類従11上・改定史籍集覧24［経光卿記］
明史　二十五史10（上海古籍出版社〔上海〕刊）・二十四史（中華書局〔北京〕刊）
明実録　中央歴史研究院歴史語言研究所〔台北〕刊

む

無関和尚塔銘　続群書類従9上
武蔵国浅草寺縁起　続群書類従27下
夢想記　群書類従27
夢窓国師語録　夢窓国師語録（禅文化研究所編）・大正新脩大蔵経80・訓註夢窓国師語録
夢窓国師年譜　続群書類従9下
宗賢卿記　歴代残闕日記82・〔写〕宮内庁書陵部・東京大学史料編纂所所蔵
無文禅師行状　大正新脩大蔵経80
無量寿寺文書　〔写〕東京大学史料編纂所所蔵
室町家御内書案　続群書類従23下・改定史籍集覧27

め

明月記　国書刊行会叢書・史料纂集（未完）・冷泉家時雨亭叢書
名僧行録　〔写〕東京大学史料編纂所所蔵
明徳記　群書類従20・岩波文庫・陽明叢書国書篇12
明徳二年室町殿春日詣記　続群書類従2下・丹鶴叢書8

も

毛利家日記　〔写〕東京大学史料編纂所所蔵
毛利家文書　大日本古文書家わけ8
元親記　続群書類従23上・戦国史料叢書2期5
森田文書　〔写〕東京大学史料編纂所所蔵
守光公記　〔写〕内閣文庫・宮内庁書陵部・東京大学史料編纂所所蔵
森本文書　〔写〕東京大学史料編纂所所蔵
守矢氏旧記　〔写〕東京大学史料編纂所所蔵
守矢満実書留　新編信濃史料叢書7・諏訪史料叢書3
師郷記　史料纂集・〔写〕国立国会図書館（自筆原本）・東京大学史料編纂所等所蔵
師守記　史料纂集
門葉記　大正新脩大蔵経図像11・12

や

薬師寺志　大日本仏教全書
八坂神社文書　新修八坂神社文書
康富記　増補史料大成37—40・歴代残闕日記80
八代日記　八代日記（熊本中世史研究会編）
柳原家記録　〔写〕東京大学史料編纂所所蔵
簗田文書　房総叢書1
山崎文書　〔写〕東京大学史料編纂所所蔵
山科家礼記　史料纂集

山田聖栄自記　鹿児島県史料集 7
山内首藤家文書　大日本古文書家わけ15

ゆ

結城古文書写　福島県史 7
結城文書　結城古文書纂・〔写〕東京大学史料編纂所所蔵
友山和尚伝　続群書類従 9 下
湯橋家文書　〔写〕東京大学史料編纂所所蔵
由良文書　〔写〕東京大学史料編纂所所蔵

よ

八日市市今崎町共有文書　＊大日本史料11ノ 4
葉黄記　史料纂集
良賢真人記　歴代残闕日記69・〔写〕東京大学史料編纂所等所蔵
吉田家日次記　〔写〕天理図書館（自筆原本）・東京大学史料編纂所所蔵　＊大日本史料〔分載〕
吉田文書　〔写〕東京大学史料編纂所所蔵　＊平安遺文 2（450号）
吉野御事書案　群書類従21
吉村文書　〔写〕東京大学史料編纂所所蔵
予章記　伊予史談会双書 5 ・群書類従21
予陽河野家譜　予陽河野家譜（景浦勉校訂）・〔写〕内閣文庫・東京大学史料編纂所所蔵

ら

頼印大僧正行状絵詞　続群書類従 9 上
乱中雑録　大東野乗（朝鮮群書大系）
乱中日記　李忠武公全書（韓国歴代文集叢書）

り

離宮八幡宮文書　離宮八幡宮文書（離宮八幡宮編）
竜淵寺年代記　〔写〕東京大学史料編纂所所蔵
竜華秘書　顕本法華宗史料 2 ・日蓮宗全書19
竜山和尚行状　続群書類従 9 下
竜泉寺文書　静岡県史料 5
竜造寺文書　佐賀県史料集成古文書編 3
両山歴譜　〔写〕京都大学・東京大学史料編纂所所蔵
隣交徴書　鄰交徴書（杉山二郎解説）
臨川寺文書　〔写〕東京大学史料編纂所所蔵

る

類従本追加　群書類従22・中世法制史料集 1
類聚大補任　群書類従 4 ・神道大系神宮編 5

れ

歴代古案　史料纂集・〔写〕東京大学史料編纂所所蔵
歴代参考　〔写〕東京大学史料編纂所所蔵
歴代私鑑前書　〔写〕東京大学史料編纂所所蔵
歴代鎮西志　歴代鎮西志（青潮社刊）・〔写〕東京大学史料編纂所所蔵
歴代鎮西要略　増補歴代鎮西要略（芥川竜男増補）

ろ

老松堂日本行録　岩波文庫・朝鮮学報45・46
鹿王院文書　〔写〕東京大学史料編纂所所蔵
鹿苑院殿厳島詣記　群書類従18・続帝国文庫37
鹿苑日録　鹿苑日録（辻善之助校訂）
六角氏式目　中世法制史料集 3 ・日本思想大系21

わ

和歌現在書目録　続群書類従17上
若狭国税所今富名領主代々次第　群書類従 4 ［若狭国今富名領主次第］
和漢合符　〔写〕東京大学史料編纂所等所蔵
渡辺系図　続群書類従 5 下

西暦	
年号・干支	
天皇	
記事	暴動《ぼうどう》。**この年**《とし》 宗義智《そうよしとし》・柳川調信《やながわしげのぶ》、朝鮮《ちょうせん》と和議交渉《わぎこうしょう》を開始《かいし》(朝鮮王朝実録)。 【社会・文化】 **閏**《うるう》**3・3** 勅版《ちょくはん》『日本書紀《にほんしょき》』神代巻刊行《じんだいのまきかんこう》(御湯殿上日記)。**閏**《うるう》**3・8** 勅版《ちょくはん》『大学《だいがく》』刊行《かんこう》(御湯殿上日記)。**4・17** 朝廷《ちょうてい》、豊臣秀吉廟所《とよとみひでよしびょうしょ》に豊国大明神《とよくにだいみょうじん》の神号《しんごう》を贈《おく》る(御湯殿上日記)。**5・25** 勅版《ちょくはん》『古文孝経《こぶんこうきょう》』刊行《かんこう》(御湯殿上日記)。**5・–** 徳川家康《とくがわいえやす》、足利学校庠主閑室元佶《こうしょうしゅかんしつげんきつ》に『孔子家語《こうしけご》』『六韜《りくとう》』『三略《さんりゃく》』を刊行《かんこう》させる。**6・–** 勅版《ちょくはん》『職原抄《しょくげんしょう》』刊行《かんこう》。**この年**《とし》『ぎやどぺかどる』刊行《かんこう》。智仁親王《としひとしんのう》、『智仁親王御記《としひとしんのうぎょき》』を記《しる》す(～慶長九年《ねん》が現存《げんそん》)。 【死没】 **3・8** 牧野康成《まきのやすなり》(52、武将《ぶしょう》)。**3・9** 伊集院忠棟《いじゅういんただむね》(武将《ぶしょう》)。**3・25** 宮部継潤《みやべけいじゅん》(武将《ぶしょう》)。**閏**《うるう》**3・3** 前田利家《まえだとしいえ》(62、武将《ぶしょう》)。**閏**《うるう》**3・6** 松浦隆信《まつらたかのぶ》(71、武将《ぶしょう》)。**5・19** 長宗我部元親《ちょうそがべもとちか》(62、武将《ぶしょう》)。**10・5** 南部信直《なんぶのぶなお》(54、武将《ぶしょう》)。**12・10** 施薬院全宗《やくいんぜんそう》(74、医師《いし》)。**12・17** ゴメス(65、イエズス会宣教師《かいせんきょうし》)。 《月の大小／朔日の干支・グレゴリオ暦》 一壬午(1・27)・二辛亥(2・25)・三辛巳(3・27)・閏三庚戌(4・25)・四己卯(5・24)・五己酉(6・23)・六戊寅(7・22)・七戊申(8・21)・八戊寅(9・20)・九丁未(10・19)・一〇丁丑(11・18)・一一丁未(12・18)・一二丙子(00・1・16)(太字は大の月) 〖世界〗 ヌルハチ、満州文字《まんしゅうもじ》を創始《そうし》。
大日本史料	
琉球	
朝鮮	
明	